Stephanie Goeke

Frauen stärken sich

Lebenshilfe

Stephanie Goeke

Frauen stärken sich

Empowermentprozesse von Frauen mit Behinderungserfahrung

Eine Studie im Stil der Grounded Theory Methodology

Inauguraldissertation zur Erlangung
des Grades eines Dr. phil.
an der Pädagogischen Hochschule Ludwigsburg,
Standort Reutlingen

herausgegeben von der
Bundesvereinigung Lebenshilfe für
Menschen mit geistiger Behinderung e.V.

Lebenshilfe-Verlag Marburg 2010

Bibliografische Information Der Deutschen Bibliothek

Die Deutsche Bibliothek verzeichnet diese Publikation in der Deutschen Nationalbibliografie; detaillierte bibliografische Daten sind im Internet über http://dnb.ddb.de abrufbar.

Originaltitel der Dissertation:
Individuelle Empowermentprozesse von Frauen mit Behinderungserfahrung
Eine Studie im Stil der Grounded Theory Methodology

Diese Veröffentlichung lag dem Promotionsausschuss der Pädagogischen Hochschule Ludwigsburg, Standort Reutlingen als Dissertation vor.
Gutachter: Prof. Dr. Kerstin Merz-Atalik
Gutachter: Prof. Dr. Kerstin Ziemen
Die Promotion wurde mit einer mündlichen Prüfung am 24. 7. 2009 abgeschlossen.

Herausgeber:
Bundesvereinigung Lebenshilfe für Menschen mit geistiger Behinderung e.V.
Raiffeisenstraße 18, 35043 Marburg
Tel.: (0 64 21) 4 91-0
Fax: (0 64 21) 4 91-16 7
E-Mail: bundesvereinigung@lebenshilfe.de
Internet: www.lebenshilfe.de

Gestaltung Umschlag: Heike Hallenberger
Lektorat: Roland Böhm

Titelbild: „Tolle Frau“ von Guido Meurer, Jg. 1968.
Entstanden in „Gestalt und Farbe“ – ein Kunstangebot im Förder- und Betreuungsbereich der Theo-Lorch-Werkstätten gGmbH.
Weitere Informationen unter www.theo-lorch-werkstaetten.de

Herstellung: Lebenshilfe-Verlag Marburg
Fotografische Verkleinerung der Originalarbeit

Druck: Druckerei Wulff GmbH, Dortmund

ISBN 978-3-88617-213-9

1. Auflage

Inhalt

Abbildungsverzeichnis

Tabellenverzeichnis

Danksagung

Mein Dank gilt den vielen Beteiligten, die mich in den vergangenen Jahren auf die unterschiedlichste Weise unterstützt haben.

Für die inhaltliche Begleitung zu Beginn meines Promotionsvorhabens an der Johannes Gutenberg-Universität in Mainz danke ich insbesondere Eva Borst. Franz Hamburger bot mir die Möglichkeit, die Arbeit im Rahmen des dortigen Kolloquiums zu diskutieren.

Mein Dank richtet sich weiterhin an meine betreuenden Hochschullehrerinnen Kerstin Merz-Atalik von der Pädagogischen Hochschule Ludwigsburg-Reutlingen und Kerstin Ziemen von der Universität zu Köln. Der mit Hans Weiß geführte Austausch zum Empowermentkonzept war ebenso bedeutsam.

Ganz herzlich danken möchte ich auch den Frauen, die sich für die Interviews Zeit genommen haben und mir einen breiten Einblick in ihre Biografien und ihre Lebenssituation erlaubten. Den Zugang zu den Frauen und anderen Personen im Feld ermöglichte mir Christine Karches von der Bundesvereinigung Lebenshilfe für Menschen mit geistiger Behinderung e.V.

Den inhaltlichen Austausch mit meinen Kolleginnen Rebecca Babilon, Ute Schütte und Karin Terfloth aus dem Kontext der Erwachsenenbildung habe ich immer sehr geschätzt. Insbesondere Karin Terfloth verdanke ich viele konstruktive Anmerkungen und eine kritische Durchsicht meiner Arbeit.

Vielen weiteren Kolleginnen und Kollegen in meiner Zeit als wissenschaftliche Mitarbeiterin an der Johannes Gutenberg-Universität in Mainz und der Evangelischen Hochschule Ludwigsburg, insbesondere Harald Sickinger danke ich für die vielen Gelegenheiten des inhaltlichen Austauschs. Auch Ramona Thümmler nahm sich immer wieder einzelner Fragen und Anliegen an.

Von unschätzbarem Wert war für mich der Austausch in der Netzwerkstatt Leuchtfeuer der Freien Universität Berlin von Oktober 2006 bis Sommer 2008. Daher geht ein ganz besonderer Dank für die kritische Reflexion und die moralische Ermutigung an Anja Hermann, Thomas Hestermann, Katja Helms, Margit Huber, Dagmar Kubanski, Nadja Madlener, Christine Moritz, Cornelia Sander und Carmen Thiele.

Für das unermüdliche und aufmerksame Korrekturlesen gilt mein Dank Elke Grüell und meinem Vater. Den studentischen Hilfskräften Ruth Raschke und Lukas Knoll möchte ich herzlich für die Unterstützung bei der Literaturbeschaffung danken.

Herzlich danken möchte ich meinem Lektor Roland Böhm.

Meine Geschwister Fabienne und Pascal Goeke, meine Eltern sowie mein Mann Michael Hett haben mich in den ganzen Jahren auf ihre Weise tatkräftig unterstützt.

Man kommt nicht an sein Ziel, weil man davon träumte oder darüber nachdachte. Man erreicht es, weil man seinen Weg gegangen ist![1]

[1] Spruch auf einer Postkarte, die mir eine Interviewpartnerin sandte.

Einleitung

Veränderungsprozesse im Bereich der Behindertenhilfe wurden in den letzten Jahren unter anderem durch das soziale Modell von Behinderung sowie durch den Veränderungsdruck der Behindertenbewegung/Selbstbestimmt Leben-Bewegung und der integrativen Elternbewegung vorangetrieben. Menschen mit Behinderung werden nicht mehr überwiegend als Defizitträgerinnen und -träger wahrgenommen, sondern der Defizitblickwinkel wird durch einen Blick auf die Stärken und Ressourcen der Kinder, Frauen und Männer mit der Zuschreibung (geistige) Behinderung abgelöst, ohne dabei die real existierenden Benachteiligungen auszublenden. Selbstbestimmung, Empowerment, Personzentrierung und das soziale Modell von Behinderung sind somit zentrale Momente, die in der Sozialen Arbeit mit behinderten Menschen mehr und mehr an Bedeutung gewinnen. Kinder, Jugendliche, Frauen und Männer mit Behinderungserfahrung sollen als eigenständige Persönlichkeiten mit Stärken und Schwächen wahrgenommen und auf ihrem Weg zu einem selbstbestimmten Leben unterstützt und begleitet werden, wobei das Empowermentkonzept eine vielversprechende Option zur Erweiterung der Entscheidungs- und Handlungsautonomie darstellt

Gelebtes Empowerment berücksichtigt den Genderaspekt und damit verbunden eine gendersensible Arbeitsweise bisher nur wenig. Wünsche, Bedürfnisse und Anliegen von Frauen mit (geistiger) Behinderung fanden erst in den letzten Jahren Berücksichtigung und wenn, dann bisher nur vereinzelt. Historisch betrachtet war die Behindertenpädagogik[2] lange Zeit geschlechtsblind und ist nun überwiegend geschlechtsneutral, indem sie von den Behinderten und Menschen mit Behinderung spricht. In diesem Zusammenhang haben betroffene Frauen schon früh die „These der doppelten Diskriminierung" thematisiert (vgl. Kap. 1.1).

Die Auseinandersetzung mit der Strukturkategorie Geschlecht wurde in der Behindertenpädagogik lange Zeit vernachlässigt. So überwiegen beispielsweise in den Sonderschulen „Konzepte einer geschlechtsneutralen Erziehungswissenschaft" (Wedel 1997, 256), und auch andere sonderpädagogische Handlungsfelder nehmen keine geschlechtssensible Differenzierung vor. In der behindertenpädagogischen Fachliteratur dominiert weiterhin „die Gleichsetzungsformel des ‚Systems der Eingeschlechtlichkeit' (‚Mensch = Mann')" (ebd.) und viele Konzepte und Unterstützungsangebote sind nach wie vor unhinterfragt männerzentriert. „Behindertenarbeit und Rehabilitation sind bis heute dadurch gekennzeichnet, daß sie die Auseinandersetzung mit der Strukturkategorie Geschlecht vernachlässigen. Daraus resultiert die Dominanz einer vorgeblich geschlechtsneutralen, de facto aber androzentrisch-eingeschlechtlichen Perspektive in ihren Handlungsfeldern." (Wedel 1997, 255 f.) Deutlich wird dies meines Erachtens ebenfalls an der Sprache, denn auch in der neuen behindertenpädagogischen Literatur wird selten von

[2] Die Termini Sonderpädagogik, Heilpädagogik und Behindertenpädagogik werden in der vorliegenden Arbeit synonym verwandt, auch wenn mir bekannt ist, dass in Praxis und Theorie mancherorts eine Abgrenzung der Termini erfolgt. Ich bevorzuge jedoch den Begriff Behindertenpädagogik, um zu verdeutlichen, dass es um

Frauen und Männern gesprochen. Selbst die Verwendung nichtdiskriminierender Sprache, wenn mit oder über behinderte Frauen und Mädchen geschrieben wird, ist noch selten.
Dabei ist die Thematisierung geschlechtsspezifischer Fragestellungen häufig abhängig vom Engagement einiger weniger Frauen, aber längst keine Selbstverständlichkeit in den Institutionen der Behindertenhilfe. In wissenschaftlichen Publikationen wie auch in der Praxis werden Frauen und Mädchen mit Behinderungserfahrung meist nicht eigenständig betrachtet, sondern werden bestenfalls mitgedacht. Ansätze einer geschlechterspezifischen Betrachtung gibt es mittlerweile (vgl. zum Beispiel Kap. 5.2), wobei zunächst die behinderten Frauen und jetzt vereinzelt auch die behinderten Männer und deren Lebenssituation in den Blick genommen werden.[3]
In der vorliegenden Arbeit werden zwei Eckpunkte, die den Rahmen dieser Arbeit aufspannen, genauer beleuchtet: einerseits die Auseinandersetzung mit der Strukturkategorie Geschlecht innerhalb der Behindertenpädagogik und andererseits die Auseinandersetzung mit dem Empowermentkonzept. Diese werden zueinander in Bezug gesetzt. Leitend ist folgende Fragestellung: Wie gestaltet sich der individuelle Empowermentprozess, das heißt der Prozess der Selbstermächtigung bei Frauen mit sogenannter geistiger Behinderung? Dabei sollen Vorstellungen einer empowermentunterstützenden und -fördernden Umgebung sowohl in der Familie als auch in den Institutionen der Behindertenhilfe aus Sicht der Frauen herausgearbeitet werden. Im Sinne Herrigers (^{2}2002, 213) geht es um ein „Plädoyer der Vielgestaltigkeit" von Empowerment in der Sozialen Arbeit mit behinderten Frauen und Männern.
Zur Beantwortung der Fragestellung wurden Frauen mit sogenannter geistiger Behinderung interviewt, die an einer dreiteiligen Seminarreihe zum Thema Empowerment und Selbstbestimmung für Frauen teilgenommen haben und als Expertinnen in eigener Sache von mir angesprochen wurden und zu Wort kommen. Dabei liegen der Fokus und die Aufmerksamkeit auf den Frauen und ihrem individuellen Empowermentprozess und nicht auf dem Bildungsangebot, das sie besucht haben. Somit wurden Frauen interviewt, die sich mit den Themen Selbstbestimmung, Empowerment und Frausein auseinandersetzen bzw. bereits auseinandergesetzt haben. Deutlich wird in den Aussagen der Frauen, dass Empowermentprozesse der Unterstützung bedürfen, sodass sich die Frage nach dem Verlauf und der Gestaltung dieses Prozesses stellt. Bildung und Unterstützung werden hierbei als zentrale Elemente zur Initiierung von Empowermentprozessen vermutet. Somit ist eine Unterfrage: Wie muss die Unterstützung gestaltet sein, damit sie empowermentförderlich ist?

---

mehr geht als um die Frage der schulischen Förderung behinderter Kinder und Jugendlicher.

[3] Vergleiche hierzu zum Beispiel Karsten Exner (1997) oder das Projekt Bo(d)yZone, das sich an Jungen mit unterschiedlichen Beeinträchtigungen im Alter von 12 bis 17 Jahren in Baden-Württemberg, insbesondere in den beiden Projektregionen Tübingen/Reutlingen und Stuttgart/Ludwigsburg richtet. Im Mai 2007 startete der Bundesverband für Körper- und Mehrfachbehinderte sein Projekt „Frauen sind anders – Männer auch!" im Rahmen dessen verschiedene geschlechterspezifische Angebote für Frauen und Männer mit Behinderung in einzelnen Städten und Regionen durchgeführt wurden und werden.

Diese im Stil der *Grounded Theory Methodology* (GTM) durchgeführte Studie ist entsprechend der Logik der GTM, in der sich Datenerhebung, Datenauswertung und Theorieentwicklung immer wieder abwechseln und gegenseitig befruchten, entstanden. Diese triadische Vorgehensweise der GTM (vgl. Kap. 5) spiegelt sich nun nicht mehr direkt in der Gliederung der vorliegenden Arbeit wieder. Die Arbeit wurde in der Logik der GTM erstellt, nur handelt es sich bei der vorliegenden Niederschrift um eine Aufbereitung der Thematik, die die Leserin und den Leser durch das Thema führen möchte.

Zentrales Anliegen ist es, den individuellen Empowermentprozess der Frauen mit Behinderungserfahrung zu ergründen, um daraus Hypothesen zu Empowermentprozessen zu generieren, und nicht Hypothesen zu überprüfen. Eine doppelte Vergleichsstrategie für einen gendersensiblen Vergleich kann im Rahmen dieser Arbeit nicht erfolgen, wäre jedoch sicher interessant für Fragen der Unterstützung individueller Empowermentprozesse.[4]

Dabei sollen vorrangig Empfehlungen für die Bildungsarbeit mit Frauen mit Behinderungserfahrung und keine Qualitätsansprüche an Bildungsangebote formuliert werden, auch wenn die Interviewpartnerinnen im Rahmen einer Bildungsveranstaltung gewonnen wurden, so dass diese Bildungsveranstaltung nicht im Zentrum dieser Arbeit steht.[5]

In der vorliegenden Arbeit wird daher mittels der GTM herausgearbeitet, wie unterschiedlich Frauen mit Behinderungserfahrung ihren individuellen Empowermentprozess auffassen und wie sehr sich die Vorstellung von Empowerment individuell im Lebenslauf (bei sich entwickelnder Reflexionsbereitschaft und Reflexionsfähigkeit) selbst verändert. Somit wird deutlich, dass die interviewten Frauen eigene, subjektive Vorstellungen davon entwickeln – und ständig weiterentwickeln –, was sie „empowert" und was weniger hilfreich und förderlich ist, um zur Selbstermächtigung zu gelangen.

Es geht also darum, Faktoren herauszufiltern, die individuelle Empowermentprozesse fördern und begünstigen, um Aussagen zu treffen, welche Wirkfaktoren für die Initiierung und Unterstützung individueller Empowermentprozesse entscheidend sind. Die vielfältigen Einflüsse auf den Prozess der Selbstermächtigung werden dabei herausgearbeitet.

Die vorliegende Arbeit zeigt auf, dass Frauen und Männer mit sogenannter geistiger Behinderung unter marginalisierenden Bedingungen leben, so dass der Initiierung von Empowermentprozessen besondere Bedeutung zukommt. Man könnte einwenden, dass dieser Argumentation bereits ein Defizitblickwinkel zugrunde liegt, der im Empowermentkonzept ja gerade über-

---

[4] Das würde bedeuten, die Studie forschungsmethodisch so anzulegen, dass „(geistig) behinderte Mädchen/ Frauen 1. ins Verhältnis zu (geistig) behinderten Jungen/Männern [gesetzt werden] und 2. beide genannten Gruppen mit ihren nicht behinderten Vergleichsgruppen (nicht behinderte Mädchen/Frauen bzw. Jungen/Männer) konfrontiert werden" (Schildmann 2004, 43).

[5] Evaluative Aspekte wie die folgenden Fragen können hierbei leider nicht berücksichtigt werden. In diesem Sinne würde es sich um eine teilnehmerbezogene Evaluation handeln, die nach dem Umgang der Frauen mit diesem Bildungsangebot fragt. Wie gehen Frauen mit den Angeboten um, die ihnen unter der Überschrift Selbstbestimmung und Empowerment oder nach dem pädagogischen Selbstverständnis derer, die es durchführen, gemacht werden? Inwieweit hat das Bildungsangebot eine Wirkung im Sinne von Befähigung?

wunden werden soll. Zu betonen ist, dass die Hindernisse und Barrieren jedoch selten in der Person selbst liegen, vielmehr liegen in den Lebensbedingungen viele Barrieren, die eine selbstverständliche Teilhabe am gesellschaftlichen Leben erschweren oder verunmöglichen. Die Frauen und Männer leben unter erschwerten Lebensbedingungen und verfügen im Sinne Pierre Bourdieus (1983) über wenig Kapitalien ökonomischer, kultureller, sozialer, physischer, symbolischer sowie ökologischer und juridischer Art[6], wie im Auswertungsteil dieser Arbeit deutlich wird.

Die Arbeit ist wie folgt gegliedert:

Das Empowermentkonzept kann nur im Kontext von Selbstbestimmung und Teilhabe betrachtet werden. Der thematische Einstieg erfolgt daher über eine Annäherung an das Normalisierungsprinzip und die Leitidee der Selbstbestimmung, so dass insbesondere der Unterschied zwischen Selbstbestimmung und Empowerment deutlich wird, da eine Gleichsetzung unzulässig wäre. An diese Ausführungen schließt sich die Beschreibung von praktischen Veränderungen und Errungenschaften an, die durch das Normalisierungsprinzip und die Leitidee der Selbstbestimmung sowie die Selbstbestimmt Leben-Bewegung angestoßen wurden.

Nach einer Einführung in das Empowermentkonzept und einer kritischen Einordnung im Hinblick auf den Personenkreis der Menschen mit Behinderungserfahrung erfolgt in Kapitel 4 eine Darstellung zentraler Aspekte der Lebenssituation behinderungserfahrener Frauen. Im vierten Kapitel wird deutlich, dass Frauen mit einer so genannten geistigen Behinderung in anderen Lebenszusammenhängen aufwachsen und leben als behinderte Männer und Frauen ohne Behinderungserfahrung.[7] Die unterschiedlichen Zugänge zu Ausbildung, Erwerbsarbeit, Wohnen, Freizeit und Beziehungen, wie sie in diesem Kapitel differenziert aufgezeigt werden, erlauben es mir, dass ich meine Arbeit explizit auf Frauen mit Behinderungserfahrung beziehe und somit für diese Partei ergreife. Die beiden zentralen gesellschaftlichen Strukturkategorien Geschlecht und Behinderung sind mit Stereotypien und sozialen Rollenzuweisungen verbunden und stellen die Klammer dieses Kapitels dar. Dabei besteht die besondere Schwierigkeit darin, dass im Rahmen dieser Arbeit nicht zu allen Aspekten der Diskussionsstand ausführlich darstellbar ist, auch wenn sich Empowermentprozesse auf alle Bereiche des Lebens beziehen. Die ausgewählten Aspekte beziehen sich daher in der Logik der GTM auf die von den interviewten Frauen thematisierten Dimensionen des Empowermentprozesses.

Eine ausführliche Darstellung der methodischen Vorgehensweise meiner qualitativen Untersuchung folgt in Kapitel 5. Dabei erwies sich eine Kombination der Erhebungsmethoden als sinnvoll und ein flexibler Einsatz eben dieser als unabdingbar. Mittels Leitfadeninterviews wurden 17 Frauen mit sogenannter geistiger Behinderung befragt, wobei von 13 Frauen die Aussagen in die Auswertung eingingen.

---

6 Die beiden letztgenannten Kapitalarten sind eine Ergänzung von Joachim Schroeder (2002).

7 Bisher liegt meines Wissens keine umfassende Studie zur Lebenssituation geistig behinderter Frauen im deutschsprachigen Raum vor.

Die erarbeitete Kernkategorie *Individuelles Empowerment auf Augenhöhe – zwischen Selbstvertretung und professioneller Unterstützung* wird im sechsten Kapitel ausdifferenziert und anhand der dazugehörigen Subkategorien ausführlich beschrieben. Die Ausgangssituation kann mit dem *Wunsch nach uneingeschränktem Zugang zu sozialen Feldern* beschrieben werden. Dabei steht die Fragestellung „Wie gestaltet sich der individuelle Empowermentprozess von Frauen mit Behinderungserfahrung" im Zentrum und leitet über zu einem Spiralmodell des individuellen Empowermentprozesses. Als Ergebnis wird sichtbar, dass Empowermentprozesse letztlich zu einer Vermehrung des symbolischen Kapitals im Sinne Bourdieus führen. Im Kontext des Empowermentprozesses der Frauen mit Behinderungserfahrung erhalten weibliche Lebenszusammenhänge eine besondere Bedeutung, was im Auswertungskapitel 6 sichtbar wird.

Abschließend werden Anknüpfungspunkte für weitere Forschungsarbeiten benannt und zugleich Impulse für die professionelle Praxis[8] mit Frauen mit Behinderungserfahrung formuliert.

[8] Unter dem Begriff Professionelle werden in der vorliegenden Arbeit alle diejenigen pädagogischen und therapeutischen Berufsgruppen zusammengefasst, die in der sozialen Arbeit mit Menschen mit Behinderung tätig sind.

1 Genderperspektive in der Behindertenpädagogik

Der vorliegenden Arbeit liegt keine durchgehende Genderperspektive im Sinne eines *Gender Mainstreaming* zugrunde, aber die Arbeit kann als Teil einer umfassenden Geschlechterforschungsperspektive verstanden werden. Mir erscheint es wesentlich, zunächst die Lebenslagen und -situationen der Frauen mit Behinderungserfahrung sowie deren Bedürfnislagen wahrzunehmen und zu beschreiben. Dies müsste gleichfalls für die Perspektive der Männer mit Behinderungserfahrung erfolgen, im Sinne einer kritischen Männerforschung und jungenspezifischen Arbeit in der Behindertenpädagogik. Als *Experten in eigener Sache* müssten Männer und Männerforscher als jeweils Betroffene diesen Beitrag leisten, wenngleich auch Frauen einen Beitrag leisten könnten.

Das Konzept des Gender Mainstreaming

Der Terminus *Gender* stammt aus dem Englischen und bezeichnet die gesellschaftlich, sozial und historisch-kulturell geprägten Geschlechtsrollen von Frauen und Männern. Dies ist verbunden mit der Annahme, dass die Geschlechtsrollen konstruiert, also erlernt und damit auch veränderbar sind. Es wird unterschieden zwischen dem biologischen Geschlecht (sex) und dem gesellschaftlich und kulturell konstruierten sozialem Geschlecht (gender), wobei sich der Anfang und das Ende des biologischen Geschlechts nicht exakt festmachen lässt, da das „biologische Geschlecht sozial und kulturell überformt" ist (Notz 2005, 33). *Doing Gender* bezeichnet dabei den Vorgang, in dem die Unterschiede zwischen den Geschlechtern im alltäglichen Handeln ständig hergestellt und verfestigt werden. Im positiven wie im negativen Sinne hat gerade in den pädagogischen Handlungsfeldern geschlechterbezogenes Handeln der Professionellen unmittelbare Auswirkungen auf Mädchen/Frauen beziehungsweise Jungen/Männer. *Gender Mainstreaming* beinhaltet, dass die Professionellen die Auswirkungen ihres Handelns auf die beiden Geschlechter reflektieren, den Blick auf das Verhältnis von Frauen und Männern richten und geschlechtssensibel handeln. Nach der Definition des Bundesministeriums für Familie, Senioren, Frauen und Jugend (2005a) bedeutet *Gender Mainstreaming* „bei allen gesellschaftlichen Vorhaben die unterschiedlichen Lebenssituationen und Interessen von Frauen und Männern von vornherein und regelmäßig zu berücksichtigen, da es keine geschlechtsneutrale Wirklichkeit gibt" (ebd.). *Gender Mainstreaming* geht von spezifischen Differenzen zwischen Geschlechtergruppen aus und zielt auf den Abbau geschlechtshierarchischer Strukturen und sozialer Ungleichheit (Stiegler 2005, 17). Die biologischen Geschlechtsunterschiede gelten jedoch nicht als Rechtfertigung für gesellschaftliche Unterschiede zwischen den Geschlechtern. Als ein Instrument zu Geschlechterdemokratie, Chancengleichheit beziehungsweise Geschlechtergerechtigkeit hat der Ansatz des *Gender Mainstreaming*[9] auf der 4. Weltfrauenkonferenz im Jahr 1995 Fuß gefasst.[10]

---

[9] „Mainstreaming (englisch für Hauptstrom) bedeutet, dass eine bestimmte inhaltliche Vorgabe, die bisher nicht

Am Anfang steht die sorgfältige Analyse aller Rahmenbedingungen, die bestehende Geschlechterverhältnisse aufrechterhalten, um anschließend Ziele zur Geschlechterpolitik zu formulieren. Kernstück ist eine Gender-Analyse und die zentrale Frage: Wie tragen gesellschaftliche Strukturen dazu bei, dass sich geschlechtlich konnotierte Lebens- und Arbeitsweisen immer wieder reproduzieren? (Stiegler 2005, 12) Bei *Gender Mainstreaming* handelt sich um ein umfassendes Instrument, das die bisherigen Instrumente der Gleichstellungspolitik (zum Beispiel gezielte Frauenfördermaßnahmen) ergänzt und nicht ablöst. Mit Barbara Stiegler (2005, 12 ff.) kann *Gender Mainstreaming* von folgenden Strategien abgegrenzt werden: Frauenpolitik, Frauenförderung, Geschlechtsbezogene Quotierung von Positionen, *Total Equality* und *Managing Diversity*, wobei die beiden letzteren Strategien dazu dienen das Output des jeweiligen Unternehmens zu optimieren. Frauenförderung und Quotierungen beinhalten ihres Erachtens keine System überwindende Zielrichtung (ebd., 13 ff.). Frauenspezifische Förderung wird dabei aber nicht überflüssig, sondern behält überall da ihre Berechtigung, wo kulturelle Barrieren eine gleichberechtigte Zusammenarbeit von Frauen und Männern nicht zulassen, zum Beispiel beim Abbau ausgeprägter Benachteiligung von Frauen, der Unterstützung von Frauenorganisationen und rechtspolitischen Maßnahmen (GeM-Infoletter Nr. 8/2004). *Gender Mainstreaming* und Gender-Analysen müssen zugleich die unterschiedlichen Lebensrealitäten von Frauen und Männern mit Behinderungserfahrung berücksichtigen.

Ausgehend von der Annahme, dass soziale und kulturelle Geschlechterrollen für Frauen und Männer historisch gewachsen und somit politisch gestaltbar sind, fungiert die Kategorie Geschlecht ähnlich wie Schichtzugehörigkeit als „gesellschaftlicher Platzanweiser" (Bartjes/Knab 2005, 43). Eine Gender-Analyse stellt den Ausgangspunkt für eine gleichberechtigte Teilhabe dar.[11]

Daher ist eine Weiterbildung der Professionellen notwendig. Sie muss die Entwicklung von Gender-Kompetenzen beinhalten sowie Vielfalt und Heterogenität als Chance begreifen. Gen-

das Handeln bestimmt hat, nun zum zentralen Bestandteil bei allen Entscheidungen und Prozessen gemacht wird." (Bundesministerium für Familie, Senioren, Frauen und Jugend (2005) [11. 09. 2005])

10 Vergleiche den Weg von der Grundidee des Gender Mainstreaming auf der Dritten Weltfrauenkonferenz 1985 in Nairobi bis bin zur Verankerung im Amsterdamer Vertrag und In-Kraft-Treten des Amsterdamer Vertrags am 1. Mai 1999 bei Schildmann (2005, 117).

11 Schildmann (2005) verdeutlicht, dass eine durchgehende Differenzierung nach Geschlecht in den Berichten der Bundesregierung zu dem Thema Behinderung fehlt, auch wenn nun im Vierten Bericht (1998) im Vergleich zu den vorherigen Berichten weitere interessante Ausdifferenzierungen und erste Geschlechtervergleiche zu finden sind. Jedoch weisen alle Berichte eine Struktur auf, „die im traditionellen Sinne an einem erwerbsarbeitsbezogenen Leistungsverständnis und damit verbunden an typisch männlichen Arbeits- sowie Versicherungs- und Rehabilitationsstrukturen orientiert ist. Daher erscheint die Kategorie Geschlecht als Indikator sozialer Ungleichheitslagen allgemein gesehen in diesen Berichten nur an nachrangiger Stelle, und die notwendigen Differenzierungen zwischen männlichen und weiblichen Behinderten nach Altersgruppen (...) fehlen weitgehend." (ebd., 136) Ihre Analyse zweier aktueller Berichte – 2. Armuts- und Reichtumsbericht und der Bericht der Bundesregierung über die Lage behinderter Menschen und die Entwicklung ihrer Teilhabe – zeigt, dass die politische Handlungsstrategie des Gender Mainstreamings „bisher noch überwiegend auf der rein *statistischen Ebene* und auch hier längst nicht durchgängig eingesetzt" wird (ebd., 144). Eine strukturelle Analyse – die beiden großen gesellschaftlichen Arbeitsbereiche betreffend – und im Kontext der Analyse von Behinderung lässt noch auf sich warten und die ausgewählten Aspekte in den Berichten folgen

der-Trainings dienen dazu Männer und Frauen für Geschlechterfragen zu sensibilisieren, Gender-Blindheit zu überwinden sowie Gender-Bewusstsein herzustellen. *Gender Mainstreaming* als alleinige top-down-Strategie erscheint nicht ausreichend, um die benachteiligenden Verhältnisse zu verändern Ein bottom-up-Prozess, das heißt das Engagement der Basis muss ergänzend stattfinden. Dabei wird deutlich, dass *soziale Bewegungen* wie zum Beispiel die Frauenbewegung in der Regel etwas gegen „die Herrschenden/die Mächtigen" durchsetzen. An einen solchen Prozess knüpft der Empowermentprozess der Frauen und Männer mit Behinderungserfahrung an.

Gender und Vielfalt

Bei alldem stellt Swantje Köbsell (2005, 4) die kritische Frage, wer eigentlich in den *Mainstream* kommt. So befürchtet auch Gabriele Rosenstreich, dass andere gesellschaftliche Machtdimensionen ausgeblendet werden, wenn nur die Kategorie Geschlecht betrachtet wird (ebd., 5). Frauen der Dominanzkultur kommen wahrscheinlicher in den *Mainstream* als Frauen anderer Ethnie, mit Migrationshintergrund, anderer Rasse, Religion und so weiter. So wenig wie die kulturelle Heterogenität der Kinder in der sonderpädagogischen Ausbildung in den Fachrichtungen Lernbehindertenpädagogik, Verhaltensgestörtenpädagogik und Geistigbehindertenpädagogik[12] Berücksichtigung findet (Merz-Atalik 2001, 227), so wenig wird auch die Dimension Geschlecht in der Ausbildung von (Sonderschul-)Lehrerinnen und -Lehrern sowie (Sonder-)Pädagoginnen und -Pädagogen berücksichtigt. Erforderlich ist eine geschlechtersensible professionelle Haltung, die jedoch andere Ungleichheitsdimensionen nicht ignoriert.
Eine Vision einer inklusiven Gesellschaft würde bedeuten, dass jegliche Angebote Frauen und Männer mit oder ohne Behinderung gleichermaßen offen stehen.

Gender und Behinderung

Die Verknüpfung der beiden Kategorien Geschlecht und Behinderung stellt noch ein sehr junges Arbeits- und Forschungsfeld dar. Das soziale Modell von Behinderung wendet sich gegen das medizinische Modell von Behinderung und betont die soziale Bedingtheit und Konstruktion von Behinderung (Degener 2003b, 24).[13] Um Geschlecht als sozial hergestellte Kategorie zu enthüllen wurde die sex-gender Unterscheidung eingeführt, genauso wie die körperliche Schädigung von der sozialen Behinderung getrennt wird. Dabei geht das soziale Modell von Behinderung ebenso von einem gesellschaftlichen Konstruktionsprozess aus, so dass Menschen nicht nur Gender „tun", sondern auch Behinderung (Köbsell 2005, 6). Beides – Gender (also das soziale Geschlecht) und Behinderung – sind keine Wesensmerkmale einer Person,

---

noch weitgehend entlang der männlichen Lebensstrukturen (ebd.).

12 Die Fachrichtungen werden je nach Bundesland und Hochschule unterschiedlich bezeichnet.

13 Auf die Kritik an beiden Modellen und die Auseinandersetzung mit einem kulturellen Modell von Behinderung kann an dieser Stelle nicht eingegangen werden.

sondern konstituieren sich in einem Verhältnis untereinander und beide Strukturkategorien enthalten eine hierarchische Beziehung in sich als auch untereinander.
Geschlecht und Behinderung sind zwei Strukturkategorien und zugleich Indikatoren sozialer Ungleichheitslagen (Schildmann 2004, 36). Ein Vergleich beider Strukturkategorien zeigt, dass „das Geschlecht eine Kategorie ist, die die Menschen sozialstrukturell (im Wesentlichen) in zwei etwa gleich große Gruppen einteilt und so zueinander in Beziehung setzt, [während] die Kategorie Behinderung dazu [dient], eine bestimmte Art der Abweichung von der männlichen bzw. weiblichen Normalität zu definieren und zu klassifizieren“ (ebd., 37).
Für den Bereich der Behindertenhilfe stellt Gertrud Meuth (^{2}1998, 33) einen großen Mangel an einer geschlechterdifferenzierenden und antihierarchischen Perspektive fest. Im Jahr 2005 fand die erste bundesweite Fachtagung zu „Gender Mainstreaming in Organisationen und Projekten behinderter Menschen“ organisiert von der Interessenvertretung Selbstbestimmt Leben in Deutschland e.V. statt.
Barbara Vieweg (2005), Bundesgeschäftsführerin der Interessenvertretung Selbstbestimmt Leben in Deutschland e.V. hält in der Tagungsausschreibung fest:

> „Die Berücksichtigung von geschlechtsspezifischen Aspekten ohne das Merkmal ‚Behinderung‘ stellt das für uns zu erreichende Ziel – die Verbesserung der Gleichstellung von Frauen und Männern mit Behinderungen – infrage. Sie wird so nicht zum aktiven Bestandteil der Arbeit in den Organisationen sowie bei der Interessenvertretung behinderter Menschen und führt zu erheblichen Umsetzungsproblemen bei der Gestaltung von Gender Mainstreaming als Querschnittsaufgabe. Damit bleibt die Perspektive behinderter Menschen unfertig. Wir sind der Meinung, dass die Konzeptionen zum Disability Mainstreaming und zum Gender Mainstreaming zusammengeführt werden müssen, um zu einer tatsächlich wirksamen Chancengleichheit aller Menschen zu führen. Gerade Gender Mainstreaming halten wir dafür geeignet, auch andere gesellschaftliche Ungleichheiten – wie sie z. B. bei Menschen mit Behinderungen bestehen – zu beseitigen.“

Da Behinderung in den Gender-Trainings selten thematisiert wird, bedarf es der Gender-Konzepte, die auf die Bedürfnisse der Frauen und Männer mit Behinderung abgestimmt sind. Köbsell (2005, 11) formuliert die These, dass Gender „als geschlossene Kategorie erscheint, in der andere Ausgrenzungskategorien, die Gender überformen, keinen Platz haben.“ Ihr Fazit: „wenn Gender Mainstreaming seinem Gleichstellungsanspruch gerecht werden will, muss mit einem Gender-Konzept gearbeitet werden, das andere Ausgrenzungskategorien nicht ausschließt, d. h. die Behinderungsperspektive muss genauso mit einbezogen werden wie z. B. die von Migrantinnen“ und nicht nur als „Sonder“-Training angeboten werden. Spätestens seit der Entstehung der „Weibernetzwerke“ haben Frauen mit Körperbehinderung ihre Belange in die gesellschaftliche Diskussion eingebracht und neben einer Sensibilisierung für ihre Lebenssituation Veränderungen herbeigeführt. Eine vergleichbare Männerforschung und Männerarbeit käme (geistig) behinderten Jungen und Männern sicher auch zugute, wenn sie verbunden mit einer entsprechenden Betroffenenperspektive in eine geschlechterbewusste Reflexionskultur eingebunden wäre (Schildmann 2006, 518).

Männlichkeit und Behinderung

Birgit Warzecha (1997, 1) stellt bezüglich der Auseinandersetzung mit der Lebenssituation behinderter Männer eine „Leerstelle in Theorie und Praxis" fest und stellt die These auf, „daß das – auch unter WissenschaftlerInnen – unreflektierte Klischee vom sog. geschlechtsneutralen Behinderten verhindert, Menschen, die unter den Bedingungen einer Behinderung leben, eine Geschlechtszugehörigkeit als Mann oder als Frau zuzugestehen."

Warzecha (1997, 8) vertritt die These „dass die gesellschaftliche verordnete Geschlechterpolarität behinderte Männer noch stärker in ein Normalitätskorsett zu zwängen (scheint), zumal sie nicht, wie behinderte Frauen, über Anknüpfungspunkte zur feministischen Theorie und Praxis verfügen, die mittlerweile auf eine langjährige Geschichte zurückblicken kann." Auch Swantje Köbsell (2005, 8) ist der Auffassung, dass weder die Wissenschaft noch die Behindertenbewegung viel vorzuweisen haben, wenn es um behinderte Jungen und Männer geht. „Die Behindertenbewegung, zumindest ihr männlicher Teil ist, um eine Wortschöpfung zu benutzen, die Gender mit Behinderung verbindet, weitgehend ‚genderblind'." (ebd.)

Auf dieser Ebene geht es um eine gelungene Identitätsarbeit für Männer mit Behinderung, denn die Argumentation der Benachteiligung und Diskriminierung greift hier im Unterschied zu den Frauen nicht.[14] Im Gegenteil: hier schneiden sich zwei hierarchische Linien, so dass sich die Frage stellt, mit welcher Motivation sich Männer mit Behinderung mit diesem Thema auseinandersetzen sollten. Das könnte ein Grund dafür sein, dass es einerseits weniger Selbsthilfe bei behinderten Männern und andererseits auch keine *soziale Bewegung* wie die der Frauenbewegung gibt.

Karsten Exner (1997, 67 f.) begründet die „verhinderte Identität bei behinderten Männern" einerseits mit dem durch ein defektorientiertes medizinisches Denken und Handeln enteigneten Körper und andererseits damit, dass „das Einordnungskriterium Geschlecht durch das Merkmal Behinderung ersetzt" wird und andere soziale Rollen (Kollege, Partner, Verbündete, Konkurrenten) nicht zugestanden werden. Darüber hinaus tragen eine defektorientierte Sonderpädagogik und die einseitige Orientierung der Integration in den Arbeitsmarkt seines Erachtens zu dieser verhinderten Identität bei. Exner (ebd., 71) kritisiert, „dass die Sonderpädagogik bis heute für Jungen keine überzeugenden Konzepte vorweisen kann, die ihren geschlechtsspezifischen Belangen gerecht werden, um sie so zu unterstützen, gleichberechtigte und selbstbewusste Männer zu werden." Die Überwindung dieser Situation gelingt seines Erachtens nur

---

[14] Ein Modell stärken- und ressourcenorientiert zu arbeiten stellt Reinhard Winter (2001) mit dem Variablenmodell „Balanciertes Junge- und Mannsein" vor. Zwar ist vielen Pädagogen bewusst, dass sie an den Stärken der Jungen und Männer ansetzen sollen, finden aber keine Begriffe für das Starke und Positive am Mann (ebd., 2). Das Balancenmodell liefert acht Aspektpaare, die neutral formuliert wurden, und als sich ergänzende Gegenpole auf einem Kontinuum zu verstehen sind (ebd.). Bernd Gimborn (2005) beschreibt Ziele und Ansatzpunkte einer Männerarbeit für Männer, die als geistig behindert gelten und die zu einer gelungenen Identitätsfindung und der „Absicherung einer Geschlechtsidentität" beitragen (ebd., 271). Da eine solche Männerarbeit dem Erwachsensein und Mannsein verpflichtet ist, geht er davon aus, dass Familienplanung und Vaterschaft wichtige Themen sein können (ebd.).

durch die Emanzipation der behinderten Männer und nicht durch eine von der Behindertenpädagogik favorisierte Integration behinderter Männer und Frauen. Denn es wäre zu fragen, warum in Zeiten der Individualisierung für eine bestimmte Gesellschaftsgruppe das Gesamtziel der Integration und nicht individuelle Gegebenheiten und eine selbstbestimmte Lebensführung favorisiert wird (ebd., 79). Unter der Berücksichtigung der Ziele der Selbstbestimmt Leben-Bewegung bedarf es emanzipatorischer Ansätze und Bestrebungen, da diese die gesamte Person mit all ihren Merkmalen und Fähigkeiten zu berücksichtigen versuchen und dabei alle Sozialrollen einbeziehen und Emanzipation im Unterschied zur Integration die Befreiung aus Machtverhältnissen mitbedenken (ebd., 80).

Als Konsequenzen für behinderte Männer sieht Exner (ebd., 81 f.) die kritische individuelle und kollektive Auseinandersetzung mit der eigenen Vergangenheit und Gegenwart an, mit dem Ziel einerseits „unsere Nicht-Normalität zu akzeptieren" und anderseits die Zuweisung von passiven Sozialrollen zurückzuweisen. Hilfreich ist ein Zusammenschluss in Gruppen, um Bedürfnisse zu artikulieren. Dabei sind behinderte Männer „darauf angewiesen, neue noch unbekannte Wege zu beschreiten"(ebd., 84), die in Richtung Emanzipation führen und sich in entsprechenden Gruppen zusammenzufinden (ebd., 83).

Kritisch lässt sich fragen, ob Männer mit und ohne Behinderungserfahrung überhaupt die gesellschaftlich überlieferte männliche Norm erfüllen wollen oder nicht fremdbestimmt in ein Modell gedrängt werden, das sie gar nicht erfüllen wollen und können. Dies könnte mit ein Grund sein, warum Integration im oben erwähnten Sinne keine Lösung ist und emanzipatorische Ansätze vorzuziehen sind.

Es stellt sich die Frage, „ob es durch eine Behinderung zu einer Verstärkung geschlechtsspezifischer Rollenzuschreibungen kommt" (GeM-Infoletter 2004, 2), wobei bezogen auf den Arbeitsmarkt zwei (scheinbar) widersprüchliche Erfahrungen deutlich werden: „einerseits die ‚Aberkennung' eines Geschlechts bzw. dessen ‚Neutralisierung' durch eine Behinderung (...) und andererseits das Verstärken von frauen- und männerspezifischen Rollen und Normen". (ebd.)

Hier setzen Empowermentprozesse an, die auf die Veränderung von Machtverhältnissen zielen und zur Selbstbestimmung befähigen (vgl. Kapitel 2 und 3). Dabei ist in diesem Kontext der Terminus Macht positiv besetzt – als Zugangs- und Kontrollrecht von Frauen und Männern über Ressourcen und als Verfügung über Gestaltungs- und Entscheidungsmacht auf verschiedenen Ebenen. Eine wichtige Ressource stellt der Zusammenschluss in Selbsthilfegruppen dar, so dass *Peer Support* an Bedeutung gewinnt.

1.1 *Die gesellschaftliche Situation von Frauen mit Behinderung*

Mancherorts wird davon ausgegangen, dass „sich die Lebenswelten auch von Männern und Frauen mit Assistenzbedarf in den jeweils geschlechtlichen Aufgabenteilungen, Einstellungen und Hierarchien nicht von den sog. nichtbehinderten Männern und Frauen unterscheiden" (Jerg

2003, 159). Andererseits kann man die These aufstellen, dass sich die Lebenssituation für Frauen mit Behinderungserfahrung noch erheblich zu ihren Ungunsten verschärft und sich die Problemlagen häufen, was die vorgestellten Daten in dieser Arbeit zeigen werden. Dabei stellt die „Behinderung" nur ein Merkmal von vielen Merkmalen dar, das das Leben einer Frau beeinflusst (Golomski 2001, 515), so dass gemeinsame Aspekte und Erfahrungen von behinderten und nicht behinderten Frauen leicht übersehen werden (ebd., 514). Somit gilt es „die unterschiedlichen emanzipatorischen Potentiale gegenüber den vielfältigen Formen von Benachteiligungen von behinderten und nicht behinderten Frauen konstruktiv" zu diskutieren (ebd., 515).

„Geschlechtsspezifische Lebenswelten, Machtstrukturen existieren in ähnlicher Weise, so dass gerade auch bei Menschen mit Assistenzbedarf nach Frauen und Männern/Jungen und Mädchen unterschieden werden muss sowie Genderaspekte in den Blick genommen werden müssen." (Jerg 2003, 163) Hinzu könnte die kulturelle Zugehörigkeit kommen, die zusammen mit dem Geschlecht und dem sozialen Status von Frauen und Männern „die Über- und Unterordnungsverhältnisse in unserer Gesellschaft" strukturieren (ebd.).[15]

Wesentlicher Verdienst der Krüppelfrauen-Bewegung ist die öffentliche Thematisierung von Frau sein, Behinderung und Sexualität sowie Elternschaft, gerade auch in diesem Zusammenhang. Dabei gilt es bei der Frage „Kinder oder keine?" den eugenischen Charakter dieser Frage aufzudecken und anzuprangern (Köbsell/Waldschmidt 1993). „Die eugenisch begründete Problematik geistig behinderter Frauen, die deren Stellung auf dem Arbeitsfeld Reproduktions-/Familienarbeit massiv beeinflusst, wird auch auf dem anderen zentralen gesellschaftlichen Arbeitsfeld, der Erwerbsarbeit, nicht kompensiert." (Schildmann 2006, 516)

Strukturelle Benachteiligungen bestehen für Frauen mit Behinderung aufgrund der bestehenden Geschlechterhierarchie, der geschlechtsspezifischen Arbeitsteilung und der Zugehörigkeit zur Gruppe der Behinderten. Frauen mit Behinderung erfahren trotz vieler Gemeinsamkeiten mit der Gruppe der Frauen und der Gruppe der Behinderten immer auch Diskriminierung durch behinderte und nicht behinderte Männer sowie nicht behinderte Frauen; als Behinderte eine Entmündigung und Degradierung zum Objekt; als Frauen eine Verleugnung der Geschlechtlichkeit.

> „Wo immer wir uns bewegen, in Kontakt miteinander treten, kommunizieren, nehmen wir uns gegenseitig als Frauen oder Männer wahr, also in unserer Geschlechtlichkeit. (...) Das Geschlecht ist eines der wesentlichen Strukturmerkmale in unserem gesellschaftlichen Leben und Umgang." (Schildmann 1997, 15)

Frauen mit Behinderung erfahren eine verschärfte Situation durch die Kombination von Behinderung und geschlechtsspezifischen Klischees, was viele dazu veranlasst von einer „Doppelten Diskriminierung" zu sprechen. Die Diskussion um den Begriff „Doppelte Diskriminierung"

[15] Jo Jerg erachtet die Orientierung an der Normalität als gefährlich, da „Normalität Gegenbegriffe wie Behinderung braucht und schafft" (2003, 164).

wird kontrovers geführt. Damit ist gemeint, dass die Diskriminierung von behinderten Frauen auf zwei Ebenen besteht: einerseits in der Diskriminierung von weiblichen Behinderten aufgrund der Geschlechtszugehörigkeit, die in der noch immer vorherrschenden Sozialisation besteht, „die sich am gesellschaftlichen Normalitätszwang orientiert“ (Warzecha 1997, 2). Der „allgegenwärtige Schönheitsterror und das weibliche Lebensmodell als potentielle Ehefrau“ steht dem gegenüber, dass behinderten Frauen Erotik und Sexualität abgesprochen wird und sie Ausgrenzungsprozessen auf dem „Markt der Partnerbeziehungen“ unterworfen sind (ebd.).[16] Andererseits „findet eine Eingrenzung der beruflichen Perspektiven hinsichtlich der Konkurrenz zu behinderten Männern statt, die die ohnehin bestehenden faktischen Benachteiligungen im Erwerbsleben zuspitzen“ (ebd.).

> „Eine restriktive Sozialpolitik, der Ausschluß von gesellschaftlicher Teilhabe, latente Einschränkungen bei Versorgungsansprüchen kulminieren gleichsam in der frauen- und behindertendiskriminierenden Praxis der ‚Qualitätskontrolle‘ von Kindern behinderter Frauen. Diese Form einer restriktiven Körperpolitik, unterstützt durch die aktuellen Gen- und Reproduktionstechnologien, kann auf eine lange Traditionslinie bis hin zum Nationalsozialismus blicken. Die gesellschaftliche Manipulation der Mutterschaft bei behinderten Frauen steht symbolisch und konkret auch für das Ausmaß ihres Verlusts an Würde.“ (Warzecha 1997, 2)

Der Terminus der „Doppelten Diskriminierung“ wurde besonders geprägt durch die Krüppelfrauenbewegung (vgl. Kap. 2.5.6). So gehen behinderte Frauen davon aus, dass sie „in Personalunion zwei gesellschaftlich benachteiligten Gruppen an[gehören] – den Frauen und den Behinderten.“ (Schatz 1996, 16)

Zugespitzt gäbe es dann eine dreifache Diskriminierung, wenn man Meuth (^{2}1998, 35) folgt, dass „Benachteiligung und Abwertung treffen aber Frauen mit geistiger Behinderung stärker, weil sie mehrfach ausgegrenzt sind: als Frauen, als Behinderte und als geistig Behinderte“. Weitere Dimensionen wie die Zugehörigkeit zu einer ethnischen Minderheit würden dann zur vierfachen Diskriminierung addiert, aber die spezifischen „weiblichen“ Benachteiligungen würden dadurch nicht transparent gemacht, sondern verfestigen eher die Zuschreibung einer Opferrolle (Tiemann 2006, 90).

Jenny Morris (1994, 70) erachtet es als nicht sehr hilfreich, die Erfahrung behinderter Frauen als „doppelte Benachteiligung“ zu thematisieren, da die Wege der Unterdrückung behinderter Frauen und behinderter Menschen ineinander greifen und die Tendenz besteht, die Frauen in die passive Opferrolle zu drängen. Neben Morris gibt es weitere Autorinnen, die die Formulierung „Doppelte Diskriminierung“ ablehnen.[17] Der Begriff der „Doppelten Diskriminierung“ ist

---

[16] „Bei diesen Grenzüberschreitungen vermischen sich Sexismus und KrüppelInnenfeindlichkeit und addieren sich auf“ und Kassandra Ruhm (1997, 64) bezieht sich damit auf den nichthaltbaren Zustand, dass Frauen mit Behinderung oft von Männern die Treppe hochgetragen werden statt auf akzeptable Weise zu Veranstaltungsorten zu gelangen.

[17] Vergleiche hierzu die Diskussion um den Begriff „Doppelte Diskriminierung“ sowie „double disadvantage“ (Morris 1992), „double oppression“ (Thomas 1999 zit. in Tiemann 2006) oder einem „plus factor“ (Hanna/Rogovsky 1991) im Sinne von „two handicaps plus“ in der Dissertation von Heike Tieman (2006). Alternativ wäre nach Deegan der Status einer „multiple minority group“ zu betrachten (Tiemann 2006, 91).

nach Schildmann (2000b, 10; 2001a, 152) ein politischer Begriff, der zu Fehlschlüssen führen kann, und eignet sich daher als wissenschaftlich analytischer Begriff nicht,

> „denn weibliche Lebensbedingungen und Behinderung verknüpfen sich nicht – im Sinne des Begriffes – additiv, vielmehr verschärft Behinderung (zu verstehen als soziale Folge von Krankheit, gesundheitlichen Schädigungen und individuellen Einschränkungen) die im patriarchalisch-kapitalistischen System bereits strukturell angelegten Abwertungen, Benachteiligungen, Diskriminierungen von Frauen und deren Lebens- und Arbeitszusammenhängen“ (Schildmann 2001a, 152).

Da sie den Begriff der „Doppelten Diskriminierung“ für ungeeignet betrachtet, spricht Schildmann (2000b, 21) an anderer Stelle von einer „potenzierten Diskriminierung“.

Dabei wird nicht immer deutlich, von welchem Diskriminierungsbegriff/-verständnis die soeben zitierten Frauen ausgehen. Der Terminus *Diskriminierung* stammt aus dem Lateinischen und kann mit „Unterscheidung“ übersetzt werden, so dass der Begriff an sich erstmal neutral zu fassen ist. Im Kontext der Definition der Europäischen Union wird einerseits zwischen mittelbarer und unmittelbarer Diskriminierung, andererseits zwischen horizontaler und vertikaler Diskriminierung unterschieden (Mittendrinundaussenvor.de o. J.). Eine horizontale Diskriminierung bezieht sich auf alle Zielgruppen, aber nur einen Lebensbereich, während bezogen auf eine Zielgruppe und alle Lebensbereiche von vertikaler Diskriminierung gesprochen wird. Zu unterscheiden ist ferner zwischen direkter und indirekter Diskriminierung, offener und verdeckter sowie individueller und institutioneller Diskriminierung. Im Allgemeinen Gleichbehandlungsgesetz (AGG), das im August 2006 in Kraft getreten ist, wird ein Benachteiligungsverbot geregelt und ebenso zwischen unmittelbarer und mittelbarer Diskriminierung unterschieden. Eine unmittelbare Benachteiligung erfolgt, wenn eine Person aufgrund bestimmter Merkmale in einer vergleichbaren Situation ungleich behandelt wird, während eine mittelbare Benachteiligung schwieriger zu erfassen ist und vorliegt, „wenn dem Anschein nach neutrale Vorschriften, Kriterien oder Verfahren Personen wegen eines in § 1 genannten Grundes gegenüber anderen Personen in besonderer Weise benachteiligen können, es sei denn, die betreffenden Vorschriften, Kriterien oder Verfahren sind durch ein rechtmäßiges Ziel sachlich gerechtfertigt und die Mittel sind zur Erreichung dieses Ziels angemessen und erforderlich“ (§ 3 Abs. 2 AGG).

Gesellschaftliche Normen werden zum Bewertungsmaßstab und von diesen Normen abweichende Personen werden diskriminiert, wobei die Diskriminierung aufgrund unterschiedlicher gruppenspezifischer Merkmale wie Geschlecht, Herkunft, Hautfarbe, Ethnie, religiöser und politischer Anschauung, sozialer Herkunft, sexueller Orientierung und Alter erfolgen kann. Diskriminierung meint

> „im soziologischen Sinne ungleiche, herabsetzende Behandlung anderer Menschen nach Maßgabe bestimmter Wertvorstellungen oder aufgrund unreflektierter, z.T. auch unbewußter Einstellungen, Vorurteile und Gefühlslagen. Der Begriff Diskriminierung erhält seine soziale Relevanz erst unter Bezug auf die in einer Gesellschaft postulierten spezifischen Gleichheits- bzw. Gleichbehandlungsgrundsätze.“ (Hillmann [4]1994, 155)

Unter Diskriminierung in Hinsicht auf Kinder mit Migrationshintergrund kann folgendes verstanden werden: „Diskriminierung ist eine Form von Gewalt, da sie die betroffenen Menschen in der Entwicklung und Entfaltung ihrer Persönlichkeit beeinträchtigt“ (Lörzer 1989, 103 zit. in Merz-Atalik 2001, 67).

„Verborgene“ Mechanismen der Diskriminierung im Zusammenhang mit Behinderung lassen sich den genannten Ebenen hinzufügen. Zu nennen wären hier die Diskussionen über das Lebensrecht behinderter Menschen sowie Diskussionen um die Pränataldiagnostik und Präimplantationsdiagnostik (Forster 2007, 81).

Umstritten ist aber auch die positive Diskriminierung, mittels derer versucht wird, durch rechtliche Bestimmungen – und somit eine bewusste Bevorzugung – einer benachteiligten Gruppe deren Nachteile auszugleichen und der Gesellschaft gleichzustellen.

Im Kontext von Empowerment „sollen Mädchen und Frauen mit Behinderung in ihrem Kampf um Definitions-, Handlungs- und Gestaltungsmacht aktiv unterstützt werden, [so] ist es nicht sinnvoll mit der defizitären Kategorie ‚Doppelte Diskriminierung‘ zu arbeiten (Klees-Möller/Wedel 1996, 195)“ (Tiemann 2006, 92).

Julia Zinsmeister (2006, 187) erachtet das additive Modell der „Doppelten Diskriminierung“ für wenig tragfähig, da zwar alle Phänomene als gleichzeitig wirksam, aber als jeweils unabhängige und somit eindimensional wirkende Phänomene betrachtet werden. Da sich typische Problemlagen von „den Frauen“ oder „den Behinderten“ nicht 1:1 auf behinderte Frauen übertragen lassen, erfahren diese Benachteiligungen meist in anderer Form (ebd.).

> „Ein additives Verständnis im Sinne einer ‚doppelten Diskriminierung‘ reduziert die denkbaren Kumulationen auf die bloße Addition von Nachteilen und vermag damit die beschriebenen Eingriffe in die Reproduktionsfreiheit und Selbstbestimmung behinderter Frauen nicht zu erklären. […] Aufgrund der ‚Achsen der Differenz‘ (Knapp 2001), ihren Überschneidungen und Durchkreuzungen werden das Geschlecht, die sexuelle Identität, Behinderung, Ethnie oder das Alter niemals ‚allein wirksam, sondern (…) in spezifischen Kontexten gleichzeitig mit und durch andere Differenzen konstruiert, artikuliert und sozial realisiert …‘ (Schein/Strasser 1997).“ (ebd., 189)

Zinsmeister (ebd.) plädiert daher für den Begriff der „mehrdimensionalen Diskriminierung“, da er offen lässt, „welcher Art Diskriminierungen kumulieren oder einander relativieren können“. Wechselwirkungen zwischen Geschlecht und Behinderung erschließen sich erst aus der Perspektive behinderter Frauen (ebd.). Der prioritäre Charakter der Kategorie Behinderung muss in Frage gestellt werden, um Unterschiede und Ungleichheiten zwischen behinderten Frauen und Männern in den Blick zu nehmen und ihre individuellen Lebenslagen und Bedürfnisse zu berücksichtigen (ebd.).[18]

---

[18] Julia Zinsmeister (2007, 19) geht in ihrer Dissertation am Beispiel behinderter Frauen der Frage nach, welche „Wirkungsweisen verfassungsrechtliche und sozialrechtliche Gleichstellungskonzepte bei Vorliegen einer mehrdimensionalen Diskriminierung“ haben. Redaktionell ist ihrer Ansicht nach die Formulierung „besondere Bedürfnisse“ im § 1 SGB IX missglückt, denn die Formulierung reproduziert geschlechtshierarchisches Denken (Zinsmeister 2006, 190). Zinsmeister (ebd.) kritisiert, dass so die Rehabilitationsbedürfnisse behinderter Frauen zur geschlechtsspezifischen Besonderheit werden. Ihrer Meinung nach kann dieses Denken nur durch-

Behinderte Frauen beklagen sich, dass sie als „geschlechtliche Neutren" wahrgenommen werden und nicht als Frauen.[19] Der Grund liegt Schildmanns (1997, 17) Erachtens darin „daß unsere Gesellschaft relativ enge Grenzen um das zieht, was sie für ‚normal' und hier für ‚normal weiblich' hält. Die Ausgrenzung, die von den Betroffenen als ‚Neutralisierung' erlebt wird, steht für das enge Weiblichkeitskonzept der Gesellschaft. ‚An erster Stelle: weiblich'; wer diesem Grundsatz nicht zu entsprechen scheint, wird mit Besonderungen versehen."
Andrea Schatz (1996, 16) spricht vom „abgesprochenen Geschlecht" und merkt an, dass behinderte Frauen in der öffentlichen Wahrnehmung weder den traditionellen Rollenmustern noch dem leistungsorientiertem Konkurrenzdenken zu entsprechen scheinen. „Gesellschaftlich gesehen sind wir gewissermaßen rollenlos." (ebd., 16) Deutlich wird dies daran, dass Frauen mit Behinderung noch nicht einmal die frauenspezifischen Klischees (Kinder und Haushalt) zugestanden werden (ebd., 18). „Sie wachsen zumeist in ein Leben hinein, in dem ihnen wesentliche Teile der typischen Frauenrollen nur eingeschränkt offen stehen. (...) Im Kontext des Lebensbereiches Heim sind sie zwar zumeist in der Hausfrauenrolle aktiv, aber ohne eigene Verantwortungsbereiche." (Wacker 2001b, 23)
Verschiedene Studien haben sich in den letzten 20 Jahren mit der Lebenssituation von Frauen mit Behinderung beschäftigt (vgl. auch Kapitel 5.2). Im Folgenden werde ich immer wieder auf diese Bezug nehmen, wobei deutlich wird, dass sich die meisten Forschungstätigkeiten noch immer vorwiegend auf Frauen mit körperlichen Beeinträchtigungen beziehen. Andrea Friske machte 1995 zum ersten Mal auf die widersprüchliche Lebenssituation von Frauen mit geistiger Behinderung aufmerksam. Schildmann (2001a, 154) schreibt ihr den Verdienst zu, „die soziale Lage dieser Frauen in die feministische Theoriediskussion eingebracht zu haben." Leider sank das Interesse an der Auseinandersetzung mit dieser Zielgruppe bald wieder. Für die von Friske interviewten Frauen ist „das ‚Nicht-Wahrgenommen-Werden als Frau', eine manchmal sehr verdeckt manchmal sehr offen angenommene Geschlechtsneutralität" (Friske 1997, 33) eine Gemeinsamkeit. „Eindeutig als Frau oder Mann erkannt werden zu können, ist eine Voraussetzung für die Teilhabe an unserer Kultur." (ebd., 34) Frauen mit geistiger Behinderung profitieren bisher nur wenig von den Errungenschaften der Frauenbewegung, dabei sind sie „besonders schwerwiegenden Problemen ausgesetzt: Erziehung zu Überanpassung und Asexualität ist vorherrschend, geeignete Sozialisationsvorbilder gibt es kaum." (Schildmann 1999, 89)

---

brochen werden, wenn in Zukunft in der Rehabilitation behinderter Frauen und Männer Themen wie Partnerschaft, Sexualität, Familienplanung, Elternschaft, sexuelle und häusliche Gewalt – Themen, die in unserem Kulturkreis primär weiblich geprägt sind – Rechnung getragen wird (ebd.).
Mit der Frage, ob die bestehende Gesetzgebung Frauen mit Behinderung benachteiligt, hatte sich bereits 1993 eine Arbeitsgruppe des LWV Hessen (1993) beschäftigt, mit dem Ergebnis, „daß die vorliegenden Gesetze in ihren Auswirkungen eine strukturelle Benachteiligung von Frauen mit Behinderung bedingen." (LWV Hessen 1993, 30)

[19] Zugespitzt mündet diese Wahrnehmung als „geschlechtliche Neutren" in dem Beispiel der öffentlichen Toiletten für Behinderte, die nicht nach Geschlechtern getrennt sind. Die quasi geschlechtsneutrale Umgebung wird hier durch eine quasi geschlechtsneutrale Toilette abgebildet.

Bei der Gegenüberstellung von Friske (1995, 206) ist zu berücksichtigen, dass ihre Arbeit aus Mitte der 1990er stammt, und bereits damals eine Enttraditionalisierung hin zu anderen Lebensentwürfen von Frauen stattgefunden hat. So wollen viele Frauen heute in beiden Bereichen – Hausarbeit und Erwerbsarbeit – erfolgreich sein. Frauen ohne Behinderung haben heute eine größere Variabilität bezogen auf ihre Lebensentwürfe, während Frauen mit Behinderungserfahrung eher eine Generalisierung ihrer Lebensentwürfe erfahren (vgl. Kap. 6.1).
Die Studie LIVE – Leben und Interessen vertreten – Frauen mit Behinderung (Eiermann/Häußler/Helfferich 2000) bezieht sich auf Frauen mit sichtbaren und nichtsichtbaren Körper- und Sinnesbehinderungen zwischen 16 und 60 Jahren und schließt Frauen mit geistiger Behinderung aus.[20] Die Autorinnen (ebd., 35) gehen von doppelten Belastungen und Diskriminierungen aus und nehmen aber auch eine „doppelte Kompetenz" in der Bewältigung im Lebenslauf an, die die Frau für die Auseinandersetzung als Frau in einer männlich dominierten Welt und als Behinderte in einer Welt der Nichbehinderten benötigt. Trotz unterschiedlicher Biografien und Lebenslagen der befragten Frauen prägen bestimmte Faktoren den Alltag und die Lebenssituation gleichermaßen (ebd.): „Wesentlich für die individuelle Lebensgeschichte ist das Alter bei Eintritt der Behinderung, die Art der Behinderung, die Zugehörigkeit zu einer bestimmten Generation oder Alterskohorte und das soziale Umfeld auch und vor allem in der Art des Umgangs mit der Behinderung."(ebd.)
Die zentrale Frage bei Elisabeth Wacker (2001b, 37) lautet: Welche Probleme sind nun im Einzelnen dem Frausein oder dem Behindertsein dieser in Wohnheimen lebenden Frauen zuzuordnen? Vielmehr scheinen sich die Lebenslagen zu überlagern und fügen sich zu einer allgemein ungünstigen Lebenskonstellation.

Selbsthilfe und Gender

Das Thema Selbsthilfe unter der Genderperspektive zu betrachten war bis vor kurzem fachlich noch nicht von Interesse, auch nicht in der Deutschen Arbeitsgemeinschaft Selbsthilfegruppen e.V. Jedoch gründete sich im Mai 2002 die Gender AG der Deutschen Arbeitsgemeinschaft Selbsthilfegruppen e.V., da sich der Selbsthilfebereich als ein Frauenbereich darstellt, und der überwiegende Teil (75–80 %) der in der Selbsthilfe Engagierten weiblich ist.[21] Es fehlt jedoch

[20] Die Aussagen können nur bezogen werden auf Frauen, die bei den Versorgungsämtern als schwerbehindert gemeldet sind (ebd., 15). Das Forschungsdesign besteht aus drei Erhebungen: 1) schriftliche Befragung mittels Fragebögen (N=987) 2) biographische mündliche Interviews mittels Leitfaden (N=60) 3) teilstrukturierte Gespräche mit Vertreter(inne)n von Institutionen und Verbänden (N=40), die im Zeitraum 1997 bis 1998 durchgeführt wurden. Nur 1,4 % der Frauen der Stichprobe (ebd., 16) leben in einer Wohneinrichtung, was die Autorinnen dahingehend interpretieren, dass es schwierig ist, Frauen in Einrichtungen zu erreichen. Das bedeutet jedoch, dass die Ergebnisse nicht aussagekräftig sind für Frauen, die in Wohneinrichtungen leben.

[21] Gisela Notz (2005, 35) gibt in Anlehnung an Heinz Bartjes und Maria Knab einen Anteil von 75–80 % an in der Selbsthilfe engagierten Frauen an. Niclas Beier und Rita Hagemann (2005, 90 f.) stellten bei ihrer Umfrage fest, dass 75 % der Kontaktsuchenden der Selbsthilfekontaktstelle Hannover Frauen sind. Die Selbsthilfegruppen setzen sich aus 63 % Frauen und 37 % Männern zusammen. Während der Selbsthilfebereich weiblich ist, bestehen männliche Strukturen bezogen auf die Leitungsebene und die Funktionsträger, die eher männlich sind. Des Weiteren gibt es geschlechtsspezifisch unterschiedliche Zugangswege zu Selbsthilfegruppen und

bereits eine geschlechtergerechte Gesundheitsversorgung, denn die derzeitige Gesundheitsversorgung lässt gesellschaftliche und soziale Unterschiede völlig außer Acht und orientiert sich vielmehr an dem weißen, gesunden Mann mittleren Alters (Faber 2005, 27).[22]
Bartjes und Knab (2005, 41) verweisen in ihrer Studie „auf die Bedeutung von Geschlechterrollen als ‚Haltegriffe' gerade in Krisenzeiten, um die ins Wanken geratene Normalität zu stabilisieren."
Für die Unterstützung von Selbsthilfegruppen benötigen Professionelle Gender-Kompetenzen für die Praxis, wobei es eine Herausforderung darstellt, Geschlechterverhältnisse wahrzunehmen, jedoch nicht durch die Brille einer Differenzperspektive. Gerrit Kaschuba (2005, 62) benennt Gender-Kompetenzen als Bestandteil professioneller Selbsthilfeunterstützung, die sich meines Erachtens auf die Behindertenarbeit übertragen lassen:

> „- die Kenntnis vielfältiger Lebensentwürfe von Frauen und Männern,
> - das Wissen um strukturelle Geschlechterverhältnisse in Institutionen der Selbsthilfeförderung, des Gesundheitsbereichs etc.,
> - fachliches, themenbezogenes Gender-Wissen,
> - die geschlechtersensible Unterstützung und Beratung von Einzelnen und Gruppen,
> - geschlechtersensible Wahrnehmung, Kommunikation und Konfliktfähigkeit und
> - vor allem auch geschlechterbezogene Selbstreflexivität."

Was darüberhinaus für eine gendersensible Erwachsenenbildung für Frauen und Männer mit Behinderungserfahrung erforderlich wäre, wird in Kapitel 3.9.2 ausgeführt. Impulse der Selbsthilfebewegung der Frauen und Männer mit Behinderung für die Behindertenpädagogik werden in Kapitel 2 thematisiert. Gerade der Bewegung der behinderten Frauen kommt hierbei eine große Bedeutung zu. Zuvor soll jedoch noch eine begriffliche Annäherung an die Termini Behinderung und geistige Behinderung erfolgen.

1.2 *Frauen mit Behinderungserfahrung als Zielgruppe*

Im Folgenden werde ich zunächst die von mir favorisierte Bezeichnung *Behinderungserfahrung* in einen Diskussionszusammenhang stellen und Überlegungen zum Terminus „Geistige Behinderung"[23] ausführen. Des Weiteren gilt: „Normalität und Behinderung haben ein geschlechtsspezifisches Gesicht. Frau Maier wird unabhängig von Assistenzbedarf eine geschlechtliche Orientierung erfahren." (Jerg 2003, 163)

Kontaktstellen. Innerhalb der Selbsthilfegruppen lässt sich eine inhaltliche Arbeitsteilung erkennen (Bartjes/Knab 2005, 47).

22 Ansätze einer geschlechtergerechten Gesundheitsversorgung lassen sich in der seit Sommer 2004 bestehenden Verpflichtung bei der Erprobung neuer Arzneimittel eventuelle unterschiedliche Wirkungsweisen bei Frauen und Männern zu berücksichtigen, erkennen. Gleichzeitig nehmen Frauen das Gesundheitssystem häufiger in Anspruch, während Männer zum Beispiel Vorsorgeuntersuchungen auch eher meiden. Dabei ist meines Erachtens zu beobachten, dass diese Problematik meist den Männern angelastet wird und weniger die Strukturen betrachtet werden, die es vielleicht insgesamt für beide Geschlechter zu verändern gilt.

23 Im Rahmen der vorliegenden Arbeit kann keine ausführliche Reflexion erfolgen, sondern lediglich der Rahmen für die zentralen Überlegungen im Kontext dieser Arbeit gespannt werden. Zur vertiefenden Auseinandersetzung mit dem Terminus „Geistige Behinderung" vergleiche zum Beispiel Feuser 1996, Lindmeier 1993, Ziemen 2001.

Der Terminus *geistige Behinderung* wird kontrovers diskutiert und von betroffenen Frauen und Männern häufig abgelehnt. Im alltagssprachlichen Gebrauch wird *Behinderung* oft mit Krankheit gleichgesetzt oder Gesundheit gegenübergestellt. Dabei verfolgt die Diskussion über terminologische Veränderungen das Anliegen eine soziale Zuschreibung und damit Etikettierung zu vermeiden und eindimensionale Denkmodelle zu überwinden.[25] Denn „Begriffe gelten als denk- und handlungsleitende Instrumente, die letztlich als Mechanismen ‚Macht- und Ohnmachtspole' (zwischen denen sich Menschen bewegen) aufbauen, aufrechterhalten, manifestieren oder entschärfen können" (Ziemen 2001, 269). Allzu verständlich ist der Wunsch der betroffenen Frauen und Männer den Begriff *(geistige) Behinderung* abzuschaffen. Frauen und Männer mit der Zuschreibung *Geistige Behinderung* favorisieren häufig den Begriff *Menschen mit Lernschwierigkeiten* und fordern dies beispielsweise über die People First Bewegung ein.[26] Eine De-Konstruktion des Begriffs *Geistige Behinderung* diskutieren Winfried Palmowski und Matthias Heuwinkel ([2]2002, 25), aber der Begriff wird gebraucht, um genau diesen Prozess der Konstruktion deutlich zu machen. Damit schließen sich die Autoren Volker Schönwieses Aussage an: „Behinderung kann nicht verstanden werden, wenn sie unbeachtet bleibt (Schönwiese 1997, 23)." (ebd.) „Da kein Begriff in der Lage ist, Wirklichkeit abzubilden, bleibt jede Aussage über Menschen unzulänglich" (Prengel 2001, 29), jedoch brauchen wir Begriffe, um uns zu verständigen, sodass „bestimmte Begriffe im Sinne von Hypothesen genutzt werden" (ebd., 30) können. Im Rahmen der *Disability Studies* wird von einem Sozialen Modell von Behinderung ausgegangen (Degener 2003b) und die Berücksichtigung der Genderperspektive eingefordert. Behinderung wird nicht mehr als eine personenbezogene Kategorie verstanden, sondern als Konsequenz bestimmter Situationen und somit als situationsabhängige Kategorie gefasst.[27]

---

[25] Die Beispiele anderer Länder zeigen auch eine defizitorientierte Begrifflichkeit, wie zum Beispiel Dänemark „Menschen mit Entwicklungshemmung" [mennesker med udviklingshœmning], Frankreich „mentale Behinderung" [personnes handicapées mentale], Großbritannien „Menschen mit Lernschwierigkeiten" [People with Learning Difficulties/Intellectual Disabilities] und nicht zuletzt der noch in Hessen gebräuchliche Ausdruck der Schulen für praktisch Bildbare.

[26] Wie schwierig das ist, zeigt ein aktuelles Handbuch „Pädagogik bei geistiger Behinderung" von Wüllenweber, Theunissen, Mühl (2006), das den Terminus geistige Behinderung fast durchgehend (bis auf Ausnahmen, wie z. B. Hinz) verwendet, auch wenn im gleichen Handbuch ein Beitrag von Stefan Göthling erscheint, der den Wunsch nach Abschaffung des Begriffs geistige Behinderung mehrmals vehement zur Sprache bringt. Eine Begriffsänderung, wie sie zum Beispiel von *People First* oder der Bundesvereinigung Lebenshilfe diskutiert wird, sollte an den Möglichkeiten und Fähigkeiten der Menschen ansetzen und nicht darüber hinweg täuschen, dass sich damit nicht unbedingt eine gleichberechtigte Teilhabe und die Anerkennung von Vielfalt ermöglichen lässt.

[27] Auch in der UN-Konvention über die Rechte von Menschen mit Behinderungen steht die Überwindung des Defizit-Ansatzes im Vordergrund. Heiner Bielefeldt (2006, 4) sieht in „der positiv konnotierten diversity-Komponente und der kritischen Aufdeckung gesellschaftlicher Konstruktion von Behinderung" eine gewisse Spannung, aber auch ein Innovationspotenzial, das für das menschenrechtliche Empowerment zentral ist.

Die Relativität der Behinderung charakterisieren Ulrich Bleidick und Ursula Hagemeister wie folgt:

> „Es gibt keine allgemein anerkannte Definition von Behinderung. Es ist auch nicht erwünscht, dass für alle Zeiten allgemein festgelegt werde, wer als behindert zu gelten hat und wer nicht. Die Tatbestände Behindert – sein und Behinderung sind sozial vermittelt: Der Begriff der Behinderung selbst unterliegt einem handlungsleitendem Erkenntnisinteresse. Darum sind alle Aussagen darüber, wer gestört, behindert, beeinträchtigt, geschädigt ist usw., relativ, von gesellschaftlichen Einstellungen und diagnostischen Zuschreibungen abhängig." (Bleidick/Hagemeister 1998, 18 f. zit. in Schildmann 2005, 119).

Zu berücksichtigen ist, dass der Begriff der *Behinderung* oder das Attribut *behindert* nicht nur vieldeutig, sondern auch mit anderen Attributen wie „göttlich, heilig, töricht, böse, abstoßend, beängstigend" (Neumann 1995, 21 zit. in Jerg 2003, 162) austauschbar ist und somit „abhängig von gesellschaftlichen, kulturellen etc. Bedingungen und deshalb kontextbezogen" (Jerg 2003, 162) ist. Behinderung ist ein gesellschaftliches Phänomen, das heißt Behinderung ist „kein personinhärentes Merkmal, sondern immer ein soziales, durch die Um- und Bezugswelt mitkonstruiertes Phänomen" (Theunissen ^{4}1999, 17). Zugleich stellen (geistig) Behinderte keineswegs eine homogene Gruppe da, da sie sich wie andere Menschen auch hinsichtlich Alter, Geschlecht, Herkunft und anderer Merkmale unterscheiden.

Die interaktionistische Sicht „‚Behinderung' als Zusammenwirken bio-psychosozialer Aspekte und der jeweiligen Umweltvariablen zu begreifen" (Wacker 2003b, 45) schlägt sich auch in der Neufassung der Internationalen Klassifikation der Funktionsfähigkeit, Behinderung und Gesundheit/International Classification of Functioning, Disability and Health (ICF) wieder, wobei die Beschreibung immer im Zusammenhang mit Kontextfaktoren erfolgt. Der Anspruch der ICF besteht darin, das medizinische Modell und das soziale Modell in einem biopsychosozialen Modell zu integrieren. Die Veränderungen hin zu „Aktivitäten" beziehungsweise „Partizipation" innerhalb dieses neuen Verständnisses von Behinderung tragen dazu bei, „den Blickpunkt auch auf ‚geistige Behinderung' zu verändern und gleichzeitig Möglichkeiten der Unterstützung zu offenbaren" (Ziemen 2001, 273). „Dass Funktionsfähigkeit und Behinderung eines Menschen eine *dynamische Interaktion* zwischen dem Gesundheitsproblem und den Kontextfaktoren" (Lindmeier 2007, 165) darstellt, wobei die Kontextfaktoren nochmals in Umweltfaktoren und personenbezogene Faktoren unterschieden werden, verdeutlicht die ICF.[28] Im Unterschied zur vorherigen International Classification of Impairment, Disability and Health (ICIDH) handelt es sich bei der ICF nun um eine „defizit- *und* ressourcenorientierte Klassifikation" (ebd., 166) und beinhaltet nicht Krankheitsfolgen, sondern Gesundheitskomponenten. Durch die Hervorhebung des Partizipationsanspruchs wird deutlich, dass Behinderung in unseren Ländern mit hoch entwickelten Gesundheitssystemen „in erster Linie ein *soziales Exklu-*

[28] Es mag irritierend sein, wenn an dieser Stelle das Wort „Gesundheitsproblem" erscheint, da hier Behinderung wieder mit Gesundheit in Verbindung gebracht wird. Dies ist der Tatsache geschuldet, dass es sich bei der ICF um eine Klassifikation des Gesundheitssystems handelt und in einer systematischen und einheitlichen Sprache Gesundheit und Gesundheitsprobleme sowie die damit verbundenen Komponenten beschrieben werden sollen.

sionsproblem darstellt (…) und die *erschwerte Partizipation am Leben der Gesellschaft* die ‚eigentliche Behinderung' darstellt und zum zentralen Ansatzpunkt der rehabilitativen Hilfen werden muss" (ebd.) [Hervorhebungen im Original].[29]

Nach Marianne Hirschberg (2003, 19) erfüllt die ICF nicht ihren Anspruch, das medizinische Modell und das soziale Modell in einem biopsychosozialen Modell von Behinderung zu integrieren, so dass es sich hierbei nur um den Versuch einer Synthese handelt und die Dominanz des medizinischen Modells weiter besteht.[30]

Eine interaktionistische Sichtweise von Behinderung – das heißt eine Zuschreibung von Erwartungshaltungen – wird bei Georg Feuser (1996, 18) deutlich, wenn er in seinem Aufsatz „Geistigbehinderte gibt es nicht!" davon spricht, dass es Menschen gibt, „die *wir* aufgrund *unserer* Wahrnehmung ihrer menschlichen Tätigkeit, im Spiegel der Normen, in dem *wir* sie sehen, einem Personenkreis zuordnen, den *wir* als ‚geistig behindert' bezeichnen". Die Benutzung des Begriffs „Geistige Behinderung" erspart uns „sich auf den anderen zu besinnen, uns ihm anzunähern, einen Dialog mit ihm zu führen, von ihm zu lernen, mit ihm zu leben" (Feuser 1998). Demnach würde es zu einem Perspektivenwechsel kommen, wenn „wir das erschwerte Lernen und die Mühe würdigen, die sich die Betroffenen machen, um sich die von uns Nichtbehinderten geschaffene Welt anzueignen, [sodass] wir von ihren besonderen kognitiven Fähigkeiten, ihrem Geschick und Können sprechen" müssten (ebd.).

Einen mehrperspektivischen Blick nehmen Vertreter der materialistischen Behindertenpädagogik ein, die in den 1970er Jahren entstanden ist und eine Grundlegung bei Wolfgang Jantzen mit der Ausarbeitung einer Allgemeinen Behindertenpädagogik und mit Georg Feusers Konstituierung einer entwicklungslogischen Didaktik erfuhr.

Das gesellschaftstheoretische Paradigma steht für den Ansatz der materialistischen Behindertenpädagogik und sieht Behinderung als Gesellschaftsprodukt, so dass Behinderung typisch ist für kapitalistische Gesellschaftssysteme (Cloerkes [3]2007, 11).[31]

Für Feuser (1991, 147) ist „Behinderung wesentlich das Produkt vorenthaltenen und inadäquaten Lernens und unserer Art des segregierenden Umgangs mit Behinderten, wodurch Behinderung, ist sie als gesellschaftlicher Prozeß der Selektion und Segregierung erst einmal in Gang gekommen, sich selbst konsolidiert". Diesen Prozess bestätigen auch einige der interviewten Frauen, wobei anzumerken ist, dass sich keine der interviewten Frauen selbst als geistig behindert bezeichnet hat oder bezeichnen würde.

---

[29] Zu den Chancen und Schwachstellen der ICF-Definition äußert sich Christian Lindmeier (2002/2003) und verweist auf eine Weiterentwicklung nach Gerdes und Weis, die den Bewältigungsprozess als zusätzliche Dimension in das Theoriemodell der Rehabilitation einfügen. Ingo Kretschmer und Nele Kleinehanding (2007) stellen anhand eines Gruppenprozesses von Jugendlichen mit erheblichen Gesundheitsproblemen dar, wie es möglich ist, den Empowermentprozess der Jugendlichen anhand der ICF-Kennzahlen zu beschreiben und zu erfassen.

[30] Hirschberg (2003, 18) verweist in ihrem Aufsatz auf Diskrepanzen in der Argumentation und Auffälligkeiten.

[31] Nach Bleidick gibt es vier konkurrierende Paradigmen: 1) Personenorientierte Paradigma, 2) Interaktionistische Paradigma, 3) Systemtheoretische Paradigma und 4) Gesellschaftstheoretische Paradigma (Cloerkes [3]2007, 10 f.). Ein weiteres, das „integrative bzw. inklusive Paradigma" erachtet Günther Cloerkes jedoch nicht

Geistige Behinderung ist nach Wolfgang Jantzen (1999, 58) ein sozialer Tatbestand, wobei er darauf hinweist, dass eine Reihe von Tatbeständen *geistiger Behinderung* Konstruktionen sind, die erst unter den Bedingungen der Anstalt entstehen (ebd., 61). Auch mit Bourdieu gesprochen ist *geistige Behinderung* „eine soziale Konstruktion, die bereits sozial konstruierte Konstruktionsinstrumente benutzt" (Ziemen 2001, 273).[32]

Eine differenzierte Sichtweise schlägt sich heute darin nieder, dass statt von den „Behinderten" von Menschen *mit* Behinderung gesprochen wird. Ulrike Schildmann bevorzugt jedoch von behinderten Frauen und behinderten Männern zu sprechen, um auf die Tatsache hinzuweisen, dass die Behinderungen außerhalb des Subjekts liegen, in den Umweltfaktoren bedingt sind und den gesellschaftlichen Prozess des Behindert-Werdens „im Sinne von Kontrolle, Disziplinierung, Sanktionierung für die Nichterfüllung der geforderten Normalität" (Schildmann 1983, 33) abbilden. Soziologische Betrachtungen von Behinderung im Sinne des Behindert-Werdens thematisieren den gesellschaftlichen Umgang mit Behinderung. Schildmanns Überlegung zu einer Definition von Behinderung nimmt „das Machtverhältnis zwischen den Geschlechtern und das Machtverhältnis zwischen denen, die die Normalität leben und vertreten und denen, die von der Normalität abweichen, zum Ausgangspunkt" (ebd., 39). „Wer also nicht ‚normal' ist, d. h., wer von den gesellschaftlichen geschlechtsspezifischen Normalitätsvorstellungen abweicht, *wird behindert*! *Sanktionen, Kontrollen und Zwangsmaßnahmen stellen die eigentliche Behinderung geschädigter Personen dar.*" (ebd., 40) Diese interaktionistische Sichtweise enthält eine Zuschreibung von Erwartungen. Von den Betroffenen wird Behinderung als „Isolation von gesellschaftlich bedeutsamen Prozessen erfahren" (ebd., 41) und dies gilt für Frauen in erhöhtem Maße.

Innerhalb der materialistischen Behindertenpädagogik wird die „Isolation" zur entscheidenden Kategorie von Behinderung, das heißt der Mensch wird von dem normalen gesellschaftlich-kulturellem Zusammenhang isoliert.

Ein mehrperspektivisches Verständnis von Behinderung erscheint mir sinnvoll, um Einseitigkeiten innerhalb der Paradigmen zu überwinden, so dass sich beispielsweise das interaktionistische mit dem gesellschaftstheoretischen Paradigma verbinden lässt.[33]

Die Problematik von begrifflichen Beschreibungen bleibt bestehen.

> „Definitionen stellen nicht fest, was ist, sondern versuchen, die jeweilige, an den Begriff gebundene Konvention oder Vereinbarung in eine Kurzformel zu fassen. (...) Operationale Kriterien werden sich für diese Unterscheidung [behindert/nicht behindert Einfügung S.G.] nicht finden lassen, zumindest wären derartige Versuche nicht konsensfähig, da sie ein mechanistisches Menschenbild als Eingangsvoraussetzung formulieren müßten." (Palmowski/Heuwinkel ^{2}2002, 28)

---

als neues Paradigma, sondern höchstens für ein neues handlungsleitendes Modell (ebd., 11).

[32] „Die Vorstellung von der sozialen Welt ist keine gegebene Tatsache oder, was auf dasselbe hinausläuft, kein bloßes Abbild, keine Widerspiegelung, sondern das Resultat unzähliger schon vollzogener und aufs Neue zu vollziehender Konstruktionshandlungen." (Bourdieu 1997, 130 zit. in Ziemen 2001, 273)

[33] Es kann vermutet werden, dass Bleidick als auch Cloerkes von einem anderen Paradigmaverständnis ausgehen, da im Sinne Kuhns ein Paradigma das andere ablösen würde, was hier jedoch nicht der Fall ist.

Daher erscheint es sinnvoll diese Begriffe als „sprachliche Übereinkünfte zu begreifen, die weitreichendes Sich-Verständigen ermöglichen und aus denen sich trotz aller inhaltlicher Unbestimmtheit Handlungsanweisungen ableiten lassen“ (ebd.).

Der unter anderem in Großbritannien verbreitete Gedanke, nicht mehr nach Behinderungsarten zu unterscheiden, sondern nach besonderen Bedürfnissen (Special Educational Needs)[34] zu schauen und somit „Bedarfsgerechtigkeit und Bedürfnisorientierung als Grundlage für Entscheidungen über die Art erforderlicher Maßnahmen“ (Wacker 2003b, 47 f.) herzustellen, könnte auch eine gute Grundlage für eine empowermentorientierte Behindertenpädagogik sein.[35]

Für Georg Feuser geht die Forderung über die Begriffsdiskussion hinaus:

> „Wer sich der Geistigbehindertenpädagogik verpflichtet sieht, steht in der Verantwortung sich das Fach auf dem heute möglichen Erkenntnisniveau anzueignen, konsequent den Prozess der Enthospitalisierung und Deinstitutionalisierung der geistigbehinderten Menschen – und damit den ihrer vollen Integration – zu betreiben und ihren Lebensweg unter Aspekten einer die Selbstbestimmung und steten Autonomiezuwachs ermöglichenden advokatorischen Assistenz zu begleiten.“ (Feuser 2005, 35)

Im Kontext dieser Arbeit lässt sich festhalten, dass Behinderung als soziales Problem verstanden werden kann und Klassifikationen vermieden und überwunden werden sollten, so dass gesellschaftliche Machtverhältnisse in ihrer Auswirkung auf den individuellen Empowermentprozess von Frauen mit Behinderungserfahrung in den Blick genommen werden. Dabei sollen personenbezogene Faktoren nicht unberücksichtigt bleiben.[36] Christian Lindmeier (2003, 3 f.) ergänzt, dass „als Beitrag zur sozialpolitischen Unterstützung von Empowerment-Prozessen sich die ICF ohne diese Erweiterung vermutlich nur geringfügig auswirken können“ wird und bezieht sich dabei auf die geringe Gewichtung oder gänzliche Vernachlässigung personenbezogener Ressourcen und Einflussfaktoren, so dass „der *personalen Identität und Integrität* und der Wiederherstellung der physischen, psychischen und sozialen *Selbstregulierungsfähigkeiten* geschädigter und in Aktivitäts- und Partizipationssituationen eingeschränkter Personen“ mehr Bedeutung beigemessen werden muss.

Auch die von betroffenen Frauen und Männern favorisierte Bezeichnung „Menschen mit Lernschwierigkeiten“ offenbart wiederum eine defizitäre Sicht. Da ich jedoch die Kompetenzen (Erfahrung mit Behinderung) und Ressourcen der Frauen betonen möchte, verwende ich in der

[34] Auch hier besteht die Problematik der Übersetzung. Otto Speck übersetzte Special Educational Needs zunächst mit speziellen Erziehungsbedürfnissen beziehungsweise mit „speziellen Bildungsbedürfnissen“ (Speck [5]2003, 251). Nach kritischen Stimmen spricht er mittlerweile von „speziellen Bildungs- und Erziehungserfordernissen“ (ebd.), um zugleich aufzuzeigen, dass nicht einfach nur subjektiv Wünschenswertes gemeint ist, und der Begriff „Erfordernisse“ sich darüber hinaus klarer objektivieren lässt (ebd., 254), wobei auch hier Kritik laut wurde. Den Begriff der „speziellen Bildungs- und Erziehungserfordernissen“ möchte Speck als „heilpädagogischen Legitimationsbegriff“ verstehen (ebd., 255), der jedoch immer kontextual zu verstehen ist.

[35] „Dies erfordert eine neue Form von Diagnostik: die Schatzsuche nach vorhandenen Ressourcen und das Pfadfinden zur individuellen Hilfeplanung.“ (Wacker 2003b, 48)

[36] Es ist anzumerken, dass innerhalb der ICF personenbezogene Faktoren nur vage auftauchen und zum Beispiel personale Ressourcen, die bei Coping-Strategien zum Vorschein kommen noch unberücksichtigt bleiben (Lindmeier 2002, 424). Dies mag an der krankheitswissenschaftlichen Grundausrichtung dieser Klassifikation liegen und der eine gesundheitswissenschaftliche Orientierung noch fehlt (ebd.).

Arbeit den Begriff *Behinderungserfahrung*[37] und beziehe mich auf den Personenkreis, der als *geistig behindert* bezeichnet wird. Wie in Kapitel 6.2 noch deutlich wird, entwickeln die interviewten Frauen eine subjektive Theorie von Behinderung und dabei wird sichtbar, dass das Selbstkonzept ein Produkt von Zuschreibungen ist, das sich unterschiedlich auf den Empowermentprozess auswirken kann und diesen prägt.[38]

Im Kontext dieser Arbeit zum individuellen Empowermentprozess bevorzuge ich den Terminus *Behinderungserfahrung*, da er an den Erfahrungen, Strategien und Kompetenzen der Frauen und Männer anknüpft, die ihr Leben mit Behinderungserfahrung führen. Sie sind Expertinnen in eigener Sache für die Bewältigung des Alltags mit der Zuschreibung (geistige) Behinderung. Der Terminus steht jedoch in der Gefahr die gesellschaftstheoretische Sichtweise zu ignorieren, sodass ich ihn aber auch im Sinne der materialistischen Behindertenpädagogik und des gesellschaftlichen Prozesses des Behindertwerdens verstanden wissen will und er somit eine neue Konnotation erfährt.

Im Folgenden spreche ich also von Frauen und Männern mit Behinderungserfahrung, dort wo es wichtig ist zu betonen, von Frauen mit Lernschwierigkeiten oder Frauen mit sogenannter geistiger Behinderung und übernehme jedoch in Zitaten den Terminus *Geistige Behinderung*.[39]

---

[37] Den Terminus Menschen mit Behinderungserfahrung hat meines Wissens Elisabeth Wacker geprägt und in die Diskussion eingebracht. Die Erfahrung mit Behinderung zu machen ist in diesem Sinne eine Expertise eigener Art, und betont die Kompetenz eines Personenkreises, der sonst oft unter dem Defizitaspekt im Gespräch ist.

[38] Die Interviewausschnitte weisen eine mangelnde Abgrenzbarkeit von Primär- und Sekundärerfahrungen hinsichtlich der Behinderungserfahrung auf, so dass an dieser Stelle hierzu keine allgemeingültigen Aussagen getroffen werden können. Das Verständnis von Behinderung stand jedoch nicht im Fokus der Interviews. Des Weiteren bleibt offen, welche diskriminierenden Selbsterfahrungen die Frauen gemacht haben und welche Erfahrungen sie nur aus der Beobachtung kennen.

[39] Anzumerken ist, dass die interviewten Frauen selbst die Bezeichnung „Behinderungserfahrung“ nicht verwenden, dies jedoch auch nicht Thema der Interviews war. Zwei der Frauen bezeichnen sich als „Expertinnen“ in eigener Sache für ein Leben mit Behinderung.

2 Lebenssituation behinderter Frauen und Männer im Kontext der Selbstbestimmung

Die Formulierung des Normalisierungsprinzips, die Forderungen nach Selbstbestimmung und Empowerment durch Betroffene und deren Angehörige sind entscheidende Momente, die die Behindertenhilfe ab Mitte des 20. Jahrhunderts und die Lebenssituation behinderter Menschen beeinflusst haben und zur Formulierung und Forderung neuer Konzepte wie zum Beispiel *Supported Employment* oder *Community Living* führten.

Ursprünge des Veränderungsdrucks

Der Veränderungsdruck ist historisch betrachtet aus der *Independent Living*-Bewegung und den Zusammenschlüssen von Eltern behinderter Kinder gewachsen. Aber auch die Formulierung des Normalisierungsprinzips, insbesondere durch Wolf Wolfensberger, beeinflusste die Fachdiskussionen und trug zur Entwicklung neuer Konzepte bei. Wolfensberger (^{5}1977) knüpfte an die Ausführungen von Bengt Nirje und Nils-Erik Bank-Mikkelsen an und ersetzte den Begriff Normalisierung durch den Begriff der *Social Role Volarization.*[40] Seine Systematik wollte er als Prinzip für „human manangement" verstanden wissen und betonte, dass das Normalisierungsprinzip kulturspezifisch ist (ebd., 27 f.). Er legte mit dem Begriff „Aufwertung der sozialen Rolle" aber „die Veränderungslast auf die Schultern der abgewerteten Menschen. Die Öffentlichkeit ist dann die in der Reaktion sich verändernde" (Knust-Potter 1997, 158).[41] Die Geschlechterdimension findet dabei in folgender Aussage Berücksichtigung:

> „Das Leben geistig behinderter Menschen ist in allen Phasen so normal wie möglich zu gestalten. Mit anderen Worten: Alle Bemühungen um geistig Behinderte zielen auf die Verwirklichung kulturspezifischer alters- und geschlechtsgemäßer Rollenbeziehungen ab." (Thimm ^{4}1990, 25)

Die feministische Kritik am Normalisierungsprinzip bezieht sich auf das Fehlen „einer Analyse der Unterdrückung und Macht sowie eine Analyse, die Menschen in marginalisierten Positionen als Interessensgruppe versteht, die Solidarität aufbauen könnte" (Knust-Potter 1998, 63). Und diese politische Dimension, d. h. Empowerment der Menschen in marginalisierten Positionen zu betrachten, fehlt (Knust-Potter 1997, 151). Das bedeutet, Strukturen von Macht und Kontrolle müssen kritisch reflektiert und einbezogen werden. Auch Anne Louise Chappell (1992 zit. in ebd., 150) kritisiert die fehlende Analyse gesellschaftlicher Prozesse der Unterdrückung. Von den Erfahrungen der Frauenbewegung könnte die Normalisierungsdiskussion profitieren, wenn sie der Analyse von Unterdrückung und Macht mehr Raum gibt (ebd., 160). Und „die Erweiterung des Normalisierungsprinzips um die Chance der ‚meaningful associa-

---

40 Seine Neuformulierung des Normalisierungsprinzips lautet: „Utilization of means which are as culturally normativ as possible, in order to establish and/or maintain personal behaviors and characteristics which are culturally normative as possible." (Wolfensberger ^{5}1977, 28)

41 Zur weiteren Ausführungen Wolfensbergers, seiner Definition und seinen sieben Grundannahmen vergleiche Knust-Potter (1997).

tion', der elektiven Gemeinschaft als Form der selbstbestimmten Segregation, [wird] gefordert (vgl. Smith/Brown 1992)." (Knust-Potter 1998, 64)[42]

Evemarie Knust-Potter (ebd., 157) merkt weiterhin kritisch an, dass Wolfensberger bei seinem Axiom „The power of imitation" ungeprüft davon ausgeht, dass sich die Rollenmodelle „ausschließlich aus der nicht-marginalisierten Bevölkerung rekrutieren". Menschen mit Behinderung werden somit daran gehindert „eine eigene authentische Identität aufzubauen" (ebd.). Erfahrungen aus *Self Advocacy* Gruppen zeigen hingegen, „daß es sehr wohl eine positive Kraft der Nachahmung unter ‚devalorisierten' Menschen gibt, und daß sie gegenseitig von ihren respektiven Stärken und Erfahrungen lernen können" (ebd.). Bilanzierend hält Knust-Potter (ebd., 159) fest, dass „Wolfensbergers Ansatz nicht politisches Empowerment der Menschen in marginalisierten Positionen, sondern gesellschaftliche Akzeptanz" fordert.

Das Normalisierungsprinzip führte im deutschsprachigen Raum zu einer weitreichenden Differenzierung des institutionellen Versorgungssystems und Verbesserung der Versorgungsstandards (Wacker 2003b, 46). Mit dieser Entwicklung der „fürsorglichen Anwaltschaft" kam es

> „in Deutschland zu einer tatsächlichen Verbesserung gesetzlicher Ansprüche auf Hilfen und zu einer stetigen Steigerung der finanziellen Ressourcen für Unterstützungsmaßnahmen – um den Preis der weiteren Enteignung von Kompetenzen und Des-Integration der besonders versorgten Bevölkerungsgruppen. Die Gemeinschaft der Bürger ‚schützte' und entlastete Personen mit Unterstützungsbedarf und zugleich sich von ihren Inklusionsaufgaben." (ebd., 46)

Auch andere Autorinnen und Autoren fordern trotz der vielen Veränderungen, die durch die Umsetzung des Normalisierungsprinzips erreicht wurden, die Dimension des Empowerment hinzuzufügen (Knust-Potter 1997, 162). Zentral ist dabei das Recht auf eine „selbstbestimmte Segregation als Strategie des empowerment" (ebd.), in Anlehnung an die Erfahrungen der Frauenbewegung, wo sich Frauen eigene Räume für Kommunikation und Interaktion geschaffen haben. „Diese ‚chosen segregation' erlaubt den Beteiligten, Erfahrungen zu teilen, bietet einen Raum, der Sicherheit und Schutz gewährt, um eigene Standards zu entwickeln." (ebd.) Die Forderung der Möglichkeit von ‚self segregation' und die Möglichkeiten für ‚meaningful association' wird von der feministischen Bewegung Women in Learning Difficulties (WILD)[43] aufgestellt (ebd., 163). „Selbstsegregation wird aber nur als eine Übergangsstrategie gewählt. Sie wird als Mittel gesehen, das Ziel der selbstbewussten Partizipation und Teilhabe zu realisieren." (ebd.)

Während das Normalisierungsprinzip von Fachleuten formuliert wurde, haben *soziale Bewegungen* wie die *Independent Living*-Bewegung[44] ihre Wurzeln in dem Unmut der Betroffenen selbst. Die *Independent Living*-Bewegung ist eine Bürgerrechtsbewegung von Menschen mit Behinderungen, die im universitären Umfeld entstand und lange Zeit von jungen körper- und

---

42 Die Forderung nach dem Recht auf „choosen segregation" stammt aus der Frauenbewegung und meint „eine freiwillige Selbst-Segregation und nicht eine fremdbestimmte Ausgrenzung" (Knust-Potter 1998, 66).

43 Hierbei handelt es sich um einen feministischen Zusammenschluss von Frauen mit so genannter geistiger Behinderung, Mitarbeiterinnen und Wissenschaftlerinnen, der in Großbritannien entstanden ist.

44 Zur historischen Entwicklung der Bewegung in den USA und Deutschland vergleiche Rock 2001.

sinnesbehinderten Frauen und Männern geprägt wurde. Auch heute stellen körper- und sinnesbehinderte Frauen und Männer die überwiegende Zielgruppe der Zentren für selbstbestimmtes Leben (ZsL) dar (vgl. Kap. 2.5.1.).

Kollektives Verhalten kann spontan sein. Demgegenüber sind *soziale Bewegungen* langfristig und gehen gezielt vor. *Soziale Bewegungen* haben zum Ziel soziale Verhältnisse zu verändern, die von der Mehrheit als Belastung begriffen werden (Brand/Büsser/Rucht 1986, 36). Dabei werden *soziale Bewegungen* von bestimmten sozialen Gruppen getragen, aber ihr Ziel ist die Mobilmachung aller Betroffenen (ebd.). Ihre Ziele setzen sie mit direkten Aktionen durch. Ein bestimmter Grad an Aktivitäten ist auch notwendig, um als *soziale Bewegung* in Bewegung zu bleiben. Sie haben eine hohe symbolische Integrationskraft, das heißt ein ausgeprägtes „Wir-Gefühl". „Soziale Bewegungen haben einen Anfang und ein Ende." (ebd., 37) Eine Bewegung hört auf zu existieren, falls sie ihr Ziel erreicht hat, die die Konfliktbeziehung institutionalisiert und damit gesellschaftlich anerkannt wird" (ebd.) oder die Bewegung zerfällt und wird ihr Ziel nie erreichen. Bekannte neue *soziale Bewegungen* sind neben der Frauenbewegung unter anderem die Ökologiebewegung, die neue Friedensbewegung sowie die Jugendprotestbewegung. Mitglieder einer *Sozialen Bewegung* sind immer bestrebt „die sie umgebende gesellschaftliche Realität im Sinne ihrer Idee zu beeinflussen oder gar zu verändern" (Hillmann ^{4}1994, 98).[45] Im Folgenden wird die *Independent Living*/Selbstbestimmt Leben-Bewegung und ihre Forderungen ausführlicher dargestellt, wobei zuvor eine Begriffsbestimmung von Selbstbestimmung erfolgt. Da jedoch das Empowermentkonzept im Fokus dieser Arbeit steht, wird mit einer kurzen Begriffsbestimmung des Empowerment eingeleitet, wobei das Empowermentkonzept dann ausführlich in Kapitel 3 diskutiert wird.

2.1 *Begriffsbestimmung Empowerment*

Der inflationär gebrauchte Terminus „Empowerment" wird meist übersetzt mit Selbst-Ermächtigung, Selbst-Bemächtigung, Selbstbefähigung (Theunissen 2007b, 23) und stellt zugleich eine professionelle Haltung im sozialen Handlungsfeld dar.

Empowerment ist ein vielschichtiges Konstrukt, das unterschiedlich erscheint, abhängig von Menschen, Organisationen und der Umgebung ist und einen Prozess beziehungsweise Mechanismus beschreibt, bei dem Menschen, Organisationen und Gemeinden Überlegenheit beziehungsweise Herrschaft über ihre Angelegenheiten gewinnen (Rappaport 1987, 121 f.).

Der Begriff „Empowerment" taucht in den unterschiedlichsten Zusammenhängen auf, wie zum Beispiel in Verbindung mit den Bürgerrechtsbewegungen, Grassroot-Bewegungen und der Entwicklungszusammenarbeit.[46] Im Kontext der neuen Medien wird auch von *E-Empowerment*

---

[45] Von dieser ersten Bedeutung Sozialer Bewegungen müssen zwei weitere unterschieden werden, einerseits besondere soziale Gruppen von Personen und andererseits Institutionen „im Sinne einer formal organisierten Einheit von Personen" (Hillmann ^{4}1994, 98).

[46] 1985 stellten Mitglieder des Südfrauennetzwerkes DAWN ihr Empowermentkonzept in Form des Manifests

gesprochen.[47] Der inflationäre Gebrauch führt jedoch zu einer Verwässerung und begrifflichen Unschärfe seiner ursprünglichen Inhalte. Im Kontext der Wirtschaft und Unternehmensführung blüht die Vorstellung, mittels Empowerment der Mitarbeiterinnen und Mitarbeiter die Unternehmensziele schneller und effizienter zu erreichen. Allerdings wird das Konzept hier aus seinen Bedingungen, d. h. seinem Gesamtkontext herausgelöst und die Unternehmensinteressen einseitig im Vordergrund gestellt. Daher ist zunächst zu fragen, ob es sich bei „Empowerment“ um ein Paradigma, ein Konzept, einen Ansatz oder eine Philosophie handelt.

Norbert Herriger (^{3}2006, 11) beschreibt Empowerment als ein „Konzept sozialarbeiterischer Professionalität“, während Georg Theunissen (1997a) von einer „Empowerment-Philosophie“ spricht, und diese als „Wegweiser einer kritisch-konstruktiven Heilpädagogik“ betrachtet. Den Begriff des Empowermentkonzepts verwendet auch Wolfgang Stark (1996), der jahrelange Erfahrungen in der Begleitung von Selbsthilfegruppen sammeln konnte. Empowerment stellt nach Heinz Karlusch (1996, 327) eine Programmatik, Philosophie oder Strategie dar.

In der Behindertenpädagogik wird im Kontext von Empowerment oft von einem Paradigmenwechsel gesprochen. So betrachtet Theunissen (1997a, 377) diese Neuorientierung der Heilpädagogik an der Empowerment-Philosophie als Paradigmenwechsel, und bezieht sich darauf, dass sich die Heilpädagogik ihrer psychiatrisch-medizinischen und religiös-caritativen Herkunft entledigt hat (ebd.), auch wenn er konstatiert, dass „es aber noch nicht völlig überwunden“ ist (ebd.).[48] In seinen Ausführungen von 2007 spricht Theunissen hingegen meist von Empowermentkonzept. Auch Rappaport deutet an, dass die Idee des Empowerments im Denken der Gemeindepsychologen so bedeutend geworden ist, dass sie vielleicht paradigmatisch ist (1987, 127) und schlägt vor, eine ökologische Theorie des Empowerments zu entwickeln (ebd., 131 ff.).

In der deutschsprachigen (sonder)pädagogischen Literatur wird der Begriff Empowerment als „Philosophie des Helfens, zugleich (...) aber auch als ein neues Paradigma, Programm oder

---

„Development, Crisis and Alternative Visions“ vor und forderten damit eine radikale Trendwende in der Entwicklungszusammenarbeit, indem sie ihre eigene Vision einer geschlechtergerechten Entwicklung formulierten (Schöninger 2000). Die Perspektive armer Frauen ist dabei Ausgangspunkt ihrer Analyse, da für diese die Geschlechtszugehörigkeit nur eines von mehreren sozialen Ausgrenzungsmomenten darstellt (ebd.). Ein allgemein verbreiteter Machtbegriff, der mit Herrschaft, Dominanz und Gewalt assoziiert wird, wird von ihnen abgelehnt. Vielmehr geht es im Empowermentkonzept darum, „Fähigkeiten zu erwerben, um Widerstand gegen Unterdrückung zu leisten“, so dass das Ziel von Empowerment die „Schaffung eines Machtgleichgewichts zwischen den Geschlechtern“ ist (ebd.).

[47] Vergleiche hierzu z. B. das Forschungsprojekt „E-Empowerment. Die Nutzung des Internets in frauenpolitischen Netzwerken“ von Christina Schachtner und Gabriele Winkler (2005) und ihren Forschungsteams, wo es unter anderem um die Frage der Nutzung des Internets durch Frauennetzwerke und die partizipatorischen und demokratischen Potentiale des E-Empowerment beziehungsweise Net-Empowerment für die Unterstützung der Frauen und Frauennetzwerke geht. Dazu wurden neben einem Überblick zu frauenpolitischen Netzwerken im Internet u. a. zwischen Oktober 2002 und März 2004 mit 20 frauen- und genderpolitisch aktiven Frauen Interviews geführt.

[48] Im Folgenden führt Theunissen (1997a, 377 f.) Beispiele unveröffentlichter Studien sowie Beispiele einer statischen und defizitorientierten Betrachtungsweise in Veröffentlichungen an, die das Fortwirken der psychiatrisch-medizinisch ausgerichteten Sichtweise verdeutlichen.

Konzept" (Theunissen 2001, 251) bezeichnet.[49] Jedoch haben die Begriffe „Paradigma"[50] und „Philosophie" einen inflationären Gebrauch nicht zuletzt auch in der Alltagssprache erlebt. Versteht man „Paradigma" im Sinne von Kuhn (^{2}1976), dann kann meiner Ansicht nach nicht von einem Paradigma des Empowerments oder einem Paradigmenwechsel in der Behindertenpädagogik[51] gesprochen werden, da keine grundlegende Veränderungen in der Wissenschaftsperspektive oder sogar eine neue Weltsicht entstanden ist.[52]

Aus meiner Sicht kann von einem Konzept gesprochen werden, wobei jedes Konzept mit einem bestimmten Menschenbild verbunden ist (hier das humanistische) und ein Konzept einen sinnhaften Zusammenhang von Zielen, Methoden und Verfahren darstellt.[53] Geißler und Hege (^{10}2001, 15) nutzen zur Systematisierung und Konkretisierung sozialpädagogischen Handelns die Klassifikation: Konzepte – Methoden – Verfahren – Interventionen.

> „Unter Konzept verstehen wir ein Handlungsmodell, in welchem die Ziele, die Inhalte, die Methoden und die Verfahren in einen sinnhaften Zusammenhang gebracht sind. Dieser Sinn stellt sich im Ausweis der Begründung und der Rechtfertigung dar." (ebd., 23)

Konzepte sind „immer in ihrem gesellschaftlich-historischen Entstehungs- und Anwendungszusammenhang zu sehen" und einerseits „Resultat der jeweiligen soziohistorischen Bedingungen (...), andererseits aber auch Handlungsmodelle, die gesellschaftliche Erscheinungen beeinflussen z. B. verstärken oder verändern." (ebd., 23 f.)

„Methoden sind – formal betrachtet – (konstitutive) Teilaspekte von Konzepten. Die Methode ist ein vorausgedachter Plan der Vorgehensweise." (ebd., 24) Wichtige Bestandteile sind die Planbarkeit des sozialpädagogischen Handelns und die Zielgerichtetheit. Methoden müssen personenadäquat, also am Subjekt ausgerichtet und gegenstandsadäquat, das heißt dem Wesen

---

49 Theunissen und Plaute (2002) verwenden in ihrem Handbuch verschiedene Begriffe wie zum Beispiel Ansatz, Konzept oder Philosophie.

50 Der Naturwissenschaftler Thomas S. Kuhn verbindet in seinem Werk „Die Struktur wissenschaftlicher Revolutionen" (^{2}1976; orig. engl. 1962) mit dem Begriff *Paradigma* grundlegende Veränderungen in der Wissenschaftsperspektive. Ein Paradigma stellt eine völlig neue Betrachtung der Welt dar, und zuvor gemachte Aussagen werden jetzt neu interpretiert. Ein neues Paradigma bringt einen grundsätzlichen Wandel in der Betrachtung der Welt zum Ausdruck. Kuhn ging davon aus, dass sich Paradigmen gegenseitig ablösen und immer nur ein Paradigma existiert, das heißt, dass wissenschaftliches Denken und die Methoden von jeweils einem anerkannten Paradigma geleitet werden, während in der heutigen sonderpädagogischen Fachliteratur mehrere Paradigmen nebeneinander koexistieren. Dabei besteht eine wissenschaftliche Gemeinschaft aus Menschen, die ein Paradigma teilen (ebd., 187).

51 Dies suggerieren jedoch Aufsätze von Georg Theunissen mit dem Titel „Empowerment – Paradigmenwechsel in der Behindertenhilfe" (Theunissen 1997b).

52 An dieser Stelle sei auf die berechtigte Kritik von Clemens Hillenbrand (1999) verwiesen, der kritische Einwände gegen die Verwendung des Terminus Paradigma im Sinne Kuhns innerhalb der Sonderpädagogik anführt. Dies einerseits, weil Kuhns Theorie der Wissenschaftsgeschichte massiver Kritik unterliegt, die jedoch in der deutschsprachigen Sonderpädagogik noch nicht beachtet wird (ebd., 244) und andererseits, weil die Frage, „ob ein Transfer der Paradigma-Konzeption auf sozialwissenschaftliche und geisteswissenschaftliche Wissenschaften überhaupt möglich und sinnvoll sein kann" (ebd., 245) bisher nicht diskutiert wurde. „Die Sonderpädagogik rezipiert einen Begriff ohne den entsprechenden Inhalt. Sie verzerrt und verfälscht den wissenschaftstheoretischen Inhalt." (ebd.)

53 Auch Lars Mohr (2004) spricht von Empowerment als einem Konzeptbegriff und einer Denkfigur. „Diese [Denkfigur, S. G.] umfasst sowohl bestimmte Zielvorstellungen (oder Leitideen), d. h. Antworten auf Fragen zum ‚Wohin' heilpädagogischer Tätigkeit als auch Aussagen zum ‚Wie' derselben." (Mohr 2006, 2)

des Problems entsprechend eingesetzt werden und können nicht von den umfassenden konzeptionellen Überlegungen losgelöst werden (ebd., 25 ff.).

> „Die Ziele von Konzepten aber sind nicht unumstritten (...), da sie auch auf Wertentscheidungen, die sich an Normen ausrichten, beruhen, die dann in den Interventionen deutlich werden. Konzepte sind immer auch Träger politischer, sozialer und moralischer Wert- und Handlungsmaßstäbe mit verschieden breitem Geltungsanspruch. Sie sind oftmals auch das Ergebnis von Auseinandersetzungen gesellschaftlicher Einflussgruppen." (ebd., 38)

Zusammenfassend stellen Konzepte einen in sich geschlossenen Zusammenhang dar, und beinhalten Methoden, Verfahren und Interventionen, was jedoch beim Empowerment-Ansatz nicht unbedingt der Fall ist, sondern meines Erachtens kritisch ins Feld geführt werden könnte, dass eigene Methoden fehlen. Verfahren (Techniken) stellen Einzelelemente von Methoden dar und stehen ebenfalls im Zusammenhang mit dem Konzept, wobei sie sich hinsichtlich des Komplexitätsgrades unterscheiden (ebd., 29).

Ich spreche von Empowermentkonzept und schließe mich Herriger und Stark an, unter der Prämisse, den Terminus Konzept so zu verstehen wie soeben nach Geißler und Hege ausgeführt wurde. Des Weiteren gehe ich davon aus, dass „individuals with different racial, gender, ethnic, class and social backgrounds desire different forms of empowerment" (Foster-Fishman u. a. 1998, 509). Empowermentprozesse unterscheiden sich somit hinsichtlich dieser Dimensionen und entwickeln eine je eigene Dynamik.

Der Empowermentprozess „beinhaltet wechselseitige Achtung und Fürsorge, kritische Reflexion und Bewußtwerdung der Akteure, durch die eine Form der Teilhabe für die Personen oder Gruppen ermöglicht wird, die einen unzureichenden Zugang zu wichtigen sozialen Ressourcen haben" (Stark 1996, 17). Ausgangspunkt sind die Potenziale und Fähigkeiten der Betroffenen, „das eigene Leben und die sozialen Zusammenhänge gemeinsam zu gestalten, die Ressourcen zu nutzen und zu erweitern" (Stark 1996, 17).

Somit handelt sich um „Geschichten der Stärken in Situationen des Mangels" (Stark 1993, 43), und die Gestaltung von Empowermentprozessen zielt zu Beginn auf die Fokussierung von Stärken und Ressourcen. Selbstbestimmung schließt Selbstbesinnung[54] immer mit ein, sodass Empowerment durch die „Bausteine" Selbstbestimmung – Selbstbesinnung – Energie/Kraft seine Bedeutung erhält (Ziemen 1995, 72).

Norbert Herriger (2002, 8) beschreibt Empowerment formelhaft als „Anstiften zur (Wieder-)Aneignung von Selbstbestimmung über die Umstände des eigenen Lebens".

Dabei bilden „Aspekte der Wieder- oder Neu-Gewinnung von Kontrolle über das eigene Leben und die eigenen Lebensbedingungen" den Ausgangspunkt (Helming u. a. 1997, 183) und stellen einen Prozess dar, der die (Wieder-)Gewinnung von Realitätskontrolle und Selbstbestimmung zum Ziel hat.

---

[54] Selbstbesinnung wird hier verstanden im Sinne von sich auf seine Kräfte, Fähigkeiten und Erfahrungen zu konzentrieren und auf sich, die eigenen Gefühle und Bedürfnisse zu hören (Ziemen 1995, 72).

Empowerment ist nach Georg Theunissen (1995, 166) ein Ansatz, der versucht, Menschen mit sogenannter geistiger Behinderung „aus der aus einem Defizit-Blickwinkel heraus legitimierten und inszenierten Überwachungs- und Hilfsbedürftigkeit“ zu mehr Selbstbestimmung zu führen. Es handelt sich um einen „Prozeß, (...) in dem Menschen in Situationen des Mangels, der Benachteiligung, Diskriminierung oder gesellschaftlichen Ausgrenzung ihre Angelegenheiten selbst in die Hand nehmen, sich dabei ihrer eigenen Fähigkeit bewußt werden, eigene Kräfte entwickeln und soziale Ressourcen nutzen“ (Theunissen 1997a, 375).

„*Empowerment* versteht sich dabei nicht als eine systemaffirmative Interventionsmethode, sondern *als eine parteinehmende Instanz* für die Belange Betroffener, die als kompetente Experten in eigener Sache gelten.“ (ebd., 379) Dabei liegt eine Chance des Empowermentprozesses im Zusammenschluss von Gleichbetroffenen. Monika Bobzien (1993, 48) geht soweit zu sagen: „Ein Empowermentprozeß ‚funktioniert‘ nicht als Einzelleistung, sondern kommt immer nur zusammen mit anderen Menschen zustande, indem ein Austausch sozialer Unterstützung stattfindet.“

Heiner Keupp definiert Empowerment als

> „den Prozeß, innerhalb dessen Menschen sich ermutigt fühlen, ihre eigenen Angelegenheiten in die Hand zu nehmen, ihre eigenen Kräfte und Kompetenzen zu entdecken und ernst zu nehmen und den Wert selbst erarbeiteter Lösungen schätzen zu lernen. Empowerment bezieht sich auf einen Prozeß, in dem die Kooperation von gleichen oder ähnlichen Problemen betroffener Personen durch ihre Zusammenarbeit zu synergetischen Effekten führt.“ (Keupp 1992, 149)

Auch im Bereich der integrativen Früherziehung zielt Empowerment auf „das Achten der Selbstgestaltungskräfte“, sodass „Professionalität […] zugunsten des Ernstnehmens elterlicher Selbstgestaltungskräfte“ reduziert werden muss (Tietze-Fritz 1997, 52). Gerade in der Frühförderung hat das Unbehagen der Eltern mit ihrer Rolle als Ko-Therapeuten zu neuen Ansätzen geführt, die eine partnerschaftliche Kooperation und die Kompetenzen des Kindes und der Eltern ins Zentrum rücken (Böhm/Weiß 1993). „Empowermentprozesse in der Frühförderung können umschrieben werden als Entdecken von menschlichen Kräften zur Entwicklung einer Lebensperspektive mit einem behinderten Kind.“ (ebd., 57) Julian Rappaport (1985, 257 f.) betrachtet Empowerment als ein sozialpolitisches Konzept, „das Individuen als vollständige menschliche Wesen betrachtet, eine Sensibilität für Handlungsnotwendigkeiten und Widersprüchlichkeiten schafft und divergente und dialektische statt konvergente Lösungen erwarten lässt“.

Abschließend lässt sich festhalten, dass Empowerment einerseits einen Entwicklungsprozess für Menschen in marginalisierten Positionen darstellt und andererseits Orientierung bietet für das professionelle Handeln in der Sozialen Arbeit, darüber hinaus aber auch auf der Organisationsebene und der gesellschaftlichen Ebene wirksam wird (vgl. Kap. 3.4).

Empowerment propagiert Selbstbestimmung, Partizipation und Verteilungsgerechtigkeit als oberste Ziele. Selbstbestimmung ist ein erster Grundwert des Empowermentkonzepts und eine eng mit dem umfassenden Empowermentkonzept verknüpfte Grundüberzeugung (Theunissen 1997a, 381 f.; Theunissen 2007b, 36; Weiß 2000, 251). Die Auseinandersetzung mit der Leitidee der Selbstbestimmung erhält dadurch einen zentralen Platz. Eine Gleichsetzung von Selbstbestimmung und Empowerment würde jedoch zu kurz greifen. Vielmehr dient das Empowermentkonzept „als Reflexionsfolie für einen differenzierten Selbstbestimmungsdiskurs", um Tendenzen einer Vereinseitigung und Einengung des Selbstbestimmungsdiskurses zu überwinden (Weiß 2000, 251).

2.2 *Selbstbestimmung von Frauen und Männern mit Behinderungserfahrung*

Begriffsbestimmung

Ein einheitliches Verständnis von Selbstbestimmung existiert nicht und der Begriff *Selbstbestimmung* wird in den letzten Jahren inflationär gebraucht. Wenngleich dem so ist, ist Selbstbestimmung zu einem Schlüsselbegriff im Umbauprozess des Wohlfahrtsstaates geworden (Fornefeld 2008a, 124). Dabei ist die Forderung nach Selbstbestimmung leichter ausgesprochen und sehr schnell wird ein Selbstbestimmungsrecht eingeräumt, aber dessen Verwirklichung erschwert (Rock 2001).

> „Im Sinne von Empowerment bezieht sich der Grundwert der Selbstbestimmung ‚auf Einstellungen und Fähigkeiten, die für ein Individuum nötig sind, um als primär kausaler Agent [primary causal agent] das eigene Leben zu gestalten und in bezug auf die eigene Lebensqualität frei von allen unnötigen, übermäßigen externen Einflüssen, Einmischungen oder Beeinträchtigungen eine Auswahl von Dingen und Entscheidungen zu treffen'" (Theunissen/Plaute 2002, 22).

Nach Michael L. Wehmeyer (1992, 305)

> „self-determination refers to the attitudes and abilities required to act as the primary causal agent in one's life and to make choices regarding one's actions free from undue external influence or interference. It involves autonomy (acting according to one's own priorities or principals), self-actualization (the full development of one's unique talents and potentials) and self-regulation (cognitive or self-controlled mediation of one's behavior)."

Im angloamerikanischen Selbstbestimmungsdiskurs wird die Leitidee der Selbstbestimmung als ein Teil der Normalisierungsbewegung betrachtet. Bettina Lindmeier und Christian Lindmeier (2003, 119) machen bei der Auswertung US-amerikanischer Literatur auf eine Verengung der Diskussion des Selbstbestimmungsbegriffs im deutschsprachigen Raum aufmerksam und benennen in Anlehnung an Carolyn Hughes und Martin Agran fünf Aspekte. Nach Hughes und Agran (1998 zit. in Lindmeier/Lindmeier 2002, 64) ist erstens „Selbstbestimmung als Bündel von Fähigkeiten und Fertigkeiten (Kompetenzen) zu verstehen, die gelernt werden können und gelehrt werden müssen". Zweitens wird „Selbstbestimmung als innerer Antrieb zu autonomen, selbstgesteuerten und selbstbewussten Handeln" gesehen, wobei sich drittens „Selbstbestimmung als Form menschlicher Selbstgestaltung nur im Rahmen kommunikativer und sozialer Beziehungen vollzieht“ (ebd.). Viertens wird Selbstbestimmung als ein politisches Recht, somit als Bürgerrecht verstanden, das jeder Bürgerin und jedem Bürger unabhängig vom Grad der Behinderung zusteht (ebd.). Und schließlich ist fünftens „Selbstbestimmung eine Aufforderung zur Veränderung des Systems der Hilfen für Menschen mit geistiger Behinderung“ (ebd.), so dass eine Veränderung im Denken und Handeln der Hilfeplanung erforderlich ist und dies darüber hinaus unter maßgeblicher Beteiligung der betroffenen Menschen stattfindet.[55]

Selbstbestimmung bezieht sich als Ziel nicht ausschließlich auf pädagogische Bemühungen, sondern definiert sich auch als anthropologische Grundannahme (Fornefeld 2008a, 121). Ausgehend von der Annahme, dass Selbstbestimmung, Autonomie und menschliche Freiheit wesenhaft zum Menschsein gehören (Theunissen 1999, 105; Speck 2000; Hahn 1994, 81), stehen dem auch andere Annahmen gegenüber.

> „Die Rede von ‚Wesenseigenschaften‘ des Menschen ist in der Tat unhistorisch. Auch wenn Freiheit und Autonomie seit Jahrtausenden Themen unseres Kulturkreises sind, ist ein individualistisches Verständnis von Selbstbestimmung ein Ergebnis der Neuzeit. Zudem geht die lineare Gleichung ‚je mehr Selbstbestimmung desto mehr Wohlbefinden‘ nicht immer auf. Manchmal muss man ‚zu seinem Glück gezwungen werden‘, und kein Mensch ist darauf aus, ständig selbst zu bestimmen. Eine zunehmend komplexere Welt mit schwindenden tradierten Regeln und Ansichten überfordert Menschen.“ (Klauß 2007, 9)

Dabei ist Selbstbestimmung nicht zu verwechseln mit Selbstständigkeit und eine Gefahr besteht in der oftmaligen Gleichsetzung von Selbstbestimmung und Selbstständigkeit.[56]

Selbstbestimmung meint Einflussnahme auf die eigenen Belange und Lebensumstände und wird oft als Gegenbegriff zu Fremdbestimmung verwandt. Dabei ist Selbstbestimmung „– ähnlich wie Normalisierung und Integration – prozeßartig zu sehen.“ (Niehoff 1993, 289)

> „Selbstbestimmt leben heißt Kontrolle über das eigene Leben zu haben, basierend auf der Wahlmöglichkeit zwischen akzeptablen Alternativen, die die Abhängigkeit von den Entscheidungen anderer bei der Bewältigung des Alltags minimieren.“ (Frehe 1990, 37 zit. in Schönwiese 2001, 29)

Selbstbestimmung bedeutet „die Möglichkeit des Individuums, Entscheidungen zu treffen, die den eigenen Wünschen und Bedürfnissen oder den eigenen Wertvorstellungen entsprechen“ (Mühl 1994, 93) und bezieht sich damit auf die Möglichkeiten des Individuums, Einfluss auf das eigene Leben zu nehmen, meint aber auch „das Recht, seine Angelegenheiten selbst zu ordnen“ (Steiner 1999). Dabei geht es neben der Möglichkeit, Entscheidungen zu treffen, auch darum, die Entscheidungen zu vertreten und handelnd umzusetzen.[57]

---

[55] Die Einengung und Schwerpunktsetzung in der deutschsprachigen Diskussion auf den zweiten Aspekt hat sich nach Lindmeier und Lindmeier als ungünstig erwiesen, „da die Positionen von Gegnern und Befürwortern des Leitprinzips Selbstbestimmung wenig entwicklungsfähig erscheinen“ (2003, 120).

[56] Dörner (2003, 54) hebt kritisch hervor, dass im Hinblick auf die jährlichen Entwicklungsberichte so mancher Bewohner mittlerweile „Selbstständigkeits-Olympiasieger sein müsste, ohne dass sich an seiner realen Lage innerhalb der Institution irgend etwas geändert hätte“.

[57] Hans Brügelmann (2001, 48) verweist darauf, dass in der Begründung des Prinzips der Selbstbestimmung im Schulunterricht oft zwei Ebenen vermischt werden, die jedoch sorgfältig zu trennen wären: die empirische Begründung (Selbstbestimmung ist lernwirksamer) und ihre normative Begründung (Selbstbestimmung als Bürgerrecht).

Dies beinhaltet das Recht auf „eigene Wege“ und eine „eigene Zeit“ (Herriger ^{2}2002, 74), aber auch das Recht auf ein eigenes Wertesystem. Somit ist die Möglichkeit des Scheiterns inbegriffen, das Recht auf ein Scheitern und das Gehen von Irrwegen gehört zur Selbstbestimmung. „Die Würde des Risikos ist es, worum es in der IL-Bewegung geht. Ohne die Möglichkeit des Scheiterns, so wird gesagt, fehlt den behinderten Menschen die wahre Autonomie und das Zeichen wahren Menschseins das Recht, auf Wohl und Wehe zu entscheiden.“ (DeJong 1982, 14) Selbstbestimmung heißt nicht, ohne Hilfe leben zu müssen, sondern die Bestimmung über deren Inhalt und Formen (Niehoff 1994, 190). Dabei machte Martin Hahn bereits 1981 auf die Tatsache aufmerksam, dass bei einer (schweren) Behinderung das Maß an Fremdbestimmung meist zunimmt, da ein „Mehr an sozialer Abhängigkeit“ vorhanden ist. Dabei handelt es sich um ein „Mehr an sozialer Abhängigkeit“ in quantitativer und qualitativer Art, das in der Regel bei Menschen mit Behinderung andauernd ist und behinderte Menschen von Menschen ohne Behinderung unterscheidet (ebd., 45 f.).

Nach Gusti Steiner (1999, o. S.) ist Selbstbestimmung

> „nie ein Alles-oder-Nichts-Prinzip oder gar ein Synonym zu Selbstverwirklichung. Selbstbestimmung heißt, sich für eine Möglichkeit zu entscheiden zu können und zwar in Abwesenheit institutioneller Zwänge und bevormundender Fachlichkeit. Das ist die Definition, die rehistorisiert und radikalisiert (vgl. Rohrmann 1994) gemeint ist und die es gilt, im Leben eines Individuums über Assistenz oder mit Assistierender Hilfe zu verwirklichen. Kein Mensch auf dieser Welt – gleich ob behindert oder nichtbehindert – ist gänzlich selbstbestimmt.“

Wir sind schon allein dadurch nicht gänzlich selbstbestimmt, da wir für unser Zusammenleben Regeln benötigen. Diese Regeln entlasten uns zugleich, denn ein „ständiges neu und frei Entscheiden könnten wir gar nicht ertragen und leisten“ (Klauß 1998, 37).

Jedoch ist der Anspruch auf Selbstbestimmung ein historisches und kulturelles Phänomen und muss immer wieder gegen Widerstände durchgesetzt werden. Selbstbestimmung ist dann ein „historisches Selbstbeschreibungsmuster des Menschen“, „ein Postulat, das unter exakt angegebenen, politischen, ökonomischen, kulturellen und sozialen Bedingungen auszuformulieren und folglich unter genannten Bedingungen neu zu interpretieren ist“ (Stinkes 2000, 170 ff.). Neben Ursula Stinkes macht auch Anne Waldschmidt (1999, 28) in ihren diskursanalytischen Untersuchungen darauf aufmerksam, dass Selbstbestimmung nicht zum Wesen des Menschen gehört oder als „anthropologische Konstante“ zu verstehen sei, „sondern ein ‚Konstrukt‘ darstelle, das sich in der sozialhistorischen Entwicklung hin zu einer bürgerlichen Gesellschaft etabliert habe und in unserer heutigen Spätmoderne funktionalisiert – d. h., in den Dienst gesellschaftlicher Zwecke und Interessen gestellt wird.“ (Ackermann 2008, 52 f.)

Lange Zeit war Fürsorge statt Selbstsorge (Wacker 2005, 12) das Leitmotiv der behindertenpolitischen Planungen und pädagogischen Aktivitäten. Das der Leitidee der Selbstbestimmung[58] zugrunde liegende „Menschenbild des autonomen, vernunftbegabten und rational han-

[58] Von einem Paradigma der Selbstbestimmung oder Selbstbestimmungsparadigma – wie es mancherorts ge-

delnden Individuums, des mündigen Bürgers" (ebd., 12) steht im Widerspruch zur Wahrnehmung von Menschen mit sogenannter geistiger Behinderung, die Hilfe und Unterstützung benötigen und als Personen mit verschiedenen Defiziten wahrgenommen werden.

Aus meiner Sicht gilt es, Selbstbestimmung von einem verkürzten Autonomie-Begriff, der nur Selbstständigkeit und Unabhängigkeit umfasst, abzugrenzen.[59] Vielfach wird für Selbstbestimmung auch der Autonomiebegriff verwandt, der jedoch aufgrund seiner Affinität zu Selbstständigkeit und Unabhängigkeit vom Terminus der Selbstbestimmung abgegrenzt werden muss. Leider wird dies in der US-amerikanischen und auch deutschsprachigen Literatur nicht eindeutig und trennscharf durchgeführt, so dass hier nur auf die Problematik der verkürzten Darstellung verwiesen werden kann und einige wenige Definitionen angeführt werden können. Auch wenn Selbstbestimmung und Autonomie meist Fremdbestimmung und Abhängigkeit als Gegenbegriff gegenüber gestellt wird, so gilt es beides zusammen zu denken. „Autonomie wird in Zusammenhang mit Unabhängigkeit, Selbstverwaltung und Entscheidungsfreiheit thematisiert". (Fornefeld 2008a, 120 f.)

Autonomie und Verwiesensein auf den anderen sind menschliche Grundphänomene (Weiß 2000, 246).[60] „Selbstbestimmung als ausschließlich individuelle Kategorie aufzufassen (...) liegt zwar in unserer Kultur und gegenwärtigen gesellschaftlichen Situation mit ihren Individualisierungstendenzen nahe, ist jedoch aus der Sicht der intersubjektiven Theorie der menschlichen Entwicklung problematisch." (ebd., 248) Bezogen auf den Personenkreis der Menschen mit (sogenannter geistiger) Behinderung erachtet Hans Weiß (ebd.) dies sogar als gefährlich und verweist auf Bettina Lindmeiers Hinweis: „Eine undialektische Fassung des Problems Selbstbestimmung – Fremdbestimmung läuft Gefahr, ‚überzogen' zu wirken und immer wieder ein Umschlagen in die jeweils andere Position zu bewirken." (Lindmeier 1998, 45 zit. in ebd.) Insofern kommt der Selbstbestimmung in sozialer Bezogenheit eine zentrale Rolle zu.

Selbstbestimmung in sozialer Bezogenheit

Otto Speck (2000, 13) stellt heraus, dass sich Selbstbestimmung im Zusammenleben, in der Kommunität, zu bewähren hat. Auch „Autonomie setzt die reale Eingegliedertheit in eine haltende, d. h. Orientierung und Sicherheit gebende Lebenswelt voraus." (ebd., 21)

Da menschliches Handeln stets eingebunden ist in soziale Bezüge (Frühauf 1994, 52), erfährt Selbstbestimmung dann ihre Grenzen, wo sie die Freiheit und Selbstbestimmung anderer Men-

---

schieht – kann meines Erachtens nicht gesprochen werden, da der Paradigmabegriff von einem „Absolutheitsanspruch in einem ausschließenden Gegensatz zu anderen Positionen steht und diese ablöst" (Weiß 2000, 246), dies aber hier – wie noch gezeigt wird – nicht der Fall ist.

59 Der Autonomie-Begriff im Kant'schen Sinne könnte allerdings nach Klauß (2007,16) einem entsolidarisierenden Verständnis von Selbstbestimmung entgegen wirken, wobei Klauß gleichermaßen auf die Problematik des Kant'schen Autonomieverständnis und seine enge Verknüpfung mit der Nutzung der Vernunft verweist.

60 Auf die Widersprüchlichkeiten und Paradoxien als Grunddilemma jeglicher Erziehung macht Weiß (2000, 249 ff.) aufmerksam, denn Erziehung steht in widersprüchlichen Verhältnissen von: Akzeptanz – Verändern-Wollen, Wachsenlassen – Führen, Unterstützen – Gegenwirken und Gegenwartsorientierung – Zukunftsorientierung.

schen beschneidet. Das bedeutet, dass „die Realisierung von Selbstbestimmung ein Bedürfnis aller Menschen ist, das im Zusammenleben sozialer Regelungen und Absicherungen bedarf" (Hahn 1994, 82). Somit hat sich „alle Selbstbestimmung vor den anderen zu rechtfertigen, d. h. ist sozialen Normen und Beschränkungen unterworfen." (Theunissen 2007b, 42) In Ursula Stinkes (2000, 173) „Anfragen" an die moderne Leitidee der Selbstbestimmung wird deutlich, „dass Selbstbestimmung stets mit Selbstverzicht, und das bedeutet mit Fremdbestimmung, verbunden bleibt". Insbesondere die „Abhängigkeit von ökonomischem, kulturellem und sozialem Kapital, […] setzt der Wahlfreiheit und der Ausbildung eines Lebensstils massive Grenzen (Bourdieu)" (ebd., 174). Auch Barbara Fornefeld (2008a, 124) betont, dass der Mensch auf den anderen angewiesen ist, um selbstbestimmt leben zu können. In ihren Ausarbeitungen wird deutlich, „dass Selbstbestimmung nicht nur reziproke Beziehungen braucht, sondern auch responsive, also wechselseitig-antwortende Verhältnisse" (ebd., 125).

Im Zusammenhang von Autonomie, Biografie und Bildung könnte auf der personalen Ebene „ein Typus von Autonomie gedacht werden, der nicht Isolierung meint, sondern auf sozialer Verbundenheit und sozialer Interaktion basiert, und eine Form der Subjektivität, die als widersprüchlich und offener Bildungsprozeß aktiv immer wieder neu hergestellt wird" (Dausien 2001, 111).

Um Vereinseitigungen zu vermeiden, wird Selbstbestimmung von Klafki in einen Dreiklang von Selbstbestimmungs-, Mitbestimmungs- und Solidaritätsfähigkeit eingebunden (Klauß 2007, 3 u. 26; Theunissen 2007b, 332). Schließlich stellt eine nur vom Eigeninteresse geleitete Selbstbestimmung keinen Grundwert für ein Empowermentkonzept dar (Theunissen 2007b, 40). „Selbstbestimmung als Form menschlicher Selbstgestaltung vollzieht sich nur im Rahmen kommunikativer und sozialer Beziehungen." (Lindmeier/Lindmeier 2002, 65) Darauf verweist auch Martin Buber, denn er

> „macht mit seiner berühmten Aussage ‚Der Mensch wird am Du zum Ich' (1962, 97) auf so einfache wie treffende Weise deutlich, was Selbstbestimmung meint: Nicht Freisetzung von sozialen Bindungen, sondern eigenverantwortliches Entscheiden und autonomes Handeln in der Beziehung zum Du. Dieses ‚Du' steht in erster Linie für den Mitmenschen, im weiteren Sinne bezieht es sich auf die ‚ganze Wirklichkeit', auf die sachliche und mitgeschöpfliche, natürliche Umwelt." (Theunissen 2007b, 41)

Dabei wird deutlich, „dass die dialektische Ausrichtung des Empowerment-Konzepts einige Orientierungen zur genaueren Bestimmung des Verhältnisses von Autonomie einerseits sowie Verwiesensein auf den Anderen, sozialem Eingebundensein und sozialer Abhängigkeit andererseits anbieten kann" (Weiß 2000, 251) und sich darin zugleich das Potenzial des Empowermentkonzepts für die Soziale Arbeit verbirgt. [61]

[61] Weiß (2000, 251) konstatiert, dass diese dialektische Grundausrichtung des Empowermentkonzepts im deutschsprachigen Diskurs zu sehr in den Hintergrund tritt.

2.3 *Grenzen und Herausforderungen selbstbestimmter Lebensführung*

Seit einigen Jahren ist Selbstbestimmung als Leitprinzip in die Kritik geraten, da sich damit Ausgrenzungstendenzen legitimieren lassen (Fornefeld 2008a, 121).

Kerstin Rock (2001) hat in ihrer Untersuchung sieben Spannungsfelder herausgearbeitet, die die Umsetzung der Leitidee der Selbstbestimmung beeinflussen oder sogar blockieren beziehungsweise hemmen.[62] Dabei können gerade Frauen und Männer mit sogenannter geistiger Behinderung „relativ wehrlose Objekte einer fehlgeleiteten Selbstbestimmung auf Seiten der professionellen Helfer werden" (Speck 1998a, 135).

Anne Waldschmidt (1999, 41) weist in diesem Zusammenhang auf die Gefahr hin, dass Selbstbestimmung nunmehr der Selbsterhaltung eines Systems (soziale Ordnung zu gewährleisten und Dynamik zu ermöglichen) dient und so zu einer Aufgabe der Subjekte wird.

Birger Siebert und Rebecca Maskos (2003, 233) vertreten die These, „dass in Zeiten von verschärfter Konkurrenz, Globalisierung und Individualisierung in der Selbstbestimmung nicht die Freiheit liegt, die sie heraufbeschwört". So ist einerseits „die Qualität der Selbstbestimmung an die politische Frage gebunden, wie viel Geld behinderten Menschen für Assistenz zur Verfügung gestellt wird" (ebd., 237). Andererseits kann die gesellschaftliche Teilhabe auch zur Pflicht werden mit der Konsequenz selbstbestimmt leben zu müssen (ebd., 235) und dem Zwang eines „neoliberalen Pflichtprogramms" (Waldschmidt 1999, 28f; 41 ff.).[63] Selbstbestimmung darf daher nicht zum Zwang werden, so dass ständig ein Mehr an Selbstbestimmung als Ziel gesehen wird, ungeachtet der Tatsache, dass jemand vielleicht auch weniger Selbstbestimmung möchte.

„Selbstbestimmung bedeutet die Übernahme von mehr Verantwortung und die Zumutung der Selbständigkeit für alle Beteiligten." (Lindmeier/Lindmeier 2002, 70) Somit ist die „spätmoderne Selbstbestimmung [zweideutig], weil sie sowohl den positiven Klang des Befreiungsgedankens als auch den Beigeschmack der Verpflichtung in sich trägt" (Waldschmidt 1999, 42). Diese Ambivalenz der Befreiung auf der einen Seite und der Pflicht zu Selbstbestimmung und Individualität auf der anderen Seite birgt neue Gefahren, da die späte Moderne einerseits den Raum der Selbstbestimmung erweitert, zugleich aber neue Formen des Ausschlusses produziert (ebd., 44).[64]

---

[62] Dabei handelt es sich nach Rock (2001, 150 ff.) um folgende Orientierungs- und Deutungsmuster: Professionelles Handeln in der Spannung von Autonomie und 1. Fürsorge, 2.Verantwortlichkeit, 3. einer pragmatisch auf Arbeitserleichterung und Entlastung ausgerichteten Handlungsorientierung, 4. Anpassung an gesellschaftliche Normalitätsstandards, 5.Organisationserfordernissen, 6. Förderung und 7.. eigenem Leitungsanspruch.

[63] Auch Ursula Stinkes (2000) merkt kritisch die positiven und negativen Folgen eines „neoliberalen Pflichtprogramms" an und sieht die Frage unbeantwortet, was dies „für ökonomisch, sozial und kulturell mit geringen Ressourcen ausgestattete Menschen bedeutet, sich unter den Bedingungen der Individualisierung und selbstbestimmenden Lebensführung in einer neoliberalen Gesellschaft zu halten – jenseits von vertraglich ausgehandelten Beziehungsstrukturen" (ebd., 170).

[64] Beispielhaft führt Waldschmidt hier die Bioethik an.

Die Durchsetzung von Integration und Selbstbestimmung behinderter Menschen ist kein stabiler, einmal erreichter Zielzustand, sondern ein fortwährender Prozess, „dessen Inhalte im je historischen Kontext immer wieder neu bestimmt werden müssen" (Rohrmann 1994, 24). Einen Ausweg sucht die Fachdiskussion darin, an die Stelle der Selbstbestimmung das Empowermentkonzept zu stellen, so Karl-Ernst Ackermann (2008, 56).[65]

Weitere Punkte, die den Weg zu mehr Selbstbestimmung erschweren, sind Versorgung und Behandlung nach dem medizinischen Modell von Behinderung; fehlende Erfahrungs- und Informationsmöglichkeiten in Institutionen; fehlende Entscheidungsfähigkeit bis hin zur erlernten Hilflosigkeit; Mangel an ambulanten Diensten und an Unterstützung/Assistenz, Hilfsmitteln und unabhängigen Beratungsstellen (Österwitz 1991, 15 ff.). Aber auch eine meist nicht selbst gewählte kollektive Lebensweise erschwert die Selbstbestimmung.

„Selbständig Handeln und Entscheiden bedeutet somit nicht, gänzlich unabhängig zu werden von der Einflußnahme durch und auf das menschliche Gegenüber." (Frühauf 1999, 302)

Anthropologisch gesehen ist „Soziale Abhängigkeit" eine allgemeine Bedingung menschlichen Lebens (Speck 1998a, 121), somit ergibt sich die Abhängigkeit aus dem Menschsein und nicht aus der Behinderung oder Krankheit heraus (Fornefeld (2008a, 137).

Aufgrund vorenthaltener Lernprozesse (Frühauf 1994, 51), beziehungsweise der Vorenthaltung von Lerngelegenheiten und Lernmöglichkeiten kommt es zu vermehrter Abhängigkeit von Hilfen und Unterstützung im Sinne einer behinderungsbedingten Abhängigkeit. Entscheidend „sind vor allem die Gestaltungsprinzipien innerhalb von Abhängigkeitsbeziehungen" (Frühauf 1999, 303), so dass es um die Bestimmung von Anteilen im Leben geht.

Ein höherer Grad von Hilfeabhängigkeit scheint dabei die Realisierung von Selbstbeststimmung zu erschweren und die Menschen mit umfassendem Hilfebedarf einer höheren Gefahr der Fremdbestimmung auszusetzen (Hahn 1994, 89). Dabei kann die Selbstständigkeit und Selbstbestimmung innerhalb der Lebensphasen als auch innerhalb von Lebens- und Kompetenzbereichen variieren (Frühauf 1999, 304). Der differenzierte Blick auf Lebensfelder ermöglicht den Professionellen, Kompetenzen zu entdecken (ebd.). „Das Ausmaß an Selbstbestimmungsmöglichkeiten ist somit stets die Summe vieler, scheinbar kleiner Entscheidungen in Einzelfragen und kein übergeordneter, abstrahierter Gegenstand pädagogischer Bemühungen. Nochmals: Es geht immer um ein ‚Mehr oder Weniger' an Selbstbestimmungsmöglichkeiten für jeden Menschen, niemals um ein generelles ‚Ja oder Nein'." (ebd., 304)

Für Frauen und Männer mit sogenannter geistiger Behinderung ist Selbstbestimmung oftmals erschwert, da sich der Freiheitsraum für selbstständiges Handeln in dem Maße verringert wie die behinderungsverursachende Abhängigkeit zunimmt (Hahn 1994, 88). Die Aufgabe besteht

[65] Ein Plädoyer für die Einführung der „Anerkennung" als Leitprinzip für pädagogisches und rehabilitatives Handeln findet man bei Fornefeld (2008a). Auch Dieter Katzenbach (2004) setzt sich mit der Frage auseinander, welchen Beitrag die Anerkennungstheorie zur begrifflichen und inhaltlichen Klärung der Debatte und Selbstbestimmung und Empowerment leisten kann.

darin, Selbstbestimmung trotz vermehrter Abhängigkeit zu ermöglichen (ebd.). Zusammenfassend lässt sich mit Hahn (ebd., 89) sagen: „Das Leben von Menschen mit geistiger Behinderung ist gekennzeichnet durch ein extremes Mehr an sozialer Abhängigkeit, das als Ursache für nicht oder kaum praktizierte Selbstbestimmung angesehen werden muß.“ Die genannten Rahmenbedingungen, institutionelle Einschränkungen und persönliche Haltungen führen in der Regel zu praktizierter Fremdbestimmung, die oft bei Menschen mit Behinderungserfahrung, die sich nicht verbal äußern können, noch zunimmt.

Selbstkritisch formulieren Teilnehmerinnen und Teilnehmer der Sommeruni 2003, dass die Behindertenbewegung nicht ausreichend auf die Härten des behinderten Lebens eingeht und Schmerzen, Verluste und Ängste innerhalb der Selbstbestimmt Leben-Bewegung kaum thematisiert werden, sondern von Teilen der „Behindertenelite“ ein Leistungsethos vertreten und von anderen eingefordert wird (Siebert/Maskos 2003, 238). Die Individuen befinden sich in einer „Zwickmühle“ (Waldschmidt 1999, 43): der Befreiung aus bevormundenden Strukturen und der Selbstermächtigung steht das Risiko der individualisierten Gesellschaft gegenüber, wo Individuen sich selbst überlassen werden, gerade wenn „traditionelle Strukturen der Fürsorge [wegbrechen] ohne daß sich neue Systeme der Unterstützung bereits gebildet hätten“ (ebd.).

Möglichkeiten, die genannten Grenzen zu überwinden, bestehen auf der institutionellen Ebene in der Aufhebung von Isolation und Separation in Sondereinrichtungen, somit in der Änderung von Rahmenbedingungen und der Bereitstellung und Gestaltung individualisierter und passgenauer Hilfearrangements, auf der Ebene der Professionellen in einer Sensibilisierung für fremdbestimmte Handlungen sowie in einer konsequenten Orientierung am Assistenzmodell. Und letztlich stellen die Einbeziehung der Betroffenen als Experten in eigener Sache und die Formen der organisierten Selbstbestimmung wie zum Beispiel People First weitere Möglichkeiten da, Fremdbestimmung zu verhindern.

Kindern, Frauen und Männern mit sogenannter geistiger Behinderung wurden lange Zeit Selbstbestimmungsmöglichkeiten vorenthalten, so dass sie darauf mit „Passivität, Apathie, Hospitalismus oder sonstigem Problemverhalten“ reagierten (Hahn 1994, 81 f.). Im Sinne einer „nachholenden Befreiung“ (Waldschmidt 1999) ist Selbstbestimmung und Empowerment aus Sicht der Betroffenen eine berechtigte Forderung.

In der Fachdiskussion zeichnet sich ab, dass die Leitidee der Selbstbestimmung mittlerweile von der Leitidee der Teilhabe/Partizipation eingeholt wird. In der Praxis fehlen jedoch inklusive Settings in alle Bereichen, die Teilhabe und Teilgabe (Dörner 2007) ermöglichen würden.

2.4 *Unterstützung von Selbstbestimmung durch professionelles Handeln*

Die bisherigen Ausführungen machen deutlich, dass professionelle Beziehungen neu gestaltet werden müssen, um mehr Selbstbestimmung zu ermöglichen, wobei es nicht darum geht „in pädagogische Konzeptlosigkeit zu verfallen oder professionellen Rückzug zu legitimieren“

(Frühauf 1999, 306), sondern zum Beispiel politische Selbstbestimmungsforderungen Betroffener zu unterstützen.

Die Ermöglichung von Selbstbestimmung ist unter anderem abhängig von der Unterstützung durch die Professionellen und der Bereitstellung von Wahlmöglichkeiten. Dabei geht es darum, die kleinsten Ansätze von Willensbekundungen ernst zu nehmen (Niehoff 1994, 187) sowie um ein „Mehr" an Selbstbestimmungsmöglichkeiten. Selbstbestimmung wird dann möglich, „wenn die fördernde-betreuende Dimension in die assistierend-dienende Dimension eingebettet ist, [so dass] die Beziehung auch mal zur dialogischen Subjekt-Subjekt-Beziehung werden" (Dörner 2003, 55) kann.

Unter welchen Bedingungen Selbstbestimmung gelingen und was die Umsetzung von Selbstbestimmung beeinträchtigen kann, formuliert Theo Klauß (1998, 38 ff.) anhand folgender Bedingungen, die es zu unterscheiden gilt:

- Individuelle Kompetenzen und Bedingungen von Selbstbestimmung
- Interaktive Bedingungen von Selbstbestimmung
- Sozial/strukturelle Bedingungen von Selbstbestimmung
- Gesellschaftliche Bedingungen von Selbstbestimmung

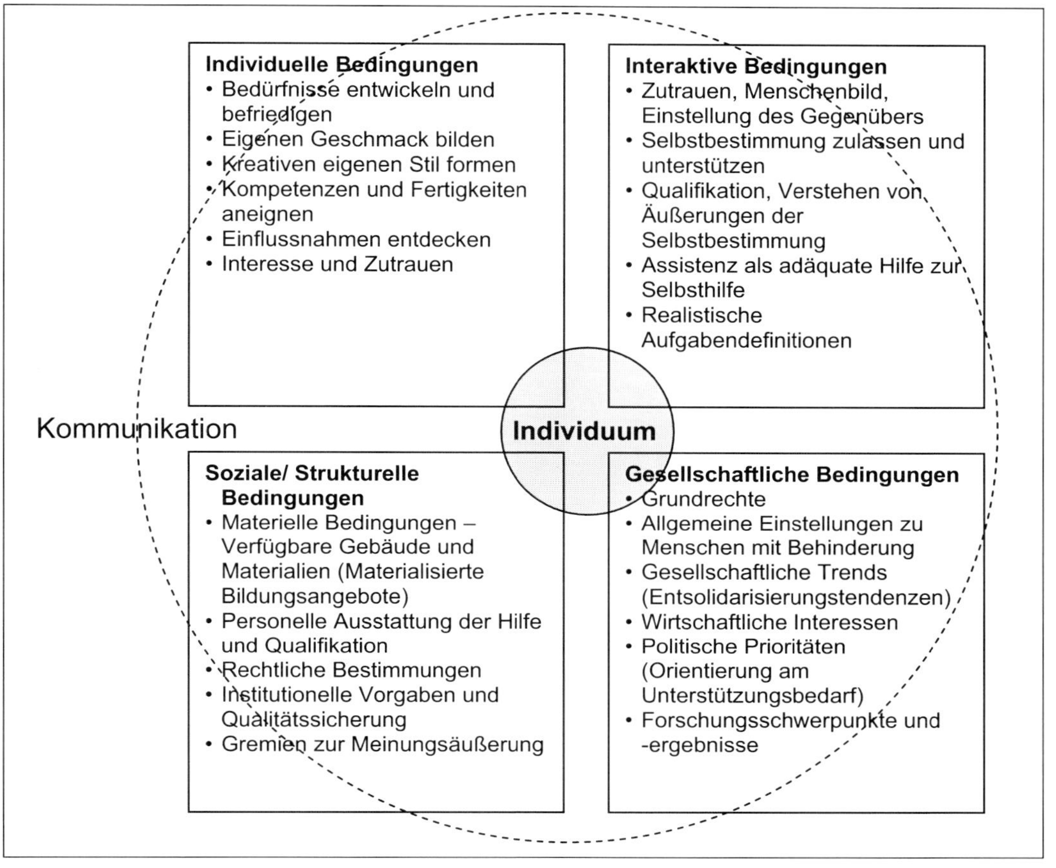

Abbildung 1: Komplexe Dimensionen der Selbstbestimmung (in Anlehnung an Klauß 1998, 57)

Eine Förderung der Selbstbestimmung muss alle vier Bereiche berücksichtigen, jedoch scheint mir die Ebene der Interaktiven Bedingungen von Selbstbestimmung für die vorliegende Arbeit zentral. Unter den interaktiven Bedingungen beschreibt Klauß (1998, 40) Anforderungen an die Interaktionspartnerinnen und Interaktionspartner:

- Selbstbestimmung zulassen
- Selbstbestimmung unterstützen
- Versuche und Äußerungen der Selbstbestimmung erkennen und anerkennen
- Assistenz als adäquate Hilfeform
- Beschränkung auf die Hilfeform
- Fachliche Qualifikation
- Personelle Bedingungen der Interaktionspartner, deren Haltung und Selbsteinschätzung (ebd., 40 ff.).

Die Konsequenzen für die (sonder-)pädagogische Praxis werden deutlich, wenn man schaut, was Vertreterinnen und Vertreter der Selbstbestimmt Leben-Bewegung unter Selbstbestimmung verstehen und wie sie dies einfordern.

Die Dominanz der Professionellen soll einem Peer Support weichen und die Separation in Sondereinrichtungen durch inklusive Settings aufgelöst werden. In der Konsequenz muss ein Trialog statt Dialog geführt werden, der die konsequente Einbeziehung (geistig) behinderter Menschen zum Ziel hat.

Klaus Dörner (2003, 51) fragt kritisch, ob man Selbstbestimmung fördern kann, denn bereits der gute Vorsatz „ich fördere deine Selbstbestimmung", wäre fremdbestimmend. Das einzige Tätigkeitswort, das Abstand nimmt von den gewohnten „Profi-Subjekt-Objekt-Tätigkeiten (betreuen, fördern, begleiten, ...)" (ebd., 53) ist assistieren. Assistenz ist erforderlich, um die beiden zentralen Grundbedürfnisse nach *Bedeutung für Andere* und nach Selbstbestimmung zu ermöglichen. Ausgehend davon, dass die mögliche Selbstbestimmungsfähigkeit und das dem Menschen mögliche Selbstbestimmungsrecht immer schon im Menschen ist (ebd., 53 f.) kann nur die Tätigkeit „assistieren" Selbstbestimmung ermöglichen, so dass „wirkliche Selbstbestimmung innerhalb von Institutionen unmöglich ist" (ebd., 51) beziehungsweise „dass in der Institution Selbstbestimmung nur durch Fremdbestimmung zunehmen kann" (ebd., 53). Menschen mit Behinderungserfahrung können Assistenz und Unterstützung in ihrem Alltag benötigen, wobei sich diese nach Art und Intensität unterscheiden lässt. Eine sinnvolle Unterscheidung erscheint mir Folgende, da sie den Personenkreis der Menschen mit hohem Assistenzbedarf umfasst.

Es werden dabei vier Unterstützungsgrade unterschieden:

> „1. *Periodische Unterstützung* (intermittent supports): Die Unterstützungsleistungen werden nur zeitweise und episodisch benötigt (z. B. während einer akuten Erkrankung oder bei einem zeitlich begrenzten Verkehrstraining).
> 2. *Begrenzte Unterstützung* (limited supports): Die Unterstützungsleistunegn werden regelmäßig in einzelnen Lebensbereichen benötigt (z. B. Unterstützung bei finanziellen Angelegenheiten).
> 3. *Ausgedehnte Unterstützung* (extensive supports): Die Unterstützungsleistungen werden permanent und zeitlich unbegrenzt in mehreren Lebensbereichen benötigt (z. B. langfristige Unterstützung im Haushalt und gleichzeitige Unterstützung am Arbeitsplatz).
> 4. *Umfassende Unterstützung* (pervasive supports): Die Unterstützungsleistungen sind charakterisiert durch ihre zeitliche Konstanz und hohe Intensität. Unterstützung wird in vielen Lebensbereichen gebraucht und ist zumeist lebenserhaltender Natur." (Lindmeier 2004)

Um nicht in die „Selbstständigkeitsfalle" oder wie Theo Frühauf (1999, 309) es nennt „Fähigkeitsfalle" zu tappen, müssen die drei Elemente „Können", „Wollen" und „Dürfen" gleichzeitig und gleichwertig in pädagogischen Prozessen angesprochen werden.[66]

Frühauf nennt einige Grundprinzipien für die Übertragung von mehr Regiekompetenz auf Frauen und Männer mit sogenannter geistiger Behinderung:

> „- Vertrauen in die Sinnhaftigkeit von Handlungen;

---

[66] Der Übergang in bestimmte Wohnformen zum Beispiel ambulant betreutes Wohnen darf nicht an den Erwerb neuer Fähigkeiten (z. B. Wohntraining) als notwendige Voraussetzung (im Sinne einer Vorleistung) geknüpft werden, da notwendige Kompetenzen für das selbstständigere Wohnen in der Realsituation wirksam erworben werden können (Frühauf 1999, 309).

- Erkenntnis, dass alle Erfahrungen (auch die negativen!) wichtig sind; Zulassen von Fehlern, Eingehen kalkulierter Risiken;
- Zeitnehmen und Zeitlassen;
- Aufgeben der einseitigen Expertenrolle; der Pädagoge als Assistent menschlicher Entwicklung;
- die individuelle Biografie in den Mittelpunkt stellen: Lifestyle planning." (Frühauf 1999, 310)

Nach Bettina Lindmeier und Christian Lindmeier (2002, 63) gehört es zu den wichtigsten Zielen beruflichen Handelns, Menschen mit (sogenannter geistiger) Behinderung Selbstbestimmung zu ermöglichen. Sie nennen vier Komponenten zur Ausrichtung professionellen Handelns, um die Umsetzung der Selbstbestimmungsaspekte zu gewährleisten: „die genaue Kenntnis der Person und ihrer Vorlieben und Abneigungen, die Erarbeitung eines Lebensstils, der Entscheidungsmöglichkeiten einschließt, die Vermittlung von Kompetenzen und die Schaffung eines unterstützenden Kontextes" (ebd., 67). Gradmesser und zugleich Bewährungsprobe für die Tragfähigkeit der Leitidee der Selbstbestimmung ist, wie es Professionellen gelingt Menschen mit hohem Assistenzbedarf oder herausforderndem Verhalten zu beteiligen (ebd.). In der Konsequenz bedeutet Selbstbestimmung „die Übernahme von mehr Verantwortung und die Zumutung der Selbständigkeit für alle Beteiligten" (ebd., 72).
Dabei sollte klar zwischen den Begrifflichkeiten Assistentin/Assistent – Begleiterin/Begleiter – Unterstützerin/Unterstützer – Dienstleisterin/Dienstleister unterschieden werden, da sich darin das jeweilige Selbstverständnis des Professionellen widerspiegelt. Neben der Begrifflichkeit muss sich auch das Selbstverständnis der Professionellen verändern, da sonst Begriffe wie „partnerschaftliche Begleitung" die Tätigkeiten nur kaschieren. Unterstützung ist mehr als bloße praktische Assistenz. Jedoch setzt beides die Veränderung der Machtverhältnisse voraus.

Modell der Persönlichen Assistenz

Unter persönlicher Assistenz wird „jede Form der persönlichen Hilfe verstanden, die AssistenznehmerInnen in die Lage versetzt, ihr Leben selbstbestimmt zu gestalten" (Schneider 2001, 69 zitiert nach BIZEPS 1999). Oder anders formuliert: „Persönliche Assistenz ist jede Form der personellen Unterstützung, die AssistenznehmerInnen befähigt selbstbestimmt leben zu können. Persönliche Assistenz ist die Delegierung von Aufgaben, die wir aufgrund unserer Behinderung nicht oder nur unzureichend ausführen können." (Isl-ev.org (o. J.)) Entscheidend ist, dass „bei der persönlichen Assistenz die AssistenznehmerInnen nicht Objekte (sind), an denen die Hilfeleistungen erbracht werden, sondern bestimmen selbst als Subjekte über die gesamte persönliche Assistenz" (Schneider 2001, 69 zit in BIZEPS 1999). In Abgrenzung zur persönlichen Assistenz bezieht sich der Begriff *Arbeitsassistenz*[67] auf eine personale Unterstützungsleistung schwerbehinderter Menschen bei deren Arbeit durch Erledigung von Hilfstä-

[67] Der Rechtsanspruch auf Arbeitsassistenz besteht seit Oktober 2000. Rechtlich festgehalten ist die Arbeitsassistenz in den §§ 33 und 102 im SGB IX. Dort befindet sich auch eine Definition von Arbeitsassistenz.

tigkeiten nach deren Anweisung (Isl-ev.org (o. J.)), um die beruflichen Chancen behinderter Menschen auf dem allgemeinen Arbeitsmarkt zu verbessern. Michael Schneider (2001, 71) fasst Arbeitsassistenz weiter, indem er mit dem Begriff „alle unmittelbaren und mittelbaren Unterstützungsleistungen und sonstigen Tätigkeiten eines Fachdienstes (beschreibt), die erforderlich sind, um Arbeitsverhältnisse für Menschen mit Behinderungen zu ermöglichen oder zu erhalten." Gemeint ist also ein breites und differenziertes Unterstützungsangebot im Sinne von *Supported Employment* (Unterstützte Beschäftigung). Nach Schneider (ebd., 73) sollte man diesen Begriff von persönlicher Assistenz am Arbeitsplatz (Arbeitsplatzassistenz) von Arbeitsassistenz im Sinne einer SGB IX-Leistung abgrenzen. Jörg Schulz (2005, 4) empfiehlt den Terminus der Arbeitsassistenz auf „*alle* notwendigen Hilfestellungen, auf die Assistenznutzer/innen zur Erfüllung ihrer arbeitsvertraglich geschuldeten Arbeitsleistung angewiesen sind", zu beziehen. Tatsache ist, dass Menschen mit Lernbehinderung, sogenannter geistiger Behinderung und psychisch behinderte Menschen zwar von der Bundesarbeitsgemeinschaft der Integrationsämter und Hauptfürsorgestellen (BIH) als Zielgruppe für Arbeitsassistenz benannt werden, aber im Jahr 2005 bundesweit keine Personen dieser Zielgruppen bekannt sind, die Arbeitsassistenz nutzen (ebd., 1).

Horst Frehe (2000, 245 f.) nennt erforderliche Kompetenzen, die im Falle des Arbeitgebermodells beziehungsweise bei Inanspruchnahme eines Persönlichen Assistenten auf die Betroffenen übertragen werden: Personalkompetenz, Organisationskompetenz, Anleitungskompetenz, Raumkompetenz, Finanzkompetenz und Differenzierungskompetenz, wobei Frehe diese Kompetenzen als Optionen verstanden haben will, die wahrgenommen werden können und nicht als Ausschlusskriterien missbraucht werden dürfen. Die Kompetenzbereiche werden auch unter dem Begriff *Regiekompetenz* zusammengefasst (Rock 2001, 54 f.). In diesem Sinne treten Menschen mit Behinderung als Experten in eigener Sache und als Arbeitgeberinnen und Arbeitgeber auf.

Christiane Schneider (1997, 74) merkt an, „daß die Selbstorganisation und Anleitung ein erhebliches Maß an Aufwand bedeutet, dem sich nicht jede Betreffende aussetzen möchte, so daß es m. E. zu einem selbstbestimmten Leben auch gehört, sich bewußt und für die Inanspruchnahme eines ambulanten Dienstes oder für das Leben in einer Einrichtung zu entscheiden", da ihrer Meinung nach das Modell hier zu einseitig betrachtet wird.

Diese von Vertreterinnen und Vertretern der Selbstbestimmt Leben-Bewegung formulierten Grundsätze, deren Vertreterinnen und Vertreter überwiegend eine Körper- oder Sinnesbehinderung haben, beansprucht heute auch die People First-Bewegung für sich, wobei hier der Terminus der Unterstützung favorisiert wird.

Vertreterinnen und Vertreter der Geistigbehindertenbehinderpädagogik stehen einer unreflektierten Übertragung des *Persönlichen Assistenzmodells* auf Menschen mit geistiger Behinderung oft skeptisch gegenüber, da ihrer Meinung nach die erforderlichen Kompetenzen nicht vorhanden sind und sich der Unterstützungsbedarf ganz anders darstellt.[68] Theunissen und Hoffmann (1999) fordern daher eine Erweiterung des Assistenzmodells und schlagen selbst acht Assistenzformen vor.[69] Die Persönliche Assistenz fassen sie unter Praktische Assistenz, und ergänzen die Dialogische, Advokatorische, Sozialintegrierende, Konsultative[70], Facilitatorische, Lernzielorientierte[71] und Intervenierende Assistenz. Im Zusammenhang mit der Validierenden Assistenz führt Theunissen 2007 die Assistenzbereiche für die Gruppe der Menschen mit sogenannter geistiger Behinderung und Demenz wie folgt aus. Unter *Dialogischer Assistenz*[72] versteht er „das Bemühen, mit einem geistig behinderten, dementen Menschen in Beziehung zu treten und ihm in einem positiven, vertrauensstiftenden Verhältnis Gelegenheit zu offerieren, sich angenommen zu fühlen, psychisches Wohlbefinden zu erleben und zu einer Befriedigung von Grundbedürfnissen nach sozialer Kommunikation, Zuwendung, (...) zu kommen" (Theunissen 2007a, 142). Die *Lebenspraktische Assistenz* bezieht sich auf die breite Palette an Handreichungen im Alltag (ebd., 143), während die *Advokatorische Assistenz*[73] sich auf die „Fürsprecherfunktion" (Theunissen/Hoffmann 1999, 9) und eine gezielte „Parteinahme" (Theunissen 2007a, 143) bezieht. Sich als Teil einer Gruppe zu verstehen und zu erleben wäre dann Aufgabe der Sozialintegrierenden Assistenz (ebd.). Die *Facilitatorische Assistenz* wiederum soll als fördernde Assistenz zu „individuell bedeutsamen Lernprozessen beitragen" (Theunissen/Hoffmann 1999, 9). Und schließlich kann die *Intervenierende Assistenz* als „Notfall-Hilfe" in Situationen der Gesundheits-, Selbst- und Fremdgefährdung betrachtet werden (Theunissen 2007a, 144).[74] Mit Steiner (2002, 171) könnte kritisiert werden, dass diese Be-

---

68 Horst Frehe (2000, 245) würde auch nur dann von persönlicher Assistenz sprechen, wenn diese die sechs genannten Kompetenzbereiche umfasst, die jedoch durchaus delegiert werden können.
In Bezug auf die Übertragung des Assistenz-Modells auf Frauen und Männer mit so genannter geistiger Behinderung macht Speck (2000, 29) auf die Überforderungssituation aufmerksam. „Sie [Menschen mit geistiger Behinderung, S. G.] können mit ihrer ‚Macht' als Arbeitgeber gegenüber ihren Helfern als ihren Angestellten (oder Assistenten) nichts Rechtes anfangen. Ihre gewissermaßen applizierte Macht erweist sich als Ohnmacht. Ihre Probleme bleiben. Menschen mit einer geistigen Behinderung bleiben in erhöhtem Maße auf Hilfe und gesetzte Ordnungen angewiesen. Ihre Selbständigkeit ist nicht nur eine relative sondern auch eine tatsächlich funktionell begrenzte. [...]" (ebd.) Ich möchte die möglichen Überforderungssituationen nicht leugnen und kann Specks Befürchtung nachvollziehen, verweise jedoch auf eine öfters anzutreffende unsachgemäße Verquickung der Idee des Independent-Living mit der Voraussetzung von Selbstständigkeit.

69 Eckhard Rohrmann (1994, 19) macht im Kontext der Selbstbestimmungs- und Integrationsbewegung auf die Sinnentleerung neuer Begriffe aufmerksam, die „auch und gerade von denjenigen übernommen [werden], gegen die sie sich ursprünglich gerichtet hatten und dabei mehr und mehr inhaltlich aufgeweicht, unverbindlich und ihrer ursprünglich kritischen Potenz zusehends beraubt" werden.

70 Konsultative Assistenz ist im Sinne von „beratendem Beistand" gemeint (Theunissen 1999, 9).

71 „Im Unterschied zur facilitatorischen Assistenz bietet die lernzielorientierte Assistenz *strukturierte (Lern-)Hilfen* oder auch *systematische Unterstützung* zur Aneignung sinnerfüllter Handlungen oder zum Erwerb subjektiv bedeutsamer Fertigkeiten an." (Theunissen 1999, 9)

72 Bereits 1995 haben Theunissen und Plaute das Modell der Persönlichen Assistenz in eine Dialogische Assistenz umformuliert, in dem Sinne, dass bei Menschen mit geistiger Behinderung teilweise eine stellvertretende Verantwortungsübernahme erforderlich ist, die nur auf der Basis einer Ich-Du-Beziehung (Buber) erfolgen kann, um Machtmissbrauch zu verhindern.

73 Theunissen merkt selbst an, dass der Begriff irreführend sein kann bzw. nicht unstrittig ist, da „Anwaltschaft" üblicherweise ein Mandat beinhaltet (2007, 143).

74 Inwiefern Intervenierende Assistenz eine Paradoxie darstellt, kann hier nicht weiter diskutiert werden. Intervenierende Assistenz bekäme eine andere Konnotation, wenn ich darunter verstehe würde, die Kontextfaktoren zu beeinflussen.

trachtungsweise die Begrifflichkeit der Assistenz in unzulässiger Weise verwässert, die Umkehrung alter Machtverhältnisse zwischen Behinderten und Institutionen verhindert wird und die Betroffenen selbst keine Selbstbestimmung und Zuständigkeit für ihr Leben erlangen.[75] Er warnt die Professionellen davor, „die Kampfbegriffe der Behindertenbewegung zu inflationieren oder zu pädagogisieren, uns also unter der Wahrung alter Machtverhältnisse Fähigkeiten zur Selbstbestimmung und zur Assistenz vermitteln zu wollen“ (ebd.). Auch Matthias Windisch (2004, 69) sieht mit diesem Konzept die Gefahr verbunden, „Machtverhältnisse und asymmetrische Rollenverteilungen in pädagogischen Handlungsstrukturen der Behindertenhilfe zu verwischen anstatt aufzudecken sowie den Assistenzbegriff im Sinne der Selbstbestimmt-Leben-Bewegung zu verwässern und dessen Ideologisierung Vorschub zu leisten“. Theunissen (2007b, 90) wendet sich gegen diesen Vorwurf und stellt klar, „dass das Assistenz-Modell aus der Wertebasis des Empowerment-Konzepts seine Legitimation schöpft“. Neben einer Therapeutisierung verbietet sich jede Form der Pädagogisierung von Menschen mit Behinderung.

Bei Frauen und Männern mit sogenannter geistiger Behinderung geht es nicht nur um die praktische Assistenz, sondern darüber hinaus „um die Aufgaben einer sozialen Bezugsperson, um Präsenz als Gesprächspartner, vielleicht auch zur Abwehr von Gefährdungen, um Artikulationshilfe persönlicher Bedürfnisse, um Mitgestaltung alltäglicher Kommunikation und persönlicher Lebensplanung, um Begleitung bei persönlich wichtigen Aktivitäten, um Dolmetscherfunktionen zwischen behindertem Menschen und Gesellschaft und vieles mehr“ (Bradl 2005, 187 f.).

Mit der von Theunissen dargelegten Ausdifferenzierung der Assistenz setzt sich auch Lars Mohr (2004, 74 f.) auseinander. Er bringt den Terminus „assistierende Bildung“ in die Diskussion ein, der meines Erachtens logisch unstimmig ist, weil er offen lässt, bei was oder wofür die Bildung assistiert. Kritisch anzumerken ist hierbei, dass es sich bei dem Begriff der Bildung um einen Prozess handelt, der individuell und eigenständig durchlaufen werden muss; lediglich der Prozess des sich Bildens kann unterstützt beziehungsweise assistiert werden. Auch der von Theunissen (2007b, 73) eingeführte Begriff der „lernzielorientierten Assistenz“ ist meines Erachtens irreführend. Der Begriff der „lernzielorientierten Assistenz“ suggeriert, dass die Assistentinnen und Assistenten Sorge tragen müssen, dass der Mensch mit Lernschwierigkeiten bestimmte Lernziele erreicht. Theunissen (ebd.) versteht darunter „strukturierte (Lern-)Hilfen oder systematische Formen der Unterstützung zur Aneignung sinnerfüllter Handlungen oder zum Erwerb subjektiv bedeutsamer Fertigkeiten“. Der im Englischen verwendete Terminus *learning support assistent* stellt eine Alternative dar.[76] Insgesamt stellt sich jedoch die

[75] An dieser Stelle sei angemerkt, dass Gusti Steiner (2002, 171) den Begriff „Kompetenz“ im Zusammenhang mit Assistenz verstanden wissen will als „Zuständigkeit“ oder „Anordnungsmacht“, zuständig zu sein für sich und sein Leben. Kompetenz meint in diesem Sinne nicht Fähigkeit.

[76] Auch eine Übersetzung mit „lernunterstützender Assistenz“ trifft den Kern der Tätigkeit der Assistenten/des

Frage, ob der Assistenzbegriff die passende Bezeichnung für die Unterstützung von Bildungsprozessen behinderter Frauen und Männer ist. Um von Assistenz zu sprechen ist meines Erachtens Folgendes entscheidend: der behinderte Mensch sucht sich die Assistentin oder den Assistenten selbst aus – nur dann kann von Assistenz gesprochen werden. Assistenz ist eine von vielen möglichen Rolle im Rollenspektrum der Professionellen (Windisch 2004, 69).

Letztlich zielt Selbstbestimmung auf die ernsthafte Einbeziehung der Perspektive der Frauen und Männer mit Behinderungserfahrung. In diesem Prozess des Aushandelns steht dann das „Verhandeln statt behandeln" (Niehoff 1998, 84) im Zentrum der Interaktion. Diese Form der „Begleitung ist eine ständige von Empathie getragene Herausforderung an die Fachkräfte und fordert ihre ganze pädagogische Phantasie und Improvisation, erfordert immer wieder ein Gleichgewicht zwischen Nähe und Distanz." (ebd.)

Ich bevorzuge, im Kontext meiner Arbeit den Begriff *Unterstützung* zu verwenden und diesen auch trennscharf von *Persönlicher Assistenz* zu sehen, da das Konzept der Persönlichen Assistenz davon ausgeht, dass erstens oben genannte Kompetenzen von der Assistenznehmerin und dem Assistenznehmer eingebracht oder entsprechend delegiert werden und zweitens ein Persönlicher Assistent immer selbst ausgewählt wurde.

Selbstbestimmung ist lernbar und ein lebenslanger Prozess

In ihrer Argumentation zeigt Barbara Fornefeld (2008, 127) auf, dass zum Wesen der Bildung eines Menschen Selbstbestimmung gehört und Selbstbestimmung und Bildung sich somit wechselseitig bedingen. „*Darum ist Selbstbestimmung ein Leben lang Arbeit an sich selbst* (Fornefeld 2000, 33), d. h. ein lebenslanger Prozess der Selbstgestaltung und Selbstauslegung des Menschen." (ebd.)[77] Wehmeyer (1992, 308) hebt hervor, dass Entscheidungen zu treffen, Vorlieben zu zeigen, Selbstbewusstsein und Selbstvertrauen lebenslange Erfahrungen und Anleitung erfordert. „Auch selbst zu bestimmen ist eine Kompetenz, sie bedarf der Bildung, ist selbst ein Bildungsziel (vgl. Ackermann 1990)." (Klauß 1998, 37) Dabei ist zu berücksichtigen, dass Selbstbestimmung und Empowerment nicht im eigentlichen Sinne gelernt werden können. Vielmehr geht es zuallererst darum, Selbstbestimmung erfahrbar und erlebbar zu machen, unabhängig von den Erschwernissen, die eine selbstbestimmte Lebensführung beeinflussen.[78]

Erwachsenenbildungsangebote können einen Rahmen bilden, innerhalb dessen Selbstbestimmung schrittweise erfahrbar ist und gelernt werden kann. „Der Umgang mit den heutigen

---

Assistenten nicht genau, so dass meines Erachtens von einer Übersetzung abzusehen ist.

77 In ihrem Verständnis will Fornefeld Menschen mit komplexer Behinderung eingeschlossen wissen, denn „Bildung ist mehr als die reine Vermittlung von Wissen und Kompetenzen. Sie ist mehr als nur die Befähigung zur Selbstartikulation." (Fornefeld 2008a, 127)

78 Lindmeier und Lindmeier (2003, 121) sind der Auffassung, „dass die Gestaltungsmöglichkeiten von Jugendlichen mit geistiger Behinderung zusätzlich dadurch verringert werden, dass ihnen Kompetenzen wie Problemlösungs- und Entscheidungskompetenzen, Selbstreflexionsfähigkeit etc. nur in geringem Umfang und wenig systematisch vermittelt werden".

Möglichkeiten der Selbstbestimmung muß daher schrittweise erlernt und im Alltag geübt werden – und zwar auf beiden Seiten." (Goll 1994, 7)
Eine „Erziehung zur Selbstbestimmungsfähigkeit" schafft zugleich Voraussetzungen, „sich in sozialen Kontexten (Gruppe, Gesellschaft) ich-stark und sozial kompetent einzubringen" (Theunissen 2007b, 43).
Da es sich bei Selbstbestimmung um einen Entwicklungsprozess handelt, der das ganze Leben anhält (Theunissen/Plaute, 2002, 122) handelt es sich um einen lebenslangen Lernprozess. Das bloße „Aufgreifen" von bereits Vorhandenem wäre zu kurz gegriffen, sondern der Lernprozess muss in der Regel eigene Vorlieben und Entscheidungsmöglichkeiten erst durch entsprechend strukturierte Angebote und Erfahrungen bewusst machen (Goll 1994, 9). Theunissen nennt in Anschluss an Wehmeyer drei Primärfaktoren, welche die Entwicklung und Entstehung von Selbstbestimmung beeinflussen: „a) Individuelle Kapazität, wie sie vom Lernen und der Entwicklung beeinflusst wird; b) Möglichkeit, wie sie von Umgebungen und Erfahrungen beeinflusst wird und c) Unterstützungen und Versorgungsleistungen (accomodations)" (Theunissen 2007b, 39).
Problematisch ist, wenn Selbstbestimmung an das Vorhandensein eines bestimmten Wissens- und Erfahrungshorizontes gebunden ist (Rock 2001, 95). Zum Erwerb von Wissen und Erfahrungen über Selbstbestimmung sind Informationen und ein Verständnis des *learning by doing* erforderlich. Schwierig wird es, wenn ein „Mythos der Selbstständigkeit" (Schönwiese 2001, 30) vertreten wird und der „Erwerb von Selbstständigkeit als Voraussetzung für Selbstbestimmung postuliert" wird (ebd.).
Geht es über den Erwerb von Selbstbestimmungsfähigkeiten hinaus um den Erwerb von Kompetenzen, die für eine Selbstvertretung innerhalb einer Gruppe notwendig wären, stellen sich folgende Fragen: Welches sind die grundlegenden Fähigkeiten, die für eine eigenständige Interessenvertretung wichtig sind? Wie können diese Fähigkeiten vermittelt werden? Self-Advocacy-Skills lassen sich unter anderem im Rahmen von Schulungen vermitteln, aber auch durch den Austausch zwischen erfahrenen und weniger erfahrenen Mitgliedern erwerben (Rock 2001, 30). Wie dieser Lernprozess gestaltet werden könnte, wird im Kapitel 3.9 im Zusammenhang einer empowermentorientierten Erwachsenenbildung deutlich.

2.5 *Formen organisierter Selbstbestimmung als Ausdruck von Empowerment*

2.5.1 *Die Selbstbestimmt Leben-Bewegung*

Im Folgenden soll in die Selbstbestimmt Leben-Bewegung, ihre zentralen Begriffe und Grundsätze eingeführt werden, denn insbesondere Teilhabe, Mitwirkung und Mitbestimmung sind zentrale Dimensionen und Bestandteile eines gelebten Empowerments. Die Selbstbestimmt

Leben-Bewegung kann als Grassroot-Bewegung beziehungsweise Bürgerrechtsbewegung betrachtet werden, die sich gegen eine einseitige Beschreibung und Wahrnehmung behinderter Menschen in Begriffen von Unvermögen und Abhängigkeit wehrt. Sie kann somit auch als Empowerment-Bewegung betrachtet werden. Die Selbstbestimmt Leben-Bewegung hat folgende Grundsätze zum Ziel:

1. Verabschiedung eines umfassenden und einklagbaren Gleichstellungs- und Antidiskriminierungsgesetzes;
2. Abkehr vom medizinischen Modell von Behinderung;
3. Integration in das Leben in der Gemeinde und Nicht-Aussonderung
4. Kontrolle über die eigenen Organisationen;
5. Kontrolle über die Dienstleistungen für Menschen mit Behinderungen durch behinderte Menschen selbst;
6. *Peer Support/Peer Counceling* – Unterstützung und Beratung behinderter Menschen durch behinderte Menschen (Miles-Paul 1992, 122 ff.; vgl. auch Niehoff 1994, 195 f.).

Geprägt wurde diese Bewegung vor allem durch körper- und sinnesbehinderte Akademikerinnen und Akademiker. Die „Dominanz der Intellektuellen" hat jedoch nach Rüggeberg (1985, 104) deutlich abgenommen. Die Bewegung hat ihren Ursprung in der Kritik aller fremdbestimmten Umgangsformen, insbesondere in der Vormacht von Institutionen und ihren Expertinnen und Experten. Die Selbstbestimmt Leben-Bewegung versteht sich als Gegenentwurf zur bestehenden Theorie und Praxis der Behindertenhilfe und lehnt die Dominanz der Professionellen und die Separierung in Sondereinrichtungen ab (Rock 2001, 17).

Die Benennung *Independent Living* wurde zunächst mit *autonom leben* übersetzt, wobei dieser Begriff schließlich durch „Selbstbestimmt leben" abgelöst wurde (ebd., 13).

Das *Independent Living*-Paradigma wird verstanden als ein neues Paradigma, das das Paradigma der Rehabilitation nach und nach ablösen soll und entscheidend die Fachleute beeinflussen wird (De Jong 1982, 14 f.).[79] Das *Independent Living*-Paradigma übt Kritik am medizinischen Modell und seinen Verhaltenserwartungen (ebd., 12) und hält „Umweltbarrieren als Ursache für Behinderungen ebenso bedeutsam wie persönliche Charakteristika" (ebd., 17). Der einzelne Betroffene ist nicht mehr Ausgangspunkt des „Problems", sondern die Umwelt und der Rehabilitationsprozess muss verändert werden (ebd., 16). Frauen und Männer mit Behinderung sind Experten in eigener Sache und wollen als diese mit ihrer Kompetenz für Fragen der Behinderung wahrgenommen werden. Dies impliziert auch den Wechsel vom Objektstatus hin zum Subjektstatus. Menschen mit Behinderung übernehmen im *Independent Living*-Paradigma die Rolle der kritischen Konsumentinnen und Konsumenten von Dienstleistungen, und die Dienstleistungsanbieter müssen ihre Angebote an den Bedürfnissen und Wünschen der Konsumenten/Dienstleistungsnehmer ausrichten (ebd.). Behinderte Menschen treten als Kundinnen und Konsumenten der Dienstleistungsangebote auf. Dazu sollen *Persönliche Budgets* eine selbstbestimmte Auswahl der Dienstleistungen gewährleisten und

---

[79] Auch hier stellt sich die Frage, ob von einem Paradigma gesprochen werden kann (vgl. hierzu Kap.2.1).

Flexibilität ermöglichen.[80] Problemlösungen können unter anderem durch die Beratung gleichfalls Betroffener, Selbsthilfe und die Kontrolle durch behinderte Konsumenten erzielt werden (ebd.). In dieser Selbsthilfebewegung wird die eigene Biografie in den Zusammenhang der gesellschaftlichen Einstellung zu Behinderung gestellt und zum Ausgangspunkt der politischen Aktivitäten gemacht.

Für die Praxis bedeutet dies eine breite Palette an Dienstleistungen[81] und deren Kontrolle durch behinderte Menschen, Integration in die Gemeinde, Selbsthilfe im Sinne von *Peer Support*, Beratung im Sinne von *Peer Counceling* und persönliche Assistenz sowie politische Interessenvertretung (Windisch/Miles-Paul 1991, 5; Miles Paul 1992, 57).

Für Menschen mit Behinderung sind die Centers for Independent Living (CIL) die vorrangige Selbsthilfeeinrichtung geworden und sollen eine Ergänzung zum gegenwärtigen System sozialer Einrichtungen als auch ein echtes Alternativangebot an Dienstleitungen darstellen (De Jong 1982, 10).

Die CIL und ZsL formulieren den „Anspruch, einen umfassenden und ganzheitlichen Rahmen für die Erfordernisse autonomer Lebensführung von Menschen mit Behinderung zu schaffen" (DeJong und Hughes 1981, 23 zit. in Rüggeberg 1985, 106), das heißt „entweder durch die unmittelbare Bereitstellung von Hilfeleistungen oder durch die Vermittlung erforderlicher Hilfen die gesamte Bedarfspalette behinderter Menschen anzusprechen, also eine umfassende gemeindenahe ‚Versorgungs'alternative zum Sektor der ausgegliederten Rehabilitation, Pflege und Hilfe für Behinderte anzubieten." (Rüggeberg 1985, 106 f.). Die Selbstbestimmt Leben-Bewegung warnt dabei zu Recht vor einer Pädagogisierung ihrer politischen Ziele (Lindmeier/Lindmeier 2002, 66).

In Deutschland entstanden die ersten Initiativen in den 1970er und 1980er Jahren zur gemeinsamen Freizeitgestaltung (vgl. Club 68 in Hamburg). Parallel dazu entstanden die Krüppelgruppen mit Ausschluss für Nichtbehinderte, die ihren Höhepunkt im UNO-Jahr der Behinderten (1981) mit ihrem Krüppeltribunal hatten. Nach verschiedenen Kontakten zur *Independent Living*-Bewegung wurde 1986 das erste Zentrum für selbstbestimmt Leben in Bremen gegründet.

In den 80/90er Jahren des letzten Jahrhunderts kam es in Deutschland zu einem weiteren Ausbau der Selbstbestimmt Leben-Bewegung auf nationaler und europäischer Ebene, wobei unter anderem *bifos* als Bildungs- und Forschungsinstitut zum selbstbestimmten Leben Behinderter initiiert wurde und sich das Forum behinderter Juristinnen und Juristen formiert hat.

---

80 Ein Blick auf die Geschlechterverteilung der BudgetnehmerInnen in Baden-Württemberg zeigt, dass Frauen unterrepräsentiert sind. Im baden-württembergischen Modellprojekt waren rund 31 % Frauen (15 von 49), die ein Budget erhielten (Kastl/Metzler 2005, 70). Eine Erklärung wäre, dass bereits die Geschlechterverteilung im stationären Bereich, aus dem die BudgetnehmerInnen mit geistiger Behinderung kommen, ungleich ist (ebd., 71). Des Weiteren „lässt sich vermuten, dass Männer bevorzugt zu einem Übergang in eine offenere Wohnform ermutigt werden" (ebd.).

81 Mit Dienstleistungsangeboten sind hier ambulante Dienste gemeint, die in einem Verbundsystem entsprechende Versorgungsleistungen anbieten.

1989 wurde auf europäischer Ebene das *European Network of Independent Living* (ENIL) gegründet, während auf nationaler Ebene 1990 die Gründung der *Interessenvertretung Selbstbestimmt Leben in Deutschland* (ISL e.V.) stattfand.[82]
Nach Rüggeberg (1985, 104) ist ein wesentlicher Anspruch aus dem theoretischen Selbstverständnis der *Independent Living*-Bewegung noch nicht eingelöst: „Der Anspruch nämlich, Hilfen allen behinderten Menschen anzubieten, die sie benötigen, unabhängig von Alter, sozialer Stellung, Ursache oder Art der Schädigung, die dem Hilfebedarf zugrunde liegt." Frauen und Männer mit einer so genannten geistigen Behinderung finden bisher nur selten Zugang zu den Zentren für selbstbestimmtes Leben. „Die Unterrepräsentanz von Menschen mit einer geistigen Behinderung wird von den Zentren auf die stärkere Aussonderung und Abhängigkeit sowie auf fehlende Informationen, mangelnde Artikulationsmöglichkeiten und ein geringes Selbstvertrauen geistig behinderter Menschen zurückgeführt." (Rock 2001, 22)[83] Die Angebote verstehen sich jedoch selten als aufsuchende Angebote, was aber gerade bei Menschen mit sogenannter geistiger Behinderung zu Beginn sehr wichtig wäre.[84] „Jedenfalls könnten in der Einbeziehung von Hilfen für Menschen mit geistigen Behinderungen gerade in CIL-Projekten, deren Politik zunächst von Menschen mit anderen Formen von Behinderung maßgeblich beeinflußt wird, Chancen liegen." (Rüggeberg 1985, 137).
Die Pluralität der Zielgruppen innerhalb der Gruppe der behinderten Menschen verlangt eine Binnendifferenzierung innerhalb der Zentren für selbstbestimmtes Leben. Hierbei spielen auch Fragen der Erreichbarkeit und ein Beratungsangebot im ländlichen Raum eine Rolle.

Peer Support und Peer Counceling

Die Begriffe *Peer Support* und *Peer Counceling* haben sich im Kontext der *Independent Living*-Bewegung in den USA entwickelt, dabei aber auf andere Formen und Erfahrungen des Peer Supports (Anonyme Alkoholiker, Frauenbewegung) zurückgegriffen (Miles-Paul 1992, 23 ff.). *Peer Counceling* stellt ein zentrales Element der Arbeit in den Zentren für selbstbestimmtes Leben und der Behindertenbewegung dar.[85]
Der aus dem Amerikanischen stammende Begriff *Peer Support* bedeutet sinngemäß „Unterstützung in Richtung seiner selbstbestimmten Lebensweise durch Menschen, die in ähnlicher

---

[82] ISL e.V. ist eine bundesweit agierende politische Interessenvertretung und dient der Vernetzung der ZsL und dem Aufbau neuer Zentren. ISL e.V. leistet neben der politischen Gremien- und Lobbyarbeit Öffentlichkeitsarbeit und bietet umfassende Beratung hinsichtlich Projektaufbau und -finanzierung, Öffentlichkeitsarbeit, Verwaltung und Buchhaltung und Vermittlung von Ansprechpartnerinnen und Ansprechpartnern und Kontakten (www.isl-ev.org/article/25.html [06. 11. 2003]).

[83] Möglicherweise erreichen die Einladungen und Ausschreibungen die Gruppe der Menschen mit Lernschwierigkeiten nicht.

[84] So bietet zum Beispiel das Zentrum selbstbestimmt Leben in Mainz ein *Peer Counceling* in Behinderteneinrichtungen im Sinne einer einrichtungsunabhängigen Beratung an, um auch für Menschen ansprechbar zu sein, die das ZsL nicht alleine aufsuchen zum Beispiel aufgrund von Schwellenängsten.

[85] Miles-Paul (1992, 21) weist daraufhin, dass aufgrund der unterschiedlichen Angebotsformen der diversen Projekte die Definitionen von *Peer Support* und *Peer Counceling* erheblich variieren.

Weise von Problemen betroffen sind“ (Schneider 1994, 26). Eine Definition der „Study Group on Peer Counceling as a Rehabilitation Ressource” lautet:

> „Peer Support ist Hilfe, die von einer behinderten Person zur Verfügung gestellt wird, die über behinderungsbedingte Erfahrungen und Kenntnisse sowie über Fähigkeiten, mit der eigenen Behinderung umzugehen, verfügt. Sie assistiert anderen behinderten Individuen und entscheidenden Personen im Umgang mit ihre behinderungsspezifischen Erfahrungen.“ (Miles-Paul 1992, 22)

Peer Support kann als eine erfolgreiche Strategie des Empowerments betrachtet werden.

Das Konzept *Peer Counceling* meint „die Anwendung von Problemlösungstechniken und aktivem Zuhören, um Menschen, die ‚gleichartig‘ (‚peers‘) sind, Hilfestellung zu geben. ‚Gleichartig‘ heißt, daß es sich um Menschen handelt, die gleichartige Lebenserfahrungen teilen.“ (Schneider 1997, 72)

In der Beratung durch gleichermaßen von Behinderung betroffene Frauen und Männer spielt das Rollen-Modell, und somit Vorbild der behinderten Beraterin und des Beraters eine zentrale Rolle (Rüggeberg 1985, 109). *Peer Counceling* soll dabei zur Unterstützung und Aktivierung einer möglichst selbstbestimmten Lebensführung dienen.

In Anlehnung an die humanistische Therapieform Carl Rogers, die Gesprächspsychotherapie, wurde das Konzept des *Peer Counceling* entwickelt.[86]

Inwiefern auch Frauen und Männer an einer *Peer Counceling* Ausbildung teilnehmen können ist mir nicht bekannt.

2.5.2 *Self Advocacy und People First – Begriffliche Annäherung*

Self Advocacy ist Zeichen einer neuen Sichtweise der Betroffenen von sich selbst (Knust-Potter 1994, 204). *Self Advocacy* steht dabei für die Fähigkeit, für sich und seine Belange einzustehen und für seine Rechte zu kämpfen.

Bei der Bezeichnung *Self Advocacy* handelt es sich um einen reinen Terminus technicus für eine Emanzipationsbewegung von Menschen, die als geistig behindert gelten (Knust-Potter 1994, 200). „Self Advocacy heißt, mehr Kontrolle über das eigene Leben zu gewinnen“ (Knust-Potter 1994, 201) und wird im Alltagsgebrauch für „speaking or acting for yourself“ (Rock 2001, 23) verwendet. Die *Self Advocacy*-Bewegung versteht sich als eine kollektive Interessenvertretung von Menschen, die für sich den Begriff „geistige Behinderung“ ablehnen und sich als Menschen mit Lernschwierigkeiten bezeichnen. „Menschen mit einer geistigen Behinderung wollen sich primär als Menschen verstanden wissen, mit den gleichen Rechten, Pflichten, Wahlmöglichkeiten und Chancen wie andere Gesellschaftsmitglieder auch.“ (ebd., 29 f.) Dabei kann sich *Self Advocacy* einerseits auf individuelle Entwicklungsprozesse einer Person beziehen, indem eine Person das Vertrauen gewinnt die eigenen Wünsche und Gefühle

---

[86] Das Bildungs- und Forschungsinstitut zum selbstbestimmten Leben Behinderter (bifos e.V.) bietet seit Anfang der 1990er Jahre eine systematische Weiterbildung zur Peer Councelorin ISL und zum Peer Councelor ISL für behinderte Frauen und Männer an. Das Curriculum samt Bewerbungs- und Zulassungsbedingungen findet man unter Bifos-org (o. J.).

zu artikulieren, andererseits kann es sich um Gruppenprozesse handeln, wo Menschen gemeinsam für ihre Rechte eintreten (Simons 1992, 5). Es kann somit zwischen „individueller Self Advocacy (für sich als Individuum zu handeln und zu sprechen) und „kollektiver" Self Advocacy (für eine Gruppe sprechen und eintreten) unterschieden werden. Dabei ist *Self Advocacy* individuelles und kollektives Empowerment zugleich (ebd.).

Eine (politische) Beteiligung setzt Fähigkeiten und Kenntnisse voraus, die als Self-Advocacy-Skills bezeichnet werden und „Fähigkeiten zur Kommunikation, Durchsetzung, Problemlösung und Entscheidungsfindung sowie das Wissen über die eigenen Bedürfnisse, Rechte und Unterstützungsmöglichkeiten" umfasst (Rock 2001, 30). Darüber hinaus sind es Fähigkeiten, die die „Durchführung von Gruppentreffen, die Meinungsbildung und Entscheidungsfindung innerhalb der Gruppe, das Ausüben von Ämtern sowie die Beschaffung und Verwaltung finanzieller Mittel" (ebd., 31) betreffen.[87]

2.5.3 *Historische Entwicklung der People First Bewegung*

Während im angloamerikanischen Raum (USA und Kanada) die *People First* Bewegung bereits in den 70er Jahren entstanden ist, ist die Bewegung in Deutschland erst seit Beginn der 90er Jahre bekannt geworden.[88]

Die Bezeichnung *People First* ist von Betroffenen 1974 auf einer internationalen Tagung in Oregon/USA gewählt worden, die sich primär als Menschen verstanden wissen wollen, und 1974 ihre erste von ihnen durchgeführte Tagung veranstalteten. In British Columbia gab es 1974 die erste Gruppe, die den Namen *People First* wählte (Rock 2001, 27) und der Beginn der *Self Advocacy*-Bewegung in den USA wird daher auf das Jahr 1974 datiert (ebd., 26).

Zu Beginn hatten sich an der Westküste Nordamerikas, in Kanada, Australien, Großbritannien, Schweden und den Niederlanden Menschen mit Lernschwierigkeiten zu Selbstvertretungsgruppen zusammengeschlossen.[89] Während in Großbritannien der Durchbruch bereits in den 1980er Jahren gelang, steckt die Situation der *People First* Bewegung in den deutschsprachigen Ländern noch in den Anfängen (Osbahr 2000, 166). 1991 kam es in den USA zur Gründung der nationalen Organisation „Self-Advocates Becoming Empowered – SABE". Zu den wichtigsten Errungenschaften der *Self Advocacy*-Bewegung gehört die Abschaffung stigmatisierender Bezeichnungen und Logos. Ein Durchbruch in der Auseinandersetzung mit dem Thema Selbstbestimmung und geistige Behinderung stellt der im September 1994 stattgefundene Duisburger Kongress „Ich weiß doch selbst was ich will! Menschen mit geistiger Behinderung auf dem Weg zu mehr Selbstbestimmung" da. Dieser regte zur Bildung der ersten

[87] Dazu wurden verschiedene Trainingsprogramme entwickelt (vgl. Rock 2001, 30). Aber auch andere Beispiele wie die Evaluation von Wohneinrichtungen durch die Nutzerinnen und Nutzer, wie zum Beispiel das Projekt NUEVA vom Verein Atempo in Österreich, stellen Möglichkeiten dar, Menschen mit Lernschwierigkeiten bei ihrer Meinungsbildung zu unterstützen. Erst so können sie die Rolle eines informierten Kunden einnehmen.

[88] Vergleiche hierzu das Interview mit Stefan Göthling (Göthling/Schirbort/Theunissen 2006, 559 ff.).

[89] Die Ursprünge der Self Advocacy-Bewegung werden von einigen Autoren in Schweden (Simons 1992, 5; Rock 2001, 25) und von anderen in den USA gesehen, bis die Idee dann nach Großbritannien überschwappte.

Selbstbestimmungsgruppen an. Anfang Dezember 1996 gab es in Melsungen das erste bundesweite Treffen von *People First* Deutschland.
Fachleute der Bundesvereinigung Lebenshilfe für Menschen mit geistiger Behinderung e.V., der Interessenvertretung selbstbestimmt Leben Deutschland e.V. und des Vereins gemeinsam Lernen – Gemeinsam Leben stellten einen gemeinsamen Projektantrag zur „Förderung der Selbstorganisation und Selbstvertretung von Menschen mit kognitiven Beeinträchtigungen.“[90] Das Projekt startete am 1.Dezember 1997 und bildete schließlich 2001 den Anstoß für das Netzwerk People First Deutschland. Damit diente das Projekt dem Aufbau und der Vernetzung von Initiativen von Menschen mit Lernschwierigkeiten sowie deren politischer Interessenvertretung. Zielsetzung war die Gründung eines eigenen Vereins, der selbst die Unterstützung und Vernetzung der Gruppen übernehmen kann.[91]
Zentrale Ziele, die Göthling (Göthling/Schirbort/Theunissen 2006, 565) auch noch im Jahr 2006 formuliert, sind die Abschaffung des Begriffs geistige Behinderung, die Verbreitung der leichten Sprache und die Akzeptanz aller Menschen, so wie sie sind.
Die Mitarbeiterinnen und Mitarbeiter des Projekts „Wir vertreten uns selbst!“ ziehen als Fazit, dass sie Menschen mit hohem und sehr hohem Unterstützungsbedarf bisher nicht erreicht haben und Frauen mit Lernschwierigkeiten unterrepräsentiert sind. Ferner fällt auf, dass die Aktivitäten von Frauen und Männern mit sogenannter geistiger Behinderung – im Rahmen der *People First*- und *Self Advocacy*-Bewegung – längst nicht so viel Aufmerksamkeit erlangt haben und ihre Forderungen bisher weniger ernsthaft diskutiert wurden wie die Aktivitäten der *Independent Living*- beziehungsweise Selbstbestimmt Leben-Bewegung.
Zum 1. Dezember 2001 schloss sich das Nachfolgeprojekt „Expertinnen und Experten in eigener Sache“ an, das noch mehr verdeutlicht, dass Menschen mit Lernschwierigkeiten die Expertinnen und Experten sind. Das mit Beginn des Jahres 2008 gestartete Projekt „Wohnen wie wir wollen“ setzt den Fokus auf die Unterstützung von Frauen und Männern mit Lernschwierigkeiten, um herauszufinden, wie sie wohnen wollen.
Auf europäischer Ebene ist das Netzwerk unter anderem organisiert in *Inclusion Europe*, einem Dachverband der Organisationen für Menschen mit Lernschwierigkeiten.

2.5.4 *Organisatorische Formen der Self Advocacy/People First-Gruppen und ihre Unterstützung*

Organisatorisch werden vier Modelle angedacht, zu denen sich die *Self Advocacy*- und *People First*-Gruppen zuordnen lassen und die sich hinsichtlich ihres Autonomiegrads voneinander unterscheiden (Rock 2001, 23).

---

[90] Das Bundesministerium für Gesundheit finanzierte das vierjährige Modellprojekt, das die Mitarbeiterinnen und Mitarbeiter direkt nach Projektbeginn umbenannten in „Wir vertreten uns selbst!“ Die Struktur des Projekts sah neben den hauptamtlichen Mitarbeiterinnen und Mitarbeitern mit Lernschwierigkeiten Unterstützerinnen und Unterstützer, einen Betroffenenbeirat, einen Gesamtbeirat und eine Begleitforschung vor.

[91] Der Verein Netzwerk People First Deutschland e.V. wurde am 3. Februar 2001 in Kassel gegründet.

Beim *Autonomen Modell* ist die Gruppe von Einrichtungen und Organisationen der Behindertenhilfe unabhängig (ebd., 24). Im *Divisonalen Modell* ist die Gruppe Teil einer Organisation der Behindertenhilfe, verbunden mit dem Vorteil, Zugang zu wichtigen Ressourcen zu haben und dem Nachteil, der „Gefahr der Instrumentalisierung ausgesetzt" zu sein (ebd.). Das *Service-System-Modell* bezieht sich auf Gruppen in Werkstätten, Wohnheimen oder Freizeiteinrichtungen, wobei die Gruppen „Teil des institutionellen Angebotes" (ebd.) sind. Im *Koalitionsmodell* sind die *Self Advocacy*- oder *People First*-Gruppen „Teil eines breiten Bündnisses von Menschen mit Behinderungen" (ebd.; Simons 1992, 6). Ken Simons (ebd.) erwähnt darüber hinaus die „dissussion groups in adult education settings".
Unterstützung erfahren die Selbstvertretungsgruppen durch einen *Advisor*, dessen Aufgabe nach Worell (1988, 47 zit. in Rock 2001, 35) in zwei Funktionen besteht: „Advisors are Organizers" und „Advisors are Teachers". Dem Advisor (UnterstützerIn) kommt sowohl die Aufgabe zu die bzw. den Einzelnen zu unterstützen als auch die Mitglieder in ihrem Selbstorganisations- und Empowermentprozess als Gruppe zu unterstützen. Dabei können einzelne Gruppenmitglieder dazu befähigt werden nach und nach mehr verantwortliche Aufgaben zu übernehmen, die das Funktionieren einer Selbsthilfe- und Selbstvertretungsgruppe erforderlich machen. Gefordert wird die Unabhängigkeit des Advisors/Unterstützers von den jeweiligen Institutionen. Eine Möglichkeit besteht in der Anstellung der Unterstützerin oder des Unterstützers bei einem *Zentrum selbstbestimmt Leben*. Eine andere Variante besteht darin, die Unterstützerinnen und Unterstützer zu tauschen, so dass man nicht in der gleichen Institution, in der man arbeitet, auch Unterstützerin/Unterstützer ist. Die Kunst besteht darin, die Gruppe zu unterstützen, aber nicht zu leiten, frei nach dem Motto „The group belongs to the members – the group is in charge, not the adviser" (Dowson/Whittaker 1993, 14 zit. in Rock 2001, 34), und die größere persönliche Macht, die man als Unterstützerin oder Unterstützer hat, zu reflektieren.

2.5.5 *Interessenvertretung in Einrichtungen der Behindertenhilfe*

Es erscheint wichtig, Gremien zur Meinungsäußerung zu schaffen, damit Selbstbestimmung und Mitbestimmung nicht vom Zufall und vom Wohlwollen der Mitarbeiterinnen und Mitarbeiter abhängt (Klauß 1998, 51 ff.). Mit Inkrafttreten der Werkstätten-Mitwirkungsverordnung (WMVO) zum 1. Juli 2001 wurde das Recht auf Mitwirkung der behinderten Mitarbeiterinnen und Mitarbeiter in Werkstätten für behinderte Menschen rechtlich verankert, damit institutionalisiert und organisiert.[92] Dies galt jedoch zunächst nicht für die Werkstätten in kirchlicher Trägerschaft.[93] Das relativ junge Recht regelt dabei die Mitwirkung der behinderten Mitarbei-

[92] Den mühsamen Weg der Entstehung der WMVO beschreibt Sabine Wendt in der Zeitschrift Geistige Behinderung 4/2002.

[93] Kurz vor der Verabschiedung wurde eine Ausnahmeklausel durch § 1 Abs. 2 WMVO eingefügt: „Diese Verordnung findet keine Anwendung auf Religionsgemeinschaften und ihre Einrichtungen, soweit sie eigene gleichwertige Regelungen getroffen haben." (Schlummer/Schütte 2006, 71)

terinnen und Mitarbeiter, mancherorts auch Beschäftigte genannt, räumt ihnen aber keine Mitbestimmungsrechte ein. Was zunächst im Schwerbehindertengesetz als Option für die Werkstättenträger formuliert war (vgl. § 54c Abs. 1 SchwbG)[94], steht jetzt im Rahmen des SGB IX. Mittlerweile wurde die Diakonie-Werkstättenmitwirkungsverordnung (DWMV) durch die Evangelische Kirche in Deutschland verabschiedet und der Rat der Evangelischen Kirche in Deutschland (EKD) erließ eine Rechtsverordnung zum 1. Juli 2004. Auf ihrer Sitzung vom 23. Juni 2003 empfahl die Vollversammlung des Verbandes der Diözesen Deutschlands, die Caritas-Werkstätten-Mitwirkungsverordnung (CWMO) in den Bistümern in Kraft zu setzen und bekannt zu machen.[95]

Bei einer Mitarbeit im Werkstattrat geht es um den Prozess des gruppenbezogenen Empowerments, so dass eigene Interessen zunächst in den Hintergrund treten und eine Interessenvertretung mit anderen für andere entsteht. Eine erfolgreiche Werkstattratarbeit ist von Rahmenbedingungen, von der Unterstützung durch eine Vertrauensperson und von einem vorbereiteten Vorgehen der Werkstattleitung abhängig (Schlummer/Schütte 2005, 12). Mitwirkungsrelevante Gruppen (Werkstattratmitglieder, Vertrauenspersonen, Werkstattleitung, Betriebsrat/Personalrat/Mitarbeitervertretung, Eltern- und Betreuerrat, Gewerkschaften, beratende Personen) sind erforderlich, um das Engagement der Werkstatträte und ihre persönlichen Eigenschaften im Werkstatt-Alltag zu unterstützen (ebd., 14). Darüber hinaus entsteht ein Bildungs- und Schulungsbedarf, um Kompetenzen für das Amt des Werkstattrates zu erwerben. Dieser muss konkret-anschaulich und praxisnah gedeckt werden

Heiko Breit und Hermann Kotthoff haben in einer Untersuchung bereits 1990 drei typische Mitwirkungsprofile von Werkstatträten erstellt, die meines Erachtens noch heute gültig sind. *Mitwirkungsprofil I* umfasst die aktivsten und engagiertesten Werkstatträte, die sich vorrangig mit mindestens drei der vier Themengebiete befassen und die Interessen der Beschäftigten in sachbezogene Arbeitssitzungen einbringen (Breit/Kotthoff 1990, 53 f.). Weniger aktiv sind 38 % der Werkstatträte, die dem *Mitwirkungsprofil II* zuzuordnen sind und sich entweder mit lebensweltlich- oder beschäftigungsorientierten Fragen (z. B. Entgeltfrage) befassen (ebd., 54 ff.). Demgegenüber sind die Vertreterinnen und Vertreter mit *Mitwirkungsprofil III* nicht in der Lage, den Vertretungs- und Mitwirkungsprozess zu organisieren (ebd., 56 ff.).

Zur Interessenvertretung bedarf es neben einer kompetenten (unabhängigen) Unterstützungsperson bestimmter Mitwirkungskompetenzen, die jedoch bei Menschen mit sogenannter geistiger Behinderung nicht immer vorausgesetzt werden können (Rock 2001, 47).

---

[94] SchwbG § 54c (1) Die in § 54b Abs. 1 genannten Behinderten wirken unabhängig von ihrer Geschäftsfähigkeit durch Werkstatträte in den ihre Interessen berührenden Angelegenheiten der Werkstatt mit. Weitere Einschränkungen der Mitwirkungsrechte findet man in Absatz 4: Das Bundesministerium für Arbeit und Sozialordnung bestimmt durch Rechtsverordnung mit Zustimmung des Bundesrates im einzelnen die Fragen, auf die sich die Mitwirkung erstreckt, die Zusammensetzung und die Amtszeit des Werkstattrates, die Durchführung der Wahl, insbesondere die Feststellung der Wahlberechtigung und der Wählbarkeit, sowie Art und Umfang der Mitwirkung.

[95] Zu den Besonderheiten der CWMO und DWMV vergleiche Schlummer/Schütte 2006, 78 ff.

Die Anforderungen an den Werkstattrat und seine Mitglieder gestalten sich sehr vielfältig, so dass Schlüsselqualifikationen und Basiskompetenzen erforderlich werden, sowie Sachkompetenz, Selbst- und Individualkompetenz, Sozialkompetenz und Methodenkompetenz erwartet werden (Schlummer/Schütte 2006, 85).

In diesem Sinne erfolgte die rechtliche Festschreibung eines Schulungsanspruchs in der neuen Mitwirkungsverordnung.[96]

Die Mitwirkung für Bewohnerinnen und Bewohner in Wohneinrichtungen der Behindertenhilfe regelt das Heimgesetz. Mit der Novellierung des neuen Heimgesetzes, das zum 1. 1. 2002 in Kraft trat, wurde zum 1. 8. 2002 auch die neue Heimmitwirkungsverordnung geregelt.[97] Der Gesetzgeber verfolgte damit das Ziel, die Mitwirkungsrechte und die Stellung des Heimbeirats zu stärken. So wurde zum Beispiel die Amtszeit des Heimbeirats in Einrichtungen zur Hilfe behinderter Menschen von zwei auf vier Jahre verlängert. Weiterhin besteht der Heimbeirat in kleineren Wohnheimen mit bis zu 50 Bewohnerinnen und Bewohnern nun aus drei Personen.[98] Eine wesentliche Änderung umfasst die Einbeziehung Dritter in den Heimbeirat, was vor allem eine Öffnung für Angehörige oder auch zum Beispiel für Mitglieder örtlicher Behindertenvertretungen bedeutet. Damit wird sichergestellt, dass das Amt des Heimbeirates auch dann gebildet werden kann, wenn Bewohnerinnen und Bewohner ihre Rechte selbst nicht wahrnehmen können. Klar geregelt ist auch die Höchstzahl der gewählten Personen, die nicht im Heim wohnen. Trotz der Neufassung wird – wie auch im Bereich der Werkstätten – deutlich, dass der Heimbeirat lediglich über *Mitwirkung*srechte verfügt, aber nicht über ein *Mitbestimmung*srecht. Die Verordnung regelt ferner die Übernahme der mit der Heimbeiratstätigkeit entstehenden Kosten und den Anspruch auf Schulungsmöglichkeiten. Werner Schlummer und Ute Schütte (ebd., 116 ff.) machen darauf aufmerksam, dass sich die Bewohnerschaft verändert hat und noch verändern wird, so das in Zukunft die Interessensvertretung die Belange älterer Bewohner und Bewohnerinnen sowie derjenigen Bewohnerinnen und Bewohner mit umfassendem Unterstützungsbedarf berücksichtigen muss.

Ähnlich wie im Bereich des Werkstattrats benötigt der Heimbeirat Unterstützung in Form einer Vertrauensperson.[99] Dieser Person kommt in Bezug auf die Unterstützung von Empowerment-

---

96 Aufgrund dessen gab es unter anderem das Projekt „Werkstattrat“ (2002–2003), in dem bestehende Materialien gesichtet und weitere Materialien für die Werkstatträte konzipiert und entwickelt wurden (Bieneck/Engelmeyer/Hofmann 2003). Vergleiche dazu auch Schlummer/Schütte 2006 mit Ideen und Anregungen für den Mitwirkungsalltag und Werkstatträteschulungen.

97 Eine umfassende Studie zu den Auswirkungen der Novellierung und Empfehlungen für eine verbesserte Umsetzungspraxis der Heimmitwirkung legten Mingot/Ritter/Stiehr 2007 vor. Aus der standardisierten Befragung geht leider nur die Geschlechterverteilung bezogen auf die Heimfürsprecherinnen und Heimfürsprecher hervor (ebd., 69). Des Weiteren wurden anhand der Experteninterviews Vorschläge zur Verbesserung der Heimmitwirkung formuliert (ebd., 45 ff.), wobei hier auch die Anregung zur Einführung einer Frauenbeauftragten aufgeführt ist (ebd., 47).

98 Bei reinem Ambulant Betreuten Wohnen sind keine Heimbeiräte vom Gesetzgeber vorgesehen, da Betreutes Wohnen nicht den gesetzlichen Bestimmungen der Heimgesetzes unterliegt. Es besteht noch nicht mal eine einheitliche Definition des Betreuten Wohnens.

99 Im Kontext der Heimbeiratsarbeit kann die Vertrauensperson aus der eigenen Institution, aber auch von außer-

prozessen im Sinne einer erfolgreichen Begleitung der Mitwirkungsgremien eine Schlüsselrolle zu. Je nachdem wie sie ihren Auftrag nach professioneller Unterstützung und Begleitung der Räte versteht und ausgestaltet, kann sie den Empowermentprozess der Beiratsmitglieder fördern oder einengen. Dabei muss die Vertrauensperson unterschiedliche Rollen (dienstleistungsgebende, begleitende, beratende) auf unterschiedlichen Unterstützungsebenen (praktische, inhaltliche, persönliche) einnehmen (Schlummer/Schütte 2006, 143).

Partizipation an Entscheidungsstrukturen

Partizipation im Sinne von Teilnahme, Teilhabe, Mitwirkung, Mitbestimmung soll Menschen die Möglichkeit geben, Einfluss auf Entscheidungsprozesse nehmen zu können. Partizipation kann verschiedene Beteiligungsformen annehmen – von der Selbsthilfegruppe bis zu einer politischen Partei. Der erste Schritt wäre, eine gleichberechtigte Teilhabe von Menschen mit und ohne Behinderung herzustellen. Gleichzeitig sollte eine gleichberechtigte Teilhabe der Frauen mit Behinderungserfahrung an gesellschaftlicher Macht hier in den Vereinen, Verbänden, Werkstatt- und Heimbeiräten (s. o., ist in der WMVO gesetzlich verankert) hergestellt werden. Wie oben angeführt stellt die neue Werkstätten-Mitwirkungsverordnung Partizipationsmöglichkeiten auf der Ebene der Werkstättenvertretung dar.

Eine andere Form der Partizipation stellt die Mitarbeit in den Vorständen der Verbände[100] und Leitungsgremien der Einrichtungen und Dienste dar, wobei keine Aussagen über die Qualität der Teilhabe und die wirklichen Einflussmöglichkeiten möglich sind (Rock 2001, 49 f.). Diese erscheinen jedoch eher gering, wenn man bedenkt, dass Unterstützungspersonen oft fehlen oder nur eine Person mit Lernschwierigkeiten in den Gremien vertreten ist (ebd.).

Zielführender in Hinsicht auf die Einflussmöglichkeiten der Menschen mit Behinderungserfahrung erscheint das Modellprojekt „Mitwirkung vor Ort" des Landesverbandes der Lebenshilfe Baden-Württemberg in den Orts- und Kreisvereinen der Lebenshilfe.

Chancen und Gefahren von Beteiligungs- und Mitwirkungsgremien

Die unterschiedlichen Beteiligungs- und Mitwirkungsformen bieten zunächst für Menschen mit Behinderung die Chance, sich zu engagieren und an politischen Entscheidungsprozessen teilhaben zu können.[101] Rock (2001, 37) weist jedoch auf die Gefahr der Instrumentalisierung von *Self Advocacy* Gruppen für die Zwecke der Einrichtung hin. Die Gefahr besteht darin, dass bestimmte Gruppierungen innerhalb von Institutionen keine ausreichende Unterstützung erhalten

halb kommen. Ein anderes Modell besteht darin, dass kooperierende Einrichtungen ihre Vertrauenspersonen austauschen, wieder andere Heimbeiräte wählen eine Vertrauensperson aus dem Kreis der Angehörigen (Schlummer/Schütte 2006, 129).

100 Die Bundesvereinigung Lebenshilfe für Menschen mit geistiger Behinderung e.V. hat neben dem Elternrat seit 2001 einen Rat behinderter Menschen, der den Vorstand und die Organe der Bundesvereinigung Lebenshilfe berät. Der Rat setzt sich aus Delegierten der 16 Landesverbände zusammen. Im Bundesvorstand der Lebenshilfe gibt es mittlerweile auch Mitglieder mit Behinderungserfahrung.

101 Ein eindrückliches Beispiel stellt das Projekt IncluCity Cologne der Heilpädagogischen Fakultät zu Köln dar (Terfloth 2005).

und somit mancherorts für institutionelle Zwecke leichter instrumentalisiert werden können. Hier kommt der Unterstützungsperson eine besondere Bedeutung zu. „Auch hinsichtlich der Initiierung von Self Advocacy ist Zurückhaltung geboten, denn Emanzipation kann nicht ‚verordnet' werden." (ebd.) Alle Beteiligungsformen und Mitwirkungsmöglichkeiten sind dem Vorwurf ausgesetzt, dass sie nur eine Alibifunktion übernehmen, da vermutet wird, dass nicht alle Mitglieder der Gruppen über die entsprechenden Kompetenzen zur Mitwirkung und Mitbestimmung verfügen.

Immer wieder muss sich die *Self Advocacy*-Bewegung dem Vorwurf stellen, nur eine Minderheit und deren Interessen zu vertreten, sich aber nicht für die Interessen der Menschen mit hohem Unterstützungsbedarf einzusetzen. Damit einher geht oft – auch in Fachdiskursen – eine verkürzte Sichtweise des Begriffs „Lernschwierigkeiten" und damit die Einschränkung des Personenkreises auf Menschen mit Lernbehinderung. Tatsache ist, dass es eine Unterrepräsentanz von Menschen mit sehr hohem Unterstützungsbedarf in den *People First* Gruppen gibt, dessen Problematik sich aber auch das Netzwerk People First Deutschland bewusst ist.

Selbstbestimmung wird mancherorts auch verwechselt mit „Laissez-faire" nach dem Motto jeder tut, was er will, so dass das Paradigma der Selbstbestimmung (ähnlich wie das Normalisierungsprinzip) von Professionellen teilweise überbeansprucht wird und unkritisch für alle Situationen als Erklärungsmuster verwandt wird.

Eine insbesondere in US-Amerika und Großbritannien zu beobachtende Tendenz ist, die Teilhabe an *Self Advocacy*-Gruppen von bestimmten Fähigkeiten abhängig zu machen, die individuelle *Self Advocacy* als Vorstufe zur kollektiven *Self Advocacy* zu betrachten (Simons 1992, 72) und „eine spezielle Vorbereitung im Form eines sogenannten ‚pre-self-advocacy-training' vorauszusetzen" (Rock 2001, 38).

Im Gegensatz dazu steht, was Simons (1992, 73) als „putting people with learning difficulties on a pedestal" bezeichnet. Menschen mit Lernschwierigkeiten sollten nicht mit ungerechtfertigten Standards konfrontiert werden, aber genau so kritisch sieht er (ebd.), dass sogar Fachleute sich jeder Kritik gegenüber Menschen mit Lernschwierigkeiten enthalten und somit wieder eine Sonderbehandlung einführen. Die Unterstützung von Einzelnen und *Self Advocacy* Gruppen ist sicher sinnvoll und teils notwendig, die Teilhabe sollte aber nicht an Vorbedingungen geknüpft werden, sondern „involvement in self-advocacy should be a fundamental right for all people with learning difficulties" (Simons 1992, 72) und darf nicht an Qualifikationshürden scheitern.

Dabei muss klar hervor gehoben werden, dass

> „Self-Advocacy kein Therapie- oder Förderkonzept [ist], sondern es geht um die Wiedererlangung vorenthaltener Rechte, um Chancengleichheit und gesellschaftliche Teilhabe. Damit ist Self-Advocacy selbst ein fundamentales Recht für alle Menschen mit einer geistigen Behinderung." (Rock 2001, 38)

Entscheidend wäre dabei, dass Möglichkeiten zur Mitbestimmung sowie demokratische Strukturen bereits in der Schule geboten werden und die Rollen im Rahmen einer Schülervertretung auch für Schülerinnen und Schüler mit Behinderungserfahrung erfahrbar sind.

2.5.6 *Vernetzung behinderter Frauen – von der Krüppelfrauenbewegung zum Weibernetz e.V.*

Bereits 1977 trafen sich behinderte Frauen in Volkshochschulen und in Frauengesundheitszentren zu Gesprächskreisen. Im Anschluss an das UNO-Jahr der Behinderten bildeten sie vereinzelt Krüppelfrauengruppen. Das UNO-Jahr der Behinderten 1981 stellte einen Höhepunkt in der bisherigen Behindertenbewegung dar und die Kritik richtete sich an die traditionellen Behindertenverbände, ihre Institutionen wie Heime und Werkstätten sowie Politiker und Politikerinnen. Auf dem Krüppeltribunal thematisierten die Krüppelfrauen[102] die Themenschwerpunkte „Schönheitsideal und seine Folgen“, „verachtender Umgang von FrauenärztInnen gegenüber behinderten Frauen“ und „§ 218 und sexuelle Gewalt“ sowie zum ersten Mal den Begriff der dreifachen Diskriminierung (Puschke 1999).[103]Krüppelfrauen fühlten sich weder in der Frauenbewegung noch in der Behindertenbewegung entsprechend vertreten und der Slogan „Wir sind doch alle gleich“ traf ihrer Ansicht nach nicht auf ihre Lebenssituation zu. Diskussionen innerhalb der Krüppelfrauenbewegung drehten sich um die Mitarbeit in Parteien, um die Wortschöpfung der „Doppelten Diskriminierung“ und um andere Begriffe wie „andersfähige“ Frauen (ebd.).

1992 wurde in Hessen das erste Landesnetzwerk behinderter Frauen gegründet und es entstanden zu Beginn der 90er Jahre weitere zahlreiche landesweite Netzwerke behinderter Frauen. 1998 erfolgte die Gründung des bundesweiten Netzwerks behinderter Frauen und nach fünf Jahren ehrenamtlicher Tätigkeit haben im Jahr 2003 die Frauen des Weibernetz e.V. eine Modellfinanzierung für drei Jahre erhalten.[104]

Der Bewegung behinderter Frauen wurde in den 80er Jahren seitens behinderter Männer eine Spaltung der Behindertenbewegung vorgeworfen, da aus Sicht der Männer die zentralen Themen Barrierefreiheit und Antidiskriminierung gemeinsam verfolgt werden sollten (Puschke 2006b, 55). Die Bewegung behinderter Frauen zeigt viele Gemeinsamkeiten mit anderen sozialen Bewegungen und ihre Entwicklung kann am Phasenmodell sozialer Bewegungen verdeutlicht werden (Puschke/Faber 2003, 66).

---

[102] Der Begriff Krüppel stammt aus der politischen Bewegung von Menschen mit Körperbehinderung. „Ihn zu verwenden bedeutet die Benutzung eines ursprünglich negativ besetzen Ausdrucks als positiv umgedeuteten Kampfbegriff (...). Der Ausdruck „KrüppelIn soll die reale Distanz und das Machtverhältnis zwischen ‚nicht-behinderten‘ und ‚behinderten‘ Menschen nicht länger verschleiern.“ (Ruhm 1997, 68)

[103] Die drei Diskriminierungsebenen beziehen sich in diesem Kontext auf die patriarchal-kapitalistische Unterdrückung, die Unterdrückung als Frau und die Unterdrückung als Behinderte (Puschke 1999).

[104] Mit dem 1. März 2008 wird die politische Interessenvertretung behinderter Frauen Weibernetz e.V. für weitere drei Jahre vom Bundesministerium für Familie, Senioren, Frauen und Jugend finanziert. Zu Erfahrungen und Anekdoten aus 25 Jahren Bewegung behinderter Frauen vergleiche auch Faber/Puschke/Weibernetz e.V. (2007).

1. Pionierphase/Großfamilie
2. Differenzierungsphase/System
3. Integrationsphase/Organismus
4. Assoziationsphase/Biotop

Im Jahr 2005 steht die Bewegung behinderter Frauen jedoch vor dem Problem wie viele andere soziale Bewegungen, dass ihr neue Frauen fehlen, so dass sich die Bewegung bewusst öffnen muss, indem sie verschiedene Zielgruppen anspricht, ihre eigene Kultur pflegt und den Austausch fördert (ebd., 69). Jedoch suchen behinderte Frauen auf Bundesebene bisweilen vergeblich Verbündete (Puschke 2006b, 55).

Neue Themen sind die Auseinandersetzung mit dem Ansatz der *Disability Studies* und Gender Mainstreaming, wobei letzteres in der Bewegung kontrovers diskutiert wird. Im Gegensatz dazu formulieren behinderte Frauen ihre frauenspezifischen Forderungen an die *Disability Studies* sehr deutlich:

> „- Mehr Frauen mit Behinderung in die Wissenschaft und Forschung
> - Berücksichtigung der unterschiedlichen Lebenssituationen von Frauen und Männern
> - Basiskategorie Geschlecht und Behinderung
> - Fach Feminismus und Behinderung
> - Soll absolut barrierefrei sein (z. B. Unterlagen in leichter Sprache, Möglichkeit von Teilqualifikationen ...)
> - Einbindung der Praxis ins Studium, z. B. Unterlagen der behinderten Frauenbewegung oder People First ins Studium einbeziehen" (Puschke/Faber 2003, 69).

Auch wenn sich in den unterschiedlichen europäischen Organisationen mittlerweile Frauengruppierungen und -netzwerke gebildet haben, so fehlte es doch bisher an einem eigenständigen europäischen Netzwerk behinderter Frauen (Puschke 2007, 2), so dass am 4. Mai 2007 in Berlin ein Europäisches Netzwerk behinderter Frauen gegründet wurde, um unabhängige Lobbyarbeit zu betreiben.[105]

Eine weitere Errungenschaft auf internationaler Ebene ist die Einfügung des Artikels 6 in das Übereinkommen der Vereinten Nationen über die Rechte von Menschen mit Behinderung, die UN-Behindertenrechtskonvention.[106]

> „Artikel 6 Behinderte Frauen
> (1) Die Vertragsstaaten anerkennen, dass Frauen und Mädchen mit Behinderungen mehrfacher Diskriminierung ausgesetzt sind, und ergreifen in dieser Hinsicht Maßnahmen, um zu gewährleisten, dass sie alle Menschenrechte und Grundfreiheiten voll und gleichberechtigt genießen können.
> (2) Die Vertragsstaaten treffen alle geeigneten Maßnahmen zur Sicherung der vollen Entfaltung, der Förderung und der Stärkung der Autonomie der Frauen, um zu garantieren, dass sie die in diesem Übereinkommen genannten Menschenrechte und Grundfreiheiten ausüben und genießen können." (UN-Behindertenrechtskonvention o. J., 8)

---

[105] 105 Frauen aus 17 Ländern kamen vom 2.–4. Mai 2007 in Berlin zusammen, um eine Resolution zur Gründung eines europäischen Netzwerks als Organisation behinderter Frauen zu formulieren.

[106] Auf die Problematik der deutschsprachigen Übersetzung sei hier nur kurz verwiesen. So zeigt die Schattenübersetzung des Netzwerk Artikel 3 e.V. (2009) auf, dass beispielsweise „inclusion" mit „Integration", „empowerment" mit „Stärkung der Autonomie" (vergleiche Artikel 6) und „independence" mit „Unabhängigkeit" nicht sinnentsprechend übersetzt wurde.

In der Präambel der UN-Behindertenrechtskonvention wird die Geschlechterperspektive berücksichtigt und ein Beitrag zu einer Geschlechtergerechtigkeit gefordert:

> „*q) in der Erkenntnis*, dass Frauen und Mädchen mit Behinderungen sowohl innerhalb als auch außerhalb ihres häuslichen Umfelds oft in stärkerem Maße durch Gewalt, Verletzung oder Missbrauch, Nichtbeachtung oder Vernachlässigung, Misshandlung oder Ausbeutung gefährdet sind, (…)
> s) *nachdrücklich darauf hinweisend*, dass es notwendig ist, bei allen Anstrengungen zur Förderung des vollen Genusses der Menschenrechte und Grundfreiheiten durch Menschen mit Behinderungen die Geschlechterperspektive einzubeziehen." (ebd., 3)

Diese Einfügung des Gender Mainstreaming Gedankens in die Präambel soll den Vertragsstaaten bei der Implementierung der Konvention helfen, so dass die Vertragsstaaten ihre Bemühungen nicht nur auf Artikel 6 beschränken (Degener 2008). Degener (ebd.) begrüßt diesen „twin-track-approach" in Bezuf auf Frauen mit Behinderung, da neben Artikel 6 weitere Artikel und die Präambel Frauen mit Behinderung und den Gender Mainstreaming Zugang erwähnen.

Eine Interessenvertretung von Frauen mit Lernschwierigkeiten stellt *WILD – Women in Learning Difficulties* und *Women First* dar. *Women First* repräsentiert innerhalb der *People First*-Bewegung eine eigenständige Gruppe nur für Frauen mit Lernschwierigkeiten.

Eine *Women First*-Gruppe ist mir in Deutschland nicht bekannt, jedoch initiierte Michaela Neubauer, eine Frau mit Lernschwierigkeiten in Österreich eine Women First-Gruppe, die sie mit ihrer Unterstützerin von 2001 bis 2004 drei Jahre lang koordinierte. Auf der Homepage von *Ninlil* benennt sie als Grund für das Scheitern der Gruppe, „[…] dass die Lust der Frauen einfach nicht mehr da war. Und ich wollte nicht alles alleine machen. Denn schließlich ging es darum, dass die Frauen in ihrer Selbstbestimmung dadurch gestärkt werden und gemeinsam etwas auf die Beine stellen." (Ninlil (o. J.))[107] Stattdessen besteht jetzt eine Peer Group für Frauen, deren Konzept Neubauer gemeinsam mit Tamara Grundstein vom Zentrum für Kompetenzen entwickelt hat.

Meines Erachtens benötigen Frauen mit Lernschwierigkeiten ebenso eine personelle und finanzielle Unterstützung zum Ausbau von regionalen und landesweiten Netzwerken der Interessensvertretung. Hierbei könnten sie von den zahlreichen Erfahrungen körper- und sinnesbehinderter Frauen profitieren, indem in deren Netzwerken Frauen mit Lernschwierigkeiten mehr Raum gegeben wird als dies momentan in Ansätzen geschieht. Ein Ansatzpunkt könnte bereits die Stärkung und Unterstützung lokaler Netzwerke durch die bestehenden Netzwerke körperbehinderter Frauen sein, von denen aus dann eine landesweite Vernetzung erfolgen kann.

---

[107] Ninlil ist ein Wiener Verein gegen sexuelle Gewalt an Frauen mit Lernschwierigkeiten oder Mehrfachbehinderung, der Emopwermentprojekte, Beratung und Vernetzung anbietet.

2.5.7 *Mitbestimmungsmöglichkeiten und Interessenvertretung in der DDR*[108]

Ein Blick auf die Mitbestimmungs- und Selbstbestimmungsmöglichkeiten in der DDR zeigt, dass eine Gesetzgebung von oben und eine Integrationspolitik über die Köpfe der Betroffenen hinweg nicht zum gewünschten Erfolg führten und Mitbestimmung und Interessenvertretung durch die Betroffenen selbst kaum möglich war.

> „Die gut durchdachte und auch entsprechend sorgfältig organisierte Behindertenpolitik hat gerade diesen Nachteil, daß sie für Behinderte erdacht wurde, nicht aber von und mit ihnen: z. T. über den Kopf und die Interessen der Behinderten hinweg wurden solche Integrationsmöglichkeiten beschlossen und administrativ verfügt. Damit bleiben Behinderte als Sondergruppe aber auch isoliert (...)" (Forster 1998, 289).

Die gesellschaftlichen Organisationen wie Gewerkschaften[109], die Freie Deutsche Jugend (FDJ), das Deutsche Rote Kreuz, der Blinden- und Sehschwachenverband der DDR sowie der Gehörlosen- und Schwerhörigenverband der DDR übernahmen Aufgaben der Rehabilitation der geschädigten Mitbürgerinnen und Mitbürger.[110]

Die FDJ arbeitete als Interessenvertretung der gesamten Jugend, verstand sich auch als Interessenvertretung geschädigter Jugendliche und trug

> „dazu bei, das Jugendgesetz der DDR zu verwirklichen. Sie bezieht alle jungen Menschen, unabhängig von ihrer sozialen Herkunft und ihrer weltanschaulichen Überzeugung, in die Verwirklichung ihrer Ziele ein. Sie widmet jedem jungen Menschen große Aufmerksamkeit, sorgt sich um seine sozialistische Persönlichkeit und hilft ihm, seine persönlichen Interessen mit denen der Gesellschaft in Übereinstimmung zu bringen" (Kratzsch/Puls ^{5}1985, 234)

damit alle Jugendlichen ihren Platz und ihre Aufgabe in der Gesellschaft finden. Geschädigte Jugendliche wurden dabei als aktive Mitglieder der FDJ gesehen und ein Zusammenleben von geschädigten und nicht geschädigten Jugendlichen sollte Ziel sein, so dass u. a. keine gesonderten Veranstaltungen für die geschädigten Jugendlichen vorgesehen waren. Voraussetzung für die aktive Einbeziehung der geschädigten Jugendlichen in die Jugendarbeit war daher die Befähigung der FDJ-Funktionäre durch Beratungen und Schulungen (Kratzsch/Puls ^{5}1985, 234).

Die Behindertenverbände der DDR übernahmen weitere wichtige Aufgaben wie z. B. die Elternberatung oder Elementarrehabilitation, wie die Einführung in das Leben unter den Bedingungen des Blindseins durch ehrenamtliche Mobilitätstrainer und Hilfsmittelversorgung.

So übernahm zum Beispiel der Blinden- und Sehschwachenverband Mitverantwortung bei der Verwirklichung der Sozialpolitik, so dass der Verband sich „zum geachteten Partner der Partei der Arbeiterklasse sowie der zentralen und örtlichen Staatsorgane entwickelt hat; er ist auf viel-

[108] Da ich – wie im Verlauf der Arbeit noch deutlich werden wird – auch Frauen aus den neuen Bundesländern interviewt habe, die in der DDR aufgewachsen sind, kommt diesem und weiteren Aspekten der DDR-Behindertenpädagogik eine Bedeutung zu.

[109] Der Freie Deutsche Gewerkschaftsbund umfasste unter seinem Dach ca. 15 Einzelgewerkschaften.

[110] So wirkten die Gewerkschaften bei der Realisierung des Rechts auf Arbeit, Bildung, Freizeit und Erholung und der Teilnahme am kulturellen Leben mit, indem sie u. a. Ferienlager initiierten, Bildungsmaßnahmen ausbauten und gewerkschaftliche Kulturhäuser unterhielten sowie die Teilnahme der Geschädigten am geistig kulturellen Leben unterstützten (Thude/Püschel ^{5}1985, 225 f.). Zur Realisierung des Rechts auf Arbeit bei langfristiger Arbeitsunfähigkeit durch Arbeitsunfall oder Berufskrankheit arbeiteten die Gewerkschaften eng mit staatlichen Organen und gesellschaftlichen Organisationen zusammen.

fältige Weise mit der Nationalen Front, der VS, dem DRK, dem DFD, der Urania und weiteren gesellschaftlichen Kräften verbunden" (Pielasch ^{5}1985, 240 f.). Diese Abhängigkeit und Verwobenheit mit dem politisch-ideologischen Machtgefüge der SED ermöglichte dem Verband kaum, als kritisches Korrektiv aufzutreten und Missstände anzuprangern. Susanne Schnabel (2001, 64) konstatiert, dass Behinderung kein öffentliches Thema war und demzufolge die Aktivitäten von Behindertenvereinen und -verbänden sich auf Freizeitangebote und Selbsthilfe beschränkten.

Erst in der letzten Zeit vor der Wende wurden Selbsthilfegruppen geduldet (Forster 1998, 330). Für die sich seit 1981 entwickelnden Selbsthilfegruppen war der Informationsaustausch erschwert und aufgrund der fehlenden Organisationsfreiheit gab es auch für Eltern oder Betroffene keine Möglichkeit des organisatorischen Zusammenschlusses[111] (ebd., 332), so dass Formen der Mitbestimmung kaum organisiert werden konnten.

Integration in der DDR scheiterte nach Forsters Ansicht (1998, 289) daran, „daß das Rehabilitationssystem als Besonderungssystem ausgebaut wurde" und der Selektionsprozess bereits in den Sonderkrippen begann und nahtlos in den Schulen fortgeführt wurde. Ein weiteres Problem stellten die ausgeschulten Kinder dar, die weder pädagogisch gefördert noch medizinisch versorgt wurden (Forster 1998, 292 ff.).

2.6 *Partizipation und Gestaltung eines inklusiven Gemeinwesens als weitere Zielperspektive des Empowermentkonzepts*

Es wurde deutlich, dass Selbstbestimmung einen zentralen Wert des Empowermentkonzepts darstellt. Zwei weitere zentrale Bezugspunkte von Empowerment sind: demokratische und kollaborative Partizipation sowie Verteilungsgerechtigkeit (Theunissen/Plaute 2002, 9; Theunissen 2007b, 42 f.), wobei alle drei Bezugspunkte auf Isaac Prilleltensky zurückgehen.[112] Partizipation ist dabei ebenfalls ein inflationär gebrauchter Begriff, der seinen Niederschlag im SGB IX fand, dort jedoch nicht definiert, sondern als bekannt vorausgesetzt wird. Während im SGB IX Partizipation vorrangig im Sinne von Teilhabe am Leben in der Gesellschaft verstanden wird, ist mit dem Empowermentkonzept darüber hinaus die Beteiligung und Mitwirkung der Adressaten an der Gestaltung der Hilfeleistungen und Dienste verbunden.[113]

Allen Bewegungen und neueren Ansätzen – wie Empowerment, *Community Care*, *Community Living* – ist gemeinsam, dass sie sich räumlich auf die Teilhabe und ein Leben in der Gemeinde beziehen und in der Entwicklungsperspektive (zeitlich) auf dem Prinzip der Selbstbestimmung

---

[111] Eine Übersicht über die beginnende Organisierung der Selbst- und Interessenvertretung in den Zeiten des Umbruchs findet man bei Forster (1998, 333).

[112] Norbert Herriger spricht auf seiner Homepage auch von „Sozialer Gerechtigkeit" und „Demokratischer Partizipation" (Herriger 2005).

[113] Partizipation bezeichnet Teilnahme oder Teilhabe (Schnurr ^{2}2001, 1330). „In seiner überwiegenden Verwendung im gegenwärtigen Sprachgebrauch bezeichnet der Begriff die *Teilnahme* bzw. Beteiligung der Bürgerinnen und Bürger an politischen Beratungen und Entscheidungen, seltener die *Teilhabe* an den Politikresultaten [...]." (ebd.)

basieren (Jerg 2003, 166). Nun könnte man sagen, dass die Leitidee der Selbstbestimmung bereits von der Leitidee der Teilhabe eingeholt wurde. Beides ist für die Diskussion um Empowerment zentral und bedingt sich gegenseitig. Denn „echte Teilhabe realisiert sich erst über aktive Mitwirkung und Mitbestimmung." (Wansing/Hölscher/Wacker 2003, 220) Somit impliziert Teilhabe Selbstbestimmung und Mitbestimmung. Der zweite Grundwert der demokratischen und kollaborativen Partizipation findet seinen Niederschlag gegenwärtig im Bild der Inklusion. Inklusion meint eine „uneingeschränkte gesellschaftliche Zugehörigkeit" (Theunissen 2007b, 31)[114] und die Akzeptanz von diversen Dimensionen von Heterogenität und Individualität, das heißt als vollwertiges und gleichberechtigtes Mitglied einer Gesellschaft anerkannt zu werden (Hinz 2002). Dieses Einbezogensein als vollwertiges Mitglied der Gemeinschaft erfolgt „unabhängig von Fähigkeiten und Unfähigkeiten" (ebd., 356).[115] Menschen mit Behinderung und ihre Angehörigen

> „haben unter dem Blickwinkel von Empowerment eine aktive Rolle als ‚Bürger mit Rechten' wahrzunehmen, zu der auch die Pflicht zur Überwindung von Konflikten zählt (Galtung 1994, 20; 2000, 42), und sie werden dabei als ‚kompetente Experten in eigener Sache' wertgeschätzt und ausgewiesen. Im Prinzip geht es somit um Bürgerbeteiligung, ziviles Engagement, Betroffenen-Beiräte oder auch Arbeitskreise mit politischem Mandat – kurzum um ‚policy making' – ein Grundsatz, der die politische Dimension von Empowerment sichtbar werden lässt (Adams 1996, 4)." (Theunissen 2007b, 43)

Der dritte normative Grundpfeiler des Empowermentkonzepts ist bei Herriger (^{2}2002, 79) das Prinzip Bürgerbeteiligung und „das Einlösen auf Rechte von demokratischer Partizipation". Demokratische Partizipation bezieht sich auf Mitmachen, Mitgestalten und Sich-Einmischen und ist verknüpft mit

> „der Forderung, die Eigenverantwortung und die Eigenbeteiligung der Bürger in der Besorgung lokaler Angelegenheiten zu stärken, neue zivile Verbindlichkeiten (‚Gemeinsinn') zu etablieren und Verantwortungspartnerschaften zwischen bürgerschaftlichem und staatlichem Handeln in der Selbstgestaltung der kleinen politischen Kreis zu implementieren" (ebd.).

Der Aspekt der kollaborativen Partizipation umfasst die Gemeinschaftsebene und Aspekte der Mitarbeit, Zusammenarbeit (auch mit Professionellen) und Mitbestimmung auf gruppenbezogener Ebene.[116] Mit kollaborativer Partizipation wird die gleichberechtigte Beziehung und

---

[114] In der 2. aktualisierten Auflage legt Theunissen den Fokus vermehrt auf Inklusion, was sich bereits im Titel ankündigt. Mit Verweis auf die UN-Konvention kommt Theunissen zu dem Schluss, dass „Inklusion weitaus mehr als eine Fortführung oder Weiterentwicklung des Integrationsgedankens darstellt" (ebd., 21).

[115] Andreas Hinz (2002, 356) führt aus inklusiver Perspektive drei Kritikpunkte an dem bisherigen Integrationsverständnis innerhalb der Sonderpädagogik an: „Die Fixierung auf die administrative Ebene, das Festhalten an einer Zwei-Gruppen-Theorie und die administrative Etikettierung mit entsprechenden individuellen Curricula." Die Fixierung auf die administrative Ebene hat zur Folge, dass die Schädigung die Integrationsmöglichkeiten vorgibt und in eine Gleichung „Je fitter, desto integrierbarer, je schwächer desto weniger integrierbar" mündet (ebd.).
Hans Wocken (2009) setzt sich in einem aktuellen Aufsatz mit den unterschiedlichen Lesarten von Inklusion auseinander, die im wissenschaftlichen Diskurs derzeit zirkulieren. Er plädiert für eine „bedingungslose Freigabe" der Terminologie, unter anderem auch um international anschlussfähig zu bleiben und favorisiert die Schrägstrichkombination Inklusion/Integration (ebd., 22). Seines Erachtens ist „die Zeit der Abgrenzung von Integration versus Inklusion vorbei" (ebd.).

[116] Die deutsche Übersetzung „kollaborativ" ist hier etwas irreführend, schaut man jedoch unter dem Stichwort

nicht die Belehrung betont (Theunissen 2003, 53 u. 57), sodass eine Ent-Hierarchisierung der Beziehung angestrebt wird (ebd., 71).

Die Verteilungsgerechtigkeit[117] als dritter Grundwert des Empowermentkonzepts ist eng an den Grundwert der kollaborativen und demokratischen Partizipation geknüpft, denn es geht um die „faire und gerechte Verteilung der Ressourcen und Lasten einer Gesellschaft" (Prilleltensky 1994, 306 zit. in Theunissen 2007b, 48). Thematisiert wird hier die ungleiche Verteilung materieller und immaterieller Lebensgüter und die Philosophie des Empowerments verpflichtet sich damit einem sozialaufklärerischen Programm (Herriger ^{2}2002, 79).

In der Deklaration von Madrid (2002) ist die Vision der Teilhabe und Nicht-Diskriminierung unter anderem in folgenden Gegensatzpaaren formuliert, die dem Empowermentkonzept Rechnung tragen:

> „a) Weg von behinderten Menschen als Objekte der Wohltätigkeit ... hin zu behinderten Menschen als Inhaber von Rechten.
> b) Weg von Menschen mit Behinderungen als Patienten ... und hin zu Menschen mit Behinderungen als unabhängige Bürger und Verbraucher.
> c) Weg davon, dass Professionelle Entscheidungen für behinderte Menschen treffen .. und hin zu unabhängiger Entscheidungsfindung und Übernahme von Verantwortung durch behinderte Menschen und ihre Verbände bei Themen, die sie betreffen. (...)"

Teilhabe ist dabei zugleich Ziel aber auch Weg. Partizipation im Verständnis der WHO dargelegt in der ICF (WHO 2005) meint Eingliederung, Einbezogensein, Beteiligung und Zugang zu allen Aktivitätsbereichen zu haben. Teilhabe wird dann ermöglicht, wenn ich wie im Rahmen der ICF Zugang zu den folgenden neun Bereichen/Aktivitäten habe:

- Lernen und Wissensanwendung
- Allgemeine Aufgaben und Anforderungen
- Kommunikation
- Mobilität
- Selbstversorgung
- Häusliches Leben
- Interpersonelle Interaktionen und Beziehungen
- Bedeutende Lebensbereiche
- Gemeinschafts-, soziales und staatsbürgerliches Leben

Der Partizipationsbegriff der ICF umschließt zwei genannte Grundwerte des Empowermentkonzepts: die demokratische und kollaborative Partizipation sowie die Verteilungsgerechtigkeit (Mohr 2004, 36).

Klaus Dörner (2007, 45) befürwortet, von *Teilgabe* zu sprechen, da darin das Kriterium „Bedeutung für andere haben" mehr zum Tragen kommt, denn Voraussetzung für Selbstbestimmung ist, Bedeutung für andere zu haben. Dahinter steht die Annahme: Bürgerinnen und Bürger mit Behinderung sind nicht nur hilfsbedürftig, sondern auch helfensbedürftig. In dem Sinne

„collaboration" wird die Ebene der Zusammenarbeit und Mitarbeit, auch im Sinne einer Gemeinschaftsproduktion deutlicher. Die Zusammenarbeit mit dem Feind, was man zunächst mit Kollaboration/Kollaborateur assoziiert, ist hier sekundär.

[117] Bei Herriger (^{2}2002, 79) ist dies der zweite Grundwert: „Das Eintreten für soziale Gerechtigkeit".

wie auch Bürgerinnen und Bürger mit Behinderung Bedeutung für andere erlangen möchten, möchten sie anderen auch helfen und ihren Teil dazu beitragen. Teilgabe meint mehr als bloße Teilhabe und zieht Fragen der Teilhabegerechtigkeit und Verteilungsgerechtigkeit nach sich. Teilhabe und Teilgabe setzt in der letzten Konsequenz ein inklusives Gemeinwesen voraus, wobei die Momente Respekt, Akzeptanz, Wertschätzung und Anerkennung zentral sind.

Der Veränderungsdruck auf die Institutionen und die Professionellen durch die Betroffenen und ihre Angehörigen und die Einforderung der Leitidee der Selbstbestimmung wurden hier breit diskutiert, da sie Ausgangspunkt für Empowermentprozesse sind. Anhand der *Independent Living-*/Selbstbestimmt Leben-Bewegung und der *Self Adocacy-/People First-*Bewegung wurden zwei bedeutsame Empowerment-Bewegungen behinderter Frauen und Männer aufgezeigt. Neben individuellen Prozessen des Empowerments geht es darum, sich für die eigenen Rechte einzusetzen und gemeinsam mit anderen Betroffenen Einfluss auf gesellschaftliche Bedingungen, Situationen usw. zu nehmen, dies ganz im Sinne von politischem Empowerment.[118]

Theunissen und Plaute (1995, 21) sind davon überzeugt, „daß **alle** [Hervorhebung S. G.] Menschen mit geistiger Behinderung zu wesentlich mehr Entscheidungs- und Handlungsautonomie gelangen könnten, wenn ihnen dies durch entsprechende Rahmenbedingungen und Hilfen ermöglicht würde.“[119]

Der „fürsorglichen Enteignung von Kompetenzen“ (Wacker 2003b, 46) soll im Empowermentkonzept entgegengewirkt werden.

Im Folgenden findet nun eine Auseinandersetzung mit dem Empowermentkonzept in der deutschsprachigen sozialen Arbeit, insbesondere in der sozialen Arbeit mit behinderten Menschen statt.

---

[118] Die Grenzen des Reformprozesses von der Verwahrung, über Förderung bis hin zur Begleitung und Assistenz mit dem Ziel Teilhabe zu verwirklichen und Selbstbestimmung zu ermöglichen zeigt Fornefeld (2008b, 22) am Entstehen einer Zwei-Klassen-Behindertenversorgung auf.

[119] Wie die Autoren Entscheidungs- und Handlungsautonomie definieren wird nicht ganz klar.

3 Empowerment in der Sozialen Arbeit mit behinderungserfahrenen Menschen

Das Empowermentkonzept und die Forderung nach Selbstbestimmung sind in der Sozialen Arbeit mit Menschen mit Behinderungserfahrung handlungsleitend und orientierend geworden. Das Empowermentkonzept kann jedoch nicht direkt auf die Arbeit mit Menschen mit sogenannter geistiger Behinderung übertragen werden, sondern bedarf spezieller Unterstützungsformen und zusätzlicher Bildungsangebote, um Überforderung und Vernachlässigung zu vermeiden (Theunissen 1998, 81). Dieter Röh (2006, 361) zweifelt an, ob man von einem ausformulierten Empowermentkonzept sprechen kann und bezeichnet Empowerment als „eine professionelle Strategie Menschen, die sich ohnmächtig und unsicher fühlen, wieder dazu zu befähigen, sich um ihre Angelegenheiten primär selbst bzw. unter Rückgriff auf Ressourcen aus ihrem sozialen Netzwerk zu kümmern, Bewältigungsstrategien zu entwickeln oder sich aktiv politisch für ihre Belange einzusetzen".[120]

Die Erfahrungen zeigen, dass „Empowerment kontext- und betroffenenabhängig [ist] und für verschiedene Gruppen in unterschiedlichen Kontexten verschiedene Formen und Bedeutungen annehmen" kann (Miller/Keys 1996, 314 zit. in Theunissen/Plaute 2002, 14).

Empowerment ist dabei weder ein Zielzustand noch ein Produkt, „das mit Selbsttraining oder profesioneller Hilfe erreicht werden kann" (Stark 1996, 18). Empowerment „ist gleichermaßen Ziel, Mittel, Prozess und Ergebnis persönlicher wie sozialer Veränderungen" (Bröckling 2004, 55). Es können jedoch zwei Zielzustände gelingender Empowerment-Prozesse voneinander unterschieden werden: psychologisches Empowerment und politisches Empowerment (Herriger ^{2}2002, 167).[121] Psychologisches Empowerment bezieht sich auf die individuellen Parameter und Schutzfaktoren, wobei zwischen personalen und sozialen Schutzfaktoren unterschieden wird (vgl. Kap. 3.5). Politisches Empowerment geht über die individuelle Ebene hinaus und bezieht sich auf „die im öffentlichen Raum sichtbaren und in handfesten Veränderungen der Lebenswelt meßbaren Effekte des sozialen Engagements" (ebd., 168). Denn Empowerment soll zur Bildung „kollektiver und autonomer Selbsthilfe-Zusammenschlüsse und sozialer Netzwerke anstiften" (Theunissen/Plaute 2002, 11).

„Im Konzept des ‚Empowerment' sollen beide Seiten – Recht und Bedürfnisse – verknüpft werden" (Helming 1997, 183)

> „...indem die Aufgabe der Professionellen darin gesehen wird, einen Prozeß zu ermöglichen und anzustoßen, durch den Personen innerhalb sozialer Systeme bestimmte (persönliche, organisatorische und gemeinschaftliche) Ressourcen entdecken können, die sie befähigen, größere Kontrolle über ihr eigenes Leben (und nicht über das anderer Menschen) auszuüben und ihre Ziele zu erreichen" (Stark 1993, 41 zit. in Helming 1997, 183)

---

[120] Im Rahmen seiner Dissertation entwickelte Dieter Röh (2005) ein integratives Empowerment-Modell für die Arbeit mit chronisch psychisch kranken Menschen.

[121] Rappaport (1987, 137) macht auf die Notwendigkeit zwischen psychologischen und politischen Empowerment zu unterscheiden aufmerksam. Eine weitere wichtige Differenzierung ist die zwischen der tatsächlichen Kontrolle/Macht/Einfluss und dem psychologischen Gefühl von Kontrolle und Macht (ebd.).

Lars Mohr (2004, 29 ff.) entwickelt Empowerment als ein Konzept für die Arbeit mit Menschen mit sogenannter geistiger Behinderung, das die vier Ziele Selbstbestimmung, Partizipation, Normalisierung und Wohlbefinden beinhaltet. Sein eng an die traditionelle Heilpädagogik geknüpftes Verständnis von Empowerment thematisiert jedoch nicht ausreichend die kritischen Aspekte des Normalisierungsprinzips (vgl. Kap. 2), hebt jedoch stärker den Aspekt des Wohlbefindens und der Bedürfnisorientierung hervor.[122]
Somit wird deutlich, dass es sich beim Empowermentkonzept nicht um ein rein pädagogisches Konzept, sondern um ein Konzept mit politischer Bedeutung und Tragweite handelt. Empowerment richtet sich nicht gegen jegliche Professionalisierung, sondern zielt auf eine kollaborative Beziehung zwischen den Adressatinnen/Adressaten und Professionellen (Theunissen 2007b, 62). „Empowerment ist immer soziales Handeln und konstituiert sich durch gegenseitiges Geben und Nehmen, gegenseitiges Fordern, Unterstützen und Begleiten stets aufs Neue.“ (Ziemen 1995, 72).

3.1 *Historischer Entstehungskontext*

Das Verdienst von Norbert Herriger ist es, das Empowermentkonzept für die soziale Arbeit im deutschsprachigen Raum fruchtbar gemacht zu haben. Hingegen hat Heiner Keupp sich verdient gemacht um die Einführung dieses Konzepts in die Gemeindepsychologie im deutschsprachigen Raum. Das Empowermentkonzept erfuhr mittlerweile eine Ausdifferenzierung in verschiedene Handlungsfelder der sozialen Arbeit wie zum Beispiel: Psychosoziale Praxis/Gesundheitsförderung (Wolfgang Stark), Geistigbehindertenpädagogik (Georg Theunissen und Wolfgang Plaute) sowie Frühförderung (Hans Weiß). Im Rahmen der entwicklungspolitischen Zusammenarbeit wird Empowerment auch unter der Geschlechterperspektive diskutiert.
Zum ersten Mal wurde Empowerment in der Publikation von Barbara B. Salomon „Black Empowerment: social work in oppressed communities“ im Jahre 1976 als Zeichen einer neuen Form sozialer Arbeit thematisiert (Herriger ^{3}2006, 21). Barbara Simon (1994) arbeitete drei historische Perioden des Empowermentkonzepts in der sozialen Arbeit der USA heraus.[123] Verkürzt wird in der sonderpädagogischen Literatur oft dargestellt, dass das Empowermentkonzept seinen Ausgangspunkt in der *Independent Living*-Bewegung und der Elternbewegung pro Integration habe. In Simons Analyse reichen die Wurzeln des Empowermentansatzes in den USA bis ins Jahr 1893, so dass Empowermentprozesse sich auf unterschiedliche historisch unterdrückte Personen und Gruppen beziehen.

---

[122] Theunissen (2007b, 86) erachtet Mohrs Auslegung als „eine unzulässige Mixtur einer Empowerment- und Heilpädagogik-Rezeptur, die das Empowerment-Konzept entstellt“ und hinterfragt die „Integration der Stärken-Perspektive in die Bedürfnisorientierung“, denn seines Erachtens erübrigt sich „eine exklusive Betonung der Bedürfnisorientierung“.

[123] Simon (1994) unterscheidet folgende drei Perioden, für die sie die jeweiligen Einflüsse als auch die Empowermentpraxis und ihre Visionen herausarbeitet: 1) The Early Period von 1893–1917, 2) Wartime and Interwar Years von 1917-1945 und 3) die jüngste Periode von 1945–1994.

Der Feminismus hat ebenso wie die Bürgerrechtsbewegung, die Schwarzenbewegung und die Selbsthilfebewegung entscheidend zur konzeptionellen und methodologischen Ausdifferenzierung der empowermentbasierten sozialen Arbeit in den USA in den 1970ern und 1980ern beigetragen (Simon 1994, 149). Dabei hatten die drei unterschiedlichen Formen des Feminismus – der Radikale Feminismus, der Liberale Feminismus und der Sozialistische Feminismus – je unterschiedliche Anknüpfungspunkte und Themen, sowie unterschiedliche Aufgaben- und Handlungsfelder hervorgebracht (ebd., 149 f.).
Das US-amerikanische *Disability Rights Movement* lässt sich unterscheiden in drei Zweige: *Independent Living*-Bewegung, *Consumer Groups* und Selbsthilfeorganisationen (Simon 1994, 151) und hatte ihren Höhepunkt mit dem *Americans with Disabilities Act* von 1990 erreicht. Auf die Ausformulierung des Empowermentkonzepts in den USA hatten auch die Arbeiten und Aufklärungs- beziehungsweise Alphabetisierungskampagnen von Paulo Freire Einfluss.
Schließlich führte das durch die genannten sozialen Bewegungen ausgearbeitete Konzept von Empowerment zu folgenden Konsequenzen in der sozialen Arbeit, die mit Simon (1994) an zwei Stellen deutlich werden:

1. „Solidarische Professionalität – die Entwicklung einer neuen Kultur des Helfens" und
2. „Engagierte Parteilichkeit – Allianzen zwischen Sozialer Arbeit und Sozialen Bewegungen" (Herriger ^{3}2006, 37 f.).

Zusammenfassend können mit Herriger (^{2}2002, 19 ff.) und Simon fünf sozial-emanzipative Bewegungen ausgemacht werden, die Einfluss auf die Ausformulierung einer Empowermentpraxis hatten: die Bürgerrechtsbewegung des Schwarzen Amerikas, der Feminismus, Selbsthilfe-Bewegungen (Indep*endent Living* und *People First* vgl. Kap. 2.5), gemeinwesenstärkende Programme im Kontext von Selbsthilfe-Initiativen (wie *Community-Action* Programme, Gemeindepsychologie, *Community-Care*) und „Kampagnen zur Bildung eines politischen Bewusstseins" wie die Arbeiten von Paolo Freire. Das Aufkommen des Empowermentbegriffs in der deutschsprachigen Fachdiskussion der Behindertenpädagogik, insbesondere der Frühförderung datiert Hans Weiß (1999, 23) auf die frühen 1990er Jahre.
Die Förderung von Empowermentprozessen ist des Weiteren mit Strömungen wie zum Beispiel dem Kommunitarismus verbunden.[124] Kommunitaristische Ansätze setzen in ihrem Kern auf soziale Kohäsion und tragen zur Wiederentdeckung der Ressource Solidarität bei (Herriger ^{2}2002, 49).

> „Empowerment und Kommunitarismus gemeinsam ist die Forderung, die Eigenverantwortung und Eigenbeteiligung der Bürger in der Besorgung lokaler Angelegenheiten zu stärken, neue zivile Verbindlichkeiten (‚Gemeinsinn') zu etablieren und niedrigschwellige Verfahren einer kollektiven Selbstregelung in kleinen lokalen Kreisen zu implementieren." (Herriger 2008)

[124] Kommunitaristische Theorieansätze betonen das Eingebundensein beziehungsweise die Einbettung des Einzelnen in die Gemeinschaft und die sozialen Strukturen, Kommunitarismus stellt aber zugleich auch eine politische Bewegung dar, die sich gegen die aufkommende Individualisierung moderner Gesellschaften richtet.

An Appellen an den Gemeinsinn der Bürgerinnen und Bürger, der Stärkung des Gemeinwohls und an der Bereitschaft zum soldidarischen Handeln hat die Behindertenpädagogik ein naheliegendes Interesse, aber sie darf zugleich die gegenwärtigen Pluralisierungstendenzen nicht nur einseitig als Bedrohung wahrnehmen, sondern sollte diese auch in einem positiven Sinn für einen individualisierten pädagogischen Umgang mit behinderten Menschen betrachten (Antor 1996, 160 f.).

3.2 *Wertebasis und Menschenbild*

Dem Empowermentkonzept liegen ein verändertes Menschenbild „hilfebedürftiger" Menschen sowie ein verändertes Berufsverständnis zugrunde, das im Folgenden in seiner Bedeutung für die Behindertenpädagogik kurz skizziert wird. Dem radikalen Bruch mit dem Defizitblickwinkel in der Behindertenpädagogik folgt die Hinwendung zu einer „Stärken-Perspektive" und dem „Vertrauen in Stärken und Potenziale eines jeden Menschen, Lebenssituationen in eigener Regie produktiv zu gestalten" (Theunissen/Plaute 2002, 20). Das „belieferungsbedürftige Defizitwesen" soll abgelöst werden durch die Leitidee der Unterstützung und Inklusion (ebd., 17). Die „Stärken-Perspektive gründet sich auf Würdigung der positiven Attribute und menschlichen Fähigkeiten und Wege, wie sich individuelle und soziale Ressourcen entwickeln und unterstützen lassen" (Weick u. a. 1989, 352 f. zit. in Theunissen 2002, 192). Dabei ist der Blick sowohl auf individuelle Schutzfaktoren als auch auf protektive soziale Faktoren wie zum Beispiel „schützende, unterstützende und entwicklungsfördernde Nischen im Stile eines sozialen Netzwerks" gerichtet (Theunissen 2002, 193).[125]

Damit verbunden ist unter anderem die Hinwendung zu einem Verständnis von Behinderung als soziale Zuschreibung, einer systemökologischen, bio-psychosozialen Problemsicht (Theunissen/Plaute 2002, 18) und der Wahrnehmung der Menschen mit Behinderung sowie ihrer Angehörigen als Experten in eigener Sache. Die unbedingte Annahme des anderen ist auch in der humanistischen Psychologie Carl R. Rogers zu finden. Das Empowermentkonzept hat sich zudem einem „optimistisch gestrickten Menschenbild" (Theunissen/Plaute 2002, 20) verschrieben.

Nach Matthias Krisor (2002, 104 ff.) findet das Menschenbild des Empowermentkonzepts in der Interaktionsorientierung, Subjektorientierung, Gesellschaftsorientierung, Alltags- und Lebensweltorientierung, Autonomie- und Bedürfnisorientierung sowie in der Kompetenz- und Ressourcenorientierung seinen Ausdruck. Bisherige Machtverhältnisse zwischen Professionellen und Menschen mit Behinderungserfahrung werden damit in Frage gestellt.

Die Stärkenperspektive mit ihrem Vertrauen in die Fähigkeiten und Stärken des anderen führt zu einem veränderten Verständnis von Professionalität. Das dem Empowermentkonzept zu-

[125] Zur kritischen Betrachtung der Stärken-Perspektive vergleiche Kapitel 3.8

grunde liegende Menschenbild kommt auch in den folgenden Leitprinzipien von Empowerment (Theunissen [4]1999, 108 ff.; 2002, 21 f.; Herriger [2]2002, 72 ff.) zum Ausdruck:

- Vertrauen in die Fähigkeiten des Einzelnen, sein Leben in eigener Regie zu gestalten im Sinne eines gelingenden Lebensmanagements;
- unbedingte Annahme des anderen und Akzeptanz von Eigen-Sinn;
- Respekt vor der Sicht des anderen, der Selbstverantwortung des Einzelnen und seinen Entscheidungen, die vielleicht unkonventionelle Lebensentwürfe darstellen;
- Vertrauen in die Fähigkeit des Einzelnen, Krisen zu meistern (Stigma-Management; Coping-Strategien);
- Verzicht auf etikettierende, entmündigende und denunzierende Expertenurteile;
- Orientierung an der Rechte-Perspektive, Bedürfnislage und Lebenszukunft der Betroffenen;
- Beachtung der Lebenswelt und sozialen Ressourcen.

Anhand dieser Leitprinzipien werden die Subjektzentrierung und die Form der Beziehungsgestaltung sowie das Bild von Menschen als „kompetente Konstrukteure eines gelingenden Alltags“ (Herriger [2]2002, 70) deutlich. Das unbedingte Vertrauen in die innere Kraft, die Lebenskraft eines jeden Menschen, lässt die Frage nach den Schutzfaktoren aufkommen.

Im Empowermentkonzept spielen die Begriffe Kompetenz, Ressource und Marginalisierung eine zentrale Rolle. Die Unterstützung der individuellen Empowermentprozesse soll dazu führen, dass sich die Menschen ihrer Stärken und Ressourcen bewusst werden, um sich aus marginalisierten und fremdbestimmenden Situationen zu befreien. Ausgangspunkt kann nach Norbert Herriger ([3]2006, 93 ff.) das Ressourceninterview[126] als offenes Verfahren der Ressourcendiagnostik oder ein Kompetenzinventar[127] als geschlossenes Verfahren der Ressourcendiagnostik sein. Zunächst soll daher eine weitere Begriffsklärung erfolgen.

Exkurs: Kompetenzbegriff

Da in den folgenden Ausführungen immer wieder von Kompetenzen die Rede sein wird, erscheint es mir an dieser Stelle sinnvoll, ein paar Ausführungen zum Kompetenzbegriff voranzustellen. Vielfach wird von der Nutzbarmachung der bestehenden Ressourcen und Kompetenzen gesprochen. „Empowerment geht von dem Grundgedanken aus, daß Betroffene auch in schwierigen Lebenslagen kompetent handeln und zu eigenen Problemlösungen gelangen können.“ (Theunissen 1997a, 379) Was jedoch unter Kompetenzen zu verstehen ist, bleibt meist offen. Das Adjektiv kompetent (aus dem Lateinischen) entstammt der Juristensprache und wird übersetzt mit „zuständig, maßgebend, befugt“ (Dudenredaktion [3]2001, 432).

„Unter Kompetenz kann man (in Anlehnung an Kruse 1990) die Fähigkeit zum Aufrechterhalten oder Wiedererlangen eines selbständigen, aufgabenbezogenen und sinnerfüllten Lebens verstehen, in einer anregenden, unterstützenden, die selbstverantwortliche Auseinandersetzung

[126] Herriger ([3]2006, 94) hat das aus der klinischen Praxis der psychotherapeutischen Medizin stammende Instrumentarium für die Soziale Arbeit angepasst.

[127] Als Beispiel führt Herriger ([3]2006, 96) hier das „Individuelle Hilfeplanverfahren des Landschaftsverbandes Rheinland“ an, das für den Bereich des Betreuten Wohnens behinderter Menschen eingeführt wurde.

und Belastungen fördernden Umwelt." (Wacker u. a. 1998, 205) Kompetenzen im Alltag sind stark davon geprägt, ob eine Rundumversorgung vorgesehen ist oder ob sich im Wohnheimalltag Dispositions- und Partizipationsspielräume ergeben. Festgefügte Rollenverteilungen im häuslichen Bereich sowie institutionelle Versorgungsstrukturen erschweren die Vermittlung von Kenntnissen und Fertigkeiten und führen eher zu Formen erlernter Hilflosigkeit (ebd., 227).

Kompetenz kann definiert werden „als die Verfügbarkeit und die angemessene Anwendung von Verhaltensweisen (...) zur effektiven Auseinandersetzung mit konkreten Lebenssituationen, die für das Individuum und/oder seine Umwelt relevant sind" (Sommer 1997, 75 zit. in Schuppener 2005a, 278). Saskia Schuppeners Entwurf eines Zwei-Ebenen-Kompetenzmodells – auf der individuellen und der sozialen Ebene – beinhaltet sechs Kompetenzbereiche, die zur Sicherung gesamtgesellschaftlicher Teilhabe von Menschen mit sogenannter geistiger Behinderung beitragen (ebd., 278 f.). Diese sind: Selbstversorgung, Selbstbestimmung, Selbstständigkeit auf der individuellen Kompetenzebene und Orientierung, Kommunikation und Interaktion auf der sozialen Kompetenzebene, wobei sie die Kompetenz des selbstständigen Handelns als Kernkompetenz eines Individuums betrachtet (ebd., 279).[128] Schuppener geht es um eine Neuausrichtung der Förderung lebenspraktischer Fähigkeiten, wobei der Berücksichtigung subjektiver Theorien und Selbstkonzeptualisierungen von Menschen mit einer geistigen Behinderung besondere Bedeutung zukommt (ebd., 284). „Eine gut ausgeprägte Ich-Kompetenz auf Seiten von Personen mit geistiger Behinderung stellt gleichermaßen Basis und Reflexionsinstanz für jede Förderung individueller und sozialer Kompetenzen dar." (ebd.)

Hans Furrer (2006) setzt sich kritisch mit dem Kompetenzbegriff im Kontext der Erwachsenenbildung für Frauen und Männer mit Behinderungserfahrung auseinander. Er betrachtet Kompetenzen als eine „absolut persönliche Eigenart, auf Situationen zu reagieren" (ebd., 3) und unterscheidet zwischen Ressourcen, Kompetenzen und Performanz. Ressourcen wiederum lassen sich einteilen in Wissen, Fertigkeiten, Fähigkeiten und Ressourcen des Umfelds (ebd., 4 f.). Sie sind „die Grundelemente, auf welche ein Individuum zurückgreift, um Kompetenzen zu entwickeln" (ebd., 4). Kompetenz wird dabei immer wieder neu entwickelt (ebd., 5). Performanz bezieht sich darauf, die Kompetenzen in der konkreten Situation umzusetzen. Im folgenden Schaubild sind die Zusammenhänge bildlich festgehalten, das heißt „eine Person ist kompetent, wenn sie in einer bestimmten Situation die entsprechenden Ressourcen abrufen und sie in eine Performanz umsetzen kann" (ebd., 4).[129]

[128] An dieser Stelle möchte ich anmerken, dass dies der Gefahr unterliegt – gerade bei Menschen mit sogenannter geistiger Behinderung – einseitig auf das selbstständige Handeln zu fokussieren. Wo ein Zuwachs an selbstständigem Handeln behinderungsbedingt jedoch nicht möglich ist, wäre dieser Ansatz schwierig, so dass sich die Frage stellt, ob nicht Selbstbestimmung die Kernkompetenz darstellen müsste.

[129] Im angelsächsischen Raum existieren zum Erwerb der unterschiedlichen Kompetenzen *social skill trainings* wie sie zum Beispiel von *People First* Oregon angeboten werden.

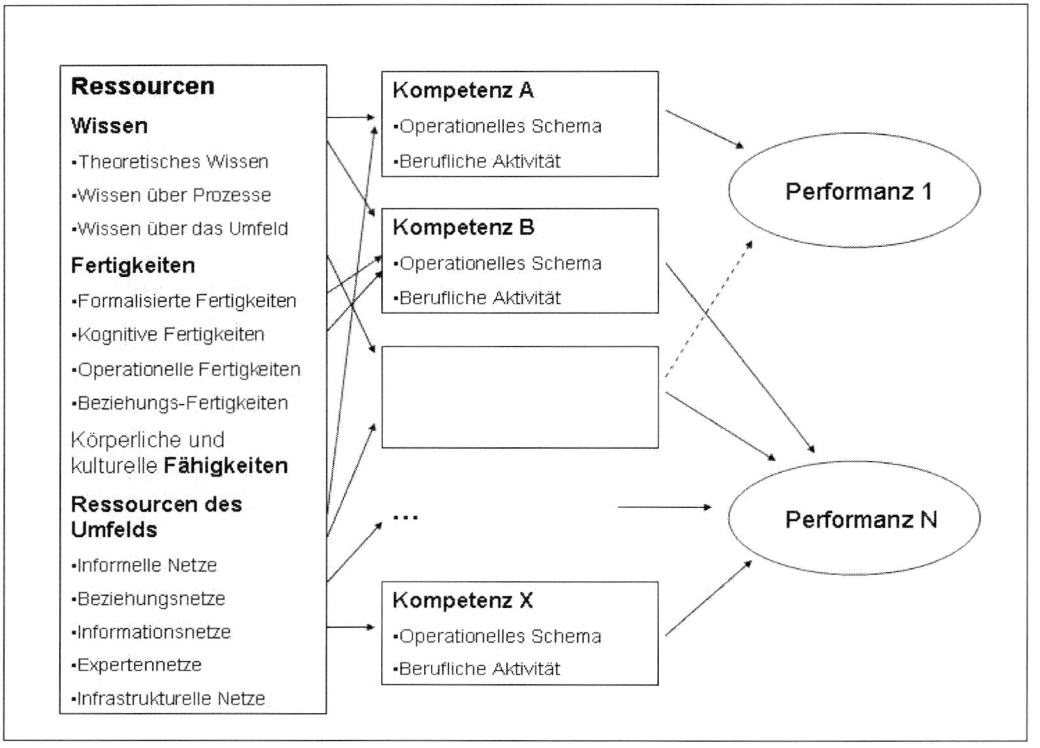

Abbildung 2: Drei begriffliche Ebenen im Kompetenzverständnis (Furrer 2006, 4)

Kompetenzen im Sinne eines Könnenpotenzials des Menschen haben auch Auswirkungen auf den Selbstbestimmungsprozess. „Die innere Einstellung, Lernprozesse selbstbestimmt mitsteuern zu wollen, setzt sich erst unter der weiteren Voraussetzung in konkretes Handeln um, daß die hieraus resultierende Handlungsanforderung auch zumindest ansatzweise im Könnenpotential eines Menschen liegt.“ (Frühauf 1999, 308) Zur Förderung von Selbstbestimmung zählt somit auch die Erweiterung von Verhaltenskompetenzen, worin ein Widerspruch in der Leitidee der Selbstbestimmung deutlich wird: „Um Entscheidungsalternativen zu erweitern und damit auch den Selbstbestimmungsprozeß zu verstärken, kann es im objektiven Interesse eines Menschen notwendig sein, subjektive Interessen zu überschreiten und Anforderungssituationen ‚zuzumuten‘, auf die er zunächst spontan wegen fehlender Vorerfahrungen eher ängstlich und zurückhaltend zugeht.“ (Frühauf 1999, 308) Damit neue Kompetenzen erworben werden können, müssen zugleich neue Entscheidungsräume entstehen.

Exkurs: Ressourcenbegriff

Ressource ist ein „Sammelbegriff für die Hilfsquellen, die der Mensch je nach Entwicklungsniveau seiner Gesellschaft in unterschiedlichem Umfang als Mittel zum Leben benötigt“ (Hillmann [4]1994, 736). Im ökonomischen Zusammenhang wird eine Ressourcenverknappung häufig am Beispiel von produktionsbezogenen Gütern, zum Beispiel nicht-erneuerbaren Rohstoffen, diskutiert. Im Kontext dieser Arbeit besteht eine Ressourcenverknappung zum Beispiel im eingeschränkten Zugang zur Erwerbsarbeit.

Beklagt wird der meist nur vage und wenig griffig definierte Begriff der Ressource, so dass Nestmann zusammenfasst: „Letztlich alles, was von einer bestimmten Person in einer bestimmten Situation wertgeschätzt und/oder als hilfreich erlebt wird, kann als eine Ressource betrachtet werden (Nestmann 1996, 362).“ (Herriger [3]2006, 88)

Für Ute Willutzki sind Ressourcen „Potenziale (der Person selbst und/oder ihrer sozialen Umwelt), deren Einsatz lebenserhaltende bzw. lebensverbessernde Effekte produziert“ (Herriger [3]2006, 88). Somit ergeben sich nach Willutzki drei Elemente einer Definition:

> **Aufgabenabhängigkeit von Ressourcen** – Ressourcen entfalten ihre Wirkung erst in Bezug auf anstehende Lösungen zur Aufgaben- und Problembewältigung
> **Funktionalität von Ressourcen** – der „Nutzwert“ bemisst sich je nach ihrer Funktionalität im Hinblick auf die Erreichung definierter Ziele, Motive, Interessen
> **Bewertung und Sinnzuschreibung** – „Personen- und Umweltpotenziale konstituieren sich als Ressourcen erst in einem Prozess der Bewertung und der Sinnzuschreibung durch die Person selbst“ (Herriger [3]2006, 88).

„Ressourcen ‚hat‘ man nicht nur, sondern aktiviert sie, nimmt sie wahr und entwickelt sie in Abhängigkeit von den jeweils relevanten Lebenszielen bzw. den das jeweilige Lebensstil-Szenario bestimmenden, affektiv geladenen Themen. Ressourcen sind so gesehen keine eingelagerten Dispositionen ..., sondern aktive Konstruktionsleistungen unseres emotional geprägten Wahrnehmens und unseres individuellen und sozialen Handelns.“ (Schiepek/Cremer 2003, 178 zit. in Herriger [3]2006, 88 f.).

Im Kontext einer Sozialen Arbeit muss der Ressourcen-Begriff nach Herriger ([3]2006, 89) „auf die Bearbeitung von strukturellen Alltagsbelastungen und auf die Verwirklichung von Lebenszielen und Identitätsprojekten“ ausgedehnt werden.

> „Unter Ressourcen wollen wir somit jene positiven Personenpotentiale (‚personale Ressourcen‘) und Umweltpotentiale (‚soziale Ressourcen‘) verstehen, die von der Person (1) zur Befriedigung ihrer Grundbedürfnisse, (2) zur Bewältigung altersspezifischer Entwicklungsaufgaben, (3) zur gelingenden Bearbeitung von belastenden Alltagsanforderungen sowie (4) zur Realisierung von langfristigen Identitätszielen genutzt werden können und damit zur Sicherung ihrer psychischen Integrität, zur Kontrolle von Selbst und Umwelt sowie zu einem umfassenden biopsychosozialen Wohlbefinden beitragen.“ (Herriger [3]2006, 89)

Es kann also unterschieden werden zwischen Personenressourcen als „lebensgeschichtlich gewachsene, persönlichkeitsgebundene Überzeugungen, Selbstkognitionen, Werthaltungen, emotionale Bewältigungsstile und Handlungskompetenzen“ (Herriger [3]2006, 90) und Umweltressourcen in Form von Beziehungsressourcen und strukturellen Ressourcen. Eine Ressourcentaxonomie würde folgendermaßen aussehen:

Personenressourcen

- physische Ressourcen
- psychische Ressourcen

- kulturelle und symbolische Ressourcen[130]
- relationale Ressourcen[131]

Umweltressourcen

- soziale Ressourcen
- ökonomische Ressourcen
- ökologische Ressourcen
- professionelle (Dienstleistungs-)Ressourcen (ebd.)

In Kapitel 6.2.1 wird deutlich, wie sich die Ressourcen der für diese Arbeit interviewten Frauen verteilen und welche Auswirkungen dies auf den individuellen Empowermentprozess der Frauen mit Behinderungserfahrung hat. Rappaport (1985, 268) verweist darauf: „Rechte ohne Ressourcen zu besitzen, ist ein grausamer Scherz." Daher hielte es Weiß (2000, 252 f.) für verhängnisvoll, wenn die Rechte- und Ressourcen-Perspektive als Grundzug von Empowerment einseitig zugunsten der Rechte-Perspektive hintangestellt werden würde.

Exkurs: Marginalisierung

Das Empowermentkonzept hat vor allem Menschen in marginalisierten Lebenslagen im Blick. Was jedoch unter Marginalisierung zu verstehen ist, führen die Publikationen zu Empowerment meist nicht aus. Im Duden Fremdwörterbuch (^{5}1990, 481) wird das Adjektiv marginal wie folgt definiert: „1. am Rande, auf der Grenze liegend; in den unsicheren Bereich zwischen zwei Entscheidungsmöglichkeiten fallend. 2. auf dem Rand stehend. 3. randständig, am Rande eines Fruchtblattes gelegen (von Samenanlagen; Bot.)." Des Weiteren definiert der Duden Marginalität als „Existenz am Rande einer sozialen Gruppe, Klasse oder Schicht (Soziol.)" (ebd.). Marginalisierungsprozesse bezeichnen Prozesse, bei denen Menschen an den Rand der Gesellschaft gedrängt werden. In Bezug auf Menschen mit Behinderungserfahrung arbeitet Eckhard Rohrmann (1999) deren Marginalisierung heraus. So erfolgt zum Beispiel eine Marginalisierung durch die pädagogische Sonderbehandlung im Schulsystem und die trotz vermehrter Kritik am Sonderschulsystem und ihren (vermeintlich) homogenen Lerngruppen weiter bestehende Zuweisungspraxis in verschiedene Sonderschultypen (ebd., 320 ff.). Trotz der Erkenntnis, dass behinderte Menschen keine anderen Wohnbedürfnisse haben als nicht behinderte Menschen, erfolgt eine weitere Marginalisierung behinderter Menschen im Wohnbereich, gekennzeichnet durch einen fehlenden behindertengerechten Wohnungsbau und ein behindertengerechtes Wohnumfeld, sowie durch eine zunehmende Privatisierung der Pflege, so dass es bei einem Bedarf an Pflege, Begleitung und Assistenz „fast immer zu einer erheblichen Einschränkung der individuellen Teilhabe-, Lebens- und Entfaltungsmöglichkeiten" kommt (ebd., 324). Marginalisierung führt nach Rohrmann (ebd., 325) dann zur Asylierung, wenn private Pflege-

[130] Während sich kulturelle Ressourcen auf das in der Biografie angeeignete Wissen und die verinnerlichten Fertigkeiten und Einstellungen als auch berufsbezogenes Wissenskapital bezieht, meint symbolische Ressourcen zum Beispiel Aspekte eines identitätssichernden Glaubenssystems, Lebenssinnhaftigkeit und Erfahrungen in bedeutsamen Zugehörigkeitsgemeinschaften (Herriger 2008).

personen nicht zur Verfügung stehen und eine Aufnahme in eine stationäre Wohnform erforderlich wird. In Bezug auf das Berufs- und Erwerbsleben kommt der beruflichen (Erst-)Ausbildung eine große Bedeutung zu, da „der Abschluß einer Sonderausbildung den Absolventen eine – man kann sagen: ‚berufliche Behinderung' zu[weist], die von da an bestimmend für ihre gesamte weitere berufliche Karriere bleibt" (ebd., 330). Marginalisierung macht sich daran fest, dass nur ein geringer Teil von jungen Menschen mit Behinderungserfahrung eine Ausbildung im Dualen System absolviert, der Großteil wird auf spezielle Ausbildungsstätten für behinderte Menschen verwiesen. Neben den behinderten Frauen und Männern, die – aus unterschiedlichen Gründen – dauerhaft aus dem Arbeitsleben ausgegliedert sind, führt Rohrmann (ebd., 337) auch die Werkstätten für behinderte Menschen an, die „der dauerhaften Ausgliederung Behinderter aus dem Arbeitsmarkt" dienen und somit zu einer Marginalisierung behinderter Menschen beitragen. Des Weiteren kann die Behinderung aufgrund der marginalen Stellung auf dem Arbeitsmarkt sowie der Hilfe- und Pflegebedürftigkeit ein Armutsrisiko darstellen (ebd., 338 ff.). Damit schließlich die Marginalisierung behinderter Menschen nicht in letzter Konsequenz zur Liquidierung führt, macht sich Rohrmann stark für eine parteiliche Behindertenpädagogik in Theorie und Praxis (ebd., 343 ff.).

In den Ausführungen in Kapitel 6.2 wird deutlich, dass Marginalisierungsprozesse Auswirkungen auf die wenigen Sozialkontakte haben beziehungsweise die Kontaktaufnahme zu nicht behinderten Mitbürgerinnen und Mitbürgern und damit die Teilhabemöglichkeiten erschwert werden.

3.3 *Begriffliche Zugänge zu Empowerment*

Norbert Herriger (^{2}2002, ^{3}2006) wie auch Georg Theunissen und Wolfgang Plaute (2002) nähern sich dem Empowermentbegriff über vier verschiedene Zugänge.

1) Empowerment im politischen Sinne verweist auf die „strukturell ungleiche Verteilung von politischer Macht und Einflussnahme" (Herriger ^{3}2006, 14) und zielt somit auf einen Prozess der Umverteilung politischer Macht, indem die Machtlosen durch eine „engagierte Parteilichkeit" (ebd.) bemächtigt werden. Empowerment wird „mit einer politisch ausgerichteten Macht und Durchsetzungskraft verbunden, indem sich Gruppen von Menschen (...) durch politische Einflussnahme zu emanzipieren versuchen" (Theunissen/Plaute 2002, 12). Diesem Zugang lassen sich die Bürgerrechtsbewegungen, die feministische Bewegung oder auch Bürgerinitiativen zuordnen.

2) Der zweite Zugang zu Empowerment ist lebensweltlich buchstabiert und bezieht sich auf „das Vermögen von Individuen, in der Textur ihrer Alltagsbeziehungen eine autonome Lebensform in Selbstorganisation zu leben" (Herriger ^{3}2006, 15). Entscheidend ist das Vertrauen in die Stärken des Menschen, leitend sind Prozesse, in denen Menschen sich ihrer Stärken und

[131] Dies bezieht sich unter anderem auf Aspekte wie Beziehungsfähigkeit, Empathie sowie Konfliktfähigkeit.

Ressourcen bewusst werden und diese in soziale Handlungen umsetzen (ebd.). Somit verweist Empowerment auf die „Selbstverfügungskräfte, vorhandene Stärken oder individuelle Ressourcen" (Theunissen/Plaute 2002, 12) und „zielt auf die Stärkung und Erweiterung der Selbstverfügungskräfte" (Herriger ^{2}2002, 13).

3) Im reflexiven Sinn wird „die aktive Aneignung von Macht, Kraft und Gestaltungsvermögen durch die von Machtlosigkeit und Ohnmacht Betroffenen selbst" (Herriger ^{3}2006, 16) betont. Eingeschlossen sind hier die Selbsthilfeorganisationen Betroffener, die „*einen selbstinitiierten und eigengesteuerten Prozeß der (Wieder-)Herstellung von Lebenssouveränität* auf der Ebene der Alltagsbeziehungen wie auch auf der Ebene der politischen Teilhabe" (ebd. [Hervorhebung im Original]) verfolgen. Empowerment steht „im reflexiven Sinne für einen Prozess, in dem Randgruppen der Gesellschaft ihre Angelegenheiten selbst in die Hand nehmen, sich dabei ihrer eigenen Fähigkeiten bewusst werden, eigene Kräfte entwickeln und soziale Ressourcen nutzen (Rappaport 1985; 1987)." (Theunissen/Plaute 2002, 12).

4) Und schließlich kann Empowerment transitiv buchstabiert werden und sich damit auf die Professionellen und ihre professionelle Tätigkeit beziehen, Empowerment zu ermöglichen, zu unterstützen und zu fördern (ebd., 17). Gemeint ist, das „Vertrauen in eigene Ressourcen zu entwickeln (Simon 1994, 187), eigene Angelegenheiten selbst zu regeln und sich gegenüber anderen zu behaupten (help people to empower themselves)" (Theunissen/Plaute 2002, 13). Der Empowermentansatz versteht sich als „eine psychosoziale Praxis, deren Handlungsziel es ist, Menschen vielfältige Vorräte von Ressourcen für ein gelingendes Lebensmanagement zur Verfügung zu stellen, auf die diese, bei ‚Bedarf' zurückgreifen können" (Herriger ^{3}2006, 17). Gemeint ist „das *Anstiften* [Hervorhebung im Original] zu individuellem und kollektiven Empowerment-Prozessen (to facilitate or enable power), zu menschlicher und politischer Emanzipation" (Theunissen/Plaute 2002, 13).

Diese vier Zugänge lassen sich zu zwei Strängen bündeln:

1. Empowerment als Prozess der „Selbstaneignung von Macht und Gestaltungskraft" im Alltag (Herriger 1997, 16 zit. in Theunissen/Plaute 2002, 13)[132]
2. Empowerment als „Fokus professioneller Bemühungen" (Stark 1996, 118).

Aus einer historisch-rekonstruierenden Sicht lassen sich anders formuliert zwei Linien herausarbeiten, wobei es sich bei Empowerment einerseits um einen „kollektiven Prozeß der Selbst-Aneignung von politischer Macht" und andererseits um ein „professionelles Konzept der Unterstützung von Selbstbestimmung" (Herriger ^{2}2002, 16 f.) handelt. Dabei muss beides zusammen gedacht werden, denn der selbstreflexive Prozess des „ich empower mich" bedarf der unterstützenden Bedingungen von Außen.

[132] Wolfgang Stark bezeichnet den ersten der zwei Schauplätze von Empowermentprozessen als selbstorganisierte Prozesse im Alltag oder „Empowerment als Prozeß im Alltag" und bezieht sich auf die Bemächtigung zur „Kontrolle über die Gestaltung der eigenen sozialen Lebenswelt" (1996, 117).

3.4 *Ebenen des Empowermentprozesses*

Wolfgang Stark (1996, 127 ff.) verweist in Anlehnung an die Studien von Charles Kieffer auf drei Ebenen von Empowermentprozessen: 1) Individuelle Ebene 2) Gruppenbezogene Ebene und 3) Strukturell-organisatorische Ebene, die nur analytisch getrennt sind und daher in der Praxis mannigfaltig miteinander verwoben sind.[133] Kieffer (1984, 18) versteht Empowerment als einen Entwicklungsprozess, der den Übergang von Machtlosigkeit zu Mitbestimmungsfähigkeit beschreibt und als dynamische langfristige Entwicklung von „socio-political illiteracy or ‚infancy' to social-political ‚adulthood'" charakterisiert werden kann.[134]

Auf die genannten drei Ebenen bezieht sich auch Norbert Herriger (^{2}2002), jedoch fügt er in seiner dritten Auflage von „Empowerment in der Sozialen Arbeit" von 2006 die Gemeindeebene als vierte Ebene hinzu.[135] Empowerment auf der individuellen Ebene zielt auf den einzelnen Menschen, der versucht, „in eigener Regie aus einer Situation der Machtlosigkeit, Resignation und Demoralisierung aus[zu]treten" und beginnt, sein Leben wieder in die eigene Hand zu nehmen (Herriger ^{3}2006, 86). Die zweite – gruppenbezogene – Ebene stellt hingegen „die Solidargemeinschaften von ehrenamtlich engagierten Bürgern, die Selbsthilfegruppen und die vielfältigen bürgerschaftlichen Projekte [...] die sich in gemeinschaftlicher Zusammenarbeit neue Ressourcen der Stärke erschließen und einen gestaltenden Einfluß auf Umweltbedingungen ausüben" (ebd.) ins Zentrum der Betrachtung. Der Blick auf institutionelle Strukturen der Dienstleistungsbehörden, Verwaltungen und (kommunal-)politischen Entscheidungsgremien wird auf der dritten Ebene geschärft (ebd.). In der vierten Ebene verweist Empowerment auf der Gemeindeebene „auf die Mobilisierung der kollektiven Ressourcen der Bewohner eines Stadtteils" (ebd.) um die Bürgerinnen und Bürger „zu ermutigen und zu befähigen ihre Stimme zu erheben, ihre (raum- und alltagsbezogenen) Bedürfnisse zu artikulieren, eigene Ressourcen zu entdecken und ihre Lebensverhältnisse gemäß der eigenen Interessen zu gestalten" (ebd.).

In der wechselseitigen Verknüpfung dieser vier Ebenen liegen die Kraft und die Chance des Empowermentprozesses (Stark 2002).[136]

3.5 *Die Stärkenperspektive und Ergebnisse der Resilienzforschung*

Der oben angeführten Stärken-Perspektive liegt die Annahme einer inneren Kraft, einer Art Widerstandskraft, zugrunde, über die jeder verfügt und die ein Zusammenspiel individueller

[133] Anlass für Charles Kieffers Studien war unter anderem die Paradoxie des Aktivismus vieler Individuen, die in der Mitte von Hoffnungslosigkeit und Apathie leben und unter sehr bedrückenden sozialen und ökonomischen Bedingungen dennoch „actice and effectice citizen-leaders" werden (1984, 11).

[134] Hierbei beschreibt er vier Phasen der Beteiligung, in denen die Individuen jeweils unterschiedliche Fähigkeiten für und ein unterschiedliches Verständnis von Partizipation entwickeln (Kieffer 1984, 18). Vermutlich sind Menschen mit Behinderungserfahrung in allen Phasen auf einen *Enabler* angewiesen.

[135] Auch Theunissen und Plaute (2002, 40 ff.) nennen vier Handlungsebenen und führen neben der institutionellen Ebene noch die sozialpolitische und gesellschaftliche Ebene auf.

[136] In einem Gespräch greifen Heiner Keupp, Albert Lenz und Wolfgang Stark (2002, 78 f.) die Frage auf, ob Empowerment-Prozesse, die nur auf der individuellen Ebene bleiben, Empowerment-Prozesse sind.

und sozialer Schutzfaktoren darstellt (Theunissen/Plaute 2002, 21). Die Resilienzforschung beschäftigt sich mit der Frage nach protektiven oder schützenden Faktoren und Prozessen, die es Kindern und Jugendlichen ermöglichen, trotz diverser Risikofaktoren sich zu stabilen Persönlichkeiten zu entwickeln. „‚Resilienz' oder ‚Widerstandskraft' ist das Produkt dieser schützenden Einflüsse." (Werner ^{2}2007, 20) Resilienz wird verstanden als Widerstandsfähigkeit, um negative Einflüsse und Ereignisse zu überwinden. Resilienz ist somit als „kontextbezogene Fähigkeit zu verstehen, sich von negativen Erlebnissen zu erholen und trotz schwieriger Umstände eine positive Entwicklung einzuschlagen (Garmezy 1991; Fonagy et al. 1994)." (Ittel/Scheithauer ^{2}2007, 98)

Schützende Faktoren liegen im Kind, in der Familie, in der Gemeinde wie auch in der Verbindung zwischen den protektiven Faktoren im Kind und seiner Umwelt (Werner ^{2}2007, 22 ff.), so dass zwischen individuellen Faktoren, familiären Faktoren und Umweltfaktoren unterschieden werden kann, die in Wechselwirkung zueinander stehen. Eine solche prozessorientierte Betrachtungsweise tritt mehr und mehr in den Vordergrund. Zu den schützenden Faktoren im Kind (individuellen Faktoren) zählen „Temperamenteigenschaften (…), die bei Sorge- und Erziehungspersonen positive Reaktionen auslösen" (ebd., 22), Kommunikations- und praktische Problemlösefähigkeiten wie auch die Fähigkeit, zu überlegen und zu planen (ebd.). Die Kauai-Längsschnittsstudie[137] zeigte, dass die widerstandsfähigen Kinder die Chance hatten, „eine enge Bindung mit mindestens einer kompetenten und stabilen Person aufzubauen, die auf ihre Bedürfnisse eingegangen war" (ebd., 23). Schützende Faktoren in der Gemeinde beziehen sich darauf, dass „widerstandsfähige Kinder und Jugendliche dazu neigen, sich auf Verwandte, Freunde, Nachbarn und ältere Menschen in der Gemeinde zu verlassen und bei ihnen Rat und Trost in Krisenzeiten zu suchen" (ebd., 25). Des Weiteren führen Verbindungen zwischen protektiven Faktoren im Kind und den schützenden Faktoren in Familie und Gemeinde zu schützenden Prozessen (ebd.). Unterschieden werden kann zwischen internen oder personalen Resilienzfaktoren und solchen Faktoren, die von außen auf die Person einwirken. Folgende Merkmale zeigen eine Schutzfunktion gegenüber Störungen und kritischen Lebensereignissen

„1. Eine stabile emotionale Beziehung zu mindestens einem Elternteil oder einer anderen Bezugsperson;
2. ein emotional positives, unterstützendes und Struktur gebendes Erziehungsklima;
3. Rollenvorbilder für ein konstruktives Bewältigungsverhalten bei Belastungen;
4. soziale Unterstützung durch Personen außerhalb der Familie;
5. dosierte soziale Verantwortlichkeiten;
6. Temperamentsmerkmale wie Flexibilität und Annäherungstendenz;
7. kognitive Kompetenzen wie z. B. eine zumindest durchschnittliche Intelligenz;
8. Erfahrungen der Selbstwirksamkeit und ein positives Selbstkonzept;

[137] Die Entwicklungspsychologin Emmy E. Werner beobachtete und dokumentierte gemeinsam mit Ruth Smith über 40 Jahre den Entwicklungsprozess von 698 Kindern auf Kauai (Hawaiianische Inseln), um Risikofaktoren, insbesondere von Kindern, die unter schwierigen sozialen Bedingungen aufgewachsen sind, zu ermitteln.

9. ein aktives und nicht nur reaktives oder vermeidendes Bewältigungsverhalten bei Belastungen und
10. Erfahrungen der Sinnhaftigkeit und Struktur in der eigenen Entwicklung.“ (Lösel/Bender ^{2}2007, 57)

Aber auch „soziale Integration, soziale Kompetenz und familiale Kohäsion“ dienen der Förderung von Resilienz (Ittel/Scheithauer ^{2}2007, 99).

Bezüglich der protektiven Faktoren gibt es erhebliche Geschlechtsunterschiede hinsichtlich Prävalenz, Ausprägung und Bewältigungsmustern (Ittel/Scheithauer ^{2}2007, 99).[138] Geschlechtsunterschiede bestehen darin, „wie direkte und indirekte Schutzfaktoren in der Entwicklung zusammenwirken. Zum Beispiel spielen nach den Ergebnissen der Kauai-Studie im Kindesalter bei Jungen eher Strebungen nach Autonomie und Selbsthilfe eine protektive Rolle, bei Mädchen mehr soziale Orientierungen (Werner/Smith 1982). Im Jugendalter scheinen nach unserer Hochrisikostudie bei Mädchen soziale Ressourcen einflussreicher zu sein als bei Jungen (Bender/Lösel 1997).“ (Lösel/Bender ^{2}2007, 70)

Angela Ittel und Herbert Scheithauer (^{2}2007, 105) fassen geschlechterspezifische Aspekte der Studien auf der individuellen Ebene zusammen, so dass deutlich wird:

> „dass resiliente Mädchen und Jungen für die entsprechende Altersgruppe gering ausgeprägte geschlechtertypische (Verhaltens-)Merkmale zeigen. Weiterhin weisen sich resiliente Mädchen durch eine gute körperliche Koordination aus, sind weniger schüchtern und zeigen größeres Interesse an ihrer Umwelt und an Aktivitäten, die als nicht geschlechtstypisch gelten, als ihre nicht resilienten Altersgenossinnen. Resiliente Jungen hingegen zeigen mehr Emotionen und Empathie und ebenfalls größeres Interesse an geschlechteruntypischen Aktivitäten als gleichaltrige, nicht-resiliente Jungen.“

Auf der Mikro-Ebene wird deutlich, „dass Mädchen im Durchschnitt über mehr familiäre und soziale Unterstützung verfügen, diese leichter aktivieren können und eine höhere soziale Kompetenz aufweisen als Jungen (Diener/Fujita 1995; Ittel/Rosendahl 2006)“ (ebd., 108 f.), wobei Konflikte in der Peer-, Freundschafts- und Familienbeziehung der Mädchen auch eine risikoerhöhende Wirkung haben können, weil Mädchen mehr unter den Konflikten leiden, da die Beziehungen eine größere Bedeutung für sie haben (ebd., 109). Auch die geschlechterspezifische Sozialisation im Elternhaus hat Einfluss auf geschlechterspezifische Varianzen im Umgang mit schwierigen Lebenssituationen, besonders wenn die Sozialisation auf einem traditionellen Rollenbild aufbaut (ebd., 109 f.).

Geschlechterspezifische Faktoren von Resilienz auf der Makro-Ebene beziehen sich auf die Übernahme der unterschiedlichen sozialen Rollen, welche gesellschaftlich erwartet werden und die Jungen und Mädchen einem Erwartungsdruck aussetzen (ebd.). Das Zusammenspiel von Geschlecht und Resilienz kann nur unter gleichzeitiger Berücksichtigung der Risiko- und

---

[138] Angela Ittel und Herbert Scheithauer (22007, 99) merken an, dass die neuere Forschung in Deutschland wie auch im angloamerikanischen Raum auf die geschlechtsspezifische Bedeutung der Schutzfaktoren nur am Rande eingeht. Geschlechtsspezifische Bedingungen von Resilienz zu erforschen, wäre aber schon deshalb wichtig, weil „gefährdete Jugendliche häufig Risikoverhaltensweisen entwickeln, die der geschlechtsspezifischen Norm entsprechen“ (ebd., 106).

Schutzfaktoren auf der individuellen Ebene, der Mikro- und Makroebene verstanden werden (ebd., 111).

Im Kontext der Behindertenpädagogik hat sich bisher Hans Weiß mit Resilienz in der Frühförderung beschäftigt, aber Längsschnittsstudien zur Frage, welche Faktoren Resilienz bei Menschen mit sogenannter geistiger Behinderung fördern und welche Faktoren Vulnerabilität ausmachen, fehlen bislang (Sarimski 2007, 248).

Auch das Konzept der Salutogenese (Antonovsky) hat bisher noch wenig Anwendung auf den Personenkreis der Menschen mit geistiger Behinderung gefunden, Ausnahmen sind zum Beispiel die Ausführungen von Heike Schnoor (2007), die davon ausgeht, dass die Bedeutung von Kohärenzerfahrungen für alle Menschen gilt.[139] Auch Heiner Keupps folgt dieser Annahme.

> „Ein zentrales Kriterium für Lebensbewältigung und Gesundheit bildet die Chance, für sich eine innere Lebenskohärenz zu schaffen. In früheren gesellschaftlichen Epochen war die Bereitschaft zur Übernahme vorgefertigter Identitätspakete das zentrale Kriterium für Lebensbewältigung. Heute kommt es auf die individuelle Passungs- und Identitätsarbeit an, also auf die Fähigkeit zur Selbstorganisation und ‚Selbsteinbettung'." (Keupp 1998, 23)

Inwieweit Frauen und Männern mit Behinderungserfahrung diese Chance, für sich eine innere Lebenskohärenz zu schaffen, geboten wird, mag dahingestellt sein und ist unter anderem davon abhängig, wie die oder der Einzelne ihre oder seine Ressourcen nutzt und auf welche Ressourcen überhaupt zurückgegriffen werden kann. „Die Unterstützung und Vermehrung der Selbstbestimmung, der Autonomie und Kontrolle von Menschen über ihren Lebensalltag und über ihre eigenen Gesundheitsbelange" (Schnoor 2007, 10) ist auch ein zentrales Anliegen der Gesundheitsförderung.

Die genannten personalen und sozialen Schutzfaktoren stellen zugleich ein Ziel des Empowermentprozesses dar, welches als psychologisches Empowerment bezeichnet wird.

3.6 *Die Unterscheidung von Prozess und Ergebnis*

Es lassen sich zwei weitere Dimensionen im Empowermentkonzept unterscheiden. Während der Begriff „empowering" die Fähigkeit einer Person oder Institution, Menschen zu empowern, bezeichnet, bezieht sich der Begriff „empowered" auf das Ergebnis des Prozesses. Die Unterscheidung zwischen Prozess und Ergebnis ist für Zimmerman (2000, 47 zit. in Röh 2005) in Bezug auf die Analyse der jeweiligen Formen zentral. Folgende Analyseebenen bezieht Zimmerman (zit. in Röh 2005, 38) ein: individuelle, organisationsbezogene Ebene und Gemeindeebene.

Zimmerman bezeichnet als ‚empowered organizations' „those that influence the policy process and remain viable over time" (Riger 1993, 289), während ‚empowering organizations' solche sind, „that contribute to the delevopment of psychological empowerment" (ebd.). ‚Empowering organizations' weisen nach Zimmerman (zit. in Röh 2005, 39) folgende Charakteristika auf:

[139] Konzepte und gesundheitsfördernde Aspekte in der Förderung geistig behinderter Menschen nehmen dabei

„1. a culture of growth and community building;
2. opportunities for members to take an meaningful and multiple choices;
3. a peer-based support system that helps members develop a social identity;
4. shared leadership with commitment to both members and the organization (Zimmerman 2000, 52)" (ebd.).

Theoretisch ist es für Organisationen möglich, beides simultan anzugehen: die Beeinflussung des politischen Prozesses und den Beitrag zur Entwicklung des psychologischen Empowerments voranzutreiben (Riger 1993, 289). Am Beispiel der Erfahrungen einiger feministischer Organisationen werden jedoch die Dilemmata deutlich (ebd., 289 f.). So startete die zweite Frauenbewegung nicht mit verschiedenen Diensten, jedoch stieg mit dem Erfolg der Organisationen die Nachfrage nach deren Angeboten, so dass bald die Notwendigkeit der Effektivität im Konflikt stand zu den zeitaufwendigen Prozessen der gemeinsamen Entscheidungsfindung (ebd.). Diese Dilemmata, die Riger „challenges of success" nennt, heben die Widersprüche zwischen der Entwicklung von *Community* und dem Empowerment der Individuen hervor (ebd., 290).[140]

Des Weiteren können Empowermentprozesse durch das Vorherrschen einer Verwaltungslogik und eine starre Hierarchie verhindert werden, wie an der Organisationskultur in der öffentlichen Jugendwohlfahrt deutlich wird (Karlusch 1996). Durch die jahrelange Routine wird die subjektbezogene Sicht auf die Klientinnen und Klienten aufgegeben und von einer vollzugs- und kontrollorientierten Sichtweise abgelöst, so dass es zur Standardisierung von Arbeitsläufen und der Betonung des Objektstatus der Klientinnen und Klienten kommt (ebd., 326). Dieser Verlust der Subjekt- und Dialogorientierung geht auf der Mitarbeiterebene einher mit dem Verlust von Initiative, Kooperationsbereitschaft, Teamarbeit, Kreativität und Innovation (ebd.). Empowermentprozesse sind Lernprozesse, jedoch können unter solchen Lernarrangements „Neigung, Engagement und potentielle Fähigkeiten des Mitarbeiters (...) oft nicht erschlossen werden" (ebd., 328). Erforderlich sind wechselseitige Lernprozesse, denn „ein Empowermentprozeß funktioniert nicht aufgrund von linear-kausal gesetzten Interventionen für einzelne Individuen, sondern kommt immer gemeinschaftlich, zusammen mit anderen Menschen zustande, indem ein Austausch sozialer Unterstützung stattfindet." (ebd., 327)

> „Empowermentprozesse können evidenterweise nicht angeordnet oder (...) eindimensional gelehrt werden, aber sie können durch Ermöglichung und Gestaltung der dialogischen Prozesse und gegebenenfalls des Kontextes erfahren, angeregt und angestoßen werden." (ebd., 329)

Karlusch (ebd.) schlägt daher die Einführung von Empowerment-Zirkeln vor, das heißt eine Gruppe von Mitarbeiterinnen und Mitarbeitern, die regelmäßig über fördernde und hemmende Bedingungen von Empowermentprozessen und ihre Empowermenterfahrungen sprechen. Dies gilt ebenso für Mitarbeiterinnen und Mitarbeiter in Institutionen der Behindertenhilfe. „‚Empowering organizations' gilt als ein Konzept, das die Mitglieder der Organisation darin

---

noch nicht die Geschlechterperspektive in den Blick.

unterstützt, individuelle und gemeinschaftliche Empowermentprozesse zu ermöglichen." (ebd., 328) Die Eigenverantwortlichkeit der Mitarbeiterinnen und Mitarbeiter zu stärken, kann jedoch nur gelingen, wenn Leitungskräfte in der Lage sind, zu delegieren und Verantwortung an ihre Mitarbeiterinnen und Mitarbeiter abzugeben. Auch bei den Mitarbeiterinnen und Mitarbeitern stellt Selbstbestimmung einen zentralen Grundwert im Empowermentprozess dar, so dass sie Möglichkeiten brauchen, in ihrem Wirkungsbereich selbst entscheiden und eigene Ideen und Konzepte entwickeln zu können. Auch eine gewisse Einflussnahme auf die eigenen Arbeitsbedingungen ist förderlich, um schließlich Empowermentprozesse ihrer Adressaten zu unterstützen.

3.7 Bedingungen und Voraussetzungen für ein gelingendes Empowerment

Empowernde Mechanismen und Bedingungen sollen im Folgenden anhand vorliegender Studien aufgezeigt werden. Dabei stellt sich zugleich die Frage, wie professionell Tätige das Empowerment ihrer Adressatinnen und Adressaten fördern, begleiten und unterstützen können.

Eine Studie von Zimmerman fand Unterschiede im Empowermentprozess von Studierenden und anderen Bevölkerungsgruppen und zwar auf der Ebene und des Ausmaßes ihres Involviertseins und ihrer Partizipation (Rappaport 1987, 136). Dabei zeigte sich eine einzige beständige Dimension von Empowerment, die beschrieben werden kann als ein Sinn für Bürgerpflicht, politische Wirksamkeit und wahrnehmbare persönliche Kompetenz. Sie ist negativ verbunden mit Entfremdungsgefühlen und positiv verbunden mit der Bereitschaft, Leitung zu übernehmen (ebd.). Somit ist anzunehmen, dass Bedingungen der Teilhabe Einfluss auf den Empowermentprozess der Mitglieder haben werden, so dass diejenigen, die an Entscheidungen und Aktivitäten partizipieren, die für sie bedeutend sind, wahrscheinlich mehr empowered sind (ebd., 141). Dabei ist die Größe des Settings relevant, so dass das Setting klein genug ist, um bedeutungsvolle Rollen für alle Mitglieder zur Verfügung zu stellen, aber groß genug, um entsprechende Ressourcen zu erhalten (ebd., 142).

Dimensionen, die Charles Kieffer in einer qualitativen Empowerment-Studie herausgearbeitet hat und die sich auch in anderen Untersuchungen von Empowermentprozessen bestätigen, sind:

- ein aktives und positives Gefühl des ‚In der Welt-Seins' leben;
- Fähigkeiten und Strategien werden entwickelt, um individuelle und gemeinschaftliche Ziele erreichen zu können;
- und „es wird Wissen und Können erworben, die zu einem kritischen Verständnis der sozialen und politischen Verhältnisse und der eigenen sozialen Umwelt führen (Kieffer 1984)" (Stark 1996, 119).

Dieter Röh (2005, 294 ff.; 2006, 364 ff.) benennt sechs Herausforderungen für ein integratives Empowermentverständnis und somit zugleich Bedingungen für ein gelingendes Empowerment. An erster Stelle steht „Integrität versus Addition"[141] und die damit verbundene Erfahrung, dass

[140] Vergleiche hierzu auch die Ausführungen in Kapitel 3.8

[141] In seiner Dissertationsschrift von 2005 benennt er diese Dimension als „Integrität versus Radikalität".

Empowermentkonzepte dann wirksam werden, wenn sie in bestehende Hilfesysteme integriert werden, so dass Empowerment als Haltung verstanden wird und nicht als reine Methode zu bestehenden Angeboten addiert wird (Röh 2006, 364 f.). Die zweite Herausforderung „Relativität versus Absolutheit" verweist auf Zimmermans Hinweis der „Kontext- und Zielgruppenabhängigkeit in der Ausgestaltung von Empowermentprozessen" (ebd., 365). Eine dritte Bedingung stellt „Zeitfreiheit versus Zeitknappheit" dar, denn bereits Kieffer verwies auf die Langzeitperspektive des Empowerments hin, gerade wenn Hilflosigkeits- und Ohnmachtserfahrungen längere Zeit andauerten (ebd., 366). Mit dem Aspekt „Verstehen versus Erklären" verweist Röh (2005, 299 f.) auf das Sich-Einlassen auf das Verstehen, und zugleich auf einen behutsamen Umgang mit traumatischen und hilflosmachenden Lebenserfahrungen psychisch kranker Menschen hin. Die Forderung nach einer Art professioneller Zurückhaltung oder auch „forschendem" Abwarten drückt Röh in der fünften Dimension „Möglichkeitssinn versus Krankheitseinsicht" aus (2006, 366 f.).[142] Der Schwerpunkt soll dabei nicht auf die Krankheitsgeschichtegelegt werden, sondern auf die sonstigen vorhandenen Geschichten des Subjekts und den Möglichkeitssinn, bedingt durch die grundsätzliche Annahme zur Veränderung von Situationen (Röh 2005, 302; 2006, 367). Und zuletzt verweist er auf den Aspekt der „Selbstregulation versus Fremdbestimmung", da die Fähigkeit zur Selbstregulation in der Bewältigung von Krankheiten und Problemen eine Schlüsselrolle einnimmt, so dass im Kontext von Empowerment Professionellen die Aufgabe zukommt, Selbstregulation zu fördern (Röh 2006, 368).

Empowerment als eine professionelle Strategie soll Menschen dazu befähigen, sich unter Nutzung ihrer eigenen Ressourcen selbst zu helfen. In dieser Befähigung zur Hilfe zur Selbsthilfe steckt eine Paradoxie professionellen Handelns. Nach Röh (2006, 362) ergeben sich bei einem auf dem Empowermentkonzept basierendem Handeln zwei Widersprüche. Eine Paradoxie besteht in der Selbstbefähigung durch Fremdbefähigung (ebd.).

> „Dieses vor allem professionelle Paradoxon kann sich vor allem dann entwickeln, wenn Empowerment als Methode angewandt wird, etwa um Hilfeprozesse anders zu steuern. Dem gegenüber steht ein Verständnis von Empowerment als professioneller Haltung, welches eine etwas weichere Zieldefinition erlaubt und mithin sogar die gelegentliche Anwendung entgegensetzter Momente, wie etwa des autoritären Fremdhandelns bei akuter Gefährdung von Personen oder Gruppen, erlaubt." (ebd.)

Eine Möglichkeit, Menschen zu befähigen, sich selbst zu befähigen, sieht Röh (ebd., 363) in dem frühzeitigen Erwerb einer flexiblen Identität. Das zweite Paradoxon kann vom ersten nicht getrennt betrachtet werden und mündet in die Frage: „Führt Empowerment als Stärkung von Rechten nicht gleichzeitig zur Missachtung von Bedürfnissen?" (ebd., 364). Damit verbunden ist die Gefahr, „Hilfestrukturen, die auf sozialstaatlichen Rechten beruhen, abzubauen und zu-

[142] Von „brennender Geduld" spricht Wolfgang Stark unter Bezug auf Pablo Neruda, der mit diesem Begriff die psychologische Basis für Aktivitäten vieler Oppositioneller in diktatorischen Regimen umschreibt (Stark 1996, 42).

gunsten eigenverantwortlicher Tätigkeit problembetroffener Menschen zu verändern“ und das Risiko, dass Empowerment somit als „Ersatzstrategie für Sozialstaatsabbau“ (ebd.) genutzt wird. Im Bereich der Menschen mit Behinderungserfahrung wird diese Gefahr deutlich an einer einseitig auf Kostenersparnis ausgerichteten Vorgehensweise „ambulant vor stationär“.
Dabei soll Empowerment die Praxis verändern mit dem Ziel, „die Menschen zur Entdeckung ihrer eigenen (vielfach verschütteten) Stärken zu ermutigen, ihre Fähigkeiten zu Selbstbestimmung und Selbstveränderung zu stärken und sie bei der Suche nach Lebensräumen und Lebenszukünften zu unterstützen, die einen Zugewinn von Autonomie, sozialer Teilhabe und eigenbestimmter Lebensregie versprechen“ (Herriger ²2002, 7), das heißt die Möglichkeiten zu erweitern, ihr Leben selbst zu bestimmen. Eigene Kompetenzen zu erkennen, wertzuschätzen und zu entwickeln stellt zugleich einen Anknüpfungspunkt für Bildungsangebote dar.

3.7.1 Herausforderungen an Professionelle

Eine so formulierte Empowermentpraxis stellt andere, teils neue Herausforderungen an die Professionellen im Feld der sozialen Arbeit. Empowerment richtet sich gegen die Dominanz der Professionellen. Die Expertinnen und Experten sind die Betroffenen selbst. Basis dieser empowermentunterstützenden professionellen Haltung ist „die Anerkennung der Gleichberechtigung von Professional und Klient, die Konstruktion einer symmetrischen Arbeitsbeziehung also, die auf Formen einer ‚wohlmeinenden‘ paternalistischen Bevormundung verzichtet, die Verantwortung für den Arbeitskontrakt gleich verteilt und sich auf einen Beziehungsmodus der partnerschaftlichen Verständigung einläßt“ (Herriger ²2002, 209). Empowerment impliziert einen Blickwechsel und eine veränderte Haltung der Professionellen gegenüber den ‚Hilfeempfängern‘, hin zu einem Blick als ‚Experten in eigener Sache‘. Die acht zentralen Assistenten-Rollen nach Theunissen und Mitarbeitenden, die für einen neuen Helfertypus stehen und Anforderungen an Professionelle stellen, wurden bereits in Kapitel 2.4 vorgestellt.
Barbara Simon (1994, 154–168) arbeitete aus der Literatur vier verschiedene Empowermentprofile heraus, die jeweils eine andere Akzentsetzung und methodische Vorgehensweisen in der sozialen Arbeit bedeuten.[143]
Das erste Profil überschreibt sie mit „*Social Workers as Nurturers*“ (ebd., 154) und meint damit vor allem die Förderung von Empowermentprozessen im Sinne von „nurturance of self-esteem” (ebd., 157).

> „To nurture client self-empowerment, in short, is to couple a client’s pursuit of enhanced personal and social power with three interactive processes. One seeks to help his or her client cultivate and acquire a firm sense of self-worth, an identity as a critically conscious and dignified member of a historically stigmatized group, and a set of daily living and working

[143] Zum besseren Verständnis sei hinzugefügt, dass Simon zwei Grundformen von Empowerment unterscheidet: „*einen personenbezogenen Arbeitsansatz der Stärkung und Bekräftigung* (‚enabling orientation‘) und *einen strukturbezogenen Arbeitsansatz der politischen Mobilisierung und Anwaltschaft* (‚political social work and advocacy‘) (Herriger ²2002, 212).

> skills that enable the person to survive and then, hopefully, to thrive with a greater portion of authority, satisfaction, and community than previously." (ebd., 162)

Ein weiteres Profil in der Empowermentarbeit bezeichnet Simon mit „*Social Workers as Facilitators*" (ebd.), das den Weg zu mehr Macht und Wirksamkeit für Klientinnen und Klienten einfacher gestaltet. *Facilitation* ist notwendig, da Machtlosigkeit in Gruppen – nach einer Beobachtung von Barbara Solomon – um sich greift und lähmend wirkt (ebd.).

„*Social Workers as Mobilizers*" (ebd., 164) stellt ein anderes Selbstverständnis Professioneller dar, bei dem es um die Mobilisierung von Ressourcen und Rechten geht und das in das Ziel der *Self Advocacy* münden soll.[144] Schließlich nennt Simon „*Social Workers as Social and Organizational Reformers*" (ebd., 166) als vierten Zugang zur Unterstützung von Empowerment, der meist jedoch mit den anderen Formen verwoben war und seit 1945 die soziale Arbeit in den USA prägte.

Herriger (^{2}2002, 209 ff.) übersetzt diese vier Profile im Sinne von Rollenerwartungen an Sozialarbeiterinnen und Sozialarbeiter mit „Biografie-Arbeiter", „Wegbereiter", „Politischer Aktivist" und „Sozialreformer". Der/die professionell Handelnde agiert nach Herriger (^{2}2002, 213 ff.) je nach Fallkonstellation, Auftrag, Situation und Institution in folgenden Rollen:

- „Lebenswelt-Analytiker",
- „Kritischer-Lebensinterpret",
- „Netzwerker und Ressourcenmobilisierer",
- „Intermediärer Brückenbauer",
- „Normalisierungsarbeiter" und
- „Organisations- und Systementwickler".

Da die genannten Rollen so unterschiedlich sind, kann eine Realisierung nur gelingen, „wenn alle beteiligten Akteure, professionelle Helfer und Klienten, ihre Beziehung als eine Beziehung wechselseitigen Lernens und Sich-Veränderns begreifen" (Herriger ^{2}2002, 216).

Theunissen und Plaute (2002, 35 ff.) formulieren folgende Leitlinien des Empowermentkonzepts, wobei die Kollaboration (Zusammenarbeit) im Sinne eines „auf Gleichberechtigung hin angelegten Verhältnis zwischen Adressaten und Professionellen" die Grundlage aller Empowerment-Beziehungen darstellt (ebd., 35). Weitere Leitlinien stellen die Orientierung an der Stärken-Perspektive, die Subjektzentrierung, die Kontextorientierung und die Solidarische Professionalität und Parteinahme dar (ebd., 35 ff.; Theunissen 2007b, 62 ff.).

Vorrangig gilt es, den Blickwinkel der Professionellen von der Defizitperspektive auf die verschütteten Kompetenzen zu lenken, das heißt professionelles Handeln zeichnet sich durch ein kompetenzorientiertes Handeln aus (Stark 1996, 55 f.). „Empowerment bedeutet für Professionelle der sozialen Arbeit, Rahmenbedingungen zu schaffen, in denen unterprivilegierte Gruppen sich austauschen, sich gegenseitig beraten und stärken können, um dann, mehr und mehr ermächtigt, ihre Interessen selbst zu vertreten und Selbstbestimmung zu realisieren." (Niehoff 1994, 194) Dabei bleibt die Verantwortung für das eigene Leben bei den Betroffenen, bzw. ein

[144] Simon datiert dieses Profil in den späten 1960er und 1970er Jahren (1994, 164).

Ziel stellt das Anregen der wachsenden Übernahme von Verantwortung dar. Ein weiteres Ziel ist es, das eigene Lebensziel (wieder)zufinden. „Empowerment bedeutet, einen Suchprozeß zu initiieren, der – unter anderem – vorhandene Angebote [und Stärken, S. G.] auf eine Passung abklopft“ (Helming 1997, 188). Somit erfordert das Anregen von Empowerment-Prozessen die „Aneignung eines ‚divergenten Denkens‘, das die Entdeckung von Ressourcen auf allen Ebenen und damit auch die Möglichkeit überraschender Lösungen offenläßt“ (Stark 1996, 75). Andreas Knuf und Ulrich Seibert „unterscheiden dabei klar zwischen dem eigentlichen Empowerment, das nur der Betroffene selbst vollbringen kann, und der Unterstützung von Empowerment als Aufgabe professioneller Arbeit.“ (Knuf/Seibert ²2001, 5 f.)
Sicher ist jedoch, dass eine am Empowermentkonzept und an der Stärken- und Betroffenen-Perspektive ausgerichtete soziale Arbeit mit behinderten Menschen in der Konsequenz auch ihren Mitarbeiterinnen und Mitarbeitern mehr demokratische Partizipationsmöglichkeiten und Gelegenheiten zu Empowerment bieten muss (Theunissen 1997b, 8). „Vielleicht müssen wir als Professionelle eher lernen, weit mehr Augenmerk auf das Anfangen, als auf das Ziel zu richten“ (Stark 1996, 55).
Unbestritten der Tatsache, dass für die Verwirklichung einer Empowermentpraxis alle angeführten Aspekte wichtig sind, ist kritisch zu fragen, ob die Gesamtheit der Anforderungen nicht eine Überforderung für die professionell Tätigen darstellt. Die Frage könnte noch umfassender gestellt werden: „Ist eine Haltung des Empowerment nicht eine Überforderung für beide Seiten?“ oder „Braucht es nicht eine privilegierte Stellung in der Berufspraxis, um so arbeiten zu können?“ (Trojan 1993 zit. in Stark 1996, 119)

3.7.2 *Werkzeuge einer Empowermentpraxis*

Die vielfältigen Anforderungen, die eine Empowermentpraxis an die Professionellen stellt, wirft die Frage nach den Werkzeugen und Hilfsmitteln auf, die den Professionellen zur Verfügung stehen. Eine Kritik am Empowermentkonzept ist, dass keine (neuen) Instrumente und Verfahren bereitgestellt werden, um das Empowermentkonzept in der sozialen Praxis umzusetzen. In der dritten und erweiterten Auflage von Herriger „Empowerment in der Sozialen Arbeit“[145] finden sich daher im Unterschied zur zweiten Auflage ein paar Ergänzungen in dieser Richtung. Ausgangspunkt ist eine umfassende „Ressourcendiagnostik“ (Herriger ³2006, 87), die schließlich in eine Hilfeplanung und ein Unterstützungsmanagement münden kann. Es fehlen jedoch entsprechende Erhebungsinstrumente zur strukturierten Erfassung der Ressourcen der jeweiligen Personen. In Einrichtungen der Behindertenhilfe für Menschen mit Behinderungserfahrung werden mittlerweile Instrumentarien zur Begleitplanung sowie Assistenzplanung eingesetzt, die von sich behaupten, den Assistenzbedarf abzubilden und daraus Ableitungen für die individuelle Begleitung im Alltag zu ermöglichen.

[145] Ergänzt wurde die 3. Auflage auch um das Kapitel „Ressourcenorientierte Arbeit im Stadtteil“.

Diese Instrumente erfassen jedoch nicht immer die individuellen Ressourcen und die persönlichen Wünsche. Methoden wie die Persönliche Zukunftsplanung und die Arbeit mit Unterstützerkreisen oder die Erarbeitung von Netzwerkkarten im Sinne von Schatzkarten erscheinen für eine Empowerment-Praxis weitaus geeigneter.
Nach Herriger ([3]2006, 87) könnte eine Ressourcendiagnostik an drei Stellen Anwendung finden: erstens bei der Erstdiagnostik und Hilfeplanung, zweitens bei der Prozessbegleitenden Reflexion und drittens bei der Evaluation und Qualitätsdokumentation. Letztere dient dazu, ein „ein Ressourcennetzwerk zu konstruieren und zu stabilisieren, das dem Klienten nach Ende des institutionellen Kontaktes einen festen lebensweltlich-sozialen ‚Geleitschutz' bereitzustellen vermag" (ebd.).
Ein multidimensionales Stärken-Assessment, in dem nach der Phase der Definition der Problemsituation ein stärkenorientiertes Assessment mit Blick auf die Umgebungsstärken, individuellen Stärken, Umweltbarrieren und personspezifischen Einschränkungen folgt, wobei individuelle Bedürfnisse, Wünsche, Interessen und Einstellungen beachtet werden, wäre ein vergleichbares Instrument (Theunissen 2002, 197 f.). Als weitere Instrumentarien stellt Herriger ([3]2006, 89) das offene Ressourceninterview und das geschlossene Verfahren des Kompetenzinventars vor. Ersteres entstammt dem klinischen Kontext psychotherapeutischer Medizin und wurde von Schiepek und Cremer entwickelt (ebd., 93). Das Ressourceninterview gliedert sich in zwei Phasen, wobei zu Beginn die offene biographische Erzählung steht, der dann eine Einschätzung- und Bewertungsphase folgt (ebd.). Dabei wird vorausgesetzt, dass Menschen „über ein differenziertes Wahrnehmungs-, Reflexions- und Verbalisierungsvermögen im Hinblick auf ihr inneres Erleben und ihre sozialen Beziehungsmuster verfügen", so dass für die soziale Arbeit stärker strukturierende Formen des Ressourcenassessment zu entwickeln wären (ebd., 95).
Das vom Landschaftsverband Rheinland entwickelte Erhebungsinstrument „Individuelle Hilfeplanung" für Menschen mit Behinderungserfahrung, die ins Betreute Wohnen ziehen möchten, stellt Herriger als geschlossenes Instrumentarium vor (ebd., 96). Positiv ist hierbei, dass mit dem Kompetenzinventar „der Blick auf die Stärken, die Fähigkeiten und Talente von Menschen mit Behinderung zum ersten Mal systematisch verankert worden" ist (ebd., 96), wobei andererseits eine sorgsame Durchführung sehr zeitaufwändig und im pädagogischen Alltag kaum zu leisten ist (ebd.).
Die Methode des Unterstützungsmanagement (*Case Management*) stellt die notwendige Basis aller Empowermentprozesse für die Einzelfallhilfe dar (Herriger [2]2002, 88 ff.). An dieses Unterstützungsmanagement als notwendiges Fundament aller Empowerment-Prozesse muss sich die gemeinsame Arbeit an der Biografie anschließen, wobei zwei Formen der Arbeit an der Biografie betont werden, einerseits die „Erinnerungsarbeit und biographisches Lernen" und andererseits der „Kompetenzdialog" und die lösungsorientierte Arbeit an der Lebenszukunft (Herriger [3]2006, 105). Als weitere Variante kommt der „biografische Dialog und die Kontextu-

alisierung von Lebensentwürfen" hinzu (Herriger ^{2}2002, 95 f.). Das Unterstützungsmanagement hat zum Ziel, einerseits ein Ressourcen-Netzwerk herzustellen und andererseits die Menschen darin zu befähigen, dieses Netzwerk eigenständig und ohne pädagogische Anleitung zu handhaben (Herriger ^{3}2006, 98). [146] Wie eine biografisch orientierte Bildungsarbeit für Frauen und Männer mit Behinderungserfahrung methodisch-didaktisch gestaltet werden kann, die dabei nicht allein auf das Gespräch und die Erzählung fokussiert und die die „Alltagsexpertenschaft der Teilnehmer und Teilnehmerinnen" (Lindmeier 2006, 8) nutzt, und welche Herausforderungen dabei für die Professionellen und die Professionalisierung in der Geistigbehindertenpädagogik entstehen, wird in den Ausführungen von Christian Lindmeier (2006) deutlich. Dabei werden die Erschwernisse für die Erlangung und Entfaltung biographischer Kompetenz ersichtlich (ebd., 13).

Während die Erinnerungsarbeit einer vergangenheitsbezogenen Perspektive folgt, ist der Kompetenzdialog auf die Zukunftsorientierung ausgerichtet (Herriger ^{3}2006, 105). In der Reinform werden die Methoden in der Praxis der Sozialen Arbeit nicht zur Anwendung kommen, vielmehr werden sich die Methoden im „subjektiven Methodenmix" und „Methoden-Patchwork" niederschlagen (Herriger ^{3}2006, 105).

Der „Empowerment-Zirkel" als methodisches Instrument der Organisationsentwicklung hat „die gemeinsame Erarbeitung von empowerment-förderlichen Organisationsstrukturen (‚empowering organizations'), d. h. also die Gestaltung von Arbeitsplatzstrukturen" zum Ziel (Herriger ^{2}2002, 207). Beim „Empowerment-Zirkel" handelt es sich um funktionsübergreifend zusammengesetzte Arbeitsgruppen, „die in synergetischer Kopplung von Einzelbeiträgen Vorschläge für eine Veränderung von institutionellem Leitbild und ‚corporate identity', von methodischem Profil und kollegialen Kommunikationsstrukturen im Zeichen von Empowerment ausarbeiten und deren Implementation unterstützend begleiten" (ebd., 206).

Zum Anstoßen von Empowermentprozessen eignen sich außerdem Zukunftswerkstätten nach Robert Jungk und Norbert R. Müllert (1990) und ein Team-Coaching (Stark 1996, 205 ff.).

Die genannten Werkzeuge sagen noch nichts über die Haltung der Professionellen aus, die letztlich die Empowermentprozesse anstoßen und unterstützen. Es sind und bleiben Werkzeuge, die den Prozess sinnvoll unterstützen können, wenn sie in eine entsprechende Haltung eingebunden sind.

[146] Im Folgenden beschreibt Herriger (^{3}2006, 98 ff.) sechs Stadien des Unterstützungsmangements nach Wolf R. Wendt.

3.8 *Kritische Stimmen zum Empowermentkonzept*

Zunächst lässt sich kritisch fragen, was das wirklich Neue des Empowermentkonzepts ist oder ob sich hinter dem Konzept alte, bereits bekannte Handlungsmodelle und Methoden verbergen.[147]

Neu ist die Veränderung der eigenen Wahrnehmung des Gegenübers. Es lässt sich vermuten, dass sich mit dieser veränderten Wahrnehmung auch das Selbstbild der Professionellen verändert, zumindest wird eine Auseinandersetzung mit den eigenen Stärken und Grenzen angestoßen und die eigene professionelle Haltung einer Reflexion unterzogen.

Empowermentprozesse haben nach Feuser (1998) „ihren unbedingten Ausgangspunkt in unserer Veränderung, in unserem Umdenken und in der Veränderung der Verhältnisse, die das Leben der Menschen mit geistiger Behinderung regulieren." Feuser (1998) erachtet es als „zynisch, Menschen mit geistiger Behinderung zu einer Befreiung von unserer Über-Macht über sie aufzurufen, anstatt unsere Macht über sie entschieden aufzugeben." „Wer anders, als eben die Erziehungsträger und Betreuer, die genau diese Entwicklungen in und durch die Sonderinstitutionen verhindern, sollten sie dazu befähigen?" (ebd.)

Den Empowerment-Ansatz und den Assistenz-Ansatz bezeichnet Speck (2000, 29) als Modelle extern gesteuerter Selbstbestimmung und betrachtet sie daher mit Fragezeichen. Ein Problem besteht darin, dass der Empowerment-Ansatz von Professionellen meist im transitiven Sinne von ‚ermächtigen' verwandt wird, so dass der Eindruck entsteht, man könnte mit Hilfe von so genannten Empowerment-Programmen Menschen von außen her Macht vermitteln (ebd.).

Kritisch kann auch die dem Empowermentkonzept zugrunde liegende Stärkenperspektive betrachtet werden, wenn zum Beispiel klinische Faktoren und Syndrome verkannt, real existierende Lern- und Entwicklungsprobleme vernachlässigt, psychische Belastungen und Verletzungen sowie schwere, real existierende Verhaltensstörungen nicht beachtet oder ignoriert werden (Theunissen 2002, 194 f.). Eine weitere Gefahr liegt in der Überschätzung individueller Fähigkeiten und Kompetenzen oder in einer „Überforderung durch eine vom Laissez-faire-Gedanken geprägte pädagogische Priorisierung der Selbstbestimmung" (ebd., 195). Zuletzt wird eine „idealistisch-überhöhte Einschätzung der Resilienz [...] und die Überschätzung der Ressource Gemeinwesen und Überforderung der nicht-behinderten Bevölkerung" (ebd.) genannt.[148] Ingo Kretschmer (2003) sieht in seiner Ausarbeitung zu „Heilenden und kränkenden Hilfesystemen" neben dem Normalisierungsprinzip unter anderem auch in einem falsch verstandenen Empowerment-Ansatz ein Kränkungsrisiko für Menschen mit Mehrfachbehinderung. „Die besondere Betonung der Selbstbestimmung und der Stärkenperspektive als oberste

[147] Kritisch könnte man anmerken, dass das Empowermentkonzept keine wirklich neuen Methoden bereithält. Ansätze zur Unterstützung der Selbsthilfe oder Leitideen wie „Hilf mir es selbst zu tun" (Montessori) prägen schon länger die Soziale Arbeit.

[148] Theunissen (2002, 195) nimmt diese Kritikpunkte ernst, wobei sie seines Erachtens auf Missverständnissen beruhen, denn eine am Empowermentkonzept orientierte Stärken-Perspektive bedeutet nicht, real existierende

Normsetzungen in Hilfesystemen verleitet de facto zur Unterschätzung oder Verdrängung der Schwächen und Grenzen" (ebd., 20 f.), so dass das „Spannungsverhältnis zwischen gewollter Stärkung und behinderungsbedingten Schwächen methodisch-professionell bearbeitet" werden muss (ebd.).[149]

Die sorgfältige Erfüllung bestimmter Grundbedürfnisse in Hilfegemeinschaften wird als ein heilender Wirkfaktor wahrgenommen (ebd., 30). Darüber hinaus gilt: „Die stärksten Wirkungen haben u. a. diejenigen Maßnahmen, die psychosoziale Geborgenheit, gut geklärte Beziehungen und ein individuell differenziertes Persönlichkeitsverständnis fördern. Damit tritt die Beziehungsarbeit bezüglich der psychischen Heilungen und Kränkungen an die erste Stelle." (ebd.)

Den kritischen Einwand, Empowerment führe zur Überforderung der Beteiligten, greift Theunissen (2007b, 86 f.) auf, hält jedoch dagegen, dass die Überforderungen und Zumutungen verblassen, wenn „ein Empowerment-Konzept auf der Grundlage der Wertebasis als „Ermöglichungsraum" subjektzentriert, kooperativ und gegebenenfalls antizipatorisch erschlossen" (ebd., 87) wird.[150]

> „Die heute in der Fachliteratur allgegenwärtige Forderung um ‚Empowerment', die in der Praxis aber kaum aufspürbar ist, kreiert eine begriffliche Kategorie der Verschleierung der Tatsache, dass wir, die wir Geistigbehinderten zur Selbstermächtigung, Selbstbestimmung und Autonomiewahrnehmung und -wahrung aufzurufen haben, es selbst sind, die sie in Ausgrenzung und unter dem sozialen und bildungsmäßigen Reduktionismus auch der segregierten Geistigbehindertenschulen und -klassen unmündig halten.
> Das kann nur als eine Perversion der Bewegung des Empowerment bezeichnet werden, eine Bewegung, die im Gesamt der Selbstbestimmt-Leben-Bewegung, von People First u. a. Bemühungen, hinsichtlich ihrer Forderungen praktisch keine wirksamen Strategien ihrer Umsetzung zu bieten hat." (Feuser 2005, 22)

Nach Ulrich Bröckling (2003) besteht in der Wagheit des Empowermentkonzepts ein Problem. Dabei liegt die Vermutung nahe, dass Empowerment als ein „catchword" fungiert, unter dem sich höchst Disparates subsumieren lässt" (ebd., 324). Das Problem besteht darin, dass bestimmte Personen/Personengruppen identifiziert werden und ihnen ein „sense of powerlessness" attestiert wird, so dass anschließend Empowermentmaßnahmen verschrieben werden können (ebd., 328).

Bezogen auf die vorliegende Arbeit würde das bedeuten, dass Frauen mit Behinderung zunächst als „Zielgruppe „bemächtigender" Programme konstruiert, sozialwissenschaftlich

---

Schwierigkeiten der Menschen zu vernachlässigen oder sogar zu ignorieren.

[149] In einer mündlichen Mitteilung hinterfragt Ingo Kretschmer unter anderem die ethischen Grundsätze des Empowermentkonzepts und macht auf die negativen Folgen einer ethischen Erhöhung des Ichs und der Selbstbestimmung aufmerksam. Des Weiteren merkt er an, dass die Annahme von grundsätzlich positiven Entwicklungsanlagen des Menschen nirgends erfahrungswissenschaftlich belegt ist. Und schließlich stellen die Methoden des Empowermentkonzepts aus seiner Sicht kein eigenes Methodenprofil dar, sind in der Menge und Unterschiedlichkeit völlig überzogen, so dass kein „Helfer" die Erwartungen im Alltag einlösen kann.

[150] Dass Menschen mit jahrelangen Betreuungskarrieren größte Schwierigkeiten haben, neue Richtungen und Lebensziele zu formulieren (Herriger [3]2006, 212), wird bei der Befragung von Menschen mit Lernschwierigkeiten in Bezug auf ihre Vorstellungen zum Ruhestand in der Studie von Hollander, Mair und Hohmeier deutlich (Theunissen 2007b, 86).

durchleuchtet, pädagogisch angeleitet und psychologisch unterstützt werden" müssen (ebd.). Die Macht der sogenannten Experten besteht damit vor allem in ihrer Definitionsmacht (ebd.) Stephanie Riger (1993, 279) bestätigt in ihrem Aufsatz „What's Wrong with Empowerment", dass das Empowermentkonzept zwar wichtige und nützliche Forschung initiiert hat, jedoch kritisiert sie zwei dem Empowermentkonzept zugrunde liegende Annahmen. Problematisch sind aus ihrer Sicht die individualistische Sicht sowie die Präferenz für traditionelle männliche Konzepte von Können, Stärke und Kontrolle über traditionelle weibliche Angelegenheiten von Gemeinschaft und Kooperation (ebd.). Das Empowermentkonzept in Übereinstimmung mit der traditionellen psychologischen Betonung von *Agency*[151], Können und Kontrolle betont Angelegenheiten, welche typischerweise mit Männern und Männlichkeit assoziiert werden (ebd., 280). Rigers Ansicht nach müssen wir zumindest reflektieren, wie unsere Sicht des Individualismus unsere Konzeption von Empowerment beeinflusst (ebd., 280).

So stellt sich für sie die Frage, ob Empowerment zu einem größeren Gemeinsinn beiträgt und die Verbindungen, die unsere Gesellschaft zusammenhalten, stärkt oder ob Empowerment einzelne Individuen oder Gruppen auf Kosten anderer unterstützt, so dass die Konkurrenz zunimmt und ein Mangel an Kohäsion entsteht (ebd., 290). Unter Kohäsion ist hier ein innerer Zusammenhalt zum Beispiel einer Gruppe zu verstehen.[152]

Empowerment zu fördern, mag zwar im Widerspruch zu *Community* stehen, muss aber nicht heißen, *Community* zu vernachlässigen (Riger 1993). Der „sense of community"[153] wurde durch die Betonung des Empowermentkonzepts überlagert, wobei Rigers Ansicht nach nicht das eine durch das andere ersetzt werden kann, da beide wesentlich zum menschlichen Wohlbefinden und zur Zufriedenheit beitragen und nur in der Verknüpfung beider Konzepte menschliches Verhalten zu verstehen sei (Riger 1993, 286 f.).[154] Paradoxerweise mag es Situationen geben, die Gemeinschaft fördern, aber das Gegenteil von dem sein mögen, was Empowerment fördert (Riger 1993, 288), wobei sie an späterer Stelle einräumt, dass es Situationen geben mag, wo beides nicht kontradiktorisch ist (ebd., 289). „Finding one's voice, controlling one's resources, becoming empowered may reduce the interdependence that

[151] *Agency* kann verstanden werden als individuelle Handlungsbefähigung, Handlungsmacht, Handlungsermächtigung oder Handlungsbemächtigung und wird je nach zugrunde liegendem Diskurs unterschiedlich übersetzt. *Agency* soll weg von der defizit- hin zur ressourcenorientierten sozialen Arbeit führen und dabei die Menschen mit ihren Rechten, Interessen, Kompetenzen und Bedürfnissen ins Zentrum stellen. Anknüpfungspunkt für *Agency* sind die individuellen Stärken, Fähigkeiten und Potenziale. Insofern hat *Agency* schon eine gewisse Nähe zum Empowermentkonzept, gerade wenn es um Fähigkeiten geht, sich eigener Ressourcen bewusst zu werden und Ressourcen der Umwelt zu erschließen. Ein ausdifferenzierter Vergleich von *Agency/Agency*-Theorien mit dem Empowermentkonzept kann im Rahmen dieser Dissertation nicht erfolgen, wäre aber sicherlich fruchtbar für die soziale Arbeit mit behinderten Menschen.

[152] Jo Jerg (2003, 165 f.) stellt im Zusammenhang der Entwicklungen von Segregation, Integration und Inklusion Kohäsion als einen Entwicklungsbegriff im Kontext der deutschen Behindertenhilfe dar. Damit richtet sich der Blick auf die Frage: „Was hält eine Gemeinschaft zusammen, was verbindet sie (...)?" (ebd., 166)

[153] „Sense of community" könnte übersetzt werden mit Gemeinschaftssinn, Sinn für Gemeinschaft, steht somit für ein Zusammengehörigkeitsgefühl, Sinn für Zusammengehörigkeit oder Gemeinschaftsgefühl.

[154] An dieser Stelle sei vorab auf die Interviews verwiesen, in denen das Bedürfnis nach Kontakten zu anderen und der Sinn nach Gemeinschaft zu Tage treten (vgl. Kap. 6.2).

produces a strong sense of community." (ebd.) Somit ist die Herausforderung, eine Vision zu formulieren, die sowohl Empowerment als auch *Community* umfasst (ebd., 290). „We need to consider differences but also similarities; those things that separate and also those we have in common; agency and also communion; empowerment and also community." (ebd.)
In seinem kritischen Resümee hält Theunissen (2007b, 84 f.) fest, dass Empowermentprozesse in Institutionen der Behindertenhilfe meist subjekt- und (wohn)gruppenbezogen sind, jedoch die „aktive Partizipation an gesellschaftlichen Bezügen und eine Einmischung in die kommunale (Behinderten-)Politik" (ebd., 85) fehlen. „Seine Kraft entfaltet das Empowerment-Konzept jedoch erst durch die Verknüpfung von Empowerment-Prozessen auf den vier Ebenen (Lenz 2002, 30, 45; auch Nestmann 1999, 139)." (ebd., 84). Die in Kapitel 3.4 thematisierten Ebenen stellen eine künstliche Trennung da, die der Analyse dient. In der Praxis sind die Ebenen vielfach miteinander verwoben.
Sicherlich können Bildungsangebote dazu beitragen, dass Empowermentprozesse diese Kraft entfalten und zur aktiven Partizipation beitragen.

3.9 *Empowerment im Kontext einer Erwachsenenbildung für Frauen und Männer mit Behinderungserfahrung – Orientierung für die Bildungspraxis*

Angebote der Erwachsenenbildung können vielfältige Möglichkeiten bieten, Empowermentprozesse zu unterstützen, und sie ebnen einen Weg hin zu Empowerment.[155] Insbesondere Kieffer (1984, 9) machte darauf aufmerksam, dass Empowerment ein langfristiger Prozess der Erwachsenenbildung und Entwicklung ist. Möglichkeiten für Empowerment bietet die Erwachsenenbildung, wenn sie Lernsettings und Handlungsräume zur Aufspürung, Bewusstwerdung und Entwicklung eigener Stärken und Fähigkeiten sowie individueller und sozialer Ressourcen bereitstellt, mit dem Ziel, dass die Teilnehmerinnen und Teilnehmer schrittweise mehr Kontrolle und Selbstbestimmung über das eigene Leben gewinnen. Des Weiteren können Erwachsenenbildungsangebote dazu dienen, gruppenbezogenes Empowerment anzustiften und Beteiligungsformen unterschiedlicher Art zu ermöglichen.
Betrachtet man die vier Handlungsebenen des Empowerments (vergleiche Kap. 3.4), so bedeutet dies für die Erwachsenenbildung, auf subjektzentrierter Ebene Möglichkeiten zu bieten, „die (Wieder-)Entdeckung und (Wieder-)Gewinnung individueller Stärken und Selbstvertrauen sowie die Zuversicht und Überzeugung, eigene Angelegenheiten selbst (ggf. mit selbstgewählter Unterstützung) regeln zu können" (Theunissen/Plaute 2002, 216). Auf gruppenbezogener Ebene hat die Erwachsenenbildung die Aufgabe, kollektive Empowermentprozesse zu fördern und zu unterstützen und den Aufbau von Selbstvertretungsgruppen anzuregen (ebd., 217). Institutionell betrachtet sollte die Erwachsenenbildung in der Phase der Planung und Orga-

[155] Auf die Begriffsklärung und Abgrenzungen von Erwachsenenbildung, Weiterbildung, Fortbildung usw. kann hier

nisation von Erwachsenenbildungsangeboten darauf hinwirken, Adressatinnen und Adressaten so weit wie möglich einzubeziehen und zu beteiligen (ebd.). Auf sozialpolitischer und gesellschaftlicher Ebene besteht der Auftrag an die Erwachsenenbildung darin, das Bildungsrecht aller öffentlich einzufordern sowie „Erwachsene mit geistiger Behinderung für das Einklagen ihrer Rechte stark zu machen, sie dabei zu unterstützen, Zusammenschlüsse (z. B. Selbsthilfe- oder Selbstvertretungsgruppen) anzuregen und für eine effektive Lobbyarbeit zu befähigen" (ebd., 218).

Die von Herriger ([3]2006) genannte Gemeindeebene würde sich dann auf Bildungsangebote für alle Bürgerinnen und Bürger des Gemeinwesens beziehen.

Bildung ist ein Recht für alle Menschen und bedarf keiner Begründung oder Rechtfertigung. Bildung wird verstanden als ein aktiver Prozess, sich die Welt anzueignen, sie zu begreifen und zu erfassen, um sich kompetent in der Welt bewegen zu können. Bildung setzt die Neugier auf die Welt voraus und führt zu einer Auseinandersetzung mit der Welt, indem sich das Individuum mit dieser Welt verknüpft. Somit bietet Bildung eine Chance, in der Auseinandersetzung mit der Welt, „ein umfassendes Verständnis von der Welt und der eigenen Stellung in ihr entwickeln" (Furrer 1998, 48) zu können. Erwachsenenbildung ist zu verstehen als organisiertes Lernen, d. h. in einem weiten Verständnis kommen „alle Formen des Lernens und der Bildung Erwachsener in den Blick, die extra zu diesem Zweck organisiert werden" (Weinberg 1989, 25).

Die Aufgaben der Erwachsenenbildung bestehen einerseits in der Qualifikation und zugleich in der Sicherung und Erweiterung des bereits Gelernten, in der Vorbereitung auf Veränderungen der Lebensbedingungen in einer sich immer verändernden Gesellschaft, aber auch in der Identitäts-Bildung und Identitäts-Sicherung. „Der Wunsch nach *Qualifikation* (Ausbildung und Allgemeinwissen), *Kompensation* (Ausgleich zu Berufswissen und einseitiger Berufstätigkeit) und *Kommunikation* (Gemeinschaft und Austausch) ist die Triebfeder dafür, sich in Bildungsprozesse einzulassen." (Baumgart/Bücheler 1998, 49) Aus der Sicht Theunissens (2003, 62 ff.) kommt der Erwachsenenbildung behinderter Frauen und Männer eine emanzipatorische, kompensatorische, komplementäre, therapeutische und integrative Funktion zu.

Damit Erwachsenenbildung einen solchen am Empowermentkonzept orientierten Beitrag leisten kann und ein kritisches Korrektiv bildet, muss es sich um eine kritisch-emanzipatorische Erwachsenenbildung handeln, die zum Beispiel in Anlehnung an Theunissen (2003; 2007b) das Ziel verfolgt, zu selbstbestimmtem Handeln und gesellschaftlicher Mitbestimmung und Partizipation zu befähigen. „Emanzipatorische Bildung richtet sich im Sinne der Aufklärung daran aus, Menschen aus Benachteiligung und Fremdbestimmung zu befreien und ihnen zu mehr Selbstbestimmung, Autonomie und Mündigkeit zu verhelfen" (Baumgart/Bücheler 1998, 80), indem sie attraktive Lernanlässe und Lernumgebungen gestaltet und die Auseinandersetzung mit gesellschaftlich relevanten Themen ermöglicht.

---

nicht eingegangen werden, daher sei auf die Ausführungen von Johannes Weinberg (1989, 17 ff.) verwiesen.

Nach Lindmeier und Lindmeier (2002, 69) kann die Lösung „zur Vermittlung von Fähigkeiten und Fertigkeiten zur Selbstbestimmung" und Empowerment in der konsequenten Anwendung der Prinzipien der allgemeinen Erwachsenenbildung liegen: Freiwilligkeit, Mitbestimmung, Wahlfreiheit und durchgehende Teilnehmerinnen- und Teilnehmerorientierung.[156] Die Bildungsangebote müssen Selbst- und Mitbestimmung im Lernprozess ermöglichen. Aber auch bestimmte Inhalte und Reflexionsanstöße tragen zu einem Mehr an Selbstbestimmung und Empowerment bei. „Menschen mit geistiger Behinderung können nur aus Entmündigung, Ohnmacht und Abhängigkeit herauskommen, wenn Nichtbehinderte darauf verzichten, sie auszugrenzen, Herrschaft und Gewalt über sie auszuüben." (Feuser 1998). Beide Seiten müssen sich auf große Veränderungen einlassen und Feuser (ebd.) sieht dafür kein geeigneteres Feld, als das einer „Bildung für alle". Für die didaktische Umsetzung einer integrativen Erwachsenenbildung[157] eignen sich die „Kooperation am gemeinsamen Gegenstand" und die „Innere Differenzierung durch entwicklungsniveaubezogene Individualisierung" (ebd.). Folgerungen für eine am Empowermentkonzept orientierte Didaktik und Methodik stellt Theunissen (2007b, 331) ausführlich dar.

Es stellt sich die Frage, ob die Anwendung der Prinzipien der Erwachsenenbildung alleine ausreichen, beziehungsweise wie ein Erwachsenenbildungsprogramm konzipiert sein sollte, damit es zu einem Mehr an Selbstbestimmung und zur Anstiftung von Empowermentprozessen beiträgt. Dabei kann die Frage, wie diese Erwachsenenbildungsangebote gestaltet sein sollten, hier nur angerissen werden.[158] Neben vertieften handlungsleitenden Fragestellungen für die Gestaltung von Bildungsangeboten im institutionellen Rahmen, muss ein breit angelegtes Bildungsverständnis formales, informelles Lernen und nicht-formales Lernen in seiner Bedeutung für Frauen und Männer mit Behinderungserfahrung in den Blick nehmen.[159]

---

[156] Es wäre zu diskutieren, ob Kompetenzen beziehungsweise Fähigkeiten und Fertigkeiten wirklich vermittelt werden können oder ob es um einen Erwerb beziehungsweise nicht vielmehr um eine Kompetenzentwicklung und den Anstoß zu einem Kompetenzerwerb geht. Auftrag ist die Gestaltung geeigneter Lernarrangements, die Anregungen zum Kompetenzerwerb geben. Bei einer Förderung von Kompetenzen würde das Förderparadigma wieder konträr zum Empowermentkonzept stehen. Jedoch spricht auch Theunissen (2007b) zum Beispiel im Kontext von Schule und Unterricht von einer Förderung von Empowerment.

[157] Vergleiche zu Modellen einer integrativen Erwachsenenbildung Lindmeier u. a. (2000). Dass für Frauen und Männer mit Behinderungserfahrung die Teilhabe an Angeboten der allgemeinen Erwachsenenbildung nicht selbstverständlich ist, verdeutlichen zum Beispiel die Umfragen von Hoffmann, Kulig und Theunissen (2000) und Goeke (2005).

[158] Handlungsleitende Fragestellungen für die Gestaltung von Bildungsangeboten könnten sein: Über welche Kompetenzen verfügen die teilnehmenden Frauen und Männer? Welche Kenntnisse und Kompetenzen benötigen sie (zusätzlich) auf ihrem Weg zu mehr Selbstbestimmung und Empowerment? Welche Kompetenzen benötigen oder wünschen sich die betroffenen Frauen und Männer für eine Interessenvertretung? Welche Bildungsinteressen haben die betroffenen Frauen? Decken sich die Bedürfnisse der betroffenen Frauen mit den Angeboten der Bildungsträger? (vgl. hierzu die Untersuchung von Hans Ueli Wäckerli, 2002) Welche Kenntnisse und Fähigkeiten muss ein Fortbildungsangebot vermitteln, das auf einen Zuwachs von Empowerment und Selbstbestimmung seiner Teilnehmerinnen zielt? Was macht ein Angebot zu einem stärkenden Angebot? Welche Elemente stärken und machen Mut?

[159] Zum Lebenslangen Lernen im Spannungsfeld von Exklusion und Inklusion vergleiche die Überlegungen von Babilon, Goeke und Terfloth (2007), wo auch deutlich wird, dass es eine scharfe Trennung zwischen nichtformalem und informellem Lernen nicht gibt und Lernen weder an feste Zeiten noch an bestimmte Orte gebunden ist.

Insbesondere den informellen Lernprozessen von Frauen und Männern mit Behinderungserfahrung wird meines Erachtens noch zu wenig Bedeutung zugemessen. Lernen bleibt dabei nicht auf bestimmte Zeiträume beschränkt, sondern muss in seiner Kontinuität über die gesamte Lebensspanne im Sinne von Lebenslangem Lernen betrachtet werden (Babilon/Goeke/Terfloth 2007, 13).

Welche Kompetenzen und Schlüsselqualifikationen erfordert ein Empowermentprozess? „Welcher Kompetenzen, Kenntnisse, Orientierungen und Bewältigungsstrategien bedarf ein geistig behinderter Mensch, um angesichts seiner Möglichkeiten Autonomie-, Mitbestimmungs- und Solidaritätsfähigkeit entwickeln zu können" (Theunissen/Plaute (2002, 203) und sich zu empowern? Die Angebote müssen sich an den entsprechenden Lebensphasen und ihren Übergängen, sowie den aktuellen Bedürfnissen der Teilnehmerinnen und Teilnehmer orientieren und beachten, dass Entwicklungsmöglichkeiten im Erwachsenenalter meist mit Krisen verbunden sind (Meueler 1982, 23).

Auf individueller Ebene könnte das heißen: den eigenen Standpunkt deutlich machen, sich eigene Ziele setzen und verwirklichen, Informationen bezüglich Wahlmöglichkeiten für ein selbstbestimmtes Leben einholen, Entscheidungen selbst treffen, sich Durchsetzungsstrategien und Problemlösungsstrategien erarbeiten. Dabei geht es auch um das Erkennen eigener Vorlieben und Abneigungen und die Entwicklung eines eigenen Lebensentwurfs. Dies setzt wiederum Fähigkeiten und Kenntnisse voraus, die unter „Self-Advocacy-Skills" zusammengefasst werden. Dazu zählen Fähigkeiten zur Kommunikation, Durchsetzung, Problemlösung und Entscheidungsfindung sowie das Wissen über die eigenen Bedürfnisse, Rechte und Unterstützungsmöglichkeiten. Betroffene selbst fordern eine Vermittlung solcher Fähigkeiten in Schulungen (Rock 2001, 30). Die erforderliche Transferleistung, das heißt die Übertragung des neu erworbenen Wissens in Erfahrung und die anschließende Integration der Erfahrung in den Alltag, stellt dabei eine ganz eigene Kompetenz dar und impliziert, dass solche Erwachsenenbildungsangebote eine Lebensweltorientierung beinhalten müssen.[160]

Folgerungen für eine am Empowermentkonzept orientierte Didaktik und Methodik stellt Theunissen (2007b, 331) ausführlich dar. Für eine am Empowermentkonzept ausgerichtete Bildungspraxis erscheint mir eine stärken- und ressourcenorientierte Vorgehensweise der Erwachsenenbildnerinnen und Erwachsenenbildner zentral. Erforderlich ist meines Erachtens die Ergänzung um eine geschlechtergerechte Didaktik in der Erwachsenenbildung, die es Frauen und Männern mit Behinderungserfahrung ermöglicht, sich ihren Lernbedürfnissen

---

[160] Eine empowermentförderliche Erwachsenenbildung muss auch Möglichkeiten der Erwachsenenbildung für Bezugspersonen bereitstellen. Gerade die Einbeziehung von Angehörigen sowie Mitarbeiterinnen und Mitarbeitern ermöglicht den Frauen und Männern mit Behinderungserfahrung oft erst die Umsetzung des Gelernten und sichert den Transfer in den Alltag. Insbesondere „normalisierungsferne" Einstellungen auf Seiten der Mitarbeiterinnen und Mitarbeiter sowie Angehörigen beeinträchtigen den Bildungsprozess. Oftmals haben Angehörige wie auch Professionelle Befürchtungen, dass durch die Teilnahme an Bildungsangeboten große Veränderungen gewünscht und nicht erfüllbare Wünsche geäußert werden. Meine Erfahrung zeigt jedoch, dass Veränderungen im Kleinen angestrebt werden.

entsprechend einzubringen und zu entfalten.[161] Kursleiterinnen und Kursleiter müssen sensibilisiert sein, Lernarrangements zu schaffen, die zur Entfaltung der unterschiedlichen Lernbedürfnisse beitragen und weder Frauen noch Männer bevorzugen. Inwiefern eine Zielgruppenarbeit für Frauen mit Behinderungserfahrung erforderlich ist, soll im Folgenden im Kontext des Zielgruppenansatzes der Erwachsenenbildung diskutiert werden.

3.9.1 Zielgruppenansatz in der Erwachsenenbildung

In der allgemeinen Erwachsenenbildung gibt es eine Ausdifferenzierung in berufliche, politische und allgemeine Erwachsenenbildung. Auf der didaktischen Ebene wird diese Ausdifferenzierung unter anderem durch den genderspezifischen und interkulturellen Ansatz ergänzt. Zielgruppenspezifische Ansätze haben ab den der 1960er Jahre an Bedeutung gewonnen und differenzieren das Feld weiter aus.

So hat die Frauenbildung als Zielgruppenarbeit begonnen, jedoch ist der Zielgruppenansatz mit Beginn der 1980er Jahre heftig in die Kritik geraten und wurde zugunsten eines teilnehmerinnen- und teilnehmerorientierten Ansatzes aufgegeben, wobei sich die Frage stellt, ob der Zielgruppenansatz nicht immer noch in manchen Bereichen seine Berechtigung hat. Nach wie vor ist in der Erwachsenenbildung der zielgruppenspezifische Ansatz noch stark verbreitet (zum Beispiel: Mütterbildung, Elternbildung, Seniorenbildung, Frauenbildung) und bis heute richten sich einige Angebote an spezielle Zielgruppen von Frauen (Alleinerziehende, Berufsrückkehrerinnen, Managerinnen, ältere Frauen).

Die Leitidee des Zielgruppenansatzes besteht in der Annahme, dass ein gleicher Erfahrungshintergrund und ähnliche Bildungserfahrungen die Zusammenarbeit erleichtern und zielt darauf ab, im Sinne einer Demokratisierung der Zielgruppe über „differenzierte Lernangebote gesellschaftspolitisches Wissen, Kritik- und Handlungsfähigkeit sowie Solidaritäts- und Kooperationsfähigkeit entwickeln zu helfen und die aktive Mitbestimmungsfähigkeit zu erhöhen" (Gieseke 2001, 48). Ausgangspunkt der Zielgruppenarbeit ist die Subjektorientierung und Ansprache sozial benachteiligter Gruppen, wobei die Ursachen der Benachteiligung zum Lerngegenstand gemacht werden. In der Zielgruppenarbeit für Frauen ging es neben der Wissensvermittlung aber auch darum, „die selbstaktivierenden und selbstreflektierenden Kräfte von Frauen zu stärken" (ebd., 50). In einer zweiten Phase der Zielgruppenarbeit kam es zu einer Ausdifferenzierung der Zielgruppenangebote für Frauen, insbesondere im Bereich der Qualifizierungsangebote verbunden mit zahlreichen Förderangeboten (ebd., 50 f.).

Die Kritik zielte vor allem darauf, dass „der Zielgruppenansatz als Defizitkonzept erscheinen mußte, weil er stärker auf den Nachholbedarf von Frauen abhob, aber damit auch die besondere Förderbedürftigkeit und damit geschlechtsspezifisches Nichtgenügen betonte (vgl. Derichs-Kunstmann 1999)" (Gieseke 2001, 48). Aber auch die „sozialpolitische Instrumentalisierung

[161] Hier kann der Biografiearbeit eine große Bedeutung für die Unterstützung von Selbstbestimmungs- und Empowermentprozessen zu kommen.

der Zielgruppenarbeit" (ebd., 47) wird kritisch gesehen. „Hinzu kommt, daß die Zielgruppenorientierung der Erwachsenenbildung, die ursprünglich vor allem Menschen in Randgruppen mit kompensatorischen Bildungsprogrammen erreichen sollte, sich mehr und mehr im Sinne eines bildungsmäßigen Separatismus hinsichtlich ihrer Klientel entwickelt hat." (Feuser 1998) Somit entsteht als übergeordnete Aufgabe heute die Integration im Rahmen der Erwachsenenbildung selbst (ebd.). Fragen einer inklusiven Erwachsenenbildung werden im deutschsprachigen Raum bisher nur selten und zugleich nur aus der Perspektive der Sonderpädagogik, nicht jedoch aus den Reihen der Vertreterinnen und Vertreter der allgemeinen Erwachsenenbildung gestellt.[162] Zusammenfassend betrachtet Wiltrud Gieseke die „Zielgruppenarbeit als Etappe in der Entwicklung von Frauenbildungsarbeit" (2001, 47). Meines Erachtens hat die Zielgruppenarbeit für Frauen mit Behinderungserfahrung weiterhin ihre Berechtigung, solange keine Gleichstellung der Geschlechter erreicht ist.[163] Sie sollte jedoch nicht isoliert betrachtet werden, sondern in eine inklusive Erwachsenenbildung eingebettet werden, die selbstredend die Unterstützung von Empowermentprozessen beinhaltet.[164]

3.9.2 *Gendersensible Erwachsenenbildung für Frauen und Männer mit Behinderungserfahrung*

Gender Mainstreaming wurde zunächst als politische Top-Down-Strategie eingeführt, nun soll auch im Rahmen einer Erwachsenenbildung für Frauen und Männer mit Behinderungserfahrung Gender Mainstreaming implementiert werden. Eine gendersensible Erwachsenenbildungsarbeit mit Frauen und Männern mit Behinderungserfahrung, deren Umsetzung eine Gender-Kompetenz erfordert, ist notwendig, um eine Chancengleichheit herzustellen und die Verwirklichung von Geschlechtergerechtigkeit von Frauen und Männern voranzubringen (Goeke 2007). Betont werden soll an dieser Stelle die Einbindung der Frauen mit Behinderungserfahrung in Bildungsangebote als Expertinnen in eigener Sache, so dass sie auch die Rolle der Kursleiterin einnehmen können.

Wie bereits deutlich wurde, werden innerhalb der Behindertenpädagogik die Belange beider Geschlechter erst in den letzten zehn Jahren vermehrt thematisiert, so dass die Strukturkategorie Geschlecht auch in den Angeboten der Erwachsenenbildung für Menschen mit Behinderungserfahrung lange Zeit ausgeblendet wurde. Durch die engagierte Arbeit von behinderten

---

[162] Als Ausnahme kann man hier die Arbeiten von Erika Schuchardt (1987, [5]1999) anführen, die bereits früh Vorarbeiten für eine integrative Erwachsenenbildung leistete. Auf der Ebene der praktischen Umsetzung nehmen mittlerweile einige Institutionen der Erwachsenenbildung das Leitziel der Inklusion in ihr Leitbild und Programm auf. Ansätze einer inklusiven Erwachsenenbildung thematisiert Rebecca Babilon (2008) am Beispiel ihrer Erfahrungen in Großbritannien.

[163] Und selbst dann könnte man kritisch hinterfragen, ob nicht bestimmte Themen weiter einer zielgruppenspezifischen Bearbeitung bedürfen.

[164] Inklusive Erwachsenenbildung soll verstanden werden als eine Bildungskultur der Vielfalt, die die gleichberechtigte Teilhabe aller Bürgerinnen und Bürger ermöglicht. Zu den Rahmenbedingungen einer solchen Bildungskultur der Vielfalt vergleiche die Ausführungen von Doris Brunner (2005, 150 ff.). Anregungen zur Gestaltung einer inklusiven Bildungspraxis und Verbesserung der Teilhabemöglichkeiten finden sich auch bei Babilon (2008).

Frauen sind mittlerweile zahlreiche Netzwerke behinderter Frauen entstanden, die zur Verbreitung einer Frauenbildungsarbeit beitragen.

Das „doing gender", also die Herstellung von Geschlechterunterschieden in Angeboten der Erwachsenenbildung und die Frage nach den dahinter liegenden Bedingungen arbeitete Karin Derichs-Kunstmann (1996) in einem Forschungsprojekt zur gewerkschaftlichen Bildungsarbeit heraus. Dabei wurde der Beitrag der Frauen zur unterschiedlichen Aufgaben- und Rollenverteilung in den Seminaren deutlich, „denn sie arbeiteten dieser nicht etwas entgegen, sie arbeiteten ihr sogar zu, indem sie z. B. Männer für die Rolle des Diskussionsleiters vorschlugen" (ebd., 130). Durch das Forschungsprojekt konnte „der Beitrag der Frauen zur Herstellung ihrer eigenen Zweitrangigkeit und zur Stützung der dominanten Position von (einigen) Männern herausgearbeitet werden" (ebd., 131). Inwieweit solche Forschungsergebnisse auf die Arbeit mit Frauen und Männern mit Behinderungserfahrung übertragen werden können, kann hier nicht geklärt werden.[165] Die Auseinandersetzung mit der Genderperspektive innerhalb der Erwachsenenbildung für Frauen und Männer mit Behinderung ist jedoch in den letzten Jahren intensiver geworden. Da wie zuvor beschrieben die Erwachsenenbildung für Frauen und Männer mit sogenannter geistiger Behinderung erst in den letzten Jahren vermehrt Fuß gefasst hat, sind Ansätze einer gendersensiblen Erwachsenenbildung für diese Zielgruppe noch seltener anzutreffen (Goeke 2007, 1).

Es gilt, didaktische Arrangements zu finden, um diesen Status zu durchbrechen. Dazu bedarf es einer geschlechtergerechten Didaktik, also einer Didaktik, die „ein Lernarrangement hervorbringt, in dem weder Frauen noch Männer in der Entfaltung ihrer Lernbedürfnisse beeinträchtigt werden" (Derichs-Kunstmann 1996, 133).

Karin Derichs-Kunstmann (2003, 3) formuliert vier Eckpunkte einer geschlechtergerechten Didaktik, die „eine umfassende Berücksichtigung von Geschlechterdifferenz und Geschlechtergerechtigkeit bei Planung und Gestaltung von Bildungsveranstaltungen" impliziert. Im folgenden Schaubild werden die vier Eckpunkte sichtbar. „Geschlechterperspektive als Inhaltsdimension" meint die bewusste Einbeziehung des Themas Geschlecht in die Seminarinhalte und Sachverhalte. Unterschiede in den Lernkulturen von Frauen und Männern müssen bei der „methodischen Gestaltung der Seminare" berücksichtigt werden. Das „Geschlechtsbezogene Verhalten der ErwachsenenbildnerInnen" bezieht sich auf die Kommunikation und Interaktion in der Gruppe. Und schließlich gilt es, bei der „Gestaltung der Rahmenbedingungen" die Lebenssituation der teilnehmenden Frauen und Männer zu berücksichtigen.

---

[165] Karin Derichs-Kunstmann (1996, 132) geht aufgrund der erheblichen Kongruenz der Forschungsergebnisse davon aus, „daß offensichtlich die „Fabrikation der Unterschiede" über Klassen- und Milieugrenzen hinweg überwiegend Gemeinsamkeiten aufweist".

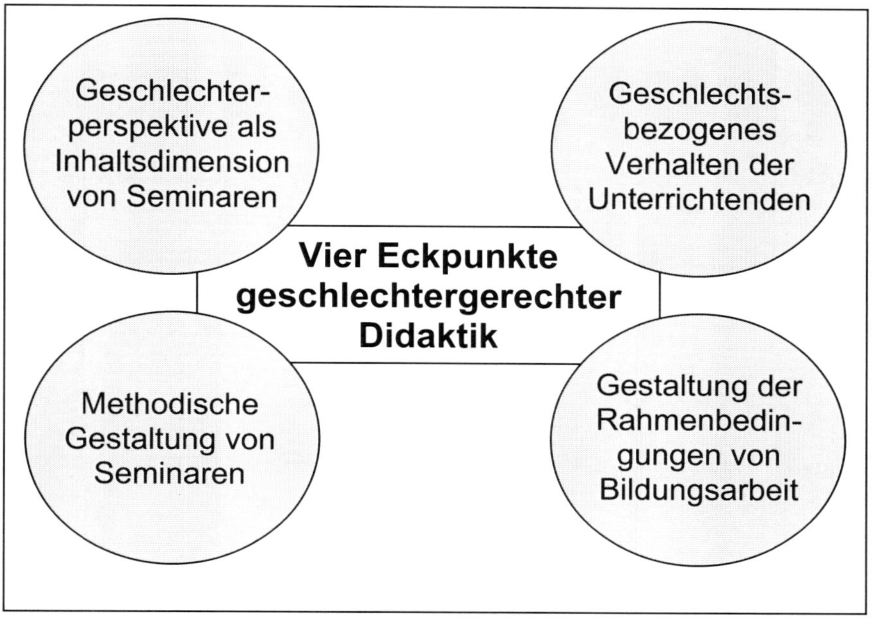

Abbildung 3: Eckpunkte einer geschlechtergerechten Didaktik (Karin Derichs-Kunstmann 2003)

Um eine fünfte Dimension, die der Teilnehmenden, erweitert Gerrit Kaschuba (2006, 9) diese Eckpunkte, wobei es nicht um eine starre Berücksichtigung aller Dimensionen zu jeder Zeit geht, sondern die fünf Dimensionen in einer dynamischen Balance stehen sollten (ebd.). Den teilnehmenden Frauen und Männern zu ermöglichen, sich entsprechend ihrer Lernbedürfnisse im Seminar einzubringen und zur Erweiterung der Handlungskompetenzen von Frauen und Männern beizutragen, ist das Ziel einer geschlechtergerechten Didaktik (Goeke 2007, 3).

Hans Ueli Wäckerli (2002), Leiter der Fachstelle Erwachsenenbildung von Frauen und Männern mit geistiger Behinderung des Berner Volkshochschulverbandes, ging in einer Untersuchung der Geschlechterperspektive als Inhaltsdimension von Seminaren und der Perspektive der Teilnehmenden nach. Er versuchte die Frage zu klären, ob Frauen andere Kurse wünschen, denn die Erwachsenenbildungskurse für Frauen und Männer mit sogenannter geistiger Behinderung in der Region Bern wurden 2001 von mehr Männern als Frauen besucht. Eine Untersuchung der Kursanmeldungen der Jahre 1998 bis 2000 ergab, dass Unterschiede darin bestehen, ob Frauen in einer Institution leben oder nicht, dass Frauen günstigere Kurse und Angebote aus dem Bereich Ausdruck und Wahrnehmung sowie Kochkurse bevorzugen (ebd., 54). Es fällt auf, dass „Sprach-, Computerkurse sowie Kurse die der persönlichen Entfaltung dienen, von gleich vielen Frauen wie Männern besucht, Kurse im Bereich Abenteuer, Alltagsbewältigung, Natur, Umwelt, Umgang mit Geld und Reisen von Männern bevorzugt werden" (ebd.). Die Hypothese, dass Frauen Abendkurse nicht besuchen, weil sie den nächtlichen Nachhauseweg scheuen, konnte verworfen werden (ebd.). Vielmehr liegt der seltene Besuch der Abendkurse am Arbeitsalltag der Frauen, so dass vielleicht vermehrt Wochenendkurse angeboten werden müssten (ebd.). Die Studie konnte nicht beantworten, ob Kursanmeldungen durch Betreuungspersonen stark beeinflusst werden (ebd., 56).

Für eine Genderkompetenz erscheint es wichtig zu sein, „die Herstellung von Geschlecht als doing gender im Blick zu haben und in diesem Sinn die Widersprüchlichkeit verschiedener Ebenen zu reflektieren“ (von Felden 2004, 45). Daher ist es notwendig, dass Kursleitende in Gender-Trainings Kenntnisse gewinnen „über historisch entstandene geschlechtstypische Zuschreibungen, über soziologische Ansätze der Herstellung von Geschlecht in Interaktionen, über Methodenprobleme zur Analyse von Geschlecht in Forschungszusammenhängen usw., Positionen dazu zu beziehen und [...] Vorschläge zur Veränderung von Situationen im Sinne der Gleichwertigkeit der Geschlechter zu unterbreiten“ (ebd.). In der Arbeit mit behinderten Frauen (und Männern) heißt dies zunächst, Frauen (und Männer) mit Behinderungserfahrung als Frauen (und Männer) wahrzunehmen und Geschlechtszugehörigkeit und damit verbundene (gesellschaftliche) Aspekte zu thematisieren.

Nicht nur auf der Ebene der Bildungsarbeit können Belange behinderter Frauen thematisiert und ihr Empowermentprozess unterstützt werden. Mädchenarbeit und Frauenförderung leisten ebenfalls einen wertvollen Beitrag für den Empowermentprozess wie im Folgenden sichtbar wird.

3.10 Empowermentprozesse von (behinderten) Frauen

Es fällt auf, dass in den deutschsprachigen Publikationen zu Empowerment und Sozialer Arbeit mit behinderten Menschen/Behindertenpädagogik *Gender Mainstreaming* wenig bis gar keine Berücksichtigung findet.[166] Weder in eigenen Kapiteln wird das Thema Gender im Kontext der Unterstützung von Empowermentprozessen berücksichtigt noch sprachlich im Gesamttext überhaupt aufgegriffen.

Ute Sonntag (1993, 51) hält fest: „Frauen sind aufgrund ihrer Sozialisationserfahrungen schwerer ‚zu empowern‘ als Männer.“ Sonntag (1993, 50) skizziert Erlebnisse und Lebensumstände (von Abwertung, Entfremdung, Gewalt), die es für Mädchen weitaus schwerer als für Jungen machen, Zutrauen in ihre eigenen Fähigkeiten zu entwickeln. Die Erlebnisse der Abwertung ihres Geschlechts, des Verlusts ihrer Kontrolle über ihren Körper und ihre Lebensumstände integrieren die Mädchen meist in ihr Selbstkonzept (ebd.). Für die Förderung von Empowermentprozessen bei Frauen kann dies eine große Hürde darstellen (ebd.).

Eine Konsequenz, die die Frauenbewegung aufzeigte, ist die Notwendigkeit von Schutzräumen im Sinne von Frauenprojekten und Frauengruppen. „Zur Bildung und Stärkung einer eigenen,

[166] Leider ist auch in der neusten Ausgabe von Georg Theunissen (^{2}2009) das Thema Frau/Mann und die Kategorie Geschlecht beziehungsweise Gender Mainstreaming kein eigenes Stichwort im Stichwortverzeichnis.

nicht vom Mann abgeleiteten Identität bekommen andere Frauen als Spiegel des Selbst eine zentrale Bedeutung." (ebd., 51)[167]

Diese Aussagen gehen davon aus, dass es sich allein um einen von außen angestrebten Prozess handelt. Vorstellbar ist auch, dass Frauen aufgrund ihrer Situation erschwerte Bedingungen und eingeschränkte Möglichkeiten vorfinden und dadurch reduzierte Chancen haben, sich zu empowern. In der vorliegenden Arbeit wird Empowerment im Verständnis eines aktiven Prozesses von innen heraus, der bei Frauen mit Behinderungserfahrung der Unterstützung bedarf, betrachtet.

Ich schließe mich der Sichtweise des Südfrauennetzwerks DAWN an, das darauf aufmerksam gemacht hat, dass gerade für arme Frauen Geschlecht nur eine von vielen Ausgrenzungsmomenten darstellt (vgl. Fußnote 46). Insofern stellt auch bei Frauen mit Behinderungserfahrung das Geschlecht nur eine Komponente des Ausgrenzungsprozesses neben der Behinderung, relativer Armut, Migrationshintergrund usw. dar.

Ein Blick auf die entwicklungspolitische Zusammenarbeit zeigt, dass dort Empowerment von Frauen spätestens seit der Weltfrauenkonferenz in Peking (1995) thematisiert und in verschiedenen Konzeptionen und Strategiepapieren einzelner Länder publiziert wird. Folgender Zusammenhang scheint mir aus diesem Kontext erwähnenswert zu sein: das Millieniumsentwicklungsziel[168] Nummer 3 „Gleichstellung und Empowerment der Frauen" wird in drei miteinander verbundenen Bereichen operationalisiert (Bundesministerium für auswärtige Angelegenheiten Österreichische Entwicklungs- und Ostzusammenarbeit 2006, 5):

„- **Befähigungen/Capabilities** (Bildung, vor allem Grundbildung und berufliche Ausbildung, Gesundheit inkl. reproduktive und sexuelle Gesundheit, Ernährung)
- **Ökonomische Möglichkeiten/Opportunities** (Land, Eigentum, gerechte Entlohnung, faire Arbeitsbedingungen, Infrastruktur, Erbrecht) und **politische Möglichkeiten** (Repräsentation in Parlamenten und politischen Entscheidungsstrukturen, Bildung von Frauenorganisationen, Zugang zum Recht)
- **Sicherheit/Security** (Schutz und Stärkung von Frauen gegenüber Gewalt und Konflikten, Erhöhung ihrer Teilnahme an Konfliktlösungen und bei der Friedenssicherung)." (ebd., 6)

Die drei Aspekte stehen insofern in einem Zusammenhang, als sich durch die Befähigungen von Frauen deren Möglichkeiten zur Teilhabe an politischen Prozessen erhöhen und sich durch

[167] Ute Sonntag (1993, 51) beschreibt zwei Schritte. Zunächst geht es im ersten Schritt darum, Frauen mit ihren spezifischen Lebenslagen zum eigenständigen Thema zu machen, denn erst ein Gewahrwerden der geschlechtsspezifischen Dimension der Lebenslagen macht es möglich, die Frau nicht als ein Mängelwesen zu entwerfen, sondern Kompetenzen und Fähigkeiten zu erkennen und zu fördern. Im zweiten Schritt geht es um das Überwinden der Solidarität im Opferstatus. Es darf aufgrund der Frauenabwertung nicht zu einem Verharren im Opferstatus kommen, sondern vielmehr bedeutet „die Solidarität im Opferstatus Schutz und Stagnation zugleich" (ebd.). Der Schutz kann für Empowermentprozesse von Frauen bedeutsam sein, darf aber nicht zum Stopp des Prozesses führen (ebd.). Gelingen tut dies, „wenn Differenzen und Differenzierungen zwischen Frauen möglich sind" (ebd.).

[168] Die auf dem Milleniumsgipfel der 55. Generalversammlung der Vereinten Nationen 2000 beschlossenen Ziele sind: „1) Beseitigung der extremen Armut und des Hungers 2) Grundschulausbildung für alle Kinder 3) Gleichstellung und Empowerment der Frauen 4) Senkung der Kindersterblichkeit 5) Gesundheit der Mütter verbessern 6) HIV/AIDS, Malaria und andere Krankheiten bekämpfen 7) Nachhaltige Umwelt sichern 8) Globale Partnerschaft im Dienst der Entwicklung schaffen (Bundesministerium für auswärtige Angelegenheiten Österreichische Entwicklungs- und Ostzusammenarbeit 2006, 5).

die Aneignung politischer und wirtschaftlicher Möglichkeiten wiederum die Chance erhöht, dass Frauen gegen Gewalt vorgehen können (ebd.). Des Weiteren „sind sowohl Befähigungen als auch ökonomische und wirtschaftliche Möglichkeiten in einer gewaltfreien Umgebung zur Stärkung von Frauen nötig, ohne die sie nicht ihre Handlungsfähigkeit ausüben können" (ebd.), sodass im Kontext der Entwicklungszusammenarbeit hier auch der Bogen zu *Agency* gezogen wird. Für das Ziel der Geschlechtergleichstellung auf politischem, wirtschaftlichem und sozialem Gebiet ist individuelles und kollektives Empowerment von Frauen Voraussetzung zur Zielerreichung (ebd., 8).

Nach Morris sollte Frauenforschung in Behindertenarbeit und Rehabilitation nicht von einem defizitären Ansatz „Doppelter Diskriminierung" ausgehen, sondern von einem Empowerment-Ansatz, der Mädchen und Frauen mit Behinderungen in ihrem Kampf um Definitions- und Handlungsmacht aktiv unterstützt: „Wenn Feministinnen sich mit Behindertenforschung befassen wollen, muß solche Forschung darauf abzielen, daß behinderte Menschen [Frauen und Männer, Anmerkung S. G.] Macht bekommen (empowerment) (Morris 1994, 71)." (Wedel 1997, 262)

Empowerment und Empowerment-Programme für Frauen werden meist im Kontext der Prävention sexueller Gewalt thematisiert. Bei Programmen zur Prävention sexuellen Missbrauchs geht es darum, die eigene Wahrnehmung zu sensibilisieren und Strategien zur Selbstbehauptung im Alltag zu entwickeln, eigene Stärken bewusst einzusetzen.[169] Ausgangspunkt ist die Annahme, dass alle Mädchen und Frauen – auch mit Behinderung – Möglichkeiten und individuelle Stärken haben, Strategien zu entwickeln, sich zu schützen beziehungsweise sich zu wehren. „Prävention ist keine einmalige Aktion, sondern läßt sich als eine bestimmte Erziehungshaltung darstellen." (Noack/Schmid ^{2}1996, 137) Ziel ist es, ein „Gefühl der eigenen Stärken zu vermitteln, ein gesundes Selbstbewußtsein aufzubauen, Durchsetzungsvermögen und Selbstbestimmung über den eigenen Körper zu erlernen." (ebd., 137)

Prävention sexualisierter Gewalt beinhaltet auch die Aufklärung und Sexualerziehung (vgl. Kap. 4.6.2) Darüberhinaus gilt: „Ein Abbau von sexueller Ausbeutung wird langfristig nur dann gelingen, wenn die betroffenen Frauen Möglichkeiten bekommen, ihre Interessen und Bedürfnisse zu artikulieren und in den Prozeß gleichberechtigt einzubringen, und wenn sie befähigt werden zum selbstbestimmten Leben." (Zemp 1997, 241)

Das Thema Empowerment und Gender sollte aber nicht einseitig auf die Prävention sexueller Gewalt beschränkt bleiben, sondern Frauen (mit Behinderungserfahrung) alle oben genannten Aspekte und Dimensionen des Empowermentprozesses offen halten.

Stephanie Riger (1984) sieht in Grassroot-Organisationen wie zum Beispiel die der Feministischen Bewegung wichtige Vehikel für Empowermentprozesse. Für Frauen sind Begriffe wie „power" oder „leadership" jedoch meist negativ konnotiert, so dass es ein neues Verständnis

---

[169] Ein Beispiel für ein Präventionsprogramm findet man bei Noack und Schmid (^{2}1996,145 ff.), das Ausdruck

von Macht benötigt, was Charlotte Bunch als „ability to act, to get something done" (ebd., 103) verstanden wissen möchte. Bunch schlägt fünf Kriterien für die Evaluation von Reformen vor, die meines Erachtens auch eine Relevanz haben, wenn es um die Betrachtung von Empowermentprozessen aus der Perspektive der Frauen geht:

> „1. Does it materially improve the lives of women and if so, which women and how many?
> 2. Does the reform build an individual women's self-respect, strength, and confidence?
> 3. Does working for the reform give women a sense of power, strength, and imagination as a group and help build structures for further change?
> 4. Does the struggle for reform educate women politically, enhancing our ability to criticize and challenge the system in the future?
> 5. Does the reform weaken patriarchal control of society's institutions and help women gain power over them? (Bunch 1979, 31-32)." (Riger 1984, 114 f.)

Zwar hat sich die Rechtsstellung von Frauen (mit Behinderung) in den letzten Jahren in Deutschland verbessert, aber es bestehen noch immer gravierende Benachteiligungen (vgl. Kap. 4). Eine veränderte Rechtsstellung beinhaltet nicht zugleich eine veränderte Einstellung und Wahrnehmung der Frauen (und Männer) mit Behinderungserfahrung seitens der nicht behinderten Bürgerinnen und Bürger. Die Einbindung behinderter Frauen in Reformen und Projekte gelingt ansatzweise. Eine sogenannte Quotenregelung, die den erwünschten Frauenanteil in Projekten der Behindertenhilfe festlegt, gibt es derzeit nicht und müsste auch auf ihren Zweck kritisch hinterfragt werden.[170]

In der Konsequenz müssten Reformen und Projekte die Geschlechterperspektive überhaupt berücksichtigen und wirklich von dem Ansatz des Gender Mainstreaming durchzogen sein. Eine differenzsensible soziale Arbeit braucht methodisches Handwerkszeug und zugleich einen theoretischen Hintergrund, denn erst die Beschäftigung mit Geschlechterfragen im Rahmen der Behindertenpädagogik ermöglicht es mir, überhaupt Differenzen wahrzunehmen.

3.10.1 Mädchenarbeit und Frauenförderung durch (nicht behinderte) Fachfrauen – Gender Mainstreaming und Empowerment

Behinderte Frauen werden als Zielgruppe der Frauenpolitik bisher wenig wahrgenommen. Frauenförderung kann als eine Antwort auf die vielfältigen Benachteiligungen von Frauen in unserer Gesellschaft gesehen werden. Frauenförderung kann unterschiedliche Formen anne,-hmen. Bezogen auf Mädchen werden Fragen der Koedukation und Mädchenarbeit diskutiert. Koedukation bezeichnet den gemeinsamen Unterricht von Mädchen und Jungen nach gleichen

---

findet in dem Leitsatz „Say no, get away and tell someone" (No-Go-Tell).

[170] Ein Messinstrument, das die Partizipation von Frauen am politischen und wirtschaftlichen Leben messen soll, stellt der Gender Empowerment Measure Index (GEM) dar. Im Unterschied zum Gender Development Index (GDI), der die Werte des Index menschlicher Entwicklung (HDI) geschlechtsspezifisch differenziert ausweist, erfasst das GEM bestimmte Aspekte der Geschlechterverhältnisse in Wirtschaft und Politik (Enquete-Kommission Globalisierung der Weltwirtschaft 2002). Die Indikatoren zur Messung der geschlechtsspezifischen Machtverteilung beziehen sich auf den Frauenanteil an Parlamentsabgeordneten, in führenden Verwaltungs- und Managementpositionen, an ausgebildeten Beschäftigten/Facharbeiterinnen und den Frauenanteil am Erwerbseinkommen.

Lehrplänen. Ausgangsidee ist, so die Gleichstellung der Geschlechter zu bewirken oder zumindest Chancengleichheit für Mädchen herzustellen.
„Als kleinster gemeinsamer Nenner heißt Mädchenarbeit im Prinzip nichts anderes als die Beschäftigung mit der sozialen Gruppe der Mädchen bzw. jungen Frauen" (Möhlke/Reiter ^{2}1996, 19), die Bandbreite reicht jedoch „von konservativer, problem-gruppenbeschreibender Mädchensozialarbeit bis hin zu einem radikalen feministischen Arbeitsansatz, der seine Wurzeln in der feministischen Analyse der Macht- und Herrschaftsstrukturen hat und daraus konsequente Handlungsstrategien ableitet" (ebd., 20). An dieser Stelle sollen nicht die Vor- und Nachteile der Koedukation diskutiert werden, sondern im Mittelpunkt steht die Frage, wie Mädchenarbeit auch für Mädchen mit Behinderungserfahrung erschlossen werden kann.[171]
Mädchenarbeit ist parteilich und greift Vorstellungen der emanzipatorischen Jugendarbeit auf. Ausgangspunkt einer feministischen Mädchenarbeit ist die Analyse der Herrschafts-, Macht- und Gewaltverhältnisse. Feministische Mädchenarbeit beinhaltet daher mehr als eine geschlechterrollenreflektierende Pädagogik.
Zu den Prinzipien feministischer Mädchenarbeit gehört die Schaffung von „Entwicklungs-, Frei- und Schutzräumen" für Mädchen und Frauen, die nur ihnen zugänglich sind. Das zweite „Prinzip der Ganzheitlichkeit" bezieht sich darauf, das Leben unter feministischer Perspektive in seiner Gesamtheit zu erfassen (Möhlke/Reiter ^{2}1996, 29) und dabei Mädchen nicht nur als Opfer oder Trägerinnen von Defiziten zu sehen. Vorausgesetzt werden die „Parteilichkeit" der Pädagoginnen und ihre „vorurteilsfreie Anerkennung aller Mädchen und Frauen, ihre Anerkennung als ganze Person" (ebd.). Parteilichkeit schließt ein, dass Pädagoginnen Sprachrohre und Interessenvertreterinnen für die Belange von Mädchen sind (ebd., 30).[172] Somit ist feministische Mädchenarbeit auch Mädchenpolitik, wobei es zwei Richtungen gibt: einmal Mädchenarbeit als eigenständigen Arbeitsansatz einzufordern oder zweitens Mädchenarbeit als „Querschnittsaufgabe" zu etablieren (Bitzan/Daigler ^{2}2004, 52)[173]. Darüber hinaus muss „feministische Mädchenarbeit an vorhandenen Kompetenzen und Stärken ansetzen, um zunächst Sicherheit zu vermitteln und Mut zu machen, selbstverantwortlich zu handeln und eigenständig Ent-

---

[171] Eine Expertise im Auftrag der Bundeszentrale für gesundheitliche Aufklärung zeigt, dass Mädchen mit Behinderung erst seit 1996 vermehrt in das Blickfeld der Mädchenarbeiterinnen gelangt sind (Bültmann 2000, 11). Im Zentrum steht dabei zunächst eine Sensibilisierung der Sonderpädagogik für geschlechtsspezifische Unterschiede und Fragestellungen, die Qualifizierung von Multiplikatorinnen und die Erstellung geeigneter Materialien. Es stellt sich darüber hinaus die Frage der Übertragbarkeit der Konzepte feministischer Bildungsarbeit/Mädchenarbeit auf behinderte Mädchen und Frauen.

[172] Das Prinzip der Parteilichkeit ist immer wieder in die Kritik geraten (Bitzan/Daigler ^{2}2004, 110 ff.) und einige der Vorwürfe lauten zusammengefasst: „Parteilichkeit lege ein zu eindimensionales und daher unkritisches Verhältnis zu den Mädchen nahe. [...] Parteilichkeit reduziere Mädchen auf eine Opfer-Identität und bemächtige sich der so hilflos Gemachten mit falscher Fürsorge und Indoktrination. Parteilichkeit sei eine verkappte Bevormundung, da sie vorgebe zu wissen, was für die Mädchen gut sei und sie mit eindeutigen Vorstellungen eines emanzipierten Lebens konfrontiere." (ebd.)

[173] Maria Bitzan und Claudia Daigler gehen ausführlich auf die Geschichte der Anerkennungs- und Abwertungsprozesse von Mädchenarbeit ein, die bis heute andauern und dazu führen, dass Mädchenarbeit immer wieder auf den unterschiedlichen Ebenen neu gestärkt und etabliert werden muss, was aus der Sicht der Autorinnen anstrengend ist, und auch mitunter zu Verletzungen beiträgt (^{2}2004, 63 ff.).

scheidungen zu treffen" (Möhlke/Reiter ²1996, 30 f.) und die Autonomie der Mädchen zu stärken. Die Pädagogin muss ihre Rolle stets reflektieren und „soll selbst hinterfragbar sein, Auseinandersetzungen zulassen und der Transparenz ihrer Arbeit nicht im Wege stehen" (ebd., 31).

> „Damit jedoch feministische Mädchenarbeit mit ihrer langfristigen Zielvorstellung, nämlich der Verwirklichung einer neuen Gesellschaft unter Abschaffung partriarchaler Strukturen und Mechanismen, erfolgreich sein kann, ist zugleich eine korrespondierende geschlechtsspezifische Arbeit, die sogenannte antisexistische oder antipatriarchale Jungenarbeit dringend notwendig. Diese sollte und muß von männlichen Kollegen entwickelt und durchgeführt werden." (Möhlke/Reiter ²1996, 27)

Und letztlich stellt die Partizipation ein wichtiges Prinzip der Mädchenarbeit dar, das heißt es gilt, Angebote und Hilfeformen gemeinsam mit den Mädchen zu entwickeln (Bitzan/Daigler ²2004, 52).

Andrea Friske formuliert bereits 1995 Prinzipien für eine frauenorientierte heilpädagogische Begleitung, Beratung und Bildung von Frauen mit sogenannter geistiger Behinderung. Dazu wünscht sie sich Beratungs- und Bildungsorte, an denen sich Frauen üblicherweise weiterbilden, wie Frauengruppen, Frauenzentren, Frauenbildungshäuser und Frauengesundheitszentren (ebd., 188 ff.).

Frauenförderung richtet sich gegen die Diskriminierung und Benachteiligung von Frauen, „kann [aber S. G.] nur dann eine Hilfe zur Lebensbewältigung sein, wenn sie als hilfreich und problemlösend erfahren werden kann." (Meuth ²1998, 36)

Dabei sollen Sonderprogramme und Frauenförderung „nur Übergangsregelungen auf dem Wege zu mehr Gerechtigkeit und Gleichberechtigung für Frauen mit Behinderung" sein (LWV Hessen 1993, 30). „Die Geschlechterperspektive ist für eine menschenwürdige, emanzipatorische Politik für Menschen mit Behinderung unverzichtbar. Sie muss im Sinne des Gender Mainstreaming allgegenwärtig werden." (Weg 2001, 13) Das bedeutet Ziele, Konzepte und Umsetzungshandeln an den Bedürfnissen der Frauen ebenso wie an denen der Männer auszurichten und bei allen Analysen, Projekten und in jedem Handlungsfeld die besondere Situation von Frauen und Männern sowie das Ziel der Gleichstellung der Geschlechter zugrunde zu legen (ebd.).[174] Dazu bedarf es neben weiterer Daten und Erkenntnisse der Berücksichtigung der Belange beider Geschlechter in staatlichen Programmen und Förderprogrammen (ebd., 14). „Dabei muss die Beachtung der Belange von Frauen ein zwingendes Qualitätskriterium sein. [...] In allen relevanten Gremien, und ganz konkret auch in den Heimbeiräten, muss die Partizipation von Frauen sichergestellt werden." (ebd.)[175]

---

[174] Ein Projekt, das zum Ziel hat das „Spektrum der Ausdrucksmöglichkeiten von Jungen zu erweitern, sie bei der Selbstthematisierung zu unterstützen und bei der Artikulation ihrer je eigenen Sichtweisen, Hoffnungen, Wünsche und Bedürfnisse" (Sickinger/Neubauer 2007, 17) ist das Projekt Bod(y)zone, das sich an Jungen mit und ohne Behinderungserfahrung richtet.

[175] Auch Verbände öffnen sich für eine geschlechtsspezifische Arbeit. So betont zum Beispiel der Bundesverband für Körper- und Mehrfachbehinderte e.V. in seinem Geschäftsbericht 2004, dass er einen zusätzlichen Schwerpunkt in der geschlechtsspezifischen Arbeit mit behinderten Mädchen und Frauen setzt, in deren Mittelpunkt 2004 die Vorbereitung und Durchführung der 4. Mädchenkonferenz in Potsdam und die Herausgabe der Zeitschrift MiMMi lag. Unter dem Titel „Frauen sind anders – Männer auch!" startete der Bundesverband für Kör-

Der Landeswohlfahrtsverband (LWV) Hessen (1993, 25 ff.) hat das Modellprojekt „Mobiles Beratungsangebot für Frauen mit Behinderung sowie zur Beratung potentieller Arbeitgeber" initiiert, wobei er als Zielgruppe Hausfrauen/Frauen ohne Erwerbstätigkeit im Blick hat. Berücksichtigt man die große Hemmschwelle und Zugangsbarrieren von Frauen mit sogenannter geistiger Behinderung, so wäre eine Übertragung dieser Idee im Sinne einer allgemeinen Beratung/Bildungsberatung für diese Frauen sinnvoll, die dann direkt in die Einrichtungen (Wohnheime, Werkstätten) kommen.

Nichtbehinderte (Fach)frauen, die parteilich mit und für Frauen mit (geistiger) Behinderung arbeiten, sollten sich kritisch mit ihrer eigenen Motivation und mit der persönlichen Betroffenheit auseinandersetzen und die eigene Professionalität in Frage stellen, um nicht neue Herrschafts- und Unterdrückungsmechanismen auszuüben (Mickler 1997, 84 ff.). Unterschiede zwischen den Frauen müssen benannt und zugelassen werden, erst dann wird es möglich, sich für Gemeinsamkeiten zu öffnen. „Ziel muß es sein, diese Unterschiede auszuhalten und sie im Sinne von Vielfältigkeit nebeneinander zu akzeptieren." (ebd., 86)[176]

Auf Initiative von Petra Groß vom Netzwerk People First Deutschland e.V. wurde im Frühjahr/Sommer 2003 eine Unterschriftenaktion zur Einführung von Frauenbeauftragten in Wohnheimen und Werkstätten gestartet, da Gruppenleitungen in den Werkstätten meist männlich sind und Frauen sich nicht trauen, diese anzusprechen, und die Sozialdienste meist wenig Zeit haben. Des Weiteren wurde die Aktion damit begründet, dass Frauen mit Lernschwierigkeiten andere Probleme als Männer hätten und sie daher eine extra Ansprechpartnerin benötigen, die besonders für Gespräche über sexuelle Gewalt bereitstehen soll. Mittlerweile wurde eine „Machbarkeitsstudie zur Institutionalisierung von Frauen- oder Gleichstellungsbeauftragten in Rehabilitationseinrichtungen" durchgeführt.[177]

Viel zentraler erscheint es mir doch, dass es Frauenräume für Frauen (mit und ohne Behinderungserfahrung) gibt, in denen Begegnung und Austausch möglich wird. Durch „Nur für Frauen"-Bereiche wie Cafés, Buchläden, Frauengruppen wird eine Umgebung dafür geschaffen, „Selbstwertgefühle und Selbstbewusstsein aufzubauen und zu sprechen und gehört zu werden (Meulenbeult 1980)" (Knust-Potter 1997, 162).

Zusammenfassend bleibt festzuhalten, dass Frauen mit Behinderungserfahrung zunehmend in den Blick (nicht behinderter) Fachfrauen gelangen, Frauenförderprogramme auf ihre Bedürfnisse zugeschnitten werden, aber noch viele Themen und Belange unberücksichtigt bleiben. Themen, die durch die geschlechtssensible Brille betrachtet werden könnten, sind u. a.: Suchtproblematik, Verhaltensauffälligkeiten, Delinquenz und Kriminalität, Doppeldiagnose geistige

per- und Mehrfachbehinderte 2007 ein bundesweites Projekt für behinderte Frauen und Männer.

176 Vergleiche hierzu die Auswertung in Kapitel 6.

177 Die durch das Bundesministerium für Familie, Senioren, Frauen und Jugend geförderte und von den Autorinnen Brigitte Sellach, Renate Bieritz-Harder, Tilla Haag und Ulrike Spangenberg erstellte Studie ist laut Auskunft einer Mitarbeiterin des Bundesministeriums noch nicht veröffentlicht, da die Studie zur internen Prüfung des Umsetzungsbedarfs dient.

und psychische Behinderung. Die Bearbeitung dieser Themen würde den Rahmen dieser Arbeit sprengen und diese Aspekte wurden auch von den interviewten Frauen nicht thematisiert.

3.11 Konsequenzen für die vorliegende Arbeit

Es wurde deutlich, wie vielschichtig das Empowermentkonzept ist und welche Bedeutung es für die Einzelnen als auch für die Professionellen hat. Eine bloße Übersetzung mit „Selbstermächtigung" oder „Selbstbemächtigung" greift zu kurz. Da es keine „einfache, allgemein anerkannte Definition" von Empowerment gibt und „Empowermentprozesse kontext-, situations- und populationsspezifisch unterschiedlich" sind (Weiß 1999, 24), fasse ich hier zentrale Aspekte für meine Fragestellung zusammen. Empowerment ist keine knappe Ressource, die verbraucht wird, sondern vielmehr tendiert Empowerment dazu, die Ressourcen zu vergrößern, wenn es einmal als Ideologie angenommen wird (Rappaport 1987, 142). „Power" steht dabei für „Macht, Energie, Durchsetzungsvermögen, Stärke, die ein Verständnis *von struktureller, politischer Macht vereint mit persönlichem Wachstum, individueller und sozialer Weiterentwicklung und Emanzipation und eigenem Selbstbewußtsein von einzelnen und Gruppen*" (Stark 1996, 156 [Hervorhebung im Original]).

Das Verständnis von Empowerment im Zusammenhang dieser Dissertation kann wie folgt zusammengefasst werden:

Empowerment ist ein vielschichtiges Konstrukt und keine Methode oder Handwerkszeug. Empowerment ist im reflexiven und transitiven Sinne zu verstehen, so dass sowohl der Prozess der Selbstermächtigung als auch dessen Unterstützung gemeint ist. Dabei handelt es sich um einen bewussten und andauernden Prozess, bei dem Personen einen besseren Zugang zu wichtigen Ressourcen erreichen (Stark 1996, 156) und sich ihrer und der eigenen Stärken bewusst werden. Empowerment trägt dazu bei, sich als Subjekt und als handlungsmächtig zu erfahren, eigene Kompetenzen und Ressourcen zu erkennen und einzusetzen und schließlich sein Leben selbst zu bestimmen. Somit müssen Menschen „als vollwertige menschliche Wesen, die sowohl Rechte als auch Bedürfnisse haben" gesehen werden (Rappaport 1985, 269). Das Konzept beinhaltet eine personenbezogene und eine politische Zielsetzung, hat eine politische Grundausrichtung und möchte einer Therapeutisierung/Pädagogisierung entgegenwirken.

Empowerment bezieht sich auf folgende drei Grundwerte: Selbstbestimmung, demokratische und kollaborative Partizipation und Verteilungsgerechtigkeit (Theunissen 2007b).[178]

Dabei geht es um (schrittweises) Selbstermächtigen zur Mitbestimmung und zur Gestaltung des eigenen Lebens, Partizipation und Einflussnahme auf das soziale Umfeld, wobei vorhandene Fähigkeiten der Menschen (mit Behinderungserfahrung) freigesetzt werden.

[178] In den weiteren Ausführungen in Kapitel 6.2 wird deutlich, dass ich – ausgehend von den Daten – dafür plädiere, Verteilungsgerechtigkeit um die Dimension der Zugangsgerechtigkeit zu ergänzen.

Die Aufgabe Professioneller besteht unter anderem darin, Ressourcen der Adressatinnen und Adressaten zu aktivieren und Potenziale zu vernetzen.

Wenn es heißt, dass Empowerment mehr ist als bloße Selbstbestimmung eines Individuums, dann fokussiert Empowerment insbesondere auf die Gemeinschaft, und die Orientierung an der Kategorie der Gemeinschaft führt zur Sozialraumorientierung/Lebensweltorientierung. Menschen mit Behinderung werden in ihrer Rolle als Bürgerinnen und Bürger wahrgenommen. Dabei gilt es, das Verhältnis von Selbstbestimmung und Soziabilität im Kontext von Empowerment dialektisch auszubalancieren. Weiß (2000, 251) konstatiert, dass diese dialektische Grundausrichtung des Empowermentkonzepts im deutschsprachigen Diskurs zu sehr in den Hintergrund tritt.

Individuelle und kollektive Selbstermächtigunsgprozesse lassen sich unterscheiden, bedingen sich jedoch gegenseitig. Des Weiteren ist Empowerment Prozess und Ergebnis zugleich.

Das Empowermentkonzept ist zugleich als ein gesellschaftskritisches Korrektiv zu verstehen. Da nach Rappaport (1985, 257 f.) die Ansätze der „Bedürftigkeit“ und der „Rechteperspektive“ einseitige Betrachtungen darstellen, die die Menschen zugleich als defizitär und hilfsbedürftig erscheinen lassen, schlägt er ein „sozialpolitisches Konzept des Empowerments“ vor und fordert in der Konsequenz ein divergentes Denken auf Seiten der Professionellen, da soziale Probleme in der Regel unlösbare Widersprüche enthalten.[179]

Ein umfassendes Empowermentkonzept muss meines Erachtens Vorstellungen eines alters- und gendersensiblen Entwurfs von Empowerment umfassen, sowie weitere Heterogenitätsdimensionen in den Blick nehmen.[180]

Die Diskussion in der deutschsprachigen Heil- und Behindertenpädagogik beachtet nicht die der Sozialen Arbeit mit behinderten Menschen inneliegenden Widersprüche beziehungsweise Paradoxien. Der Empowermentbegriff der Heil- und Geistigbehindertenpädagogik, wie ihn insbesondere Georg Theunissen und seine Mitarbeitenden geprägt haben, berücksichtigt ebenso wenig die Genderperspektive. Dieses Desiderat soll in der vorliegenden Arbeit überwunden werden. Dabei sollen Gefahren, die dem Empowermentkonzept innewohnen, nicht ignoriert werden. So kann sich durch die anstehenden Sozialkürzungen und Einsparungen im sozialen Bereich der Druck auf Frauen und Männer mit Behinderungserfahrung erhöhen, selbstständiger, selbstbestimmter und empowerter zu leben, auch wenn sie dies nicht wollen oder können und eine Verpflichtung zu Selbstbestimmung (Waldschmidt 1999; Stinkes 2000) und Empowerment entstehen. Dabei birgt der Wohlfahrtsstaat die Gefahr, dass sich hinter neuen Formen der Selbstbestimmung lediglich das Motiv der Kostenreduktion versteckt (Persönliches Budget als Zwang).

---

[179] Die Widersprüche zeigen auf, dass es eine Vielfalt sich einander widersprechender Lösungen gibt, was wiederum unser Fachgebiet kennzeichnet (Rappaport 1985, 264). Nach Rappaport (ebd.) „haben soziale Probleme grundsätzlich keine endgültigen Lösungen, nicht einmal zu einem gegebenen Zeitpunkt“. Empowerment ermöglicht viele verschiedene und widersprüchliche Antworten zu gleicher Zeit (ebd., 270).

Empirische Forschung zu Empowermentprozessen und dem Zugewinn an Empowerment, sowie deren förderlichen und hinderlichen Bedingungen ist im deutschsprachigen Raum selten. Die vorliegende Arbeit nimmt daher individuelle Empowermentprozesse von Frauen mit Behinderungserfahrung genauso in den Blick wie Prozesse von Disempowerment. Wie nähert man sich jedoch forschungsmethodisch diesen Empowermentprozessen? Ein Forschungszugang, mehr über Empowermentprozesse der Individuen zu erfahren, ist, ein Setting aufzusuchen, wo wir Empowerment erwarten. Ein anderer Weg wäre, Umweltverhältnisse zu studieren, bei denen man wegen starker Umweltzwänge keine Empowermentprozesse erwartet, wobei sich beide Forschungszugänge ergänzen können (Rappaport 1987, 130). Im Folgenden wird der von mir gewählte Forschungszugang – Individuen zu befragen, wo ich Empowerment vermute – beschrieben und begründet. Wenn Empowerment nicht allein ein individuelles psychologisches Konstrukt ist, sondern zugleich auch ein organisatorisches, politisches, soziologisches, ökonomisches und spirituelles (ebd.), so kann in der vorliegenden Arbeit nur der Prozess des individuellen Empowerments in seiner Tiefe betrachtet werden.

Das Wissen um fremdbestimmte Lebensbedingungen, Diskriminierung, Stigmatisierung usw. lässt einen wertfreien Zugang unmöglich erscheinen (Theunissen/Plaute 2002, 77). Um einen aktiven Beitrag zur Verbesserung der Lebenssituation behinderter Menschen zu leisten, ist Behindertenpädagogik als Wissenschaft und Praxis dazu aufgefordert, „nicht nur methodenkritisch, sondern auch produkt-, ideologie- und gesellschaftskritisch“ (ebd.) zu sein. Als eine Methode, die „Kreativität“ als Kriterium von Forschung wertschätzt und zur Erfassung der Sichtweisen betroffener Menschen im Kontext von Empowermentprozessen geeignet erscheint, erachte ich ebenso wie Theunissen und Plaute (ebd., 80) die *Grounded Theory Methodology* als sinnvoll.[181]

---

[180] Beispiele für „Youth Empowerment Projekte“ lassen sich in den USA finden.

[181] Als weiteren „kreativen“ und offenen Zugang nennen Theunissen und Plaute (2002, 80) die „Naturalistic Inquiry“.

4 Lebenssituation von Frauen mit Behinderungserfahrung

Im Folgenden soll anhand der Lebenssituation von Frauen und Männern mit sogenannter geistiger Behinderung insbesondere die Lebenssituation der Frauen aufgezeigt werden. Dazu werden die zentralen Bereiche Wohnen, Arbeit und sozialen Beziehungen betrachtet und in der Darstellung der Bogen von der gesellschaftlichen über die institutionelle Ebene hin zur personellen Ebene gespannt.

Erwachsenenwerden bedeutet „ein höchstmögliches individuelles Maß an Mündigkeit und Autonomie zu erlangen, d. h., möglichst selbständig und selbstbestimmt leben zu können" (Harnack [2]1997, 49). Noch häufig werden Erwachsenen mit Behinderungserfahrung Mündigkeit und Autonomie vorenthalten und sie in ihren Kompetenzen unterschätzt. Die Lebenssituation vieler Erwachsener mit Behinderungserfahrung ist durch Stigmatisierung, Diskriminierung, Isolation, Fremdbestimmung, Infantilisierung, Abhängigkeit, Institutionalisierung und einem eingeschränkten Zugang zum allgemeinen Arbeitsmarkt und anderen Bereichen der Gesellschaft gekennzeichnet (ebd., 49 ff.). So wirken weiterhin Phänomene des „heimlichen Betreuungskonzepts" (Theunissen/Plaute 1995, 59). Zudem lässt sich festhalten, dass es nach wie vor wenig bis keine geschlechtsspezifischen Angebote für Kinder, Jugendliche und Erwachsene mit Behinderungserfahrung gibt.[182] Behinderung gilt als zentrales Merkmal, während das Frau sein und Mann sein in den Hintergrund tritt. Geschlechtsspezifische Unterscheidungen findet man jedoch zum Beispiel in Bezug auf Sterilisation, Benachteiligung im Ausbildungs- und Arbeitsbereich, bei sexueller Gewalt und Ausbeutung (Kuhne/Mayer 1993, 102). Das Geschlechterverhältnis innerhalb der Gruppe der Menschen mit sogenannter geistiger Behinderung ist sowohl in quantitativer als auch in qualitativer Hinsicht nicht ausgewogen (Schildmann 2006, 514).[183] Jedoch erfolgte bisher keine systematische Analyse dieser Unausgewogenheit, da der Mainstream der zuständigen Wissenschaften die Strukturkategorie Geschlecht bisher weitgehend ausblendete (ebd., 514 f.) (vgl. Kap. 5.2).

Für Erwachsene mit Behinderungserfahrung kann der Zugang zur Erwachsenenrolle erschwert sein, denn „eine auf kindliche Bedürfnisse reduzierte Lebensumwelt hat Auswirkungen auf die Identitätsentwicklung und verhindert den Zugang zu Lernfeldern und Modellen, an denen z. B. erwachsenenspezifische Fähigkeiten gelernt werden könnten." (Harnack [2]1997, 50) Zudem setzt die Umwelt gegenüber Erwachsenen mit sogenannter geistiger Behinderung deutlicher und umbarmherziger ihre Schranken (in Form von Distanzierung und Ablehnung) als gegenüber behinderten Kindern (Speck 1985, 165).

---

[182] Im Rahmen dieser Arbeit kann leider keine quantitative Erfassung geschlechtsspezifischer Angebote erfolgen. In der Praxis wird eine Zunahme von Angeboten für behinderte Mädchen und Frauen deutlich. Hier sei die Bundesvereinigung Lebenshilfe für Menschen mit geistiger Behinderung e.V. als auch deren Landesverbände, Kreis- und Ortsvereinigungen genannt. In den letzten Jahren gibt es vereinzelt auch Angebote für Jungen und Männer mit Behinderungserfahrung.

[183] Das Statistische Bundesamt gibt für das Jahr 2005 die Zahl von 263.823 Menschen mit „Störungen der geistigen Entwicklung (z. B. Lernbehindeurng, geistige Behinderung)" an. (www.destatis.de [28. 8. 2008])

Für Marianne Weg (2001, 11) erscheinen die Einschränkungen und Festlegungen für behinderte Frauen hinsichtlich ihrer Rolle besonders ausgeprägt und rigide, da die Frauen für die Hausarbeitsrolle zuständig sind, sie wenig Mitentscheidungs- und Beteiligungsmöglichkeiten haben, manchmal unterproportional in der Interessenvertretung zu finden sind, andere über ihre Sexualität bestimmen und sie kaum Selbstbestimmungsmöglichkeiten hinsichtlich Partnerschaft und Kinderwunsch haben. „Nachteile kumulieren im Laufe des Lebens und verstärken sich so. Gleichzeitig verfügen Frauen über andere, primär über weibliche Sozialisation vermittelte Ressourcen (und Kompetenzen)." (Wacker 2001b, 18).[184]

Auch Aiha Zemp (1997, 173) stellte in ihrer Untersuchung zur sexuellen Ausbeutung von Mädchen und Frauen mit Behinderung fest, „daß in der Arbeit mit Menschen mit Behinderung noch ein geringes Bewußtsein zur Geschlechterspezifik vorhanden ist", kaum ein Bewusstsein der sozialen Konstruktion der Geschlechterverhältnisse besteht (ebd., 87), und die Männer und Frauen als geschlechtslose Wesen betrachtet werden, was zur Folge hat, „daß geschlechtsspezifisch bedingten besonderen Wünschen wenig Verständnis entgegengebracht wird (u. a. Pircher 1993, 15 ff.)." (ebd., 88).

Mathilde Niehaus (1998, 20) hält fest, dass die Lebenssituation von Frauen mit Behinderung noch weitgehend ungeklärt ist. Differenzen in der gesellschaftlichen Teilhabemöglichkeit bestehen ihrer Ansicht nach nicht nur in der Art der gesundheitlichen Einschränkung und Behinderung, „sondern u. a. auch in Abhängigkeit von der Geschlechtszugehörigkeit, vom Alter, vom Wohnort sowie von der Schicht- und Kulturzugehörigkeit." (ebd., 21)

4.1 *Exkurs: Lebensbedingungen von Frauen und Männern mit sogenannter geistiger Behinderung in der DDR*

Da im Rahmen der vorliegenden Studie auch Frauen interviewt wurden, die in der Deutschen Demokratischen Republik (DDR) aufgewachsen sind und sozialisiert wurden, gilt es die Lebensbedingungen in der DDR zu berücksichtigen.[185]

---

[184] In der anhand biografisch-narrativer Interviews angelegten Studie mit dem Titel – „Verminderte Heiratschancen" oder Perspektivengewinn? – macht Heike Ehrig (1996) deutlich, welche Konsequenzen das weibliche Rollenbild für den Alltag und die Perspektiven körperbehinderter Frauen hat. Dabei interviewte Ehrig bewusst Frauen, die im Laufe ihres Lebens körperbehindert wurden. Interviewt wurden fünf Frauen, wobei keine der Frauen eine geistige Behinderung haben sollte, da Ehrig der Auffassung ist, dass geistig behinderte Frauen in der Alltagswirklichkeit nur eingeschränkte Möglichkeiten haben, nach eigenen Interessen ihr Leben zu gestalten „und es ist oft schwer abzugrenzen, wo ihr Leben fremdbestimmt ist und was ihr eigenes Wollen ausmacht" (1996, 11).

[185] Der sozialistische Staat sah das Erziehungswesen als eine staatliche Aufgabe und somit zugleich Aufgabe der Sozialistischen Einheitspartei Deutschlands (SED), so dass eine gegenseitige Abhängigkeit von Politik und Pädagogik bestand (Forster 1998, 67). So gab es auch kaum öffentlich geäußerte Kritik an den gesellschaftlichen Verhältnissen; im Gegenteil lässt sich eher eine Zustimmung und Lobpreisung der gesetzlichen und gesellschaftlichen Verhältnisse festhalten (Renker, U. [5]1985a). Die erste Auflage dieses Buches stammt aus dem Jahr 1963, aber auch in der 5. Auflage von 1985 heißt es „... so wollen wir damit den Dank an die Partei der Arbeiterklasse und unsere Regierung verbinden für 35 Jahre des Wirkens für alle Bürger."

Bei der Betrachtung der Lebenssituation der Menschen mit sogenannter geistiger Behinderung in der DDR ist zu berücksichtigen, dass das DDR-Regime andere Begriffe nutzte, die im Folgenden kurz angeführt werden sollen. Der Behinderungsbegriff selbst wurde nicht offiziell verwandt. Stattdessen wurde auf den Begriff der Schädigung zurückgegriffen, der aber in einer ähnlich klassifizierenden und diagnostischen Bedeutung dem Behinderungsbegriff der BRD sehr nahe kam. [186]

Ausgehend von einer Defektologie wurde bei den Ursachen einer Schädigung auf einen biologischen Mangel verwiesen. Soziale Aspekte, die zur Behinderung führen, wurden dabei ausgeklammert. Eine Ausnahme bildeten sprachgeschädigte und verhaltensgeschädigte Kinder, wo man von einer stärkeren sozial determinierten Verursachung ausging. Ansonsten „erweist sich der Verweis auf die Dialektik zwischen biologischen und sozialen Faktoren als inhaltsleere Worthülse“ (Rohrmann 1992, 143 f.), da die gesellschaftlichen und sozialen Bedingungen nicht als Verursacher in die Diagnose einer Schädigung einbezogen wurden.

Folgende drei Kategorien gab es für Kinder und Jugendliche mit sogenannter geistiger Behinderung spätestens ab 1983: schulbildungsfähige[187], schulbildungsunfähige Förderungsfähige[188]und förderungsunfähige Geschädigte/Intelligenzgeschädigte. Neben den Hilfsschulen existierten rehabilitationspädagogische Förderungseinrichtungen des Gesundheits- und Sozialwesens. Für die Gruppe der Förderungsunfähigen fehlten entsprechende Institutionen bzw. sie wurden in kinderneuropsychiatrischen Kliniken oder psychiatrischen Krankenhäusern aufgenommen und als Pflegefälle versorgt. Innerhalb der Rehabilitationspädagogik wurde für die Gruppe der Förderungsunfähigen keine Spezialdisziplin begründet (Rohrmann 1992, 140). Diese Gruppe war dem Gesundheitswesen zugeordnet und somit stand die medizinische Versorgung, nicht die pädagogische Förderung im Mittelpunkt, die ja per Definition abgesprochen wurde. Dazu trug nach Rohrmann (1992, 142) das Fortwirken des „Unerziehbarkeitsdogma(s) der Deutschen Heil- und Sonderpädagogik in der DDR-Rehabilitationspädagogik“ bei, mit der Konsequenz, dass dieser Personenkreis von den Möglichkeiten der gesellschaftlichen Teilhabe ausgeschlossen war und teilweise „lebenslänglich in stationären Einrichtungen asyliert“ war (ebd., 146).

---

[186] So sprach man 1981 auch nicht vom „Internationalen Jahr der Behinderten“, sondern vom „Internationalen Jahr der Geschädigten“. Vergleiche zum anderen Begriffsverständnis und damit Sprachgebrauch der ehemaligen DDR Kapitel 2.2 von Rudolf Forster (1998) und Theunissen (2006). Zur Begriffsfindung in der DDR sei auf die Ausführungen von Sebastian Barsch (2007, 19ff) verwiesen.

[187] „Als schulbildungsfähig intellektuell geschädigt gelten Kinder und Jugendliche mit psychisch-physischen Ausfällen und Störungen, die sich auf die Gesamtpersönlichkeit auswirken, wobei die Mängel in den höheren Denkprozessen und in der Sprache besonders auffällig sind.“ (Becker/Grossmann ^{5}1998, 34)

[188] „Als schulbildungsunfähig förderungsfähig intellektuell geschädigt gelten ‚Kinder und Jugendliche, die wegen einer organisch begründeten erheblichen Intelligenzminderung und Störung der Gesamtpersönlichkeit nicht imstande sind, elementare Unterrichtsanforderungen zu erfüllen. Sie verfügen jedoch noch über physische und psychische Voraussetzungen, unter systematischer Förderung elementares Umweltwissen zu erwerben sowie Fähigkeiten, Fertigkeiten, Gewohnheiten und soziale Verhaltensweisen auszubilden‘.“ (Grundsätze über die Gestaltung der Förderung schulbildungsunfähiger förderungsfähiger Kinder und Jugendlicher vom 31. Dezember 1974, 15 zit. in Becker/Grossmann ^{5}1998, 34)

Bildungswesen[189]

Das Bildungswesen Geschädigter in der DDR war Bestandteil des allgemeinen Bildungswesens und verfolgte in seinen Institutionen „die Heranbildung allseitig entwickelter Persönlichkeiten“ (Becker/Grossmann [5]1985, 25), so dass jeder allseitig gebildete Bürger als aktives Mitglied in den Bereichen Produktion/Wirtschaft, Politik, Kultur und Familie mitwirken konnte (ebd.). Das in der sozialistischen Verfassung der DDR garantierte Bildungsrecht, Recht auf Erziehung und Arbeit aller Bürgerinnen und Bürger, auch der Geschädigten konnte nur durch ein Kollektiv von Fachleuten verschiedener Berufsgruppen erfüllt werden (ebd., 22).[190] Die Grundsätze des einheitlichen sozialistischen Bildungssystems fanden auch Anwendung auf die Bildung und Erziehung geschädigter Kinder und Jugendlicher und wurden um die Bereiche Früherfassung/Früherziehung und den Grundsatz der pädagogisch-medizinischen Zusammenarbeit ergänzt (Becker/Grossmann [5]1985, 27) und mit einer seit 1954 bestehenden Meldepflicht für Behinderungen untermauert. Neben den genannten Grundsätzen (wie z. B. dem gleichen Recht und der Pflicht auf Bildung) galt der Grundsatz der Vermittlung von Allgemeinbildung und Spezialbildung, um eine kommunistische Erziehung zu sichern und zur aktiven gesellschaftlichen Tätigkeit zu befähigen (ebd., 29). Der Grundsatz des durchgängigen Aufbaus des Bildungssystems führte zu einem gesicherten kontinuierlichen Bildungsweg in Sonderinstitutionen (ebd., 28). Klaus-Peter Becker und Günter Grossmann (ebd., 29 f.) formulieren zwei weitere Grundsätze: den der „Einheit von Bildung und Erziehung und der Verbindung von Bildung und Erziehung mit dem Leben“ sowie den „Grundsatz des engen Zusammenwirkens von staatlichen Institutionen, gesellschaftlichen Organisationen und Familie bei der Bildung und Erziehung“.

> „Für die Rehabilitationspädagogik in der Deutschen Demokratischen Republik gilt prinzipiell das sozialistische Bildungs- und Erziehungsziel. Wir streben danach, jeden Lernbehinderten in das aktive, produktive, politische und kulturelle Leben unserer sozialistischen Menschengemeinschaft je nach dem Grad der Überwindung der Lernbehinderung einzugliedern.“ (Becker 1970, 524 zit. in Bleidick 1982, 24)

Ziel aller staatlichen Bemühungen war eine umfassende Rehabilitation des Geschädigten und die Befähigung zur möglichst umfassenden Teilnahme an der sozialistischen Gesellschaft. Im Zentrum aller rehabilitationspädagogischen Bemühungen stand die Erhaltung bzw. Förderung der Arbeitskraft mit dem Ziel der Eingliederung in den Arbeitsprozess. Rehabilitation wurde verstanden als

> „die zweckgerichtete Tätigkeit eines Kollektivs in medizinischer, pädagogischer, sozialer und ökonomischer Hinsicht zur Entwicklung, Erhaltung und Wiederherstellung der Fähigkeiten des geschädigten Menschen, aktiv am produktiven wirtschaftlichen, politischen, kulturellen und familiären Leben der Gesellschaft teilnehmen zu können“ (Becker/Grossmann [5]1985, 23).

---

[189] Hier sei vermerkt, dass die folgenden Ausführungen explizit nicht komparativ angelegt sind.

[190] Bleidick (1982, 21) macht darauf aufmerksam, dass „die Verwirklichung des Rechts auf Bildung in West und Ost von völlig verschiedenen gesellschaftspolitischen Voraussetzungen aus garantiert [ist]: hier durch die Spannung von Legalitäts- und Legitimationsprinzip, dort in der Übereinstimmung von Bedürfnissen des Behinderten mit den Möglichkeiten der sozialistischen Gesellschaft.“

Die Institutionen zur Rehabilitation Geschädigter waren einerseits dem Ministerium für Volksbildung (Sonderschulen, Sonderkindergärten, Sonderberufsschulen, Sonderpädagogische Beratungsstellen für Sprach-, Stimm- und Hörgeschädigte[191], Sonderklassen an allgemeinbildenden polytechnischen Oberschulen) und andererseits dem Ministerium für Gesundheitswesen (Sonderkrippen, Fördereinrichtungen, Heime, Rehabilitationszentren, Einrichtungen der Geschützten Arbeit) zugeordnet. Das Bildungswesen gruppierte die Geschädigten unter schulorganisatorischen Aspekten nach Art und Grad der physisch-psychischen Schädigung, was sich in den Sonderschulformen[192] wiederspiegelte (Becker/Grossmann ^{5}1985, 39 ff.). Die Gliederung des Sonderschulsystems der DDR nach Schädigungsgraden war ähnlich separierend wie das Sonderschulsystem der BRD, zeigte jedoch keine Ansätze integrativer Beschulung auf.[193] Ebenso spielte eine Gliederung nach ökonomischen Aspekten eine Rolle, denn der gesellschaftliche Aufwand sollte bei hohem Effekt möglichst gering gehalten werden (ebd., 37).[194]
Die Angebote für schulbildungsunfähige förderungsfähige intellektuell geschädigte Kinder und Jugendliche hatten ebenso die Aufgabe, zur Persönlichkeitsentwicklung beizutragen und vorhandene Entwicklungspotenziale zu erkennen und zu entfalten.[195]
Das Schulpflichtgesetz galt nicht für alle Kinder und Jugendlichen. Für die schulbildungsunfähigen förderungsfähigen Kinder und Jugendlichen wurden rehablitationspädagogische Förderungseinrichtungen des Gesundheits- und Sozialwesens aufgebaut, wobei auf dem Terminus „Schule" bewusst verzichtet und der Begriff „Förderpflege"[196] favorisiert wurde. Der Unterschied zwischen „schulbildungsfähig" und „schulbildungsunfähig" war für die betroffenen Kinder und Jugendlichen sowie ihre Familien gravierend, denn es bestand aus Sicht der Verantwortlichen keine schulische Bildbarkeit, jedoch eine rehabilitationspädagogische Förderbar-

---

[191] Diese Beratungsstellen boten spezifische Hilfen an, damit die betroffenen Kinder in Bildungseinrichtungen nichtgeschädigter Kinder beschult werden konnten.

[192] Hierzu gehörten die Blindenschulen, Sehschwachenschulen, Gehörlosenschulen, Schwerhörigenschulen, Hilfsschulen, Sprachheilschulen, Körperbehindertenschulen, Sonderschulen und -klassen in Einrichtungen des Gesundheitswesens, Sonderschulen in Einrichtungen des Sozialwesens (für Kinder mit schwersten Körperbehinderungen und erheblichem medizinisch-pflegerischen Bedarf), Sonderschulen mit Ausgleichsklassen und Ausgleichsklassen an Sonderschulen (für Kinder mit wesentlicher Verhaltensschädigung), Sonderpädagogische Beratungsstellen und Einrichtungen für schulbildungsunfähige förderungsfähige intellektuell geschädigte Kinder und Jugendliche.

[193] Der Aufbau eines Sonderschulwesens im Rahmen des Aufbaus der sozialistischen Schule erfolgte 1949–1962 (Forster 1998, 245). 1969 kam es zur Neugliederung der Sonderschule und bei einer Begrenzung auf acht Schuljahre ermöglichte die Sonderschule eine Berufsvorbereitung ab der 7. Klasse. Leistungsstarken Sonderschülerinnen und Schülern sollte im Anschluss eine zweijährige Teilausbildung, den schwächeren Schülerinnen und Schülern eine einjährige Ausbildung für einfache Arbeitstätigkeiten ermöglicht werden. Das Jahr 1969 war für geistig behinderte Schülerinnen und Schüler von Bedeutung, „weil die sogenannten C-Züge in den Hilfsschulen und psychiatrischen Einrichtungen aus den Schulen ausgegliedert wurden und aus dem Verantwortungsbereich der Bildung und Erziehung dem Gesundheitswesen übertragen wurden." (ebd., 249)

[194] Dazu sollte die Zahl der Einweisung in Sonderschulen möglichst gering gehalten werden.

[195] Eine Übersicht über die Struktur der vollausgebauten Hilfsschule findet sich bei Bleidick (1990, 572).

[196] Dieser von Trogisch eingeführte Begriff wurde von den konfessionellen Trägern übernommen, da die sich besonders der Förderung schwer und mehrfach behinderter Kinder und Jugendlicher annahmen. Die Betonung sollte auf einer menschenwürdigen Behandlung und nicht auf einer einseitigen Verwahrung liegen und bezog sich auf die Aktivitäten im täglichen Leben, die eine Aktivierung schwerstbehinderter, oft bettlägeriger Menschen ermöglichte.

keit, was in der Praxis dazu führte, dass gerade schwer geistig behinderte Kinder und Jugendliche ihr Elternhaus selten verließen (Forster 1998, 319 f.).

1968 wurde der Terminus „bildungsunfähig" verändert in „schulbildungsunfähig förderungsfähig". Die Realisierung des Rechts auf Bildung für die sogenannten schulbildungsunfähigen förderungsfähigen Kinder und Jugendlichen lag beim Ministerium für Gesundheits- und Sozialwesen (Forster 1998, 223).

Als Fazit bleibt festzuhalten, dass kein ausreichendes pädagogisch fundiertes Angebot für schulbildungsunfähige förderungsfähige Kinder und Jugendliche bestand; und wenn es Angebote gab, hatten diese einen stark segregierenden Charakter. Auch Johanna Beyer und Ernst von Kardorff (1992, 59) machen in ihrem Gutachten auf die systemimmanente Aussonderung der Schwächsten aufmerksam. Insbesondere die mehrfachbehinderten Menschen und die als nicht förderungsfähig klassifizierten Menschen bildeten eine Restgruppe, der keine heilpädagogische Förderung zu gute kam (ebd.). Da Sonderfahrdienste nicht üblich waren, waren behinderte Menschen im Straßenbild, das heißt im öffentlichen Raum präsent (ebd., 63 f.). Die gesellschaftliche Situation war jedoch gekennzeichnet durch eine „öffentliche – im Sinne bürgerlicher Öffentlichkeit – Nicht-Existenz" (ebd., 63) behinderter, insbesondere geistig behinderter Menschen.

4.1.1 *Rehabilitationssystem in der DDR*

Ein umfassendes Schwerbehindertengesetz existierte in der DDR nicht und Menschen mit Behinderung wurden in der DDR durch das staatliche Gesundheitswesen und durch konfessionelle Träger (Diakonisches Werk und Caritasverband) in einem Netz von Einrichtungen versorgt.[197] Eine vergleichbare Arbeit freier Wohlfahrtsverbände im Sinne der BRD gab es in der DDR nicht.[198]

In der DDR lag die Planung und Durchführung des Rehabilitationsprozesses beim staatlichen Gesundheitsdienst und die Rehabilitationspädagogik wurde insgesamt als Aufgabe des Staates betrachtet, so dass „sich vornehmlich caritative oder ähnliche Lösungsvarianten" verboten (Forster 1998, 317).

Aufgrund der vielen Missstände in den staatlichen Einrichtungen übernahmen die Kirchen den Versorgungsauftrag, wobei sie sich im Spannungsfeld von Anpassung und Abweichung bewegten, da die kirchlichen Einrichtungen sich besonders der förderungsunfähigen Kinder und Jugendlichen annahmen.

---

[197] Etwa 20 Prozent aller Plätze in Tagesstätten, Wohnheimen und Heimen hatte das Diakonische Werk und der Caritasverband inne (Forster 1998, 320).

[198] Anmerkung von Dr. Monika Swillus (Lebenshilfe Landesverband Thüringen e.V.) in einer E-Mail vom 5. 9. 2005: Da Gesundheits- und Sozialeinrichtungen in der DDR keine Priorität hatten, war die Ausstattung, Bezahlung und Qualifizierung des Personals mangelhaft. Ebenso macht Rudolf Forster (1998, 282) auf die Benachteiligung konfessioneller Einrichtungen in der Form von Bezahlung der Mitarbeiterinnen und Mitarbeiter, Rentenleistungen, Stellung der Rehabilitanden, Pflegekostensatz in Krankenhäusern usw. aufmerksam. Die personelle Situation insgesamt war gekennzeichnet durch geringe Verdienste, eine unzureichende Qualifizie-

Ab 1970 stieg sowohl die Zahl der Rehabilitationspädagogischen Förderungseinrichtungen als auch die der Rehabilitationspädagogischen Tagesstätten, Wochen- und Dauerheime (Forster 1998, 231). Zuvor gab es kaum Fördereinrichtungen für Kinder und Jugendliche, so dass eine Verwahrung in Heimen oder psychiatrischen Fachkrankenhäusern oder der Aufenthalt im elterlichen Haus stattfand (ebd.), da kein Rechtsanspruch auf Beschulung oder Förderung bestand.

Ziel war der Aufbau einer durchgängigen Kette der Rehabilitationseinrichtungen, so dass Kreis- und Stadtbezirksrehabilitationszentren sowie Geschützte Werkstätten[199] und Geschützte Wohnstätten aufgebaut wurden, die eine lebenslange Betreuung für Geschädigte in einem umfassenden und lückenlosen Netz ermöglichten sollten (ebd., 232). Nachfolgeeinrichtungen für erwachsene Geschädigte waren innerhalb der Rehabilitationskette noch wenig ausgebildet und so wurde erst 1984 die erste Tagesbetreuungsstätte für geschädigte Erwachsene in der DDR eröffnet (ebd., 243).

Der rehabilitativen Arbeit lag eine an Defektologie orientierte Diagnostik zugrunde, die die Menschen mit Behinderung in die Rolle von Objekten drängte und sich bei der Förderung auf die Beseitigung der diagnostizierten Defekte konzentrierte.

Der sozialistische Staat legte seinen Schwerpunkt auf die berufliche Rehabilitation und Integration der geschädigten Kinder, Frauen und Männer in den Arbeitsprozess, weil er darin den Schlüssel zu ihrer sozialen Integration sah. Der Begriff Integration wurde in der DDR meist durch den Ausdruck Rehabilitation ersetzt. Betriebe sollten dabei ihre Rolle als soziale Institution mit entsprechenden gesellschaftlichen Aktivitäten wahrnehmen (Forster 1998, 281).

Sigmar Eßbach, einer der führenden ostdeutschen Rehabilitationspädagogen, formulierte 1985 die Forderung, dass Förderungseinrichtungen in der unmittelbaren Nähe, wenn möglich inmitten eines Wohngebiets errichtet werden sollten, damit ein ständiger, enger, unmittelbarer Kontakt mit der gesellschaftlichen Umwelt ermöglicht wird (Eßbach 1985, 174 zit. in Forster 1998, 282). Eßbach sah dies am zweckmäßigsten in einer in einem Wohngebiet angesiedelten Tagesstätte gewährleistet (ebd.).

Ab 1987 gab es die Aufgabe der „komplexen Rehabilitation", wozu alle Fördereinrichtungen in Rehabilitationszentren unter staatlicher Planung zusammengeschlossen wurden.

Bleidick (1982, 28) macht auf den differenten Gebrauch des Terminus „Integration" in Ost und West aufmerksam, indem er festhält, dass

> „wir uns – mitunter unreflektiert – darauf geeinigt haben, unter Integration die gemeinsame Unterrichtung, Erziehung und Ausbildung Behinderter und Nicht-Behinderter zu verstehen. Im östlichen Sprachgebrauch wird der Begriff ganz anders verstanden: als gesellschaftliche Platzanweisung an einen vorbestimmten Ort. In diesem Sinne werden Rehabilitation und Integration gleichgesetzt."

---

rung, eine personelle Unterausstattung, was sich schließlich in einer hohen Fluktuation ausdrückte (ebd., 328).

[199] Vergleiche hierzu ausführlich Kapitel 4.2.3

4.1.2 Lebenssituation behinderter Mädchen und Frauen in der DDR

Zur Lebenssituation behinderter Mädchen und Frauen in der DDR konnte ich wenig Material ausfindig machen. Es lassen sich im Bereich des DDR-Rehabilitationswesens noch weniger bis gar keine geschlechtsspezifischen Erhebungen finden, vielleicht weil „vielen Frauen der ‚frauenspezifische Blick' fehlt, um Ungleichbehandlungen und Zurücksetzungen von Frauen überhaupt wahrnehmen zu können" (Vieweg 2001, 63). In dem umfassenden Bericht über die soziale Lage der Frauen in der DDR aus dem Jahr 1990 wird die Situation behinderter Mädchen und Frauen nicht thematisiert, allein ein kleiner Absatz ist den Maßnahmen zur Unterstützung von Müttern schwergeschädigter Kinder gewidmet (Winkler 1990, 151). Der Bericht verdeutlicht die Orientierung und Ausrichtung der Politik an der berufstätigen Mutter, das heißt der Förderung der Berufstätigkeit der Frauen. Es wird ersichtlich, dass an der geschlechtsspezifischen Arbeitsteilung und der damit verbundenen sozialen Ungleichheit von Frauen und Männern auch in der DDR nie gerüttelt wurde, sondern vielmehr wurde diese Ungleichheit „beginnend beim Bildungssystem, über die berufliche Qualifikation, die Gestaltung der Berufs- und Arbeitswelt und über eine einseitig auf die Vereinbarkeit von Berufstätigkeit und Mutterschaft statt Elternschaft orientierte Sozialpolitik aufs neue reproduziert" (Beyer 1990, 8). In der DDR wurde maßgeblich „die von Clara Zetkin vertretene Position, derzufolge Gleichberechtigung und Selbständigkeit der Frau nur durch ihre eigene Erwerbstätigkeit zu erreichen sei" zum Frauenleitbild in Gesetzgebung und bei politischen Maßnahmen (Hille 1990, 583). Die berufliche Gleichstellung vollzog sich in der DDR „tendenziell stärker durch eine Anpassung an männlich dominierte gesellschaftliche, politische und berufliche Strukturen" (ebd., 585). Die gleichberechtigte Partizipation der Frauen am Arbeitsprozess bedeutete jedoch nicht eine Garantie für die tatsächliche Gleichstellung. Im Gegenteil, ähnlich wie in Westdeutschland waren wesentlich mehr Mütter als Väter „artfremd oder nicht qualifikationsgerecht eingesetzt" (Winkler 1990, 81).

Während Mütter in West-Deutschland eher mit der Erwartung konfrontiert wurden, eine längere Pause im Sinne des Drei-Phasen-Modells nach Alva Myrdal und Viola Klein (1956) einzulegen (Hille 1990, 585), wurde von Frauen in der DDR eine Vollzeiterwerbstätigkeit in Verbindung mit Mutterschaft erwartet (Winkler 1990, 79).[200] Das staatlich garantierte Recht auf Arbeit schloss behinderte Frauen mit ein, und sie konnten als „Werktätige mit Schwerbeschädigung" eine Reihe von Sonderregelungen nutzen (Vieweg 2001, 61).[201] Ebenso waren zahlreiche Entlastungen für Mütter in der DDR politisch verankert, die jedoch nach der Wende weggefallen sind (Hille 1990, 584).

---

[200] In den 1980er Jahren waren 91 % der Frauen in der DDR berufstätig und gleichermaßen hatten über 90 % der Frauen mindestens ein Kind geboren (Winkler 1990, 79).

[201] Vieweg (2001, 61 f.) nennt hier exemplarisch die vorrangige Versorgung mit einer modernen Wohnung, mit Telefon und Auto, aber auch den gleichen Anspruch auf Kinderbetreuung wie nicht behinderte Frauen.

Winkler und ihr AutorInnenteam heben an vier Punkten die Stellung der Frauen in Politik und Gesellschaft der DDR hervor. Erstens war „Frauenpolitik in wachsendem Maße Politik ‚für' Frauen statt Politik ‚von' Frauen" und somit eine zentralistische Politik (Winkler 1990, 199).[202] Des Weiteren „war Frauenpolitik fast immer begrenzt auf den arbeitenden Teil der weiblichen Bevölkerung und dabei in der letzten Zeit vor allem auf die berufstätigen Mütter" (ebd.). Und „drittens wurde bei allen Fortschritten hinsichtlich der Gleichheit in der Rechtsgestaltung eine de facto Gleichberechtigung nicht erreicht, waren soziale Ungleichheiten zwischen Mann und Frau gravierender als andere vorhandene Ungleichheiten zwischen sozialen Gruppen" (ebd., 200). Im Gegenteil: traditionelle Rollenbilder und Haltungen wurden durch politische Entscheidungen sogar noch verfestigt (ebd., 201). Die „größten Versäumnisse in der Frauenpolitik" traten viertens gegenüber der älteren Generation auf (ebd.).
Barbara Vieweg (2001) nennt zwei wesentliche Voraussetzungen, die für das Selbstverständnis behinderter Frauen in der DDR zentral waren.

> „1. Behinderung wurde selten in ihrer gesellschaftlichen Dimension begriffen, sondern lediglich als Schädigung unter medizinischen Gesichtspunkten.
> 2. Die Gleichberechtigung der Frau war auf dem Papier staatlich garantiert, es gab keine öffentliche Auseinandersetzung um dieses Thema." (Vieweg 2001, 61)

Ambivalent wurde die Wende von Frauen mit Körperbehinderung erlebt, da sie vor allem die Möglichkeiten der beruflichen Eingliederung in der DDR als positiv bewerten, jedoch gleichzeitig hohe Anpassungsleistungen erbracht werden mussten.

4.1.3 *Lebenssituation behinderter Frauen und Männer zu Zeiten während und nach der Wende*

Der Einigungsvertrag beinhaltete die Übernahme der rechtlichen Regelungen des Schwerbehindertengesetzes. Freigemeinnützige und kirchliche Träger übernahmen die Einrichtungen. Das westdeutsche Schulsystem wurde implementiert, womit auch die Gründung und der Ausbau von Schulen für geistig behinderte Kinder einhergingen. In der Geschäftigkeit und Hast nach der Wende war ein gewisser „Wildwuchs" die Folge, so dass einerseits bestehende, revisionsbedürftige Strukturen stabilisiert, andererseits Bewährtes vernichtet wurde. Erhebliche Verunsicherung und Rechtsunsicherheit bei den Beteiligten führte zunächst zu einer chaotischen Mangelverwaltung (Beyer/von Kardorff 1992, 68 f.). Bezogen auf den Bereich der beruflichen Rehabilitation galt: Wenn sich ein Träger zur Übernahme fand, hatten Geschützte Werkstätten eine Überlebenschance, so dass die bisherigen staatlichen und diakonischen Werk-

[202] Rainer Geißler (1992, 259) zufolge führte die „Emanzipation von oben" in der DDR zu einem Gleichstellungsvorsprung, denn die „Unterschiede zwischen den Geschlechtern in den Qualifikationschancen, Berufschancen, Einkommenschancen und politischen Teilnahmechancen sind stärker verringert worden als in der Bundesrepublik". Jedoch lässt sich vermuten, dass „die im wesentlichen von Männern inszenierte und kontrollierte ‚Emanzipation von oben'" (ebd.) im Vergleich zu Westdeutschland die Entwicklung eines emanzipatorischen Bewusstseins behinderte, so dass die Gleichberechtigung von Frauen in der DDR kein Thema darstellte, das kritisch und offen diskutiert wurde. Ein kritisch geprägtes Frauenbewusstsein fehlte ebenso wie eine Frauenbewegung, so dass für viele behinderte wie nicht behinderte Frauen nach wie vor befremdend ist, wenn sie ihre Bedürfnisse und Sichtweisen in den Mittelpunkt rücken (Schnabel 2001, 69).

stätten in entsprechende Trägerschaften übernommen wurden (Forster 1998, 344). Für die Geschützten Abteilungen und Geschützten Arbeitsplätze hat sich die Lage nach dem 1. Juli 1990 drastisch verschlechtert, so dass es zu zahlreichen Entlassungen kam (ebd., 345).
Fortschrittliche bzw. bewährte Ideen und Konzepte wie die Geschützten Abteilungen oder Einzelarbeitsplätze wurden nach der Wende nicht weiter aufgegriffen, sondern verworfen. Rohrmann (1992, 147) sieht durchaus Anknüpfungspunkte, da er zum Beispiel die umfassende berufliche Förderung behinderter Menschen (trotz aller Kritik) für erhaltenswert hält, denn der Grad der beruflichen Integration war in der DDR weitaus höher als in der BRD. Nach der Wende waren behinderte Frauen überdurchschnittlich von Entlassungen betroffen (Schnabel 2001, 66).[203]
Festzuhalten ist, dass einige Menschen mit Behinderung zu DDR-Zeiten bessere Lebensbedingungen hatten als nach der Wende, da sie bedingt durch die geringeren wirtschaftlichen Effektivitätszwänge in Arbeit eingebunden waren und somit gesellschaftliche Teilhabe möglich war, was besonders für Frauen und Männer mit Körper- und Sinnesbehinderung der Fall war. Das System sah eine Grundrente für alle geschädigten Personen vor. Ein Arbeitslohn, der unter dem Mindestlohn lag, wurde entsprechend durch die Rente aufgestockt.
Andrea Schatz (2003, 13) berichtet in einem Rückblick auf ihr Leben als behinderte Frau in der DDR, dass sie ein materiell abgesichertes Leben führen konnte und aufgrund der Rahmenbedingungen für die Vereinbarkeit von Familie und Beruf Frauen sich eher entfalten konnten und sich sowohl für sie als Frau als auch als Behinderte nicht die Notwendigkeit ergab, sich zu organisieren oder zu verbünden. Jedoch betont sie auch die „schreckliche“ Situation in Heimen, in denen besonders Menschen mit schweren Behinderungen untergebracht waren. Eine Kultur der Selbstvertretung war weder gewünscht noch erlernt und die Rahmenbedingungen in den Heimen ließen auch keine Selbstorganisation zu (ebd.). Ausnahmen der Selbstorganisation Behinderter blieb der Behindertensport, der jedoch nach Andrea Schatz’ Auffassung nach wie vor männlich dominiert ist (ebd., 14).
Wenn einerseits durch die Wiedervereinigung nun mehr Einfluss- und Mitbestimmungsmöglichkeiten für behinderte Menschen und ihre Angehörigen entstanden sind, so wurde andererseits um Anteile auf dem Wohlfahrtsmarkt stark gekämpft (Beyer/von Kardorff 1992, 69). Zur Wohnsituation in Ost- und West-Berliner Heimen für Menschen mit schwerer geistiger Behinderung führt Monika Seifert (1997, 36) an, dass die Wohnsituation auch mehrere Jahre nach der Wende gravierende Unterschiede aufweist. Bis kurz vor der Wende gehörten Zwangsmaßnahmen wie Einschließen und Fixieren in Einrichtungen der ehemaligen DDR vereinzelt zum Wohnheimalltag (ebd., 169).

---

[203] Susanne Schnabel (2001, 65) schildert, dass die behinderten Frauen die plötzliche berufliche Ausgrenzung besonders krass erlebten, da sie bisher über den Beruf die Möglichkeit zur gesellschaftlichen Teilhabe (Sozialkontakte) hatten und Anerkennung erfuhren.

Von einer massiven Fehlplatzierung auch einige Jahre nach der Wende zeugen diese Zahlen aus dem 4. Behindertenbericht der Bundesregierung:

> „Eine nicht genau bekannte Zahl vor allem geistig oder mehrfachbehinderter Menschen, die häufig auch ein hohes Maß an Pflegebedürftigkeit aufweisen, ist noch immer in psychiatrischen und neurologischen Krankenhäusern, in geriatrischen Kliniken sowie in Altenpflegeheimen untergebracht. In den neuen Bundesländern betraf das 1994/95 etwas fünftausend Personen. Vergleichbare Daten für die alten Bundesländer sind nicht bekannt; es ist aber davon auszugehen, dass auch dort noch behinderte Menschen in psychiatrischen Einrichtungen und Altenpflegeeinrichtungen leben (Bundesregierung 1998, 85)."
> (zit. in Rohrmann 2005a, 2)[204]

Die Lebenssituation nach der Wende wird aufgeschlüsselt nach den einzelnen Bundesländern in dem Gutachten von Johanna Beyer und Ernst von Kardorff (1992) beschrieben. Das Gutachten zeigt insgesamt noch verbesserungswürdige und angespannte Zustände auf; die Lage in Wohneinrichtungen ebenso wie in Psychiatrien wird als verbesserungswürdig beschrieben. Außerdem wird der Bedarf an Außenwohngruppen, Betreutem Wohnen und anderen gemeindeorientierten Wohnformen sichtbar. Einzelbeispiele qualitativ hochwertiger Behindertenarbeit zeigen, dass sich die Lebenssituation für Menschen mit geistiger Behinderung 15 Jahre nach der Wende deutlich verbessert hat[205], auch wenn ein flächendeckendes Angebot ambulanter Dienste noch fehlt (Behindertenbericht des Landes Sachsen-Anhalt 1991–1993, 59 zit. in Hebborn 1996, 141).[206]

Gerade die großen Träger bemühen sich um eine neue Haltung gegenüber behinderten Menschen und greifen die von den alten Bundesländern gesteckten Ziele Enthospitalisierung, Regionalisierung, Selbstbestimmung und Qualifizierung der Mitarbeiterinnen und Mitarbeiter auf. Was sich jedoch für die behinderten Kinder, Frauen und Männer sowie ihre Angehörigen tatsächlich verändert hat, kann hier nicht näher betrachtet werden.

4.2 *Erwerbstätigkeit, berufliche Rehabilitation und Teilhabe am Arbeitsleben von Frauen mit Behinderungserfahrung*

Die Teilhabe an Arbeitsprozessen ist identitäts- und sinnstiftend, tagesstrukturierend, beugt der Langweile vor und befriedigt Wünsche nach sozialen Kontakten. Durch die Arbeit erfährt der Mensch Selbstbestätigung, Anerkennung, das Gefühl gebraucht zu werden sowie eine materielle Existenzsicherung. Demgegenüber kann der Ausschluss vom Arbeitsleben mit einer Iso-

---

[204] Vergleiche zur Situation in Hessen die Untersuchung zur Lage junger behinderter Menschen in Einrichtungen der stationären Altenhilfe, die Ende 2000 1.427 Personen unter 60 Jahren zählte, die in einer Einrichtung der Altenhilfe oder Pflegeeinrichtung lebten (Brings/Rohrmann 2002, 147). Eine ausführlichere Darstellung der Untersuchung befindet sich in Kapitel 4.3.1.

[205] So lebten zum Beispiel auf Schloss Hoym in Sachsen-Anhalt bis 1993 die Bewohnerinnen und Bewohner unter dürftigen sanitären und räumlichen Bedingungen, abgeschottet auf dem Heimgelände, bis schließlich ein Prozess der Enthospitalisierung einsetzte (vgl. Lebenshilfe-Zeitung 1/2005, 5).

[206] Die von mir interviewten Frauen aus der DDR benennen die fehlenden Wahlmöglichkeiten auch im Jahre 2005. So stehen ihnen zum Beispiel kaum ambulante Wohnangebote oder Arbeitsangebote außerhalb der Werkstatt zur Verfügung. Eine Interviewte bezieht in ihre Überlegungen zu einem möglichen Auszug auch die Mitarbeiterinnen und Mitarbeiter ein, die dann ja ihre Arbeit verlieren würden (P04).

lation einhergehen, die wiederum eine Komponente der Behinderung darstellen kann, so dass die berufliche Teilhabe behinderter Frauen und Männer durch unterschiedliche Maßnahmen des Staates gefördert wird. Dabei gewinnt die Entwicklung von Coping-Strategien unabhängig von Behinderungserfahrungen an Bedeutung, um Diskontinuitäten wie zum Beispiel Phasen der Arbeitslosigkeit auszugleichen. Die Funktionen, die Erwerbsarbeit erfüllt, bestehen einerseits in der materiellen Existenzsicherung, der Bedürfnisbefriedigung nach Sicherheit und in ihrer strukturierenden Funktion der Lebensreiche (Doose 2006, 65 f.). Andererseits erfüllt Erwerbsarbeit die soziale Funktion und befriedigt somit das Bedürfnis nach Kommunikation und Kooperation mit anderen Menschen (ebd., 66): Erwerbsarbeit sichert den sozialen Status und die soziale Anerkennung und bietet Aktivität, das heißt man erlebt sich als produktiv und kann seine Fähigkeiten einbringen (ebd.), so dass Arbeit durchaus zum Wohlbefinden beiträgt.[207]

An dieser Stelle kann nicht ausführlich diskutiert werden, welches Verständnis von Arbeit, Berufstätigkeit und Erwerbstätigkeit der Diskussion um berufliche Rehabilitation und den verschiedenen Maßnahmen zur Teilhabe am Arbeitsleben zugrunde liegt. Im Kontext der vorliegenden Studie wird vor allem Bezug genommen auf die (bezahlte) Erwerbstätigkeit, während Formen (familialer) Reproduktionsarbeit hier weniger zum Tragen kommen. Diese Formen sind für Frauen mit der Zuschreibung geistige Behinderung zurzeit weniger relevant, da sie meist auf den Sonderarbeitsmarkt der Werkstatt für behinderte Menschen (WfbM) verwiesen werden.

Die Tätigkeit in der WfbM oder auf dem allgemeinen Arbeitsmarkt und andere tagesstrukturierende Angebote außerhalb der Wohneinrichtung ermöglichen Teilhabe am Arbeitsleben und entsprechen damit der Forderung des Zwei-Milieu-Prinzips.[208] Die staatlichen Maßnahmen zur Unterstützung der beruflichen Teilhabe beziehen sich einerseits auf Maßnahmen und Finanzierungen direkt auf dem 1. Arbeitsmarkt sowie andererseits auf spezielle Institutionen und die Förderung eines Sonderarbeitsmarkts. Berufsbildungswerke (BBW), Berufsförderungswerke (BFW), Werkstätten für behinderte Menschen (WfbM) stellen Sonderinstitutionen dar. Im Vordergrund steht aus Sicht der Leistungsträger jedoch die Vermittlung auf den allgemeinen Arbeitsmarkt durch Beratung, Qualifizierung und Vermittlung der Rehaberaterinnen und Rehaberater der Arbeitsverwaltung. Seit in Kraft treten des SGB IX gibt es bundesweit zusätzlich Integrationsfachdienste (IFD) zur Vermittlung behinderter Frauen und Männer. Lag während der Modellphase der Integrationsfachdienste der Fokus auf Sonderschulabgän-

---

[207] Auf die Bedeutung der Teilhabe an gesellschaftlichen Arbeitsprozessen kann hier nicht weiter eingegangen werde.

[208] Die Untersuchung von Wacker u. a. (1998, 187) ergab diesbezüglich Unterschiede in Abhängigkeit von der Behinderungsart: Menschen mit geistiger Behinderung zeigen die größte regelmäßige außerhäusliche Tätigkeit; 36,5 % von ihnen verlassen jeden Werktag die Wohneinrichtung um einer Beschäftigung oder Förderung nachzugehen und sie verbleiben mit 16,7 % auch zum geringsten Teil im eigenen Wohnbereich. Im Vergleich dazu verbleiben 41,7 % der Bewohnerinnen und Bewohner mit Körperbehinderung zur Betreuung/Förderung in der Wohngruppe und es gehen nur 13 % der körperbehinderten Bewohnerinnen und Bewohner regelmäßig einer Tätigkeit außerhalb der Wohneinrichtung nach (ebd.).

gerinnen und -abgängern, Werkstattbeschäftigten und schwerbehinderten Langzeitarbeitslosen, so stellt letztere Gruppe mittlerweile die Hauptzielgruppe dar (Schüller 2005, 109).[209]

Das Netzwerk Mensch zuerst – People First Deutschland e.V. fordert in seinem Grundsatzprogramm (2004, 7 f.) im Hinblick auf die Bereiche Ausbildung, Arbeit und Beruf, dass sie selbst bestimmen wollen, welchen Beruf sie lernen und wo sie dies tun bis hin zu einer anerkannten Ausbildung in einer WfbM.

> „- Die Werkstätten für behinderte Menschen dürfen nicht für immer sein. Menschen mit Lernschwierigkeiten müssen auf dem 1. Arbeitsmarkt arbeiten dürfen.
> - Menschen mit Lernschwierigkeiten müssen auf dem 1. Arbeitsmarkt die Unterstützung bekommen, die sie zum Arbeiten brauchen.
> - Menschen mit Lernschwierigkeiten müssen in Werkstätten für behinderte Menschen Arbeitnehmer und Arbeitnehmerinnen sein. Sie müssen die gleichen Rechte haben wie nichtbehinderte Arbeitnehmer und Arbeitnehmerinnen." (ebd.)

Außerdem fordern sie eine entsprechende Entlohnung sowie Mitbestimmungsrechte, da die Mitwirkungsrechte nicht ausreichend sind (ebd.).

WfbM als Sonderarbeitsmarkt

Die WfbM als Einrichtung der beruflichen Rehabilitation etablierte sich entgegen der rechtlichen Vorgaben als Sonderarbeitsmarkt und vorrangiger Ort der beruflichen Rehabilitation für Menschen mit sogenannter geistiger Behinderung.[210] Nach dem flächendeckenden Ausbau des Sonderarbeitsmarktes ist für Frauen und Männer mit geistiger Behinderung die Berufstätigkeit in einer WfbM als Arbeitsmöglichkeit vorgesehen und garantiert (Meuth ^{2}1998, 47). Die Platzkapazität in den Werkstätten für behinderte Menschen belief sich am 31. 12. 2001 auf 212.273 Werkstattplätze inklusive Außenarbeitsplätze (con_sens GmbH 2002, 12).[211] Der Anteil der

---

[209] „Die spezifische Arbeitslosenquote von Menschen mit Behinderungen ist mit ca. 17 % ca. 50 % höher als die normale Arbeitslosenquote von 11,7 % (Zahlen für 2005, Bundesagentur für Arbeit 2006a)." (Doose 2006, 75) Aussagekräftiger ist der Vergleich der Erwerbsbeteiligung behinderter und nicht behinderter Menschen. „Die Erwerbsquote von schwerbehinderten Menschen im Alter von 15 bis unter 65 Jahren liegt bei ca. 33 % im Vergleich zu über 70 % der gesamten Bevölkerung (BIH 2004c, 10). Allgemein liegt die Erwerbsquote in dieser Altersspanne bei Männern in Deutschland bei 80 %, bei Frauen bei 66 % (Statistisches Bundesamt 2005, 100)." (Doose 2006, 76)
Bereits 1997 lag die Arbeitslosenquote Schwerbehinderter bei 17,9 % (Arnade 2000a) und im Oktober 1999 bei 17,7 % und sogar bei 24,3 % in den neuen Bundesländern, während im Vergleich dazu die Arbeitslosenquote aller Erwerbstätigen im Bundesdurchschnitt 9,9 % betrug (Arnade 2000b, 8). Dabei wird die Arbeitsosenquote behinderter Frauen und Männer erst in letzter Zeit geschlechtsdifferenziert ausgewiesen.

[210] Obwohl sie zunächst als beschützende Werkstatt für alle Menschen mit Behinderung initiiert wurde, stellen sich heute drei Ausschlusskriterien, die Menschen mit schwerer Behinderung in die Tagesförderstätte verweisen und damit von der beruflichen Teilhabe ausgrenzen. Dies sind selbst- und fremdverletzende Verhaltensweisen (z. B. auch fehlende Gemeinschaftsfähigkeit), eine Abhängigkeit von Pflege und die Nichterfüllung eines Mindestmaßes an wirtschaftlich verwertbarer Arbeit.

[211] „Mit einer Beteiligung 634 oder 95,2 % von allen 666 anerkannten Werkstätten ist die Bestandserhebung als repräsentativ zu bezeichnen." (con_sens 2002, 9) dabei ist die Anzahl der Werkstattbeschäftigten von Ende 1994 bis Ende 2001 um 35,9 Prozent gestiegen (ebd., 11).

Frauen in den Werkstätten liegt deutschlandweit 2002 bei 41,65 %. (ebd., 22).[212] 2008 wird der Frauenanteil in Werkstätten mit gut 40 % angegeben (Detmar u. a. 2008, 5).[213]
Die Werkstätten sind in den letzten Jahren aus unterschiedlichen Gründen in die Kritik geraten. Forster (1998, 202 ff.) formuliert in seiner Vergleichsstudie fünf kritische Perspektiven zur WfbM. So stellt sich erstens das Problem der Aussonderung im Arbeitsleben, da die WfbM nicht mehr die Funktion einer Durchgangsstation hat, sondern meist den einzigen Ort beruflicher Integration darstellt und zu einer Sackgasse der beruflichen Rehabilitation wird. Hinzu kommt das Problem der „institutionellen Zwangsläufigkeit" (ebd., 203), so dass Sonderschülerinnen und Sonderschüler direkt nach Verlassen der Sonderschule in die Werkstatt wechseln. Zweitens besteht ein pädagogischer und ökonomischer Zielkonflikt (ebd., 204 f.), der die Tätigkeiten in der Werkstatt den betriebswirtschaftlichen Gesetzen so stark unterwirft, dass ein Spannungsfeld zwischen Arbeitsförderung und Persönlichkeitsförderung erzeugt wird, das die Chance zu einer umfassenden Ausbildung verunmöglicht. Der dritte Kritikpunkt bezieht sich auf die arbeitsrechtliche Stellung und Entgeltzahlung (ebd., 208 f.), da die behinderten Beschäftigten keine Arbeitnehmerinnen und Arbeitnehmer im arbeitsrechtlichen Sinne sind und lange Zeit keine Mitwirkungsrechte hatten.[214] Der Lohn sichert nicht einmal die Existenzgrundlage. Viertens besteht nur eine sehr geringe Durchlässigkeit der WfbM bezogen auf die sogenannten „leistungsstarken" Beschäftigten, was sich in einer sehr geringen Vermittlungsquote der Werkstätten ausdrückt.[215] Und schließlich ist der Personenkreis der schwer geistig behinderten Frauen und Männer von der beruflichen Integration ausgeschlossen (ebd., 212 f.), wobei sich die arbeitsmarktpolitische Funktion der WfbM als „Auffangbecken"[216] verschärfen wird und der Verdrängungswettbewerb damit auch Menschen mit schwerer Behinderung trifft. Damit die Werkstätten für behinderte Menschen nicht für immer den Einbahnstraßeneffekt erhärten, bedarf es eines konsequenten Ausgangsverfahrens, das individuelle Übergänge auf den allgemeinen Arbeitsmarkt ermöglicht. Die Kritik entzündet sich somit vorrangig an fehlenden Erfolgen in Bezug auf die Integration in den allgemeinen Arbeitsmarkt.[217]

---

[212] Somit liegt der Frauenanteil in den WfbM nur geringfügig unter dem Anteil der erwerbstätigen Frauen von allen Erwerbspersonen im Alter von 18 bis 65 Jahren (44 %) (con_sens GmbH 2002, 22).

[213] Die Bestandserhebung von 2008 verweist auf den Anstieg der Zugangszahlen und die Veränderung in der Zielgruppe der WfbM (Detmar u. a. 2008).

[214] Erst seit dem 1. Juli 2001 besteht das gesetzlich verbriefte Recht der Mitwirkung von Werkstatträten Vergleiche zur Einführung der Werkstättenmitwirkungsverordnung (WMVO) die Ausführungen in Kapitel 2.5.5

[215] Forster (1998, 211) sieht Gründe wie die anhaltende Ausgliederungstendenz des Arbeitsmarktes, die allgemeine arbeitsmarktpolitische Situation in Form erhöhter Arbeitslosigkeit als auch technologische und globale Entwicklungen als Hindernis für eine Vermittlung auf den allgemeinen Arbeitsmarkt. Aber auch innerhalb der WfbM besteht ein Interessenskonflikt, wenn die leistungsstärkeren Beschäftigten die Werkstatt verlassen sollten.

[216] Bereits 1990 machten Hermann Frank und Werner Schumann (1990, 9) auf die Funktion der WfbM als „Auffangbecken" aufmerksam, das ein generelles beschäftigungspolitisches Problem darstellt.

[217] Die BAG der überörtlichen Träger der Sozialhilfe (BAGüS) und die BAG der Integrationsämter und Hauptfürsorgestellen (BIH) machen in einem Papier zur „Schnittstelle allgemeiner Arbeitsmarkt – Werkstatt für behinderte Menschen" 2007 auf übergangshemmende Regelungen im Werkstättenrecht aufmerksam.

Eine Ausgestaltung der Angebotspalette der WfbM zu einer „Agentur für angepasste Arbeit“ Lebenshilfe Gießen (2004) wäre anzustreben. Werkstätten sind nur dann zukunftsfähig, wenn die Werkstatt als Anbieter eines breiten Dienstleistungsangebots für Menschen mit Behinderung auftritt (Jerg/Goeke 2008, 103).[218]

4.2.1 *Geschlechtsspezifischer Arbeitsmarkt für Frauen mit Behinderungserfahrung*

Eine geschlechtsspezifische Lenkung des Arbeitsmarkts geschieht unter anderem durch die Reha-Beraterinnen und Berater der Arbeitsagentur, durch das Berufssystem und verschiedene Sozialisationsinstanzen.[219] Frauen und Männer mit Behinderung sind von der gegenwärtigen Massenarbeitslosigkeit überproportional betroffen (vergleiche Fußnote 209). Sigrid Arnade (2000a, 21) beschreibt die berufliche Situation von Frauen mit Behinderung als Schlusslicht auf dem Arbeitsmarkt. Fehlende geschlechterdifferenzierte Statistiken sowie ein mangelndes Bewusstsein über die Benachteiligung behinderter Mädchen und Frauen erlauben keine Aussagen über die Berufswahl behinderter Mädchen und Frauen sowie über den Verbleib der Schulabgängerinnen aus Sonder- und Regelschulen (Hermes 2001b, 19 ff.).

Auf die Unterrepräsentanz von Frauen in Berufsbildungswerken (BBW)[220] und Berufsförderungswerken (BFW) machen verschiedene Studien aufmerksam (LWV Hessen 1993, 11 ff.; Hermes 2001b, 14; Arnade 2000a, 22).[221] Dies ist jedoch nicht in den fehlenden Bildungsvoraussetzungen begründet, da Frauen mit Behinderung meist über höhere Bildungsabschlüsse verfügen als behinderte Männer (LWV Hessen 1993, 12). Möglichkeiten zur Vollzeitumschulung berücksichtigen nicht die Lebenssituation von Frauen mit Behinderung, da fehlende Möglichkeiten der Kinderbetreuung und mangelnde Bewilligung von Haushaltshilfen eine Teilnahme erschweren (ebd., 13 f.). Daher müssen parallel zu den bestehenden Angeboten dezen-

---

[218] Die Weiterentwicklung der Werkstätten hin zu Integrationsbetrieben mit vollen Arbeitnehmerrechten sowohl für die behinderten als auch nicht behinderten Menschen und damit eine grundlegende Veränderung der Werkstätten fordern auch die Teilnehmerinnen und Teilnehmer des 3. Alternativen Werkstättentags, da Werkstätten in der heutigen Form nicht mehr zeitgemäß sind (Deutzer Erklärung 19. November 2006).

[219] Bereits bei der Berufsberatung steht den jungen Frauen ein einseitig auf frauenspezifische Berufe abgespeckte Auswahl zur Verfügung. Einerseits fehlt es einem breiten Angebot an Berufen, die für Mädchen mit Behinderung interessant und attraktiv sind, andererseits sollten junge Rehabilitandinnen stärker ermutigt werden auch andere Berufe zu ergreifen (Hermes 2001b, 16).

[220] Hermes (2001b, 14) kommt in der Studie zur Situation von Mädchen und Frauen mit Behinderung in den Berufsbildungswerken zu dem Ergebnis, dass der Anteil junger Frauen bei 35–37 % liegt, obwohl in der Schule ein zahlenmäßiges Gleichgewicht besteht und darüber hinaus Mädchen in der Regel die besseren Schulabschlüsse haben als Jungen. Ebenso stellt sich die Unterrepräsentanz der Frauen in den Berufsförderungswerken dar, wo der Anteil bei 27,6 % liegt (ebd., 18).

[221] Arnade (2000a, 22) nennt folgende Gründe für die Unterrepräsentanz von Frauen mit Behinderung in der beruflichen Rehabilitation:
- Beratung bei den Arbeitsagenturen wird als unvollständig und demotivierend geschildert;
- Kindererziehungszeiten erschweren den Nachweis für die notwendige Versicherungszeit, um Übergangsgeld zu beanspruchen;
- Frauen verzichten zugunsten der Familienpflichten auf eine Teilnahme, wenn die Maßnahme wohnortfern und ganztägig angeboten wird;
- Berufliches Angebotsspektrum in BFW ist auf Männer ausgerichtet.

trale (wohnortnah) qualifizierte Umschulungs- und Ausbildungsangebote in Teilzeit entwickelt, Möglichkeiten der Kinderbetreuung angeboten werden sowie eine geschlechtspezifische Beratung und Unterstützung, die sich an der Lebenssituation und den Bedürfnissen dieser Frauen orientiert, erfolgen (ebd, 14; Eiermann/Häußler/Helfferich 2000; Hermes 2001b, 17 f.).[222] Für Frauen mit sogenannter geistiger Behinderung entsteht eine paradoxe Situation, da sie einerseits an der für alle Frauen geltenden Reproduktionsarbeit gemessen werden, die ihnen aber zum gleichen Zeitpunkt bereits abgesprochen wird. Die Frage „Sollen, wollen, dürfen Frauen mit geistiger Behinderung Kinder bekommen?“ spiegelt bereits einen eugenischen Charakter wieder (Schildmann 2000b, 21). Die familiale Reproduktionsarbeit wird nicht wirklich zur Diskussion gestellt, meist negiert bzw. einfach ignoriert. Es scheint des weiteren so, „daß sich der berufliche Werdegang von jungen Frauen mit geistiger Behinderung an traditionellen Rollenklischees orientiert, die eine Notwendigkeit beruflicher Integration oder sogar Karriere eher für junge Männer erforderlich halten als für junge Frauen“ (Trost/Schüller 1992, 85).[223]

> „Durch das ungebrochene Wirken der tradierten gesellschaftlichen Bilder, nach denen Erwerbstätigkeit und beruflicher Aufstieg für Männer eher für erforderlich gehalten wird als für Frauen, verringern sich die Berufsaussichten für Frauen mit geistiger Behinderung zusätzlich.“ (Wegner 2000, 11).

Die Frauen mit geistiger Behinderung erleben eine Diskriminierung in beiden Arbeitsbereichen (Erwerbsarbeit und Reproduktionsarbeit), die nach Schildmann (2000b, 21) nicht nur als „Doppelte Diskriminierung“ zu bezeichnen ist, sondern als „potenzierte Diskriminierung“. Diese macht sich an einer höheren Arbeitslosigkeit, einem begrenzteren Berufswahlspektrum und Spektrum von Arbeitsmöglichkeiten sowie Arbeiten mit Hausarbeitscharakter, in der Regel noch unbezahlt oder schlecht bezahlt, fest. Dabei wird deutlich, dass frauenspezifische Informationen über berufliche Rehabilitationsmöglichkeiten weitgehend fehlen (Niehaus 2000, 17). Es erfolgt meist eine einseitige Vorbereitung und „Ausbildung“ der jungen Frauen und Männer für den Sonderarbeitsmarkt.[224] Dabei besteht bereits die Grundproblematik darin, dass die Unterstützung und Maßnahmen, die im Rahmen der beruflichen Rehabilitation für Frauen und Männer mit sogenannter geistiger Behinderung bereitgestellt werden, „sich für das Ziel ihrer Integration in den allgemeinen Arbeitsmarkt als kontraproduktiv“ erweisen (Wegner 2000, 11). Dies ist einerseits an der geringen Vermittlungsquote von Beschäftigten der WfbM auf den allgemeinen Arbeitsmarkt erkennbar, andererseits an der Beratungspraxis der Reha-Beraterinnen und -Berater, denn „92,4 % der Frauen und Männer mit geistiger Behinderung wurden 1994

[222] Zu den Forderungen insbesondere körper- und sinnesbehinderter Frauen vergleiche auch die Ausführungen bei Arnade (2000a, 23 f.).

[223] Die Eingliederungsinitiativen erklärten sich die geschlechtsspezifischen Unterschiede damit, „daß weibliche Behinderte in der Regel nicht so belastungsfähig seien wie ihre männlichen Mitschüler und deshalb auch für eine Beschäftigung auf dem allgemeinen Arbeitsmarkt nicht in Frage kommen würden“ (Trost/Schüller 1992, 85).

[224] Eigene Berufserfahrungen der Forscherin zeigen, dass die vorbereitenden Praktika im Rahmen der Werkstufe der Sonderschulen tendenziell in einer WfbM durchgeführt werden und nur zu einem verschwindend geringen Anteil auf dem allgemeinen Arbeitsmarkt. Das gleiche betrifft die Praktika im Rahmen des Berufsbildungsbereichs. Ausnahmen sind hier Ambulante Arbeitstrainings wie die der Hamburger Arbeitsassistenz.

nach ihrem Schulabschluß in eine Maßnahme im Eingangs- oder Arbeitstrainingsbereich einer WfB vermittelt“ (Bundesanstalt für Arbeit 1997, 424 f. zit. in Wegner 2000, 11).
Trotz besserer Schulabschlüsse bilden Frauen mit Behinderung den größeren Teil derjenigen, die nach ihrem Schulabschluss zu Hause bleiben oder im familieneigenen Betrieb aushelfen (Wegner 2000, 11). Über den Verbleib vieler Sonderschülerinnen gibt es lediglich Vermutungen.[225]

> „Wenn die besonderen Belange von Frauen, Rollenzuschreibungen, Lebenspläne nicht betrachtet werden, sondern die berufliche Rehabilitation unhinterfragt vom ‚männlichen Normalarbeitnehmer‘ und männlichen Menschen mit Behinderung ausgeht, führt dies dazu, dass die Qualität und Wirksamkeit von Programmen und Maßnahmen zur beruflichen Rehabilitation für Frauen eindeutig schlechter ist als für Männer.“ (Weg 2001, 7)

Ein berufliches Eingliederungs- und Integrationskonzept müsste eine die Geschlechterhierarchie reflektierende Perspektive einnehmen, Angebote einer frauenspezifischen Beratung und Begleitung vorhalten und qualitative Auflagen bei der Vermittlungstätigkeit machen (Schön 1993, 219).
Im Hinblick auf die Situation behinderter Frauen wird deutlich: „Für behinderte Menschen ist der allgemeine Arbeitsmarkt in dreifacher Hinsicht zweigeteilt: zwischen behinderten und nichtbehinderten Menschen, zwischen Ost und West und zwischen Frauen und Männern.“ (Winkler 2003, 151 zit. in Zinsmeister 2007, 28)

4.2.2 *Berufliche Teilhabe auf den allgemeinen Arbeitsmarkt*

Den Wunsch nach einer Vermittlung auf den allgemeinen Arbeitsmarkt äußern immer mehr Frauen und Männer mit sogenannter geistiger Behinderung. Dabei stellt der Übergang auf den ersten Arbeitsmarkt einen höchst sensiblen biografischen Abschnitt dar, der sorgfältig vorbereitet und gut begleitet werden muss.
Der Zugang zum allgemeinen Arbeitsmarkt ist für Männer und Frauen mit sogenannter geistiger Behinderung erschwert. Seit Ende der 1980er und Beginn der 1990er gibt es vereinzelt Modellprojekte, die teils auch in eine Regelfinanzierung übergegangen sind, um die Vermittlung auf den allgemeinen Arbeitsmarkt zu begleiten und sich am *Supported Employment*-Ansatz orientieren. Bekannt ist hier die Hamburger Arbeitsassistenz, das Reutlinger Modellprojekt und das „Hessische Konzeptionspapier zur Schaffung und Finanzierung von Arbeits-, Ausbildungs- und Beschäftigungsplätzen außerhalb von Werkstätten für Behinderte“ (Arbeitsgruppe Außenarbeitsplätze in Hessen 1990), aus dem heraus in hessischen Werkstätten Fachkräfte für berufliche Integration (FbI) beschäftigt werden.[226]

---

[225] Die Vermutungen gehen dahin, dass diese Frauen teils in der Landwirtschaft und im eigenen Haushalt als Hilfskraft mitarbeiten – insofern zur familialen Reproduktionsarbeit beitragen – oder in einer Gastwirtschaft tätig sind.

[226] Im Jahr 2001 gab es noch 15 Fachkräfte im Umfang von 11,5 Vollzeitstellen, die im Jahr 2001 392 Menschen mit Behinderung im Arbeitsleben unterstützt haben (Sozialnetz.de o. J.). Zu beachten ist hier, dass es sich nicht nur um Werkstätten für Menschen mit geistiger Behinderung handelt, sondern auch Beschäftigte mit seelischer Behinderung zu den Betreuten zählen. Des Weiteren wurde von einigen Fachkräften der Begriff

Berufliche Integration auf dem allgemeinen Arbeitsmarkt kann verschiedene Organisationsformen annehmen: von Einzelaußenarbeitsplätzen und Außenarbeitsgruppen bis hin zu Integrationsfirmen oder einem regulären sozialversicherungspflichtigen Arbeitsverhältnis. Unterstützte Beschäftigung ist ein Dienstleistungsangebot für Arbeitnehmerinnen/Arbeitnehmer und Arbeitgeberinnen/Arbeitgeber.

> „Aufgrund der traditionellen Gliederung in Phasen der ‚Vorbereitung' (Rehabilitationseinrichtungen), ‚Vermittlung' (Arbeitsverwaltung) und ‚nachgehenden Begleitung im Arbeitsleben' (Integrationsämter) richtet sich das Interesse auf ein gelingendes Ineinandergreifen der verschiedenen Förder- und Hilfsangebote." (Schüller 2003, 9)

Dabei wird sichtbar, dass für Rehabilitanden mit sogenannter geistiger Behinderung „die Möglichkeiten einer kontinuierlichen Förderung in der Regel auf den Berufsbildungsbereich beschränkt [bleiben]. Nur ca. 4 % wechseln hier im Anschluss in eine andere berufsvorbereitende Maßnahme oder in ein Arbeitsverhältnis" (Schüller 2003, 11), das heißt die Rehabilitanden verbleiben in der WfbM und wechseln in den Arbeitsbereich.[227] Personelle Engpässe erlauben es nicht, ein „Ausgangsverfahren" (Maßnahmen der beruflichen Bildung, Vermittlung und Begleitung) zu etablieren (ebd.), was zum oft kritisierten „Sackgasseneffekt" führt.[228]

In einem gemeinsamen Positionspapier der Bundesarbeitsgemeinschaft der Werkstätten für Behinderte und der Bundesanstalt für Arbeit, das 1996 verabschiedet wurde, findet man Grundsätze für die Planung und Umsetzung beruflicher Bildungsmaßnahmen in WfbM, indem ein Anspruch auf individualisierte planmäßige Bildungsmaßnahmen formuliert wird, die Gleichrangigkeit arbeitsbezogener, lebenspraktischer und sozialer Förderung zu beachten ist, betriebliche Arbeitserprobungen zu befürworten sind und die Durchlässigkeit der individuellen Maßnahmen zu Angeboten externer Bildungsträger zu gewährleisten ist (Bundesanstalt für Arbeit, BAG WFB 1996 zit. in Schüller 2003, 14).

Hauptelemente des Konzepts der „Unterstützten Beschäftigung" (Doose 2006; Schüller 2005) sind die kontinuierliche Unterstützung des Einzelnen über den gesamten Prozess der Vorbereitung, Vermittlung und Einarbeitung auf den Allgemeinen Arbeitsmarkt sowie ein *Training on the job* und eine im Bedarfsfall wieder intensivierbare Begleitung vor Ort.

Mittlerweile hat das Konzept der „Unterstützten Beschäftigung" „die Strukturen beruflicher Teilhabeleistungen nachhaltig verändert" (Schüller 2005, 109).

Im Kontext von Empowerment greifen alle Maßnahmen beruflicher Integration zu kurz, die eine reine Platzierung geistig behinderter Frauen und Männer auf dem allgemeinen Arbeits-

---

sehr weit gefasst und alle die genannt, die in Beratung kommen. Andere Fachkräfte haben nur die Personen gezählt, die zum Erhebungszeitpunkt in einem Praktikums- oder Erprobungsverhältnis stehen. Leider werden die Zahlen hier nicht geschlechterdifferenziert ausgewiesen.

[227] Doose (2006, 111) beziffert in Anlehnung an die Bundesregierung für das Bundesgebiet die Übergangsquote von Beschäftigten aus den Werkstätten auf den allgemeinen Arbeitsmarkt mit 0,3 %.

[228] Für Jugendliche mit hohem Assistenzbedarf ist der Zugang zur Teilhabe am allgemeinen Arbeitsmarkt noch mehr erschwert. Projekte wie „Spagat" aus Vorarlberg versuchen mittels Beruflicher Zukunftsplanung, Unterstützerkreise sowie Mentorinnen und Mentoren den Übergang für Jugendliche mit schwerer geistiger Behinderung auf den allgemeinen Arbeitsmarkt zu ermöglichen (Niedermair/Tschann 1999).

markt im Blick haben und individuelle Bedürfnisse außer acht lassen, so dass eine „Persönliche Zukunftsplanung“ Ausgangspunkt für eine Unterstützte Beschäftigung sein muss (Theunissen/Plaute 2002, 322). Des Weiteren muss im Sinne des Empowermentkonzepts „ein gleichberechtigter und vom Leistungsgedanken unabhängiger Zugang zu einem integrativen Arbeitsplatz gefordert werden“ (ebd., 323), damit die Isolation und Ausgrenzung von Menschen mit schwerer Behinderung nicht weiter verstärkt wird. Ein mehrdimensionales Modell, das verschiedene Konzepte – unter anderem das Empowermentkonzept – miteinander verbindet, um Außenarbeitsplätze unter dem Dach der WfbM zu schaffen, stellt das Bamberger Modell „Integration durch Patenschaft“ dar. Dabei werden das Konzept der Lebensweltorientierung, das Arbeitsprinzip der Gemeinwesenarbeit, das Konzept der Organisationsentwicklung, betriebswirtschaftliche Konzepte der Neuen Steuerung, das Konzept des Sozialen Kapitals und das Empowermentkonzept in einem Arbeitsansatz miteinander verknüpft (Eichner 2007, 1).[229]

Geschlechtsspezifische Aspekte beim Übergang

Eine Untersuchung zu den Bedingungen beruflicher Integrationsprozesse in der Region Niedersachsen Nord-West[230] zeigte, dass nicht nur wesentlich weniger Frauen mit Behinderungserfahrung in den allgemeinen Arbeitsmarkt integriert wurden, sondern diese auch „ausschließlich in ‚frauentypischen‘ Berufsfeldern tätig“ waren (Spiess 2004, 321). Dabei wird deutlich, „dass keine der Frauen selbsttätig Versuche unternommen hat, einen Arbeitsplatz auf dem Arbeitsmarkt zu erlangen“ (ebd., 322), sondern sich auf die Unterstützung einer Fachkraft verließen.

Schön (1993) machte als eine der ersten auf diese geschlechtsspezifischen Arbeitsverhältnisse und Vermittlungszahlen aufmerksam, die verdeutlichen, dass Männer mit Behinderungserfahrung wesentlich häufiger auf den ersten Arbeitsmarkt vermittelt werden. Die Untersuchungen von Meuth (^{2}1998, 118) sowie von Schön (1993) zeigen, dass günstige Arbeitsplatzkonstellationen primär ein Charakteristikum von Männerarbeitsplätzen sind. Ebenso werden bei Frauen häufiger Verträge mit einer Befristung abgeschlossen (Meuth ^{2}1998, 133) und es kommt zu einer Abnahme des Frauenanteils mit der Dauer der Beschäftigung (ebd., 137) sowie einem überproportionalen Anteil von Frauen in der unteren Lohngruppe (ebd., 139). Meuth kommt in ihrer Untersuchung[231] bei einer frauenspezifischen Betrachtung der Ergebnisse zu folgendem

---

[229] In der praktischen Umsetzung der Integrationsarbeit werden Familienkarten und Netzwerkkarten (in Anlehnung an die Methode des „Circle of Friends“) sowie ein persönliches Kompetenzteam zur Findung von Ressourcen und Arbeitsplätzen eingesetzt (Eichner 2007, 2). Im Rahmen der vorliegenden Arbeit können keine Umsetzungskonzepte miteinander verglichen werden.

[230] Insgesamt wurden für diese Untersuchung 84 Personen angeschrieben, die zwischen den Jahren 1990 und 2000 die Werkstatt für behinderte Menschen verlassen haben, um auf den allgemeinen Arbeitsmarkt zu wechseln (68 Männer, 16 Frauen). Davon wurden 36 Personen, 7 Frauen und 29 Männer mittels leitfadengestützter Interviews befragt (Spiess 2004, 8).

[231] Die Untersuchung bezieht sich auf die wissenschaftliche Begleitung des Projekts „Beschäftigungsinitiative/Berufsbegleitender Dienst für Menschen mit Behinderung“. Die Lebenssituation der Ratsuchenden: 92 % sind nicht verheiratet und 91 % ohne Kinder. Dabei unterstellt Meuth (^{2}1998,106), dass diese Lebensform nicht freiwillig gewählt wurde, sondern durch soziale Isolierung, institutionelle Bedingungen, Tabuisierung von Partnerschaft und Sexualität zu diesen Lebenslagen geführt hat.

Fazit: „Mit der Nähe zu einem stabilen Eingliederungsverhältnis nimmt der Frauenanteil kontinuierlich ab.“ (ebd., 101) Oder anders formuliert: von den Vermittlungen profitieren vor allem junge Männer (Schön 1993, 7).[232]

Jochen Friedrich (2006) arbeitete in seiner im Stil der Grounded Theory Methodology angelegten Studie[233] zum Entscheidungsverhalten von Frauen und Männern mit geistiger Behinderung beim Übergang auf den allgemeinen Arbeitsmarkt vier Kernkategorien[234] heraus, die zur Integration im theoretischen Konzept der „emotionalen Entscheidungsorientierung“ führten. Dabei wurde deutlich, dass „Anstrengungen zur beruflichen und sozialen Integration, die Frauen mit geistiger Behinderung nicht die Möglichkeit geben, sich in besonderen Formen unter Nutzung von Peer-Effekten bei weiblicher Begleitung selbstbestimmt zu organisieren, ihrem Anspruch nicht gerecht [werden]. Frauen brauchen bestimmte Freiräume, in denen sie Selbstbewusstsein, Entscheidungs- und Kritikfähigkeit (HORIZON-Arbeitsgruppe 1999, 34), aber auch ihre in der vorliegenden Studie festgestellten besonderen Ressourcen ausbilden können.“ (ebd., 300) Es wird sichtbar, dass Frauen mit Behinderung auch lebensbewältigende Ressourcen entwickeln, jedoch existieren bisher keine Studien zu den besonderen weiblichen Ressourcen im beruflichen Rehabilitationsprozess von Frauen und Männern mit geistiger Behinderung (ebd., 83).

Nicht Frauen müssen sich an die männliche Arbeitswelt anpassen, sondern berufliche Strukturen müssen sich auf Frauen mit unterschiedlichen Behinderungen einstellen (Kuhne/Mayer 1993, 105). Gertrud Meuth (^{2}1998, 14) verweist auf den zu kurz greifenden Normalisierungsansatz, der vor allem die Normalität der nicht behinderten Männer als Messlatte hat. „Das bedeutet, daß übliche Normalitätsvorstellungen nicht mittels einer Erweiterung im Sinne eines additiven Anhängens einer bisher ‚vergessenen‘ Personengruppe (z. B. Frauen oder Behinderte), aufgegeben werden müssen, sondern daß radikal an einem anderen Verständnis von ‚normal‘ und Normalitäten gearbeitet werden muß.“ (ebd., 25) Jochen Friedrich (2006, 82) verweist in diesem Kontext auf die Problematik des „Doppelcharakters der Normalisierungsforderung“ bei der Unterstützung geistig behinderter Frauen, „weil diese Art von Normalität, die im Wesentlichen von nichtbehinderten Männern definiert wird, nicht für Lebensqualität von Frauen und Menschen mit Behinderung steht“ (Meuth ^{2}1998, 24).

---

232 Auch die Verbleibs- und Verlaufsstudie von Olaf Kaßelmann und Julia Rüttgers (2005) macht die geschlechtsspezifischen Unterschiede bei der beruflichen Integration von Frauen und Männern mit Lernschwierigkeiten deutlich.

233 Im Rahmen dieser Studie wurden insgesamt 32 Beschäftigte (18 Männer, 14 Frauen) befragt, die am niedersächsischen ESF-Projekt teilnahmen und durch einen Fachdienst für Qualifizierung und Vermittlung beim Übergang auf den allgemeinen Arbeitsmarkt begleitet wurden.

234 Die Kernkategorien sind „Statusgewinn“, „biografische Balance“, „soziale Balance“ und „Entscheidungskompetenz“ (Friedrich 2006).

Aufgrund der genannten Barrieren und um den besonderen Bedürfnissen der behinderungserfahrenen Frauen gerecht zu werden, wird die Dringlichkeit eines Frauenqualifizierungsangebots innerhalb der WfbM deutlich (Glasbrenner 2002).[235]

> „Die Annahme, daß mit dem Abschluß eines Arbeitsvertrages, d. h. mit der Tatsache, einen Arbeitsplatz auf dem allgemeinen Arbeitsmarkt zu haben, sich Fragen der beruflichen Findung als Frau oder Mann von alleine erledigen würden, ist nicht nur falsch, sondern sie führt dazu, daß das Krisen- und Chancenpotential dieser Phase nicht erkannt, nicht nutzbar und bewältigbar gemacht wird.“ (Meuth ^{2}1998, 33)

Der damalige Reutlinger Berufsbegleitende Dienst (HORIZON-Arbeitsgruppe ^{2}1999, 33) hat früh darauf aufmerksam gemacht, dass bei der Vermittlung von Frauen und Männern teilweise eine unterschiedliche Herangehensweise benötigt wird, da sich die Lebenswirklichkeit im familiären und schulischen Bereich sowie im Bereich der Werkstätten und des allgemeinen Arbeitsmarktes unterscheidet. Daher fordert der Berufsbegleitende Fachdienst Qualifizierungsmaßnahmen nur für Frauen[236], Freizeitangebote für Frauen und spezielle Praktikumsplätze für Frauen[237], um eine frauenspezifische berufliche Integration zu ermöglichen (ebd., 34 f.). Darüber hinaus bedarf es einer „Durchbrechung der stark rollenkonformen Ausrichtung der Berufsbiografien von Frauen mit Behinderung“, indem Frauen mit Behinderung gezielt Möglichkeiten zur Berufswahl erhalten und „Freiräume geschaffen werden, in denen sie Selbstbewußtsein, Entscheidungs- und Kritikfähigkeit entwickeln können“ (ebd., 34).

Es wird deutlich, dass Frauen mit Behinderungserfahrung oft eine Begrenzung im Erwerb beruflicher Fähigkeiten erfahren und somit auch eine Begrenzung in ihren beruflichen Möglichkeiten. *Peer Support* und *Peer Counceling* kommt auch hier eine Bedeutung zu.

In der Verbleibs- und Verlaufsstudie von Stefan Doose (2006, 234)[238] liegt der Anteil der durch den IFD und die WfbM vermittelten Frauen mit Lernschwierigkeiten bei 35,5 % und der Anteil der Männer bei 64,5 %. Dieses Ergebnis ähnelt der Geschlechterverteilung in anderen Studien (Schön 1993; Meuth ^{2}1998; Trost/Kühn 2001; Kastl/Trost 2002).[239]

Ein Projekt, dass das Geschlechterverhältnis der Beschäftigten der beteiligten Werkstätten abbildet, ist das Projekt „Berufliche Qualifizierungsinitiative für Menschen mit Behinderung in den Werkstätten für Behinderte in Bayern“ gewesen, wo Frauen im Verhältnis zu ihrem Gesamtanteil an der Mitarbeiterschaft im entsprechenden Verhältnis am Qualifizierungsprojekt

---

[235] Aus den Projektergebnissen wurden Forderungen an die Werkstätten (zum Beispiel Anerkennung der frauenspezifischen Benachteiligung innerhalb der WfbM, Einführung eines Frauenförderplans und einer Frauenbeauftragten, Präventionsarbeit für sexuelle Gewalt) formuliert (Glasbrenner 2002, 19).

[236] In diesen Qualifizierungsmaßnahmen soll einerseits eine Auseinandersetzung mit den Themen „Behindert sein und Frau sein“ möglich sein, andererseits notwendig gewordene Schlüsselkompetenzen trainiert werden.

[237] Diese sollen dazu dienen, dass die Frauen berufliche Erfahrungen außerhalb von frauentypischen Arbeitsfeldern sammeln.

[238] Die Stichprobe dieser Untersuchung bilden 251 Arbeitnehmerinnen und Arbeitnehmer mit Lernschwierigkeiten, die vor Ende 1998 in ein sozialversicherungspflichtiges Arbeitsverhältnis auf dem allgemeinen Arbeitsmarkt vermittelt wurden (Doose 2006, 217).

[239] Einen guten Überblick über den aktuellen Forschungsstand zum Thema Unterstützte Beschäftigung bietet Doose (2006, 198 ff.). In den hessischen WfbM lag behinderungsübergreifend der Anteil der durch die FBI (Fachkraft für berufliche Integration) vermittelten Männer bei 62,2 % und der der Frauen bei 37,8 % (Doose 2005).

beteiligt waren (Trost/Kühn 2001, 78).[240] Schaut man sich jedoch die soziodemographischen Daten der vermittelten Teilnehmerinnen und Teilnehmer an, so zeigt sich, „dass Frauen bei der Suche nach Arbeitsmöglichkeiten außerhalb der WfB tendenziell benachteiligt sind" (ebd., 156). Rainer Trost und Axel Kühn formulieren es bezogen auf Männer: „Es scheint mehr Möglichkeiten zu geben, Männer in Beschäftigungsverhältnisse auf dem allgemeinen Arbeitsmarkt zu vermitteln als Frauen." (ebd.)

Des Weiteren zeigt die unterschiedliche Beratungsintensität, dass Frauen durchschnittlich eine halbe Stunde weniger monatliche Beratung bekommen (Meuth [2]1998, 121). Das heißt in der Konsequenz, „daß mehr Sorgfalt und mehr spezifische Beratungsqualität für weibliche Ratsuchende entwickelt und realisiert werden müssen" (ebd.).

Für die Lebenssituation von Frauen mit Behinderungserfahrung kommt hinzu, dass die meisten von ihnen „nach dem Abschluß der Schule zwangsläufig ohne Unterbrechung in Lohnverhältnissen [arbeiten]. Sie machen keine Babypause, unterbrechen ihre Erwerbstätigkeit nicht, bis die Kinder aus dem Gröbsten raus sind. Auch in Bezug auf ihre Arbeitstätigkeit ist ihr Leben nicht an der Norm weiblicher Lebensmodelle orientiert. Für sie steht die Erwerbsarbeit im Mittelpunkt und nicht die reproduktive Arbeit, der die Erwerbstätigkeit in den gängigen Lebensentwürfen von Frauen untergeordnet ist." (Friske 1995, 70 f.) Diese Aspekte sind bei der Berufsberatung der Frauen zu berücksichtigen. Als Konsequenz aus den Studien der 1990er Jahre folgten gezielte Bemühungen und spezifische Frauenförderprojekte, um Frauen und Männer paritätisch zu vermitteln (von Daniels u. a. 1999; Glasbrenner 2002).

Dem Aufbau eines Mentorensystems und der Unterstützung beim Knüpfen sozialer Kontakte kommt eine immense Bedeutung für die Aufrechterhaltung des Arbeitsplatzes zu.

> „Der Schritt in die betriebliche Arbeitswelt bedeutet für die Teilnehmer/-innen nicht zuletzt, vertraute Arbeits- und Sozialbeziehungen zu verlassen und sich in einer zunächst fremden Welt mit neuen Bezugspersonen und Arbeitsstrukturen zurecht zu finden und behaupten zu müssen. Der Erfolg der Eingliederungsbemühungen hängt deshalb auch von den sozialen Beziehungen ab, die die Beteiligten zueinander entwickeln." (Schüller 2003, 20)

In seiner Verbleibstudie zu Übergängen aus den WfbM in Hessen kommt Stefan Doose (2005) zu dem Ergebnis, dass sich das Konzept der „Fachkräfte für berufliche Integration an den hessischen Werkstätten hinsichtlich der Anzahl und der Nachhaltigkeit der Vermittlungen sowie der Akzeptanz der Dienstleistung durch ArbeitnehmerInnen und ArbeitgeberInnen insgesamt bewährt hat". Zu seinen Empfehlungen gehört unter vielem anderen die gezielte Förderung von Frauen und Männern mit Lernschwierigkeiten, wobei Frauen gezielt ermutigt werden sollten, auf dem allgemeinen Arbeitsmarkt zu arbeiten, indem sie zum Beispiel bereits im Berufsbildungsbereich durch betriebliche Praktika aber auch innerhalb der WfbM die Möglichkeit erhalten, sich in nicht frauentypischen Bereichen zu erproben (ebd.).

---

[240] Von den 966 beteiligten Menschen mit Behinderung waren 414 Frauen (42,9 %) und 552 Männer (57,1 %) (Trost/Kühn 2001, 78). Der Anteil der Frauen aller beteiligten Werkstätten entsprach 45,2 %, der der Männer lag bei 54,8 % (ebd., 54).

Perspektiven für die Werkstätten bestehen in der Ausdifferenzierung ihrer Angebote zu einer „Agentur für angepasste Arbeit" (Czermak 2004, Doose 2006, Trunk 2003), wobei die Angebotspalette von einem Arbeitsverhältnis auf dem 1. und 2. Arbeitsmarkt, ambulanten Angeboten zur Eingliederung auf den allgemeinen Arbeitsmarkt, betrieblicher Berufsbildungsbereich und Qualifizierungsmaßnahmen sowie der Tagesstruktur in der Werkstatt besteht. Die Werkstätten werden somit zu einem „Systemanbieter in allen Lebensbereichen der Tagesstrukturierung besonders betroffener behinderter Menschen" (Czermak 2004). Bedeutsam ist der Ausbau von Personalentwicklungsstrukturen für die Werkstattbeschäftigten, da auch für diesen Personenkreis der Grundsatz gelten muss, „dass eine Weiterqualifizierung im Verlauf des gesamten Berufslebens erforderlich ist" (ebd.).[241] Solche Personalentwicklungsstrukturen müssen geschlechterspezifische Belange berücksichtigen. Schließlich führen berufliche Qualifizierungen und Integrationsprozesse auch zu einem Mehr an Selbstbestimmungsmöglichkeiten, so dass berufliche Qualifizierungsmaßnahmen eine Basis für Empowermentprozesse darstellen und im Umkehrschluss zu vermuten ist, dass so gestärkte Frauen wieder besser beruflich integriert sind beziehungsweise bessere Integrationschancen haben.
Zu prüfen wäre, welche Chancen im Sozialgesetzbuch IX Rehabilitation und Teilhabe behinderter Menschen liegen, wo in § 33 Leistungen zur Teilhabe am Arbeitsleben benannt sind. In Absatz 2 wird dabei auf die Situation behinderter Frauen verwiesen, indem es heißt: „Behinderten Frauen werden gleiche Chancen im Erwerbsleben gesichert, insbesondere durch in der beruflichen Zielsetzung geeignete, wohnortnahe und auch in Teilzeit nutzbare Angebote."

4.2.3 *Berufliche Rehabilitation in der DDR*

In der DDR war das „Recht auf Arbeit" und die „Pflicht zur Arbeit"[242] verfassungsmäßig verankert und durch das Arbeitsgesetzbuch garantiert. Das Arbeitsgesetzbuch umfasste verschiedene Unterstützungen zur beruflichen Eingliederung Geschädigter, wie zum Beispiel den besonderen Kündigungsschutz, Regelungen zur Arbeitssicherheit, die Vergabe von Schonarbeit. Weiterhin hielt das DDR-System verschiedene Formen geschützter Arbeit bereit, denn neben dem Recht auf Bildung gab es ein Recht auf Arbeit für Schulabgängerinnen und Schulabgänger der Sonderschulen. Das Arbeitsgesetzbuch regelte eine besondere Unterstützung bei der Berufswahl und der Bewerbung um eine Lehrstelle (Forster 1998, 223). Betriebe waren generell in der Pflicht, Arbeitsplätze für Werktätige mit geminderter Arbeitsfähigkeit einzurich-

[241] Doose (2005) merkt zu diesem Thema an, dass die berufliche Weiterentwicklung unter anderem deshalb schon zu fördern sei, da man nicht darauf vertrauen kann, „dass die vermittelten Werkstattbeschäftigten den Rest ihres Arbeitslebens in den einmal vermittelten Arbeitsverhältnissen bleiben, zumal es sich oft um sogenannte „dead end jobs" ohne berufliche Weiterentwicklungsmöglichkeiten handelt". Ein gewünschter Wechsel in ein besseres Arbeitsverhältnis sollte daher unterstützt werden.

[242] Eine Pflicht der Arbeitnehmerinnen und Arbeitnehmer bestand unter anderem darin, sich ständig weiterzubilden wie es im § 149, Absatz 1 des Arbeitsgesetzbuches der DDR steht: „Jeder Werktätige hat im Interesse der effektiven Teilnahme am Arbeitsprozeß die ehrenvolle Pflicht, sich entsprechend den höheren Anforderungen, die sich aus der gesellschaftlichen Entwicklung, insbesondere dem wissenschaftlich-technischen Fortschritt, ergeben, ständig weiterzubilden."

ten. „Diese Rechtspflicht geschützte Arbeit zu ermöglichen, bedeutete konkret, u. a. Arbeitsaufgaben und Arbeitsbedingungen zu gestalten, die den möglichen Arbeitsfunktionen und dem Arbeitsvermögen des gesundheitlich Geschädigten entsprechen.“ (ebd., 238) Neben Geschützten Einzelarbeitsplätzen gab es Geschützte Abteilungen in den Betrieben und Geschützte Werkstätten. Den Betriebsrehabilitationskommissionen oblagen die Verwaltung der Lehrstellen für Behinderte, der geschützten Arbeitsplätze und die Organisation von Umschulungskursen (ebd., 232 f.).

Nach der Schulentlassung begann für alle Schülerinnen und Schüler die Berufsausbildung, wobei Sonderschülerinnen und Sonderschülern ein Vorzugsrecht bei der Bewerbung auf eine Lehrstelle eingeräumt wurde (ebd., 257). Es gab Sonderberufsschulen, selbstständige Berufshilfsschulen oder Berufshilfsschulteile und Berufsschulklassen an örtlichen Hilfsschulen.

Alle diese Unterstützungsmöglichkeiten sollen nicht darüber hinwegtäuschen, dass die Sonderschulabgängerinnen und -abgänger häufig die Tätigkeit eines Hilfsarbeiters übernahmen oder in der verdeckten Arbeitslosigkeit lebten. Eine umfassende Betrachtung der Ausführung der Bestimmungen in der Praxis kann leider nicht erfolgen, da empirische Untersuchungen zur beruflichen Rehabilitation behinderter Menschen in der DDR samt ihrer Erfolge und Schwierigkeiten so gut wie fehlen (Bleidick 1982, 27).[243]

Der Geschützte Einzelarbeitsplatz in Form einer beruflichen Eingliederung in den regulären Arbeitsprozess unter Sonderbedingungen stellte dabei die Hauptform der Arbeitseingliederung schulbildungsunfähiger förderbarer Jugendlicher und Erwachsener dar (Forster 1998, 261; Renker [5]1985b, 183) und bot eine berufliche Teilhabe in Form von Schonarbeit, Geschützten Einzelarbeitsplätzen, Geschützten Abteilungen oder Geschützten Werkstätten, die durch die Kreis-Rehabilitationskommissionen zugewiesen wurden[244]. Es handelte sich um spezielle Formen der Verwirklichung des Rechts auf Arbeit, wobei die Geschädigten einer arbeitsvertraglich geregelten beruflichen Tätigkeit unter Sonderbedingungen, medizinischer Aufsicht und sozialer Betreuung nachgingen (Renker [5]1985b, 182). Für Schwerstgeschädigte standen „Geschützte Abteilungen“ und Werkstätten zur Verfügung.

> „Geschützte Werkstätten sind Einrichtungen im Gesundheits- und Sozialwesen, die physisch schwerst- und psychisch schwergeschädigten Bürgern, die wegen ihrer Schädigung nicht im regulären Arbeitsprozeß der Volkswirtschaft tätig sein können, Arbeitsplätze in Werkstätten oder in Heimarbeit zur Verfügung stellen und in ihnen eine Arbeitstätigkeit im Arbeitsrechtsverhältnis ermöglichen. (…) Die Werkstätten dienen der Förderung der Persönlichkeitsentwicklung und der Leistungsfähigkeit der Rehabilitanden.“ (Allgemeine Empfehlun-

---

[243] Im Bereich der Forschung wurden nicht nur die Fragestellung der Ergebnisse beruflicher Eingliederung und sozialer Rehabilitation ausgeklammert, sondern auch Fragen nach den Ursachenbedingungen der Entstehung von Behinderung oder der Bereich der Vorurteilsforschung (Bleidick 1982, 23).

[244] „Nach neueren Untersuchungen werden bei der Berücksichtigung aller Stufen der Geschützten Arbeit für 0,3 bis 0,4 % der Bevölkerung der DDR solche Arbeitsplätze erforderlich sein. Wir gehen davon aus, daß in der DDR etwa 40.000 bis 50.000 Geschützte Arbeitsplätze benötigt werden. Zurzeit sind rund 38.000 vorhanden.“ (Renker [5]1985, 183)

gen zum Aufbau und zur Organisation geschützter Werkstätten und geschützter Betriebsabteilungen (Entwur f.). In: Mitteilungen 1983/III, S.42 zit. in Forster 1998, 263)[245]

Um der Gefahr einer Ghettoisierung vorzubeugen, sollten möglichst viele Arbeitsplätze in vielen Betrieben geschaffen werden und in Betriebsabteilungen die Arbeit mit nichtgeschädigten Berufstätigen ausgeführt werden (Forster 1998, 265).

Eine Nachuntersuchung der Längsschnittsstudie von Herbst/Rösler (1987 zit. in Forster 1998, 277) an ehemaligen frühkindlich hirngeschädigten Patienten liefert geschlechtsspezifische Hinweise zur beruflichen Situation von Frauen und Männern, wobei die folgende Aussage sehr negativ konnotiert ist.

> „Für Hirngeschädigte normaler Intelligenz: ein annähernd gleiches Qualifikationsniveau für weibliche und männliche Probanden, bei signifikant niedrigeren Einkommen der weiblichen Probanden. Vermutet wird ein häufigerer Einsatz der männlichen Probanden im technischen Bereich, in Schwerpunktbetrieben der Industrie, bei den Frauen eher im Dienstleistungs- und Sozialbereich. (…) Ein Arbeitsstellenwechsel liegt bei normal intelligenten, leicht frühkindlich hirngeschädigten männlichen Probanden häufiger vor als bei den weiblichen." (Forster 1998, 277 in Anlehnung an Herbst/Rösler 1987)

Die Forschungsgruppe „Berufliche Integration Geschädigter" kommt in einer Untersuchung u. a. zu dem Ergebnis, dass „für Hilfsschülerinnen nur ein eingeschränktes Berufsangebot bestehe und Frauen weniger qualifizierte Tätigkeiten als Männer ausüben" (Forster 1998, 279).

Die Rehabilitationszentren hatten nicht nur die Aufgabe, die berufliche Ausbildung der Rehabilitanden auf hohem Niveau zu sichern, sondern sollten auch auf das Leben in der Gesellschaft vorbereiten, so dass sie in der Freizeit Zirkel und Vorträge[246] anboten (Renker ^{5}1985b, 204).

Insgesamt fanden körperbehinderte Frauen und Männer in der DDR eher als in den alten Bundesländern Zugang zu Beruf und Arbeit, wobei im Vordergrund sicher die „Grundversorgung" und nicht die selbstbestimmte Teilhabe stand. Allerdings war es in der DDR trotz staatlicher Lenkung schwierig, die Betriebe in die Pflicht zu nehmen, Menschen mit Behinderung zu beschäftigen.

Der Besuch der Hilfsschule wurde als effektivste Form der Vorbereitung auf den Produktionsprozess gesehen. Dahinter verbarg sich die Annahme, dass eine Separierung und gesonderte Bildung geschädigter Kinder und Jugendlicher die besten Voraussetzungen schafft, um Integration zu verwirklichen (Forster 1998, 311). Die Folge der Separierung war das „Problem der lebenslänglichen Asylierung in stationären Einrichtungen", was jegliche gesellschaftliche Teilhabe verhinderte (Forster 1998, 311). Das „duale System der Betreuung zwischen Gesundheitswesen und Volksbildung führte zu einer verhängnisvollen Segmentierung" (Forster 1998, 347). Rudolf Forster (1998, 326) hält fest, dass die Berufsschulen für Sonderschülerinnen und

[245] Zum Aufbau und den Aufgaben einer Geschützten Werkstatt vergleiche die Angaben von Herrfuth u. a. in Forster (1998, 263).

[246] Die Themen bezogen sich auf politische Tagesfragen, Rechte und Pflichten des Bürgers, Fragen der Haushaltsführung und der gesunden Lebensführung sowie Kosmetik und Mode und wurden theoretisch als auch praktisch erarbeitet (Renker ^{5}1985, 183).

Sonderschüler in der DDR bedeutend besser ausgebaut und ausgestattet waren als in den alten Bundesländern.[247]

Nach der Wende kam es zu einem gravierenden Einbruch im Bereich der beruflichen Rehabilitation, da die marktwirtschaftlichen Gesetze „Geschützte Abteilungen“ und „Geschützte Einzelarbeitsplätze“ vernichteten und „Geschützte Betriebsabteilungen“ nach 1990 schnell abgeschafft wurden[248]. Das umfassend aufgebaute und strukturierte Rehabilitationskonzept betraf den beruflichen Bereich, während die Wohnsituation behinderter Menschen menschenunwürdige Zustände aufwies.

4.3 *Wohnformen für Frauen mit Behinderungserfahrung*

Einigkeit besteht darüber, dass Wohnen ein bedeutsames, grundlegendes Bedürfnis ist, denn Wohnen entspricht dem Grundbedürfnis des Menschen

> „einen ruhenden und ordnenden Eigenbereich in der immer wieder chaotischen Umwelt als *Ort zum Leben* zu haben, einen Ort, von dem aus die Welt überschaubar wird, wo man *wieder zu sich selbst* kommt, wo man sich in den *eigenen vier Wänden* sicher fühlen kann, wo sich das Leben nach eigenen Maßstäben leben und ordnen lässt, wo man ein hohes Maß an Möglichkeiten für selbstbestimmtes Leben vorfindet, ohne dies gegenüber anderen verteidigen zu müssen, wo man nicht hilflos anderen ausgeliefert ist“ (Speck 1998b, 22).

Das Bedürfnis nach Sicherheit, Schutz und Geborgenheit wird durch Wohnen befriedigt.[249]

Dem Wohnen kommen allgemein verschiedene Funktionen zu wie

- Ort der biologischen (primären) Reproduktion (Befriedigung elementarer, vitaler menschlicher Bedürfnisse),
- Ort der erweiterten (gesellschaftlichen, sekundären) Reproduktion,
- Ort der Privatheit,
- Ort der Pflege selbst bestimmter sozialer Kontakte, Heimat (Rohrmann 2005b, 200 f.).

Diese Funktionen und Bedürfnisse finden sich heute in einem breiten Spektrum von Wohnformen, die von Großeinrichtungen über das ambulant betreute Wohnen bis hin zu eigenständigen Wohnformen für Menschen mit Behinderung reichen, wieder. Wohnformen, die Selbstbestimmungs- und Partizipationsmöglichkeiten für Menschen mit Behinderungserfahrung eröffnen und eine bedürfnisorientierte Gestaltung des Wohnalltags ermöglichen, sind jedoch noch sehr selten. „Dass die neu geschaffenen Institutionen wirklich Orte des Wohnens, des sich Wohl- und Zuhausefühlens werden, hängt wesentlich davon ab, wie *selbstbestimmt* die Bewohner in ihnen leben können. Wohlbefinden und Selbstbestimmung stehen in Wechselwirkung zueinan-

---

[247] Rudolf Forster (1998) legte mit seiner Dissertation eine umfassende vergleichende Analyse der beruflichen Rehabilitationssysteme zur beruflichen Integration von Menschen mit geistiger Behinderung der BRD und DDR vor. Auch Sebastian Barsch (2007) widmet sich in seiner Dissertation ausführlich dem beruflichen Rehabilitationssystem der DDR.

[248] Leider wurden die in den Geschützten Abteilungen auch positiv gemachten Erfahrungen nach der Wende nicht aufgearbeitet und für die Neugestaltung des Beruflichen Rehabilitationssystems in der gesamten Bundesrepublik fruchtbar gemacht.

[249] In diesem Kontext wird auch das Konzept der Lebensqualität nach Allhardt (Wacker u. a. 1998, 19 ff.) diskutiert, das an die Bedürfnispyramide von Maslow anknüpft. Im Unterschied dazu stehen bei Allhardt Grundbedürfnisse, die er als Sicherheitsbedürfnisse (HAVING) zusammenfasst, auf einer Ebene mit den Bedürfnissen nach Zugehörigkeit (LOVING) und nach Selbstverwirklichung (BEING).

der und sind abhängig von der Einstellung und den Kompetenzen des betreuenden Personals." (Fornefeld 2000, 147)

Neben dem Recht zu entscheiden, wo und mit wem sie zusammen leben wollen, fordert das Netzwerk People First Deutschland e.V. in seinem Grundsatzprogramm (2004, 8 f.) „Menschen mit Lernschwierigkeiten müssen alle Unterstützung bekommen, die sie brauchen, um nicht im Heim leben zu müssen" und darüber hinaus die Abschaffung der Heime, damit Menschen mit Lernschwierigkeiten so leben können wie nicht behinderte Menschen auch.[250]

Geschlechterverteilung in stationären und ambulanten Wohnformen

Umfassende Erhebungen zum Geschlechterverhältnis im stationären und ambulanten Wohnen fehlen, jedoch gibt es Einzelbeispiele wie das Folgende. Die Forschungsgruppe „Selbständiges Wohnen behinderter Menschen – Individuelle Hilfen aus einer Hand" (IH-NRW) des Zentrums für Planung und Evaluation Sozialer Dienste (ZPE) der Universität Siegen zeigt am Beispiel der Leistungsempfängerinnen und Leistungsempfänger im Rheinland auf, dass das Verhältnis zwischen Männern und Frauen im stationären Bereich zielgruppenübergreifend 59:41 beträgt, hingegen im Ambulanten Bereich 56:44 beträgt (Forschungsgruppe IH-NRW 2006, 141 f.).[251] Dabei stellt sich die Geschlechterrelation insgesamt und bezogen auf die Zielgruppen im ambulanten als auch im stationären Bereich unausgewogen dar, wobei die Unterrepräsentanz von Frauen sich weitgehend entsprechend in der amtlich erhobenen Schwerbehindertenstatistik widerspiegelt (ebd., 142).[252] In einem zweiten Schritt wurden zielgruppendifferenziert die Merkmale „Alter" und „Geschlecht" für den ambulanten und stationären Wohnbereich kombiniert, so dass sich für den Personenkreis der Menschen mit sogenannter geistiger Behinderung folgende Verteilung ergibt (ebd., 145 f.).

Altersklassen in Jahren	**Menschen mit geistiger Behinderung**	
	Verhältnis Männer: Frauen (gerundet)	Absolute Zahlen Männer: Frauen
18–29	61:39	199:129
30–39	59:41	297:205
40–49	56:44	244:190
50–64	55:45	97:80
Über 65	42:58	13:18
Gesamt	58:42	850:622

Tabelle 1: Menschen mit Behinderungen im Ambulant Betreuten Wohnen zum Stichtag 31. 12. 2005 differenziert nach Geschlecht, Altersgruppen und Zielgruppen (LVR) (Forschungsgruppe IH-NRW 2006, 146)

[250] Weitere Forderungen richten sich an eine maximale Größe von 15 Personen pro Wohnheim, die Gewährung der Mitbestimmungsrechte und die Mitarbeit in der Heimaufsicht (ebd.).

[251] Nach Zielgruppen differenziert stellt sich das Verhältnis zwischen Männern und Frauen mit geistiger Behinderung im Ambulanten Bereich 57:43 und im Stationären Bereich ebenfalls mit 57:43 dar (Stichtag: 30. 6. 2005).

[252] „Die Schwerbehindertenstatistik kann jedoch (…) im Hinblick auf die tatsächliche Verbreitung behinderungsbedingter Einschränkungen in der Bevölkerung als nur bedingt aussagekräftig gelten. Sie orientiert sich vorwiegend an der (männlichen) Erwerbsbiografie, was zu einer Unterrepräsentanz von Frauen, Kindern, Jugendlichen und Menschen mit Migrationshintergrund führt." (Forschungsgruppe IH-NRW 2006, 143)

Die bekannte Geschlechterrelation im Ambulant Betreuten Wohnen findet sich auch in den einzelnen Altersgruppen wieder, allein bei Frauen und Männern über 65 Jahre ergibt sich ein deutlicher Unterschied zur nicht-altersgruppenspezifischen Betrachtung. Dabei beträgt das Verhältnis Männer zu Frauen insgesamt 42:58 bei den über 65-jährigen (ebd.). Im stationären Bereich spiegelt sich zielgruppenübergreifend die Geschlechterverteilung in der altersgruppenspezifischen Betrachtung wieder und bezogen auf die Gruppe der Frauen und Männer mit sogenannter geistiger Behinderung „zeigen sich differenziert nach Altersklassen keine größeren Auffälligkeiten in der Geschlechterrelation“ (ebd., 149). Ein Blick auf die durchschnittliche Anzahl bewilligter Fachleistungsstunden im Ambulant Betreuten Wohnen (LVR) zeigt zielgruppenübergreifend[253] keine gravierenden Unterschiede zwischen Männern und Frauen (ebd.).[254]

Im Sinne von Selbstbestimmung und Empowerment bleibt abzuwarten, ob in Zukunft ein gleichberechtigter Zugang zu allen Wohnformen für Männern und Frauen mit Behinderung besteht oder ob hier Diskriminierungen aufgrund des Geschlechts sichtbar werden.

4.3.1 *Wohnen in einer Einrichtung*

Der Lebensweg von Menschen mit Behinderung führt oft relativ schnell in organisierte Wohnformen, „das heißt, ihre Lebensgeschichten sind in ihrem individuellen Verlauf durch das Einfügen in eine nicht selbst gewählte Gemeinschaft und durch den Status des Ausgeschlossenseins geprägt“ (Wacker 2001b, 23).

Die Anzahl der Heimunterbringungen von Menschen mit Behinderung steigt trotz des Vorsatzes, ambulante Dienste und barrierefreies Wohnen auszubauen (Rohrmann 2003, 173).[255] 1993 gab es 115.648 Plätze in 2.235 Einrichtungen der Behindertenhilfe (Wacker u. a. 1998, 43). Hier wurden Übergangswohnheime, Internate und Trainingswohnen, die nicht unter das Heimgesetz fallen, nicht miterfasst. Eine Hochrechnung der Forschungsstelle „Lebenswelten behin-

[253] Die ausgeprägteste Differenz zeigt sich bei Frauen und Männer mit Körperbehinderung in der Hinsicht, dass Frauen 4,51 Fachleistungsstunden im Durchschnitt pro Woche und Männer 4,01 Stunden bewilligt bekamen (Forschungsgruppe IH-NRW 2006, 149).

[254] Die Forschungsgruppe stellt auch die Entwicklung im Landschaftsverband Westfalen-Lippe (LWL) alters- und geschlechtsbezogen dar, wobei sich eine ähnliche Verteilung erkennen lässt, so dass hier auf eine weitere Darstellung der Ergebnisse verzichtet wird. Es fällt bei einem Vergleich jedoch auf, dass im LWL deutlich mehr Frauen mit Körperbehinderung Leistungen des Ambulant Betreuten Wohnens in Anspruch nehmen und bei der Zielgruppe der Menschen mit geistiger Behinderung ein geringfügig höherer Frauenanteil besteht (Forschungsgruppe IH-NRW 2006, 152). Eine Ausnahme gibt es noch bei der Betrachtung der altersgruppenspezifischen Geschlechterrelation, da im Bereich des LWL eine Umkehrung der Geschlechterrelation bei den über 65-jährigen im Ambulant Betreuten Wohnen zu verzeichnen ist (ebd., 156). Möglicherweise gab es hier aufgrund geringer Fallzahlen statistische Verzerrungseffekte, allerdings gibt es in der amtlichen Schwerbehindertenstatistik NRW auch Annäherungen des Geschlechterverhältnisses (ebd.).

[255] „Rund 94.000 Menschen mit geistiger Behinderung (überwiegend Erwachsene) leben nach einer Hochrechnung von Stichprobenergebnissen durch Infratest Sozialforschung (1995) in Wohneinrichtungen der Behindertenhilfe: über 90 % werden in Heimeinrichtungen mit Rundumversorgung betreut, rund 6 % wohnt gemeindeintegriert in betreuten Gruppen- und Einzelwohnungen, 1 % in Dorfgemeinschaften, fast 2 % in sonstigen Wohnformen.“ (Seifert 1997b, 56) Die Bundesvereinigung Lebenshilfe machte einen Mangel an gemeindenahen Wohnplätzen aus und spricht dabei von einem Fehlbedarf von 45.000 bis 50.000 Plätzen (Fornefeld 2000, 143).

derter Menschen“ geht von einem erweiterten Einrichtungsbegriff aus, der alle Wohnplätze umfasst und kommt auf eine Gesamtzahl von 146.774 Plätzen im Jahr 1995 (ebd., 44 f.). Mehrbettzimmer und fehlende Außenkontakte lassen beim Wohnen im Wohnheim eher einen „Charakter der Zwangsgemeinschaft“ (Weinwurm-Krause 1999, 27) entstehen.

In einer Untersuchung von Anja Spiegel wird der Zusammenhang zwischen den Lebensbedingungen und der Lebenszufriedenheit aus der Sicht (körperbehinderter) Bewohnerinnen und Bewohner deutlich. „Je normalisierter Bewohner die Lebensbedingungen einschätzen, desto höher ist die Zufriedenheit und desto weniger wird die Behinderung als Belastung empfunden.“ (Spiegel 1999, 116) Als weiteres Fazit hält Spiegel (ebd., 120) fest: „Das Erleben von Normalisierung hat somit erst einmal nichts mit äußeren Rahmenbedingungen zu tun, sondern spiegelt viel mehr Grenzen und Möglichkeiten, die von Mitarbeitern gesetzt werden, wider.“ Somit kommt „der Einstellung der Mitarbeiter als Träger des Normalisierungsprinzips eine wichtige Rolle zu“ (ebd., 121).

Empowermentprozesse scheinen in Wohneinrichtungen erschwert zu werden. Aus Sicht betroffener Frauen bietet der Schonraum „Wohnheim“ keinerlei Wahlmöglichkeiten, er verhindert Erfahrungen, da das Wohnheim den Lebens- und Erfahrungsraum auf einen Ausschnitt begrenzt, der nicht der gesellschaftlichen Realität entspricht (Krüppelfrauengruppe Bremen 1993, 136). Wohnheime setzen Grenzen von außen, wodurch eine realistische Selbsteinschätzung unterbunden wird, was letztlich die Entwicklung von Selbstwertgefühl, Selbstbewusstsein und Selbstvertrauen behindert (ebd.).

Ausgehend von den Prämissen des Deutschen Caritasverbandes können „Lern- und Entwicklungsmöglichkeiten, Erfahrungs- und Handlungschancen im Wohnbereich nur dann gefördert werden, wenn die Achtung der Persönlichkeit, das Recht auf Selbstbestimmung, die Wahrung der Intimsphäre und die Verbesserung der Möglichkeiten zur Teilhabe am Leben in der Gemeinschaft, gewährleistet sind“ (mit Bezug auf den Deutschen Caritasverband (1979) in Weinwurm-Krause 1999, 24).

Neue konzeptionelle Leitideen versuchen „**Heime** und andere Einrichtungen als ‚**Orte zum Leben**‘ zu begreifen und zu gestalten“ (Wacker u. a.1998, 75 [Hervorhebung im Original]). Anlehnend an das Normalisierungsprinzip ist das Ziel „innerhalb dieser Wohnformen ‚normale‘, d. h. gesellschafts- und zeitbezogen übliche Lebensweisen zu ermöglichen und damit quasi eine eigene, in ihrem Eigensinn attraktive ‚Gegenwelt‘ zu gestalten (vgl. Gaedt 1981 in Anknüpfung an Mannoni 1978)“ (ebd.).

Die bundesweite Studie von Wacker u. a. (1998, 88 ff.)[256] zeigt auf, dass es in den Einrichtungen unterschiedliche Ausstattungen (Einzelzimmer, sanitäre Ausstattung) je nach fachlicher Orientierung der Einrichtung gibt.[257] Die Autorinnen und der Autor sprechen daher von einem „Trend eines Substandards" in Heimen für Frauen und Männer mit sogenannter geistiger Behinderung, da die Standards in Einrichtungen für körperbehinderte Menschen höher sind und Einrichtungen für Menschen mit geistiger Behinderung im Vergleich zu anderen Bewohnergruppen ein Schlusslicht bilden und die ungünstigste räumliche Ausstattung aufweisen (ebd., 90 f.).

Eine Lebenssituation der Fehlplatzierung von Frauen und Männern mit Behinderungserfahrung verunmöglicht bzw. schränkt Selbstbestimmungs- und Empowermentprozesse stark ein. Auf eine Fehlplatzierung von Frauen und Männern mit geistiger Behinderung machte zu Beginn der 90er Jahre Monika Seifert aufmerksam. Gemeint ist damit die Unterbringung von unter 60-jährigen Menschen mit Behinderungen bzw. chronischen Erkrankungen in der stationären Altenhilfe. Es gibt nicht für alle Bundesländer gesicherte Zahlen, sondern meist nur Schätzungen. Eine hessische Erhebung zeigt, dass die Fehlplatzierung zugenommen hat. So waren Ende 1993 1.290 Menschen mit Behinderung unter 60 Jahren, Ende 1996 bereits 1.406 Personen in Hessen fehlplatziert, und im Jahr 2000 ergab eine neue Studie von Rohrmann (2003, 175) in Hessen, dass 1.427 Menschen unter 60 Jahren in Einrichtungen der Altenhilfe leben.[258] Die Fehlbelegungsquote liegt demnach Ende 2000 in Hessen bei 3 %, bundesweit wird sie auf 7 % geschätzt (ebd.).[259] In der hessischen Untersuchung war das Geschlechterverhältnis überraschend: 41 % der Betroffenen sind Frauen und 59 % sind Männer (ebd., 176; Brings/Rohr-

---

[256] Insgesamt wurden 2.056 Einrichtungen in den neuen und alten Bundesländern angeschrieben, aus denen zufällig 200 Einrichtungen vertiefend schriftlich befragt wurden, um in einer dritten Phase mündliche Befragungen in 20 Einrichtungen durchzuführen. Es antworteten schließlich 615 Träger (Rücklaufquote von 36,3 %) und damit verbunden 1384 Wohneinrichtungen. 217 Einrichtungen nahmen an der zweiten Erhebungsphase teil. Zusätzlich wurden mit 188 Bewohnerinnen und Bewohnern (wobei 19 Interviews nicht zu Ende geführt werden konnten) und rund 40 Mitarbeiterinnen und Mitarbeitern aus 20 ausgewählten Wohneinrichtungen Interviews mittels halbstrukturierter Interviewleitfaden durchgeführt. Vergleiche zu der Stichprobenauswahl und den Themen der Interviews Wacker u. a. 1998, 36 ff.

[257] Eine umfassende bundesweite Studie zu Angebotsstrukturen in Wohneinrichtungen der Behindertenhilfe legten 1998 Wacker, Wetzler, Metzler und Hornung vor, indem sie alle Träger von Wohneinrichtungen für Menschen mit Behinderung sowie Bewohnerinnen und Bewohner befragten[257]. Die Befragung ergab folgende Verteilung: 40,4 % der Befragten gelten als Menschen mit geistiger Behinderung. 18,6 % gaben eine Mehrfachbehinderung mit geistiger Behinderung an. 19,1 % der Befragten haben eine seelische Behinderung und 14,9 % eine Körperbehinderung (ebd., 41). Ein Beispiel für die Unterschiede: Für Menschen mit geistiger Behinderung liegt die Chance auf ein Einzelzimmer mit 38 % deutlich unter den Vergleichgruppen Menschen mit Körperbehinderung und Menschen mit psychischer Behinderung.

[258] In einer quantitativen Studie wurden 567 Einrichtungen in Hessen angeschrieben, von denen 521 den ausgefüllten Fragebogen zurückschickten (Rücklaufquote von 92 %). In einem zweiten Teil der Studie wurden problemzentrierte Interviews mit 36 Bewohnerinnen und Bewohnern im Alter von 27 bis 63 Jahren durchgeführt.

[259] In dem Aufsatz von Drolshagen und Rohrmann von 2003 wird die Fehlbelegungsquote mit 9 % angegeben, wobei es meines Erachtens sich hierbei nur um einen Fehler handeln kann, denn in der ausführlichen Darstellung der Vorgehensweise der Untersuchung wird die Fehlbelegungsquote auch mit 3 % angegeben (Brings/ Rohrmann 2002, 148).

mann 2002, 148).[260] Dies steht im bemerkenswerten Gegensatz zum Geschlechterverhältnis aller Bewohnerinnen und Bewohner von stationären Altenpflegeeinrichtungen, denn ein Vergleich zeigt einen Frauenanteil von 80,4 % (Klein u. a. 1997, 57 zit. in Brings/Rohrmann 2002, 148). Eine Differenzierung nach Behinderungsarten ergibt, dass 55 % der unter 60-jährigen Bewohnerinnen und Bewohner in hessischen Einrichtungen der stationären Altenhilfe körperlich behindert sind, 37 % geistig behindert, 34 % seelisch behindert, 9 % lernbehindert und 5 % keine Behinderung haben, wobei Mehrfachnennungen möglich waren (ebd., 149). Eine weitere Frage bezieht sich auf den anerkannten Pflegebedarf der Bewohnerinnen und Bewohner unter 60 Jahren nach SGB IX und zeigt, dass der Pflegebedarf bei einen Drittel der Frauen in der Pflegestufe 3 liegt (34 %) jedoch nur 26 % der Männer in Pflegestufe 3 sind.[261]
In der qualitativen Befragung wurden unter anderem der Weg in die Einrichtung, die Lebenssituation im Heim sowie Lebensperspektiven betrachtet. Erschreckend war, dass 6 % der Betroffenen aus einer Behinderteneinrichtung in ein Altenheim abgeschoben wurden (Rohrmann 2003, 177) und darüber hinaus eine erfolgte Fehlplatzierung in den meisten Fällen irreversibel ist (ebd., 184). Zu den Problemen zählen Markus Drolshagen und Eckhard Rohrmann (2003) den stereotypen Rhythmus des Alltags und die Dauerhaftigkeit der Fehlplatzierung, so dass mit dem Heimeintritt zugleich die Biografie der Bewohner und Bewohnerinnen endet. Die Interviews veranschaulichen außerdem eine Resignation auf Seiten der Betroffenen, der aktive Widerstand verblasst, so dass nur neun der Befragten den Wunsch äußern, etwas an ihrer Lebenssituation zu verändern (ebd., 466).
Positiv gewendet lässt sich mit Wacker festhalten: „Das Arrangieren mit Widrigkeiten im Lebensverlauf und das Einfügen in scheinbar Unveränderliches gehört wohl zu den zentralsten Kompetenzen, die die Frauen mit Behinderung sich im Heim erworben haben." (Wacker 2001b, 31)

4.3.2 *Wohnen in der Herkunftsfamilie*

Zur Situation von Frauen und Männern mit Behinderungserfahrung, die in ihrer Herkunftsfamilie leben, gibt es keine verlässlichen Zahlen. Die Vermutung liegt nahe, dass insbesondere Frauen mit Behinderungserfahrung länger in ihrer Herkunftsfamilie wohnen als die männlichen behinderten Angehörigen, da sie oft als Helferinnen in Landwirtschaft und Haushalt eingesetzt werden. Über die Hälfte aller geistig behinderten Menschen in der Bundesrepublik Deutschland werden laut dem Dritten Behindertenbericht von 1994 von ihren Angehörigen betreut und geschätzt wohnen 70 % geistig behinderter Erwachsener im Elternhaus (Bundesregierung 1994, 67).[262] Für das Wohnen im Elternhaus im Erwachsenenalter nennt Monika Seifert

[260] Das Geschlechterverhältnis in der Alterskohorte der 50- bis 60-jährigen ist noch ausgeprägter.
[261] Die Autoren vermuten, dass Frauen mit Behinderung sich erst bei einem höheren Pflegebedarf außerstande sehen, ihren Haushalt selbstständig zu führen, als dies bei Männern der Fall ist (Brings/Rohrmann 2002, 149).
[262] Schätzungen gehen zum Teil davon aus, dass 70 % der geistig behinderten Erwachsenen im Elternhaus wohnen (Bundesministerium für Arbeit und Sozialordnung 1994, 176).

(1997b, 57) zwei Gründe: fehlende Wohnplätze außerhalb der Familie und Ablösungsprobleme. Die Familienangehörigen übernehmen körperbezogene Pflege, hauswirtschaftliche Versorgung aber auch emotionale Unterstützung, so dass die Gefahr der Überlastung des Familiensystems besteht und familienentlastende Dienste ihre Bedeutung bekommen. Ambulante Hilfen werden von Erwachsenen mit sogenannter geistiger Behinderung noch wenig genutzt, da sie zum Teil nicht verfügbar sind oder dem individuellen Hilfebedarf nicht entsprechen (Bundesministerium für Arbeit und Sozialordnung 1994, 176).

Theunissen und Plaute (2002, 280) schätzen, dass 60 % der Erwachsenen mit geistiger Behinderung in Deutschland zurzeit noch in ihren Herkunftsfamilien wohnen. Somit richtet sich eine auf dem Empowermentkonzept basierende Unterstützung an mehrere Gegenüber. Da die Eltern und Angehörigen eine wichtige Rolle bei der individuellen Zukunftsplanung einnehmen, schlägt Theunissen den „Kooperationsdiskurs" vor, wobei alle drei Partner in diesem Trialog als Experten in eigener Sache wahrgenommen werden und der Wille und das Wohl des geistig behinderten Erwachsenen im Zentrum stehen müssen (ebd., 281). Ziel ist es, biografische Übergänge erfolgreich zu bewältigen und Frauen und Männern mit Behinderungserfahrung ein selbstbestimmtes Leben in ihrer Herkunftsfamilie zu ermöglichen.[263]

4.3.3 Eigenständige Wohnformen für Frauen und Männer mit Behinderungserfahrung

Zur Umsetzung des Normalisierungsprinzips und zur Erhöhung der Wohn- und Lebensqualität von Frauen und Männern mit Behinderungserfahrung bedarf es zeitgemäßer Wohnformen, die zugleich an der Leitidee der Selbstbestimmung und am Empowermentkonzept angeknüpft gedacht und entwickelt werden. Neuere Ansätze sind daher gekennzeichnet durch einen Personenzentrierten Ansatz, Individuelle Hilfeplanung, Betonung der Bürgerrechte, Verwirklichung von Selbstbestimmung und Ermöglichung von Teilhabe und Teilgabe.[264] Dabei greift der Ansatz *ambulant vor stationär* zu kurz, da er die aufgeführten Parameter nicht konsequent berücksichtigt, sondern meist auf eine reine Kostenreduzierung fokussiert. Eigenständige Wohnformen sollen auch Angebote für Menschen mit umfassendem Unterstützungsbedarf bieten, was jedoch im Einzelfall kostenintensiver werden könnte als eine stationäre Wohnform.[265]

---

[263] Theunissen und Plaute (2002, 281 ff.) stellen ein 1987 in den USA entwickeltes Schulungsprogramm für Frauen und Männer mit geistiger Behinderung vor, das Wissen und Handlungsmöglichkeiten vermittelt, um sich selbst besser vertreten zu können und mit Problemen, die sich aus der Behinderung ergeben besser umgehen zu können. Das Programm leistet zugleich einen wichtigen Beitrag zur Umsetzung des Empowermentkonzepts.

[264] Theunissen und Plaute (2002, 268 ff.) stellen in ihrem „Handbuch Empowerment und Heilpädagogik" den Wohnverbund der Lebenshilfe Salzburg als eine „zeitgemäße" Wohnform im Sinne von Empowerment vor. Der Wohnverbund besteht aus dem Wohnhaus, Wohngemeinschaften und dem Betreuten Paar- und Einzelwohnen. Dabei kommt es auch zu einer Umsetzung der Forderung „Trennung von Wohnen und Hilfeleistung", so dass die Lebenshilfe Salzburg „Mobile Begleitung" und „Persönliche Assistenz" anbietet (ebd., 272).

[265] Ein Beispiel Menschen mit umfassendem Unterstützungsbedarf selbstbestimmt und gemeindenah eine Wohnmöglichkeit zu bieten, stellt die Lebensweltorientierte Integrative Wohngemeinschaft Reutlingen dar (Jerg 2001).

Neuere, zeitgemäße Ansätze, die nun auch im deutschsprachigen Raum diskutiert und erprobt werden, stellen *Community Care* und *Supported Living* dar.[266]

> „Community Care wird demnach beschrieben als ein Steuerungsmodell für Verwaltungen auf lokaler Ebene, welches einen Rahmen darstellt, in dem soziale Dienstleistungen flexibel und auf die Bedürfnisse von Individuen eingehend angeboten werden. Diese sozialen Dienstleistungen sollen ein selbstständiges Leben von Menschen mit einem Unterstützungsbedarf im Gemeinwesen fördern. Community Care soll Lösungen suchen und finden, um Anbieter-dominierte Strukturen durch Nutzer(innen)-dominierte Alternativen zu ersetzen (vgl. Priestley 1999)." (Aselmeier 2007, 22)

Da mit dem Konzept *Community Care* eher der Betreuungscharakter assoziiert wird, jedoch der Teilhabegedanke betont werden soll, gibt es mittlerweile das Konzept *Community Living*. Neuere Ansätze wie *Community Living* beziehen sich auf Wohnen in Nachbarschaften, auf Netzwerke im Gemeinwesen und Alltagssolidarität und basieren auf einer sozialraumorientierten Behindertenhilfe. *Community Living* setzt Integrationsbereitschaft der Nachbarschaft voraus, bezieht sich auf alle Bürgerinnen und Bürger und erfordert ein verändertes Verständnis der eigenen Professionalität bei den Mitarbeiterinnen und Mitarbeitern.[267] Eine einheitliche Definition von *Community Living* gibt es nicht, jedoch wären folgende charakteristische Elemente zu nennen:

> „- die Anwendung des Normalisierungsprinzips;
> - die Orientierung an der Sicherstellung von Selbstbestimmungsrechten:
> - die Orientierung auf und die Einbindung in das Gemeinwesen, damit der sozial-räumliche Bezug:
> - die Orientierung auf in den jeweiligen Gemeinden angesiedelten ambulanten und individuell ausgerichteten Unterstützungsstrukturen;
> - die Anwendung des Prinzips Integration vor Rehabilitation;
> - die Aktivierung primärer und sekundärer sozialer Netzwerke;
> - gemeinsame Nutzung aller lokalen Ressourcen durch Bürger mit und ohne Behinderung:
> - Anerkennung individueller Hilfebedarfe, Absicherung subjektorientierter Hilfen;
> - individuell zweckmäßige Unterstützung;
> - kompensatorische (advokatorische) Assistenz im Alltag behinderter Menschen (Dörner 2004; Keupp, H. 2006; Knust-Potter 1998; Störmer 2001)." (Stein 2007, 18)

Dem Ansatz des *Supported Living* liegen fünf Grundprinzipien zugrunde:

> „1. Trennung von Wohnung und Unterstützung
> 2. Fokus auf nur eine Person zu einer Zeit
> 3. volle Wahl- und Kontrollmöglichkeiten durch Nutzer(innen)
> 4. keine Zurückweisung aufgrund der Schwere der Behinderung
> 5. Fokus auf natürliche Beziehungen" (Aselmeier 2007, 25).[268]

[266] Vergleiche hierzu Knust-Potter (1998).

[267] Der Paradigmenwechsel in der Behindertenhilfe erfordert eine Neuorientierung und Reflexion der Mitarbeiterinnen und Mitarbeiter in Bezug auf ihr Bild von Menschen mit Behinderung und deren Autonomiewünsche. Dafür wurde eine vierwöchige Weiterbildung „Selbstbestimmung von Menschen mit Behinderung – Community Care" von der Evangelischen Stiftung Alsterdorf, Fachschule für Heilerziehung konzipiert (Alsterdorf.de (o. J.)).

[268] Historie, Grundlagen, Anspruch und Wirklichkeit von Community Care und Supported Living sowie lokal sehr unterschiedliche Ausgestaltungsformen in England führt Aselmeier (2007) aus. Das 2001 veröffentlichte Weißbuch „Valuing People – A new strategy for learning disability in the 21st century" stellt nach Aselmeier (ebd., 28) ein ambitioniertes Umsteuerungsvorhaben da, bei dem die Verantwortung für die Implementierung auf die lokalen Akteurinnen und Akteure übertragen wurde.

Die Institutionslogik erlaubt bisher die Inanspruchnahme bestimmter Leistungen und Angebote nur unter dem Dach der stationären Einrichtungen.[269] Die Umsetzung des *Community Living*-Gedankens gestaltet sich jedoch schwierig, da die Institutionalisierung behinderter Menschen bis heute wirkmächtig ist. Dabei kann eine Kontinuität sozialer Beziehungen (Familie, Freunde, Nachbarschaft) nur durch eine regionale Verankerung der verschiedenen Wohnformen in der Heimatregion der betroffenen Frauen und Männer gewährleistet werden. Ansonsten ist die Kontinuität sozialer Beziehungen erschwert oder ein Umzug führt zu einem Bruch mit den bisher vertrauten lebensweltlichen Systemen.

Dörner (2007, 44 f.) formuliert Erfordernisse zur Umsetzung des *Community Living* Konzepts. So brauchen beispielsweise unter anderem nicht behinderte Bürgerinnen und Bürger „mehr Profi-Zeit" als Bürgerinnen und Bürger mit Behinderung (ebd., 44). Des Weiteren bedarf es eines „Integrationsbudgets, das sich Profis und Bürger zu teilen haben" (ebd.).

Auch einer Ethik der Achtsamkeit kommt im Konzept *Community Living* ein zentraler Stellenwert zu, da Selbstbestimmung und Autonomie einerseits und Schutzbedürftigkeit und Verletzlichkeit des Menschen andererseits ausbalanciert werden müssen (Noller 2007, 61). Selbstbestimmte Lebensführung besteht nicht allein, sondern ist geknüpft an „biographisch wiederkehrende Angewiesenheit auf personale und soziale Unterstützung (Kindheit, Krankheit, Alter)" (ebd., 65).

> „Community Living ist aus der Perspektive der Ethik der Achtsamkeit ein gelungenes Konzept, da das ethische Leitziel nicht ausschließlich im Sinne der Selbstbestimmung interpretiert wird, sondern auch im Sinne der Fragmentarität des Lebens, des Angewiesenseins, der Notwendigkeit von sozialer Teilhabe und sozialer Bezogenheit als Voraussetzung für gelingendes Leben. Neben der Selbstbestimmung steht die Teilhabe." (ebd.)

Menschen sind aufeinander, auf soziale Netzwerke und soziale Teilhabe angewiesen, wobei Beziehung und Kommunikation auch asymmetrisch sein kann, so dass Geben und Nehmen in Achtsamkeit zu gestalten ist (ebd.). Jim Mansell u. a. (2007) benennen in ihrem Report Bausteine für ein gelingendes Community Living.

Diese Ansätze stehen immer wieder in der Kritik, dass sie die Selbstbestimmung des Individuums an oberste Stelle setzen und damit Gefährdungen evozieren. Mit Annette Noller (2007, 66) gesprochen, muss die fachliche Verantwortung der Professionellen und „die selbstbestimmte Selbstwahrnehmung der Klienten und Klientinnen in einen entwicklungsorientierten Konsens (im Sinne des informed const)" gebracht werden. Dabei wird „Teilhabe (...) nicht allein durch Selbstbestimmung ermöglicht, sondern auch durch gegenseitige Verantwortungsübernahme." (ebd.)

Selbstbestimmung setzt voraus, dass zwischen verschiedenen Angeboten ausgewählt werden kann, wobei eine am Empowermentkonzept orientierte, weitmöglichst unabhängige Beratung

---

[269] Nach Dörner (2004, 39) ist „die einzig denkbare Alternative zur Institutions- natürlich nicht die Person-, sondern die Gemeinde- oder Raum-Zentrierung mit der Verantwortung für gute Beziehungen zwischen Bürgern mit und ohne Behinderungen, ein Lastenausgleichsprogramm für ein definiertes Territorium". Auf diesen Argumentationsstrang kann an dieser Stelle nicht weiter eingegangen werden.

hilfreich sein kann.[270] Wichtig sind sowohl wohnvorbereitende Angebote, als auch Wohntreffs, die Peer Kontakte ermöglichen oder Meeting Points für Frauen und Männer mit sogenannter geistiger Behinderung, wie es sie in den schwedischen Gemeinden gibt. Meeting Points verfolgen das Ziel, „dass Menschen mit geistiger Behinderung in ihrer Heimatgemeinde einen Raum vorfinden, in dem sie sich treffen, austauschen und gegenseitig im Sinne des Empowerments bestärken können“ (Aselmeier 2006, 19). Konzepte, die an eine sich stetig erweiternde Selbstständigkeit gebunden sind oder davon ausgehen, sind auch im Lichte des Empowermentkonzepts kritisch zu betrachten.

4.3.4 *Geschlechtsbezogene Aspekte des Wohnens*

Geschlechts- und altersbezogene Aspekte sollten beim Wohnen berücksichtigt werden, jedoch liegen kaum Erkenntnisse zu geschlechtsspezifischen wohnbezogenen Wünschen und Unterstützungsbedarfen vor. „Aber die unmittelbaren Erfahrungen von Frauen mit Behinderungen, die in Wohneinrichtungen leben, weisen darauf hin, dass für *Frauen* die Kriterien von Selbstbestimmung, Würde, Achtung ihrer psychischen und physischen Integrität häufiger und in spezifischer Weise verletzt sind.“ (Weg 2001, 11)

Ausgehend von der Annahme, dass man zu Männern und Frauen gemacht wird, indem man gesellschaftliche Zuschreibungen übernimmt und Geschlecht eine soziale Kategorie darstellt, die historisch relativ und gesellschaftlich produziert sei (Hagemann-White 1988, 225), stellt sich die Frage, ob sich hinter den als typisch weiblich geltenden Verhaltensweisen im Heimleben „eine insgesamt eher ‚typisch weibliche Sozialisation‘ verbirgt, oder ob diese Verhaltensweisen durch die Erwartungen der professionellen Helferinnen und Helfer vermittelt werden und daher im Lebensraum der Heime geschlechterunabhängig besonders gedeihen.“ (Wacker 2001a, 4)[271]

In ihrer Studie gingen Wacker u. a. (1998) der Frage nach der Zusammensetzung der Gruppen nach. Dabei favorisieren knapp 70 % der in der zweiten Erhebungsstufe (N=188) befragten Einrichtungen eine Mischung der Geschlechter (ebd., 124). Die Interviews zeigten jedoch ein anderes Ergebnis: trotz anderer konzeptioneller Schwerpunkte arbeiten 27 % der befragten Mitarbeiterinnen und Mitarbeiter in einer reinen Männer- oder Frauengruppe (ebd., 125).[272] Des Weiteren ergaben sich für 37,8 % der erfassten Gruppen sehr asymmetrische Geschlechterverhältnisse wie z. B. 22:2 oder 16:1, wobei es meist Frauen sind, die als absolute Minderheit in einer Männergruppe leben (ebd.). Jedoch gibt es durchaus Bewohnerinnen und

[270] Für eine weitmögliche unabhängige Beratung zum Thema Wohnen bedarf es einer Beratungsstelle, wie sie zum Beispiel die Koordinierungs-, Kontakt- und Beratungsstellen (KoKoBe) im Rheinland oder die Assistenzagenturen im Rahmen des Projekts „Vom Ort zum Leben zum Leben im Ort“ des Ev. Fachverbands Behindertenhilfe im Diakonischen Werk Württemberg (Jerg/Goeke 2009) zu realisieren versuchen. Aber auch Beratungen im Sinne einer Verbraucherberatung durch Betroffene selbst sind hier denkbar (vgl. PerSaldo in den Niederlanden).

[271] Die These der Instrumentalisierung beziehungsweise Funktionalisierung der Frauen mit Behinderungserfahrung für haushaltsnahe Tätigkeiten in der Wohngruppe ist meines Wissens noch nicht umfassend erforscht.

Bewohner, die eine gleichgeschlechtliche Wohngruppe einer gemischgeschlechtlichen Wohngruppe vorziehen würden (18 %). Allerdings würden 51,8 % der Bewohnerinnen und Bewohner, die jetzt in einer gleichgeschlechtlichen Gruppe wohnen, eine gemischtgeschlechtliche Gruppe bevorzugen (ebd., 125).[273]

Ausgehend von der Annahme, dass Wohnformen für Menschen mit Behinderung und die Ausgestaltung der Hilfen durch die Kategorie „*Geschlecht*" beeinflusst werden, widmet sich Hanna Weinbach (2007) in einer Studie den wohnbezogenen Wünschen von Frauen und Männern mit Behinderung, um unter anderem eine Passgenauigkeit der wohnbezogenen Hilfen zu realisieren.[274] Es wird deutlich, dass mehr Männer als Frauen wohnbezogene Hilfen in Anspruch nehmen und gleichzeitig mehr Frauen als Männer in diesem niedrig entlohnten, wenig prestigeträchtigen Bereich arbeiten (ebd., 13). Bezogen auf die Frage, welche Präferenzen die Nutzerinnen und Nutzer des ambulant betreuten Wohnens hinsichtlich des Geschlechts der Bezugsmitarbeiterin oder des Bezugsmitarbeiters haben, antworten 44,9 % der männlichen Befragten, dass ihnen das Geschlecht des Mitarbeiters egal sei (ebd., 16 f.). Der Mehrheit der weiblichen Befragten (51 %) ist dies nicht egal, sie bevorzugen deutlich die Unterstützung durch weibliche Mitarbeiterinnen (ebd., 17). Die Befragung der Mitarbeiterinnen und Mitarbeiter verdeutlicht, „dass MitarbeiterInnen die Kategorie ‚Geschlecht' zwar als generell bedeutsam einschätzen, jedoch keine diesbezügliche Kriterien oder ‚greifbaren' Auswirkungen auf den Unterstützungsprozeß benennen können" (ebd., 25).

Auch neuere Modelle wie zum Beispiel das persönliche Budget erreichen Frauen mit Behinderung in geringerem Maße.[275] Als Vermutung führen Jörg-Michael Kastl und Heidrun Metzler an, „dass Männer bevorzugt zu einem Übergang in eine offenere Wohnform ermutigt werden" (2005, 71).[276]

Euphorische Aussagen der am Modellprojekt Beteiligten zu den Selbstbestimmungspotenzialen des Persönlichen Budgets sind dabei eher selten, was nach Ansicht von Kastl und Metzler damit zusammen hängt, „dass der durch das Persönliche Budget direkt bewirkte

---

272 Weitere Kriterien für die Gruppenzusammensetzung sind das Alter und die Schwere der Behinderung.

273 Die Gründe für den Wunsch nach einer gemischtgeschlechtlichen Zusammensetzung der Gruppe wurden jedoch nicht erfasst.

274 Dabei erfolgt eine zusammenfassende Interpretation aller genderrelevanten Daten aus dem Forschungsprojekt „Selbständiges Wohnen behinderter Menschen – Individuelle Hilfen aus einer Hand" an der Universität Siegen. In diesem Zusammenhang wurden Gruppengespräche mit den Nutzerinnen und Nutzern des Ambulant Betreuten Wohnens geführt, was sich jedoch für die Frage nach geschlechtsbezogenen Bedürfnissen als hinderlich erwies (Weinbach 2007, 18).

275 Dabei zeigt das Modellprojekt Persönliches Budget für Menschen mit Behinderung in Baden-Württemberg eine Unterrepräsentanz von Frauen als Budgetnehmerinnen (Kastl/Metzler 2005, 70). Von 49 BudgetnehmerInnen sind nur 15 Frauen und das ungleiche Geschlechterverhältnis bei den Frauen und Männern mit einem Sozialhilfebezug ist ausschließlich auf die Unterschiede bei Frauen und Männern mit geistiger Behinderung zurückzuführen (ebd.). Als Erklärung geben Kastl und Metzler (ebd., 71) an, dass bereits eine asymmetrische Geschlechterverteilung in der Einrichtung vorliegt, aus der ein großer Teil der Frauen und Männer mit geistiger Behinderung kommt.

276 In ihren Interviews lassen sich wohl bei (jungen) Frauen Hinweise finden, woraus hervor geht, dass Eltern und andere Angehörige größere Ängste und Skepsis äußern als bei Männern (Kastl/Metzler 2005, 71).

Ermächtigungseffekt sehr oft gar nicht so beträchtlich war" (ebd., 41), sondern für die am Modellprojekt beteiligten Frauen und Männer Veränderungen in der Lebensführung (eigene Wohnung, Freizeitaktivitäten, ...) entscheidender waren.[277] Welche Chancen des Empowerments im Persönlichen Budget liegen, kann hier nicht weiter betrachtet werden.

4.3.5 Wohnsituation behinderter Kinder, Jugendlicher, Frauen und Männer in der DDR

Grundsätze zur Gestaltung des Wohnens für Menschen mit psychischer oder physischer Schädigung enthielten bauliche Anforderungen wie baulich angepasste Wohnungen für Rollstuhlfahrer und die Einordnung in das Wohngebiet. Eine Betreuung innerhalb der eigenen Wohnung war ebenso möglich. So gab es ein abgestuftes System von Wohnformen, wobei sich Pflegeheim, Altenhilfe, Behindertenhilfe und Psychiatrie durchaus vermengten. Grundbedingungen der städtebaulichen Einordnung von Sonderwohnheimen in Wohngebiete waren nach Rolf Bollmann (1981) (zit. in Seidel ⁵1985, 215) u. a. die Gewährleistung der täglichen Versorgung mit Konsumgütern, Dienstleistungen und medizinischer Betreuung, die Erreichbarkeit des Arbeitsplatzes sowie Möglichkeiten zur Erholung und geistig-kulturellen Betätigung.

Die Wohnsituation geistig schwer behinderter Erwachsener stellte sich als das schwierigste Problem dar (Forster 1998, 283). „Unter z. T. menschenunwürdigen Bedingungen waren Menschen mit geistiger oder mehrfacher Behinderung in Heimen und psychiatrischen Einrichtungen abgeschoben." (ebd., 327) Der Bedarf an adäquaten Wohnformen war nicht gedeckt, sodass der Staat „in quantitativer als auch in qualitativer Hinsicht der Nachfrage und damit seiner Verantwortung nicht gerecht" wurde (Schulze 1990, 1 f. zit. in ebd., 327). Grundsätze für geschützte Wohnformen wurden erst nach 1985 erarbeitet, wobei unter Geschütztem Wohnen oder befürsorgtem Wohnen eine Wohnform verstanden wurde, „deren Realisierung erst durch regelmäßige Hilfe anderer Personen möglich" wurde (Seidel ⁵1985, 211).

Das „Internationale Jahr der Geschädigten" 1981 zeigte Mängel auf, wie zum Beispiel eine unzureichende Versorgung mit technischen Hilfsmitteln, die fehlende Vielfalt der Angebote bei Urlaubs- und Freizeitmöglichkeiten und die unzureichende Realisierung des integrativen Aspekts hinsichtlich der Mobilität (Forster 1998, 327). Forster (ebd., 328 f.) weist u. a. auf folgende Defizite hin:

> „- Die in ländlichen Gebieten wohnenden Rehabilitanden hatten weniger guten Zugang zu Rehabilitationseinrichtungen und auch zur ambulanten Nachsorge.
> - Rehabilitationswerkstätten gab es als Einrichtungen des Gesundheits- und Sozialwesens, allerdings nicht bedarfsdeckend. (...)

[277] Erschwerend kommt sicher hinzu, dass in der BRD noch nicht geklärt ist, wie eine Budgetassistenz gestaltet sein muss und finanziert wird. Des Weiteren fehlen – gerade für Menschen mit Behinderungserfahrung – Ratgeber, um sich im „Dschungel" der Dienstleistungsangebote das für sie passende Angebot heraussuchen zu können. Als hilfreich erweisen sich hierbei zum Beispiel Nutzerevaluationen über Wohneinrichtungen (NUEVA) oder Internetseiten wie www.qualitymall.org, die für Menschen mit Behinderungserfahrung Dienstleistungen und Angebote in verständlicher Weise vorstellen.

- Der Anteil der sogenannten Verwahrungspatienten (d. h. Patienten in Heimunterbringung mit Anstaltscharakter ohne Rehabilitation) war für Schwer- und Mehrfachbehinderte zu groß." (ebd.)

Geschützte Wohnformen für psychisch Geschädigte, also geistig behinderte Menschen, waren mit unterschiedlicher Betreuung vorhanden, so dass zwischen Geschützten Wohnheimen als Übergang oder Dauerheim, Geschützten Gemeinschaftswohnungen für eine Gruppe von sechs bis acht Bewohnerinnen und Bewohnern, Geschützten Wohnungsgruppen und Geschütztem Einzelwohnen unterschieden wurde (Seidel ^{5}1985, 212). Pilotprojekte kämpften um eine breite gesellschaftliche Anerkennung.

Eine Verwahrung in Anstalten war größtenteils üblich, wobei ein geschätzter Anteil von 30 bis 40 % der überwiegend behinderten Erwachsenen häuslich betreut wurden (Beyer/von Kardorff 1992, 79).[278] Ein hohes Maß an Fehlplatzierungen der so genannten förderungsunfähigen Menschen in psychiatrischen Krankenhäusern, Altenheimen[279] und Pflegeheimen ist auffällig (Beyer/von Kardorff 1992, 82 ff.).[280]

„Die Bildung von Gruppen und Wohngemeinschaften kam selten zustande und zwischen Behinderten und alten Menschen kam es überdies zu Spannungen. Die stationäre Unterbringung in einer Pflegestation psychiatrischer Kliniken ließ eine individuelle Gestaltung der Umgebung nicht zu, die Versorgung war allenfalls notdürftig. Die konfessionellen Heime waren völlig belegt." (Forster 1998, 336)

Aus Sicht der Mitarbeiterinnen und Mitarbeiter stellt sich für Goll (1992, 20 zit. in Hebborn 1996, 152) die Frage,

„ob eine Berufseinstellung, die von einem egalisierenden Menschenbild geprägt ist, unter den Bedingungen einer Verwahreinrichtung und der in ihr tagtäglich ablaufenden Prozesse der Denormalisierung und Dehumanisierung psychisch überhaupt zu verkraften ist. Ist es nicht als Selbstschutz im Sinne einer psychischen Hygiene für den einzelnen Mitarbeiter geradezu notwendig, die Bewohner als qualitativ verschieden von der eigenen Person anzusehen, um Menschenbild und Arbeitsalltag in Einklang zu bringen und damit eine Resignation an der Diskrepanz zwischen diesen beiden Polen zu verhindern? Wenn dem so ist, scheinen letztendlich Veränderungen im Menschenbild und in den Einstellungen des Personals gegenüber den Bewohnern eng mit Veränderungen der institutionellen Rahmenbedingungen verknüpft zu sein."

Empowerment des Personals muss möglich sein, damit Empowermentprozesse der Bewohnerinnen und Bewohner stattfinden können. Hier verschärfte sich die Situation der Mitarbeiterinnen und Mitarbeiter in Einrichtungen der Behindertenhilfe durch eine geringe soziale Anerkennung ihrer Arbeit einhergehend mit einer schlechten Bezahlung.

---

[278] Das Gutachten ist entstanden im Rahmen einer bundesweiten Erhebung zur Situation der hilfe- und pflegebedürftigen Menschen und ihrer Pflegepersonen, die vom Gesundheits- und Sozialforschungsinstitut Infratest München durchgeführt wurde. Die Situation der Menschen mit Behinderung in Familien und Einrichtungen wurde in diesem Rahmen von der Eberhard-Karls-Universität Tübingen, Forschungsstelle Lebenswelten behinderter Menschen, erhoben. Im Blickfeld der Gesamtuntersuchung standen dabei die Lebensorte „Familie" und „Heim". Die Situation geistig behinderter Frauen und Männer in den neuen Bundesländern wurde mittels eines teilstandardisierten Fragebogens erhoben. Das Gutachten basiert außerdem auf Experteninterviews, wissenschaftlichen und administrativen Materialien aus der DDR sowie Informationen von Wohlfahrtsverbänden und Kirchen (Beyer/von Kardorff 1992, 5).

[279] Im DDR-Sprachgebrauch wurde es Feierabendheim genannt.

[280] In den staatlichen Feierabend- und Pflegeheimen lebten 1983 13.149 Menschen mit einer Schädigung, die noch nicht im Rentenalter waren, was 12 % aller Bewohnerinnen und Bewohner dieser Institutionen entsprach (Sei-

Theunissen (2006, 37) resümiert, dass

> „in der DDR eine differenzierte und weitreichende ‚Rehabilitation' angeboten (wurde), durch die Kinder und Jugendliche mit leichter geistiger Behinderung, Lernbehinderung, Sinnes- und Körperbehinderung profitieren konnten. Verlierer des ‚Systems' war dagegen die große Mehrheit der Menschen mit geistiger und schwerer mehrfacher Behinderung."

Der Zusammenschluss zur „Komplexen Rehabilitation" am 1. Februar 1987 brachte für Menschen mit geistiger Behinderung ein starkes Stadt-Land-Gefälle mit sich, das sich in langen Transportwegen und der Herauslösung aus der Familie zeigte und Internatsleben oder Dauerkrankenhausaufenthalte zur Folge hatte (Forster 1998, 327 f.). Die Betreuung mehrfach geschädigter Kinder mit geistiger Behinderung wurde vermehrt in Pflegeheime verlagert.

4.4 *Sozialisation geistig behinderter Mädchen*

Der Terminus Sozialisation versucht den Einfluss der Umwelt auf Heranwachsende zu beschreiben und bezieht sich auf den wechselseitigen Prozess der Entstehung und Entwicklung von Persönlichkeit, wobei Umweltbedingungen, die wiederum gesellschaftlich vermittelt sind, notwendig und entscheidend an der Persönlichkeitsentwicklung mitwirken. Sozialisation ist ein lebenslanger, damit umgreifender Prozess der aktiven Auseinandersetzung mit der materiellen und sozialen Umwelt, wobei sich die einzelnen Sozialisationsinstanzen überlagern.[281] „Sozialisation ist nicht ein passives Geprägt-Werden" (Bilden 1983, 270 f. zit. in Nyssen 1990, 31) und „neben den Begriff des Geformtwerdens ist der Begriff der Selbstformung getreten" (Nyssen 1990, 28). Versteht man Sozialisation „als den Prozeß, in dem aus einem Neugeborenen ein in seiner Gesellschaft handlungsfähiges Subjekt wird (und bleibt) (…) indem das sich bildende Individuum zunehmend aktiv teilhat an den sozialen Praktiken, in denen die Gesellschaft sich selbst produziert und verändert" (Bilden 1991, 279), muss man berücksichtigen, dass zu den generellen gesellschaftlichen Erwartungen allgemein verbreitete gesellschaftliche Vorurteile gegenüber Menschen mit Behinderung hinzukommen, die den Ausgangspunkt für Erziehung bilden und damit den Sozialisationsprozess behinderter Mädchen und Jungen beeinflussen. Bilden (ebd., 280) favorisiert eine sozialkonstruktivistische Sichtweise, wobei die Annahme, dass wir unsere Wirklichkeit andauernd in sozialen Praktiken produzieren zentral ist und „Geschlechterverhältnis(se) bzw. Männlichkeit/Weiblichkeit als Produkte andauernder sozialer Konstruktionsprozesse" (ebd., 290) konzipiert werden. „Soziales Handeln ist geschlechtsbezogen auf das Geschlecht des Gegenübers wie auf das eigene." (ebd., 281) Die geschlechterspezifische Sozialisation wird unter anderem durch die Körpersozialisation, die emotionale Sozialisation, Peers und Kommunikationsmedien beeinflusst. Zur sexuellen Sozialisation gehören u. a.

> „- die Entwicklung einer geschlechtsrollenbezogenen Identität, die Identität als männliches oder als weibliches sexuelles Wesen;

del [5]1985, 211).

[281] Unterschiedliche Sozialisationstheorien können hier nicht aufgeführt werden (vgl. Hurrelmann/Ulich [5]1998).

- das Erlernen von geschlechtsspezifischen Rollenverhalten;
- das Erlernen von Formen des Umgangs mit der eigenen Sexualität, mit sexuellen Bedürfnissen." (Hensle/Vernooij ^{6}2000, 306)

Der Einfluss von Peers auf die Geschlechtsrollenentwicklung wird manchmal unterschätzt, aber „untereinander sozialisieren sich Kinder, mit dem Alter zunehmend, rigoros im Sinne geschlechtsspezifischen Verhaltens" (Bilden 1991, 287).

Ihre eigenen Sozialisationserfahrungen und die Entfremdung von der eigenen körperlichen Identität reflektieren körperbehinderte Frauen (Ewinkel/Hermes u. a. ^{3}1988).[282] Die Frage der Sozialisationsprozesse und der Lebensentwürfe von Mädchen mit sogenannter geistiger Behinderung wurde meines Wissens bisher im deutschsprachigen Raum nicht umfassend thematisiert.

Mädchen und Frauen mit sogenannter geistiger Behinderung sind meist seit Geburt behindert, selten spätbehindert, und werden als Behinderte sozialisiert, wobei die Kategorie Geschlecht zunächst in den Hintergrund tritt.

> „Gegenüber den Versuchen [der Mütter und Väter, S. G.], Schädigungen und Beeinträchtigungen zu bearbeiten, tritt in den ersten Lebensjahren eines Kindes mit (geistiger) Behinderung die geschlechtsspezifische Erziehung tendenziell in den Hintergrund, nicht zuletzt auch deshalb, weil es für die Erziehung dieser Kinder bis heute kaum positive Vorbilder gibt. So bleibt die Geschlechtlichkeit häufig bis weit ins Schulalter hinein aus der familialen Sozialisation ausgeblendet." (Schildmann 2004, 40)

Inwieweit die Elterneinstellung zu Behinderung (Ablehnung) und die Kompensation der Behinderung die Frage der geschlechterspezifischen Sozialisation dominiert, wurde noch nicht ausreichend erforscht. Eine offene Frage ist auch, ob Mädchen mit Behinderungserfahrung als Mädchen erzogen werden. Welche Rollenbilder liegen dem zugrunde, wenn die Rollenvielfalt nicht ausgeschöpft wird und Geschlechtlichkeit eine Leerstelle in der familialen und schulischen Sozialisation darstellt?

Die geschlechterdifferenzierende Forschung über die Situation der Mütter und Väter behinderter Kinder hat bisher nur in Ansätzen eine Verbindung zur Sozialisation behinderter Mädchen und Jungen gesehen (Schildmann 2001a, 154).

Nach Ulrike Schildmann bewegt sich die Sozialisation geistig behinderter Mädchen und Jungen zwischen zwei Polen: der vorurteilsbeladenen (eugenischen) Haltung/Einstellung der Gesellschaft gegenüber Frauen und Männern mit Behinderung und dem Anspruch auf gleiche Bildungs- und Lebenschancen sowie auf selbstbestimmtes Leben für alle Menschen. Gesellschaftliche Vorurteile und Abwehr gegenüber Menschen mit Behinderung mit zugrunde liegenden gesellschaftlichen Vorstellungen von Normalität, festgemacht an den Kategorien Gesundheit und Leistung, bestimmen die Sozialisation behinderter Mädchen und Jungen, da das

---

[282] In diesen Erfahrungsberichten wird die Ausrichtung der familialen Erziehung am herrschenden Frauenideal deutlich, wobei die behinderten Frauen die Ideale nicht oder nicht angemessen erfüllen können. Dabei schildern die Autorinnen verschiedene Strategien, von der eigenen Behinderung abzulenken oder diese zu kaschieren. Vergleiche mit dem gesellschaftlich zugeschriebenen Weiblichkeitsbild lassen die Frauen defizitär erscheinen.

„gesunde Wunschkind“[283] in der heutigen (arbeitsteiligen) Gesellschaft eine besondere Bedeutung erhält (Schildmann 2000a, 125; Schildmann 2000b, 28). „Nicht der elterliche Wunsch, sondern die enttäuschte Erwartung steht also gegebenenfalls am Anfang von Sozialisation und Erziehung des Kindes.“ (Schildmann 2000a, 125) Schildmann hält fest, dass die Geschlechtsspezifik immer mitschwingt „als eine – zum Teil kollektiv unbewusste – unhinterfragte gesellschaftliche Erwartungshaltung“ (ebd., 126).

> „Im frühkindlichen Alter liegt die Aufmerksamkeit der familialen Sozialisation auf der Beseitigung, Linderung, Kompensation von Schädigungen und Beeinträchtigungen des Kindes; dadurch treten Geschlechtsspezifik, Sexualität u. Ä. in den Hintergrund. In späteren Jahren, etwa ab der Pubertät (...) erhält gerade die Geschlechtlichkeit bei Töchtern eine hohe Bedeutung. Der ersten Form von sexueller Neutralisierung folgt nun eine zweite: (...) Die beiden Ebenen der ‚sexuellen Neutralisierung‘ hängen eng miteinander zusammen.“ (Schildmann 2000a, 127)

Die Erziehung zum „sexuellen Neutrum“ stellt nach Schildmann eine primär frühkindliche Sozialisationsstruktur dar, die sich spätestens ab der Pubertät – vor allem für Mädchen – ins Gegenteil verkehrt: „die gesellschaftliche Praxis, an behinderten Mädchen ab dem frühen Jugendalter Sterilisationen vorzunehmen (heute unter 18 Jahren absolut verboten), um Schwangerschaft nach sexuellem Missbrauch oder Vergewaltigung vorzubeugen, bringt die Doppelbödigkeit der Erziehung zum ‚sexuellen Neutrum‘ zum Vorschein.“ (ebd.) Im Kontext einer geschlechterspezifischen Sozialisation gilt es auch zu berücksichtigen, dass Mütter und Väter in der Regel unterschiedliche Sozialisationsfunktionen in der Familie übernehmen, wobei sich dies in Familien mit behinderten Kindern meist noch verschärft, da die Mütter überwiegend die Pflege und Versorgung des Kindes übernehmen und die Väter häufig abwesend sind (Schildmann 2000b, 32).[284] Das Verhältnis von Behinderung und Schichtzugehörigkeit wirkt sich auf die Sozialisation behinderter Kinder in der Form aus, dass ihren Familien meist weniger materielle Mittel – im Sinne Bourdieus ökonomisches Kapital – zur Verfügung stehen, die Eltern selbst bildungsferneren Schichten zugehörig sind und somit der Zugang zu Informationen und Institutionen erschwert ist.[285]

Weitere die familiale Sozialisation behinderter Kinder beeinflussende Faktoren sind der Zeitpunkt der Schädigung im Rahmen der Biografie des Kindes, die Entwicklung der Schädigung, die Kooperation mit medizinischen und therapeutischen Institutionen, die insbesondere das Körperbewusstsein einschließlich des sexuellen Bewusstseins behinderter Frauen beein-

---

[283] Unterstützt wird dieser Wunsch durch die anwachsenden Möglichkeiten der Früherkennung und Schwangerenberatung, der Humangenetischen Beratung und Pränataldiagnostik, die werdende Mütter (wie auch Väter) soweit verunsichern, dass mittlerweile der Ruf nach dem Recht auf eine ungestörte Schwangerschaft lauter wird.

[284] Die Untersuchung von Andreas Fröhlich (1986) zur Erziehungssituation der Mütter schwerstbehinderter Kinder zeigt sehr hohe psycho-physische Belastungen der Mütter auf. Monika Jonas (1994) verdeutlicht das kind-, identitäts- und sozialzentrierte Verlusterleben auf Seiten der Mutter nach der Geburt eines behinderten Kindes und die gesellschaftliche Ausschlusspraxis.

[285] So sind zum Beispiel meist Akademikerpaare in Elternbewegungen für gemeinsame Erziehung engagiert (vgl. Höhn 1990, 132 zit. in Schildmann 2000b, 33).

trächtigen können, als auch die Verzahnung mit der zweiten Sozialisationsinstanz Schule (Schildmann 2000a, 126; Schildmann 2000b, 28 ff.).[286]

Bezogen auf die Sozialisationsinstanz Schule werden in Sonderschulen „Mädchen und Jungen ungebrochener als in anderen Schulformen auf traditionelle Geschlechtsrollen festgelegt" (Prengel 1982, 204). Dabei bezieht sich Annedore Prengel vor allem auf die Erfahrungen in Sonderschulen, insbesondere im Bereich der Lernbehindertenschule, da einerseits die Lehrpläne „keinerlei emanzipatorische Anregung enthalten" (ebd.) und die Darstellung der Geschlechtsrollen in den Lesebüchern und Lernmaterialien „weder emanzipatorische Orientierung [bietet] noch der realen Lebenssituation gerecht" (ebd., 205) wird.[287]

Die öffentlichen Sozialisationsinstanzen wie die Schule reproduzieren und stabilisieren die genannten Strukturen, indem sie zum Beispiel den Mädchen einen Teil der meist von Frauen geleisteten Reproduktionsarbeit vermitteln (alltagspraktische Fähigkeiten), jedoch bleibt die Auseinandersetzung mit Sexualität, Schwangerschaft und Kindererziehung außerhalb der schulischen Sozialisation (Schildmann 2000a, 127). Schildmann merkt kritisch an, dass diese „von der Institution Schule beabsichtigte reduzierte Annäherung an die (gesamt-)gesellschaftliche Realität" bei einem Teil der Mädchen zu Identitätsproblemen führt (ebd.).[288] Die Institution Schule ist dieser Herausforderung nicht gewachsen und konzentriert sich daher auf die Vorbereitung einer späteren Arbeit in einer WfbM (ebd.). Die Werkstatttätigkeit selbst beinhaltet hausarbeitsbezogene Aufgaben, „spart aber den gesamten körperbezogenen Reproduktionsbereich mit Anteilen von Versorgungs- und Beziehungsarbeit komplett aus" (ebd.).

Annedore Prengel und Birgit Warzecha haben die Geschlechtsspezifik in die Fachdiskussion der Sonderschulpädagogik eingebracht, da sie auf stereotype traditionelle Geschlechterrollen bei Schülerinnen und Schülern in den Sonderschulen getroffen sind, so dass sie zu dem Fazit kommen, dass von der Sonderpädagogik Rollenbilder und -strukturen eher reproduziert als abgebaut werden (Schildmann 2000b, 34).[289]

Die Ignorierung der familialen Reproduktionsarbeit beeinflusst meist von Anfang an die Erziehung (geistig) behinderter Mädchen und kann spätestens dann zu Identitätsproblemen führen, wenn sich das Mädchen beziehungsweise die Jugendliche mit anderen Mädchen und jun-

[286] Auch der Einfluss der Sozialisationsinstanz des medizinischen Systems ist nach Schildmann (2000b, 31) eng verzahnt mit der familialen Sozialisation, was besonders in den Biographien körperbehinderter Frauen deutlich wird (Ewinkel/Hermes u. a. ^{3}1998; Zemp 1993).

[287] Im Rahmen dieser Dissertation kann nicht überprüft werden, inwieweit sich Lehrpläne und Unterrichtsmaterialien der Sonderschulen in den letzten 20 Jahren zugunsten einer differenzierteren Darstellung der Geschlechtsrollen verändert haben, Geschlechtsrollenstereotype vermieden werden und der Sexismus als heimlicher Lehrplan durchbrochen wurde.

[288] Schildmann (2000a) spricht hier pauschal von der Institution „Schule". Inwieweit hinsichtlich der angesprochenen Aspekte ein Unterschied zwischen Regelschulen und Sonderschulen besteht, wäre eine interessante Frage.

[289] Der „These von den (nichtbehinderten) Mädchen als Integrationshelferinnen par excellence" (Prengel) stellte Ulf Preuss-Lausitz 1998 die These entgegen, „moderne Mädchen und Jungen glichen sich einander an; beide Gruppen ständen behinderten Kindern (MitschülerInnen) gleichermaßen positiv gegenüber, und Sozialisationsunterschiede innerhalb der Geschlechter würden im Laufe der Zeit größer als die zwischen den Geschlechtern" (Schildmann 2000b, 35).

gen Frauen vergleicht (ebd., 22). Ingeborg Hack-Zürn hebt die besondere Problemlage der Koedukation an Sonderschulen hervor

> „- überzeichnete Rollenstereotype bei Jungen und Mädchen im Zusammenhang mit wenig ausgeprägten Interaktions- und Kommunikationsrepertoires;
> - gestörtes Lern- und Leistungsverhalten vor allem bei Jungen, welches die Lernleistungen der Mädchen negativ beeinflusst;
> - Gewalt und Sexismus, ohne entsprechende schulinterne und schulexterne Debatte;
> - Orientierung des Unterrichts an klassischen Rollenbildern, auf der Basis veralteter Lehrbücher.“ (Schildmann 2000b, 35)

Eine solche schulische Sozialisation findet ihre Fortführung in der beruflichen Sozialisation und ist eine zusätzliche Hürde für die berufliche Integration der Frauen mit Behinderungserfahrung auf dem allgemeinen Arbeitsmarkt.

Der Forschungsbedarf zu geschlechtsspezifischen Sozialisationsprozessen geistig behinderter Mädchen und Frauen ist enorm und Schildmann (2000b, 13) hält kritisch fest, dass eine umfassende wissenschaftliche Durchdringung und Konzeptionierung der Frage nach den Sozialisationsbedingungen von behinderten Mädchen und Frauen fehlt.[290]

> „Die Erforschung der Sozialisation behinderter Mädchen müsste nach meiner Auffassung ansetzen bei den allgemeinen gesellschaftlichen Vorurteilen gegenüber behinderten Menschen, die von potentiellen Müttern und Vätern behinderter Kinder im wesentlichen geteilt werden und als Ausgangspunkt für die Erziehung behinderter Mädchen und Jungen anzunehmen sind.“ (Schildmann 2001a, 154)[291]

Die Folgen dieser Sozialisation sind unterschiedlich. Aufgrund der Schönheitsmaßstäbe kann die äußere Erscheinungsform eine zentrale Rolle der Verunsicherung spielen, so dass insbesondere für Mädchen aus dieser Sozialisationserfahrung ein gestörtes Körper- und Selbstbild resultieren kann (Schildmann 2000a, 126). Monika Jonas (1994, 70) spricht vom Verlust der Geschlechtsspezifik, die zur Folge hat, dass die sozialen Erwartungen des Umfelds in Richtung „lebenslange Kindheit“[292] führen und dass das Frau-werden/Mann-werden der behinderten Töchter und Söhne meist verleugnet wird.

> „Der Verlust der Geschlechtsspezifik bedeutet für die Mütter, daß sie mit ihren Söhnen nicht das bisexuelle Ganzheitsphantasma leben können, daß ihr Sohn nicht Objekt des Begehrens wird, nicht der ‚Held‘. Durch die behinderte Tochter kann die Mutter nicht mit den erhofften idealen sozialen Qualitäten in der Zukunft weiterleben. Der intergenerative Aspekt geht verloren. Die Identifikation der Mutter auf der geschlechtsspezifischen Ebene ist deutlich gestört. Die Behinderung der Tochter/des Sohnes lässt diese zum ‚ewigen Kind‘ werden, zum sexuellen Neutrum, ohne Zukunft als Mann oder Frau.“

---

[290] Inwiefern das Geschlechterverhältnis in Integrationsklassen unausgewogen ist und die Sozialisation behinderter Mädchen und Jungen beeinflusst, kann hier nicht näher betrachtet werden. Vermutlich ist die integrative Beschulung des eigenen behinderten Kindes weniger vom Geschlecht des Kindes, sondern eher vom Elternengagement, dem eigenen Bildungsstand und der Bildungsaspiration abhängig.

[291] Inwieweit andere Sozialisationsinstanzen wie Peer-Groups/Jugendkultur oder öffentliche Medien bei der Vermittlung geschlechtsspezifischer Rollenerwartungen eine Rolle spielen, wäre eine mögliche Forschungsfrage.

[292] Beobachten lässt sich dies oft bei einer nicht erwachsenengemäßen Ansprache geistig behinderter Frauen und Männer, einer nicht erwachsenengemäßen Bekleidung meistens der Frauen sowie die Kindlichkeit hervorhebenden Frisuren. Sollte Letzteres Ausdruck von Selbstbestimmung sein, dann wäre das als solcher zu akzeptieren.

Es ist deutlich geworden, dass unter diesen Umständen behinderte Mädchen auf erschwerte Bedingungen treffen, ein selbstbewusstes Lebenskonzept zu entwickeln. Insofern kommt einer am Empowerment orientierten Mädchenarbeit eine große Bedeutung zu (vgl. Kapitel 3.10).
Eine weitere Schwierigkeit ist, das Mädchen und Jungen, ob behindert oder nicht, in den ersten Jahren meist auf weibliche Bezugspersonen und Identifikationsfiguren treffen. Die Abwesenheit der Männer und die Bedeutung dieser Tatsache für die Entstehung von Lern- und Verhaltensproblemen von Kindern wird kaum thematisiert (Schildmann 2000b, 34).
Für Jugendliche mit sogenannter geistiger Behinderung formuliert Bettina Lindmeier (2005) ein an das Empowermentkonzept anschlussfähiges jugendpädagogisches Konzept, das die Entwicklungsaufgaben[293] berücksichtigt. Lindmeier benennt Bausteine eines Konzepts für den Übergang von der Schule ins Erwachsenenalter, wobei ihre erste zentrale Forderung lautet, dass „die Arbeit mit behinderten Jugendlichen Anschluss finden muss an die Jugendpädagogik. [...] Gelingt uns dies nämlich, dann sind wir schon auf dem Weg zum Empowerment, weg von einer Schutzraum- und Schonraumorientierung, hin zu einer Begleitung in Richtung größerer Autonomie in neuen und alten Bindungen“ (ebd., 35). Leider versäumt Lindmeier, die Genderperspektive in ihrem wichtigen Beitrag aufzugreifen und der Frage nachzugehen, welche Bedeutung die Mädchen- und Jungenpädagogik für Jugendliche mit geistiger Behinderung für den Übergang ins Erwachsenenalter haben kann.
Eine weitere Problematik bezogen auf Mädchen mit Behinderungserfahrung besteht darin, dass einerseits eine am traditionell weiblichen Rollenbild ausgerichtete Erziehung kritisiert wird, die eine einseitige Geschlechterzuschreibung fokussiert, andererseits geeignete Vorbilder für eine geschlechtsspezifische Erziehung jenseits der klassischen Rollenzuschreibung fehlen. Somit besteht die Gefahr darin, dass für behinderte Mädchen einseitig etwas übernommen wird, was die Frauenbewegung längst als sexistisch entlarvt hat.
Im Kontext von Empowerment ist somit eine kritische Sicht der Geschlechtsrollenproblematik erforderlich, um nicht einseitig gängige Rollenvorstellungen auf behinderte Mädchen zu übertragen.

4.4.1 *Identität behinderter Mädchen und Frauen*

Die Identitätsentwicklung ist Teil der Sozialisation und somit auch ein Kriterium „gelungener“ Sozialisation. Zur Frage der Identität, Identitätsentwicklung und des Selbstkonzepts von Frauen und Männern mit Behinderung gibt es nur wenige Studien (Bruner 2000; Meier Rey 1995; Schuppener 2005b; Bretländer 2007) und einschlägige Untersuchungen in Bezug auf geistig behinderte Menschen fehlen (Julius 2000, 175). Mit der Identitätsentwicklung von Frauen mit Behinderung beschäftigen sich Christine Meier Rey (1995) und Bettina Bretländer

[293] Bettina Lindmeier nennt folgende Entwicklungsaufgaben: Den Körper bewohnen lernen, Umgang mit Sexualität lernen, Umbau der sozialen Beziehung, Umgang mit der Schule wie Umbau der Leistungsbereitschaft, Berufswahl, Bildung (2005, 25 ff.).

(2007) und kommen zu dem Fazit, das eine verschärfte Identitätsarbeit erforderlich ist, da sich die Mädchen und Frauen immer wieder erklären müssen, dass sie „normal" sind. Mit Identität wird umschrieben, was einen Menschen kennzeichnet und ihn somit von anderen unterscheidet.

Bretländer und Schildmann (2004) gehen in ihrer Studie der Frage nach, wie körperbehinderte junge Frauen und Mädchen unter diesen widersprüchlichen Lebensbedingungen ihre Identität entwickeln.[294] Ausgehend von der „These, dass die traditionellen Identitätsmodelle den Anforderungen der Entwicklung von Identität unter den heutigen, spät-/postmodernen Lebensbedingungen nicht mehr gerecht werden" (ebd., 272), orientieren sich Bretländer und Schildmann an neueren Theorieansätzen und verweisen auf das Identitätsmodell von Heiner Keupp, die postmodern-feministische Identitätsforschung z. B. nach Helga Bilden sowie auf das Modell „5 Säulen der Identität" von Hilarion Petzold (ebd.). Gemeinsam ist allen Ansätzen die Annahme eines lebenslangen und sich ständig im Wandel befindlichen Prozesses der Herstellung von Identität.[295]

Auf die Frage nach ihren Idealbildvorstellungen wird deutlich, dass die befragten Mädchen und jungen Frauen mit Körperbehinderung sich an traditionell weiblichen, geschlechtsstereotypen Modellen orientieren (ebd., 279), wobei die Haltung „Ich möchte so sein, wie die Menschen mich gerne sehen möchten" noch ausgeprägter bei der Vergleichsgruppe der nicht behinderten Mädchen zu finden ist.

> „Eine Identitätsfalle besteht für alle Mädchen – und für körperbehinderte in verschärftem Maße – darin, den Verlockungen der Normalität durch entsprechende Anpassungsleistungen zu erliegen." (ebd.)

Als Fazit wird deutlich, dass die genannten Lebensbedingungen für die Herstellung von Identität nicht ideal und im Vergleich zu nicht behinderten Mädchen wesentlich ungünstiger sind (ebd., 280).

> „Die für die Entwicklung einer eigenen Identität notwendigen Aktionsräume und Sozialkontakte bleiben weitgehend in einem engen, behinderungsbezogenen Rahmen und sind von daher nur eingeschränkt geeignet, wirklich selbstständigkeitsfördernd zu wirken." (ebd., 277)

Sozialkontakte und entsprechende Aktionsräume sind unabdingbar, denn „menschliche Identität wird immer an ein gesellschaftliches Umfeld gebunden bleiben. Identitätsfindung ist nur innerhalb einer Gesellschaft möglich und nicht außerhalb." (Haeberlin 2003, 21)

---

[294] In dieser Studie wurden über 100 körperbehinderte Schülerinnen und weibliche Auszubildende im Alter von 15–18 Jahren im Bundesland Nordrhein-Westfalen schriftlich befragt und mit einer Kontrollgruppe nichtbehinderter Mädchen verglichen. Dieser quantitativen Studie folgt eine qualitative Studie von Bretländer.

[295] In diesem Rahmen kann nicht auf die Einzelheiten und Ergebnisse der Studie eingegangen werden, da es sich um den Personenkreis der Mädchen mit Körperbehinderung handelt. Es mag zwar Parallelen in der Herstellung von Identität geben, jedoch wäre eine eigene Forschungsarbeit zur Identitätsbildung bei Mädchen und jungen Frauen mit so genannter geistiger Behinderung dringend erforderlich. Sicherlich gelten einige Ergebnisse auch für Mädchen mit so genannter geistiger Behinderung, wie zum Beispiel das übervorsichtige Verhalten seitens der Eltern. Die Studie von Bretländer und Schildmann (2004, 280) zeigt, dass selbst körperbehinderte Mädchen im Vergleich zur Gruppe der nicht behinderten Mädchen enger an ihre Mütter gebunden sind.

Die Feministin Jenny Morris (1994, 66) konstatiert: „Behinderung und Alter sind Aspekte von Identität, die mit dem Geschlecht aufs engste verknüpft sind und dennoch von Feministinnen fast vollständig ignoriert worden sind." Dabei kommt der Behinderung „eine alles überragende Bedeutung zu, so daß selbst die ansonsten so bedeutsame Geschlechtsspezifik verloren geht. Mit der Behinderung scheint das Geschlecht des Kindes regelrecht aufgehoben, Behinderung wird zum alles bestimmenden Merkmal der Identität des Kindes" (Jonas 1994, 70) und wichtige Erfahrungen der Geschlechtsrollenidentität sind kaum möglich.

Joachim Walter und Annerose Hoyler-Herrmann kommen in ihrer von 1983 bis 1985 durchgeführten Studie zur Lebenswirklichkeit Erwachsener mit geistiger Behinderung zu dem Schluss:

> „Die zentrale Erkenntnis unserer Untersuchung war, dass nicht nur Sexualität, sondern mit ihr als wohl dem sensibelsten Lebensbereich zugleich Erwachsenwerden und Erwachsensein geistig behinderter Menschen verhindert werden. Sexualität ist so gesehen der exemplarische Fokus einer breiten Blockade der Identitätsentwicklung vieler geistig behinderter Menschen. Das Ergebnis sind infantile Erwachsene in einer infantilisierenden Umgebung." (Walter 2002, 589)

Dieses Ergebnis wird durch „die Vorstellung von der Unerreichbarkeit des Erwachsenenstatus und die daraus resultierende Abhängigkeit in der unselbstständigen Rolle des ‚großen Kindes'" (Walter ^{6}2005a, 294) unterstützt und verhindert die Entwicklung einer reifen sexuellen Partnerschaft.

Eine Thematisierung der Geschlechtsidentität im Zusammenhang mit geistiger Behinderung findet kaum statt, und wenn, wird den betroffenen Personen keine geschlechtsspezifische Identität zugebilligt und die Identitätsfrage häufig einseitig auf sexuelles Verhalten reduziert (Hofmann/Maurer/Rivera 1993, 100).

> „Identität – vor allem aber geschlechtliche Identität – als das fragile Ergebnis der Balance zwischen eigenen Bedürfnissen und gesellschaftlichen Anforderungen, beinhaltet einen Kanon von Fähigkeiten, der sowohl für gesunde als auch für behinderte Menschen Geltung hat, wie z. B.
> - die Fähigkeit, über sich als Person zu reflektieren (‚Ich bin ein Mann – ich bin eine Frau');
> - die Fähigkeit, eine Situation auch aus der Sicht eines Partners wahrnehmen und einschätzen zu können (Unterscheidung von Selbst- und Fremdbild);
> - die Fähigkeit, mehrdeutige und im Hinblick auf Bedürfnisse ambivalente Interaktionsverläufe zu ertragen (ambivalente Gefühle auszuhalten), und schließlich
> - die Fähigkeit, sich mit angesonnenen Erwartungen auseinandersetzen zu können (modifiziert nach Frey/Hausser 1987)." (ebd., 100 f.)

Die *Stigma-Identitäts-These,* nach der Stigmatisierungen zu einer massiven Gefährdung beziehungsweise Bedrohung des Selbst führen und somit Identitätsprobleme auslösen, wird seit Beginn der 1970er Jahre diskutiert (Cloerkes ^{3}2007, 173).[296] Das Individuum wendet unterschiedliche Identitätsstrategien an. Beim Versagen dieser Identitätsstrategien (Techniken zur Wah-

[296] Günther Cloerkes (^{3}2007,173) macht darauf aufmerksam, dass es hierbei zahlreiche widersprüchliche Ergebnisse gibt, die zum einem auf methodischen Unterschieden basieren, zum anderen auf einen theoretischen Nachholbedarf verweisen. Zu einer kritischen Einschätzung und Infragestellung der These, ob eine Stigmatisierung wirklich zu einer *beschädigten Identität* bei Menschen mit so genannter geistiger Behinderung führt, vergleiche die Ausführungen von Julius (2000).

rung der Identität) kann es zu einer „beschädigten Identität“ (Goffman [16]2002) kommen. Interaktionserfahrungen beeinflussen das Individuum und verändern somit seine Identität, wobei davon ausgegangen werden kann, dass „negativ erlebte Erfahrungen Stigmaqualität haben und deshalb identitätsrelevant sind“ (Markowetz 1998, o. S.). Reinhard Markowetz These der „Entstigmatisierung behinderter Menschen durch Integration“ geht davon aus, dass „eine gelungene soziale Integration behinderter Menschen ganz entscheidend zur Identitätsentwicklung“ beiträgt und „beschädigte Identität“ verhindert (Markowetz 2000, 113 f.; Cloerkes [3]2007, 201). In diesem Zusammenhang ist die „dialogische Validierung identitätsrelevanter Erfahrungen“ zentral (Markowetz 2000, 114). Validieren meint hier, „seine Sichtweise und die Sichtweise des anderen auf interaktionistischem Wege zu einer gemeinsamen Sichtweise zu verdichten“ (ebd., 115 f.). Somit stellt der Dialog „eine Methode des sozialen Aushandelns“ dar (ebd., 116).

> „Die dialogische Validierung ist also eine Form interaktiver Erkenntnisgewinnung. So gewonnene Erkenntnisse dienen der Identitätsfindung, der Identitätspolitik, dem Stigmamanagement, der aktiven, kreativen nicht-reaktiven Auseinandersetzung mit Identitätsdiffusion und Identitätserstarrung. Das Ergebnis dialogisch validierter identitätsrelevanter Erfahrungen führt zu ‚aktuellen Zonen‘ der Identität, die fortlaufend zu ‚neuen Zonen‘ der Identität erweitert werden.“ (ebd.)

Auf die Frage der medienvermittelten Identitätsmuster und Rollenvorbilder geht Claudia Franziska Bruner (2000, 62) kurz ein und fordert, dass es gälte, „Rollen behinderter Frauen und Männer in Film und Fernsehen einzubinden, die frei davon sind, gängige Klischees zu bedienen und zu reproduzieren: d. h. Behinderung als *Verhältnis* zwischen Menschen darzustellen, anstatt als dominierendes, unveräußerliches *Merkmal* ins Zentrum der Wahrnehmung zu rücken“ (ebd. [Hervorhebungen im Original]).

Das Selbstkonzept stellt einen Teilbereich der Identität dar und „setzt sich aus selbstbezogenen Informationen zusammen“ (Julius 2000, 177) indem das Individuum die Informationen aufnimmt, bewertet und einordnet. Die Frage der Selbstwahrnehmung steckt hinter dem Selbstkonzept, so dass die Aussage „Normal bin ich nicht behindert!“ (Palmowski/Heuwinkel [2]2002) von Schülerinnen und Schülern mit der Zuschreibung geistige Behinderung ebenso die Identitätsentwicklung wie das Selbstkonzept beeinflusst.

Saskia Schuppener (2005b, 150 f.) thematisiert in ihrer Dissertation[297] den wenig beachteten Bereich des Selbstkonzepts von Menschen mit der Zuschreibung geistige Behinderung und führt einen Gruppenvergleich zwischen geistig behinderten Erwachsenen mit und ohne künstlerische Erfahrungen durch. Um zu schauen, welche Aussagen sich über das Selbstkonzept geistig behinderter Frauen und Männer treffen lassen, kategorisiert sie folgende Selbstkonzept-

[297] Schuppener (2005b, 150 ff.) kombiniert quantitativ und qualitativ orientierte Verfahren und nimmt drei Teilschritte vor, indem sie zuerst kognitive und sprachlich-kommunikative Möglichkeiten und Fähigkeiten der Untersuchungsteilnehmerinnen und -teilnehmer erhebt, dann im zweiten Teil einen Gruppenvergleich von geistig behinderten Erwachsenen mit und ohne künstlerische Erfahrung vornimmt, um abschließend einen möglichen Zusammenhang zwischen künstlerisch-kreativem Handeln und dem Selbstkonzept geistig behinderter Frauen und Männer zu untersuchen (N=112).

bereiche: soziales Selbstkonzept, emotionales Selbstkonzept, kognitives Selbstkonzept, leistungsbezogenes-/Fähigkeitsselbstkonzept und Körper-Selbstkonzept.[298]

Die Bedeutung des Terminus *geistig behindert* für die Selbstkonzeptualisierung wurde unter anderem von Monika Julius (2000) thematisiert, die ihre Ergebnisse in Beziehung zu einer Studie von Wendeler und Godde (1989) setzt.[299] Frauen und Männer mit Behinderungserfahrung müssen dabei unterstützt werden, „sich gegen Stigmatisierungen und Angriffe auf ihr Selbst zu wehren" (ebd., 192).

Ein Leitprinzip des Empowerments stellt eine „Identitätsstiftende Vorgehensweise"[300] dar, denn „ein Kernstück gelingender Empowermentprozesse ist eine ‚balancierte Identität'" (Theunissen 2007, 255). Eine am Empowermentkonzept orientierte pädagogische Praxis müsste daher optimale Bedingungen für die Identitätsentwicklung (geistig) behinderter Menschen herstellen. Folglich ist eine Identitätsarbeit erforderlich, die immer zugleich eine Biografiearbeit darstellt (Fornefeld 2003, 78). Petzold (1999, 144) und seine Mitarbeiterinnen und Mitarbeiter legen in ihrer Erinnerungsarbeit besonderen Wert auf personenbezogene Memoration, persönliche Eigenschaften, Gefühle, Wahrnehmungen, Lieblingsgerüche, -speisen, -farben, alles, was die Identität stützt und stärkt, im Sinne einer Erhaltung der Identität.

> „Soll die Identität von Menschen mit geistiger Behinderung gefördert und ihr Selbstbild gestärkt werden, ist es notwendig, sich der Perspektive der behinderten Menschen selbst zu nähern. Das heißt, es ist notwendig zu erkennen, wie der Mensch mit geistiger Behinderung sich und seine Umwelt sieht und wie er ihr Sinn verleiht." (Fornefeld 2003, 66)

Eine für die Situation sogenannt geistig behinderter Mädchen und Frauen zu überprüfende Hypothese wäre, ob ähnlich wie Bretländer es für körperbehinderte Mädchen und junge Frauen herausarbeiten konnte, die spezifischen Alltagsbedigungen sie auch zu anderen Identitätsarbeitsleistungen herausfordern, so dass sie alltäglich vor der Aufgabe stehen, „das eigene Selbstbild und Identitätsgefühl zu schützen oder zu verteidigen" (2007, 295). Identität ist dabei nichts Fixes, sondern kontinuierlich arbeitet eine jede und ein jeder an ihrer/seiner Identität.

---

[298] Ihre Auswertung des Gruppenvergleichs unter dem Aspekt Geschlecht zeigt, „dass der Gruppenvergleich von männlichen Künstlern und Nicht-Künstlern ein *heterogeneres Ergebnisbild* aufweist als die Gegenüberstellung der weiblichen Untersuchungspersonen, bei denen sich insgesamt weniger stark ausgeprägte Mittelwertsunterschiede zeigen" (ebd., 208). Bezogen auf die Selbstkonzeptbereiche emotionales und kognitives Selbstkonzept ergab der Gruppenvergleich (Nicht-Künstler/Künstler) der männlichen Untersuchungsteilnehmer signifikante Unterschiede, die sich aber in dem geschlechtsunabhängigen Gruppenvergleich bei den weiblichen Untersuchungsteilnehmerinnen nicht bestätigten, „so dass der *Einfluss der Variable Geschlecht* als *relevant* bezeichnet werden muss" (ebd., 209). Eine geschlechtsspezifische Einzelanalyse bezüglich der Items *subjektives Andersartigkeitserleben* und *wahrgenommene Wichtigkeit der eigenen Person* zeigte, „dass bei beiden Items das Geschlecht keinen Einfluss auf die Antwortmuster hatte" (ebd., 210).

[299] Wendeler und Godde (zit. in Julius 2000) machten bei ihrer Befragung von 69 Erwachsenen mit sogenannter geistiger Behinderung folgende Reaktionsweisen auf die Frage nach ihrer Behinderung fest: „a) fehlendes Begriffsverständnis, b) Behinderung wird mit Körperbehinderung gleichgesetzt, c) Behinderung wird als Schwäche in den Kulturtechniken angesehen, d) die Schwächen werden auf ganz bestimmte Bereiche eingegrenzt, e) Abwärtsvergleiche, f) gelassene Reaktionen, g) Protest" (Julius 2000, 187).

[300] Beispiele für Projekte zur Identitätsarbeit findet man bei Theunissen (2007b, 285 f.; 330).

4.4.2 *Körperbewusstsein behinderter Frauen*

Bestandteil der dreiteiligen Seminarreihe, an der die von mir interviewten Frauen teilnahmen, war auch die Auseinandersetzung mit dem eigenen Körper. Jeder Mensch erwirbt in der frühen Kindheit ein Körperkonzept, wobei dies unter anderem durch die sexuelle Erkundung des eigenen Körpers und des Körpers anderer Kinder erfolgt und sich an sozialen und gesellschaftlichen Vorgaben orientiert. Das Körperkonzept ist Bestandteil des Selbstkonzepts und gilt als wichtige Grundlage der Entwicklung der Ich-Identität. „Das biographisch aufgrund unterschiedlichster Körpererfahrungen (wie berührt werden, berühren, bewegen, sehen, vergleichen) erworbene Körperkonzept ist als Teil des Selbstkonzepts Teil der Identität (Kluge/Hippchen/Fischinger 1999; Brückner 2001).“ (Griehl 2004, 246) Zu unterscheiden ist ferner zwischen Körperkonzept, Körperbewusstsein, Körperwahrnehmung, Körperbild, Körperbegriff, Körperimago und Körperschema, wobei in der vorliegenden Arbeit die Differenzierung im Detail nicht vorgenommen werden kann.[301] Entscheidend ist, dass „der Körper immer auch ein sozialer und kultureller Körper [ist] und damit Träger von sozialen und kulturellen Symbolen und Elementen der Gesellschaft, in der er existiert.“ (Friske 1995, 112) Bei Mädchen und Frauen mit Behinderung wird Körperlichkeit meist „nur unter dem Gesichtspunkt der Pflege wahrgenommen.“ (Kuhne/Mayer 1993, 102)

Vor allem Frauen mit Körperbehinderung berichten von der Entfremdung ihres Körpers durch zahlreiche medizinische und therapeutische Eingriffe, sowie den diagnostischen Blick und erniedrigende Pflegeerfahrungen (vom Hofe, 2001; Ewinkel/Hermes u. a. [3]1988). Der Umgang mit gesellschaftlichen Idealvorstellungen von Schönheit und körperlicher Unversehrtheit führte dazu, dass Frauen mit Behinderung selten „darin unterstützt [wurden], sich in ihrem Körper wohlzufühlen, ihren Körper zu akzeptieren, ihn gern zu haben.“ (Schatz 1996, 23) Der fehlenden Unterstützung im Umgang mit dem eigenen Körper, wie er ist, steht beispielsweise die Anpassung an Ersatzglieder gegenüber, um ein möglichst „normales“ Aussehen zu erzielen (Kuhne/Mayer 1993, 103; Ewinkel/Hermes u. a. [3]1988, 50 ff.).

Für Frauen mit Behinderungserfahrung fehlen Möglichkeiten zur Aneignung des eigenen Körpers, denn so wird zum Beispiel bei behinderten Mädchen meist auf die Verbalisierung weiblicher Geschlechtsorgane verzichtet beziehungsweise eine Benennung wird vermieden, sodass Mädchen unvollständig informiert beziehungsweise aufgeklärt werden (Griehl 2004, 247).

Gabriele Griehl (ebd., 244) geht in ihrer Diplomarbeit den Fragen nach, inwieweit Frauen mit geistiger Behinderung die Möglichkeit haben, sich ihren Körper anzueignen und sich schön zu

---

[301] „Das *Köperbewußtsein* umfasst das *Körperimago* (Spüren des Körpers, Gefühl über die eigene Körperlage), den *Körperbegriff* (die einzelnen Körperteile kennen) und das *Körperschema* (das Bewusstsein, körperliche Fähigkeiten ausgewogen und geschickt zu benutzen und zu verändern).“ (Tietze-Fritz 1997, 162) „Daneben »organisiert« der Mensch sein *Körperbild*, d. h. er konstruiert aktiv eine dreidimensionale Vorstellung von seinem Körper über das Bild des Körper*äußeren*, das Bild des Körper*inneren* und der Körper*grenzfläche*.“ (Mertens 1987, 538)

fühlen.[302] Griehl (ebd., 250) hält fest, dass die Erreichung des Schönheitsideals beziehungsweise die Anpassung daran für Frauen mit sogenannter geistiger Behinderung nicht vorgesehen ist und die Erlangung körperlicher Attraktivität für sie unerwünscht ist, so dass diese Frauen von vornherein aus dem Schönheitsideal ausgeklammert werden. Dabei konnte sie „keine grundlegenden Unterschiede bezüglich der Bewertung und des Umgangs mit Aussehen, Schönheit und körperlicher Attraktivität zwischen Frauen mit und ohne geistige Behinderung" feststellen (ebd., 252).[303] In einer frauenorientierten heilpädagogischen Erwachsenenbildung, die Prinzipien des Empowermentkonzepts mit feministischen Leitlinien verknüpft, sieht Griehl (ebd., 253) eine wichtige Unterstützungsmöglichkeit für Frauen mit Behinderungserfahrung in der Auseinandersetzung mit Körperlichkeit, Attraktivität und Schönheit.[304]

Das in unserer heutigen, westlichen Gesellschaft herrschende Schönheitsideal, orientiert am makellosen Körper junger Frauen, führt zu einer Ausgrenzung behinderter Frauen und disempowert vor allem ältere und behinderte Frauen (Morell 2004, 227). Carolyn Morell (2004, 225) macht auf das Paradoxon aufmerksam, dass Empowerment im Alter die Akzeptanz und Bejahung des schwachen, leidenden und unkontrollierbaren Körpers erfordert. Daher bedarf es einer alterssensiblen Empowermenttheorie, die menschliche Machtlosigkeit akzeptiert und menschliche Schwäche umfasst (ebd., 226). „An age-aware and body-sensitive model of empowerment recognizes that we are powerful and we are powerless." (Morell 2004, 234)

Exkurs: Gleichgeschlechtliche Pflege

Aufgrund negativer Erfahrungen fordern vor allem körperbehinderte Frauen ein Recht auf gleichgeschlechtliche Pflege (Pflegekraft des eigenen Geschlechts) und ausreichend persönliche Assistenz. Das Angewiesensein auf männliche Assistenz wird, vor allem im Bereich der Intim- und Grundpflege, von körperbehinderten Frauen als konflikthaft erlebt und zum Teil als unzumutbar empfunden (Eiermann/Häußler/Helfferich 2000, 48). Dem Bedürfnis von Frauen

[302] Hervorzuheben ist, dass Griehl (2004, 244) sich in ihrer Arbeit bewusst an feministischen Grundsätzen wie Betroffenheit und Parteilichkeit orientiert und unter bewusster Hereinnahme von Gender-Wissen Frauen mit so genannter geistiger Behinderung auch primär als Frauen wahrnimmt, was in der Sonderpädagogik noch sehr selten der Fall ist.

[303] Aus meinem Forschungstagebuch: Frau Schmidt stört sich mehrmals an dem „erotisierenden" Outfit einer anderen Teilnehmerin. Sie selbst zeigte mir bei einem Interview ein älteres Foto von sich, auf dem sie eine von der Großmutter „verpasste" und meines Erachtens sehr stigmatisierende Frisur hat, die ihr selbst auch nicht gefiel. Sie selbst hätte eine – wie sie es sagte – „hübschere" und „weiblichere" Frisur für passender gehalten, die sie auch nach dem Tod der Großmutter realisierte.

[304] Zu einer Kontroverse unter behinderten Frauen führte der im September 2004 von der Zeitschrift Partizip durchgeführte Schönheitswettbewerb für behinderte Frauen. Eine der Finalistinnen des Wettbewerbs, Michaela Heering, diskutierte im Anschluss daran mit Martina Puschke, Sozialpädagogin, bei der „politischen Interessenvertretung behinderter Frauen" Weibernetz e.V. über pro und contra. Heering beschreibt ihre Motivation zur Teilnahme damit, dass sie nicht als geschlechtsloses Wesen wahrgenommen werden möchte, sondern „als genauso attraktiv" wie nicht behinderte Frauen ohne dass ihre Behinderung ständig thematisiert wird und sieht in dem Wettbewerb eine Chance, „zu zeigen, was das für Powerfrauen sind und wie toll die ihr Leben meistern". (Louis 2004, 47) Martina Puschke kritisiert jedoch die Orientierung an den gängigen Schönheitsidealen und -normen und dass der Modelcontest damit die gängigen Schönheitsnormen nicht aufbricht, sondern verfestigt (ebd.). Aus meinem Forschungstagebuch: Schönheit wird mit schlank sein gleichgesetzt und mit Erfolg verbunden. Eine ständige Gewichtskontrolle ist zum Beispiel bei Frau Radeck Thema.

nach gleichgeschlechtlicher (Intim)Pflege und Frauenassistenz wird jedoch noch mit Ignoranz begegnet. Diesem Wunsch Rechnung zu tragen, würde die Gefahr des sexuellen Missbrauchs deutlich reduzieren.[305]

Ein Hinweis zum Anspruch auf gleichgeschlechtliche Pflege befindet sich im SGB IX § 9 Absatz 1: „Bei der Entscheidung über die Leistungen und bei der Ausführung der Leistungen zur Teilhabe wird berechtigten Wünschen der Leistungsberechtigten entsprochen." Der Gesetzentwurf zum Pflege-Weiterentwicklungsgesetz (Stand: 10. 9. 2007) sieht bisher vor, „Wünsche nach gleichgeschlechtlicher Pflege nach Möglichkeit" zu berücksichtigen, was jedoch einen Rückschritt gegenüber dem „Wunsch- und Wahlrecht" in § 9 SGB IX darstellen würde.[306]

Aus meiner Sicht ist noch nicht erfasst, inwieweit Frauen mit sogenannter geistiger Behinderung einen Wunsch nach gleichgeschlechtlicher Pflege äußern, und ob diesem Wunsch nach Frauenpflege eventuell Aspekte entgegenstehen, wie z. B. einengende Idealbilder des Helfens und des Entgegennehmens von Hilfe. Dabei sind bei Frauen mit Behinderungserfahrung Erfahrungen von eigener Stärke eher selten, die Fremdeinschätzungen meist negativ, so dass es zu einer frühen Aneignung eines negativen Körperbewusstseins kommt (Becker 1995, 90).

Auf die gesundheitliche Situation der Frauen mit geistiger Behinderung und Fragen der Gesunderhaltung behinderter Frauen im Sinne der Salutogenese nach Antonovsky kann hier nicht weiter eingegangen werden. Tatsache ist, dass eine geschlechtergerechte Gesundheitsversorgung fehlt und die Problematik sich dadurch verschärft, dass Ärztinnen und Ärzte sowie Krankenhauspersonal meist nur wenig Erfahrungen im Umgang mit geistig behinderten Patientinnen und Patienten gemacht haben. Zu den Erfahrungen geistig behinderter Frauen (und Männer) mit dem medizinischen System liegen bisher keine empirischen Daten vor.

Auch die Mehrheit der niedergelassenen Ärztinnen und Ärzte ist nicht hinreichend vorbereitet auf die Beratung und medizinische Versorgung behinderter Menschen. Zudem sind viele Praxen nicht barrierefrei, so dass keine freie Arztwahl besteht und zum Beispiel viele behinderte Frauen sich jahrelang nicht gynäkologisch behandeln und betreuen lassen. Darüberhinaus verhindert die Praxisstruktur von Einzelpraxen eine multikompetente Betreuung (Forster 1998, 329).[307]

---

305 In einer Umfrage des Hessischen Koordinationsbüros für behinderte Frauen (Schopmans 2001b, 77) gaben 72,2 % aller Einrichtungen die Möglichkeit an, dass die Bewohnerinnen auf Wunsch von Frauen gepflegt werden können.

306 Realisierbar ist eine gleichgeschlechtliche Pflege am ehesten durch ein (trägerübergreifendes) Persönliches Budget beziehungsweise Pflegebudget.

307 Aus meinem Forschungstagebuch: Jede der interviewten Frauen hebt als besonderes Ereignis den Besuch einer Frauenärztin in der zweiten Seminarwoche hervor. Einige der Frauen gehen auf diesen Besuch der Frauenärztin sehr detailliert und mehrmals ein. Auf die Frage, was das Gute an diesem Besuch war, antworteten die Frauen, dass sie einerseits ihre Fragen loswerden konnten und andererseits viele Informationen erhielten, die sie so vorher nicht kannten.

4.5 Soziale Beziehungen behinderungserfahrener Frauen

Zur Entwicklung eines gesunden Selbst- und Identitätsgefühls braucht der Mensch einen sozialen Kontext und soziale Beziehungen. Der Mensch als soziales Wesen ist auf Beziehungen und Interaktionen mit anderen angewiesen. Er bedarf der Beziehungen zur Bedürfnisbefriedigung nach Anerkennung und Zugehörigkeit. Er bewegt sich in Systemen und ihren Subsystemen, deren Bindungen die individuelle Biografie prägen. „Das Angewiesensein auf ‚signifikant andere', auf Kontakte zu und Unterstützung durch andere Menschen läßt soziale Kontakte zu einer Grundvoraussetzung menschlicher Existenz werden." (Wacker u. a. 1998, 243) Gerade „für Menschen mit Behinderungen, die auf Hilfe angewiesen sind, bilden Beziehungen zu anderen Menschen vielfach die Garanten einer selbstständigen Lebensführung." (ebd., 243).
Für die Mehrzahl der Bewohnerinnen und Bewohner stellt der Aspekt „zu einer Familie gehören" einen zentralen Identifikationspunkt in ihrem Leben dar (Wacker 1999, 240).[308] Freundschaften und Partnerschaften sind in unserem Kulturkreis positiv gesteuert, also gewünscht und gewählt (ebd., 241). „Der Kontakt zu Angehörigen und Freunden stellt die Voraussetzung biographischer Kontinuität und sozialer Identität dar." (ebd., 243) Die primären sozialen Beziehungen bilden die Familien, die als primäre soziale Netze meist lokal und regional angesiedelt sind. Somit benötigen Frauen und Männer mit Behinderungserfahrung regionale Wohnangebote, um die primären Beziehungen zu pflegen. Eine überregionale Verteilung in Wohnformen, wie es bis vor kurzem noch üblich war, sowie eine geringe Mobilität erschweren für behinderte Frauen und Männer die Beziehungspflege der primären Kontakte. Aus der allgemeinen Lebenszufriedenheitsforschung ist bekannt, dass Partnerschaften und Freundschaften die Lebenszufriedenheit steigern (Wacker 1999, 247), worauf im Folgenden eingegangen wird.

4.5.1 Freundschaften

Unter Freundschaften sollen im Folgenden freiwillige und wechselseitige Beziehungen, die auf Sympathie gründen und die nicht sexuell motiviert sind, verstanden werden. Freundschaften besitzen für beide Seiten einen subjektiven Wert. Beziehungen zu Freunden und Bekannten außerhalb der Einrichtung stellen ein wichtiges Bindeglied zur Außenwelt dar, besonders wenn in einer Großeinrichtung Kontakte nach außen nicht notwendig erscheinen, da man alles auf dem Einrichtungsgelände vorfindet. Hinzu kommt, dass es sich bei den Wohngruppen überwiegend um Zwangsgemeinschaften handelt, weniger um selbstgewählte und gewachsene Freundschaften, so dass der Wohngruppenalltag oft durch Missverständnisse und Spannungen geprägt ist. Daten verweisen darauf, dass das soziale Netzwerk behinderter Frauen und Männer eingeschränkt ist, sowohl in Bezug auf die Anzahl der Freundinnen und Freunde als auch auf die

[308] Familiale Kontexte der Bewohnerinnen und Bewohner und die Häufigkeit der Kontakte zu Angehörigen wurden von der Forschungsgruppe Wacker u. a. (1998, 244 ff.) erfasst. Dabei zeigt sich auf einer ersten Ebene, dass bei 65,1 % der Bewohnerinnen und Bewohner Beziehungen zu Eltern/Elternteilen vorhanden sind. Davon haben 94,8 % Kontakt zu ihren Angehörigen (ebd., 240).

Qualität der Beziehungen[309] (Bundesministerium für Familien, Senioren, Frauen und Jugend 2005b, 595). Oftmals müssen behinderte Frauen und Männer auf einen Freundeskreis verzichten (ebd., 596).

> „Im Geschlechtervergleich zeigt sich, dass schwerbehinderte Frauen etwas häufiger als schwerbehinderte Männer mehrmals monatlich Besuche von Freundinnen und Freunden oder Verwandten erhielten. Dieses Ergebnis bestätigt sich auch im Vergleich der Frauen und Männer insgesamt: Frauen pflegen etwas häufiger soziale Kontakte als Männer. Schwerbehinderte Frauen und Männer gaben häufiger als leicht und nicht behinderte Personen an, nie Besuch von Freundinnen und Freunden, Nachbarinnen und Nachbarn oder Verwandten zu bekommen, ansonsten ähneln sich die Angaben schwer, leicht und nicht behinderter Frauen und Männer zumindest in Bezug auf die familialen Kontakte." (ebd., 599)

Aus der Studie „Leben im Heim" (Wacker u. a. 1998, 258) geht hervor, dass von den Frauen und Männern mit geistigen und Mehrfachbehinderungen lediglich 32,4 % Freundinnen und Freunde oder Bekannte außerhalb der Einrichtung haben. Auch wenn stabile Beziehungen zu Freundinnen und Freunden auch außerhalb der Einrichtungen gewünscht wird, so zeigt sich eine Diskrepanz zwischen Wunsch und Realität darin, dass nur gut die Hälfte der Bewohnerinnen und Bewohner (ca. 52 %) soziale Kontakte zu Personen außerhalb der Einrichtung hat, und „unter den Menschen mit geistigen und Mehrfachbehinderungen finden sich lediglich 32 % mit Freundinnen, Freunden oder Bekannten außerhalb der Wohneinrichtung" (Wacker 1999, 246). Demgegenüber äußerten sich die Befragten zum Gruppenleben sehr distanziert und berichteten von Belastungen und täglichen Reibereien (ebd.). Echte Freundschaften sind im Gruppenleben selten; meist gibt es Spannungen aufgrund der Zweck- und Zwangsgemeinschaft, das heißt „die Bewohnerinnen leben zwar in Gemeinschaft, aber oft ohne innere emotionale Bindung." (Wacker 2001a, 3)[310]

Eine besondere Form der Beziehung stellt die Partnerschaft dar.

4.5.2 *Partnerschaft und Ehe*

Liebe und Partnerschaft hat für alle Menschen Bedeutung. Für behinderte Frauen hat eine Partnerschaft den gleichen Stellenwert wie für nicht behinderte Frauen auch. In einer glücklichen und zufriedenen Partnerschaft erlebt man sich als attraktiv und begehrenswert, erfährt Unterstützung im Alltag. In Partnerschaften „findet die individuelle geschlechtliche Identität ihren Ausdruck. Sexuelle Aktivität kann an Partnerschaften gebunden sein, sie kann im Kontext von Bekanntschaften auftreten oder in die Institution der Ehe eingebettet sein." (Wacker 1999, 241) Haltungen von Einrichtungsträgern und Mitarbeitenden im Hinblick auf intime soziale Kontakte sind heute zustimmender. Bei einer Befragung äußerten sich knapp 90 % der Mitarbei-

---

309 Im vorliegenden Report wurden hierzu die durch Fragen ermittelte Bereitschaft, persönliche Dinge zu verleihen, und die Besuchshäufigkeit als Indikatoren hinzugezogen.

310 Wacker (1999, 245) ging in ihrer Befragung auch dem Bedeutungsgehalt persönlicher Beziehungen zu Sozialpartnerinnen und Sozialpartnern nach, wobei „die befragten Bewohnerinnen und Bewohner zwar auch wegen der körperlichen Nähe (ca. 35 %), mehr aber wegen der Chance auf vertrauliche Gespräche (ca. 62 %), gemeinsame Unternehmungen (ca.46 %) und Hilfe im Alltag (knapp 40 %)" persönliche Beziehungen schätzen.

terinnen und Mitarbeiter positiv zu der Möglichkeit von Liebesbeziehungen (ebd., 242). Und mehr als 80 % sehen es als gewährleistet, dass die Bewohnerinnen und Bewohner mit einem Partner oder einer Partnerin allein sein dürfen (ebd.).

Das Leben einer Partnerschaft stößt in Institutionen jedoch an vielfältige Grenzen. Aufgrund mangelnder Einzelzimmer müssen Partnerschaften oft öffentlich verhandelt werden, zumindest wenn Intimitäten gewünscht werden (ebd.). Somit unterliegen Partnerschaften einer hohen sozialen Kontrolle (ebd.). Zudem werden die Wohnräume der Bewohnerinnen und Bewohner eher als öffentlicher Raum und weniger als private Wohnstätte von Frauen und Männern mit Behinderung betrachtet (Wacker u. a. 1998, 253), so dass die Problematik besteht, einen Raum für intime Beziehungen zu finden. Noch schwieriger gestaltet sich die Suche nach einem Lebenspartner oder einer Lebenspartnerin. Es fehlen Gelegenheiten des Kennenlernens und Institutionen bieten kaum Gelegenheiten zum Kennenlernen eines Partners oder einer Partnerin, so dass Ideen wie die „Schatzkiste" in Hamburg, eine Partnervermittlung für Frauen und Männer mit Behinderungserfahrung, große Nachfrage erfahren.[311]

> „Die vermutlich elementarsten Einschränkungen finden sich vielmehr darin, daß sich dem und der einzelnen wenig Möglichkeiten eröffnen, einen Lebens- oder Liebespartner zu finden. Benachteiligungen sind mit dem Status des ‚Behindertseins' schlechthin verbunden. Wie von Ferber (1988) und andere ausführen, werden Auswirkungen der Behinderung ‚sichtbar in der Beschränkung der Teilhabe an alters-, geschlechts- und statusspezifischen Sozialbeziehungen'." (ebd., 244)

Lediglich ein gutes Viertel der Menschen mit Behinderung hat eine Partnerin beziehungsweise einen Partner gefunden hält Wacker fest (1999, 243).[312] Und nur in Ausnahmefällen besteht die Möglichkeit, als Paar zusammenzuleben (ebd., 244).

Festzustellen ist, „dass behinderte Menschen in Einrichtungen im Vergleich zur Gesamtbevölkerung wesentlich seltener in Partnerschaften in Paarbeziehungen zusammenleben" (Schopmans 2001b, 75). In Einrichtungen, in denen Männer und Frauen mit geistiger Behinderung leben, wurde mit 20,9 % der größte Anteil der genannten Partnerschaften zwischen Bewohnerinnen und Bewohnern angegeben (ebd, 88). Die bundesweite Studie von Wacker u. a. (1998, 40) zeigt bei der Befragung von 188 Bewohnerinnen und Bewohnern eine Verheiratungsquote von 2,7 %. 87,8 % der befragten Personen sind ledig.[313] Darüber hinaus machten in der Studie von Wacker u. a. (1998, 40) 71,3 % der Interviewpartnerinnen und Interviewpartner die Angabe, dass sie alleine leben. [314] 26,6 % der Befragten gaben an, in einer festen Partnerschaft zu leben.

[311] Zum Angebot der Vermittlung, Beratung und Begleitung durch die Schatzkiste – Partnervermittlung für Frauen und Männer mit Behinderung und zur Bedeutung einer fürsorglichen Begleitung des Prozesses vergleiche Bernd Zemella (2003, 22 f.).

[312] Laut der Studie des LWV Hessen (1993, 19) sind nur 38,2 % der Frauen mit Behinderung, aber 75,3 % der behinderten Männer verheiratet.

[313] Vergleiche zu den Bedingungen der Studie Fußnote 256.

[314] Diese hohe Quote des alleine Lebens/ledig Seins stellt sich hier für den Personenkreis der Frauen und Männer mit sogenannter geistiger Behinderung extrem dar. Ein Vergleich zum Familienstand der 18 bis 60-jährigen körper-/sinnesbehinderten und nicht behinderten Frauen und Männer in West- und Ostdeutschland findet sich in der Studie Live (Eiermann/Häußler/Helfferich 2000, 46). So liegt die Verheiratungsquote für körperbehin-

Betrachtet man die Wirkungszusammenhänge im Kontext der „Lebenszufriedenheit“ so zeigt die Studie, dass die Zufriedenheit der Interviewpartnerinnen und Interviewpartner in festen Partnerschaften (76,6 %) über 10 % höher liegt als die der Singles (66,6 %) (ebd., 293).
Die Zwangsgemeinschaft der Wohngruppen und die einseitige Orientierung am Gruppenleben sowie restriktive Regeln des Zusammenlebens stellen weitere Erschwernisse für eine gelebte Partnerschaft behinderter Frauen und Männer dar. In Verkehrung der „modernen“ Lebensform des „living apart together“ ließe sich nach Wacker (1999, 247) „das Leben der Heimbewohner als „living together apart“ bezeichnen, man liebt sich nicht, lebt aber zusammen.“ Man arrangiert sich bestenfalls in der bestehenden Wohnform.
Das Thema Ehe wird im Kontext einer geistigen Behinderung sehr kontrovers diskutiert. Die Voraussetzung zur Eheschließung ist nach deutschem Recht an die Ehefähigkeit geknüpft, die mit der Volljährigkeit besteht, sofern nicht eine Geschäftsunfähigkeit besteht, die wiederum per Gerichtsbeschluss festgestellt werden muss.
Eine Teilliberalisierung der Ehe macht sich dabei an den Konstruktionen wie der Beschützten Ehe (Schröder 1977 zit. in Walter ^{6}2005a, 292)[315] und dem „Treuegelöbnis“, einer Art kirchlicher Segnung der Partnerschaft ohne Rechtsansprüche, fest. (ebd.).
In ihrem Grundsatzprogramm fordert das Netzwerk People First Deutschland e.V. (2004, 10), das Recht, eine Beziehung zu haben, das Recht auf Sexualität und auf eigene Kinder sowie Hilfen und Unterstützung bei der Erziehung ihrer Kinder.
Im Kontext von Empowerment sollten Professionelle bei auftretenden Schwierigkeiten und Konflikten in einer Partnerschaft begleitend zur Seite stehen, bei Kommunikationsproblemen moderieren wie auch Anregungen zur Pflege der Partnerschaft bieten. Frauen mit Behinderungserfahrung brauchen oft eine dauerhafte, zuverlässige Begleitung ihrer Partnerschaften durch Professionelle, wobei die Herausforderung darin liegt, nicht höhere Maßstäbe an das Gelingen der Partnerschaft behinderter Frauen und Männer zu stellen als Professionelle es sonst tun würden. „Der Weg zur Individualisierung würde größere Chancen und eine größere Wahlfreiheit beim Eingehen und Aufrechterhalten von persönlichen Liebesbeziehungen und Freundschaften voraussetzen. Für Emanzipation bedarf es der Erfahrung mit dem Gelingen und Mißlingen zwischenmenschlicher Beziehungen.“ (Wacker 1999, 249)

---

derte und sinnesbehinderte Frauen bei 66,5 % und für behinderte Männer bei 75 % (ebd.). An den aktuellen Zahlen wird eine „Trendwende“ deutlich: „Bezogen auf die gesamte Bundesrepublik Deutschland sind Frauen mit Behinderung häufiger verheiratet als Frauen ohne Behinderung.“ (ebd.) Dabei sagen die Verheiratungsquoten nichts über die Qualität der Ehe aus und die Zahl der gelebten Partnerschaften ohne Trauschein wird nicht berücksichtigt.

315 „Beschützte Ehe meint also die herkömmliche Institution Ehe mit eventuellen Einschränkungen, aber vor allem mit dem Zusatz, dass sie über das übliche Maß hinaus besonderer Förderung und eines besonderen Schutzes bedarf. (...) Beschützte Ehe ist nicht nur ein Arbeitstitel, sondern ein Normalisierungsprogramm, ein Grundrecht und eine anthropologische Herausforderung. Beschützte Ehe, das ist eine Lebensgemeinschaft zweier geistig behinderter Menschen. Sie können in einem kleinen Apartment innerhalb einer fürsorglichen Institution oder auch in der Wohnung eines normalen Miethauses leben ... locker, betreut durch einen Sozialarbeiter (...) der darauf achtet, dass die Behinderten zu ihrem Recht kommen und der gleichzeitig verhindert, dass geistig behinderte Ehepaare skrupellos ausgenutzt und betrogen werden (Schröder 1977, 70 ff.).“ (Treiber 2004)

> Vielleicht sind „mit dem Heiratswunsch zwei vitale Bedürfnisse verbunden: ‚Das Bedürfnis, eine persönliche Beziehung durch ihre soziale Anerkennung zu festigen, und das Bedürfnis, durch Selbstständigkeit in der Lebensgestaltung den Nachweis der eigenen Normalität zu erbringen.' (Wendeler 1992, 92) Für Frauen mit geistiger Behinderung heißt Heiratenwollen also, die Normalität als Frau anzustreben: Frau eines Mannes zu sein und wie andere Frauen auch Familie und Kinder zu haben und daraus ihre soziale Anerkennung zu gewinnen." (Friske 1995, 94)

Friske (1995, 97) teilt die feministischen Analysen über die traditionell bürgerliche Ehe als tragende Säule des Patriarchats und will die Frauen nicht in die Ehe drängen. Wohl aber sollte man sich ihrer Meinung nach bewusst machen, was der praktische Ausschluss einer Gruppe von Frauen von der Ehe für diese Frauen bedeutet.

4.5.3 *Die selbstbestimmte Verwirklichung von Sexualität*

Die Forderung nach Selbstbestimmung bezieht den Bereich „sexuelle Selbstbestimmung" mit ein, wobei hier eine große Kluft wahrzunehmen ist zwischen der Forderung und den Möglichkeiten für Menschen mit Behinderung, Sexualität zu leben. Sexualität zu erleben ist ein Persönlichkeitsrecht und Merkmal der Persönlichkeitsentwicklung jedes Menschen. Zärtlichkeit und Zuneigung sowie körperliche Nähe und Berührung sind Grundbedürfnisse jedes Menschen. Sexualität bezieht sich hierbei auf positiv erlebte Sexualität und ist ein Grundbedürfnis, das Wohlbefinden erzeugt. „Alle Menschen müssen ein Recht auf Sexualität haben. Und zwar auf die, die alle Beteiligten wollen, und nicht auf die, die andere für sie vorsehen." (Ruhm 1997, 62) „Partnerschaft, Liebe und Sexualität sind wesentliche Bestandteile im Leben eines jeden Menschen. Sexualität ist Ausdruck des Grundbedürfnisses nach Beziehung zu anderen Menschen und darf nicht mit der Einengung auf genitale Sexualität verwechselt werden." (Noack/Schmid ^{2}1996, 48)
Übereinstimmend wird Sexualität als „Grundbedürfnis menschlicher Daseinsgestaltung" angesehen, oftmals findet jedoch eine Fixierung oder Reduzierung auf Genitalsexualität statt.
Das Thema „Sexualität und geistige Behinderung" wurde in den letzten Jahren kontrovers diskutiert, wobei heute Männern und Frauen mit geistiger Behinderung das grundsätzliche Recht auf Sexualität kaum noch abgesprochen wird (Hensle/Vernooij ^{6}2000, 292). Das Thema „Sexualität" wird im Zusammenhang mit „Behinderung" häufig pädagogisiert und therapeutisiert sowie von unterschiedlichen Mythen über Behinderung und Sexualität begleitet (Mattke 2004, 47). Dabei fällt auf, dass der Begriff Sexualität im Kontext von Frauen und Männern mit sogenannter geistiger Behinderung oft einseitig reduziert wird.
Beim Terminus Sexualität handelt sich um einen komplexen Begriff, daher gibt es keine feststehende Definition von Sexualität. Jede und jeder füllt den Begriff individuell. Geht man von einem engen Begriffsverständnis aus, so ist mit Sexualität nur die Fortpflanzung gemeint. Ein weites Begriffsverständnis von Sexualität schließt liebevolle Zuwendungen, Zärtlichkeiten bis hin zu Genitalsexualität ein (Hensle/Vernooij ^{6}2000, 293). Aspekte der Erotik, Zärtlichkeit und der Fortpflanzung stehen in Verbindung zueinander und je nach Lebensphase kann der eine

oder andere Aspekte mehr in den Vordergrund treten (Weinwurm-Krause 1994, 6). Ein umfassendes Verständnis von Sexualität formuliert die amerikanische Sexualtherapeutin Offit (zit. in Hensle/Vernooij ^{6}2000, 294):

> „Sexualität ist, was wir daraus machen. Eine teure oder billige Ware, Mittel zur Fortpflanzung, Abwehr gegen Einsamkeit, eine Form der Kommunikation, ein Werkzeug der Aggression (der Herrschaft, der Macht, der Strafe und der Unterdrückung), ein kurzweiliger Zeitvertreib, Liebe, Kunst, Schönheit, ein idealer Zustand, das Böse oder das Gute, Luxus, oder Entspannung, Belohnung, Flucht, ein Grund der Selbstachtung, eine Form der Zärtlichkeit, eine Art der Rebellion, eine Quelle der Freiheit, Pflicht, Vergnügen, Vereinigung mit dem Universum, mystische Ekstase, Todeswunsch oder Todeserleben, ein Weg zum Frieden, eine juristische Streitsache, eine Form, Neugier und Forschungsdrang zu befriedigen, eine Technik, eine biologische Funktion, Ausdruck psychischer Gesundheit oder Krankheit oder einfach eine sinnliche Erfahrung (Offit 1979, 16)." (ebd.)

Diese Definition ist nicht ganz unumstritten, jedoch liegt ihr Gewinn darin, die Bedeutungsvielfalt von Sexualität aufzuzeigen und verweist darauf, dass „es keine besondere Sexualität geistigbehinderter Menschen geben kann" (Walter ^{6}2005d, 35).[316]

Der Sexualität kommen vier Funktionen zu:

1. Selbstfindungsfunktion und Identitätsaspekt (Entwicklung einer eigenen Identität)
2. soziale Funktion und Beziehungsaspekt (kommunikative und kooperative Aspekte)
3. Lustfunktion und Lustaspekt (Leidenschaft, Kraftquelle, Lusterleben am eigenen Körper) und
4. Fortpflanzungsfunktion und lebensschöpferischer Aspekt (Arterhaltung und Erzeugung neuen Lebens (Hensle/Vernooij ^{6}2000, 297; Friske 1995, 121 f.).

Schildmann (2000a, 129) verdeutlicht, dass mit Beginn der Integrationspädagogik „die gesellschaftlichen Einstellungen der Sexualität behinderter Menschen teilliberalisiert [wurden], d. h. behinderten Menschen wurden Sexualleben und Partnerschaften zugestanden, aber Schwangerschaft und Mutterschaft blieben noch bis weit in die 80er Jahre hinein tabuisierte Themen." Die Tabuisierung von Schwangerschaft und Mutterschaft wirkt noch bis heute für Frauen mit geistiger Behinderung.[317] Die Verwirklichung von Sexualität aus Sicht behinderter Frauen und ihr Kinderwunsch ist kaum ein öffentliches Thema.[318] „Behinderte Frauen werden selten als weibliche Wesen gesehen, oft werden sie als ‚Geschlechtsneutren' behandelt. Obwohl ihnen häufig eine eigene Sexualität abgesprochen wird, sind sie gleichzeitig nicht vor sexueller Ausbeutung geschützt." (Schatz 1996, 21)

---

[316] Hensle und Vernooij (^{6}2000, 294) machen darauf aufmerksam, dass in der Arbeit mit Menschen mit geistiger Behinderung eine auffallende Betonung des weit gefassten Verständnisses festgestellt werden kann, die einerseits die Diskussion erheblich entschärft, andererseits aber auch zu einer Verharmlosung im Sinne einer diffusen Aufweichung des Begriffs beiträgt.

[317] Dabei wurden viele Aspekte und Fragestellungen schon in den 1980er/1990er Jahren in Fachkreisen und unter Eltern thematisiert, deren Beiträge in der mittlerweile 6. unveränderten Auflage von Joachim Walter (^{6}2005c) herausgegeben wurden.

[318] Wie Männer mit Behinderung mit ihrem Bedürfnis nach Sexualität umgehen, wird in der Öffentlichkeit häufiger thematisiert (vgl. Sensis, Filme wie uneasy rider, Diskussionsrunden im Fernsehen). Lothar Sandfort (2003, 214) merkt an dieser Stelle an, dass erst seit kurzem das Thema Erotik und Sexualität öffentlich und innerhalb der Behindertenbewegung unter dem neuen Stichwort „Sexual-Begleitung/Prostitution" diskutiert wird. Auch wenn drei bedeutende deutschsprachige Bücher zum Thema Körperlichkeit und Rollenzuweisung von Frauen stammen, war das Thema Körperlichkeit und Sexualität nach den aktiven Jahren der „Bewegungs-

So hat die Bundesvereinigung Lebenshilfe für Menschen mit geistiger Behinderung e.V. die Ausgabe „Lust und Liebe“ März 2005 ihres Magazins der Lebenshilfezeitung nicht wie üblich beigelegt, sondern das Magazin war über das Internet oder den Postweg erhältlich.[319] Die in der folgenden Ausgabe veröffentlichten Leserbriefe machten den Unmut darüber deutlich. Wenn sich schon die Bundesvereinigung Lebenshilfe bei solch einem Thema für diese ungewöhnliche Herausgabe entschieden hat, wer thematisiert das Thema dann in der Öffentlichkeit?[320]
Ausgehend von der Annahme, dass Sexualität ein Lernphänomen ist, wird der Lernprozess durch unterschiedliche Faktoren beeinflusst. Dies sind nach Hensle und Vernooij (^{6}2000, 306 ff.) 1. Vorurteile mit der Tendenz zu einer Erziehung zur Geschlechtslosigkeit, 2. familiale Bedingungen, so dass zum Beispiel keine geschlechtsspezifischen Erwartungen an das behinderte Kind gestellt werden und 3. institutionelle Bedingungen baulicher und struktureller Art, die zu einer Ghettoisierung führen, sowie sexualfeindliche Normensysteme.[321] Eine fehlende Intimsphäre erschwert in vielen Einrichtungen das Erleben von Sexualität.
Sexualität muss innerhalb von Beziehungen immer wieder ausgehandelt werden, was eine gleichberechtigte Paarbeziehung voraussetzt. Da dieser Aushandlungsprozess oft schon für nicht behinderte Frauen erschwert ist, stellt es für Frauen mit geistiger Behinderung vermutlich eine noch größere Hürde dar.[322]
Homosexuelle Lebensformen behinderungserfahrener Frauen und Männer werden noch seltener thematisiert, was zugleich Ausdruck für eine geringe Akzeptanz sein kann. Friske (1997, 44) beschreibt, dass die ihr bekannten Frauen sich mit ihrer Freundin nicht als Paar erleben und auch von ihrer Umwelt nicht als Paar erkannt, geschweige denn anerkannt werden. „Als Lesbe mit geistiger Behinderung zu leben, würde den vielfältigen Diskriminierungen noch eine weitere hinzufügen.“ (ebd., 45)
Eine am Empowermentkonzept orientierte Sexualpädagogik umfasst somit viele Aspekte. Entscheidend ist die Bewusstheit, dass die Haltung und Einstellung der Professionellen zum Thema Sexualität den Umgang der Frauen und Männer mit Behinderungserfahrung mit dem Thema prägt. „Sexualität mit einem Mann wird als einzig lebbare Form vermittelt, um Lust leben zu können. Behinderte und ‚nicht‘ behinderte Mädchen und Frauen lernen nicht, wie viele

Gruppen“ absolut privat geworden (ebd.).

[319] Statt einer üblichen Auflage von 125.000 Heften wurde die Ausgabe „Lust und Liebe“ nur 30.000-mal gedruckt (Kobinet-nachrichten.org (o. J.)) Der Weg der Bestellung stellt meines Erachtens eine weitere Barriere für Leserinnen und Leser mit der Zuschreibung geistige Behinderung dar.

[320] In der Lebenshilfe-Zeitung 1/2005 begründen die Herausgeber ihre Vorgehensweise damit, dass im Magazin neben dem Thema Sexualität auch Hinweise zum Schutz vor Aids oder die Verhütung von Schwangerschaften angesprochen werden. Da das Magazin in einfacher Sprache verfasst und viel visualisiert wird, kommt man bei den Zeichnungen um die Darstellung „nackter Tatsachen“ nicht herum. Da es sich um eine Zeitungsbeilage handelt, die jedes Mitglied unaufgefordert erhält und die nicht als erkennbare Aufklärungsbroschüre gilt, könnten sich Leserinnen und Leser belästigt fühlen (Lebenshilfe-Zeitung 1/2005, 11).

[321] Im Gesamtzusammenhang können diese Bedingungen sowie die Sexualfeindlichkeit zu einer sekundären sozialen Behinderung führen, die das Wohlbefinden der oder des Einzelnen stärker beeinflusst als die primäre Behinderung (Walter 1996, 31 zit. in Hensle/Vernooij ^{6}2000, 310).

[322] An dieser Stelle können keine Ausführungen zu Gewaltsituationen in Ehen behinderter oder nichtbehinderter

Möglichkeiten es gibt, die Sinne anzuregen und sich Lust zu verschaffen." (Kuhne/Mayer 1993, 103) Es gilt daher, die individuellen Bedürfnisse der behinderungserfahrenen Frauen zu achten und im pädagogischen Alltag aufzugreifen.

> „Menschliche Sexualität hat eine weibliche und eine männliche Seite. Die geschlechtsspezifischen Besonderheiten begegnen uns als Bedingungen von Sexualpädagogik in jeder Alltagssituation pädagogischer Praxis. In diesem Sinne ist es die Aufgabe der Sexualpädagogik ein flexibles Rollenverständnis (von ‚typisch männlich' bis ‚typisch weiblich') zu ermöglichen." (Plaute 2006, 505)[323]

Da intime und geschützte Räume zum Ausleben von Sexualität fehlen, stellt die Schaffung dieser Räume eine weitere Aufgabe dar. Einer sexualpädagogische Begleitung, die sich an einer emanzipatorischen Sexualpädagogik orientiert, kommt besondere Bedeutung zu. Des Weiteren bedarf es vielfältiger Erwachsenenbildungsangebote, die unter anderem den Themen der Selbstbefriedigung, partnerschaftlichen Sexualität und Fragen der Verhütung Raum geben. In diesem Rahmen gewinnen auch Peer-Modelle wie zum Beispiel des Hamburger Vereins Mixed Pickles e.V. an Bedeutung.[324]

Exkurs: Sexualassistenz und Sexualbegleitung

Mit dem Thema Sexualität sind insbesondere aus Sicht körperbehinderter Frauen und Männer auch Fragen der Sexualassistenz beziehungsweise Sexualbegleitung verbunden, also der passiven und aktiven Hilfe zur Sexualität, wo diese selbstständig zum Beispiel aufgrund körperlicher und motorischer Einschränkungen nicht möglich ist. Die bestehenden Dienste bieten unterschiedliche Sexualassistenz an bis hin zur Ausübung genitaler Sexualität. Schnell drängen sich bei diesem Angebot Fragen nach der Helferrolle sowie Macht- und Abhängigkeitsverhältnissen auf. Daher werden mancherorts an die Qualifikation der Sexualassistenten, die aktive Hilfestellungen geben, Bedingungen formuliert, wie die Gewährleistung der Freiwilligkeit und einer kontinuierlichen Reflexion sowie Möglichkeiten der Supervision bereitgestellt (Wunder 1990, 19 zit. in Hensle/Vernooij ^{6}2000, 315).

In einem umfassenden Verständnis formuliert die „Fachstelle Behinderung und Sexualität in Basel" (fabs) die Sexualassistenz:[325]

> „Sexualassistenz schafft einerseits konkrete Voraussetzungen für die Verwirklichung selbstbestimmter Sexualität z. B. durch Sexualagogik und/oder Sexualberatung, durch Informationen über Praktiken, durch Beschaffung von Materialien und Hilfsmitteln, durch die Besorgung von Videos oder/und Sexualspielzeugen. Andererseits meint sie Dienstleistungen im sexuellen/erotischen Bereich, bei denen die SexualassistentInnen in die sexuelle Interaktion

---

Frauen erfolgen.

[323] Dies ist eine der wenigen Stellen, an der Plaute von Frauen und Männern spricht, was meines Erachtens gerade bei dem Thema jedoch durchgehend erforderlich wäre und eine Differenzierung ermöglichen könnte, wenn hier nicht nur von den Menschen mit geistiger Behinderung gesprochen wird.

[324] Im Rahmen einer Seminarreihe „Liebe, Lust und Stress" haben behinderte Mädchen Broschüren in leichter Sprache erstellt und sich dabei überlegt, was andere Mädchen interessieren könnte.

[325] Die Fachstelle Behinderung und Sexualität wurde im Mai 2006 eröffnet und wird von Aiha Zemp geleitet. Dabei versteht sich die Fachstelle als Vermittlungsstelle für die Dienstleistungen, denn nicht alle Sexualassistentinnen und Sexualassistenten bieten alles an.

> aktiv miteinbezogen sind. Sie bieten erotische Massagen an, direkte Hilfestellungen bei Masturbation (z. B. Handentspannung), jegliche Form des aktiven ‚Hand-Anlegens' bis hin zum Geschlechtsverkehr." (Fabs-online.ch (o. J.))

Solche Angebote sollen vor allem Männer und Frauen mit Körperbehinderung ansprechen und Möglichkeiten aufzeigen, „die eigene Körperlichkeit besser annehmen zu können und eine befriedigte Sexualität für sich zu finden" (Senger 2002, 71). Der Körper-Kontakt-Service *Sensis* bietet die Möglichkeit, Zeit und Ruhe für das Ausleben von Sexualität zu gewährleisten und Wege und Möglichkeiten aufzuzeigen, die eigene Sexualität zu erleben sowie Berührungen als wohltuendes zwischenmenschliches Ereignis erfahrbar zu machen (Senger 2001, 44 f.). [326]
Kalle Krott und Joachim Walter (2007, 307 f.) unterscheiden passive Assistenz, aktive Assistenz und Sexualbegleitung. Während passive Assistenz der Aufklärung über sexuelle Praktiken und der Beratung dient, werden unter aktiver Assistenz „alle Formen von Unterstützung, bei denen AssistentInnen in eine sexuelle Situation handelnd einbezogen sind" (ebd., 308) gefasst. Hingegen meint im Verständnis dieser Autoren Sexualbegleitung die „aktive Sexualassistenz gegen Honorar durch professionelle Dienste oder Personen" (ebd.). Ein Geschlechtervergleich zeigt: „Behinderte Frauen suchen im Gegensatz zu behinderten Männern eher Zärtlichkeit im Sinne von Wärme/Geborgenheit, von Streicheln/Kuscheln. Sie haben mit Sexualität eher keine Erfahrung und sind daher oft sehr unsicher." (Bischoff 2001, 52) Auch Senger (2002, 75) macht die Erfahrung, dass sich besonders Frauen einen Austausch im Gespräch wünschen, und es für sie viel schwieriger ist, Vertrauen zu haben und sich auf einen Körper-Kontakt-Termin einzulassen.[327] Die Flirtseminare von „Sensis" wurden durch behinderte Frauen angeregt (ebd.).[328] Dass nur wenige behinderte Frauen den Körper-Kontakt-Service nutzen, könnte nach Gabriele Bischoffs (2001, 52) Ansicht daran liegen, dass die Frauen sich vielmehr einen festen Partner wünschen und möglicherweise ihr Schamgefühl größer ist als das der behinderten Männer. „Vielleicht stellen Frauen ihre Wünsche nach Körperlichkeit und Sexualität auch eher zurück. Eine Erklärung wäre unter anderem die Tatsache, dass behinderte Frauen von ‚Haus aus' der Wunsch nach Sexualität eher abgesprochen bzw. gar nicht erst thematisiert wird." (ebd.) Zunehmend wird das Thema Sexualassistenz und Sexualbegleitung auch für Frauen und Männer mit sogenannter geistiger Behinderung thematisiert. Ein zentrales Kriterium auf die Frage, ob ihnen Sexualassistenz angeboten werden soll, ist die freie Entscheidung der betreffenden Frau oder des betreffenden Mannes (Krott/Walter 2007, 308).

---

[326] Sensis bietet auch Beratung und Fortbildung sowie Flirtseminare an. Erfahrungen mit dem Körperkontaktservice Sensis der Interessengemeinschaft für Behinderte e.V. (IFB) in Wiesbaden aus Sicht behinderter Frauen zeigen, dass der Körperkontaktservice nur von 5 % bis 6 % weiblichen Kundinnen genutzt wird, wobei diese wenigen Frauen sich überwiegend Kontakt mit einem männlichen Sensis-Mitarbeiter wünschen (Bischoff 2001, 52).

[327] Ein Körper-Kontakt-Termin dauert bei Sensis mindestens 60 Minuten und soll körper- und geistig behinderten Menschen die Möglichkeit bieten, körperliche Nähe und Sexualität in entspannter Atmosphäre zu erleben (Senger 2002, 71). Dazu gehört, „dass sie Hautkontakt mit der/dem MitarbeiterIn erfahren, dass sie zum Orgasmus geführt werden bzw. ihren ‚Pseudoorgasmus' herausfinden können" (ebd., 73).

[328] Senger hingegen berichtet, dass das regionale Flirtseminar sich mittlerweile zu einem Kennenlerntreff entwickelt hat, Frauen jedoch dieses Angebot nur in geringer Zahl annehmen (2002, 77 f.). Daher möchte sie über ein Schönheitspflegeseminar den Frauen Mut machen, an einem Flirtseminar teilzunehmen (ebd., 78).

Empfängnisverhütung und Sterilisation

Wie auch bei nicht behinderten Frauen liegt bei Frauen mit Behinderungserfahrung die Verantwortung der Empfängnisverhütung meist bei den Frauen. Der Sterilisation geistig behinderter Frauen wurde oft der Vorzug vor anderen Methoden der Empfängnisverhütung gegeben, weil sie eine dauerhafte und völlige Sicherheit vor Schwangerschaft bietet (Pixa-Kettner 1991, 60). Dabei ersetzte eine Sterilisation meist Aufklärung und Beratung.

Für alle Personen gilt, dass eine Sterilisation nur bei Einwilligung und Einverständnis der betroffenen Person legitim ist. Menschen mit sogenannter geistiger Behinderung haben oftmals eine/n gesetzliche/n Betreuerin/Betreuer.

Seit der Gesetzesänderung des Betreuungsgesetzes (BGB) vom 1. Januar 1992 bedarf es der Einwilligung des oder der Betroffenen, das heißt, eine Sterilisation gegen den Willen eines Betroffenen ist strafbar. Eine Zwangssterilisation und die Sterilisation Minderjähriger sind somit verboten. Mit der Gesetzesänderung wurde der Begriff der „Einwilligungsunfähigkeit" eingeführt, woran sich vor allem die Kritik festmacht. Die Bedingungen für eine Sterilisation nicht einwilligungsfähiger Personen werden in § 1905 BGB geregelt. So müssen andere Methoden der Empfängnisverhütung nicht möglich sein und die Einwillungsunfähigkeit auf Dauer bestehen. Die gesetzliche Betreuerin/der Betreuer braucht eine zusätzliche Genehmigung durch das Vormundschaftsgericht.[329]

In der Diskussion wird wenig bedacht, dass die „Sterilisation ein elementarer Eingriff in die persönliche und körperliche Integrität der Frau ist" (Friske 1997, 49).

Häufig wurde und wird eine Sterilisation zum Beispiel von Angehörigen als Schutz vor sexueller Gewalt betrachtet, so dass mit dem neuen Betreuungsgesetz auch der Sterilisation Minderjähriger vorgebeugt werden soll. Letztlich beugt eine Sterilisation nur den Folgen sexueller Gewalt vor, schützt jedoch nicht vor sexueller Gewalt selbst.

Da sexualisierte Gewalt meist von Tätern aus dem sozialen Nahraum ausgeübt wird, hat „eine bekanntgewordene Sterilisation deshalb eher einen gewissen Aufforderungscharakter im Sinne eines ‚Freibriefes' zum nun als folgenlos eingeschätzten sexuellen Mißbrauch. Aus diesen Gründen ist von einer Verführungsprophylaxe durch Sterilisation dringend abzuraten" (Walter [6]2005b, 371) und eine sexualpädagogische Aufklärung und aktive Sexualpädagogik entgegenzusetzen. Auch nach einer Sterilisation ist die „pädagogische Verpflichtung zu verantwortlicher Sexualerziehung" (ebd., 373) nicht erloschen und „eine ‚begleitende Hilfe' bei der psychischen Verarbeitung des operativen Eingriffs" (ebd.) ebenso sinnvoll. Resümierend lässt sich festhalten, dass Frauen mit Behinderungserfahrung weiterhin mit der Tradition der Sterilisation konfrontiert werden, die weitere Probleme wie sexualisierte Gewalt nach sich ziehen kann (Schildmann 2007, 142).

[329] Auf die weiteren Kriterien des § 1905 BGB und das gerichtliche Verfahren der Sterilisationsgenehmigung kann an dieser Stelle nicht eingegangen werden. Ebenso wenig kann hier die Kritik und der erforderliche Nachbesserungsbedarf breiter dargestellt werden.

Pixa-Kettner (1991, 61) ist verwundert, „daß es sich um ein Gesetz handelt, das offenkundig nur auf Frauen anwendbar ist" und somit die gesamte Last der Empfängnisverhütung den geistig behinderten Frauen aufgebürdet wird.[330] Dabei haben Frauen und Männer mit Behinderungserfahrung „dasselbe Recht auf moderne Verhütungsmethoden wie alle anderen Menschen" (Plaute 2006, 508). In die Kontrazeptionsberatung sollten daher Männer gleichermaßen einbezogen werden, da Empfängnisverhütung auch ein Thema des Mannes ist (ebd., 508).

Schwangerschaftsabbruch

Die Möglichkeiten zum Schwangerschaftsabbruch sind in § 218a des StGB geregelt. Da es weder eine Meldepflicht noch eine Unterscheidung von Abbrüchen bei nicht behinderten und behinderten Frauen gibt, liegen meines Wissens keine Zahlen zum tatsächlichen Stand der Schwangerschaftsabbrüche von Frauen mit Behinderungserfahrung vor. Die vielfältigen subtilen Beeinflussungsprozesse auf behinderte Frauen mit Kinderwunsch sind im deutschsprachigen Raum nicht dokumentiert, zugleich fehlen einschlägige qualitative Studien.[331] Adäquate Beratungs- und Begleitangebote insbesondere zur Bewältigung der Trauer nach einem erfolgten Schwangerschaftsabbruch fehlen hier genauso wie für nicht behinderte Frauen.

4.5.4 *Kinderwunsch und Mutterschaft von Frauen mit geistiger Behinderung*

Lange Zeit wurde die Ehe- und Partnerschaftsfähigkeit der Frauen und Männer mit sogenannter geistiger Behinderung diskutiert und der Lebensbereich Sexualität war vielen Frauen und Männern mit Behinderungserfahrung lange verschlossen. Die von der Gesellschaft erwartete Reproduktionsarbeit wird Frauen mit Behinderung abgesprochen beziehungsweise die Fähigkeit dazu wird angezweifelt.

Im Zuge der Selbstbestimmungs- und Normalisierungsdebatte wird nun auch das uneingeschränkte Recht auf eigene Kinder gefordert, wo lange Zeit galt, dass die Elternschaft geistig behinderter Frauen und Männer zu vermeiden sei. Die „Kinderfrage" in Bezug auf Frauen und Männer mit Behinderungserfahrung ist immer noch häufig ein Tabuthema, auch wenn es seit einigen Jahren vermehrt Beratungs- und Unterstützungsangebote für (werdende) Eltern mit Behinderungserfahrung gibt. Dabei handelt es sich um ein wenig erforschtes Thema, zu dem im deutschsprachigen Raum nur einige wenige wissenschaftliche Studien (Pixa-Kettner u. a.) existieren. Dies verdeutlicht den Mangel an konzeptionell fundierten Angeboten und Forschungsarbeiten, gepaart mit Berührungsängsten seitens mancher Professioneller. Mitglieder des Netzwerks People First Deutschland e.V. und des Projekts „Wir vertreten uns selbst" beru-

[330] Pixa-Kettner verweist zu Recht auf folgenden Sachverhalt. Eine Sterilisation ist – wie medizinisch absolut unstrittig – bei Männern wesentlich einfacher und unkomplizierter durchführbar als bei Frauen und könnte zum Beispiel in einer gelebten Partnerschaft zweier Menschen mit Behinderungserfahrung ohne Kinderwunsch eine Möglichkeit der Empfängnisverhütung wie bei nicht behinderten Männern in Partnerschaften auch sein.

[331] Friske (1995, 150 f.) fasst das Thema „Schwangerschaftsabbruch" unter Gewalt, den auch wenn ein Abbruch ohne Einwilligung der Frau rechtlich nicht möglich ist, so müssen Frauen mit so genannter geistiger Behinderung darum kämpfen, dass ihre Schwangerschaft nicht abgebrochen wird.

fen sich auf das Recht aller Menschen, Kinder zu bekommen und großzuziehen, und fordern diesbezüglich Unterstützung ein. In ihrem Grundsatzprogramm heißt es: „Menschen mit Lernschwierigkeiten haben das Recht, Kinder zu haben. Menschen mit Lernschwierigkeiten müssen Unterstützung bekommen können, wenn sie Hilfe bei der Erziehung ihrer Kinder brauchen.“ (Netzwerk People First Deutschland e.V. 2004, 10).

Rechtsgrundlage für die Diskussion um die Elternschaft behinderter Frauen und Männer ist nach Artikel 6 des Grundgesetzes das Recht auf Elternschaft, das heißt aus juristischer Sicht ist im Grundgesetz das Recht auf das eigene Kind verankert. Demgegenüber wird in § 1666 BGB die Vorschrift für den Kinderschutz bei Gefährdung des Kindeswohls[332] geregelt. In Paragraph § 1666a des BGB wird den öffentlichen Hilfen vor der Trennung von Eltern und Kind Priorität eingeräumt. Erst wenn sämtliche andere Maßnahmen (wie die der öffentlichen Jugendhilfe) erfolglos geblieben sein sollten, ist die Trennung des Kindes von den Eltern beziehungsweise der Familie zulässig.[333]

Ein Blick auf die Kinderwunschmotive geistig behinderter Frauen zeigt, dass diese sich nicht von denen nicht behinderter Frauen unterscheiden (Klomann 1994), es werden jedoch andere Akzentuierungen und zusätzliche Motive deutlich. Annette Klomann (ebd., 33) verdeutlicht auch, dass die bewusste Auseinandersetzung mit dem eigenen Kinderwunsch eher selten ist und es nur dann zu einer offenen Diskussion in der Partnerschaft kommt, wenn unterschiedliche Meinungen zum Kinderwunsch bestehen. Eine niederländische Studie von Joha (2004) zeigt, dass einige Frauen und Männer mit geistiger Behinderung einen Kinderwunsch haben, um sich nicht weiter weniger wert zu fühlen (zit. in Franze 2005, 49). Joha stellt einen Bedürfniskatalog für die Begleitung von (werdenden) Müttern auf, dessen Grundlage daher eine die Persönlichkeit stärkende Erziehung und aufgeschlossene und ehrliche Sexualerziehung beinhaltet (ebd.).

> „Die Erfüllung des Kinderwunsches kann Bestätigung der eigenen Normalität bedeuten und damit die abgelehnte Behinderung kompensieren helfen. Das eigene Kind, so wird unbewusst fantasiert, erwirke die Ablösung von den Eltern und öffne das Tor zur Welt der nichtbehinderten ‚Normalen‘. Oft wird von BetreuerInnen in Wohnstätten zudem gedroht, wenn sie ‚mit einem Kind kämen‘, müssten sie das Heim verlassen. Aber genau das wollen sie ja gerade.“ (Walter 2001, 38)

Auch Ursula Pixa-Kettner (1991) setzt sich mit den Kinderwunschmotiven geistig behinderter Frauen auseinander. „Frauen können sich z. B. Kinder wünschen, um sich bestimmte Erlebnisse und Erfahrungen zu verschaffen, die ihnen auf anderem Wege (vielleicht) nicht zugänglich wären.“ (ebd., 63) Sie führt in Anlehnung an Berninghausen Kinderwunschmotive an, die im Zusammenhang des Kinderwunsches geistig behinderter Frauen besondere Bedeutung erhalten. Es geht dabei um „die Verbesserung des Selbstwertgefühls, um die Erlangung eines bestimm-

332 Anzumerken sei hier, dass der Begriff des Kindeswohls schwer zu fassen und nicht einheitlich definiert ist.

333 Auf die Feinheiten und Schwierigkeiten der rechtlichen Fragen im Zusammenhang der Elternschaft von Frauen und Männern mit Behinderungserfahrung kann hier nicht näher eingegangen werden. Daher wird auf die Ausführungen von Annette Vlasak (2006) verwiesen.

ten gesellschaftlichen Status und um die Verbesserung der Beziehung zu vertrauten Menschen" (ebd.). Mutterschaft und Familie kommt in unserer Gesellschaft ein hoher ideologischer Wert zu, so dass Kinderhaben als gesellschaftliche Normalität gilt und damit die Anerkennung als „normale" Frau angestrebt wird (ebd.). „Die Sehnsucht nach einer vertrauensvollen, ganz und gar zuverlässigen, bedingungslosen Beziehung zu einem anderen Menschen, nach einer Beziehung, wie man sie sich selbst gewünscht, aber nicht erfahren hat, kann in einen Kinderwunsch münden." (ebd., 64) „Der Wunsch nach einem Kind kann so bei geistigbehinderten Frauen für den Wunsch stehen, erwachsen zu sein und von den Eltern oder deren Ersatzpersonen endlich auch als erwachsen anerkannt zu werden." (ebd., 65) „Behinderte Frauen unterscheiden sich in der Irrationalität ihrer Motive nicht von anderen Frauen. (...) Unterschiede liegen allerdings in der größeren Konflikthaftigkeit zwischen Wunsch und Realisierung und in der unterschiedlichen gesellschaftlichen Bewertung des (irrationalen) Kinderwunsches." (ebd.) Dies wird in der vorliegenden Arbeit durch das Interview mit Dagmar Schmidt deutlich. In der Konsequenz fordert Pixa-Kettner (1991, 67) eine Enttabuisierung des Kinderwunsches sogenannt geistig behinderter Frauen, und den Aufbau von Beratungs- und Hilfsangeboten, um Frauen in diesem Wunsch ernst zu nehmen und den Frauen ein Kennenlernen der Realität der Mutterschaft möglichst gründlich zu ermöglichen, das heißt „konkrete Einblicke in das Leben mit einem Kind, in die Lust und Last der Mutterschaft".[334]

Angeführte Argumente gegen den Kinderwunsch

Zweifel und Argumente gegen die Verwirklichung des Kinderwunsches führen Hensle und Vernooij ([6]2000, 319) an, da es einerseits zu einer Überforderung der Eltern mit Behinderungserfahrung kommen kann und andererseits das Risiko einer genetisch bedingten Behinderung des Kindes besteht. Des Weiteren ist eine Beeinträchtigung der nicht behinderten Kinder aufgrund fehlender Förderung und ungünstiger Sozialisationsbedingungen möglich (ebd.), so dass Zweifel bestehen, ob Mütter und Väter mit Behinderungserfahrung der Pflege und Erziehung ihrer Kinder ausreichend nachkommen können.

Pixa-Kettner, Bargfrede und Blanken (1996, 174 ff.) ermitteln in ihrer Studie folgende Argumente gegen den Kinderwunsch beziehungsweise eine Elternschaft so genannt geistig behinderter Frauen und Männer:

- Gefahr der Vererbbarkeit der geistigen Behinderung;
- gesellschaftliche Bedingungen, die zur möglichen Beeinträchtigung der Kinder aufgrund fehlender Förderung durch die Eltern mit Behinderungserfahrung führen können;
- Überforderung der Eltern mit Behinderungserfahrung durch die Pflege und Erziehung ihrer Kinder;
- problematische Finanzierung;

[334] Pixa-Kettner und Bargfrede führen für die sexualpädagogische Arbeit Materialen wie Babybedenkzeit-Puppe, die die Bedürfnisse eines Säuglings simuliert, oder das von ihnen entwickelte Kinderwunschspiel an. Des Weiteren machen sie auf das von Edith Stemmler-Schaich und Uta Schultz-Brunn (2001) entwickelte Baby-Bedenkzeit-Praktikum für Jugendliche aufmerksam (Pixa-Kettner/Bargfrede 2006, 81).

- und fehlende Unterstützungsangebote (Wohnformen, Betreuungsprojekte, Haushaltshilfen usw.).

Aus den genannten Argumenten schlussfolgert Pixa-Kettner (2003)

> „Die Gruppe sog. geistig behinderter Mütter und Väter scheint die am strengsten kontrollierte und überwachte Elterngruppe in unserer Gesellschaft zu sein, an die bisweilen höhere Maßstäbe angelegt werden als an andere, sog. nichtbehinderte Eltern." (Pixa-Kettner 2003, 18)

Hinsichtlich der elterlichen Kompetenzen von Müttern und Vätern haben bisherige Forschungsarbeiten gezeigt, „dass intuitive elterliche Kompetenzen weder von der Kultur, noch vom Geschlecht, noch vom Intellekt noch vom Bildungsgrad einer Person abhängig sind" (ebd., 19).

Der Umgang mit dieser Konflikthaftigkeit des Kinderwunsches geistig behinderter Frauen sollte offen gestaltet sein. Behinderung heißt immer auch Auseinandersetzung mit dem eigenen Nicht-Können und den unerfüllten Wünschen. Frauen und Männern mit Behinderungserfahrung sollte eine Elternschaft nicht von vornherein abgesprochen werden, sondern die Möglichkeit eines erfüllten Kinderwunsches sowie geeignete Unterstützungsangebote sollte auch für Frauen und Männer mit Behinderungserfahrung bestehen. Vielmehr brauchen Frauen mit nicht erfüllbaren Kinderwunsch ebenso Unterstützung, um sich durch eine Trauerarbeit von ihrem Kinderwunsch zu lösen. Diese Trauerarbeit könnte in Trauergruppen für Frauen und Männer mit unerfülltem Kinderwunsch angeboten werden.

„Nichtgelebte Kinderwünsche müssen dennoch als existentielle Fragen für das Leben der Frauen Beachtung finden – unabhängig davon, ob die Frau kein Kind bekommen soll oder kann." (Friske 1997, 45 f.)

Die Lebenssituation von Müttern und Vätern mit Behinderungserfahrung

Für Eltern mit Behinderungserfahrung ergeben sich nach der Geburt des Kindes folgende Möglichkeiten: entweder sie werden im Rahmen des Ambulant Betreuten Wohnens mit ihrem Kind unterstützt, die Mutter lebt mit dem Kind in einer Mutter-Kind-Einrichtung oder es erfolgt eine Trennung von Kind und Eltern, wobei das Kind entweder zur Adoption oder in eine Pflegefamilie gegeben wird. Möglich ist auch eine Heimeinweisung des Kindes. Pixa-Kettner (1991, 61) kritisiert, dass die Notwendigkeit einer Trennung von Eltern und Kind unterstellt wird, „ohne daß die Möglichkeit bestanden hätte, öffentliche Hilfen überhaupt in Anspruch zu nehmen." Die Diskussion um die Elternschaft geistig behinderter Frauen und Männer verdeutlicht eine tendenziell einseitige Ausrichtung auf das Kindeswohl, so dass meist eine Trennung von Mutter und Kind angestrebt wird. Geeignete Beratungs- und Betreuungskonzepte für die betroffenen Familien sind unverzichtbar, jedoch im deutschsprachigen Raum bisher nicht ausreichend vorhanden. Eine Anforderung an eine gute Beratung im Kontext des Kinderwunsches so genannt geistig behinderter Frauen und Männer ist, dass es sich um eine ergebnisoffene Beratung und somit um ein Angebot und nicht um eine Vorschrift handelt, denn

„nur wenn die Frau aus eigenem Willen gegen ein Kind entschieden hat, wird die Entscheidung auf Dauer sein." (Pixa-Kettner 1991, 67) Es ist wichtig, „gemeinsam nach Wegen zu suchen, die Bedürfnisse, die sie durch ein Kind zu befriedigen hoffte, auf andere Weise zufriedenzustellen." (ebd.) „Konkret: Welchen anderen Weg gibt es z. B., das Selbstwertgefühl der geistigbehinderten Frau zu verbessern oder ihr Erwachsensein zu dokumentieren, wenn sie nicht den der Mutterschaft wählt?" (ebd.) Auf der anderen Seite brauchen die Frauen Beratung und Unterstützung, die sich für ein Kind entschieden haben. Ebenso benötigen die Frauen, die ein Kind haben, aber sich der Aufgabe nicht gewachsen fühlen und sich von ihrem Kind trennen werden, Beratung und Unterstützung (ebd., 67 f.).

Eine erste umfassende quantitative und qualitative Studie zur Elternschaft von Frauen und Männern mit geistiger Behinderung in Deutschland legte 1995 eine Bremer Forschungsgruppe vor. Ursula Pixa-Kettner, Stefanie Bargfrede und Ingrid Blanken (1995, 188; 1996, 13) erfuhren durch ihre bundesweite schriftliche Befragung der Einrichtungen von 969 Elternschaften mit 1.366 Kindern, wobei die tatsächliche Zahl der Elternschaften vermutlich wesentlich höher liegt. Die meisten der genannten Elternschaften (gut 50 %) bezogen sich auf Mütter; bei knapp einem Drittel wurden beide Elternteile genannt und in circa 7 % war den Einrichtungen die Elternschaft geistig behinderter Väter bekannt (ebd, 189).[335] Des Weiteren wurden 27 Elternteile beziehungsweise Elternpaare befragt hinsichtlich des sozialen Hintergrundes, der Reaktionen auf die Schwangerschaft, der Situation nach der Geburt des Kindes und die Beziehung zum Kind beziehungsweise der Einstellung zur Trennung vom Kind (ebd. 191 ff.). Die Reaktionen der nächsten Angehörigen waren eher negativ bis hin zur völligen Ablehnung. Die Reaktionen der Kolleginnen und Kollegen waren häufig von Eifersucht geprägt; „darauf, daß die betreffende Person durch die Geburt eines Kindes die Möglichkeit bekam, aus der WfB auszuscheiden oder eine eigene Wohnung zu beziehen." (ebd., 192) Von Stolz auf ihre Elternschaft und einer gefühlsmäßig sehr intensiven Beziehung berichteten die meisten Eltern (ebd., 193 f.). Festgestellt wurde, dass Eltern, die getrennt von ihren Kindern leben, keine Trennungsbegleitung erfahren haben, diese jedoch dringend wünschen oder wünschten (ebd., 194).

„Deutlich geworden ist aber auch, daß eine späte Trennung vom Kind, die es den behinderten Menschen ermöglicht, eigene Erfahrungen mit der Elternschaft zu machen, eher akzeptiert wurde, als wenn diesen Eltern die Möglichkeit zur Sammlung eigener Erfahrungen genommen wird." (ebd., 194). Den Autorinnen ist es besonders wichtig, bei einer anstehenden Trennungsthematik gemeinsam mit den Eltern Lösungen zu entwickeln (ebd., 199). An einem Beispiel sehen die Autorinnen sich bestätigt, dass der fortbestehende Kinderwunsch einer jungen Frau die Vermutung bestärkt, „daß sie in ihrer bisherigen Elternschaft zu wenig Gelegenheit hatte, mit der realen Situation der Kindesversorgung in Berührung zu kommen." (ebd., 198) Als Resümee lässt sich festhalten, „daß ein günstiger Verlauf der Elternschaft eher innerhalb einer

[335] Nicht einzuordnen waren circa 12 % der Antworten.

festen Partnerschaft zu erwarten ist als in ‚Ein-Eltern-Familien'." (Bargfrede 1995, 35) Die befragten geistig behinderten Eltern gehen meist mit belastenden sozialen Hintergründen in ihre Elternschaft, und erschwerend kommt hinzu, dass sie eine deutliche Diskrepanz erfahren zwischen der eigenen (meist freudigen) Reaktion auf die Schwangerschaft und der meist ablehnenden Reaktionen aus dem sozialen Umfeld (ebd.). Die meisten Mütter wurden im Verlauf ihrer Schwangerschaft mit dem Thema Abtreibung konfrontiert (ebd., 30). Eine professionelle Beratung und Begleitung der Eltern muss sich an ihren Vorbelastungen orientieren, die Eltern müssen in ihrer Elternrolle ernst genommen werden und die Beratung muss sich an den intellektuellen Fähigkeiten der Eltern ausrichten (Bargfrede 1995, 36).

Eine Follow-up-Studie[336] von Pixa-Kettner (1998, 119) zwei Jahre nach den ersten Interviews zeigt, dass der Verlauf der Elternschaft „stark von äußeren Bedingungen, der Stabilität der Partnerschaft, aber auch von persönlichkeitsspezifischen Faktoren" und der frühzeitigen Bereitstellung von Unterstützungsangeboten abhängig ist. Positive Verläufe hinsichtlich der Wahrnehmung der Elternrolle sind dadurch gekennzeichnet, dass nicht nur eine Instanz oder eine Person die Unterstützungsaufgaben wahrnimmt, sondern mehrere Akteure (professionell, privat, familiär) als Ansprechpartnerinnen und Ansprechpartner zur Verfügung stehen, die jedoch nicht zu stark in die Familienangelegenheiten verwoben sind (ebd., 135). Die Unterstützung durch eine Person in hohem Umfang unterliegt nach Pixa-Kettner (ebd.) der Gefahr, „die Eltern zu ersetzen, anstatt sie dabei zu unterstützen, ihre elterlichen Aufgaben selbst wahrzunehmen". Pixa-Kettner (ebd.) macht in diesem Zusammenhang auf das umstrittene Konzept der Co-Elternschaft (Bergmann 1995) aufmerksam. Als Fazit benennt sie wichtige Punkte, die sich am Empowerment-Ansatz orientieren und auf eine Stärkung der elterlichen Kompetenzen abzielen, sowie „eine ‚bescheidene' Unterstützung ohne Fremdbestimmung, Bevormundung, Dominanz und Besserwisserei favorisieren" (ebd., 137). Das Thema hat mittlerweile stärkere Aufmerksamkeit erlangt und eine im Jahr 2005 durchgeführte Studie lässt eine weitere Zunahme der Elternschaften geistig behinderter Eltern erkennen (Pixa-Kettner 2007, 311).[337] Zwei zentrale Ergebnisse sind kritisch zu diskutieren. Erstens „scheinen Eltern mit geistiger Behinderung eher mit ihren Kindern zusammen zu leben, wenn sie keine professionelle Unterstützung erhalten" und des Weiteren „zeigt sich, dass ältere Kinder seltener bei ihren Eltern leben als jüngere" (ebd., 319). Pixa-Kettner sieht in der zunehmenden Zahl der Elternschaften einen Hinweis „für eine stärker an der Normalität orientierte Lebensweise" (ebd., 320) von Frauen und Männern mit sogenannter geistiger Behinderung. Sie betrachtet es als „Stärkung

---

336 Pixa-Kettner und Remmert führten mit zwei Elternpaaren und drei Müttern im November und Dezember 2005 Zweitinterviews durch. In der Auswertung wird zusätzlich die Perspektive des interviewten Fachpersonals und der Familienangehörigen berücksichtigt.

337 Für die Studie im Jahr 2005 wurden insgesamt an 2.106 Adressen Fragebögen verschickt. Die Rücklaufquote lag bei circa 34 % (Pixa-Kettner 2007, 310). Pixa-Kettner ging unter anderem der Frage nach, wie die Eltern leben und welche Wohnformen für die Kinder bestehen. Dabei gibt es deutliche Unterschiede zwischen den Bundesländern hinsichtlich des Aufenthaltsortes der Kinder. Wobei Vorsicht bei der Interpretation der Daten angebracht ist (ebd., 317).

der elterlichen Position“ (ebd.), dass Kinder heute eher in Pflegefamilien als in Adoptivfamilien leben, wenn sie nicht mit ihren Eltern zusammen leben können.

Gisela Hermes ([2]2001a, 259 ff.) formuliert Bedingungen, um die Lebenssituation von Eltern mit Behinderungserfahrung zu verbessern und zu zeigen, wie eine aktive Elternschaft gestaltbar ist. Neben einer größeren Beachtung und Akzeptanz der Eltern in der Gesellschaft bedarf es einer größeren Beachtung durch Professionelle in diesem Feld wie Gynäkologinnen und Gynäkologen, Hebammen und Krankenschwestern und -pflegern. Es bedarf der Finanzierung einer Assistenz für Kinder und Haushalt, *Peer Counceling* für Mütter und Väter und der Unterstützung von Selbsthilfegruppen für Eltern mit Behinderungserfahrung, die ihnen ermöglichen, ihre Isolation zu durchbrechen und sich auszutauschen. Neben dem Ausgleich finanzieller Benachteiligungen bedarf es auch geeigneter Hilfsmittel zur Versorgung von Babys und Kleinkindern. Behinderte Eltern benötigen aber auch für eine realistische Vorstellung für ein Leben mit Kind und die Entscheidung für oder gegen eine Elternschaft möglichst viele Informationen (ebd., 34). Gefordert sind auch Beratungsstellen, die behinderten Eltern „schon im Vorfeld einer Schwangerschaft mögliche Hilfen nennen und Kontakte zu Selbsthilfegruppen behinderter Eltern vermitteln können“ (ebd., 35).

Bei einer Elternschaft von Menschen mit sogenannter geistiger Behinderung treten oft zwei soziale Problembereiche zusammen auf (Pixa-Kettner/Bargfrede 2004, 79). Einerseits sind Eltern mit geistiger Behinderung damit konfrontiert, dass diese Elternschaft (wie die bestimmter anderer Gruppen) unerwünscht oder nicht vorstellbar ist und sie „gegen eine gängige gesellschaftliche Vorstellung anleben“ (ebd., 78 f.) müssen. Andererseits kann ein soziales Problem darin bestehen, „dass gesellschaftlich erwartete elterliche Versorgungs- und Erziehungsleistungen nicht erbracht werden bzw. nicht erbracht werden können“ (ebd., 79). Pixa-Kettner und Bargfrede (2004) zeigen auf, dass Eltern mit geistiger Behinderung im Vergleich zu nicht geistig behinderten Eltern mit vergleichbaren elterlichen Kompetenzen in einem viel höheren Ausmaß Fremdbestimmung und Benachteiligung erfahren. Demgegenüber können durch eine Elternschaft aber „auch Chancen für die Überwindung von Fremdbestimmung und Benachteiligung eröffnet“ werden (ebd., 86), so dass sie ein höheres Maß an Selbstbestimmung und gesellschaftlicher Teilhabe erreichen „als sie für Menschen mit geistiger Behinderung ohne Kinder in unserer Gesellschaft üblicherweise vorgesehen sind“ (ebd., 87).

Behinderte Frauen mit Kindern bewegen sich im Spannungsfeld zwischen „Super-Mama“ und „Problemmutter“ (Pasch 2000, 40). Die Gefahr der Fremdbestimmung besteht darin, dass gerade an Mütter und Väter mit geistiger Behinderung seitens der professionellen Unterstützerinnen und Unterstützer meist eigene Standards angelegt werden, „die oft zu der sozialen Schicht der behinderten Eltern nicht passen (vgl. Booth & Booth 1994)“ (Pixa-Kettner/Bargfrede 2004, 80).

Stärkung der Mütter und Väter in ihren elterlichen Kompetenzen

In Deutschland gibt es nach wie vor wenig Wohn- und Unterstützungsangebote für Mütter und Väter mit geistiger Behinderung und ihre Kinder, jedoch gibt es weit weniger „Müttertourismus" (Bargfrede 2006, 283) als noch vor einigen Jahren. [338] Auf den Bedarf an angemessenen Betreuungs- und Unterstützungsdiensten hat bereits 1996 die Bremer Forschungsgruppe hingewiesen. Ein Beispiel sind die Marie-Christian-Heime e.V. in Kiel, die seit über 50 Jahren geistig behinderte Mütter mit ihren Kindern in den unterschiedlichen Wohnsituationen betreuen und begleiten und die Entwicklung einer tragfähigen Mutter-Kind-Beziehung fördern sowie differenzierte Betreuungsangebote bieten.[339]

Die unterschiedlichen Ansätze der Begleitung geistig behinderter Mütter und Väter in der englischsprachigen Literatur teilt Pixa-Kettner (1999, 65) in drei Bereiche ein: Lerntheoretisch orientierte Konzepte, Konzepte der alltagsorientierten Unterstützung und Empowermentkonzepte. Die am Empowermentansatz orientierten Konzepte haben als Ziel die Stärkung des Selbstvertrauens der Mütter, aber machen ihrer Meinung nach nicht die anderen Ansätze überflüssig, sondern stellen vielmehr ein sinnvolles Korrektiv und eine Ergänzung dar, um den Gefahren einer Klientisierung durch die Professionellen und der Unterschätzung der elterlichen Kompetenzen entgegenzuwirken (Pixa-Kettner 1999, 72).

Zu einer umfassenden Elternbildung gehören auch Geburtsvorbereitungskurse und die Ermutigung, sich in Netzwerken für Mütter bzw. Eltern zusammenzuschließen (*Peer Support*).[340]

Als Beispiel sei hier das 1991 gegründete Berliner Familienprojekt der Lebenshilfe[341] genannt, ein ambulantes Unterstützungsangebot, das sich an leicht geistig beziehungsweise lernbehinderte Eltern und Elternteile richtet, die mit ihren Kindern zusammenleben möchten und entsprechender Unterstützung bedürfen. Gemeinsam ist den Angeboten eine systemische Sichtweise, die sowohl auf das Wohl des Kindes als auch das Elternrecht der Mütter und Väter ausgerichtet ist. Während körper- und sinnesbehinderte Mütter eher angepasste Hilfsmittel benötigen, brauchen Mütter mit geistiger Behinderung personelle Unterstützung und Anleitung in Form eines Bezugsbetreuersystems mit Bereitschaftstelefon, Krisenintervention sowie lebenspraktischer Unterstützung.

Bezieht man die Sicht des Kindeswohls in die Überlegungen mit ein, so wird deutlich, dass die meisten Institutionen der Behindertenhilfe im Erwachsenenbereich nicht kinderfreundlich, das heißt nicht auf die Bedürfnisse der Kinder ausgerichtet sind.

---

[338] Laut Mitgliederverzeichnis der Bundesarbeitsgemeinschaft „Begleitete Elternschaft" gab es im Jahr 2003 mindestens 14 Einrichtungen und Modellprojekte, die geistig behinderte Eltern beraten und begleiten (Pixa-Kettner/Bargfrede 2004, 80). Im Jahr 2006 waren 20 ambulante oder stationäre Angebote beziehungsweise Projekte bekannt (Bargfrede 2006, 284).

[339] Eine ausführliche Beschreibung des Unterstützungsangebots für Mütter ist im Internet zu finden (Marie-Christian Heime (o. J.)). Im Mutter-Kind-Bereich stehen 49 Plätze in drei Häusern für voll- und minderjährige Schwangere und Mütter/Väter und Paare zur Verfügung.

[340] So bietet Stefanie Bargfrede nach einer Idee von Susan McGaw und Jytte Faureholm Elterngruppen für Menschen mit so genannter geistiger Behinderung an (Bargferde 2006, 297 f.).

Der Ausschuss Offene Hilfen der Bundesvereinigung Lebenshilfe für Menschen mit geistiger Behinderung e.V. (2004) stellt in einem Konzeptionspapier das Dienstleistungsfeld „Begleitete Elternschaft bei geistiger Behinderung" vor, um ambulante Unterstützung unterschiedlicher Art und Intensität für Eltern mit geistiger Behinderung und ihre Kinder zu realisieren. Dass an geistig behinderte Mütter und Väter höhere Maßstäbe angelegt werden als an andere Eltern, konstatiert der Ausschuss genauso wie Pixa-Kettner u. a. (1996) (ebd., 2). Der Ausschuss wehrt sich dabei gegen einen Automatismus der Einflussnahme durch das Jugendamt gleich zu Beginn der Elternschaft und stellt die originäre Unterstützungsform des Ambulant Unterstützten Wohnens einem „kooperativen Angebot" gegenüber, in dem Hilfe zur Erziehung und Ambulant Unterstütztes Wohnen als jeweils eigene Angebotsform bestehen (ebd., 5), wobei grundsätzlich die Hilfe aus einer Hand favorisiert wird. Diese Hilfe aus einer Hand müsste als Komplexleistung in sämtlichen heranzuziehenden Leistungsgesetzen verankert sein (ebd., 6).
Der Verein MOBILE – Selbstbestimmtes Leben Behinderter e.V. thematisiert 2002 Vor- und Nachteile eines Originären Angebots (Angebot aus einer Hand) und eines Kooperativen Angebots in der Begleitung von Eltern, die in ihrer geistigen Entwicklung beeinträchtigt sind. Ziel ist die Wahrung des Elternrechts und des Kindeswohls, wobei das System Familie hohen und vielfältigen Unterstützungsbedarf erzeugen kann, der eine Netzwerkarbeit und Qualifizierung des Personals erfordert. Das gesamte Spannungsfeld der Unterstützungstätigkeit wird bei der beispielhaften Auflistung der Themenbereiche im Zusammenhang mit Kinderwunsch und Elternschaft deutlich (MOBILE – Selbstbestimmtes Leben Behinderter e.V. 2003, 71 ff.). Positiv hervorzuheben ist, dass sowohl eine Begleitung während der Schwangerschaft als auch eine Begleitung bei und nach einer möglichen Trennung vom Kind vorgesehen ist.
Mittlerweile existiert eine Bundesarbeitsgemeinschaft „Begleitete Elternschaft", die im Jahr 2002 auf Initiative von Stefanie Bargfrede gegründet wurde.[342] Das Konzept der „Begleiteten Elternschaft" oder der „Unterstützen Elternschaft" geht von der Grundannahme eines selbstverständlichen Grundrechts auf ein Leben mit eigenen Kindern aus, und sucht bei der Gestaltung der Elternschaft nach der geeigneten und notwendigen Unterstützung, verbunden mit Aufklärung und Informationsweitergabe. Elternschaft geistig behinderter Mütter und Väter findet in einem Netz formeller und informeller Unterstützung statt, wobei informelle Unterstützung selten vorhanden ist (Schneider 2006, 257). Da soziale Netzwerke meist nicht existieren und somit Hilfestellung aus dem primären sozialen Netzwerk fehlt, benötigen Eltern mit Behinderungserfahrung mehr professionelle Unterstützung. Eine regionale, das heißt ortsnahe Angebotsstruktur muss vorhanden sein, die die unterschiedlichen Bedürfnisse der Eltern be-

[341] Eine Darstellung des Familienprojekts und die AnsprechpartnerInnen findet man unter Lebenshilfe-berlin.de (o. J.).

[342] In der BAG Begleitete Elternschaft arbeitet zum Beispiel auch die Arbeitsgemeinschaft „Brandenburger Familienprojekte", die Eltern mit geistiger Behinderung unterstützen, mit. Einen Überblick über bestehende Unterstützungsangebote für Eltern mit Behinderungserfahrung findet man in der Dokumentation „wie andere auch! Kinderwunsch und Elternschaft von Frauen und Männern mit geistiger Behinderung" zur Fachtagung von pro familia Nürnberg e.V. und dem Bildungszentrum der Stadt Nürnberg (2003) oder bei Bargfrede (2006, 287).

rücksichtigen kann und die auch Paaren erlaubt, in einer Einrichtung ihr Leben mit dem eigenen Kind zu gestalten, so dass der Vater nicht außerhalb der Einrichtung leben muss. Neben der Berücksichtigung der individuellen Lebensumstände sowie der Sichtweisen und Wünsche der Eltern sind funktionierende soziale Netzwerke mit vielfältigen Unterstützungsangeboten wesentlich für das Gelingen der Elternschaft, insbesondere dann, wenn formelle und informelle Unterstützungsquellen zusammenarbeiten (Schneider 2006, 272).

Jean-Luc Lambert (2005, 237) erwähnt in seiner Studie[343] die spärlichen informellen Unterstützungssysteme aus Nachbarschaft und Freundeskreis, was das Bild der Einsamkeit und Isolation erhärtet, in der die meisten Frauen leben. Auch Pixa-Kettner, Bargfrede und Blanken (1996, 49 ff.) stellen in ihrer Untersuchung fest, dass die Eltern oft selbst aus psychosozial belasteten Herkunftsfamilien kommen, oftmals sozial isoliert leben, nach wie vor negative Reaktionen erfahren, aber trotz dieser Umstände eine emotional positive Beziehung zu ihrem Kind aufnehmen.

Als Fazit lässt sich festhalten, dass ein ausreichendes Unterstützungsangebot für Eltern mit Behinderungserfahrung in der Bundesrepublik Deutschland noch nicht vorhanden ist.[344] Eltern müssen immer noch ihr vertrautes Umfeld verlassen, beziehungsweise Mütter müssen bei höherem Unterstützungsbedarf den Vater ihres Kindes zurücklassen, da in den wenigen stationären Einrichtungen die Aufnahme des Vaters selten möglich ist (Bargfrede 2006, 299). Ziel wäre eine flächendeckende, bedarfsgerechte Angebotspalette für Eltern mit Behinderungserfahrung, so dass Trennungen von Eltern und Kind aufgrund fehlender Unterstützungsmaßnahmen nicht mehr vorkommen (ebd.). Die rechtliche Absicherung von Elternassistenz stellt ein weiteres Ziel dar. Hierzu startete am 1. August 2005 die durch das Berliner Netzwerk behinderter Frauen[345] koordinierte Aufklärungskampagne „Recht auf Elternassistenz“, mit dem Ziel juristische Lösungen für ein Recht auf Elternassistenz zu erarbeiten.[346]

[343] Die Gruppe der untersuchten Mütter besteht aus 29 Frauen belgischer Nationalität, die eine Intervention durch den Frühberatungsdienst erhalten (klinische Population), was wiederum Bedeutung für die Aussagekraft der gewonnenen Daten hat und bei der Diskussion der Ergebnisse berücksichtigt werden muss (Lambert 2005, 238 f.). Insgesamt gibt es 71 Kinder und 24 Väter wurden in die Untersuchung einbezogen. Die Annahme einer kausalen Verbindung zwischen einer geistigen Behinderung der Mütter (oder Väter) und einer Vernachlässigung der elterlichen Fürsorge oder einer elterlichen Unfähigkeit und eventuellen Entwicklungsverzögerungen des Kindes kann auch in dieser Studie nicht aufrechterhalten werden. Vielmehr wird deutlich, dass die unterschiedlichen biografischen Vorbelastungen der Mütter und Väter sowie fehlende Ressourcen als auch ungünstige Milieufaktoren die Übernahme der Elternrolle erschweren.

[344] Vergleiche hierzu die aktuelle Studie von Pixa-Kettner (2007), die verdeutlicht (auch wenn die Rücklaufquote der Fragebögen insgesamt bei 33,6 % liegt), dass professionelle Angebote für Frauen in Partnerschaften fehlen. Keine professionellen Vater-Angebote heißt jedoch nicht, dass man nicht vor Ort immer wieder auf kreative Lösungen trifft, jedoch besteht kein flächendeckendes Angebot.

[345] Dies geschieht in Kooperation mit dem Bundesverband behinderter und chronisch kranker Eltern, dem Forum selbstbestimmte Assistenz und dem Weibernetz e.V. und wird durch aktion mensch gefördert.

[346] Vergleiche hierzu das Rechtsgutachten von Julia Zinsmeister (o. J.) „Zur staatlichen Unterstützung behinderter Frauen und Männer bei der Erfüllung ihres Erziehungsauftrages“.

4.6 *Gewalterfahrungen behinderter Mädchen und Frauen*

Unter den vielfältigen Diskriminierungs- und Abwertungsmechanismen, denen alle Frauen ausgesetzt sind, soll im Folgenden der Blick auf Gewalterfahrungen gerichtet werden. „Körperliche, psychische und besonders auch sexuelle Gewalt gehören zu den Sozialisationsbedingungen von ‚nicht' behinderten und behinderten Mädchen und jungen Frauen gleichermaßen. Letztere sind den verschiedenen Formen der Gewalt aber in besonders krasser Art und Weise ausgesetzt." (Kuhne/Mayer 1993, 106) Empowermentprozesse haben hier im doppelten Sinne eine Bedeutung. Einerseits sollen Empowermentprozesse ermöglichen, sich aus Situationen, die von Gewalt geprägt sind, zu lösen und andererseits dienen Empowermentkonzepte der Prävention von Gewalt, gerade im Bereich der sexualisierten Gewalt.

Zahlreiche Autorinnen und Autoren, Projekte, Tagungen usw. widmen sich in den letzten Jahren der Situation der Opfer sexualisierter Gewalt unter dem Fokus der Gewaltprävention.[347] Zunächst soll eine kurze Annäherung an den Gewaltbegriff erfolgen, wobei eine einheitliche Definition von Gewalt nicht existiert. Im zweiten Schritt wird insbesondere auf sexualisierte Gewalt eingegangen, da Mädchen und Frauen mit der Zuschreibung geistige Behinderung davon weitaus häufiger betroffen sind als nicht behinderte Mädchen und Frauen.

Der Begriff „Gewalt" gehört zu dem unter *walten* behandelten Verb (Duden [3]2001, 275), meint *etwas verursachen, stark sein, beherrschen* (ebd., 909) und hat somit ursprünglich eine neutrale Bedeutung. „Im Lateinischen wird die negative Form von Gewalt (violentia) noch von der positiven Gewalt (potestas) unterschieden, was sich im heutigen Englisch in ‚violence' und ‚power' wieder findet." (Gewalt-online.de o. J.) Gewalt tritt in unterschiedlichen Erscheinungsformen auf, und ein weit gefasster Gewaltbegriff beinhaltet Formen der direkten und indirekten, der offenen und versteckten Gewalt sowie der personalen, institutionellen und strukturellen Gewalt. Johan Galtung favorisiert einen weit gefassten Gewaltbegriff, der sechs wichtige Dimensionen und somit Unterscheidungen von Gewalt umfasst, da ein enges Begriffsverständnis „demzufolge Gewalt eine bloße physische Beschädigung oder ein Angriff auf Leib und Leben ist" zu kurz greift (Galtung 1975, 101). Die Unterscheidung zwischen personaler und struktureller Gewalt geht auf Galtung zurück.

> „Personale (oder direkte) Gewalt wird von einem Handelnden mit dem Ziel der physischen Schädigung oder Vernichtung des Gegners ausgeübt. Strukturelle (oder indirekte) Gewalt als ein besonderes Kennzeichen hochentwickelter Industriegesellschaften ist die nicht unmittelbar offenkundige, gleichwohl wirksame und im gesellschaftlichen System eingebaute Gewalt und bezeichnet alle jene gesellschaftlichen Strukturen und Bedingungen, die die Menschen so beeinflussen, dass ‚ihre aktuelle somatische, d. h. körperliche und geistige Verwirklichung geringer ist als ihre potentielle Verwirklichung' (Galtung). Damit kann z. B.

[347] Im Folgenden wird unter dem geschlechtsspezifischen Fokus insbesondere auf sexualisierte Gewalt eingegangen. Weitere Aspekte von Aggression und Gewalt, wie zum Beispiel Aspekte struktureller Gewalt, Gewalt in Familien mit geistig behinderten Angehörigen sowie rechtliche Fragen und pädagogische und therapeutische Interventionen können im Rahmen dieser Arbeit nicht ausführlich diskutiert werden. Hier sei ein Verweis auf den Sammelband „Gewalt im Leben von Menschen mit geistiger Behinderung" (Seidel/Hennicke 1999) erlaubt.

> jede Form von sozialer Ungleichheit und Herrschaft als Gewalt bezeichnet werden." (Peukert [5]1998, 116).

Eine der wichtigsten Unterscheidungen nach Galtung (1975, 105) ist, ob es ein handelndes Subjekt (eine Person) gibt oder nicht. „Den Typ von Gewalt, bei dem es einen Akteur gibt, bezeichnen wir als personale oder direkte Gewalt; die Gewalt ohne einen Akteur als strukturelle oder indirekte Gewalt." (ebd.)[348] Strukturelle Gewalt „ist in das System eingebaut und äußert sich in ungleichen Machtverhältnissen und folglich in ungleichen Lebenschancen" (ebd., 106). So strukturieren zum Beispiel diverse Regeln den Alltag in Institutionen der Behindertenhilfe, die als strukturelle Gewalt bezeichnet werden können.[349]

Im Folgenden wird vor allem die sexualisierte Gewalt thematisiert. Dabei unterliegt „sexuelle Gewalt gegen Frauen mit Behinderungen einem doppelten Tabu" (Neldner 1993, 249), da die Frauen mit Behinderung von der Gesellschaft meist als geschlechtslose Neutren oder asexuelle Wesen betrachtet werden und ihnen eine selbstbestimmte Sexualität vorenthalten wird. Somit handelt es sich um ein Tabu im Tabu, so dass Mitarbeiterinnen und Mitarbeiter sich das Ausmaß sexualisierter Gewalt nicht vorstellen können (Noack/Schmid [2]1996, 47). Dabei ist nach Meinung von Uta Sievert (1994, 57) der Missbrauch im institutionellen Kontext weitaus stärker tabuisiert als der familiale Missbrauchskontext. Die Missbrauchsdynamik ist die gleiche, bestehend aus einem Machtgefälle, Abhängigkeit, Drohungen, Angst, Schweigen und Geheimhaltungsdruck (ebd., 60).

4.6.1 *Sexualisierte Gewalt*

Das Thema „sexuelle Gewalt gegen Frauen" wurde zunächst in den 1980er Jahren durch die Frauenbewegung enttabuisiert. Es brauchte zehn weitere Jahre, um auch als Thema in der Sonderpädagogik behandelt zu werden. An der Thematisierung waren behinderte Frauen entscheidend beteiligt. Die meisten Veröffentlichungen zum Thema „Sexuelle Gewalt gegen Mädchen und Frauen, Jungen und Männer mit geistiger Behinderung) erschienen Anfang bis Mitte der 1990er Jahre (Becker 1995, Noack/Schmid [2]1996, Weinwurm-Krause 1994, Neldner 1993). Das Thema Sexualisierte Gewalt hat leider nicht an Aktualität eingebüßt.

Monika Hallstein (1993, 29) sieht es als eine Form von Gewalt, wenn Frauen und Männern mit geistiger Behinderung das Persönlichkeitsrecht, Sexualität auszuleben, durch repressive Lebensbedingungen erschwert beziehungsweise unmöglich gemacht wird.

Definitorisch sind die Begriffe „Sexuelle Gewalt", „sexueller Missbrauch", „sexuelle Ausbeutung", „Inzest", „sexuelle Übergriffe", sexuelle Misshandlung" voneinander zu trennen. „Se-

---

[348] Galtung (1975, 110) hat sich dazu entschlossen, die Unterscheidung zwischen personaler und struktureller Gewalt als zentral zu betrachten, da „es keinen Grund zu der Annahme gibt, daß strukturelle Gewalt weniger Leiden bringt als personale Gewalt".

[349] Dabei ist zu hinterfragen, welcher Regeln es wirklich bedarf, wer welche Regeln aufgestellt hat und wem sie dienen. Deutlich wird dabei, dass Regeln oft fehlende Konzepte ersetzen. Andererseits gibt es Regeln, die der Entlastung des Personals dienen, aber keine juristische Legitimation haben. Andere Regeln (wie feste Besuchszeiten, keine Übernachtungsgäste) versuchen den Mangel an räumlicher Intimsphäre auszugleichen.

xueller Missbrauch" unterstellt durch die sprachliche Bedeutung des Wortes „brauchen", dass es einen legalen Gebrauch von Kindern beziehungsweise Frauen und Männern geben könnte (Noack/Schmid ^{2}1996, 33; Bange 2002, 47; Mickler 2003, 190). Demgegenüber enthält der Begriff „sexuelle Gewalt" eine gesellschaftspolitische Komponente und verweist auf die gesellschaftlichen Bedingungen von Gewalt sowie die Herrschaftsverhältnisse, die unsere Gesellschaft prägen (Noack/Schmid ^{2}1996, 33; Bange 2002, 48). Einige Autorinnen befürworten den Begriff „sexuelle Gewalt" beziehungsweise „sexualisierte Gewalt", da er den Gefühlen der Opfer näher kommt, indem er die Gewaltdimension betont. Bärbel Mickler (2003, 190), die in der Beratung von Mädchen und Frauen mit Behinderung tätig ist, bevorzugt den Begriff „sexualisierte Gewalt", da deutlich wird, dass Gewalt und Macht mit sexuellen Mitteln ausgeübt wird. „Sexuelle Gewalt ist im wesentlichen eine Frage von *Gewalt*, nicht von Sexualität." (Scheuber ^{2}1996, 9)

„Bei der Aufdeckung von sexuellem Mißbrauch geht es also auch darum, die gesellschaftlichen Verhältnisse, die sexueller Gewalt Vorschub leisten, beim Namen zu nennen und ihnen entgegenzuwirken." (Noack/Schmid ^{2}1996, 33)

Sexueller Missbrauch besteht dann, wenn sexuelle Handlungen durch Drohungen oder körperliche Gewalt erzwungen wurden, das heißt gegen den Willen eines Kindes stattfindet (Bange 2002, 49) und „wenn ein Mädchen oder Junge von einem Erwachsenen oder älteren Jugendlichen als Objekt der eigenen sexuellen Bedürfnisse benutzt wird" (Enders 1990, 21). „Sexuelle Gewalt gegen Mädchen (Jungen) fängt bei heimlichen, vorsichtigen Berührungen, verletzenden Redensarten und Blicken an und reicht über Kinderpornographie bis hin zur oralen, vaginalen und analen Vergewaltigung." (Enders 1990, 22) Zentrales Kriterium des sexuellen Missbrauchs ist „die Reduzierung auf den Status eines Sexualobjektes und die momentane Ohnmachtserfahrung des Opfers" (ebd., 25).

Der in einer Beziehung erfolgte Machtmissbrauch hat mit Sexualität nur wenig zu tun. „Sexualität ist das Mittel des Täters, um ein Kind oder allgemeiner einen Schwächeren zu unterwerfen und zum Objekt seiner Bedürfnisse zu machen. Es geht nicht um aggressive Sexualität, sondern um sexualisierte Gewalt." (Noack/Schmid ^{2}1996, 33 f.)

> „Das Verhältnis zwischen Mißbraucher und dem Opfer ist immer ein Gewaltverhältnis; es ist zum einen durch die ungleiche Beziehung zwischen Erwachsenem und Kind definiert und zum anderen durch das ungleiche Geschlechterverhältnis zwischen Mann und Frau (siehe Barbara Kavemann 1991, 11), wobei die Verantwortung für den sexuellen Missbrauch immer beim Erwachsenen liegt (Enders 1990, 21). Bei sexuellem Missbrauch von Menschen mit geistiger Behinderung ist das Verhältnis zwischen Täter und Opfer sogar ein dreifaches Gewaltverhältnis: Es kommt das Machtgefälle hinzu, das durch die starke Abhängigkeit der Betroffenen von psychischer und physischer Betreuung durch nichtbehinderte Bezugspersonen und die höchst unterschiedlichen kognitiven Fähigkeiten entsteht." (Hallstein 1993, 37)

Auch Werner Brill (1998, 156) plädiert für die Verwendung des Gewaltbegriffs, da dies seines Erachtens das entscheidende Merkmal ist. In Anlehnung an Wittrock (1992, 167 zit. in Brill 1998) nennt er fünf Elemente, die meist die sexuelle Gewalt begleiten:

„1. Zwischen TäterInnen und Opfern besteht ein strukturell bedingtes Machtverhältnis, (...)
2. Sexuelle Gewalt geschieht beabsichtigt und fortschreitend, (...)
3. Sexuelle Gewalt betrifft alle Altersklassen und soziale Schichten, (...)
4. Die Opfer werden zu Objekten der TäterInnen, (...)
5. Meist geht die Tat einher mit einem Geheimhaltungsgebot von seiten der TäterInnen, wodurch das Opfer zur Sprachlosigkeit verdammt ist.“ (Brill 1998, 156)

Zemp (1997, 48) geht davon aus, „daß sexuelle Ausbeutung Ausdruck eines Machtverhältnisses ist“ und sie differenziert dabei verschiedene Machtquellen: Ressourcenmacht, Artikulations- und Wissensmacht, Positionsmacht und Organisationsmacht (ebd., 49 ff.).[350] Nach Dirk Bange (2002, 51) reicht ein einzelnes Definitionskriterium nicht aus, um alle Fälle sexualisierter Gewalt zu erfassen, so dass eine Kombination verschiedener Ansätze notwendig ist.

Ein erweitertes Begriffsverständnis schließt sexuell geprägtes Pflegeverhalten, sexistische Sprache, das Negieren sexueller Bedürfnisse, die Verletzung der Intimsphäre, das Vorführen von Sexszenen, Exhibitionismus, Prostitution für Geschenke und medizinische Zwangsmaßnahmen mit ein (Noack/Schmid ²1996, 39 f.), sowie das Befühlen und das fachmännische Begutachten der körperlichen Rundungen, das Betasten der Brust und abschätzige oder wohlwollende Urteile (Kavemann/Lohstöter 1984 zit. in Enders 1990, 22).

Statistische Daten zu sexualisierter Gewalt an Mädchen und Frauen mit Behinderungserfahrung[351]

Frauen mit (geistiger) Behinderung passen nicht in das gesellschaftliche Bild von Vergewaltigungsopfern. Sie tauchen daher in keiner „gesonderten Statistik“ auf, was jedoch nicht impliziert, dass sie bereits in der „normalen“ Statistik miterfasst werden. Die Ansicht, dass die Vergewaltigung einer behinderten Frau nicht so schlimm sei, enthält eine massive Abwertung und wird unterstützt durch den Mythos, geistig behinderte Frauen und Männer würden von einem sexuellen Übergriff nicht viel merken und wüssten überhaupt nicht, was das ist (Noack/Schmid ²1996, 56; Senn 1993, 31). Es bleibt aber festzuhalten, dass sexualisierte Gewalt „ein massiver Angriff auf die Identität eines Menschen, ob er geistig behindert ist oder nicht“ ist und bleibt (Noack/Schmid ²1996, 56).

Eine Aufstellung US-amerikanischer und kanadischer Untersuchungen stellt die Arbeit von Monika Becker (1995) dar, die zeigt, dass trotz methodischer Mängel der Untersuchungen „ein deutlich höheres Vorkommen von sexueller Gewalt gegen Menschen mit geistiger Retardierung anzunehmen“ ist (1995, 55).[352]

---

[350] In einem Vortrag im Jahr 2005 erwähnt sie noch die Modellmacht (Zemp 2005, 57). „Für Menschen mit einer Behinderung sind nicht Behinderte in der Regel der Maßstab schlechthin: was sie tun, ist erst mal richtig und gut. Das Modell der Menschen mit Lernschwierigkeiten basiert auf Loyalität zu ihrem gesamten Nahbereich.“ (ebd., 57)
[351] Oftmals geht aus den Daten nicht hervor, ob ein enges oder weites Begriffsverständnis zugrunde gelegt wurde.
[352] Dabei besteht eine Diskrepanz zur geringen Anzahl der Frauen und Männer mit Behinderung, die in den

Insgesamt fehlt es jedoch an repräsentativen Ergebnissen im deutschsprachigen Raum. In einer 1994 von Noack und Schmid (^{2}1996) durchgeführten Studie[353] war das Ziel aufzuzeigen, „daß geistig behinderte Menschen somit durch ihre Behinderung, verbunden mit strukturellen Rahmenbedingungen in Institutionen, sexuellen Übergriffen erschreckend schutzlos ausgeliefert sind“ (ebd., 17). Des Weiteren verfolgen sie die These, „daß sexuelle Gewalt an geistig behinderten Menschen in ursächlichem Zusammenhang zu einer mangelhaften oder nicht vorhandenen Sexualerziehung steht“ (ebd., 20). 51,3 % der befragten Einrichtungen gaben an, dass in ihrer Eichrichtung Fälle von sexueller Gewalt an geistig behinderten Männern und Frauen bekannt sind (ebd., 44). 10,7 % der Befragten machten Angaben zu sexuellem Missbrauch an geistig behinderten Mädchen, 8,7 % an weiblichen Jugendlichen und 31,5 % (350 bekannte Fälle) zu sexuellem Missbrauch an Frauen mit geistiger Behinderung. Demgegenüber machten 5,2 % der befragten Einrichtungen Angaben zum sexuellen Missbrauch an Jungen, 2,9 % an männlichen Jugendlichen und 16,6 % an Männern mit geistiger Behinderung (ebd., 44 f.).
In der Studie von Aiha Zemp (1997) [354] haben von 130 Frauen 114 die Frage nach der sexuellen Ausbeutung beantwortet (87,7 %). Von diesen gaben 62,3 % an, im Laufe ihres Lebens ein- bzw. mehrmals sexuell belästigt worden zu sein (ebd., 107). 89,2 % beantworteten die Frage nach sexueller Gewalt, und davon gaben 64 % der Frauen an, einmal oder mehrmals in ihrem Leben sexuelle Gewalt erfahren zu haben (ebd.). Im Laufe der Interviews erzählten die Frauen von weiteren Gewalterfahrungen, so dass Zemp (1997, 123) manchmal den Eindruck hatte, „daß die sexuelle Gewalterfahrung oft ‚nur‘ einen Bruchteil der sonst erfahrenen Gewalt ausmacht und von den Frauen deshalb auch nicht als besonders schlimm wahrgenommen wird.“
Die Studie von Zemp und Pircher (1996) verdeutlicht zudem, dass Frauen, die in Einrichtungen aufwachsen, deutlich mehr Gewalterfahrungen gemacht haben. „Die Sozialisierung in den Strukturen einer Institution erhöht offensichtlich die Wahrscheinlichkeit, Gewalt zu erfahren.“ (Hartmann 2003)
Zusammenfassend hält Simone Hartmann (2003) fest: „Mehr als jede zweite Frau mit geistiger Behinderung wurde einmal oder mehrmals Opfer von sexueller Gewalt.“
Sigrid Arnade (1996, 31) verweist auf eine Studie der Universität Utrecht, wonach 85 % der Frauen mit Behinderung schon einmal sexuellen Übergriffen ausgesetzt waren.
Jörg Fegert (1993, 145) geht davon aus, „daß, je stärker die intellektuelle Einschränkung ist, um so weniger Fremdtäter als Täter in Frage kommen, da dann für die Betroffenen um so mehr

Beratungsstellen Hilfe suchten (Becker 1995, 58).

353 Insgesamt wurden 874 Fragebögen an verschiedene Einrichtungen verschickt, von denen 308 ausgefüllte Bögen zurückkamen.

354 In dieser österreichischen Studie in Einrichtungen wurden Frauen mit körperlicher, geistiger und/oder psychischer Behinderung interviewt (Zemp 1997). 57,5 % der von ihr interviewten Frauen haben eine geistige Behinderung, 23 % der Frauen sind ausschließlich körperbehindert, 12,5 % mehrfach behindert und 6,6 % lernbehindert. Dabei benutzt Zemp den Begriff „Überlebende“, weil dieser „Kraft vermittelt und Möglichkeiten zur Heilung offen lässt, vom Überleben zum Leben zu finden“ (ebd., 17) und geht von einem weiten Begriffsverständnis sexueller Gewalt aus.

Betreuung erforderlich wird. Die Abhängigkeit von Pflegepersonen erhöht das Risiko, durch diese mißbraucht zu werden, erheblich (Tharinger et al. 1990)." Hinzu kommt die Tatsache, dass bei Bekanntwerden des Missbrauchs „die betroffenen Mädchen in eine andere Gruppe strafverlegt wurden" (Fegert 1992, 168 zit. in Becker 1995, 60).
Die Tatverfolgung kann schließlich eine zusätzliche Traumatisierung der Opfer durch kriminalistische Befragungs- und Begutachtungsmethoden hervorrufen (Enders 1990, 15 f.).
Letztlich kann man von einer hohen Dunkelziffer sexueller Gewalt an Mädchen und Frauen mit sogenannter geistiger Behinderung ausgehen. Da oftmals die juristische Glaubwürdigkeit der behinderten Mädchen sowie Frauen angezweifelt wird, kommen nicht viele Taten zur Anzeige.[355]

Besondere Risikofaktoren

Es lassen sich folgende Gründe und Risikofaktoren zu einer höheren Gewaltbetroffenheit behinderter Mädchen und Frauen finden: Strukturelle, institutionelle und soziale Gegebenheiten bergen ein besonderes Risiko für Kinder, Jugendliche, Frauen und Männer mit Behinderung, Gewalt zu erfahren (Hartmann 2003).
Einstimmig gehen alle Autorinnen und Autoren davon aus, dass es für Frauen und Männer mit Behinderungserfahrung besondere Risikofaktoren gibt, die die Wahrscheinlichkeit erhöhen, Opfer sexueller Gewalt zu werden (Brill 1998; Weinwurm-Krause 1994; Zemp 1997).
In ihrer Studie kommt Aiha Zemp (1997, 124) zu dem Ergebnis, dass ein signifikanter Zusammenhang zwischen sexueller Aufklärung und dem Ausmaß erlebter Gewalt besteht, und zwar in folgender Hinsicht: „Je höher der Aufklärungsstand der Frauen, desto eher haben sie sexuelle Gewalt erfahren. Die Frauen, die sexuelle Gewalt erfahren haben, wissen mehr über Sexualität als jene Frauen, die keine Gewalt erfahren haben. Auf diesem Hintergrund bedeutet Gewalterfahrung zugleich Sexualaufklärung." (ebd.)[356]
Mädchen und Frauen, die bereits von Beginn an daran gewöhnt sind, Pflege über sich ergehen zu lassen, können Übergriffe kaum als Gewalt benennen (Kuhne/Mayer 1993, 106 f.). Aufgrund mangelnder Aufklärung über notwendige Pflegevorgänge können Mädchen und Frauen mit Behinderung oft nicht zwischen notwendigen Handgriffen und sexuellen Übergriffen unterscheiden. Das medizinische System trägt dazu bei, dass die Mädchen mit Behinderung frühzeitig eine Entfremdung und Geringschätzung des eigenen Körpers erfahren (Schopmanns 2001a, 45). Stattdessen wachsen sie mit dem Gefühl auf, dass ihr Körper für jede und jeden (Ärztinnen/Ärzte, Therapeutinnen/Therapeuten, Pflegerinnen/Pfleger) öffentlich ist (ebd., 46). Zugleich erleben Frauen mit Behinderung tagtäglich Grenzüberschreitungen (ebd., 45).

---

[355] Ähnliches gilt vermutlich für behinderte Jungen und Männer.
[356] Charlene Y. Senn (1993, 123) stellt in Anlehnung an S. Hard eine Studie vor, deren Ergebnis zeigt, dass 12 % der Mädchen und Frauen missbraucht wurden, die eine Sexualerziehung hatten, während demgegenüber Mädchen und Frauen ohne Sexualerziehung in 100 % der Fälle missbraucht wurden.

Auch im Heimleben existieren Konflikte und Gewalterfahrungen, wobei ihre Entstehung und ihr Ausmaß meist allzu oft den Schädigungen und Verhaltensweisen der Bewohnerinnen und Bewohner zugeschrieben werden (Wacker 2001b, 28). „Dass sich darin auch soziale Ungleichheiten und Machtverhältnisse spiegeln zeigt das auffällige Phänomen, dass vor allem Bewohnerinnen von Gewalterfahrungen berichten." (ebd.)

Als Risikofaktoren, Opfer sexueller Gewalt zu werden, führt Hartmann (2003) an: „Erziehung zu Anpassung und Unauffälligkeit, Hilfsbedürftigkeit und Abhängigkeit, geringes Selbstwertgefühl, emotionale Vernachlässigung, verminderte Artikulationsfähigkeit, vermeintlich geringe Glaubwürdigkeit, Abwertung, Leugnung und Reglementierung sexueller Bedürfnisse, Unaufgeklärtheit, Sterilisation" (ebd.).

Noack und Schmid (^{2}1996, 75 ff.) fügen folgende Merkmale struktureller Gewalt im Heimalltag hinzu, die den Nährboden für sexuelle Gewalt bieten: Leben als Gruppenwesen, meistens keine Trennung der Lebensbereiche, menschliche Bedürfnisse werden bürokratisch geregelt, was keine Gelegenheit im Alltag bietet um elementare Entscheidungen selbstständig zu treffen. Des Weiteren lassen die räumlichen Bedingungen meist keine geschützte Intimsphäre zu (Schopmanns 2001a, 45). In der hohen Abhängigkeit und in der fremdbestimmten Sexualität[357] sehen Noack und Schmid (^{2}1996, 79 ff.) die größten Risikofaktoren, Opfer[358] sexuellen Missbrauchs zu werden.

Einstellungen werden durch Mythen verschärft, die über Frauen und Männer mit geistiger Behinderung in der Gesellschaft kursieren, wie zum Beispiel „die wissen doch gar nicht, was geschieht" oder „es berührt sie doch gar nicht" (Senn 1993, 31). Mythen existieren aber auch über die Sexualität der Frauen und Männer mit geistiger Behinderung, zum Beispiel die Vorstellung von geschlechtslosen Wesen, die ihr Leben lang asexuell und kindlich bleiben werden (Rose 1986, Szymanski 1977, Cole 1986 zit. in Senn 1993, 38) bis hin zum übermäßig starken Sexualtrieb (Szymanski 1977, S.113 f. zit. in Senn 1993, 39). Sexistische Mythen, dass sexueller Missbrauch etwas mit Sex zu tun habe und Menschen mit Behinderung sexuell nicht attraktiv seien, begünstigen die Vorstellung, dass sexueller Missbrauch an Kindern, Jugendlichen, Frauen und Männern mit Behinderung nicht vorkommt (Senn 1993, 38).

Wie schon unter 4.5.3 erwähnt, stellt die Sterilisation oftmals einen Freibrief für die Täter dar, denn das Wissen über eine Sterilisation setzt die Hemmschwelle des Täters herab, da mögliche Folgen (Schwangerschaft) unentdeckt bleiben (Fegert 1993, 147). Somit stellt für Mädchen

---

[357] Zur fremdbestimmten Sexualität führen Noack und Schmid (^{2}1996, 79 ff.) folgende Punkte an: Mangelnde Aufklärung und Sexualerziehung, Vorenthalten des Rechts auf Sexualität, Negierung und Missachtung bzw. Bagatellisieren sexueller Wünsche und Bedürfnisse, mangelnde sexualpädagogische Begleitung der Partnerschaften, Unterlassen geschlechtsspezifischer Pflege und mangelnder Schutz der Intimsphäre.

[358] Für den Begriff Opfer wird in der amerikanischen Literatur meist der Begriff „Überlebende" (survivors) verwendet, um die Passivität des Opferbegriffs zu überwinden, und aufzuzeigen, dass die Überlebenden vielfältige Überlebensstrategien entwickelt haben. Die Bezeichnung als Opfer hat zur Folge, dass „die Anstrengungen und die Stärke, welche die Betroffenen zu ihrem Überleben entwickelt haben, einfach übergangen werden" (Becker 1995, 10). Darüber hinaus kann der Begriff des Opfers dazu verleiten, „Mädchen mit Miß-

und Frauen mit sogenannter geistiger Behinderung eine Sterilisation eine erhöhte Gefahr dar, Opfer einer sexualisierten Gewalttat zu werden. Die Sterilisation „ist kein Ersatz für die notwendige Begleitung geistig behinderter Menschen in Fragen der Sexualität und entläßt nicht aus der Verantwortung einer angemessenen Sexualpädagogik.“ (Noack/Schmid ^{2}1996, 85)

Folgen sexualisierter Gewalt

Aiha Zemp (1994, 64; 1997, 126 ff.) benennt mögliche Folgen sexueller Gewalt, die sich nicht unterscheiden von denen bei nicht behinderten Frauen und Männern, jedoch verstärken oder erhärten sich bei Frauen und Männern mit Behinderung gewisse Folgeerscheinungen. In Anlehnung an Finkelhor beschreibt Zemp (1994, 64 ff.; 1997, 30 ff.; 2005, 54 f.) Elemente der Dynamik der Folgeerscheinungen sexualisierter Gewalt:

1. Traumatische Sexualisierung
2. Stigmatisierung
3. Betrug/Verrat
4. Machtlosigkeit/Ohnmacht

Auf psychosomatischer Ebene zeigen sich die Folgen sexualisierter Gewalt wie „Einnässen, Einkoten, Unterleibsschmerzen, Mager- oder Esssucht, Schlafstörungen, Erstickungsanfälle, Würge- und Ekelgefühle, chronische Entzündungen der Harnwege oder Scheide, im Erwachsenenalter oft auch Gewebsveränderungen in Brust, Scheide, Uterus, Klitoris“ (Zemp 2005, 55).[359] Hinzu kommt, dass die Isolation, in der viele Frauen mit (geistiger) Behinderung leben, Depressionen begünstigt oder sogar verstärkt (Zemp 1994, 64). Des Weiteren entwickeln viele Überlebende eine negative Beziehung zum eigenen Körper. Sie spalten das Empfinden ab, so dass das Selbst und der Körper nicht mehr identisch sind (ebd., 68).

Als weitere mögliche Folgen sexualisierter Gewalt werden Angst, Schuld und Scham, Sprachlosigkeit, Zweifeln an der eigenen Wahrnehmung genannt (Brill 1998, 157), wodurch die Vielfältigkeit deutlich wird. Die Folgen können sein: körperliche Folgen, psychosomatische Folgen, psychosoziale und psychische Folgen, pseudosexuelle Verhaltensweisen, Auswirkungen im Bereich Sexualität, erneute sexuelle Gewalterfahrung im Erwachsenenalter, Autoaggression, Drogen- und Alkoholabhängigkeit (ebd., 157 f.).

Zemp (2005, 56) kritisiert, dass Folgeerscheinungen von Gewalterfahrungen zu schnell unter die Behinderung subsumiert werden und damit den Betroffenen die Gelegenheit genommen wird, sich aus der Gewaltsituation zu befreien.

Strafrechtliche Verfolgung der Täter und Täterinnen

Als „zweite Traumatisierung“ beschreibt Theresia Degener (1994, 15) die Tatsache, dass für viele Frauen ein Prozess als „zweite Vergewaltigung“ empfunden wird, und kritisiert das frau-

brauchserfahrungen zeitlebens vor allem über den Mißbrauch zu definieren.“ (ebd., 9)

[359] Zemp (2005, 55 f.) macht auch auf den Zusammenhang zu Schwindelanfällen bei Menschen mit geistiger Behinderung aufmerksam, die nicht in Zusammenhang mit sexueller Gewalt gebracht werden, sondern als mögli-

enfeindliche Sexualstrafrecht. Zu frauenfeindlichen Vorurteilen paaren sich diverse Behindertenklischees (Degener 1994, 19; Degener 2002, 600; Weinwurm-Krause 1994, 18 f.).

„Es kann heute also behauptet werden, daß behinderte Frauen faktisch gegen Vergewaltigung und sexuelle Ausbeutung strafrechtlich nicht geschützt sind.“ (Degener 1994, 21) Die zweimalige Reform des Sexualstrafrechts (1997 und 1998), um die Strafschutzlücken zu schließen, und die damit verbundenen Diskussionen verdeutlichen zugleich, „dass eine Reform des Sexualstrafrechts den Betroffenen allein keine Gewähr für einen angemessenen Rechtsschutz bietet. Vielmehr gilt es, den Tatopfern den Weg zum Strafverfahren zu ebnen, ihre Rechtsstellung im Strafverfahren zu stärken und ihnen eine angemessene und bedarfsgerechte psychosoziale Unterstützung anzubieten, die ihrer behinderten – und sie behindernden – Lebenswelt Rechnung trägt.“ (Zinsmeister 2003, 16)[360]

4.6.2 *Prävention sexualisierter Gewalt*

Der Prävention sexualisierter Gewalt kommt die größte Bedeutung zu. Die Präventionsarbeit beinhaltet Sexualerziehung und Aufklärung, Selbstbehauptungs- und Selbstverteidigungsangebote sowie Veränderungen der Umgebung, indem eine Privatheit hergestellt wird, und bezieht sich auf vier Zielgruppen (Kinder, Eltern, Professionelle, Institutionen) (Senn 1993, 66 ff.). Selbstbehauptungs- und Selbstverteidigungskurse für Mädchen und Frauen mit Behinderung haben das Ziel, frühzeitig Anzeichen von Gewalt zu erkennen und sich rechtzeitig gegen Belästigungen zu wehren.[361]

Für die Prävention sexualisierter Gewalt gilt es, das Selbstbewusstsein der behinderten Mädchen und Frauen und ihr Selbstwertgefühl zu stärken, sowie das Recht auf Selbstbestimmung zu betonen. Behinderte Mädchen und Frauen oder von Behinderung bedrohte Mädchen und Frauen können nach § 44 SGB IX Übungen zur Stärkung des Selbstbewusstseins erhalten.[362] Selbstbewusst zu handeln, ist jedoch mehr, als sich gegen Gewalt wehren zu können. Diesen ergänzenden Maßnahmen liegt aber auch ein defizitärer Blick zugrunde, denn die Frauen und Mädchen müssen bereits in einer medizinischen oder beruflichen Rehabilitationsmaßnahme sein und die Übungen bedürfen einer ärztlichen Verordnung, das heißt, dass nicht automatisch alle Mädchen und Frauen in den Genuss dieser Übungen zur Stärkung des Selbstbewusstseins kommen, es sei denn, sie finanzieren sie selbst.[363]

---

che Epilepsie behandelt werden.

[360] Auf weiteren Reformbedarf und die sich daran anschließende Diskussion kann an dieser Stelle nicht eingegangen werden, die Ausführungen würden den Rahmen dieser Arbeit sprengen (Degener 2002; Zinsmeister 2003).

[361] In der feministischen Mädchen- und Frauenarbeit wurden seit den 1980er Jahren Selbstbehauptungskurse entwickelt, und seit Mitte der 1990er gibt es auch Angebote für behinderte Mädchen und Frauen, meist auf der Grundlage von WenDo.

[362] Zur Möglichkeit der Teilnahme an einem Selbstverteidigungskurs durch veränderte rechtliche Rahmenbedingungen macht Degener (2003a, 221 ff.) im Zusammenhang eines Workshops während der Sommeruni 2003 in Bremen aufmerksam. Der Selbstverteidigungs- und Selbstbehauptungskurs bezieht sich auf das feministische Konzept von Sunny Graff mit den vier Bestandteilen 1) Information und Diskussion über Formen von Gewalt 2) Konfrontationstraining 3) Körperliche Techniken und 4) geistige Übungen (ebd., 221).

[363] Das Forschungsprojekt SELBST (Friederike-Fliedner-Institut in Kooperation mit dem deutschen Behinderten-

Brigitte Sellach (2005, 1) definiert Selbstbewusstsein wie folgt.

> „Selbstbewusst zu handeln, heißt:
> - die eigenen Rechte und Interessen zu erkennen und durchsetzen zu können – und wenn erkennbar wird, dass das alleine nicht zu schaffen ist, sich Hilfe und Unterstützung von anderen zu holen,
> - mit anderen nach gemeinsamen Interessen zu suchen und sie dann gemeinsam zu vertreten auch in der Öffentlichkeit, oder zusammen mit anderen für eine gemeinsame Sache zu kämpfen,
> - sich zu wehren und ‚nein' sagen zu können bei allem, was als persönliche Zumutung, Belästigung oder Gewalt erlebt wird."

Sellach (ebd.) betont, dass Selbstbewusstsein erlernt wird, und ein Zusammenhang zwischen Selbstbewusstsein und Körperbewusstsein und dem Wissen über den eigenen Körper besteht. Dabei geht es auch darum, zu lernen, eigene Stärken realistisch einzuschätzen. Ausgehend von dem Motto „Wer eine Tasse heben kann, kann sich auch selbst verteidigen!" werden „Finger weg!"-Fortbildungen für Frauen mit Behinderung angeboten (Schneider 2007).[364]

Gezielte Prävention sexueller Gewalt darf niemals Angst übertragen und sollte folgende Aspekte beinhalten:

> „- die Wahrnehmung der eigenen Gefühle,
> - die Wahrnehmung des eigenen Körpers,
> - Berührungen zu deuten,
> - Grenzen ziehen, Nein sagen,
> - Geheimnisse zu deuten,
> - Hilfe holen." (Esser 1994, 81)

Für erwachsene Frauen mit Behinderungserfahrung bieten Erwachsenenbildungsangebote Möglichkeiten, zu lernen, selber sorgsam ihren Körper zu pflegen, Massagen auf der sinnlichen Ebene zu erfahren, als auch zu lernen, in Selbstverteidigungskursen Grenzen zu setzen.

Neben Selbstbehauptungsangeboten kommt einer „kontinuierlichen sexualpädagogischen Begleitung, die den individuellen Behinderungsgrad, den Entwicklungsstand und die jeweilige Kommunikationsfähigkeit berücksichtigt" (Hallstein 1993, 42) eine große Bedeutung zu.

Zahlen aus der Untersuchung des Hessischen Koordinationsbüros für behinderte Frauen lassen vermuten, „dass in Einrichtungen mit der Möglichkeit gleichgeschlechtlicher Pflege möglicherweise seltener Vorkommnisse sexueller Übergriffe stattfinden" (Schopmans 2001b, 89). Des Weiteren sollte gerade im Hinblick auf die Vermeidung sexueller Gewalt auf Wunsch der betroffenen Frauen ein Wohnen in einer reinen Frauengruppe innerhalb der Einrichtung oder als Frauenaußenwohngruppe möglich sein (ebd., 97).[365]

---

sportverband) zeigte auf seiner Tagung 2005 zum Zwischenbericht auf, dass bisher nur wenige Krankenkassen die Maßnahme bezahlen. Es gibt viele an den Maßnahmen interessierte Frauen, aber wenig Angebote, die dem Deutschen Behindertensportbund zugeordnet sind, und viele freiberufliche Trainerinnen, die aber die Maßnahmen nicht abrechnen können. Ziel des Forschungsprojektes SELBST ist neben einer Bestandsaufnahme die Entwicklung eines Curriculums für das Angebot sowie die Entwicklung eines Curriculums für die Ausbildung der Trainerinnen.

[364] Diese Fortbildungen enthalten unter anderem neben der Sensibilisierung der Frauen für ihre eigenen Bedürfnisse und persönlichen Grenzen praktische Übungen zur Wirkung der eigenen Körpersprache und Stimme sowie konkretes Trainieren von Techniken und Tricks für massive Übergriffe (Schneider 2007, 3).

[365] Zu hinterfragen ist in diesem Zusammenhang auch die gemeinsame Internatsunterbringung von Rehabilitandin-

Christiane Schneider (1994, 27) formuliert neben der Schaffung äußerer Faktoren die Schaffung folgender psychosozialer Faktoren:

> „- Identitätsfindung als behinderte Frau,
> - ein positives Frauen-Körperbewußtsein,
> - individuelle Lebenskonzepte,
> - Selbstwahrnehmung und Selbstbewußtsein,
> - Prävention von und Verhaltensstrategien gegen sexuelle Gewalt, d. h. Wahrnehmung von Gefühlen und Bedürfnissen, Ernstnehmen der Gefühle, Auseinandersetzung, Äußern und Durchsetzen, Nein-Sagen, Grenzen aufzeigen."

Leider gibt es bisher wenige Ansätze, mit den Tätern (und Täterinnen) zu arbeiten, was die Opfer vor weiteren Taten entscheidend schützen würde, gerade wenn Gewalt im häuslichen Bereich bzw. sozialen Nahbereich geschieht. Ohne eine Täterarbeit setzt sich die Gewaltspirale fort. Joachim Lempert (2005, 52 f.) deckt in diesem Zusammenhang diverse Mythen[366] auf und stellt den Ansatz der Gewaltberatung vor. Er versucht, mittels der Initiative Männer gegen Männer-Gewalt® und EuGeT® Männer zu motivieren, Beratung aufzusuchen und den Gewaltkreislauf zu unterbrechen.[367]

Empowermentprozessen kommt in der Prävention von sexualisierter Gewalt hohe Bedeutung zu. So knüpft zum Beispiel das *ESCAPE Intervention Model* an den Zusammenhang von Missbrauch und Empowerment an.[368] Tatsache ist, dass die Wahrnehmung sexueller Gewalt von der individuellen Bereitwilligkeit abhängt, zu akzeptieren, dass eine derartige Tatsache gegeben sein kann (Senn 1993, 38).

Einen Workshop für Männer und Frauen mit geistiger Behinderung unter der Leitidee des Empowerments hat Maureen Crossmaker[369] mit ihren Mitarbeiterinnen des *National Assault Prevention Center* erarbeitet. Das Programm soll „Frauen und Männer mit geistigen Behinderungen ermutigen, sich gegen verbale, physische und sexuelle Gewalt zu wehren." (Voss/ Hallstein 1993, 69) Ziel der Präventionsarbeit ist es, „die Isolation der Betroffenen aufzuheben, ihre gesellschaftliche Machtlosigkeit zu beenden und notwendige Informationen zu vermitteln." (ebd.) Anne Voss (1993, 89 ff.) stellt ein weiteres Präventionskonzept in der Arbeit mit Frauen und Männern mit Behinderung von Bonnie O'Day vor, in dem es vor allem um die Thematisierung sexueller Gewalt geht.

Voraussetzung für eine erfolgreiche Gewaltprävention ist darüber hinaus die Information und Beratung der Frauen, vor allem bedarf es übersichtlicher Informationen und Materialien in

---

nen und Rehabilitanden in Berufsbildungswerken und Berufsförderungswerken, bei einer Unterrepräsentanz der Frauen (Hermes 2001b, 25).

366 Mythen sind zum Beispiel: Gewalt tritt in bildungsfernen Schichten auf; es ist ein Problem der Unterschichten; Gewalt tritt auf, wenn Familien zerbrechen, Männer arbeitslos sind usw. (Lempert 2005, 52 f.).

367 Anzumerken ist, dass Lempert und seine Kollegen den Ansatz für nichtbehinderte Männer entwickelt haben, die vor allem körperlich gewalttätig gegenüber ihren Frauen/Partnerinnen werden. Auf einer Tagung 2005 in Isny hat er diesen Beratungsansatz und seine Implikationen auf die Arbeit mit geistig behinderten Männern übertragen.

368 Eine Evaluation des Decision-Making Curriculums findet sich bei Ishita Khemka, Linda Hickson und Gillian Reynolds (2005).

369 Eine kurze Zusammenfassung des Workshop-Programms findet man bei Anne Voss/Monika Hallstein (1993,

Leichter Sprache. Ein Beispiel stellt hier die Broschüre der Bundesorganisationsstelle behinderte Frauen zum Beschäftigtenschutzgesetz dar. [370]

Aus Sicht der behinderten Frauen bedarf das Gewaltschutzgesetz mehrerer Nachbesserungen (Puschke 2006a, 3). Behinderte Frauen fordern unter anderem

- „Klarstellungen bzgl. des Wegweisungsrechts von Täterinnen und Tätern, wenn diese wie das Opfer in Einrichtungen der Behindertenhilfe oder in der häuslichen Umgebung als Assistenz- oder Pflegepersonen leben;
- Einführung einer Qualitätssicherung in Einrichtungen der Behindertenhilfe mit der Notwendigkeit der Erstellung von Interventionsplänen bei häuslicher Gewalt;“ und andererseits die
- „Schaffung eines barrierefreien Zugangs zu Frauenhäusern, Kriseninterventionsstellen, Frauennotrufen; (…) sowie
- Öffentlichkeitsarbeit zum Gewaltschutz und zur Prävention auch in einfacher Sprache.“ (ebd.)

Sexualisierte Gewalt ist an erster Stelle ein Machtdelikt, sodass es für die Präventionsarbeit gilt, Macht zu teilen, das heißt einerseits Frauen und Männern mit Behinderungserfahrung Macht zuzugestehen, um sie andererseits für den Umgang mit Macht zu befähigen (Zemp 2005, 56). Behinderte Menschen, vor allem behinderte Frauen, verfügen in diesen Bereichen über viel weniger Macht als nicht behinderte Frauen und Männer, so dass es gilt, diese Machtquellen auch für Menschen mit Behinderungserfahrung auszubauen und zugänglich zu machen (ebd., 57). Am Empowermentkonzept orientierte Bildungsangebote für Frauen mit Behinderungserfahrung stellen zugleich ein wichtiges Angebot der Prävention als auch der Arbeit mit Frauen, die sexualisierte Gewalt überlebt[371] haben, dar.

Arbeit mit Überlebenden von sexualisierter Gewalt

Einer gezielten pädagogischen und therapeutischen Arbeit mit Frauen, die sexualisierte Gewalt überlebt haben, kommt in mehrfacher Hinsicht Bedeutung zu. Sexuell missbrauchte Mädchen werden im späteren Leben häufiger Opfer sexueller Gewalttaten. Hard (1987, 4 zit. in Becker 1995, 109) bestätigte diesen Zusammenhang für Frauen mit sogenannter geistiger Behinderung. Anne Voss (1993, 100 ff.) nennt fünf Punkte, wie betroffene Mädchen, Jungen, Frauen und Männer unterstützt werden können, wenn die Gewaltsituation gerade aufgedeckt wurde:

1. Ruhe bewahren,
2. Gesprächsmöglichkeiten zum Thema sexueller Missbrauch anbieten,
3. den Betroffenen glauben,
4. Zusammenarbeit mit Fachberatungsstellen anstreben,
5. Schritte zur Beendigung der Missbrauchssituation einleiten.

69–84).

[370] Die Broschüre „Mit mir nicht! Das Beschäftigtenschutzgesetz in Leichter Sprache“ richtet sich an Frauen und Männer mit Behinderungserfahrung, Werkstatträte und Einrichtungsleitungen und bezieht sich auf das Gesetz zum Schutz der Beschäftigten vor sexueller Belästigung am Arbeitsplatz (Beschäftigtenschutzgesetz) vom 24. 6. 1994.

[371] An dieser Stelle sei noch mal angemerkt, dass ich mich hier insbesondere am US-amerikanischen Sprachgebrauch anlehne.

Dabei wird leider deutlich, dass die Zugänglichkeit sozialer Dienste und spezieller Beratungsstellen für Frauen mit sogenannter geistiger Behinderung erschwert ist (Senn 1993, 60).[372] Des Weiteren fehlen Frauen- und Mädchenbeauftragte in Einrichtungen und ambulanten Diensten (Freier/Schön 1996, 81) sowie Krisenplätze, um Opfer und Täter schnell voneinander zu trennen (ebd., 79).

Die Frauen brauchen eine Beratung und Begleitung, die die Gewalterfahrungen ernst nimmt und den Frauen Raum lässt, die Gewalterfahrungen zu bearbeiten. Dabei geht es auch um eine Auseinandersetzung mit Erfahrungen des „Zum-Opfer-Fallens" und der eigenen Ohnmacht. „Opferschaft ist keine umfassende, keine bleibende Identität, es benennt etwas Geschehenes, Geschehendes. Als Erinnerung gehört es aber zur Identität, als nicht verdrängte Erfahrung." (Ehrhardt 1989, 41) Zusätzlich zu dieser professionell begleiteten Bearbeitung der Gewalterfahrungen bedarf es in Einrichtungen der Behindertenhilfe sogenannter Frauenschutzräume, also auch Wohngemeinschaften, die nur für Frauen sind, wo Frauen, die Gewalt erfahren haben, wohnen können.

Einen besonderen Stellenwert erhält auch die Beratung und Begleitung durch *Peer Counceling* und *Peer Support*, wobei sich die Qualität der Beratung aus der Verbindung von Betroffenheit und Professionalität ergibt (Weinwurm-Krause 1994, 28).[373]

4.7 *Freizeitgestaltung von Frauen mit Behinderungserfahrung*

Im Folgenden soll das Thema Freizeitgestaltung vor allem aus der Perspektive der Frauen mit Behinderungserfahrung betrachtet werden. In letzter Zeit wird eine Entpädagogisierung der Freizeitgestaltung von Menschen mit sogenannter geistiger Behinderung angestrebt. Eine ausdifferenzierte Freizeitsubkultur im Rahmen der Offenen Angebote vieler Einrichtungen wird sichtbar und von vielen Nutzerinnen und Nutzern wertgeschätzt. Auf der anderen Seite fehlen ausreichend geeignete barrierefreie und inklusive Angebote im Gemeinwesen, denn die Freizeitbedürfnisse behinderter Menschen unterscheiden sich kaum von denen nicht behinderter Menschen. Einen positiven Freizeitbegriff, der Freizeit nicht mehr in Abhängigkeit von Arbeit sieht, schlägt Opaschowski (1990) vor (zit. in Markowetz 2007, 144).

> „Statt von Arbeit und von Freizeit spricht Opaschowski (1990, 86) von ‚Lebenszeit, die durch mehr oder minder große Dispositionsfreiheit und Entscheidungskompetenz charakterisiert ist. Je nach vorhandenem Grad an freier Verfügbarkeit über Zeit und entsprechender Wahl-, Entscheidungs- und Handlungsfreiheit lässt sich die gesamte Lebenszeit als Einheit von drei Zeitabschnitten kennzeichnen: 1. (...) Dispositionszeit, 2. (...) Obligationszeit und 3. (...) Determinationszeit'." (Markowetz 2007, 144)

[372] Charlene Y. Senn (1993, 112 f.) unterscheidet dabei zwischen „tatsächlicher" Zugänglichkeit und der „wahrnehmbaren" Zugänglichkeit. Der Verein Weibernetz e.V. veröffentlichte 2004 eine Liste, die bundesweit Frauenhäuser und Frauennotrufe angibt, die für Frauen mit Behinderung zugänglich sind. Barrierefreiheit bezieht sich jedoch meist auf die Frage der Rollstuhlzugänglichkeit, so dass bei der Aufnahme von Frauen mit so genannter geistiger Behinderung vorab gefragt werden muss.

[373] Vergleiche hierzu zum Beispiel die Angebote zu Empowerment, Beratung und Vernetzung des Vereins Ninlil Gegen sexuelle Gewalt an Frauen mit Lernschwierigkeiten oder Mehrfachbehinderung (www.ninlil.at).

Die Freizeit behinderter Menschen im Heim ist gekennzeichnet durch eine eingeschränkte Zeitautonomie und einen hohen Anteil an „verordneter" Zeit (Wacker u. a. 1998, 198).

> „Passivität und ‚Häuslichkeit' werden nicht nur durch restriktive Alltagsregeln, Einschränkungen der Bewegungsräume und knappe Zeitressourcen erzeugt, sondern auch, wenn eine geringe Dispositionsmacht über Zeit dazu führt, daß immer nur Lücken zu füllen sind. Verbleibende ‚sinnlose' Zeitreste werden dann eher als Langeweile wahrgenommen und seltener als willkommene Mußezeit interpretiert." (ebd.)

Determinanten hinsichtlich des Freizeitverhaltens sind neben der Behinderung und dem Alter auch das Geschlecht, wobei es kaum empirische Untersuchungen zum Freizeitverhalten behinderter Menschen gibt.[374] Harald Ebert und Susanne Villinger (1999) stellen in ihrer Studie zum Freizeitverhalten von WfbM-Mitarbeiterinnen und Mitarbeitern[375] folgende Unterschiede hinsichtlich des Geschlechts fest. „Von den befragten Frauen gaben 35 % an, die Freizeit nie an einem anderen Ort als zuhause zu verbringen, dagegen taten dies nur 17 % der Männer." (ebd., 265). Unterschiede in den Freizeitaktivitäten machen sich daran fest, dass Männer (10 %) häufiger als Frauen (1 %) angaben, unter der Woche „oft" in die Disco oder eine Kneipe zu gehen (ebd.). Als Haupttätigkeit in der Freizeit im Urlaub nannten 65 % der Frauen Basteln und Malen, während dies nur 35 % der Männer angaben (ebd.). Diese Gruppenunterschiede sind statistisch signifikant. Hinzu kommt, dass „das tägliche Freizeitbudget der Frauen im Mittel eine halbe Stunde kleiner war als das der Männer" und Frauen seltener (37 %) als Männer (55 %) öffentliche Verkehrsmittel alleine benutzen (ebd.). Mit der Studie belegten die Autorin und der Autor die These der „behinderten Freizeit" von Menschen mit sogenannter geistiger Behinderung. Die Freizeit „wird vor allem ‚behindert' durch mangelnde Mobilität, die nur geringen Möglichkeiten zur Partizipation für die Betroffenen, die Unterordnung individueller Bedürfnisse und Wünsche unter institutionelle und organisatorische Belange, die tradierten geschlechtsspezifischen Rollenerwartungen und elterliche, aber auch institutionelle Überbehütung." (ebd., 272)[376] Elisabeth Wacker (2001b, 34 f.) stellt fest, dass die meisten Heimbewohnerinnen sich frauenspezifische Beschäftigungen suchen und hausfraulichen Betätigungen nachgehen.

Art und Häufigkeit organisierter Freizeitangebote und deren Nutzung haben Wacker u. a. (1998, 200 ff.) erfasst.[377] Dabei stehen Sport und Bewegungsangebote an erster Stelle der von Bewohnerinnen und Bewohnern genutzten Angebote (37,1 %) (ebd., 201). „Weit größeren Anklang als örtliche Vereine finden bei den Bewohnerinnen und Bewohnern öffentliche Ver-

---

[374] Katja Schröder (2006) betrachtet in ihrer Dissertation unter anderem den Einfluss der Determinante Geschlecht auf das Freizeitverhalten von 14 Mädchen und 49 Jungen. Dabei wird eine deutliche Tendenz sichtbar, „dass weibliche Jugendliche mit geistiger Behinderung besser in ihr soziales Umfeld integriert sind und mehr soziale Kontakte haben als männliche Jugendliche mit geistiger Behinderung. Die weiblichen Befragten scheinen anpassungsfähiger und gesellschaftlich eher akzeptiert zu sein, als die männlichen Befragten." (ebd., 237)

[375] In der Studie wurden 188 Mitarbeiterinnen und Mitarbeiter (von 300) einer großen WfbM in Würzburg zu ihrem Freizeitverhalten und ihrer Zufriedenheit mit den Freizeitangeboten befragt. Für weitere 25 Beschäftigte wurde der Fragebogen stellvertretend durch Eltern oder Betreuerinnen und Betreuer beantwortet (Ebert/ Villinger 1999, 259).

[376] Diese Barrieren werden eindrücklich auch von Reinhard Markowetz (2007) beschrieben.

[377] Hierzu wurden Bewohnerinnen und Bewohner nach ihrer Teilnahme an den von den Einrichtungen angebote-

anstaltungen wie Konzerte, Kino oder Theater, die außerhalb der Einrichtungen stattfinden und nicht von diesen organisiert werden. 72,6 % der Befragten geben an, daß sie solche Angebote nutzen." (ebd., 268) Oftmals fehlen Kontakte zu Freundinnen fast ganz, wie Interviews mit 16 geistig behinderten Frauen zeigen (Hofmann, Maurer, Rivera 1993, 113).
Empfehlungen für zukünftige Entwicklungen formulieren Theunissen u. a. (2000, 370 f.)[378] und erachten „eine auf *Selbst- und Mitbestimmungsmöglichkeiten* hin angelegte Angebotsvielfalt für unabdingbar", eine Angebotsvielfalt, die auch Menschen mit schwerer Behinderung berücksichtigt, sodass altersbezogene und zielgruppenbezogene Angebote ihre Berechtigung haben (ebd.). Freizeitangebote sollten verstärkt integrativ organisiert werden und Möglichkeiten der kulturellen Partizipation und Inklusion umfassen (ebd., 371).[379] Zur Sicherstellung der Freizeitangebote bedarf es unter anderem einer gesicherten Finanzierungsgrundlage und Fahrgelegenheiten (ebd., 372). Nach Markowetz (2007, 161) sind neben der Barrierefreiheit der Angebote auch weitere sozialintegrative Lösungen und eine Freizeitassistenz erforderlich, die die Entwicklung von Empowerment zulässt und fördert.[380]

4.8 *Frauen mit Behinderungserfahrung im Alter*

Das Empowermentkonzept spielt bis in hohe Alter und bis zum Tod eine zentrale Rolle im Leben behinderter Frauen und Männer, und es gibt keinen Grund, Frauen und Männern im Alter Empowermentprozesse vorzuenthalten. Somit wird im Folgenden insbesondere der Bezug zu einem alterssensiblen Empowermentkonzept hergestellt. Die Lebenserwartung von Menschen mit sogenannter geistiger Behinderung ist in den letzten Jahrzehnten gestiegen und wird sicher noch steigen. Zuverlässige Aussagen zur Lebenserwartung geistig behinderter Frauen und Männer liegen für Deutschland jedoch nicht vor.[381] Zahlreiche Forschungsdesiderate kenn-

---

nen Freizeitaktivitäten befragt (N=164). (Wacker u. a. 1998, 200)

[378] In dieser bundesweiten Befragung von Professionellen und Nutzerinnen und Nutzern bei der Lebenshilfe in Deutschland werden die Wünsche (zumindest in diesem Artikel) nicht nach Geschlechtern getrennt ausgewiesen (Theunissen u. a. 2000). Immerhin kamen 735 Fragebögen von Frauen und Männern mit Behinderung zurück, von denen 47 % weiblichen Geschlechts sind (ebd., 369).

[379] Dass Inklusion und eine integrative Freizeitgestaltung den Wechsel vom Fürsorgeansatz zum Bürgerrechtsansatz erforderlich macht und Menschen mit Behinderung als Expertinnen und Experten in eigener Sache anerkannt werden müssen, arbeitet Reinhard Markowetz (2005) gut heraus.

[380] Markowetz (2007, 160) schlägt die Implementierung von unabhängig und regional arbeitenden „Inklusionsagenturen für persönliche Lebensplanung und Gestaltung von Lebenszeit" vor.

[381] Verlässliche Daten gibt es unter anderem deshalb nicht, da in Deutschland durch die NS-Diktatur eine ganze Generation geistig behinderter Menschen fehlt. Daher nimmt Havemann (1993, 76) einen Vergleich mit der niederländischen Bevölkerung vor, wo deutlich wird, dass auch für Menschen mit schwerer geistiger Behinderung in Vollzeiteinrichtungen die Lebenserwartung gestiegen ist und vermutlich noch steigen wird. Bezogen auf die absolute Lebenserwartung geistig behinderter Frauen und Männer lässt sich sagen: „Im Vergleich zur niederländischen Normalbevölkerung scheinen die Personen mit Down-Syndrom also im Durchschnitt etwa 20 Jahre und die Einrichtungsbewohner mit anderen Diagnosen ungefähr 10 Jahre früher zu sterben. Diese Ergebnisse stimmen mit den Ergebnissen einer in Großbritannien durchgeführten Studie (Richards & Siddiqui, 1980) überein." (Gusset-Bährer 2004, 15) Für eine Langzeitstudie in den zwei südlichsten Provinzen der Niederlande werden Bewohnerinnen und Bewohner mit Down-Syndrom getrennt von den anderen Bewohnerinnen und Bewohnern betrachtet, da bei Down-Syndrom Funktionsverluste eintreten, die dann einhergehen mit intensiverer Hilfe und höherer Pflegebedürftigkeit (Havemann 1993, 76 f.).

zeichnen diesen Themenbereich. Dabei ist die Frage eines „gelingenden Alterns" noch gar nicht thematisiert.

Für jeden Menschen ist Gesundheit und körperliches Wohlbefinden von hoher Bedeutung. Es trägt entscheidend zum subjektiven Empfinden und damit zur Verbesserung der Lebensqualität bei. Ausgehend davon, dass jeder Mensch zunächst einmal an der Erhaltung seiner Gesundheit[382] interessiert ist, bekommen Empowermentkonzepte, die sich an den Themen Gesundheit sowie Selbstbestimmung im Alter orientieren, eine besondere Bedeutung. Ein solches Empowermentangebot für ältere Menschen sollte die vorhandenen Kompetenzen, das Leben nach den eigenen Wünschen und Vorstellungen zu gestalten, stärken, eine gute Vorbereitung auf den Ruhestand und frühzeitige Auseinandersetzung mit dem Ruhestand ermöglichen,[383] um ressourcenorientiert fließende Übergänge zu gestalten.[384] Nach Jutta Hollander und Helmut Mair (2003, 5) ist keine besondere Gerontologie für diesen Personenkreis erforderlich.

Angebote in Bezug auf Selbstbestimmung und Empowerment stellen Erwachsenenbildungsangebote in Form von Lehrgängen wie „Selbstbestimmt älter werden" von Meindert J. Havemann und ihrem Team (2000) dar, die auf den zwei Grundprinzipien Empowerment und Personenzentrierung basieren.[385] Eine begleitende evaluative Untersuchung zeigte in Bezug auf die Lernerfolge von Frauen und Männern, dass „die Männer im allgemeinen schon einen besseren Start [hatten]. Ihr Wissen in den Teilbereichen war vor dem Beginn des Lehrgangs etwas größer, und auch die Langzeitergebnisse waren durchschnittlich besser." (ebd., 60)[386] In der Studie von Gusset-Bährer (2004) wird deutlich, dass Frauen signifikant mehr Wissen zum Übergang in den Ruhestand hatten.

Im Verlauf des Lebens nehmen körperliche Beschwerden zu. Der Alterungsprozess kann mit sich bringen, dass Arztbesuche und Behandlungen häufiger werden. Ebenso werden Operationen notwendig, womit häufig längere Krankenhausaufenthalte verbunden sein können. Gesagtes gilt gleichermaßen auch für Frauen und Männer mit geistiger Behinderung und bedingt neben der geistigen Behinderung sekundäre Behinderungen.[387] Wohlbefinden und körperliche

---

[382] Gesundheit wird hier definiert als Abwesenheit von Krankheit.

[383] Die Forschungsarbeit von Sinikka Gusset-Bährer (2004, 239) zeigt, „dass die Einstellung gegenüber dem Ruhestand (hoch-)signifikant und positiv damit zusammenhing, ob man an der *Entscheidung für den Eintritt in den Ruhestand* beteiligt (gewesen) war". Darüberhinaus ist auch die Gestaltung der Art und Weise des Übergangs in den Ruhestand, sowie die Vorbereitung auf den Ruhestand zentral für die Entwicklung einer Lebenszufriedenheit (ebd., 240 f.).

[384] Erste Ergebnisse eines verbandsübergreifenden Forschungsprojekts „Den Ruhestand gestalten lernen" findet man unter Egora.uni-muenster.de (o. J.).

[385] Dazu wurde das US-amerikanische Kursprogramm „Person Centered Later Life Planning Training Program of Older Adults with Mental Retardation" (Heller et al. 1996 zit. in Havemannn u. a. 2000) modifiziert. „Der 20-wöchige Lehrgang besteht aus 16 Lektionen und 3 Exkursionen und beschäftigt sich mit den Themenkomplexen Wählen und Entscheiden, Rechte und Pflichten, Gesundheit und Wohlbefinden, Freizeitaktivitäten, Arbeit und Ruhestand, Freundschaften und soziale Netzwerke, Wohnen und mit dem Erstellen individueller Handlungspläne." (Havemann u. a. 2000, 61)

[386] Es wurden strukturierte Interviews vor Kursbeginn und zweimal nach dem Lehrgang (5 Monate, 10 Monate) durchgeführt. Insgesamt nahmen 96 Frauen und Männer teil, wobei für 75 Teilnehmerinnen und Teilnehmer alle Forschungsergebnisse vorhanden sind. Von diesen 75 waren 58 % Frauen.

[387] Zahlen und Erkenntnisse zu Erkrankungen von Menschen mit so genannter geistiger Behinderung im Alter im

Fitness können durch Bewegungsangebote, sportliche Aktivitäten, Motogeragogik[388] gefördert werden. Das subjektive Empfinden des Alters kann sehr unterschiedlich sein, was auch mit dem Ausmaß weiterer Beschwerden und dem zunehmenden Pflegebedarf zusammenhängt.
Bei mindestens 10 % der über 50-jährigen und bei etwa 22 % der über 65-jährigen Frauen und Männer mit geistiger Behinderung kann Studien zufolge mit einer demenziellen Erkrankung gerechnet werden (Theunissen 2007, 140). Er schlägt ergänzend zu den unter 1.6.1 erwähnten Formen der Assistenz die Validierende Assistenz für eine subjektzentrierte, am Empowermentansatz orientierte Arbeit mit demenziell erkrankten Frauen und Männern mit geistiger Behinderung vor (ebd.144 f.). In Anlehnung an Tom Kitwood ist diese Form der Begleitung identitätsstiftend und -erhaltend: „Identität zu erleben, Identität (wieder-) zu gewinnen und ‚Identität zu haben, bedeutet zu wissen, wer man ist. Es bedeutet, ein Gefühl der Kontinuität mit der Vergangenheit und demnach eine ‚Geschichte' zu haben, etwas also, das man anderen präsentieren kann' (Kitwood 2001, 125)" (ebd., 150).
Aufgrund der generell höheren Lebenserwartung von Frauen[389], hat man es im höheren Alter mit drei Vierteln weiblichen Personen zu tun. Die „Verweiblichung des Alters" stellt sich wie folgt dar: während in Wohneinrichtungen im Alter von 55 bis 64 Jahren noch ein etwa ausgewogenes Geschlechterverhältnis besteht, zeigt sich ab 65 Jahren das Alter als weiblich (Wacker 2001b, 21). Ab 65 Jahren stehen den 8,2 % männlichen Bewohnern 16 % weiblichen Geschlechts gegenüber (Wacker 2001a, 2).
Das „Prinzip des lebenslangen Verbleibs in der Einrichtung"[390] wird über kurz oder lang in den Wohnbereichen zum Phänomen des „kollektiven Alterns" führen, sodass der Trend der Verweiblichung auch in Wohnheimen für Menschen mit Behinderung zu beobachten ist (Wacker 2001b, 22; Wacker 2001a, 2). Zu dieser „Feminisierung des Alters" (Wacker 2001c, 67) und den Merkmalen Hochaltrigkeit und Singularisierung kommt für die Gruppe der Frauen und Männer mit geistiger Behinderung das Merkmal Armut hinzu (ebd.). Was dies für die Frauen bedeutet wird im folgenden Zitat zum Ausdruck:

> „Wenn Alter nicht mehr als ein von vorhergehenden Lebensphasen losgelöster Zeitraum mit eigenen Gesetzmäßigkeiten betrachtet wird, sondern als Ergebnis eines lebenslangen Alternsprozesses, so kann das bedeuten, dass sich für diese Frauen aus ihren besonderen Lebenserfahrungen auch besondere Bedürfnisse im Alter ergeben. Dann kann es nicht genü-

deutschsprachigen Raum liegen vereinzelt vor (Gusset-Bährer 2004; Hollander/Mair 2003, 25 f.), wobei der Eindruck entsteht, dass es sich um alterstypische Erkrankungen handelt, die Zahlen jedoch selten nach Geschlecht differenziert dargestellt werden. Gusset-Bährer (2004, 19 ff.) nennt aber zahlreiche Studien, die verdeutlichen, dass Menschen mit geistiger Behinderung eine größere Anzahl von körperlichen Erkrankungen aufweisen. Zur Erklärung des häufigeren Auftretens und den Risikofaktoren vergleiche ebd.

388 Psychomotorische Förderung als ganzheitliches, bewegungsorientiertes Angebot zum Erhalt und Wiedererwerb bestimmter Kompetenzen sowie zur Persönlichkeitsentwicklung soll alten Menschen helfen, mit sich und ihrer sich verändernden Lebenssituation besser umzugehen und durch den Erwerb von Handlungskompetenz durch Bewegung ein „Mehr" an Sicherheit zu gewinnen.

389 Nach der Sterbetafel von 2003/2005 steigt die durchschnittliche Lebenserwartung in Deutschland laut statistischem Bundesamt weiter an und liegt von Jungen bei 76,2 Jahren und von Mädchen bei 81,8 Jahren.

390 Es ist fraglich, ob dieses Konzept des lebenslangen Verbleibs in einer Gruppe/in einer Einrichtung realisierbar und sinnvoll ist.

> gen, Bewohnerinnen nach ihrem kalendarischen Alter aus dem Erwerbsleben im Sonderarbeitsmarkt der WfB auszugliedern, im Wohnbereich nach ‚Gruppen zu sortieren' oder nur mit dem Blick auf ihren Hilfe- und Pflegebedarf die passenden Unterstützungen zu ersinnen. Dabei sind sie derzeit vor allem auf die soziale Unterstützung innerhalb des Heimes angewiesen. Denn neu definierte soziale Rollen, z. B. als Großmutter oder als ehrenamtliche Helferin, sind ihnen verwehrt. Ein soziales Netzwerk, in dem die Mehrzahl der Menschen im Alter neue Aufgaben und emotionalen Rückhalt findet (beispielsweise im Familien- und Vereinszusammenhang), existiert für sie kaum. Die sozialen Beziehungen konzentrieren sich weitgehend auf die betreuenden Organisationen." (Wacker 2003a, 54)

Des Weiteren bedarf es individueller passgenauer Wohnangebote, die sich an den Bedürfnissen der älteren Menschen orientieren. Hollander und Mair (2003, 48 f.) konnten beim Übergang in den Ruhestand und der Gestaltung des Ruhestands ein Spannungsfeld zwischen „wie gewohnt" und „selbstbestimmt" ausmachen, wobei insgesamt eher Autonomie fördernde Handlungsorientierungen dominieren, die dem Empowermentkonzept und der „Stärken-Perspektive" (Theunissen 2001) nahestehen.

Diskussionen um geeignete Wohnformen und eine Lebensbegleitung für Frauen und Männer mit Behinderungserfahrung beziehen sich einerseits auf geeignete Sonderdienste, andererseits auf die Verdrängung der Bewohnerinnen und Bewohner aus Wohnheimen für Menschen mit sogenannter geistiger Behinderung in Pflegeeinrichtungen.[391]

„Die Potenziale, sich zu behaupten oder sich zu widersetzen, sind im Heimkontext gerade bei Frauen minimal. Ihr Alltag war geprägt von selbstverständlicher Anpassung an vorgegebene Regeln und Verhaltensweise, Integration war vorrangig Einfügen in den Lebensort Heim." (Wacker 2001a, 2)

Das Wohlbefinden ist aber auch abhängig von der Aufrechterhaltung der Kontakte. Wie erwähnt fehlen oftmals die natürlichen Kontakte zu Familienmitgliedern wie Kindern und Enkeln. Weitere soziale Rollen[392] fehlen einerseits durch den Wegfall beruflicher Sozialbezüge als auch durch ein kleineres soziales Netzwerk insgesamt, so dass sich Isolationstendenzen verstärken und von Seiten der Professionellen die Einbeziehung bürgerschaftlichen Engagements angestrebt wird. Heinz Wieland (1993)[393] warnt vor der Rollenlosigkeit und unterstreicht in seinen Ausführungen, dass Menschen mit geistiger Behinderung eine altersintegrierte soziale Struktur entgegen käme, so dass man älteren Menschen mit geistiger Behinderung alle gesellschaftlichen Bereiche (Arbeit, Bildung, Freizeit) offen halten sollte (ebd., 27).

Auf Seiten der alten Menschen besteht der Wunsch nach vertrauter Umgebung. Eine Herausforderung stellt der Übergang in den Ruhestand dar. Die Dissertation von Sinikka Gusset-Bäh-

[391] Auf die Problematik, geistig behinderte Frauen und Männer im Alter aus dem Bezug der Eingliederungshilfe (SGB IX) in das Leistungsrecht der Sozialen Pflegeversicherung (SGB XI) zu verdrängen, kann hier nicht gesondert eingegangen werden.

[392] Ältere Menschen mit Behinderungserfahrung haben in der Regel auch keine öffentlichen Rollen in Vereinen, Parteien usw.

[393] In Anlehnung an Riley & Riley (1992) stellt Wieland (1993, 23 ff.) die altersdifferenzierte soziale Struktur dem Typ der altersintegrierten sozialen Struktur gegenüber, wobei es hierbei „keine Barrieren mehr vor den verschiedenen gesellschaftlichen Struktur-Bereichen aufgrund von Lebensalter" (ebd., 25) gibt und nicht per se die Ausgliederung aus weiten Bereichen des Lebens erfolgt.

rer (2004, 267 ff.)[394] ergab folgende Aspekte für die Praxis beim Übergang älter Menschen mit geistiger Behinderung in den Ruhestand:

> „1. Eine längerfristige Vorbereitung älterer Menschen auf den Ruhestand, die einher geht mit
> 2. ihrer Beteiligung an der Entscheidung für den Ruhestand und mit
> 3. ihrer Beteiligung an der Gestaltung der Art und Weise des Übergangs in den Ruhestand (...).
> 4. Die Entwicklung einer zur Arbeit alternativen, subjektiv bedeutsamen Beschäftigung bzw. subjektiv sinnvollen Tagesstruktur und zwar parallel zu einer Verkürzung der Arbeitszeit. (...)
> 5. Bewahrung des Vertrauten und Gewohnten (...)
> 6. Die Berücksichtigung der Verschiedenheit der älteren Menschen mit geistiger Behinderung."

Tagesstrukturierende Angebote[395] bekommen dadurch eine Bedeutung, genauso wie Ansätze des „Supported Retirement – Unterstützter Ruhestand", wo mittels eines *Case-Managers* passgenaue und personenbezogene Unterstützungsformen erschlossen werden sollen (Hollander/ Mair 2003).[396] Anhand eines Assessments, das die Grundlage für die Planung der Unterstützungsleistungen bietet, sollen Zugänge zu vorhandenen Hilfe-, Kontakt- und Freizeitangeboten durch den *Case-Manager* eröffnet und koordiniert werden (ebd., 8), wobei planerisch immer ein übergeordnetes richtungsweisendes Ziel festgelegt wird (ebd., 37). Dieses Angebot zeigt insofern Parallelen zum Empowermentkonzept auf, als die Frauen und Männer im Verlauf dieses Prozesses in die Lage versetzt werden,

> „am Ende dieses entscheidenden biografischen Übergangs für sich eine subjektiv befriedigende Lebensform sowie einen Weg dahin zu finden und sodann bei sich und in seinem sozialen Umfeld die erforderlichen und verfügbaren Kräfte und Ressourcen zu aktivieren" (ebd., 10).

Jutta Hollander (2004, 98) konstatiert, dass die im Empowermentkonzept formulierten Leitlinien zwangsläufig das methodische Vorgehen des *Case Managements* erforderlich machten. „Als besondere Bedürfnislagen im Alter gelten Wünsche nach Rekreation, nach Kompensation von Belastungen, nach Information und Orientierung, nach sozialen Kontakten, danach, ge-

[394] Gusset-Bährer (2004) interviewte dazu 10 Männer und 10 Frauen mit sogenannter geistiger Behinderung, die sich vor bzw. im Übergang in den Ruhestand befanden. Des Weiteren wurden von ihr 13 Mitarbeiterinnen und Mitarbeiter sowie 3 Angehörige befragt. Neben Einzelfalldarstellungen wurden die Ergebnisse leider nicht konsequent nach der Dimension Geschlecht getrennt betrachtet. Nur vereinzelt, wie zum Beispiel bei der Frage nach der Zufriedenheit mit den Verpflichtungen, wurden die Ergebnisse differenziert betrachtet (ebd., 167). Die Zufriedenheit der Frauen wurde höher angegeben, was damit zusammenhängen könnte, dass die Verpflichtungen im Haushalt eher als frauentypisch betrachtet werden (ebd., 259). So hatten zum Beispiel die Frauen laut ihren Bezugspersonen signifikant mehr Kenntnisse zum Übergang in den Ruhestand, was entweder darauf zurückzuführen ist, dass Frauen sich mehr erkundigen oder besser von den Mitarbeitern und Mitarbeiterinnen informiert wurden (ebd., 201). Die aus meiner Sicht fehlende Differenzierung in Bezug auf Wünsche und Möglichkeiten von Frauen und Männern mag daran liegen, dass dies entweder für die Autorin kein Bestandteil ihrer Fragestellung war oder es keine signifikanten Unterschiede zwischen Frauen und Männern beim Übergang in den Ruhestand gab.

[395] Dahinter verbergen sich vielfältige und unterschiedliche Vorgehensweisen, die hier nicht alle betrachtet werden können.

[396] Im Rahmen der Begleitforschung des Modellprojekts wurden 40 Menschen mit Behinderung (22 Frauen/18 Männer, davon 18 Menschen mit so genannter geistiger Behinderung) kontinuierlich begleitet (Hollander/Mair 2003). Ausgangspunkt des Projekts war die These, dass der Übergang in den Ruhestand für Menschen mit Behinderung noch mehr als bei Menschen ohne Behinderung eine kritische Phase darstellt (ebd., 6)

braucht zu werden, nach Zugehörigkeit sowie nach Gestaltung und Rhythmisierung der Zeit." (Wacker 2003a, 60 f.)

Elisabeth Wacker (2001a, 3) interviewte Bewohnerinnen, wobei sie ein hohes Maß an resignativer Anpassung beobachtete: „Ihr Zufrieden-Sein zeigte sich vor allem als Sich-Zufrieden-Geben." Wahlmöglichkeiten sind nicht immer bekannt und „erlernte Hilflosigkeit" (Seligman 1999) und „erlernte Bedürfnislosigkeit" (Theunissen 2007b) erschweren möglicherweise eine selbstbestimmte Gestaltung des Alters. Hollander und Mair (2003, 32) vermuten Ähnliches, „dass gerade älteren Menschen mit Behinderung Entscheidungsfindungen besonders schwer fallen, da sie in ihrem Leben vielfach die Erfahrung gemacht haben, dass andere Menschen ihnen diese abgenommen haben" und „sie wenig anregende Alternativen kennen lernen, d. h. ihre Entscheidungsfreiheit wird schon dadurch so eingeschränkt, dass sie diesen Zustand als ‚normal' empfinden" (ebd., 46). Darüber hinaus haben Menschen mit Behinderungserfahrung, die zeitlebens in einer WfbM gearbeitet haben und deren Alltag durch institutionelle Betreuung geregelt war, „kaum Erfahrungen bezüglich einer eigenen aktiven Lebensplanung" (ebd., 52). Eine Empowermentpraxis müsste mit dem Herausfinden und Kennenlernen der eigenen Interessen beginnen.

Die Lebenszufriedenheit der Bewohnerinnen und Bewohner in Bezug auf die Variable Geschlecht zeigte nicht direkt, ob sich Frauen oder Männer mit den gegebenen Umständen besser arrangieren oder einfach wohler fühlen (Wacker u. a. 1998, 293 f.).

„Aus dieser gesamten Sicht lässt sich jedoch nicht ableiten, welche Probleme nun im Einzelnen dem Frausein, dem Altsein oder dem Behindertsein dieser Bevölkerungsgruppe zuzuordnen sind." (Wacker 2001a, 4)

Der Lebenslauf der Frauen ist durch ungleiche Lebenschancen geprägt, weil sie weiblich, behindert und nun auch alt sind, wobei jedoch unklar ist, „ob nach der ‚Double Jeopardy These'[397] (Kondratowitz 1999, 124) ihr Alter als negative Zuschreibung zu den anderen Benachteiligungen hinzutritt und somit eine doppelte oder kumulierte Diskriminierung stattfindet, oder ob man eher der ‚Age as a Leveller'-Hypothese folgen kann, die besagt, dass das Alter den sozialen Deprivationen keine neue hinzufüge, sondern eher als ‚Gleichmacher' bzw. als Hersteller einer Gleichrangigkeit der übergreifenden sozialen Benachteiligungen wirke" (Wacker 2003a, 68).

Im Kontext von Wohlbefinden und Lebensqualität wird deutlich, dass „Frauen mit geistiger Behinderung im Alter beispielsweise einen Mangel an Kenntnissen über ihren Körper, über Gesundheit und Altern (z. B. Menopause, Zusammenhänge von Antiepileptika und Osteoporose) [haben], so dass sie ihre Lebensweisen nicht entsprechend anpassen können. Und auch

[397] Mit dem Begriff „Double Jeopardy" ist eine defizitorientierte Sichtweise auf die Gruppe älterer Menschen mit Minderheitenstatus (z. B. Migrationshintergrund) verbunden, die aufgrund des abwertenden Altersbildes in unserer Gesellschaft und ihres Minderheitenstatus zusätzlich belastet sind. Übersetzt wird der Begriff auch mit Doppelbestrafung.

die professionellen Helferinnen wissen zu wenig, beispielsweise über geeignete Ernährung, körperliche Übungen und besseres Vorsorgeverhalten (...)." (Wacker 2003a, 70) Insofern benötigen Frauen mit geistiger Behinderung im Alter eine besondere Gesundheitsfürsorge (ebd.). Die Auswirkungen der Zwangssterilisationen auf betroffene Frauen sind eine offene Frage und auch die Erlebnisse der Frauen als Kinder/Jugendliche in der NS-Zeit können nicht unberücksichtigt gelassen werden, da deren Thematisierung und eine Biografiearbeit mit dieser Generation zu Wohlbefinden beitragen kann, aber zugleich eine besondere Verantwortung erfordert. Eine Biografiearbeit mit Menschen mit sogenannter geistiger Behinderung muss berücksichtigen, dass die Frauen und Männer schon eine Biografie als Frau oder Mann mit Behinderungserfahrung haben.

Frauen und Männer mit sogenannter geistiger Behinderung werden selten auf den Ruhestand und die Alterungsprozesse sowie die dadurch möglicherweise bedingten Beschwerden vorbereitet. Dies erzeugt Angst und Unsicherheit, wie die biografisch wiederkehrende Angewiesenheit auf personale und soziale Unterstützung gewährleistet werden kann.[398]

Unterstützungsangebote und Förderkonzepte für ältere/alte Menschen mit geistiger Behinderung sollen und können meines Erachtens empowermentorientiert sein, was jedoch im deutschsprachigen Raum noch zu wenig thematisiert wird. So unterscheidet Andreas Kruse (2001, 97 f.) fünf grundlegende Orientierungen bei der Gestaltung von Förder- und Rehabilitationskonzepten für diesen Personenkreis: kompetenzorientiert, selbstständigkeitsorientiert, selbstbestimmungsorientiert, gemeinschaftsorientiert und umweltorientiert. Kompetenzerhaltende und kompetenzfördernde Angebote müssten daher um die Empowermentperspektive ergänzt werden.

---

[398] Das Angewiesensein auf andere haben meine Interviewpartnerinnen bereits erfahren, aber die Unsicherheit, was die Zukunft bringt, macht Angst und verunsichert zum Beispiel die Interviewpartnerin Frau Schmidt sehr. Dass die Einrichtung, von der sie zurzeit Unterstützung erhält, kein Konzept für den Übergang in den Ruhestand hat, bereitet ihr Sorge, denn die Konzeptlosigkeit der Einrichtung hat sie bereits in anderer Hinsicht erfahren. Im Vordergrund steht vor allem die Angst vor dem Verlust der sozialen Beziehungen.
Die drei Interviewpartnerinnen, die bereits im Ruhestand sind, leben alle im Ambulant Betreuten Wohnen in ihrer eigenen Wohnung und haben insofern bereits Erfahrungen mit einer aktiven und selbstständigen Lebensplanung und Lebensführung machen können und nehmen jetzt schon – je nach individuellem Bedarf – differenzierte und flexible Unterstützungs- und Dienstleistungsangebote wahr.

5 Forschungsdesign: Untersuchungsablauf und Untersuchungsverfahren

In der vorliegenden Arbeit wird einem explorativen, qualitativen Zugang zum Forschungsfeld gegenüber einer quantitativen Analyse der Vorrang eingeräumt, da die individuellen Sichtweisen der betroffenen Subjekte untersucht werden sollen und somit ein wesentlich plastischeres Bild davon entsteht (Flick u. a. ^{5}2007, 17), wie Empowermentprozesse aus Sicht der Frauen verlaufen. Es geht weniger darum, die Frauen mit Behinderungserfahrung mit bestimmten Fähigkeitslisten und Einschätzungsskalen von außen zu konfrontieren und deren personale und soziale Empowermentfähigkeiten einzuschätzen,[399] sondern deren individuelle Sichtweise auf ihren individuellen Empowermentprozess zu beleuchten. Die eingangs formulierte Fragestellung dieser Untersuchung „Wie gestaltet sich der individuelle Empowermentprozess von Frauen mit Behinderungserfahrung?“ und die damit subjektfokussierende Thematik erfordern ein qualitatives Forschungsdesign. Für das qualitative Forschungsvorgehen spricht die damit verbundene Offenheit für die Prozesse des Empowerments und somit die Interaktionen, Handlungen und Interpretationen der Frauen mit Behinderungserfahrung, die im Zentrum der Untersuchung stehen. Dabei habe ich unter „der Prämisse qualitativer Sozialforschung *‚Methodenanwendung ist Methodenentwicklung‘*“ (Hermann 2005, 23) die Methoden an das Forschungsfeld und Erkenntnisinteresse angepasst. Eine für diese Fragestellung geeignete Erhebungs- und Auswertungsmethode stellt die Grounded Theory Methodology dar. Dabei unterscheide ich zwischen ***Grounded Theory Methodology*** (GTM) als Weg und ***Grounded Theory*** (GT) als Ergebnis einer empirischen Studie.[400] Ein wichtiges Merkmal der GTM ist, dass Datensammlung und Datenanalyse Hand in Hand gehen. Die Entscheidung fiel für die *Grounded Theory Methodology*, da der hier untersuchte Gegenstandsbereich noch relativ neu, damit unerforscht ist und sich daher für explorative Forschungen eignet (Mayring ^{5}2002, 107). Auch wenn die GTM klassischer Weise in der Feldforschung und somit im Rahmen der teilnehmenden Beobachtung angewandt wird, so teile ich die Auffassung Mayrings (^{5}2002, 106 f.) nicht, dass sie

[399] Bei Theunissen/Plaute (2002, 188 f.) findet sich in dem Kapitel „Konsequenzen für Schule und Unterricht“ eine Tabelle mit personenorientierten Empowerment-Fähigkeiten und eine mit sozialorientierten Empowerment-Fähigkeiten, wobei der Ausprägungsgrad von 0 bis 5 verdeutlichen soll, wie weit eine Fähigkeit ausgeprägt ist. Auch in seinem Aufsatz „Empowerment und Schule“ schlägt Theunissen (2001, 257) vor, um Anhaltspunkte für ein geeignetes Vorgehen zu finden für jede Schülerin und jeden Schüler, ein „personal profile“ mit Hinblick auf personale und soziale Empowerment-Fähigkeiten zu erstellen. „Als diagnostische Methoden und Hilfsmittel sollten teilnehmende und nichtteilnehmende Beobachtungen, Schüler- und Elterngespräche, Schülerbefragungen bzw. -selbstbeurteilungen, ein Klassensoziogramm sowie tagebuchartige Aufzeichnungen in Betracht gezogen werden.“ (ebd., 260) Auch wenn in diesem Aufsatz die Absicht deutlich wird, einen kontextuellen Veränderungsbedarf zu ermitteln, der dann in ein individualisiertes Empowerment-Curriculum einfließt und dem die in Kapitel 3 genannten Leitprinzipien zu Grunde liegen, so ist doch meine Befürchtung, dass diese Fähigkeitslisten in der Praxis nicht in diesem Kontext genutzt werden, sondern von den Lehrerinnen und Lehrern als „reine (Check-)Listen zum Abhaken“ verwandt werden, weniger jedoch als Reflexionsfolie für eine empowermentförderliche (Unterrichts)Praxis. In ihrer Evaluation verwenden Khemka, Hickson und Reynolds (2005) Empowerment- Skalen und Self-Decision-Making-Skalen. Auch diesen Skalen stehe ich kritisch gegenüber.

[400] Ich schließe mich hiermit einem Vorschlag von Günter Mey und Katja Mruck (2007, 11) an.

für Interviewstudien weniger geeignet ist. Somit wird einer eher explorativen, hypothesen- und theoriegenerierenden Vorgehensweise im Sinne der GTM der Vorrang gegeben. Die GTM ist nicht nur eine Auswertungsmethode, sondern zugleich eine Erhebungsmethode – und unterscheidet sich somit dahingehend von der Qualitativen Inhaltsanalyse, dass die GTM ständig zwischen Datenerhebung, Datenauswertung und Theoriebildung hin- und herpendelt und ihre Stichprobe sukzessive aufbaut (Theoretical Sampling), während bei der Qualitativen Inhaltsanalyse die Datenerhebung vor der Auswertungsphase abgeschlossen sein sollte.

> „Während des Kodierens hält der Interpret seine Einfälle und Überlegungen zu den Kodes und zur sich entwickelnden Theorie fortlaufend in Kommentaren fest. Bei der Interpretationsarbeit sichtet er die Texte – anfangs oft Zeile für Zeile, später unter Heranziehen möglichst unterschiedlicher Texte, und schreibt seine Kommentare. Dabei ist es wichtig, nicht nur den Inhalt der Textstelle zu kodieren (wie bei der qualitativen Inhaltsanalyse und Globalauswertung). Der Interpret bleibt nicht auf einer beschreibenden Ebene stehen. Vielmehr soll der vordergründige Inhalt durch texterschließende Fragen zu den interessierenden Phänomenen ‚aufgebrochen' werden." (Böhm/Legewie/Muhr 1992, 29)

Im Unterschied zur Qualitativen Inhaltsanalyse zielt die GTM auf eine feine, sorgfältig herausgearbeitete Vernetzung der Kategorien mit dem Ziel der Theoriegenerierung. Die Qualitative Inhaltsanalyse erfährt ihre Grenzen „wo entweder die Fragestellung offener, explorativer, variabler ist und der Bezug zu festen Kategorien als Beschränkung erschiene, oder wo ein ganzheitlicher, nicht zergliedernd-schrittweiser Analyseablauf angestrebt wird" (Mayring 2000, 27). Petra Muckel (2007, 214 f.) macht auf das der Qualitativen Inhaltsanalyse und GTM zugrunde liegende unterschiedliche Kategorienverständnis aufmerksam.

> „Die qualitative Inhaltsanalyse betrachtet es nach meiner Einschätzung als eine vorrangige Aufgabe, den *Zuordnungsprozess* zwischen deduktiv festgelegten oder induktiv entwickelten Kategorien und dem Textmaterial methodisch abzusichern." (ebd., 215)

Demgegenüber folgt die GTM anderen Regeln, da der Fokus der Methode auf der Entwicklung der Kategorie liegt und die Kategorien der GTM „bis zum Abschluss der Theorieentwicklung (und darüber hinaus) *im Prozess und offen* für Veränderungen" (ebd.) bleiben. Zentral ist die Konzeptualisierung der Daten, so dass es im Kategorienverständnis der GTM „mithin also nicht um streng definierte Merkmalsklassen, für die es Ein- und Ausschlusskriterien gäbe, wie dies z. B. bei der Qualitativen Inhaltsanalyse der Fall ist" (ebd., 218) geht.[401] Der GTM wurde in dieser Arbeit der Vorzug gegeben, da „der Verzicht auf geschlossene Kategoriensysteme die notwendige Offenheit der Analyse für unerwartete Informationen" (Gläser/Laudel 1999) garantiert.

---

[401] So kritisieren Jochen Gläser und Grit Laudel (1999): „Das von Mayring vorgeschlagene inhaltsanalytische Verfahren (das bisher einzige) bleibt jedoch zu eng den quantitativen Vorbildern verhaftet und bietet auch keine wirkliche Synthese von Offenheit und theoriegeleitetem Vorgehen. Insbesondere die Arbeit mit geschlossenen Kategoriensystemen, bei denen alle möglichen Ausprägungen vorab feststehen, scheint unter dem Aspekt der Offenheit problematisch." Sie schlagen daher eine variablenorientierte qualitative Inhaltsanalyse vor.

Eine erste Einführung in die Grounded Theory Methodology

Die GTM wurde von Anselm Strauss und Barney Glaser begründet, und ihre Grundlegung erfolgte in ihrer gemeinsamen Veröffentlichung „The Discovery of Grounded Theory" von 1967. Darin setzten sie sich intensiv mit der Frage auseinander: Woher kommen Theorien und wie können Theorien gewonnen und entwickelt werden. Ende der 1970er Jahre kam es zu einem Rückzug Glasers und damit zu einer Spaltung in zwei Varianten, die Strübing (2004, 8) als die „pragmatisch inspirierte Variante" nach Strauss und als die „empiristische Variante" von Glaser bezeichnet.[402] Übersetzt wurde das erste Werk unter anderem mit „Entdeckung gegenstandsbezogener Theorie" (Hildenbrand 1994, 11), wobei nach Hildenbrand Gegenstandsbezogenheit „von vornherein zu jeder sozialwissenschaftlichen Theorie, die sich mit der Wirklichkeit des Alltags beschäftigt" (ebd.) gehört und somit der Terminus nicht das meint, was den Kern der GTM ausmacht. *Grounded Theory* wird auch mit „gegenstandsverankerter Theoriebildung" (Böhm 1994, 121), mit „gegenstandsbezogener Theorie" oder „in den Daten verankerter" Theorie (Paul/Kaufmann ^{2}2005, 8) übersetzt. Die Übersetzer des Werks „The Discovery of Grounded Theory" verwenden jedoch in ihrer deutschsprachigen Ausgabe den originalen englischsprachigen Terminus *Grounded Theory*, um einerseits diese Umschreibungen zu vermeiden und weil sich andererseits der englische Ausdruck etabliert hat (ebd.). Udo Kelle (1994, 283) überschreibt sein Kapitel zur Methode der *Grounded Theory* mit der „Methode der *empirisch fundierten Theoriebildung*". Es wird deutlich, dass die GTM keine einheitliche Forschungsstrategie darstellt, sondern „fast alle (auch zentrale) Begriffe werden unterschiedlich und in der Regel selbst in einem Buch inkonsistent verwendet. Die methodologische, methodische und begriffliche Integration der GTM steht aus" (Mey/Mruck 2006, 15). Trotzdem gibt es paradigmatische und begriffliche Gemeinsamkeiten, die im Folgenden vorgestellt werden und als Grundbausteine oder Faustregeln (Strauss 1994) verstanden werden sollen.

Da die GTM nicht einer speziellen Forschungsrichtung folgt oder an theoretische Interessen gebunden ist, begreift Strauss (1994, 30) sie nicht als spezifische Methode oder Technik, sondern vielmehr als einen

> „**Stil,** nach dem man Daten qualitativ analysiert und der auf eine Reihe von charakteristischen Merkmalen hinweist: Hierzu gehören u. a. das Theoretical Sampling und gewisse methodologische Leitlinien, wie etwa das kontinuierliche Vergleichen und die Anwendung eines Kodierparadigmas, um die Entwicklung und Verdichtung von Konzepten sicherzustellen" (Strauss 1994, 30). [Hervorhebung S. G.]

Glaser und Strauss verstehen daher die von ihnen vorgeschlagene Methode nicht als starre Regeln, sondern als Leitlinien, die Orientierungshilfen geben können (Strauss 1994, 32), was je-

[402] Glasers und Strauss` Forschungsfeld bezog sich u. a. auf Krankenhäuser, deren Patientinnen und Patienten sowie das Personal. Glaser zog sich dann zurück und überlies Strauss das Feld bezüglich der Methodenentwicklung. In den 1980er Jahren ging Strauss ein Arbeitsbündnis mit Juliet Corbin ein. Zu Beginn der 1990er Jahre distanzierte sich Glaser dann von deren Ansatz und publizierte „Emergence vs. Forcing" (1992), ein Werk, in welchem er die Differenz der Ansätze verdeutlicht.

doch nicht als ein „anything goes" missverstanden werden darf (Strübing 2004, 17). Um mit Strübing (2004, 87) zu sprechen, bedeutet es nicht eine beliebige situative Anpassung an Gegenstand, Forschungsfrage und eigene Kompetenzen vorzunehmen, denn damit ist „die Einheitlichkeit des Verfahrens ebenso wie die Angemessenheit einheitlicher Gütekriterien in Frage gestellt". Somit ist es „unerlässlich einige unverzichtbare Elemente des Verfahrens zu identifizieren – schon um Klarheit zu gewinnen, wovon wir sprechen, wenn wir von grounded theory reden" (ebd.).[403]

Die GTM ist ein handlungs- und prozessorientiertes Modell. Ausgehend von der Annahme „all is data" (Glaser 1978, 8) können Interviews, Transkriptionen von Gruppengesprächen, Gerichtsverhandlungen, Beobachtungsprotokolle oder Dokumente wie Tagebücher, Briefe und Fragebögen mittels der GTM qualitativ analysiert werden. Je nach Forscherin und Forscher sowie Forschungsziel werden unterschiedliche Arten von Dokumenten als Daten herangezogen, so dass unterschiedliche Textsorten vorliegen.[404]

Der Analysemodus der *Grounded Theorie Methodology* verfolgt das Ziel „eine Theorie zu generieren und zu überprüfen" (Strauss 1994, 19) beziehungsweise eine Theorie zu erstellen, „die dem untersuchten Gegenstandsbereich gerecht wird und ihn erhellt" (Strauss/Corbin 1996, 9).

> „Grounded Theory bedeutet, daß „die Theorie ihre Grundlagen in empirischen Daten hat, die systematisch" und intensiv „analysiert werden, oft Satz für Satz oder Abschnitt für Abschnitt des Beobachtungsprotokolls, des Interviews oder eines anderen Dokuments; ‚konstantes Vergleichen' hat zur Folge, daß umfangreiches Datenmaterial erhoben und dann ausgiebig kodiert wird", [...] und somit eine gut konstruierte Theorie ergeben." (Strauss 1994, 51)[405]

Mittels ständiger Vergleiche soll eine Theorie aufgebaut werden, die ein Phänomen spezifiziert. Repräsentativität bezieht sich dabei auf die Repräsentativtät der Konzepte, nicht der Personen, so dass das Ziel nicht darin besteht, Ergebnisse zu erzielen, die für eine breite Population repräsentativ sind (Corbin/Strauss 1990, 421).

Offen bleibt, inwieweit der aufwendige Analyseprozess tatsächlich zu „Theorien" im üblichen Sinne führt, „da die erstrebte Gegenstandsverankerung offensichtlich zu sehr bereichspezifischen Modellen führt" (Bortz/Döring ^{2}1995, 309). Im Rahmen dieser Arbeit ist es möglich, eine Theorieskizze[406] zum Empowermentprozess von Frauen mit Behinderungserfahrung herauszuarbeiten, die dem Entdecken von Konzepten und Hypothesen zum Gegenstandsbereich

403 Strübing (2004, 87 f.) ergänzt die zwei von Strauss genannten Kriterien Kodieren und Memo schreiben, um die iterativ-zyklische Vorgehensweise, das theoretische Sampling, die theoretische Sättigung und die Methode des permanenten Vergleichens.

404 Strauss erwähnt hier neben Feldbeobachtungen und Interviews „verschiedene Typen von Aufzeichnungen, Memoiren, offizielle und persönliche Briefe, Tagebücher, Zeitungen, Landkarten, Photographien und Gemälde" (1994, 27).

405 Strauss hat in diesem Teil des 1. Kapitels viele Elemente fast vollständig von Glaser's Theoretical Sensitivity (1978) übernommen.

406 Der Terminus Theorieskizze im Sinne von Franz Breuer meint, dass das Kriterium der *Theoretischen Sättigung* nicht umfassend erfüllt ist und somit „eine Modell-Bewährung und -Präzisierung durch eine Anwendung auf weitere Fälle und eine Ausweitung der Fallvariation nach theoretischen Gesichtspunkten nötig" ist (Breuer 1999, 5).

gilt. Diese Theorieskizze stellt einen Ausgangspunkt für weitere Forschungsarbeiten in diesem Feld dar.

Im weiteren Verlauf dieses Kapitels wird einführend Bezug genommen auf die Qualitative Forschung in der Behindertenpädagogik allgemein und in Bezug auf die Strukturkategorie Geschlecht im Rahmen der Behindertenforschung im Speziellen. In einem zweiten Schritt werden die Methoden der Datenerhebung ausführlich dargestellt und diskutiert, bevor eine detaillierte Vorstellung der GTM und ihrer Begrifflichkeiten erfolgt.

Um die Vorgehensweise dem Forschungsgegenstand angemessen zu begründen, sollen im Folgenden drei Forschungsperspektiven in ihrer Verknüpfung Berücksichtigung finden: Qualitative Sozialforschung, Behindertenforschung und Frauenforschung als Teilbereich der Geschlechterforschung.

5.1 Qualitative Forschung in der Behindertenpädagogik

Welche Formen und Methoden gibt es im deutschsprachigen Raum, um sich der Lebenssituation und den Inklusionsbedingungen von Frauen und Männern mit Behinderungserfahrung anzunähern? Wie gestaltet sich die Forschung im Themenbereich behinderte Frauen? Alles Fragen, die sich aufdrängen, weil bisher *quantitative Forschungen* in der Behindertenpädagogik dominierten und es in Bezug auf Kinder, Frauen und Männer mit sogenannter geistiger Behinderung sogar noch weniger qualitative Forschungen als für Menschen mit Körper- und/oder Sinnesbehinderung gibt.[407] Gängige Forschung ist darüber hinaus als Forschung ‚über' Menschen mit sogenannter geistiger Behinderung und nicht als Forschung ‚mit' diesem Personenkreis zu beschreiben (Giese/Hofmann/Overbeck 2002, 183). Frauke Janz und Karin Terfloth (2009, 12) thematisieren den Wandel hinsichtlich der Herangehensweise an Forschungsfragen, der Adressaten von Forschungsergebnissen sowie der am Forschungsprozess beteiligten Personengruppen. Die Deutsche Interdisziplinäre Gesellschaft zur Förderung der Forschung für Menschen mit geistiger Behinderung e.V. (DIFGB) hat sich zur Aufgabe gestellt, „Forschung interdisziplinär zum Wohle von Menschen mit geistiger Behinderung zu fördern und Forschungsergebnisse für die Wissenschaft und das Zusammenleben in sozialer Integration

---

[407] Die Auswertung der Veröffentlichungen in der HEILPÄDAGOGISCHEN FORSCHUNG von Hans-Peter Langfeldt und Franz B. Wember (1994) zeigte hier bereits das große Missverhältnis von quantitativer und qualitativer Heilpädagogischer Forschung in den vorhergehenden 30 Jahren und die Fokussierung der Forschung auf behinderte Kinder und den Bereich Schule. Die vertiefte inhaltliche Analyse der Beiträge ergab unter anderem, dass „in den 228 empirischen Studien im engeren Sinne in nur 2 % der Fälle ausschließlich qualitative Verfahren der Ergebnisdarstellung zur Anwendung gekommen (waren), in 220 Studien kamen quantitativ-statistische Methoden zum Einsatz" (ebd., 193), wobei im Verlauf zunehmend anspruchsvollere Verfahren verwandt wurden. Abschließend formulieren sie Herausforderungen an sonderpädagogische Forschung, die „auf ein methodisch höheres Niveau anzuheben" ist, sich auf einen größeren Personenkreis, weitere Forschungsthemen, die zum Beispiel die gesamte Lebensspanne betreffen, beziehen muss (ebd., 196). Auch Wüllenweber (2006) macht auf eine leichte Dominanz quantitativer Forschung innerhalb der Geistigbehindertenpädagogik aufmerksam. Ebenso beleuchtet Klaus Sarimski (2009) anhand einer Zeitschriftenanalyse das Verhältnis von quantitativer und qualitativer Forschung kritisch.

nutzbar zu machen."[408] Die von Heinz Mühl 2004 im Auftrag der DIFGB erstellte Forschungsdokumentation der geförderten empirischen Forschungsprojekte, Dissertationen und Habilitationen zeigt die Forschungsdesiderate deutlich auf (Mühl 2004).

Während die quantitative Sozialforschung insgesamt eine Ausdifferenzierung erfuhr und methodologische Diskurse zunahmen, erfolgte die Auseinandersetzung mit Ansätzen der *qualitativen Sozialforschung* innerhalb der Behindertenpädagogik, und hier insbesondere in der Geistigbehindertenpädagogik, erst sehr vereinzelt. Hierzu können einzelne qualitative Arbeiten wie die von Monika Seifert (1997a) zum Wohnalltag von Menschen mit schwerer geistiger Behinderung, die eine mehrperspektivische Triangulation erfordern, sowie die Kölner Lebensqualität-Studie, in der sie u. a. methodisch die teilnehmende Beobachtung einsetzt, hervorgehoben, aber auch Arbeiten von Andreas Hinz und Ines Boban (2001) zum Unterstützen Arbeitstraining[409] angeführt werden. Lange Zeit wurde *über* Kinder, Frauen und Männer mit (sogenannter geistiger) Behinderung geforscht, bis im Rahmen der Qualitätsmanagementdiskussion vermehrt Nutzerbefragungen durchgeführt wurden (Bundesvereinigung für geistig behinderte Menschen e.V. 2000). Die Nutzerbefragungen wurden zunächst stellvertretend für die Menschen mit Behinderungserfahrung beantwortet, bis dann in den letzten Jahren durch verstärkte Impulse der Behindertenbewegung insgesamt, im Besonderen durch die People First-Bewegung, vermehrt Menschen mit geistiger Behinderung als Expertinnen und Experten in eigener Sache wahrgenommen wurden und nun zur Gruppe der Befragten gehören.

Saskia Schuppener (2005b, 153 f.) macht in ihrer Dissertation auf die Problematiken im Zusammenhang der Forschung im Bereich von Menschen mit geistiger Behinderung aufmerksam und nennt vier sich gegenseitig bedingende Erschwernisse für die Forschung, die ihrer Meinung nach eine Art zwangsläufige „Negativ-Abfolge" darstellen.

Es fehlen jedoch nicht nur standardisierte Verfahren, sondern insgesamt stellt die Methodendiskussion innerhalb der Pädagogik der Menschen mit geistiger Behinderung ein Forschungsdesiderat dar,[410] ebenso wenig gibt es im deutschsprachigen Raum Auseinandersetzungen mit *Inklusiver Forschung*. Weitere kritische Aspekte im Rahmen der Forschung zum Thema Geistige Behinderung sind die selten anzutreffende interdisziplinäre Ausrichtung, die fehlende internationale Vernetzung der Forschungsprojekte sowie der Mangel an Veröffentlichungen und Großprojekten (Wüllenweber 2006, 567). Die nun zunehmende Berücksichtigung der

---

[408] Die Forschungsdokumentation ist einzusehen unter www.difgb.de.

[409] In dieser Untersuchung zum Ambulanten Arbeitstraining in Hamburg wurde neben der Perspektive der TeilnehmerInnen, die der AssistentInnen und GruppenleiterInnen, sowie die der Vorgesetzten in den Betrieben, der BerufsschullehrerInnen und der Reha-BeraterInnen der Arbeitsagentur erhoben. So konnten von den 68 Teilnehmerinnen und Teilnehmer am Ambulanten Arbeitstraining 56 befragt werden (Hinz/Boban 2001, 64). Zusätzlich wurde eine Vergleichsgruppe in den Werkstätten für behinderte Menschen befragt.

[410] Eine Ausnahme stellen hier zum Beispiel die Überlegungen von Giese, Hofmann und Overbeck (2002) dar, die in Anlehnung an die Untersuchungen zur Rekonstruktion von Subjektiven Theorien und die Heidelberger Struktur-Lege-Technik ein Verfahren entwickelt haben, Subjektive Autobiografietheorien von Frauen und Männern mit sogenannter geistiger Behinderung im Dialog-Konsens zu rekonstruieren.

Kategorie Geschlecht innerhalb der qualitativen Forschung der Behindertenpädagogik wird im folgenden Kapitel ausgeführt.

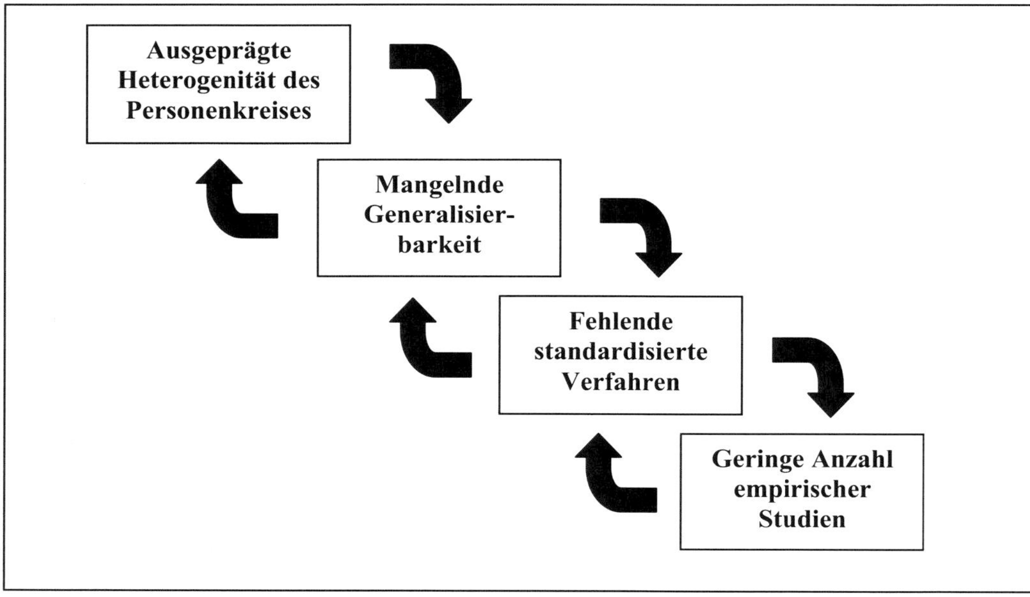

Abbildung 4: „Dilemma" des Forschungshintergrunds im Bereich der geistigen Behinderung (Schuppener 2005b, 154)

Neuere Ansätze der Einbeziehung von behinderten Frauen und Männern als Forschungsakteurinnen und -akteure findet man in Großbritannien, Australien, Belgien und anderen Ländern. *Inklusive Forschung* in dem Sinne, dass Menschen mit Behinderung aktiv am Forschungsprozess partizipieren, wird seit den 1990er Jahren besonders in Großbritannien und Australien diskutiert, aber im deutschsprachigen Raum liegen kaum Erfahrungen vor (Flieger 2005).[411] Nach Ernst Wüllenweber (2006, 569) kennzeichnet dieser innovative Forschungszugang einen internationalen Trend, erscheint jedoch in Deutschland vor allem durch das Empowermentkonzept gefördert. So hat nach Theunissen und Plaute (2002, 84) Heilpädagogik als Wissenschaft den Auftrag, „ein Problembewusstsein zu entwickeln, welches auf Zusammenarbeit (collaboration) mit behinderten Menschen, auf Empowerment und auf Parteinahme für ihre Interessen und speziellen Bedürfnisse hin ausgerichtet sein muss", so dass Betroffene so weit wie möglich in Forschungsprozesse einbezogen werden sollten.[412] Inklusive Forschung hat das Ziel, Menschen in marginalisierten Situationen, in diesem Fall Menschen mit Behinderungserfahrung, aktiv am

[411] Auf die Feinheiten der Abgrenzung zu Partizipatorischer Forschung kann hier nicht weiter eingegangen werden.

[412] Als Vorschlag verweisen die Autoren auf die qualitative Forschungsstrategie von Mactavish, Mahon und Lutfiyya (2000), die ein mehrstufiges Verfahren mit Einzelinterviews, Focus-Gruppen und einer gemeinsamen Auswertung anführen, um zu validen, wissenschaftlich tragfähigen Aussagen Betroffener zu gelangen (Theunissen/Plaute 2002, 84).

Forschungsprozess zu beteiligen, von der Entwicklung der Fragestellung und des Forschungsdesigns über die Durchführung zur Auswertung bis hin zur Veröffentlichung und Verbreitung der Forschungsergebnisse. Das heißt, Frauen und Männer mit Behinderung werden nicht nur als Datenlieferantinnen und -lieferanten sowie Objekte der Forschung gesehen, sondern gestalten den Forschungsprozess im Sinne von Initiatorinnen/Initiatoren, Autorinnen/Autoren und Kolleginnen/Kollegen aktiv mit.[413] Dabei werden eher quantitative Methoden zur Erhebung der Zufriedenheit, zum Beispiel mittels einer Smileyskala, vernachlässigt, weil sie der Komplexität des Untersuchungsgegenstandes und der Fragestellung nicht gerecht werden.

Walmsley und Johnson präzisieren die Rollen, die während eines inklusiven Forschungsprozesses eingenommen werden können, wie folgt:

> „We define inclusive research as research which includes or involves people with learning disabilities as more than just subjects of research. They are actors, people whose views are directly represented in the published findings in their own words but – and this is important – they are also researchers playing an active role as instigators, interviewers, data analysts or authors." (Walmsley, Johnson 2003, 61 f.)

Bei der vorliegenden Arbeit handelt es sich nicht um Forschung im inklusiven Sinne, denn Fragestellung und Forschungsdesign wurden komplett von mir entwickelt, sodass die Frauen keine Kontrolle über den Forschungsprozess hatten. Ebenso wenig waren die Frauen mit Behinderungserfahrung an der Auswertung der Daten und der Erstellung des Forschungsberichts beteiligt. Perspektivisch erachte ich diesen Forschungsansatz jedoch als wichtigen handlungsleitenden Impuls für weitere Forschungsvorhaben/-projekte. Problematisch im Kontext von Qualifizierungsarbeiten könnte sein, dass Forscherinnen und Forscher ein anderes Ziel, etwa ihre eigene Qualifikation oder Karriere, anstreben als die am Forschungsprozess Beteiligten selbst[414] und zeitliche und finanzielle Ressourcen beschränkt sind.

5.2 *Berücksichtigung der Kategorie Geschlecht in der Behindertenpädagogik/-forschung*

Von einer Geschlechterforschung[415] im Rahmen der Behinderten-, Heil- und Sonderpädagogik kann noch nicht gesprochen werden, da der geschlechterdifferenzierte Blick vielerorts noch fehlt. Jedoch gibt es seit Ende der 1970er Jahre Ansätze einer Frauenforschung[416] in der Behindertenpädagogik. Insgesamt lässt sich ein Beginn der Forschung unter feministischen Vorzei-

---

[413] Wüllenweber differenziert zwischen verschiedenen Formen der Mitwirkung und Beteiligung: Indirekte Einbeziehung, direkte Beteiligung durch Befragung und Gruppendiskussionen, Diskussion der Forschungsergebnisse mit den behinderten Menschen bis hin zur Mitbestimmung am Forschungsdesign (2006, 570).

[414] Zur ausführlichen Diskussion über Inklusive Forschungsprozesse vergleiche Walmsley/Johnson 2003, Goeke/Terfloth 2006 und Jerg/Goeke 2007.

[415] Regina Gildemeister (^{5}2007, 214) macht darauf aufmerksam, dass mit Geschlechterforschung kein einheitlicher Theoriezugang verbunden ist und auch keine klare Abgrenzung zur Frauenforschung besteht, so dass oft auch von Frauen- und Geschlechterforschung gesprochen wird. Dabei wird „Geschlecht als eine grundlegende Kategorie sozialer Ordnung" (ebd., 216) verstanden.

[416] Frauenforschung kann als eine Etappe auf dem Weg zu einer Genderforschung betrachtet werden.

chen in der Bundesrepublik vor gut drei Jahrzehnten im Zusammenhang mit dem Erstarken der zweiten Frauenbewegung erkennen, wobei je nach Standpunkt der Forscherinnen einmal von Frauenforschung und ein anderes Mal von feministischer Forschung gesprochen wird. Neben der Aufhebung der hierarchischen Struktur des Geschlechterverhältnisses zielt Frauenforschung auf die Analyse und Veränderung weiblicher Lebenszusammenhänge. Zunächst gingen die neuen Erkenntnisse der Frauenforschung an der Behindertenpädagogik vorüber, und anfangs gab es nur Veröffentlichungen von betroffenen Frauen selbst (vgl. Kap. 1).

Auf einer Fachtagung 1997 stellt Birgit Warzecha (1997, 1) fest: „Obwohl kritische und emanzipative Frauenbewegung und Frauenforschung sich mittlerweile längst in vielen Teildisziplinen der Erziehungswissenschaft etablieren konnten, (...), hat z. B. die auf Sonder- und Förderschulen bezogene Behindertenpädagogik hierzu noch kaum Anschluß gefunden." Kritisch lässt sich somit fragen, ob die feministische Forschung bestimmte Frauen ausgrenzt.[417]

Nach wie vor umstritten ist, ob die weibliche Perspektive in der Sozialforschung auch mit einem anderen methodischen Ansatz einhergeht oder einen solchen fordert, wobei insbesondere die Postulate der Parteilichkeit und Betroffenheit in die Kritik gerieten (Müller 2004, 295). Festzuhalten ist, dass es *die* feministische Forschung nicht gibt, sondern jeweils in Verbindung mit vorhandenen Theorien feministische sozialwissenschaftliche Ansätze in Deutschland existieren, was aufgrund der heterogenen Perspektiven zur Folge hat, dass sich kein explizit feministisches Paradigma herausbilden konnte (Kulmer 1996, 35).[418] Eine Sichtweise besteht darin, die zentrale Gemeinsamkeit der Ansätze in einer Androzentrismuskritik zu sehen, „die auf die Entlarvung ‚allgemein menschlichen' Denkens, Fühlens und Handelns als ein am männlichen Ideal orientiertes Konstrukt, das Frauen zwar meistens freundlicherweise ‚mitmeint', sie bei genauerem Hinsehen jedoch ausschließt" zielt (ebd., 37).

Feministische Forschung versteht sich meist als parteiliche Forschung, so dass der persönliche Blick auf die beforschten Frauen (und Männer) systematisch reflektiert werden muss. Eine Forderung, die nicht vom Grundsatz entbindet, dass die Methodenwahl dem Forschungsgegenstand gegenüber angemessen sein muss. Obwohl es keine explizit feministische Methode gibt, so gibt es sehr wohl eine feministisch begründete Methodenwahl (Kulmer 1996, 39).[419] Feministische Frauenforschung arbeitet mit qualitativen Forschungsmethoden, „solche, die es

[417] Auf eine Aussonderung behinderter und älterer Frauen aus der Kategorie Frau macht Morris (1994, 68) aufmerksam. Auch Dagmar Schultz (1990, 45) vertritt die These, „daß die feministische Forschung und Frauenforschung von weißen Frauen häufig in Inhalt und Methode von Ethnozentrismus bzw. einem ‚weißen Solipsismus', einer weißen Selbstbezogenheit, charakterisiert ist."

[418] Hier sei auf den 1978 von Maria Mies veröffentlichten Aufsatz „Methodische Postulate der Frauenforschung" und die sich daran anschließende Diskussion verwiesen. Die Postulate waren bestimmend für den Diskurs in der frühen Phase der Frauenforschung und beeinflussen trotz zahlreicher Vorbehalte und Einwände nach wie vor die Diskussion (Behnke/Meuser 1999, 23).

[419] Ilona Ostner (^{5}1998, 91) stellt fest, dass Frauenforschung nicht über eigene Forschungsmethoden verfügt, jedoch die Methodendiskussion intensiv angeregt hat, wobei die Forderungen von „Betroffenheit", „Parteilichkeit" und „Praxisbezug" kontrovers diskutiert werden. Eine ausführliche Diskussion qualitativer Methoden in der Geschlechterforschung findet sich bei Behnke und Meuser (1999).

zulassen, daß die Beforschten ihre Sichtweisen, ihre Erfahrungen, ihre Betroffenheit von bestimmten Realitäten ausführlich einbringen können" (Schildmann 1997, 21).

Das Erkenntnisinteresse der Frauenforschung in der Behindertenpädagogik, einer noch recht jungen Disziplin, bezieht sich auf gesellschaftliche Hierarchien zwischen den Geschlechtern in allen Fragen der Behinderten- und Integrationspädagogik, sodass das „geschlechterspezifische Verhältnis zwischen behinderten und nichtbehinderten Menschen" im Mittelpunkt des Erkenntnisinteresses steht (Schildmann 2000b, 16 f.). Die feministische Diskussion über weibliche Lebenszusammenhänge für die Behindertenpädagogik fruchtbar zu machen, ist somit das Ziel. Nach Schildmann (2001a, 151) ist es „die zentrale Aufgabe der „Frauenforschung in der Behindertenpädagogik", Geschlechterhierarchien und -dynamiken gezielt zu analysieren" verbunden mit dem „Ziel, Mädchen und Frauen mit Behinderung als Subjekte in Theorie und Praxis, Forschung und Politik zu integrieren" (Wedel 1997, 258).

Ulrike Schildmann (2000b, 9 ff.) benennt drei Entwicklungsphasen für die Ende der 1970er Jahre entstandene Forschungsrichtung. Die *erste* Phase überschreibt sie mit Initiativphase und bezieht sich auf die ersten Aktivitäten, die im Kontext der Frauenforschung und Behindertenpädagogik von circa 1978 bis 1988 stattfanden. Hier ist auch der Beginn der Krüppelfrauenbewegung anzusiedeln. Es folgten Veröffentlichungen aus Sicht der betroffenen Frauen wie zum Beispiel „Geschlecht behindert –Besonderes Merkmal Frau" von Carola Ewinkel, Gisela Hermes und anderen Frauen (^{3}1988) im Jahr 1985 oder „Unbeschreiblich weiblich" von Gerlinde Barwig und Christiane Busch (1993).

Die Initiativphase der Frauenforschung in der Behindertenpädagogik brachte nach Schildmann (2000b, 11) vier Forschungsfelder hervor: Mütter behinderter Kinder (vgl. Fröhlich 1986, Jonas 1994), Ausgrenzungsprozesse behinderter Mädchen (Prengel 1984), Lebensbedingungen behinderter Frauen (Schildmann 1983)[420] und beruflich tätige Frauen in der (Behinderten-)Pädagogik (Rohr 1984)[421].

Die *zweite* Phase betitelt Schildmann (2000b, 11 ff.) mit „Ausdifferenzierung und Etablierung" und siedelt diese von 1988 bis 1996/1997 an, wobei es zu einer inhaltlichen Ausdifferenzierung des Themenfelds der sozialen Lage behinderter Frauen kommt (vgl. Beispiele in Kap. 4). Forschungsrelevant sind eugenische Fragestellungen, der Zusammenhang von Erwerbsarbeit

[420] Diese stellt eine erste Untersuchung zur Lebenssituation insbesondere körperbehinderter Frauen dar. Bis dahin wurde die gesellschaftliche Lage behinderter Frauen im deutschsprachigen Raum kaum erforscht, so dass Schildmann ihre Arbeit als „Leitstudie mit Erkundungscharakter" betrachtet, die zur Entwicklung von Hypothesen beiträgt (1983, 19). Den Interviews mit 50 Frauen gingen Gruppendiskussionen im Rahmen der Volkshochschulkurse, wie zum Beispiel „Arbeitskreis zur sozialen Lage behinderter Frauen" voraus, den Ulrike Schildmann ab 1978 mit Angelika Krüger in Schöneberg/Berlin durchführte. Der Zugang zu den interviewten Frauen folgte schließlich über die Arbeitsagentur Bremen, so dass es sich hier um Frauen handelt, die die gesellschaftlichen Kriterien für eine Erwerbsarbeit und damit eine berufliche Rehabilitation erfüllen (1983, 20 f.).

[421] In dieser Aufsatzsammlung geht Barbara Rohr (1984, 1) der Frage nach „Was bedeutet die Tatsache, daß ich eine Frau bin, für meine pädagogische und wissenschaftliche Arbeit auf der Grundlage einer materialistischen Weltanschauung?" Dabei reflektiert sie ihre Zerrissenheit „zwischen zwei unterschiedlichen Strömungen in der Frauenbewegung, die ich stark vereinfachend als einerseits marxistisch und andererseits feministisch ausgerichtet kennzeichne" (ebd.).

und beruflicher Rehabilitation, sexueller Missbrauch, Sozialisationsbedingungen behinderter Mädchen und Frauen. In diese Phase fällt die Gründung zahlreicher landesweiter Netzwerke behinderter Frauen[422] sowie die Errichtung des Bildungs- und Forschungsinstituts zum selbstbestimmten Leben behinderter Menschen (bifos)[423] (ebd.).

Die Phase der Ausdifferenzierung und Etablierung in der Bundesrepublik Deutschland wurde schließlich unterstützt und bestätigt durch zahlreiche Maßnahmen und Errungenschaften behindertenpolitischer und wissenschaftspolitischer Art, wie die Durchführung von Fachtagungen und letztlich die Einrichtung einer ersten Professur für „Frauenforschung in der Behindertenpädagogik" an der Universität Dortmund im Jahr 1996 (Schildmann 2000b, 14 f.).

Als *dritte* Phase bezeichnet Schildmann die Zeit ab 1997/1998, in der sie „Ansätze zu einer wissenschaftlichen Vertiefungsphase" sieht. Schildmann (2000b, 15 ff.) hebt hier den theoriegeleiteten Forschungsansatz von Vera Moser (1997)[424] und die empirische Studie von Ursula Kulmer (2000)[425] hervor, deren Arbeiten beide Eingang in einen größeren Forschungszusammenhang fanden. Innerhalb der interdisziplinären Forschungsgruppe „Normalismus" der Universität Dortmund, gefördert durch die Deutsche Forschungsgemeinschaft, wurde als Teilprojekt der Zusammenhang von Normalität, Behinderung und Geschlecht näher untersucht (Schildmann 2001b, 2004).[426] Frauen mit sogenannter geistiger Behinderung werden in den Arbeiten von Andrea Friske (1995) und Elke Schön (1993) berücksichtigt sowie in der Arbeit von Marion Sigot (2003).

Morris (1994, 65) benennt zwei Phasen der Annäherung an das oben genannte Ziel, gesellschaftliche Hierarchien zwischen den Geschlechtern zu analysieren. Sie überschreibt die *erste* Phase mit „Hinzufügen von Frauen" in die männlich dominierte Welt und bezieht sich auf die Überwindung der Ausblendung von Mädchen und Frauen mit Behinderung in der Behindertenpädagogik und die Enttarnung des androzentrischen Blicks, während die *zweite* Phase durch eine zunehmende Binnendifferenzierung und Auseinandersetzung zwischen den Frauen ge-

---

[422] 1992 gründeten engagierte Frauen aus Hessen das erste landesweite Netzwerk behinderter Frauen in Hessen.

[423] Das Institut bifos hat seinen Sitz in Kassel und beschäftigt sich mit verschiedenen behindertenpolitischen Fragestellungen. Eine Neuausrichtung der Forschungs- und Bildungstätigkeit folgte nun im Zuge der *Disability Studies*. Die zahlreichen Aktivitäten im Rahmen der deutschen *Disability Studies* findet man unter www.disability-studies-deutschland.de.

[424] Ausgehend von der Sichtweise des feministischen Dekonstruktivismus, wonach Geschlecht und Behinderung soziale Zuweisungen sind, geht Vera Moser (1997, 139 ff.) den Fragen nach, wie somit Identität vorstellbar ist und welche tiefliegende Bedeutung die Zuweisung zu Geschlecht und Behinderung hat.

[425] Der radikale Konstruktivismus dient als Erkenntnistheorie im Rahmen dieser Arbeit und mittels der Methode des Strategie-Interviews fragt die Autorin provokativ und im Sinne der Selbstbestimmt-Leben-Bewegung nach erfolgreichen Alltagsstrategien der behinderten Frauen, da es ihr darum geht „den Blickwinkel feministischer Behindertenforschung zu erweitern und die *individuellen Ressourcen* geschädigter Frauen sehr viel deutlicher als bisher zum Thema zu machen" (Kulmer 2000, 17). Die Arbeit will die „*subjektive Seite* des alltäglichen Erfolges" erforschen (ebd.). Beim Strategie-Interview verhilft die Interviewerin beziehungsweise der Interviewer mittels eines Interviewleitfadens und „didaktischer Hilfen" der oder dem Befragten, sich gedanklich in eine Anwendungssituation hineinzuversetzen (ebd., 127), setzt aber sprachliche Kompetenz, Differenzierungsfähigkeit sowie Dialogfähigkeit auf beiden Seiten voraus.

[426] Innerhalb des interdisziplinären Forschungsprojekts wurden die Konstruktion und Produktion von Normalität sowie die Strukturen und Funktionen gesellschaftlicher Normalität erforscht.

kennzeichnet ist und damit revolutionärer wird, da bestehende Theorien und Methodologien fundamental hinterfragt werden. Gegen die Annahme einer gemeinsamen und gleichen Unterdrückung aller Frauen richtet sich nun die Kritik (ebd., 66), so dass „eine Auseinandersetzung mit dem ethnozentrischen, rassistischen, heterosexistischen und/oder normalistischen Blick in den eigenen Reihen“ stattfindet und „behinderte Feministinnen von nichtbehinderten Feministinnen die längst überfällige kritische Auseinandersetzung mit starren Positionen, eigenen Ausblendungs- und Ausgrenzungsstrategien“ einfordern (Wedel 1997, 262). Morris wehrt sich gegen einen defizitären Blick der „Doppelten Diskriminierung“ und befürwortet den Ansatz des Empowerments, der Mädchen und Frauen mit Behinderung aktiv in der Auseinandersetzung mit ihrer Lebenssituation unterstützt.

> „Wenn Feministinnen sich mit Behindertenforschung befassen wollen, muß solche Forschung darauf abzielen, dass behinderte Menschen Macht bekommen (empowerment). Nichtbehinderte Forscherinnen müssen damit anfangen, ihre eigenen Einstellungen gegenüber Behinderung in Frage zu stellen.“ (Morris 1994, 71).

Ein Blick auf die deutsche Forschungslandschaft zeigt, dass sich im Rahmen der Forschung zur Behindertenpädagogik nur wenige Studien auf die Lebenssituation von Frauen mit Behinderung beziehen. Zu nennen wären hier exemplarisch außer der wissenschaftlichen Monographie von Ulrike Schildmann (1983), die Forschungsarbeit von Mathilde Niehaus (1993), die Arbeit zu Alltagstheorien behinderter Frauen und Männer von Anne Waldschmidt (1999), die umfangreiche Studie LIVE von Nicole Eiermann, Monika Häußler und Cornelia Helfferich (2000)[427] sowie der neueste im Auftrag des damaligen Bundesministeriums für Gesundheit und soziale Sicherung (BMGS) thematisch bezogene Forschungsbericht zur „Beruflichen Teilhabe von Frauen mit (unterschiedlichen) Behinderungen unter besonderer Berücksichtigung von Frauen mit Betreuungspflichten“ des Autorentrios Schön, Richter-Witzgall und Klein (2004)[428]. Der Schwerpunkt dieser wissenschaftlichen Begleitung zur Umsetzung des SGB IX und der anderen genannten Studien liegt eindeutig auf der Lebenssituation von Frauen mit Körper- und Sinnesbehinderung. Im Bericht von Schön, Richter-Witzgall und Klein (2004) gibt es lediglich unter den Schlussfolgerungen und Empfehlungen ein Kapitel zur Situation von Frauen mit sogenannter geistiger Behinderung. Zusätzlich zu den genannten Forschungsarbeiten liegen Alltagsbeschreibungen und Biografien einzelner Frauen vor. Somit lässt sich konstatieren, dass die Behindertenpädagogik „bis heute relativ wenig Anstrengung unternom-

[427] Ulrike Schildmann (2000b, 14) kritisiert an dieser durch das Bundesministerium für Familie, Senioren, Frauen und Jugend in Auftrag gegebenen Studie von Eiermann, Häußler und Helfferich (2000), dass die Studie weder eine fundierte Auseinandersetzung mit den theoretischen Ansätzen der Frauenforschung in der Behindertenpädagogik noch einen Beitrag zu einer Theorieentwicklung leistet.

[428] Die Autorinnen wählten einen mehrperspektivischen Zugang zum Feld, in dem sie einerseits biografische Interviews, Gruppeninterviews sowie Interviews mit unterschiedlichen Akteurinnen und Akteuren durchführten und andererseits eine Bestandsaufnahme bestehender Angebote zur beruflichen Teilhabe von Frauen mit unterschiedlichen Behinderungen und Fallstudien vornahmen. Des Weiteren erfolgte eine schriftliche Befragung von Teilnehmerinnen an Maßnahmen und Umschulungen in 13 von 26 Berufsförderungswerken.

men hat, die Geschlechterverhältnisse kritisch zu untersuchen und eine durchgängig geschlechterbewusste Lehre und Forschung zu etablieren" (Schildmann 2001a, 152).
Richtungweisend für einen geschlechterdifferenzierten Blick in der Sonderpädagogik sind außerdem frühe Arbeiten von Annedore Prengel (1984) über Schulversagerinnen, in der die Prozesse sozialer Ausgrenzung lernbehinderter Mädchen untersucht und erste Anhaltspunkte zu den Sozialisationsbedingungen behinderter Mädchen, insbesondere der Sonderschülerinnen (im Sinne von Schulversagerinnen) genannt werden, aber auch ein Blick auf die geschlechtsspezifische Arbeitsteilung in der (Sonder-)Pädagogik geworfen wird.[429] In den Forschungsarbeiten von Barbara Rohr (1982; 1984)[430] findet eine feministisch geprägte Reflexion der in den sonderpädagogischen Institutionen professionell tätigen Frauen statt, während Birgit Warzecha (1995)[431] einen Beitrag zur „feministischen Reflexion der Verhaltengestörtenpädagogik" leistet.
Große Resonanz hat auch das Forschungsfeld rund um das Thema sexuelle Gewalt erfahren, da hier ein erhöhter Handlungsbedarf konstatiert wird (vergleiche Kapitel 4.6).
In ihrem Werk „Pädagogik der Vielfalt" vergleicht Annedore Prengel ([2]1995) systematisch drei für das Bildungswesen wichtige und unabhängig voneinander arbeitende Bewegungen: die Interkulturelle Pädagogik, die Feministische Pädagogik und die Integrationspädagogik, da sie ihrer Ansicht nach wesentliche strukturelle Gemeinsamkeiten haben. Prengel (ebd., 12) spricht „von ‚pädagogischen Bewegungen', weil alle drei pädagogischen Richtungen im Kontext sozialer Bewegungen stehen und jeweils einen komplexen Arbeitszusammenhang bildungspolitischer, wissenschaftlicher und pädagogisch praktischer Aktivitäten hergestellt haben."
Auch im internationalen Vergleich sind die Belange behinderter Frauen zunächst sowohl von der Behindertenbewegung als auch von der Frauenbewegung ignoriert worden („history of neglect"), bis mit dem UNO-Jahr der Behinderten 1981 eine Wende eingeleitet wurde, die Rannveig Traustadóttir als „a turning point" bezeichnet und der eine „decade of writings" folgte (Schildmann 2000c, 42 f.).
Bisherige Forschungsansätze im Kontext der Geistigbehindertenpädagogik haben zwei Gemeinsamkeiten: erstens konzentrieren sie sich auf die Lebensbedingungen geistig behinderter Mädchen und Frauen und haben zum Ausgangspunkt die Annahme einer schärferen sozialen

---

429 So zeigt Prengel anhand zahlreicher Beispiele auf, dass die Sonderpädagogik seit ihren Anfängen durch „von Männern geführte theoretische Diskurse und eine an mütterlicher Fürsorge orientierte Praxis der Frauenarbeit" bestimmt ist (1984, 17).

430 Barbara Rohr setzt sich dabei in einem Aufsatz mit ihren eigenen sexuellen Normen und Schönheitsnormen als Pädagogin auseinander und resümiert, dass sie „im Hinblick auf das weibliche Schönheitsideal sowohl Opfer als auch Täterin sexistischer Erscheinungsweisen wurde" (1982, 315).

431 Birgit Warzecha (1995) verfolgt in dieser Arbeit die Hypothese, dass sowohl weibliche als auch männliche Heranwachsende an der für beide geltenden Geschlechternorm scheitern, indem sie sie entweder über- oder untererfüllen, so dass es zu vielfältigen Stigmatisierungsprozessen kommt. Gleichzeitig werden in unserer patriarchalen Gesellschaft Mütter verantwortlich gemacht für die Verhaltensprobleme ihrer Kinder und Väter von ihrer Erziehungsarbeit entpflichtet, so dass Warzecha die Verhaltensgestörtenpädagogik auch als „Antimütterpädagogik" bezeichnet (ebd., 75 f.). Die Mütter sind negativen Stigmatisierungen ausgeliefert, da sie dem Ideal der Gatten- und Mutterliebe aus Sicht der Außenstehenden nicht nachkommen (ebd.). Hier sehe ich insofern eine Parallele zur Arbeit von Monika Jonas (1994), die aufzeigt, wie durch behinderte Kinder „behinderte Mütter" entstehen können.

Diskriminierung, und zweitens sind sie eingebunden in die Forschungsansätze der Frauenforschung in der Behindertenpädagogik, somit sind sie nicht aus der Forschungstradition der Geistigbehindertenpädagogik hervorgegangen (Schildmann 2006, 515).

Mittlerweile gibt es verschiedene Forschungsprojekte zur Lebenssituation von Frauen mit Behinderung, die jedoch nach Schildmann (1997) von gesellschaftlicher sowie akademischer Ignoranz begleitet sind, sowie das Konfliktfeld von „Außen- und Binnenperspektive" innerhalb des Forschungsprozesses berücksichtigen müssen. Frauenforschung in der Behindertenpädagogik wird seit ihren Anfängen sowohl von einer Außenperspektive (nichtbehinderte Wissenschaftlerinnen und Wissenschaftler) betrieben, und parallel dazu aus einer Binnenperspektive (von betroffen Frauen selbst), was einen enormen Vorteil darstellt (Schildmann 1997, 20).

Abschließend kann man mit Ulrike Schildmann (2000b, 19) festhalten, dass die Frauenforschung in der Behindertenpädagogik trotz einer mittlerweile fortgeschrittenen Ausdifferenzierung einen anhaltend großen Bedarf an Theorieentwicklung hat, wenn sie einen wissenschaftlich anerkannten Status in der Frauen- und Geschlechterforschung sowie der Behindertenpädagogik erreichen will. Ursula Kulmer (1996, 50) formuliert folgende Forderungen an eine sonderpädagogisch-feministische Forschungspraxis:

> „- verstärkter Einsatz qualitativer Methoden, die den Untersuchten Raum geben, *ihre* Sicht der Dinge darzulegen;
> - sorgsame Auswahl adäquater Methoden, die neben der fremden Realität auch die damit verbundene Form der Interaktion zwischen Forschenden und Beforschten untersuchen;
> - Anwendung von Techniken der Selbstreflexion, die die eigene Blickweise auf die Untersuchten klären und hinterfragen."[432]

Ute Wedel (1997, 262) zieht eine Bilanz der Frauenforschung in der Behindertenpädagogik. Ihres Erachtens wurde in allen Handlungsfeldern der Behindertenpädagogik ein Bewusstseinswandel eingeleitet. Forschungsdesiderate werden sowohl im Früh- und Elementarbereich als auch im schulischen Kontext deutlich, während hingegen die stark thematisierte berufliche Rehabilitation behinderter Frauen bereits zu einer veränderten Beratungspraxis führte (ebd., 263). Swantje Köbsell[433] sieht hingegen die Belange behinderter Frauen weder in den feministischen Studien noch in den allgemeinen *Disability Studies* ausreichend berücksichtigt und fragt daher, ob Frauen mit Behinderung in Deutschland feministische *Disability Studies* benötigen, so wie es in den USA und Großbritannien der Fall ist. Wichtig ist in diesem Zusammenhang auch eine weitere kritische Auseinandersetzung mit den Risiken und Möglichkeiten der Gen- und Reproduktionstechnologien und deren Auswirkungen auf Frauen mit und ohne Behinderung.

---

[432] Ansätze einer feministischen Kritik an den Reformansätzen der Behindertenpädagogik finden sich zum Beispiel bei Evemarie Knust-Potter (1997) (vgl. Kapitel 1). Aiha Zemp (1993) zeigt an ihrer Biographie auf, inwiefern eine feministische Theoriebildung der Sonderpädagogik, verbunden mit einem emanzipatorischen Ansatz, und insofern eine feministische heilpädagogische Begleitung sie wesentlich hätte unterstützen und befreien können.

[433] Vergleiche zu dieser Fragestellung die von ihr geleitete Arbeitsgruppe auf der Jahrestagung Oktober 2005 von Weibernetz e.V. „Behinderte Frauen aktiv. Soziale Zukunft gestalten!" in Potsdam

Die Geschlechterperspektive in der Geistigbehindertenpädagogik ist noch nicht umfassend untersucht worden, noch weniger existiert eine vergleichbare systematische Männerforschung in der (Geistig-)Behindertenpädagogik (Schildmann 2006, 518). In Anlehnung an Partrizia Egger (1999) stellt sich die Frage, ob die Frauenforschung in der Behindertenpädagogik überflüssig wird, wenn selbstverständlich wäre, dass die feministische Forschung/*Gender Studies* die Anliegen aller Frauen berücksichtigen würden, und dass auch „die „behinderten“ Frauen ihre Forderungen in den Forderungen der Frauenbewegung wieder finden oder sich zumindest von denselben angesprochen fühlen könnten“ (ebd.).

5.3 *Einschätzungen zur Befragung von geistig behinderten Frauen und Männern*

Im Folgenden soll der Frage nachgegangen werden, ob sich Frauen und Männer mit sogenannter geistiger Behinderung für die Durchführung von Interviews eignen, da dies unter manchen Professionellen umstritten ist, und häufig die Aussagekraft der Befragten angezweifelt wird. Im Zuge der Selbstbestimmt Leben-Bewegung wurde gefordert, die direkte Aussage der Betroffenen in den Mittelpunkt zu stellen und sich nicht allein auf die Aussagen von Eltern, Angehörigen oder Betreuerinnen und Betreuern zu verlassen. Trotz dieser Einwände nimmt die Außenperspektive auf die Lebenssituation von Frauen und Männer mit Behinderungserfahrung weiterhin einen großen Stellenwert ein. Jutta Hagen bringt ein versöhnliches Argument, indem sie dafür plädiert, aufgrund der vielfältigen Schwierigkeiten mit Fremd- oder Stellvertreteraussagen, solche Verfahren nur ergänzend einzusetzen, und darauf zu achten, dass „Forschungs- und Entwicklungsbemühungen vorwiegend auf die Ermöglichung höherer Eigenbeteiligung Betroffener zielen“ (2002, 299) sollten.

Nutzerbefragungen haben auch im Rahmen von *Total Quality Management*[434] an Bedeutung gewonnen, um Aussagen über die Kundenzufriedenheit zu erhalten. Dabei kommt allein der Tatsache „gefragt zu werden“ hohe Bedeutung zu. Um darüber hinaus eine wirksame und sinnvolle Entwicklung und Gestaltung von Unterstützungsleistungen zu erreichen, „ist ein echter Dialog mit den Betroffenen unverzichtbar“ (ebd., 293).

Bei der direkten Befragung von Frauen und Männern mit sogenannter geistiger Behinderung stellt sich die Frage, ob man diese Frauen und Männer nach ihren Sichtweisen und Einstellungen überhaupt befragen kann oder ob die Interviewsituation eine Überforderung darstellt. Wann erfüllen Menschen Bedingungen der Befragbarkeit?[435] Beim Forschungsinterview han-

[434] Gemeint sind Prozesse, die Qualität nicht nur kontrollieren, sondern bereits im Voraus auf allen Ebenen in das eigene Handeln miteinbeziehen, so dass sich im Rahmen der Sozialen Arbeit Qualitätszirkel etabliert haben und auf der Ebene der Ergebnis-, Prozess- und Strukturqualität Soziale Arbeit nicht ausschließlich an den Klienten, sondern auch an den Mitarbeiterinnen und Mitarbeitern orientiert ist.

[435] Dieses Problem ist grundsätzlicher Art und taucht zum Beispiel auch in der Kinder- und Jugendforschung auf, so dass die Frage ist, wann erfüllen Interviewpartnerinnen und -partner Kriterien zur Durchführung eines qualitativen Interviews. Bereits in den 1980er Jahren beschäftigten sich Carol K. Sigelman u. a. (1980) mit der Befragbarkeit von Menschen mit so genannter geistiger Behinderung und kritisierten, dass Ergebnisse oft

delt es sich um eine ‚künstliche' und unalltägliche Interaktionssituation, die von den Beteiligten verlangt, in speziellen Rollen zu interagieren, sodass es bestimmter Bedingungen bedarf, relevante Informationen zu erheben (Laga 1982, 224). Die Bedingungen der Befragbarkeit[436] sind daher laut Laga (ebd., 225) optimal in den mittleren Schichten von Gesellschaften erfüllt, auf Schwierigkeiten stößt man in unteren Sozialschichten und bei randständigen Gruppen (ebd., 227). Dieses genannte Phänomen könnte aus meiner Sicht jedoch auch damit zusammenhängen, dass die Forscherin oder der Forscher gewöhnlich aus der Mittelschicht stammt und andere sprachliche Register verwendet, die dem Gegenüber fremd erscheinen können, so dass das von Laga angeführte Argument kritisch zu hinterfragen wäre. Nach den sozialen Argumenten führt Laga (ebd., 227 f.) ein anderes und neues Argument ein, nämlich ein Argument kognitiver Art, indem er sagt, dass „die Fähigkeit, soziale Rollen zu lernen, bei geistig Behinderten stark eingeschränkt ist". Er merkt in Anlehnung an Wegener an, dass es für geistig behinderte Menschen schwierig sei, „den Rollenpluralismus moderner Gesellschaften zu bewältigen" (ebd.).

> „Außerdem muß davon ausgegangen werden, daß geistig Behinderte in anderen Alltagswelten leben als Nichtbehinderte, in denen andere Regeln der Kommunikation gelten." (ebd., 233)

Somit gelangt er zu dem Fazit, dass geistig behinderte Menschen im Regelfall sämtliche Bedingungen der Befragbarkeit nicht erfüllen, der geistig behinderte Mensch gar den „Prototyp des Nicht-Befragbaren"[437] darstellt (ebd., 228). Nach Laga (ebd., 224) sind Frauen und Männer mit geistiger Behinderung zwar befragbar, stellen jedoch äußerst ungeeignete Interviewpartnerinnen und -partner dar, weil diese die Voraussetzungen für die Befragtenrolle im Sinne der Rolle des „detachierten Datenlieferanten"[438], wie Empathie, Kognition und Motivation nicht erfüllen. Anhand einer eigenen Untersuchung führte Laga mit 50 geistig behinderten Frauen und Männern Interviews[439], die er teils mit Video und Tonband aufnahm. Dabei zeigte sich für ihn:

> „Offenbar ist weder das geschlossene standardisierte Forschungsinterview noch das offene narrative Interview geeignet zum Einsatz bei geistig Behinderten. Diese haben weder hinreichend empathische, motivationale und kognitive Fähigkeiten für die Übernahme der Rolle des detachierten Datenlieferanten noch haben sie den hinreichenden Grad an persönlicher Autonomie und an narrativer Kompetenz, um in egalitärer Kommunikation ihre Wirklichkeitskonzeption darstellen zu können." (ebd., 236)

Qualitative Interviewsituationen kennzeichnen sich durch den Versuch aus, ein Alltagsgespräch zu realisieren und lassen die Befragte oder den Befragten als Subjekt das Gespräch ge-

unhinterfragt hingenommen werden.

[436] Als Bedingungen der Befragbarkeit führt Laga in Anlehnung an Esser „Empathie, also ‚einfühlende' Antizipationsfähigkeit, Kognition, d. h. Verfügung über kognitive Konzepte und komplexe linguistische Codes und Motivation zur Interaktionsaufnahme und Fortführung" an (1982, 224f).

[437] Im Gegensatz dazu stellt er die Studentin und den Studenten als „im wissenschaftlichen Denken geschulte Person" und damit als Prototyp des Befragbaren dar (Laga 1982, 228).

[438] Hier stellt sich die Frage, ob andere Interviewpartnerinnen und -partner (hier nicht behinderte Frauen und Männer) diese Erwartungen erfüllen und sachlich-kühl und losgelöst von persönlichem Mitempfinden Interviews führen.

[439] Die Interviewten waren zwischen 20 und 40 Jahren alt, in einer WfbM tätig und hatten laut Lagas (1982, 234)

stalten (Lamnek ³1995, 64). Die Forscherin oder der Forscher versucht sich zurückzuhalten und die Interviewsituation ist geprägt durch eine offene und flexible Vorgehensweise seitens der Forschenden (ebd.).[440]

In Bezug auf offene Leitfadeninterviews konstatiert Lamnek (³1995, 365), dass „auch sprachlich weniger kompetente Menschen" befragt werden können, denn Unklarheiten „aufgrund „unglücklicher" Formulierungen des Befragten können unverzüglich ausgeräumt werden".

Hartmut Esser (1973) beschäftigt sich mit der Kooperationsbereitschaft und der Verweigerung beim Interview und stellt in seinem Beitrag sehr heterogene Faktoren zusammen, die die Interviewsituation und ihr Zustandekommen beeinflussen können. So mag unter anderem ein niedriger ökonomischer Status und eine geringere Integration in die soziale Umwelt (ebd., 83), aber auch Faktoren wie Alter, Schulbildung, Beruf, Geschlecht, Schichtzugehörigkeit[441] und Familienstand die Kooperationsbereitschaft beeinflussen (ebd., 110 ff.). Hinderlich kann dagegen die „Furcht vor mangelnder Anonymität der Angaben und Unklarheit über die Datenverwendung" (ebd., 96) für die Interviewdurchführung sein. Darüber hinaus lässt sich festhalten, dass die Variable „Involviertheit in die soziale Umwelt [...] eine der grundlegendsten Voraussetzungen zur Teilnahme an sozialwissenschaftlichen Interviews zu sein" scheint (ebd., 121). Fasst man diese Faktoren zusammen, so erscheinen Frauen und Männer mit geistiger Behinderung als wenig kooperationsbereit, wogegen das vorliegende Datenmaterial spricht, so dass andere motivationale Faktoren überwiegen müssen.

> „Die Motivation zur Teilnahme entsteht unmittelbar aus der sozialen Beziehung, in die Interviewer und Befragter während des Interviews gestellt sind. Die Teilnahme erfolgt aus der Entsprechung von Erwartungen, denen sich der Befragte nach der sozialen Norm, „Kommunikation mit jedermann zu unterhalten", gegenübersieht oder aus irgendeiner Art von Befriedigung, die er sich aus dem Interview als *sozialem* Prozeß verspricht." (Esser 1973, 93)

Hagen (2002, 295 f.) macht auf einen anderen interessanten Zusammenhang aufmerksam, indem sie sich auf Test-Interviews von Coroy und Bradley aus dem Jahr 1985 bezieht und somit die Bedeutung des individuellen lebensweltlichen Erfahrungshorizonts (Umzug in gemeindenahe Wohnformen, Erfahrungen mit Interviews) betont. Eingeschränkte Erfahrungen des Befragt-Werdens führten bei Menschen mit geistiger Behinderung dazu, zunächst keine konsistenten Antworten zu geben (ebd.).

In Anlehnung an Untersuchungen von Schmidt-Thimme stellt Laga (1982, 229) fest, dass die Schwierigkeiten bei Befragungen offensichtlich mit dem Schweregrad der Behinderung zunehmen. Gaugler (zit. in Laga 1982, 229) geht in diesem Kontext auf die Grenzen des Erfragbaren ein und fordert, dass lediglich kurz und klar formulierte Fragen verwendet werden sollten

---

Aussage eine geistige Behinderung leichten bis mittleren Schweregrades.

440 Weitere Prinzipien für das Qualitative Interview sind das „Prinzip der Relevanzsysteme der Betroffenen", das „Prinzip der Kommunikativität", das „Prinzip der Prozeßhaftigkeit", das „Prinzip der datenbasierten Theorie" und das „Prinzip der Explikation" (Lamnek ³1995, 64).

441 „Kooperation erfolgt dann am ehesten, wenn der Befragte die Erfordernisse und impliziten Wertungen der ‚Mittelklasseinstitution Sozialforschung' teilt." (Esser 1973, 115)

und die Fragen sich auf räumlich und zeitlich nahe Gelegenes beziehen sollten. Demgegenüber zeigte sich in den Untersuchungen von Mattika und Vesala (zit. in Hagen 2002, 296) kein signifikanter Zusammenhang zwischen der Zustimmungstendenz und dem Grad geistiger Behinderung, allerdings wird die hohe Bedeutung von Kontextbedingungen erkennbar, in denen die geistig behinderten Frauen und Männer leben und befragt werden.

Auch wenn es Hindernisse bei der Durchführung von Interviews mit Frauen und Männern mit der Zuschreibung geistige Behinderung geben kann, räumt Laga (1982, 230) ein, dass sie als befragbar angesehen werden können, nur nicht in der Form des weitgehend geschlossenen standardisierten Forschungsinterviews, sondern in Kombination mit anderen Verfahren. Möglicherweise entstehen Hindernisse auch durch mangelnde Erfahrung in der Kommunikation mit geistig behinderten Frauen und Männern auf Seiten der Interviewerin oder des Interviewers. Mit Bezug auf Schulz von Thun handelt es sich um eine gegenseitige Kommunikation zwischen Sender und Empfänger, so dass auch die Fähigkeiten der Interviewerin und des Interviewers hinterfragt werden müssten. In diesem Kontext wird Befragbarkeit als einseitige Kommunikation dargestellt und die Ausführungen beziehen sich nicht auf die Fähigkeiten der Interviewerin und des Interviewers zur Durchführung von Befragungen.

Das narrative Interview geht von der Fähigkeit des Menschen aus, „Handlungsabläufe durch Erzählen abbilden zu können und das aufgrund der von Schütze (1977, 51) für schichtunabhängig gehaltenen narrativen Kompetenz“ (Laga 1982, 232).[442]

Für Laga (1982, 233) stellt das narrative Interview eine Alternative zu einem standardisierten Forschungsinterview dar, nur sei fraglich, „ob die geistig Behinderten die nötigen Voraussetzungen für ein narratives Interview, wie z. B. narrative Kompetenz, mitbringen würden.“ Des Weiteren geht er von anderen Regeln der Kommunikation aus, da behinderte und nichtbehinderte Menschen in anderen Alltagswelten leben unterschiedliche Basisregeln der Kommunikation haben (ebd., 236.). [443] Meines Erachtens haben sie die Beteiligung an Interviews weniger bis gar nicht gelernt und erprobt, so dass Phänomene wie „erlernte Hilflosigkeit“ (Seligman 1999) oder „erlernte Bedürfnislosigkeit“ (Theunissen 2007b) dominieren können.

Laga (1982, 234) und seine Mitarbeiter entschieden sich gegen die Verwendung des narrativen Interviews in der Reinform und bevorzugten eine Kompromisslösung, das heißt ein Leitfadeninterview, das jeweils so viele narrative Sequenzen wie möglich enthalten sollte. Er benennt die Schwierigkeiten mit dem Fazit, dass seiner Meinung nach die narrative Kompetenz auch

---

[442] Narrative Kompetenz meint zum Beispiel, die Lebensgeschichte erzählend darstellen zu können, was unter anderem eine sprach- und retrospektive Kompetenz beinhaltet. So ist nach Schütze der Gestaltschließungszwang, das heißt die erzählte Geschichte zu einem Ende zu führen, ebenfalls Bestandteil der narrativen Kompetenz. Eine narrative Kompetenz kann meines Erachtens nicht grundsätzlich abgesprochen werden und muss auch die Kompetenz der Interviewerin/des Interviewers, ein solches Interview zu führen, berücksichtigen.

[443] Es stellt sich für mich die Frage, ob die Aussage „unterschiedliche Basisregeln der Kommunikation haben“ generalisierbar ist, oder die Kommunikation auch davon abhängig ist, dass Menschen mit so genannter geistiger Behinderung häufig weniger Kontakt zu Außenstehenden haben, also auch weniger Erfahrungen in der Kommunikation mit ihnen Fremden.

der leichter geistig behinderten Befragten für derartige Interviews (in reiner Form) nicht ausreiche (Laga 1982, 235 f.). Somit sei eine Methodenkombination gefordert.

Eigene Forschungserfahrungen von Laga (1982, 234 f.) führten zu dem Ergebnis, dass Leitfadeninterviews möglich und sinnvoll sind. Dabei stellte sich heraus, dass ein rascher Wechsel des Bezugsrahmens den Interviewten Schwierigkeiten bereitet. „Die geringsten Schwierigkeiten ergaben sich, wenn der Übergang zur nächsten Frage in den Antworten der Behinderten schon angelegt war.“ (ebd., 235)

Bei der Durchführung der narrativen Interviews stellt Laga (ebd., 235 f.) gelegentlich eine Hilflosigkeit sowie häufige psychische Anspannung auf Seiten des Interviewten fest, sodass Interviews bisweilen abgebrochen werden mussten.

Allgemein gilt, dass das autobiografisch-narrative Interview nach Fritz Schütze (1983, 285) aus drei Teilen besteht: einer autobiografisch orientierten Erzählaufforderung, der eine autobiografische Anfangserzählung folgt, und einem narrativen Nachfrageteil, wobei die Zugzwänge des Erzählens fast ausnahmslos bei allen Menschen zum Tragen kommen.

Für das Gelingen eines *narrativen Interviews* erachten es Jutta Schäfer und Birgit König (1995b, 19) für unerlässlich, „daß der Informant ausführlich und zusammenhängend selbsterlebtes Geschehen erzählt.“ Das mag jedoch für Frauen und Männer mit Behinderungserfahrung eine Hürde darstellen.

Das Antwortverhalten von Interviewten ist abhängig vom Fragetyp. So kamen Sigelman, Winer und Schoenrock (1982) in ihrer Vergleichsstudie[444] zu dem Ergebnis, dass „factual yes-no and pictorial multiple choice questions were significantly easier to answer than other types of questions. Subjective yes-no questions werde significantly more difficult to answer than factual ones.” (ebd., 122 f.) Ebenso sind für Menschen mit sogenannter geistiger Behinderung Entweder-Oder-Fragen leichter zu beantworten als verbale *multiple choice* oder offene Fragen (ebd.).

Um diese und andere Schwierigkeiten zu überwinden, könnte in manchen Forschungskontexten ein Ausweg im Einsatz von teilnehmenden Beobachtungen und in Gruppendiskussionsverfahren liegen, da bei der teilnehmenden Beobachtung die Perspektiven der Beteiligten miterfasst werden und bei den Gruppendiskussionen Personen miteinander kommunizieren, die in ähnlichen Alltagwelten leben und daher ähnliche Kommunikationsregeln teilen (Laga 1982, 237). Erfahrungen mit der Durchführung von Gruppendiskussionsverfahren beschreiben Rock (2001)[445] und Wagner-Willi (2002). In der Arbeit von Monika Wagner-Willi (2002, 12) geht es um „die Rekonstruktion der gemeinsamen Erfahrungen und Orientierungsmuster von Beschäf-

[444] Sigelman, Winer und Schoenrock (1982) verglichen Frageformate und das Antwortverhalten bei institutionalisierten Kindern, institutionalisierten Erwachsenen mit „community childrens“, Kindern, die nicht in Institutionen aufwachsen.

[445] Kerstin Rock (2001, 71) nimmt in ihrer Dissertation eine methodische Abweichung vom Gruppendiskussionsverfahren vor, indem sie bei der Gruppendiskussion mit den Betroffenen auf eine bereits bestehende Gesprächsgruppe einer WfbM zurückgreift.

tigten“ einer WfbM. Mittels des Gruppendiskussionsverfahrens in Verbindung mit der *Methode der dokumentarischen Interpretation* nach Bohnsack arbeitet sie (ebd.) die „handlungsleitenden Orientierungen (der Beschäftigten [Einfügung S. G.]) in Bezug auf die *Beschäftigung in der WfB*, den *beruflichen Werdegang* sowie die *Bedingungen*, die sie in dieser Institution antreffen“ [Hervorhebungen im Original] heraus. Dem werden kontrastierend Orientierungen des privaten Lebensbereichs gegenüber gestellt und Erfahrungen und Deutungsmuster sozialer Ausgrenzung der Beschäftigten heraus gearbeitet. Sie verfolgt in ihrer Arbeit außerdem die Frage, ob sich das Gruppendiskussionsverfahren für den Personenkreis von Menschen mit sogenannter geistiger Behinderung eignet, um sich mitzuteilen (ebd., 33)[446].

> „Die Analyse der Transkriptauszüge unter dem Aspekt des Turn-Taking bzw. der interaktiven Bezugnahme der Diskussionsteilnehmer aufeinander zeigt, daß von beiden Gruppen das gleiche Repertoire an Regeln und Techniken des Turn-Taking zur Gesprächsorganisation verwendet wird wie die von sogenannten ‚Nichtbehinderten'.“ (ebd., 59)[447]

Ein Beispiel für eine erzählanalytische Vorgehensweise mit Frauen und Männern mit Lernschwierigkeiten aus der People First-Bewegung stellt die Arbeit von Elisabeth Engelmeyer (2005) dar.[448]

Insgesamt wird deutlich, dass durch die Auseinandersetzung mit qualitativer Sozialforschung auch seit den 1980er Jahren das Interesse an qualitativer Forschung im Bereich der Behindertenpädagogik zugenommen hat und insbesondere die Methode der *teilnehmenden Beobachtung* vermehrt zum Einsatz kam (Wagner-Willi 2002, 35). Wagner-Willis (ebd.) Recherche ergab,

> „dass dort, wo von *biographischen Interviews* oder *narrativen Interviews* die Rede ist, durch den Interviewer vorstrukturierte Befragungen stattfanden, die sich an das leitfadengestützte teilstandardisierte Verfahren anlehnen z. B. Walter/Hoyler-Herrmann 1987. Mitunter nehmen die Interviewer mit häufigen und zielgerichteten (teils im Ja-nein-Modus gestellten) Nachfragen starke Eingriffe in die Interviewsituation vor, wie beispielsweise Hofmann et al. 1993 oder Friske 1995.“

Zur Auseinandersetzung über qualitative Forschung mit geistig behinderten Frauen und Männern liegt im deutschsprachigen Raum die Dissertation von Jutta Hagen (2001) vor.[449] Sie setzt sich ebenfalls mit der Frage der Eignung von Menschen mit sogenannter geistiger Behinderung als Interviewpartnerinnen und -partnern auseinander und referiert „Erkenntnisse zum idealen

---

[446] Exemplarisch prüft Wagner-Willi (2002, 38 ff.) ausführlich am vorliegenden Material anhand des „turn-taking“, „ob diesem Material jene ‚Organisationsmechanismen konversationeller Interaktion‘ (Streeck 1983) zugrunde liegen, wie sie insbesondere durch Sacks et al. (1978) herausgearbeitet wurden“.

[447] Wagner-Willi (2002, 60) nennt neben einer *anderen* zeitlichen Strukturierung einige Besonderheiten der Gruppendiskussionen. Zu nennen wären die „auditiv wahrnehmbaren Auffälligkeiten in der Artikulation der Diskursteilnehmer beider Gruppen“ sowie „Auffälligkeiten, welche ‚contextualization cues‘ (Gumperz 1992, 48), also sprachliche Hinweise auf den soziokulturellen Kontext der Gruppe liefern“ (ebd.).

[448] Viele Biografien zeigten Erleidensverlaufskurvencharakter. Das ist ein Ergebnis ihrer qualitativen Forschung (Engelmeyer 2005, 11). Dazu führte sie neben einer quantitativen Erhebung im Zeitraum 1998 bis 2001 fünfzehn Gruppeninterviews, zwölf UnterstützerInnen-Interviews und elf narrative Interviews nach Schütze (ebd., 10).

[449] Anhand von Beispielen zeigt Jutta Hagen die Perspektive von Frauen und Männern mit schwerer geistiger und mehrfacher Behinderung in Tagestätten auf. Dazu führte sie problemzentrierte Interviews und teilnehmende Beobachtung durch.

Setting von Befragungen“ (Hagen 2002, 296 ff.).[450] So führen Befragungen in der natürlichen Umgebung zu aussagefähigeren Ergebnissen (ebd., 296). Untersuchungen zeigen auch,

> „dass Menschen mit einer geistigen Behinderung zu lange (Anzahl der Worte) und komplexe Fragen bzw. Fragen mit zu langen Worten (Buchstaben pro Wort) nicht verstehen, dass sie keine Unterschiede zwischen „manchmal“ und „immer“ und ähnlichen Differenzierungen machen und eher faktische als persönliche Informationen zu geben in der Lage seien (Carrier & Fortin 1994, 30 f.)“ (ebd., 297).

Weitere Beispiele für die Befragbarkeit geistig behinderter Frauen zeigen Hofmann, Maurer und Rivera (1993). Dabei machen sie auf die Bedeutung sogenannter „Lügengeschichten“ aufmerksam, indem sie davon ausgehen, „daß diesen Unwahrheiten, Übertreibungen und Entstellungen der Realität ein Sinn zu unterlegen ist, der diese „Lügen“ als unbewußte Wünsche interpretiert“ (ebd., 105). Des Weiteren wird in diesem Beitrag deutlich, dass die Erhebung von differenzierten Informationen eher auf der Grundlage intensiverer Kontakte möglich ist (ebd.).

Bedingungen für die Durchführung von Interviews mit Frauen und Männern mit Behinderungserfahrung

Die Anwesenheit Dritter ist nach Gaugler (1979, 54 zit. in Laga 1982, 229) eher hinderlich und bewirkt erhebliche Störungen.[451] Dabei muss ich jedoch bei der Anwesenheit Dritter differenzieren, ob diese nicht auch förderlich sein kann. Differenzierungsebenen wären dann zum Beispiel bekannt/unbekannt, vertraut/nicht vertraut oder sympathisch/nicht sympathisch. Gaugler und Schmidt-Thimme[452] (zit. in ebd.) sowie Hagen (2002, 299 f.) formulieren weitere Bedingungen für die Durchführung von Interviews mit Frauen und Männern mit sogenannter geistiger Behinderung: freundliche Atmosphäre, Durchführung des Interviews an einem für den Interviewten bekannten beziehungsweise vertrauten Ort[453] und eine Interviewdurchführung durch eine dem Interviewten vertraute Person. Kritisch möchte ich ergänzen, dass diese Bedingungen sich nicht nur auf den Personenkreis der Menschen mit sogenannter geistiger Behinderung beziehen, sondern genauso für Interviewpartnerinnen und Interviewpartner ohne Behinderung Gültigkeit haben können.

Selbstverständlich müssen Sprache und Sprachstil der Erzählperson angepasst werden, aber das gilt es unabhängig von der Behinderungserfahrung bei allen Interviews zu berücksichtigen.

---

[450] Auch hier lässt sich kritisch anmerken, dass Jutta Hagen die Frage der Eignung einseitig auf die Interviewpartnerinnen und Interviewpartner mit sogenannter geistiger und mehrfacher Behinderung bezieht und Fragen der Eignung der Interviewerin oder des Interviewers nahezu unberücksichtigt lässt. Lediglich ein Unterkapitel bezieht sich auf die Wahrnehmung der Interviewerin beziehungsweise des Interviewers durch die Untersuchungspersonen (2002, 106). Der Verdienst ihrer Arbeit liegt unter anderem in der Kombination mehrerer Erhebungsverfahren, um den Interviewpartnerinnen und Interviewpartnern mit Behinderung vielfältige Kommunikationsmöglichkeiten anzubieten.

[451] Vergleiche auch die Erfahrungen von Laga (1982, 234 f.).

[452] Beide plädieren für eine maximale Interviewdauer von 10 Minuten.

[453] Gerhard Riemann (1987, 39) machte im Zusammenhang seiner narrativen Interviews mit psychiatrischen Patienten die Erfahrung, dass ein zeitlicher und räumlicher und somit atmosphärischer Abstand zur Klinik sinnvoll für die Interviewführung ist. Der Ort muss Vertraulichkeit zusichern. So konnte er auch Lebens- und nicht Krankengeschichten erheben (ebd.).

Eine Vertrautheit erreichte ich zunächst dadurch, dass ich mich den Frauen vorstellte und zum Kennenlernen ein Kurzinterview mit ihnen führte.

Ergänzend zu den bisher genannten Aspekten sollten folgende „Eckpunkte für ein Interviewkonzept" in der Forschung mit geistig behinderten Frauen und Männern (Hagen 2002, 299 f.) Berücksichtigung finden.

- Die gewählte Interviewmethode sollte einerseits der Erzählperson genügend Raum für die eigene Problemsicht geben, andererseits die Interviewsituation strukturieren, damit „die jeweils relevanten Problemlagen erfasst werden".
- Die Kenntnis des lebensweltlichen Settings der Erzählpersonen ermöglicht ein differenziertes Vorverständnis und sollte daher vor der Interviewdurchführung bekannt sein.
- Zuvor sind die Kommunikations-Codes zu ermitteln, über die die Interviewerin oder der Interviewer informiert sein sollte, um den Sprachgebrauch in den Interviews anzupassen.
- Für die Schaffung einer vertrauensbildenden Atmosphäre ist es wichtig, die Interviewpartnerinnen und -partner vorab kennenzulernen und sie über Ziel und Zweck der Befragung zu informieren.
- „Der Gesprächseinstieg ist so zu konzipieren, dass an die konkreten lebensweltlichen Bezüge des Einzelnen angeknüpft werden kann." (ebd.) Als Mittel zum Gesprächseinstieg kann ein Foto verwendet werden.
- Es können „zunächst offene und durchaus komplexe Fragen gestellt werden" (ebd., 300), um Menschen mit geistiger Behinderung nicht vorab als unfähige Erzählpersonen zu betrachten. So sind einfache Fragen auch nicht per se „behindertengerecht". Des Weiteren ist zu berücksichtigen, dass Menschen mit geistiger Behinderung durchaus „eine hohe passive Verstehenskompetenz aufweisen und nicht etwa nur das Vokabular verstehen, das sie selbst gebrauchen" (ebd.).
- Da viele Interviewpartnerinnen und -partner vermutlich Gesten und Mimik einsetzen, um ihre Erzählung zu begleiten oder sogar zu ersetzen, ist es ratsam, diese ergänzend zu protokollieren, Tonbandaufnahmen zeitnah zu transkribieren oder eine Videokamera einzusetzen. Der Einsatz dieser Medien kann auch zur Reflexion der Interviewerin und des Interviewers hilfreich sein.

Da viele Frauen und Männer mit Behinderung keine Erfahrungen mit Interviews haben, kann bereits eine Anfrage als beängstigend empfunden werden. In den von mir geführten Interviews zeigte sich, dass Unwissenheit über die Datenverwendung Unsicherheit erzeugt, so dass sich einige Befragte mehrmals vergewisserten, ob sie alles „richtig" gemacht hätten.

Die Anforderungen an die Gestaltung der Interaktionssituation „Interview" sind hoch. Auch das Verhalten der Interviewerin oder des Interviewers wirkt erheblich auf den Interviewverlauf ein. Hofmann, Maurer und Rivera (1993, 112) konnten beobachten, dass Interviewerinnen dazu neigten, ohne es selbst zu bemerken, den interviewten Frauen Ratschläge zu geben, wozu die interviewten Frauen sie ebenfalls unbemerkt aufforderten. Des Weiteren stellten sie in den Gesprächen mit geistig behinderten Frauen fest, dass die Interviewerinnen die Antworten der Frauen wiederholten, wobei einerseits „die inhaltliche Dürftigkeit der Informationen, die ja auch ein Abbild der Ereignislosigkeit im Leben dieser Frauen darstellt, aufgefüllt werden" sollte und andererseits die Echolalie eine Möglichkeit darstellt, sich zu vergewissern, dass man die Frauen auch richtig verstanden hat (ebd., 113).

Grundsätzlich sind Frauen und Männer mit geistiger Behinderung „als valide Gesprächspartner zu betrachten, da sie eine Anwortkonsistenz und -zuverlässigkeit zeigen“ (Schuppener 2005b, 255).[454] Es besteht eher die Gefahr, Abweichungen im Interview und Erzählfluss der Behinderung zuzuschreiben, anstatt Erklärungen dafür zum Beispiel in der Situation usw. zu suchen. Daran wird deutlich, dass die Auseinandersetzung und Entwicklung geeigneter Methoden ein Forschungsdesiderat darstellt.

In der Konsequenz der angeführten Aspekte muss die Methodologie offener Interviews mit Menschen mit Behinderungserfahrung weiterentwickelt werden, wozu diese Arbeit einen Beitrag liefern möchte.

5.4 *Auswahl geeigneter Untersuchungsmethoden: Das Erhebungsdesign*

Die Begründung des forschungsmethodischen Vorgehens erfordert aus der Vielfalt qualitativer Methoden eine oder mehrere auszuwählen, die dem Gegenstand und der Fragestellung gerecht werden. Aufgrund des gewählten Personenkreises und oben angeführter Überlegungen fiel die Wahl auf die Methode des Leitfadeninterviews. Dem qualitativ-interpretativen Forschungsparadigma wird in dieser Arbeit der Vorzug gegeben, da es aufgrund des Forschungsgegenstandes und Forschungsinteresses als angemessener Zugang erscheint.

> „In der quantitativ und qualitativ orientierten Methodologie empirischer Forschung gilt gleichermaßen die Forderung, dass die Erhebungsinstrumente bzw. deren Einsatz und Anwendung an das Untersuchungsproblem und die Erkenntnisziele angepasst werden sollen und nicht umgekehrt.“ (Lamnek ^{2}2005, 49)

Der qualitative Forschungsprozess ist dabei „als Abfolge von Entscheidungen“ (Flick 1991, 148) zu verstehen. Das Leitfadeninterview wurde um weitere Elemente (Fotos und Karteikarten) ergänzt und enthielt stellenweise auch narrative Komponenten, besonders wenn im zweiten Interview als Erzählstimulus „Die eigene Lebensgeschichte“ gewählt wurde. Vorteile, die für diese Vorgehensweise sprechen sind:

1. Durch die Methodenkombination[455] ist für die Bedürfnisse und Fähigkeiten jeder Frau ein geeigneter Zugang vorhanden, so dass unterschiedliche Kommunikationsmöglichkeiten eröffnet werden.
2. Die Frauen werden im gesamten Prozess als Expertinnen in eigener Sache wahrgenommen und angesprochen.

---

[454] Saskia Schuppener (2005b) befragte im Rahmen ihrer Dissertation zum „Selbstkonzept geistig behinderter Menschen mit und ohne künstlerische Erfahrung“ 56 Künstlerinnen und Künstler mit geistiger Behinderung. Dabei stieß sie auf „unzählig kleine ‚Überraschungsmomente‘, die sich in Form origineller und einzigartig-individueller Antworten seitens der Künstler mit geistiger Behinderung präsentierten“ (ebd., 213), so dass sie eingesteht, ihre eigene zuvor vorhandene Erwartungshaltung an ihre Interviewpartnerinnen und -partner zu überdenken.

[455] Ob der Terminus der *Triangulation* als Beschreibung für meine Vorgehensweise eher geeignet erscheint, mag dahin gestellt sein. Wenn, dann entspräche meine Vorgehensweise am ehesten der *methodologischen Triangulation* im Sinne Denzins, der vier Formen der Triangulation als Validierungsstrategie unterscheidet (Flick ^{5}2007, 310). Da Denzins Konzeption in die Kritik geraten ist, versteht er mittlerweile Triangulation „als Strategie auf dem Weg zu einem tieferen Verständnis des untersuchten Gegenstandes und damit als Schritt auf dem Weg zu mehr Erkenntnis und weniger zu Validität und Objektivität in der Interpretation“ (ebd., 311).

Die Grundprinzipien der qualitativen Sozialforschung wie Offenheit, Kommunikation, Prozesscharakter, Reflexivität, Explikation, Flexibilität und Naturalistizität[456] scheinen dem Forschungsgegenstand und den Erkenntnisinteressen (hier: Lebenssituation von Frauen mit geistiger Behinderung und ihre Möglichkeiten der Selbstermächtigung) angemessener zu sein als quantitative Forschungsmethoden. Ein Ziel qualitativer Forschung ist es, „die forschungsspezifische Kommunikationssituation möglichst weit an die kommunikativen Regeln des alltagsweltlichen Handelns anzunähern, das heißt eine möglichst natürliche Kommunikationssituation herzustellen. (...) Je geringer der Grad der Standardisierung, desto größer die Flexibilität, auf das Forschungssubjekt als Interaktionspartner einzugehen, desto alltagsähnlicher die Kommunikation und desto realitätsgerechter die ‚Datenproduktion'." (Lamnek ^{2}2005, 51)

Eine Gruppendiskussion würde nach Lamnek (ebd.) relativ nah an eine natürliche Gesprächssituation heran kommen. Gruppendiskussionen können eine ermittelnde und eine vermittelnde Funktion einnehmen, wobei im Kontext der Handlungs- und Aktionsforschung ihr Ziel, „Veränderungen in den Forschungsobjekten = Subjekten hervorzurufen" im Vordergrund steht (Lamnek ^{2}2005, 30) und sie damit eine aktivierende Funktion für die Projektentwicklung übernehmen können. Gruppendiskussionen können einerseits der Ermittlung von Gruppenmeinungen und -einstellungen dienen und andererseits zur Erforschung der den Meinungen und Einstellungen zugrunde liegenden Bewusstseinsstrukturen der Teilnehmerinnen und Teilnehmer beitragen (ebd., 32). Auf einzelne Personen bezogene Aussagen sind nur bedingt möglich. Die Beteiligten trauen sich aufgrund der Quasi-Öffentlichkeit weniger, persönliche Meinungen und Erfahrungen zu äußern. Da es in der vorliegenden Arbeit jedoch um die individuelle Lebenssituation und Biografie geht, stellt das Einzelinterview meines Erachtens in diesem Fall die adäquatere Erhebungsmethode dar, so dass ich im Folgenden auf unterschiedliche Interviewtechniken eingehen werde. Weitere Ideen, wie zum Beispiel den 3. Blick auf den Verlauf des Seminars „So seh' ich meine Welt" mittels Videographie zu erhalten, um auch Veränderungen im Handeln der Teilnehmerinnen zu erfassen, aber auch die Befragung von Angehörigen oder Mitarbeiterinnen und Mitarbeitern wurde aus inhaltlichen Gründen nicht weiter verfolgt.[457]

Ein visualisierter Zeitstrahl mit den chronologisch angeordneten Angaben zur Biografie der Frauen dient dazu, an das vorherige Interview anzuknüpfen, Lücken zu schließen und Verständnisfragen zu klären. Dazu habe ich die in den ersten Interviews gewonnenen Daten in einen Zeitstrahl übertragen und in den folgenden Interviews die Frauen die im Zeitstrahl benannten Aussagen aus ihren ersten Interviews bestätigen, ergänzen oder korrigieren lassen. Darüber hinaus unterstützt der Einsatz des Zeitstrahls gleichzeitig den Erzähleinstieg und wirkt

[456] Vergleiche zu den methodologischen Voraussetzungen und Grundannahmen des qualitativen Paradigmas Lamnek (^{2}2005), Flick u. a. (^{5}2007).

[457] So lassen sich zum Beispiel Veränderungen im Sinne des Ursache-Wirkungsprinzips nicht eindeutig messen/ zuordnen, so dass die Aussagekraft sehr gering wäre.

als Erzählaufforderung. Diese Vorgehensweise stellt einen Ansatz einer „kommunikativen Validierung“[458] dar, da die Ergebnisse mit den befragten Frauen rückgekoppelt werden, mit dem Ziel, die Daten „hinsichtlich ihrer Gültigkeit bewerten“ zu lassen (Steinke [5]2007, 320).

5.4.1 *Verwendete Interviewverfahren*

Das Interview lässt sich definieren als „eine verabredete Zusammenkunft (…), die sich in der Regel als direkte Interaktion zwischen zwei Personen gestaltet, die sich auf der Basis vorab getroffener Vereinbarungen und damit festgelegter Rollenvorgaben als Interviewer und Befragter begegnen.“ (Friebertshäuser 1997, 374)

Unter der Vielfalt der Interviewmethoden eignen sich für meine Arbeit das *Leitfadeninterview*, Elemente des *Biografischen Interviews* und des *Narrativen Interviews* sowie einer Modifikation der *Heidelberger Struktur-Lege-Technik.*

Einen Überblick über verschiedene qualitative Interviewtechniken geben zum Beispiel Barbara Friebertshäuser (1997, 371 ff.) sowie Jürgen Bortz und Nicola Döring ([2]1995, 290). Cornelia Helfferich ([2]2005, 24 ff.) bietet ebenfalls einen Überblick über die qualitativen Interviewformen und macht auf die Unterschiede aufmerksam. Sie verdeutlicht die teilweise uneinheitliche Verwendung der Bezeichnungen. Die Entscheidung für eine spezifische Interviewtechnik ist abhängig vom Forschungsdesign und dem dazugehörigen Forschungs- und Erkenntnisinteresse sowie dem Personenkreis, der zu befragen ist (Friebertshäuser 1997, 374). Außerdem muss man sich bewusst sein, dass die Auswahl der Interviewtechnik die möglichen Ergebnisse vorstrukturiert (ebd., 375).

Ich habe das Leitfadeninterview, in dem wichtige Fragen und Themenstellungen vorab in einem Interviewleitfaden festgehalten werden, mit der gezielten Frage nach der Biografie kombiniert. Ein Leitfadeninterview bezieht sich in der Regel auf für die Fragestellung vorab ermittelten zentralen Themenkomplexe, wobei sich die Leitfaden-Fragen „erst auf der Basis fundierter, theoretischer oder empirischer Kenntnisse“ entwickeln lassen (Friebertshäuser 1997, 375).

Im Sinne der Grounded Theory steht zu Forschungsbeginn nicht eine Theorie, die anschließend bewiesen werden müsste, sondern ein Untersuchungsbereich, bei dem sich erst im Forschungsprozess herausstellen wird, was relevant für diesen Bereich ist (Strauss/Corbin 1996, 8). Demnach ist der Interviewleitfaden nur ein Gerüst, um die Offenheit im Sinne der *theoretischen Sensibilität* der *Grounded Theory Methodology* herzustellen (vgl. 3.8.1).

Nach Cornelia Helfferich ([2]2005, 159) eignen sich Leitfaden-Interviews dann,

> „wenn einerseits subjektive Theorien und Formen des Alltagswissens zu rekonstruieren sind und so maximale Offenheit gewährleistet sein soll, und wenn andererseits von den Interviewenden Themen eingeführt werden sollen und so in den offenen Erzählraum strukturierend eingegriffen werden soll.“

In meiner Vorgehensweise ergänze ich somit narrative Elemente um biografische Fragen.

---

[458] Kommunikative Validierung im Sinne einer „Rückbindung der im Forschungsprozess entwickelten Theorie an

In Anlehnung an Helfferich ([2]2005, 158 ff.) kann beim Aufbau des Gesprächsleitfadens zwischen 1. der Erzählaufforderung/dem Stimulus, 2. den inhaltlichen Aspekten, 3. den Aufrechterhaltungsfragen und 4. den konkreten Nachfragen unterschieden werden, wobei unterschiedliche Anforderungen an Frageformulierungen gestellt werden und es sich dann um eine Mischform des narrativen und strukturierten Interviews handelt. Dabei setzt der Erzählstimulus eine Rahmung für das Interview und fordert die Frauen dazu auf, etwas zu erzählen, was teilweise sehr lange zurück liegt.

Die *Grounded Theory Methodology* geht nicht hypothesenprüfend/-testend vor, jedoch lässt sich kritisch anmerken, dass man durch die Beschäftigung mit dem Untersuchungsfeld und während der Vorbereitungen für die Forschung bereits implizit Hypothesen hat. Die Offenheit des Forschers kann damit in Frage gestellt werden, und der Verzicht auf *explizite* Hypothesen birgt die Gefahr des Operierens mit *impliziten* Hypothesen, die im Forschungsprozess an unterschiedlichen Stellen unreflektiert durchschlagen können (Flick 1991, 151).

Narrative Elemente meines Vorgehens

Das von Fritz Schütze entwickelte *narrative Interview* basiert auf der Stegreiferzählung einer Person über ein selbsterlebtes Ereignis und „nutzt die menschliche Fähigkeit zum freien Erzählen für die Gewinnung biographischen Materials“ (Friebertshäuser 1997, 387). Der eindeutigen Erzählaufforderung zu Beginn des Interviews folgt die Stegreiferzählung, der sich ein Nachfrageteil anschließt, um offene Punkte und Unklarheiten zu klären. Somit gliedert sich das narrative Interview in drei Phasen: Erzählstimulus – Hauptphase – Nachfragephase. Die Idee ist, dass sich an die Erzählaufforderung Zugzwänge des Erzählschemas anschließen und so ein Erzählfluss ausgelöst wird. Narrative Interviews setzen jedoch voraus, dass die Interviewperson „gewillt und kompetent ist, etwas von sich zu erzählen, eine Voraussetzung, die nicht auf alle potentiellen Interviewpartner zutreffen muß“ (ebd.).

Die zweiten Interviews der vorliegenden Arbeit begannen ebenfalls mit einem Erzählstimulus. Mit der Erzählaufforderung „wenn Sie sich an Ihre Kindheit, Jugend, an Ihre Lebensgeschichte zurückerinnern“, ist insoweit eine Rahmung gesetzt, dass die Frauen dazu aufgefordert werden, über die Themen Kindheit, Jugend und ihre Lebensgeschichte zu erzählen.

Der Erzählstimulus „erinnern“ fragt schlagwortartig Fragmente ab. Intendiert ist, den Verlauf der Lebensgeschichte zu erfassen, jedoch ist der Terminus „Verlauf“ und die Erzählaufforderung „wie ist Ihr Leben verlaufen“ sehr abstrakt und stellt somit eine Überforderungssituation der interviewten Frauen dar. Bei einigen Frauen kommt es durch diese Erzählaufforderung zu einer Handlungsunsicherheit. Die durch die Erzählaufforderung geforderte Autonomie – in dem Sinne, zu entscheiden, mit was sie beginnt – führt bei einigen Frauen zu einer Überforderung. Biografische Erzählaufforderungen sind für einige Frauen zu komplex gewesen, so dass

die Untersuchten“ (Steinke [5]2007, 329) findet im Rahmen dieser Arbeit nicht statt.

sie nachfragen, wie sie anfangen sollen. Zu entscheiden, wie sie mit der Erzählung beginnen sollen, fällt ihnen schwer, ist teils unmöglich, da die Last der Wahl des Beginns bei diesen Erzählaufforderungen besonders groß ist und zu einer Überforderungssituation führt. Der Beginn und somit die Frage werden an die Interviewerin zurückdelegiert. Ich gebe ihnen Beispiele oder stelle ihnen Möglichkeiten des Anfangs zur Auswahl, was jedoch eine Vorgabe meinerseits ist und damit in der Auswertung berücksichtigt werden muss. Demgegenüber nutzen andere Frauen den Erzählstimulus als Chance zu einer weiten Ausführung ihrer Biografie. Sie verfügen über eine Erzählsicherheit und einen inneren Erzählplan.

Hingegen besteht die Herausforderung, eine (Einstellungs-)Frage zu beantworten, nach Tourangeau (zit. in Bortz/Döring ^{2}1995, 229) aus vier Phasen: Interpretation – Erinnern – Urteilsbildung – Antwortformulierung, die alle fehleranfällig sind.

Grundsätzlich ist davon auszugehen, dass die Frauen mit geistiger Behinderung über unterschiedliche Fähigkeiten zum freien Erzählen verfügen, und somit das narrative Interview nicht in seiner Reinform wie von Schütze vorgesehen angewendet werden kann. Die Trennung von Erzähl- und Nachfragephase ist ein zu großes Hindernis. Die durchgeführten Interviews weisen große narrative Anteile nach dem folgenden Erzählstimulus auf. *Sie sind ... Jahre alt. Wenn Sie auf Ihr bisheriges Leben zurück schauen, auf Ihre Lebensgeschichte, was fällt Ihnen dann ein? Wenn Sie zurückgehen in Ihre Kindheit, Jugend, was können Sie mir da erzählen?*

Das narrative Interview stellt jedoch nicht nur Anforderungen an die interviewte Person, sondern auch höchste Anforderungen an die Interviewerin, weil der Übergang von einer Alltagsrede zu einem durchdachten Stimulus große Aufmerksamkeit erfordert. Gleichzeitig wird mit dem Erzählstimulus das Ziel verfolgt, für den informellen Teil anschlussfähig zu bleiben, das heißt für den narrativen Teil Offenheit herzustellen.

In der Praxis haben sich Mischformen aus narrativen Interviewformen und Leitfadeninterviews bewährt (Helfferich ^{2}2005). In der vorliegenden Arbeit wurde aus den genannten Gründen ein Leitfadeninterview mit sehr offenen Erzählaufforderungen verknüpft. Die Kombination aus narrativem Interview und Leitfadeninterview ermöglicht einerseits, einen Erzählfluss anzuregen, und andererseits die Vergleichbarkeit der Themen, die von der Interviewerin oder vom Interviewer eingeführt werden.

Biografische Ergänzungen

Der Erzählstimulus im zweiten Interview war, wie oben angeführt, biografisch angelegt. Biografische Interviews können sowohl teilstandardisiert als auch narrativ angelegt sein, wobei empfohlen wird, diese Interviewformen miteinander zu kombinieren (Fuchs 1984, 179 ff. zit. in Hopf ^{5}2007, 353), was in der vorliegenden Arbeit realisiert wurde. Das *Biografische Interview* dient der Erhebung und Erschließung von Lebensgeschichten, wobei für die Erhebung einer umfassenden Lebensgeschichte das Narrative Interview besser geeignet ist (Schäfer/König 1995a, 6). Da ein rein narratives Interview, wie oben angeführt, jedoch einige Schwierigkeiten

beinhaltet, wurden hier die Interviewformen kombiniert, so dass man von einem teilstandardisierten narrativ biografischen Interview sprechen kann.
Im Interview wird das Erzählen als Dialog im Sinne des Gefühls des Gehört-Werdens und der Möglichkeit des Erzählens realisierbar. Darüber hinaus kann biografisches Erzählen Selbstreflexion und Selbstverstehen ermöglichen.

5.4.2 *Einsatz eines Dialog-Konsens-Verfahrens*

Im Rahmen dieser Arbeit nutzte ich im Prozess der Datenerhebung ein Dialog-Konsens-Verfahren als didaktisches Hilfsmittel. In diesem Fall kam ein Dialog-Konsens-Verfahren in Anlehnung an die Heidelberger Struktur-Lege-Technik (SLT) zum Einsatz, die ein Verfahren aus der Fülle von Struktur-Lege-Verfahren innerhalb der Dialog-Konsens-Methodik darstellt, und wiederum innerhalb des Forschungsprogramms Subjektive Theorien (FST) entwickelt wurde. Die Struktur-Lege-Technik besteht aus einem halbstandardisierten Interview und einem anschließenden Legeverfahren, wobei das Interview der Erfassung zentraler Begriffe der Subjektiven Theorie dient. Im zweiten Schritt wird anhand verschiedener Lege-Techniken gemeinsam mit der oder dem Befragten eine Struktur erarbeitet, die das Zurückgehen zu einzelnen Punkten und Eingriffs- und Korrekturmöglichkeiten erlaubt (Friebertshäuser 1997, 382 f.). Ein Leitfaden definiert dabei die Verbindungen. Zur Erfassung subjektiver Theorien gilt es die Struktur von wenn-dann-Verbindungen herauszuarbeiten und einen Konsens im Sinne von Verstehen zwischen Interviewten und Interviewerin oder Interviewer herzustellen. Helfferich (²2005, 25) betrachtet die Struktur-Lege-Technik als „eine Spielart des Leitfaden- und des problemzentrierten Interviews“, mit der Besonderheit hier, dass Interviewinhalte in Form von Stichworten auf Karteikarten visualisiert und ins Interview eingebracht werden, so dass Interviewerin oder Interviewer und Interviewte gemeinsam daran arbeiten können.
Thorsten Giese, Christiane Hofmann und Annegret Overbeck (2002, 183) veranschaulichen mit ihrer Pilotstudie, „dass die Vorgehensweise des FST sowie die Struktur-Lege-Technik (SLT) auf den Personenkreis geistig behinderter Menschen erweiterbar ist“, aber einer Modifikation bedarf.[459]
In der vorliegenden Studie wurde die Struktur-Lege-Technik dahingehend modifiziert, dass ich meiner Interviewpartnerin nach und nach alle Themen vorstellte und die Karten anschließend auf einen vor ihr stehenden Tisch legte, sodass sie alle Karten einsehen konnte. Da einige der Frauen nur über eine geringe Lesefähigkeit verfügen, habe ich die Begriffe in diesen Fällen mit

[459] Zu den Modifikationen in dieser Studie vergleiche Giese/Hofmann/Overbeck (2002, 186 f.). So besteht eine bedeutsame Modifikation darin, dass als zugrunde gelegtes Material Transkripte einer Gesprächsgruppe einer WfbM genutzt wurden, so dass „Subjektive Theorien erhoben [wurden], die streng genommen keine sind“ (ebd.). „Eine weitere Modifikation ist die Art der Explikation des Inhalts. Bei allen bisherigen Untersuchungen wurde der Inhalt mittels eines Interviewleitfadens ermittelt. In dieser Pilotstudie ist der Inhalt durch Gruppengespräche expliziert.“ (ebd.) Zu den Vorteilen dieses Verfahrens zur Rekonstruktion Subjektiver Autobiografietheorien von Menschen mit sogenannter geistiger Behinderung sei ebenfalls auf die Ausführungen der Autorinnen und Autoren verwiesen.

Bildern versehen. Die Visualisierung der Begriffe stellt immer nur einen Versuch dar, die Begriffe bildlich zu fassen. Folgende zehn Begriffe biete ich zur Auswahl an: Benachteiligung – Behinderung – Diskriminierung – Frau – Freundschaft – Gewalt – Gleichberechtigung – Selbstbestimmung – Stärke – Teilhabe. Die Begriffe generiere ich aus meinem Kontextwissen und der Fragestellung des Empowerments sowie den vorherigen Interviews.[460] Dabei ist zu berücksichtigen, dass die Themen oftmals mit Fragestellungen verbunden sind, die aus Sicht der Forscherin eine Problemdefinition beinhalten,[461] jedoch ohne jegliche Gewährleistung, dass die Frauen diese Problemsicht mit der Forscherin teilen würden (Helfferich ²2005, 46). Die Interviewpartnerin hatte nun die Aufgabe, eine Karte auszuwählen, mit der sie beginnen wollte, und sollte erzählen, was sie mit dem Begriff verbindet. Eine Zielsetzung war, sich über verwendete Begriffe, Wertsetzungen und Relationen klar zu werden. Außerdem sollte es dazu dienen, Themen und Fragestellungen in visueller Form in das Interview einzubringen, um einerseits den Frauen Entscheidungsmöglichkeiten zu bieten und andererseits durch die Vorschläge bei der Strukturierung des Interviews zu helfen. Da ich durch das Leitfadeninterview einen verbalen Zugang gewählt habe, bestand die Gefahr, dass die Interviewpartnerin meine (professionelle) Begriffswahl missversteht. Daher diente der Einsatz der Karteikarten zusätzlich dem Abgleich des Wortschatzes und somit zu einem Verständnis der Interviewpartnerin im Sinne der Dialog-Konsens-Methode. Was meine Interviewpartnerin zum Beispiel unter Gleichberechtigung versteht, sollte hier spielerisch assoziativ erkundet werden. Dabei ging es nicht um das Erzielen einer begrifflichen Übereinstimmung, sondern darum, die subjektive Theorie zu erfassen, die die einzelne Frau zu den jeweiligen Begriffen entwickelt.

Die Erfahrungen, die ich mit dem Einsatz der Karteikarten sammelte, waren sehr unterschiedlich. Einige Frauen fanden diese Aufgabenstellung interessant und spannend (Frau Schmidt, Frau Müller), andere vergewisserten sich durch Nachfragen, ob sie die Aufgabe gut gemacht hätten, und wieder andere waren überfordert. Einige Frauen konnten sich durch die Bilder leichter an den Begriff erinnern (die Bilder dienten auch als Erzählstimulus), andere konzentrierten sich sehr stark auf die Bilder. So beschrieb Frau Schneider zunächst, was sie auf den Bildern sah. Durch ergänzende Nachfragen meinerseits konnte sie dann zu den Begriffen eine Aussage treffen und Beispiele nennen. Für Frau Schneider, Frau Mahler und Frau Mertens dauerte die Aufgabe zu lange, so dass etwa Frau Schneider genervt fragte, „muss man die all da nehmen (?)“ (P03-I4) und nach meiner Erlaubnis noch eine Karte nahm und einige Karten übrig ließ. Frau Mertens merkt mit Blick auf die letzten zwei Begriffskarten an: „haben wir es bald geschafft Gott sei Dank, ja“ (P04-I4). Die Aufmerksamkeit und Motivation nahm für die

[460] Hier kommt die von Glaser und Strauss geforderte Theoretische Sensibilität zum Tragen (vergleiche Kapitel 5.8.1).

[461] Die Beschäftigung mit der Literatur und dem aktuellen Forschungsstand führt zu dieser „Problemsicht“, wobei Problem im Sinne einer Fragestellung oder Aufgabenstellung zunächst wertneutral zu fassen ist.

drei Frauen zum Ende des Interviews deutlich ab, was sie nonverbal mit Gähnen oder auf die Uhr schauen signalisierten.

Fremdwörter wie Diskriminierung wurden von einigen Frauen verstanden, andere fragten nach, sodass ich versuchte, den Begriff zu übersetzen oder ein Beispiel zu geben. Der Begriff Teilhabe (Partizipation) beispielsweise ist spätestens seit dem europäischen Jahr der Behinderten 2003 und der Einführung des Sozialgesetzbuches IX sowie dem neuen Verständnis von Behinderung nach der Weltgesundheitsorganisation zentral, wird aber von den Frauen nicht so gesehen. Die meisten von mir interviewten Frauen können den Begriff nicht entsprechend der SGB IX-Konnotation einordnen.

Diese Vorgehensweise wurde um eine weitere, nämlich die Einbindung von Fotografien in die Interviewdurchführung, ergänzt.

5.4.3 *Erfahrungen mit dem Einsatz von Fotografien*

Um das Erzählen zu erleichtern, habe ich Fotografien eingesetzt. Zugleich sollte insbesondere die Sprachgebundenheit des Interviewverfahrens durch eine visuelle Hilfe ausgeglichen werden. Dazu verwendete ich beim ersten Interview Fotografien, die eine Kursleiterin gemacht hatte und mir anschließend zur Verfügung stellte. In der zweiten Seminarwoche stellte ich den drei Kleingruppen jeweils eine Einmalkamera zur Verfügung und bat sie, alles ihnen Wichtige zu fotografieren. Die Fotos brachte ich dann zum zweiten und dritten Interview mit, um den Frauen eine visuelle Erzählaufforderung zu bieten. Die einzelnen Frauen nahmen dieses Angebot unterschiedlich an. Einige freuten sich über die Fotos, wünschten einen Abzug und schauten sie sich gleich mehrmals an. Ein paar wenige Frauen mochten sie nicht sehen und blätterten mehr beiläufig durch. Dass der Einsatz von Fotografien im Forschungsprozess eine Brücke zu den Interviews bilden kann, zeigt Hagen (2002, 217 ff.) in ihrer Studie über Menschen mit geistigen und mehrfachen Behinderungen in Tagesstätten.[462] Burkhard Fuhs (1997) stellt in seinem Aufsatz über die „Verwendung fotografischer Quellen in den Erziehungswissenschaften“ die Vorteile dar, nicht-verbale Daten, wie beispielsweise Fotografien, in die Forschung aufzunehmen. Am Beispiel eines Projekts zu Lebenswelten 12jähriger Kinder verdeutlicht er den Zugewinn fotografischer Methoden.

> „Fotos vermitteln also ein anschauliches Bild von konkreten Lebenssituationen; sie ermöglichen einen detailreichen Blick auf die soziale Wirklichkeit, der mit anderen Mitteln (zum Beispiel Inventarlisten eines Kinderzimmers) so nicht erreicht werden kann.“ (ebd., 267)

Die fotografische Methode ist dabei nicht als Konkurrenz, sondern als sinnvolle Ergänzung zu anderen Methoden zu verstehen. Fuhs (ebd., 276 ff.) nennt folgende Einsatzmöglichkeiten:

- Fotos als Illustration
- Fotos als Beleg

[462] Es zeigt sich in der Arbeit von Jutta Hagen, dass der Einsatz der Fotos unterschiedlich gewinnbringend war, denn einerseits konnten Vorlieben über ein kreatives Medium zum Ausdruck gebracht werden und andererseits trugen die Fotos zu einer vertrauten Atmosphäre bei (2002, 217).

- Fotos als historische Quelle
- Fotos als Mittel der Befragung.[463]

In meiner Arbeit habe ich die Fotos, die die Kursleiterinnen oder die Frauen selbst gemacht haben, als Mittel der Befragung eingesetzt und wie oben beschrieben im Sinne eines Erzählstimulus verwandt.

5.5 *Festlegung der Zielgruppe und Gestaltung des Feldzugangs*

Interviewt werden sollten Frauen mit sogenannter geistiger Behinderung, die an den Themen Selbstbestimmung und Empowerment interessiert sind und für sich dementsprechend etwas verändern möchten. Somit unterstelle ich allen Teilnehmerinnen des Bildungsangebots ein grundsätzliches Interesse an der Thematik und einen Veränderungswunsch, da ich Situationen aufsuchen möchte, in denen Empowerment stattfindet. Der Zugang zum Feld wurde über einen Bildungsträger hergestellt, indem ich zunächst Kontakt zu den Kursleiterinnen aufnahm, die zu der Thematik Selbstbestimmung und Empowerment für Frauen mit geistiger Behinderung Seminare anbieten.[464]

Die Grundgesamtheit wurde wie folgt festgelegt, wobei ich bewusst auf die Befragung von Bezugspersonen (Angehörigen, Betreuerinnen und Betreuern) verzichtet habe. Auch wenn damit eine Mehrperspektivenebene verloren geht, so soll doch der Fokus auf dem subjektiven Erleben der interviewten Frauen liegen. Eine Einsicht in Akten, Gutachten, ärztliche Diagnosen sowie Gespräche mit Angehörigen sowie Mitarbeiterinnen und Mitarbeitern war von vornherein nicht vorgesehen und würde auch dem Empowermentkonzept und der Intention meiner Arbeit entgegenstehen.

Gemeinsam ist den Frauen die Zuschreibung „geistige Behinderung“. Für mich war an keiner Stelle der Forschungsarbeit relevant zu erfassen, welche Art von Behinderung die Frauen haben, sondern ihre Selbstsicht auf das Thema Behinderung ist bedeutsam für diese Arbeit.

Die Kontaktherstellung zu den interviewten Frauen gestaltete sich wie folgt. Die interviewten Frauen haben alle an einer dreiwöchigen Seminarreihe der Bundesvereinigung Lebenshilfe für Menschen mit geistiger Behinderung e.V. teilgenommen. Der Titel der Seminarreihe lautet ‚So seh’ ich meine Welt’[465]. Die Seminarreihe geht auf ein 1996 erstmals durchgeführtes Modellprojekt zurück, wurde mittlerweile mehrmals modifiziert und wird inzwischen fast jährlich einmal durchgeführt. An dieser Seminarreihe nahmen insgesamt 22 Frauen teil.

---

[463] Fuhs (1997, 280 f.) differenziert hier zwischen a) Fotointerview als Mittel der Feldforschung b) Fotobefragung als Mittel der historischen Kulturforschung c) Fotos als Mittel zur Erfassung von Geschmackspräferenzen d) Fotos als Mittel zur Erfassung subjektiver Perspektiven e) Biografische Fotobefragung und f) Fotografische Dokumentation von Interviewthemen.

[464] Dabei gab es auch bei einigen angefragten Kursleiterinnen Skepsis und Widerstände, die sich in der Vermutung äußerten, dass die Frauen überfordert wären, wenn zusätzlich eine Frau (Forscherin) von außen kommt, um Interviews durchzuführen.

[465] Das Modellprojekt „So seh’ ich meine Welt“ ist anschaulich in Czarski u. a. (^{2}1999) beschrieben.

Der Zugang zum Feld verlangt einen *gate keeper* (Türwächter) in Institutionen, der erste Kontakte herstellen kann und dessen Einfluss und Unterstützung über den Erfolg der Untersuchung mitentscheidet (Merkens 1997, 101f; Helfferich ^{2}2005, 155). In diesem Fall nahmen die Kursleiterinnen die Rolle der *gate keeper* ein. Über sie erfolgte der Zugang zu den teilnehmenden Frauen. Mögliche Schwierigkeiten können sein, dass die *gate keeper* die Auswahl der Informantinnen und Informanten vornehmen oder zu überwachen versuchen (Merkens 1997, 103; Helfferich ^{2}2005, 155), was hier nicht der Fall war.[466] Desweiteren kann es problematisch sein, wenn „nicht alle gewünschten Interviewpartner für ein Interview zur Verfügung stehen" (Merkens 1997, 103).

Nachdem ich zunächst mit den Kursleiterinnen Kontakt aufgenommen und mein Anliegen vorgestellt hatte, machte ich mich in der ersten Woche mit den Frauen bekannt und präsentierte ihnen mein Anliegen. Danach meldeten sich 17 der 22 teilnehmenden Frauen und signalisierten ihre grundsätzliche Bereitschaft, sich interviewen zu lassen.

Gleichwohl artikulierten einige Frauen ihre Ängste und Befürchtungen, da sie zuvor noch nie ein Interview gegeben hatten. Um ihre Befürchtungen zu entkräften, bot ich ihnen folgende Optionen an: Erstens konnten sie ein Interview ausprobieren und es gegebenenfalls abbrechen und zweitens konnten sie ein Interview ausprobieren und gegebenenfalls eine Unterstützungsperson hinzu bitten. Nachdem dies geklärt war, vereinbarte ich erste Kurzinterviews für den Abend, die den Frauen einen Einstieg ermöglichen sollten. Dann ließ ich mir im Interview das Einverständnis zu einem weiteren Besuch und damit verbunden ihre Adresse geben.

Allen Frauen sicherte ich Anonymität zu, so dass die Namen und die entsprechenden Passagen (Orte, Personennamen, Geburtstage usw.) geändert wurden. Für einige Frauen ist das Thema „Anonymisierung" auch noch im dritten Interview zentral, da sie schlechte Erfahrungen gemacht hatten.[467]

Voraussetzung ist die Zustimmung zur Tonbandaufnahme, die ich vor dem ersten Interview kläre. Zentral ist das Prinzip der Freiwilligkeit und die Möglichkeit, das Interview selbstbestimmt abzubrechen. Bei den am Interview interessierten Frauen ist die Heterogenität bezüglich des Alters, der Wohn- und Lebenssituation, der Behinderung, Ost und West erfreulich. Jedoch ist unter den Interessierten keine Frau mit Migrationshintergrund[468]. Eine Vermutung ist,

---

[466] Die Kursleiterinnen sind jedoch daran interessiert, Rückmeldungen über das Seminar zu erhalten. Diesem Wunsch komme ich nach, indem ich Interviewpassagen, die sich auf die Seminare beziehen, in anonymisierter Form an die Kursleiterinnen weiterleite.

[467] Vergleiche das Interview mit Astrid Mahler, in dem sie sich mehrmals über die zugesicherte Anonymität versichert, da sie einmal ein Interview gegeben hat und dies kurz darauf mit allen persönlichen Angaben in einer Lokalzeitung veröffentlicht wurde. Ihre Unsicherheit verschwand erst, als ich ihr ein bereits transkribiertes und anonymisiertes Interview vorlegte und die Vorgehensweise nochmals erklärte.

[468] Hinzu kommt, dass kulturelle Heterogenität lange Zeit kein Thema der Bundesvereinigung Lebenshilfe für Menschen mit geistiger Behinderung e.V. war, und erst seit kurzem zum Beispiel in Form von zweisprachigen Veröffentlichungen thematisiert wird, wie zum Beispiel in der Veröffentlichung von Ina Beyer „Unser Kind ist ein Geschenk – Türkische Familien mit einem geistig behinderten Kind in Deutschland", Marburg 2003. So findet man z. B. im Themenkatalog der Fachzeitschrift Geistige Behinderung von 1980 bis 2000 auf Seite 58 nur die Rubrik „Menschen mit Behinderung im Ausland – Hilfebedürftige Länder, Dritte Welt – Europafragen

dass diese Frauen (aber auch Männer mit geistiger Behinderung) länger in ihren Herkunftsfamilien bleiben. Vermutlich fühlen sich Frauen und Männer mit Migrationshintergrund, wie auch Familien mit behinderten Kindern und Migrationshintergrund von den Angeboten der Lebenshilfe noch nicht angesprochen.[469]

Tatsache ist, dass ich in meiner Grundgesamtheit nur Frauen habe, die sich verbal ausdrücken können und über die kognitiven und kommunikativen Kompetenzen verfügen, um der Anforderung „ein Interview zu führen" gerecht zu werden.[470] Die Frauen müssen über die Fähigkeit zur lautsprachlichen Äußerung verfügen. Insofern ist der Kreis der Befragten eingeschränkt.[471] Weder habe ich Frauen erreicht, die unterstützt kommunizieren, noch konnte ich Frauen mit Schwerst-Mehrfachbehinderung einbeziehen. Hierzu bedarf es weiterer Instrumente aus dem Bereich der alternativen und augmentativen Kommunikation, wobei die Schwierigkeiten bei der Interviewdurchführung darin liegen könnten, dass man einerseits meist nur ein vorab festgelegtes Vokabular zur Verfügung stehen hat und andererseits die Gefahr besteht, den Interviewpartnerinnen und Interviewpartnern Aussagen in den Mund zu legen (vgl. ausführlicher Brewster 2004). Das Auswahlverfahren hat es mir nicht ermöglicht, Zugang zu Frauen zu erhalten, die nicht in institutionelle Formen des Wohnens oder Arbeitens eingebunden sind, sondern zum Beispiel als Landwirtschaftshelferin auf dem elterlichen Hof leben und arbeiten.

– Internationale Beziehungen, Verbände". Einzelne wenige Autorinnen wie z. B. Kerstin Merz-Atalik (1997) beschäftigen sich mit Beratungssituationen von türkischen und kurdischen Familien oder Ute Hennige (2006) mit der Lebenssituation und den Herausforderungen für Familien ausländischer Herkunft mit einem Kind mit Assistenzbedarf. So haben beispielsweise türkische oder kurdische Familien mit behinderten Kindern seltener Zugang zu Institutionen und ziehen eine Versorgung ihrer behinderten Angehörigen im Familienverbund einer institutionellen Unterbringung vor (Merz-Atalik 1997). Der Informationsstand dieser Familien über institutionelle und integrative Angebote ist sehr gering, wobei Merz-Atalik (ebd., 19) eine reine sprachliche Übersetzung von Informationsbroschüren als nicht ausreichend erachtet.

469 Eine Studie von Jürgen Hohmeier (1996, 245) lässt vermuten, dass Familien mit Migrationshintergrund in geringerem Umfang als deutsche Familien Selbsthilfegruppen angehören. Im Vergleich zu deutschen Familien verfügen die Eltern mit Migrationshintergrund über ein „weit geringeres Wissen zu unserem Hilfesystem als auch zu der Behinderung des Kindes (einschließlich Prognose und Therapien" (ebd.). Dies wurde in einer im Sommer 1994 in 15 Frühförderstellen in Nordrhein-Westfalen durchgeführten Befragung deutlich, wozu 26 Interviews mit Mitarbeiterinnen der Frühförderstellen geführt und 51 Familien mit einem zweiten Fragebogen erfasst wurden.

470 Von einer vorherigen Erfassung kommunikativer und kognitiver Kompetenzen (wie es zum Beispiel Saskia Schuppener (2005b) in ihrer Arbeit gemacht hat), wurde aus dreierlei Gründen Abstand genommen: 1. ist und bleibt es schwierig und umstritten, mittels der vorhandenen Instrumente kognitive Kompetenzen zu messen. Würde man 2. Mitarbeiterinnen und Mitarbeiter oder Angehörige um eine Einschätzung der Kompetenzen fragen, wäre es zu Zuschreibungen gekommen und vermutlich hätten Angehörige oder Mitarbeiterinnen und Mitarbeiter die Überforderungssituation thematisiert, die durch ein Interview entstehen könnte, und damit den Zugang zu den Frauen erschwert. Und 3. würde eine solche Vorgehensweise dem Forschungsgegenstand *Empowerment* zuwiderlaufen.

471 Im deutschsprachigen Raum gibt es im Unterschied z. B. zum US-amerikanischen Raum hierzu wenig methodische Auseinandersetzung, mit Ausnahme z. B. der Arbeiten von Monika Seifert, die sich der Lebenssituation dieses Personenkreises durch teilnehmende Beobachtung nähert So führten Sharon Lohrmann-O'Rourke und Diane M. Browder (1998) eine Studie durch, in der sie verschiedene Forschungsansätze zum „preference assessment" für Menschen mit schweren Behinderungen der vergangenen 18 Jahre gegenüberstellen. Es zeigt sich, dass es risikoreich ist, bei der Einschätzung von Vorlieben nur auf die Meinung der Betreuerinnen und Betreuer zu vertrauen, wobei in den meisten Studien nicht vermerkt ist, ob die Forscherinnen und Forscher sowie Teilnehmerinnen und Teilnehmer bereits eine Geschichte der gemeinsamen Kommunikation hatten. Denn eine bestehende Beziehung kann sowohl die Antwortmotivation der Teilnehmerinnen und Teilnehmer als auch die Interpretation der Antworten beeinflussen (ebd., 153).

Zeitliche und finanzielle Ressourcen ließen es nicht zu, Frauen mit einem hohen Unterstützungsbedarf einzubeziehen, denn das hätte ein anderes *Setting* und andere Methoden erfordert.

5.6 Durchführung der Interviews

Die Anzahl der Interviews ist an erster Stelle abhängig vom *theoretischen Sampling*. Somit ist die Anzahl der Interviews mit den einzelnen Frauen sehr unterschiedlich und auch davon abhängig, ob ich mit den Frauen bereits während des Seminars ein Kurzinterview geführt habe. Um eine Vertrautheit zu schaffen, führe ich mit den Frauen während der ersten und zweiten Seminarwoche einzelne Kurzinterviews von ca. 15 Minuten, die sich thematisch direkt auf das Seminargeschehen beziehen.

Zwischen den jeweiligen Seminarwochen und nach Abschluss der letzten Seminarwoche besuche ich die Frauen zu Hause, um Interviews zu führen. Zum einen handelt es sich hier um einen vertrauten Ort, zum anderen gibt er weit mehr Auskünfte über die Lebenssituation und ist ein möglicher Hinweis für das *Theoretical Sampling*. Der Ort wurde von allen Frauen selbst gewählt, allerdings war ich in einem Fall nie in den privaten Räumen der Interviewten, sondern immer im Gemeinschaftsraum der Wohngruppe, was zu Störungen – in Form von Unterbrechungen durch Mitarbeiterinnen und Mitarbeiter oder Mitbewohnerinnen und Mitbewohner – führte.

Die vor Ort gemachten Beobachtungen und gesammelten Erfahrungen spreche ich direkt nach dem Interview auf Tonband beziehungsweise halte sie im Forschungstagebuch als Postskriptum fest. Der Zeitpunkt der Interviews ist sehr unterschiedlich und richtet sich nach den Wünschen der Frauen, so sind viele wochentags durch die Arbeit sehr ermüdet und bevorzugen einen Wochenendtermin. Nicht berufstätigen Frauen kommt der Termin unter der Woche gelegen, da er ihnen eine Tagesstruktur ermöglicht.

Das *Theorectial Sampling* (vgl. Kap. 3.8.2) führt dazu, dass die Anzahl der Interviews zwischen zwei bis fünf Interviews pro Frau variiert. Ebenso unterschiedlich ist die Dauer der Interviews, die von zehn Minuten (Kurzinterviews) über 25 Minuten bis 90 Minuten variiert. Die Tabelle auf S. 248 gibt einen Überblick über die Anzahl und Verteilung der Interviews.

Die jüngste Befragte ist zum Zeitpunkt des ersten Interviews 23, die älteste 68 Jahre alt. Die Frauen leben verteilt in der ganzen Bundesrepublik, in Großstädten, in Kleinstädten, in ländlichen Regionen sowie in West- und Ostdeutschland. Dieser Einzugsbereich ist kennzeichnend für die Fortbildungen der Bundesvereinigung Lebenshilfe, wohingegen der Einzugsbereich bei Veranstaltungen der Landesverbände der Lebenshilfe deutlich kleiner ist.

Die von mir interviewten Frauen wünschen Gesprächspartnerinnen und Dialoge mit anderen Frauen (mit Behinderungserfahrung). Sie machten die Erfahrung, dass andere Personen Interesse an ihrem Alltag und ihrer Lebensgeschichte haben, was für sie eine wertvolle Erfahrung war und Erstaunen ihrerseits hervorbrachte.

Kodierung	Anonymisierter Name	Alter zum Zeitpunkt des 1. Interviews	Wohnform zum Zeitpunkt des 1. Interviews	Anzahl der Interviews
P01	Maren Reichert	65	Ambulant Betreutes Wohnen	3
P02	Dagmar Schmidt	41	Ambulant Betreutes Wohnen	4
P03	Monika Schneider	55	Wohnheim	4
P04	Nina Mertens	37	Wohnheim	4
P05	Gisela Kaufmann	52	Ambulant Betreutes Wohnen	4
P06	Gabriele Müller	24	Wohngemeinschaft	5
P07	Ingrid Kaiser	24	Wohngruppe	5
P09	Verena Radeck	23	Elternhaus	5
P10	Anneliese Lampert	68	Ambulant Betreutes Wohnen	2
P11	Barbara Scherf	38	Wohnheim	3
P12	Sandra Schäfer	41	Ambulant Betreutes Wohnen	2
P14	Astrid Mahler	27	Außenwohngruppe	3
P15	Renate Bender	38	Außenwohngruppe	3

Tabelle 2: Übersicht über die Interviewpartnerinnen

5.7 Schwierige Interaktionssituationen in der Interviewdurchführung

Im Folgenden möchte ich einerseits die eigene Involviertheit in den Prozess der Datenerhebung thematisieren.[472] Andererseits wird der folgende Teil detailliert ausgeführt, um Anregungen für die Methodendiskussion und -entwicklung in der qualitativen Sozialforschung innerhalb des Bereichs der Geistigbehindertenpädagogik zu bieten, denn es besteht nach wie vor eine Skepsis, dass Interviews mit Menschen mit sogenannter geistiger Behinderung „gelingen" können. Störungen im Interaktionsprozess sollen reflektiert werden, um ein Gütekriterium qualitativer Sozialforschung einzulösen.[473] Es stellt sich die Frage, ob überhaupt von Interviewfehlern gesprochen werden kann. Für Cornelia Helfferich (^{2}2005, 10) sind Interviewfehler „unbewusste und unkontrollierte Verhaltensweisen, die den Kommunikationsprozess stören und die dem Interviewziel entgegenlaufen", so dass für sie zum Beispiel Suggestivfragen keinen Interviewfehler darstellen, solange sie bewusst und auf den Forschungsgegenstand bezogen begründet gestellt werden[474]. Darüber hinaus ist es sowohl vom Forschungsgegenstand als auch von der

[472] Anmerken möchte ich, dass die eigene Involviertheit der Forscherin/des Forschers in die Datenanalyse ebenfalls reflektiert werden sollte, dies aber nur in Form einer Forschungssupervision/Forschungswerkstatt möglich ist. Hierzu geben die Erfahrungen aus der „Projektwerkstatt qualitativen Arbeitens" von Katja Mruck und Günter Mey (1998) hilfreiche Anregungen.

[473] Weitere Ausführungen zum Prinzip der Reflexivität sowie der methodischen Kontrolle über Offenheit in der Qualitativen Sozialforschung finden sich bei Helfferich (^{2}2005).

[474] Demnach besteht nach Cornelia Helfferich (^{2}2005, 95) ein Interviewfehler darin, „unbewusst und unkontrolliert den Kommunikationsprozess so zu beeinflussen, dass die Kommunikation gestört und das Ziel des Interviews gefährdet wird."

Interviewform abhängig, was als Interviewfehler definiert wird (ebd., 95).[475] Helfferich spricht daher von schwierigen Interaktionssituationen.

In Anlehnung an Diekmann (^{12}2004, 382) kann man die möglichen sogenannten Fehlerquellen im Interview in drei Bereiche einteilen: 1) Befragtenmerkmale, 2) Fragemerkmale und 3) Merkmale des Interviews und der Interviewsituation. Zu den Befragtenmerkmalen zählen die *soziale Erwünschtheit*, *Response-Set* und *Meinungslosigkeit*. Fragemerkmale sind abhängig von der Frageformulierung, Frageposition, Effekten von Antwortkategorien, Fragekontext und Reihenfolgeeffekten sowie Ankereffekten (ebd., 1997, 403). Zu Merkmalen des Interviews und der Interviewsituation zählt er Interviewermerkmale, die Anwesenheit Dritter, die Interviewsituation und *Sponsorship-Effekte* (ebd.). Bortz und Döring (^{2}1995, 225 ff.) setzen sich ebenfalls mit Interviewereffekten auseinander, wobei in der Interviewsituation eine Vielzahl wechselseitiger Einflussfaktoren wirksam wird und „die Bedeutung der Interviewermerkmale nicht isoliert zu erfassen ist, sondern nur in Verbindung mit Merkmalen des Befragten, der Befragtensituation und dem Befragungsthema“ (ebd., 226).

Im Folgenden werden nur die Punkte aufgegriffen und diskutiert, die im Zusammenhang mit der Erhebung relevant geworden sind.

Interviewereffekte, die sich auf Aspekte wie Geschlecht, Alter, soziale Herkunft oder ethnische Zugehörigkeit der Interviewerinnen und Interviewer oder der Interviewten beziehen, lassen sich nicht ausschalten, sondern sind in der Analyse zu berücksichtigen (Friebertshäuser 1997, 391 f.). In der vorliegenden Arbeit haben Interviewerin und Interviewte nicht den identischen Erfahrungshintergrund zum Befragungsgegenstand (hier: Behinderungserfahrung). Gemeinsam ist ihnen der Erfahrungshintergrund „Frau sein“, insofern kann der Forderung der Forschung über Betroffene durch Betroffene in diesem Fall in der Form „behinderte Frauen interviewen behinderte Frauen“ nicht Rechnung getragen werden. Die Befragungssituation stellt nach Pierre Bourdieu (1997a, 780) eine *soziale Beziehung* dar, „die ihre (entsprechend der verschiedenen Parameter, die wirksam werden können, variablen) Effekte auf die Ergebnisse ausübt, die man erhält“. Insofern gilt es, „diese Verzerrungen zu erkennen und zu kontrollieren“ (ebd.). Bourdieu (ebd., 782 ff.) rät, dass die Befragerinnen und der Befrager das Machtgefälle in Interviewsituationen[476] reflektieren und empfiehlt Interviewarrangements, in denen die Akteure sich gesellschaftlich sehr nahe stehen und eine „gewaltfreie Kommunikation“ (ebd.) ermöglicht wird (z. B. Schwarze aus Harlem interviewen Schwarze, junge Physiker interviewen junge Physiker).[477] Da dies hier in Bezug auf die Behinderungserfahrung nicht möglich ist, wird ver-

---

[475] Helfferich (^{2}2005, 98 f.) macht in diesem Zusammenhang darauf aufmerksam, insbesondere professionelle Strategien zu überprüfen, so dass die Interviewfragen nicht aufgrund der Nähe von Beratung und qualitativem Interview zu einer pädagogisierenden und psychologisierenden Wahrnehmung und Deutung der Erzählperson führen.

[476] Dies ist besonders dann der Fall wenn die Akteure (Interviewende und Interviewte) über unterschiedliche Kapitalsorten verfügen, sodass die Interviewerin oder der Interviewer eine höhere Position einnimmt (Bourdieu 1997a, 781).

[477] Bourdieu verweist an gleicher Stelle auf die Problematik, wenn ein Soziologe sich einen Stellvertreter („Gelegenheits-Interviewer“) für die Interviews sucht (1997a, 785).

sucht, den Frauen im Sinne Bourdieus (1997a) eine Stimme beziehungsweise das Wort zu geben. Bortz und Döring (^{2}1995, 226) empfehlen, „daß zwischen den Befragten und den Interviewern eine möglichst geringe soziale oder sozioökonomische Distanz besteht, damit die Kontaktaufnahme erleichtert und kommunikative Hemmschwellen erfolgreicher abgebaut werden können", merken jedoch gleichzeitig an, dass mit deutlicheren Interviewereffekten gerechnet werden muss, wenn zum Beispiel eine Rollstuhlfahrerin Interviews über „Behindertenfeindlichkeit" durchführt.

Ansätze um die Fremdheitsannahme zu verringern, befinden sich zum Beispiel. in der Studie „Live, Leben und Interessen vertreten" von Eiermann, Häußler, Helfferich (2000). Die Erhebungspersonen sind teils Frauen mit und teils Frauen ohne Behinderung.[478]

Die Konstellation, dass eine behinderte Frau die behinderten Frauen interviewt, bedeutet nicht gleich eine automatische Nähe, sondern kann ebenso von Distanzierung geprägt sein. Dass die auf beiden Seiten vorhandene Behinderungserfahrung eine Rolle spielen kann, zeigen zum Beispiel die Ausführungen von Frau Schmidt, die das Bedürfnis hat, einer Frau über ihre Lebensgeschichte zu erzählen und das Seminar deshalb so gut fand, da sie sich dort mit behinderten Frauen austauschen konnte (P02-I2).

> *S: wem ich diskutieren kann kann ich mit meiner Betreuerin , die versteht das , die ist eine Frau oder Sie sind ja auch eine Frau Sie verstehen das auch , als die Frauen die das verstehen , sind mehr so einfühlsam oder sowas ähnliches , die können das besser verstehen , was eine andere Frau hat , das kann nicht ein Mann , das ist ein krasser Unterschied , also deswegen bin ich froh , dass das nur Frauen sind , und zwar Frauen , die nicht so hoch geschult sind , das hat auch was , die meisten Frauen sind ja hoch geschult und die wissen immer alles besser , das möchte ich auch nicht ich möchte so eine gleichaltrige Frau die auch etwas schwach ist , so wie ich , mit dem ich mehr arbeiten kann , das ist viel besser als wenn du eine hochbegabte Frau hast , das mag ich nicht*

Zentral ist das „Zuhören" und „Verstanden werden", im Optimalfall von einer ebenfalls behinderten Frau. Nach Helfferich (^{2}2005, 107) erleichtert ein gemeinsamer Hintergrund von Interviewerin oder Interviewer und Erzählperson, „in der Regel den *Zugang zu Erzählpersonen* und erhöht die *Teilnahmebereitschaft*" [Hervorhebung im Original] und sie verweist unter anderem auf die positiven als auch negativen Einflüsse auf die Teilnahmebereitschaft in ihrer eigenen Studie „LIVE – Leben und Interessen vertreten. Frauen mit Behinderung". Des Weiteren sind Interviewte bei einem gemeinsamen Erfahrungshintergrund „in der Regel bereiter, auch solche „Insider"-Aspekte zu thematisieren, die üblicherweise Fremden gegenüber nicht angesprochen

[478] Die Auswahlkriterien an die Interviewerinnen waren vielschichtig (Eiermann/Häußler/Helfferich 2000, 64 f.). Neben Erfahrungen in der Gesprächsführung beziehungsweise Interviewdurchführung sollten die Interviewerinnen selbst behindert sein, jedoch sollte die Art der Behinderung größtmögliche Mobilität erlauben, um die zu interviewenden Frauen zuhause aufzusuchen. Darüber hinaus sollten sich die Interviewerinnen mit ihrer eigenen Behinderung auseinandergesetzt haben. Aus ca. 30 interessierten Frauen wurden schließlich acht Interviewerinnen ausgewählt. Die Konsequenzen aus diesem Interviewsetting (behinderte Frau interviewt behinderte Frau) und deren Einfluss auf die Motivation zur Teilnahme, die Interaktion sowie das Material wurden im Anschluss diskutiert und abschließend wird diese Interviewkonstellation positiv bewertet (ebd., 146 ff.), auch wenn zum Beispiel interviewte Frauen die Interviewerin schonen wollten, indem sie nicht beziehungsweise nur wenig über die Behinderung sprachen.

werden", wobei diesem Zugewinn an Thematisierungsbereitschaft ein Verlust an Explikation gegenübersteht, so dass es zu einer verkürzten Erzählung kommen kann (ebd., 108).[479] Nach Cornelia Behnke und Michael Meuser (1999, 80) macht das Geschlecht der Forschenden gewiss einen Unterschied, jedoch nicht in der Weise, dass „man die Empfehlung aussprechen könnte, Frauen sollten Frauen interviewen, beobachten usw., und Männer Männer".

Laga (1982, 229) merkt an, dass die Interviews somit „keineswegs in einer emotionsfreien und sachlich distanzierten Atmosphäre stattgefunden" haben, wie es für Forschungssettings notwendig wäre. Die von mir für diese Arbeit durchgeführten Interviews finden alle bei den interviewten Frauen privat statt. Dabei gibt es manchmal bei den Interviews, wie oben erwähnt, Störungen durch Dritte was ein Indikator dafür ist, dass den Frauen eine Privatsphäre fehlt, um ungestört ein Interview zu führen.

Petra Gromann (1998, 264 ff.) verdeutlicht den Einfluss von Kontextbedingungen (wie fremdbestimmte Lebensumstände und soziale Abhängigkeit) als zentrale Einflussvariable auf die Zustimmungstendenz neben der Art der Frageformulierung.[480]

Im Folgenden werden einige schwierige Interaktionssituationen genauer betrachtet.

Soziale Erwünschtheit

Das Problem der systematischen Verzerrung des Antwortverhaltens in Richtung des subjektiv wahrgenommenen Orts sozialer Erwünschtheit tritt meines Erachtens bei allen Personenkreisen auf, könnte jedoch bei Frauen und Männern mit geistiger Behinderung verstärkt auftreten, da sie meist in Abhängigkeitsverhältnissen stehen und leben, und befürchten, dass ihre Aussagen oder ihr Verhalten im Interview Konsequenzen haben könnte.[481] „Nach Fisher (1990) weisen Personen mit einer geistigen Behinderung die Tendenz auf, erwartete Antworten zu geben, weil sie sich dadurch eine direkte Art der Anerkennung und Zuwendung sichern möchten." (Schuppener 2005b, 254) Um diese Tendenz so gering wie möglich zu halten, sollten Kunden- bzw. Nutzerbefragungen durch Außenstehende durchgeführt werden.

Die Auftretenswahrscheinlichkeit des Effekts der *sozialen Erwünschtheit* ist umso höher, je heikler der erfragte Sachverhalt ist und je größer die eigene Unsicherheit über den „wahren

---

[479] Weitere Ausführungen zum gemeinsamen Erfahrungshintergrund im Sinne „Nähe erzwingt Abgrenzung, Nähe erzeugt Schonung" findet man bei Helfferich (^{2}2005, 113 ff.).

[480] Auch Matikka und Vesala (1997) heben die Kontextbedingungen hervor und konnten keinen signifikanten Zusammenhang zwischen einer Zustimmungstendenz und dem Grad der geistigen Behinderung nachweisen, sondern „vielmehr Bezüge zu situativen und interaktiven Faktoren erkennen" (Hagen 2001, 106). Dabei wurde ein Zusammenhang zwischen Geschlecht und Zustimmungstendenzen deutlich: „mehr Zustimmung zu Fragen eines gleichgeschlechtlichen Interviewpartners und insgesamt eine höhere Zustimmungstendenz seitens weiblicher Untersuchungspersonen" (ebd.).

[481] Auffällig war für mich, dass die interviewten Frauen, die in einer stationären Wohneinrichtung in Ostdeutschland leben, mehrfach fragten, ob ich auch die Mitarbeiterinnen und Mitarbeiter befragen würde oder ihnen von den Inhalten der Interviews erzählen würde. In diesen Interviews ist es mir kein einziges Mal gelungen, eine „private" Interviewsituation herzustellen. So war in einem Fall jedes Mal der Ehemann anwesend und ergänzte die Aussagen seiner Frau. In einem anderen Fall nutzten wir den Gruppenraum der Wohngruppe, was zur Folge hatte, dass mehrfach Störungen durch Mitarbeiterinnen und Mitbewohnerinnen und Mitbewohner erfolgten.

Wert". Jedoch kann der Effekt auch auftreten, um Unwissenheit zu kaschieren (Diekmann [12]2004, 385).
Neutrale Frageformulierungen und die Zusicherung von Anonymität können diesen Effekt verringern. Trotz mehrfacher Zusicherung der vollständigen Anonymisierung vor der Interviewdurchführung, kommen bei mehreren befragten Frauen noch während der Interviews diesbezüglich Fragen auf, die ich gleich an entsprechender Stelle aufgreife.[482] Teilweise kommt die Rückfrage auch bei besonders sensiblen Themen (Gewalt, sexueller Missbrauch), aber auch, weil beispielsweise eine Frau schon schlechte Erfahrungen mit einer fehlenden Anonymisierung in einer Veröffentlichung gemacht hatte (P14-I3). Wie oben erwähnt ließ sie sich erst wieder beruhigen, als ich ihr ein transkribiertes und anonymisiertes Interview zeigte.
Das Problem der Akquieszenz (auch Ja-Sage-Tendenz), das heißt der inhaltsunabhängigen Zustimmungstendenz bei dem Personenkreis der Menschen mit geistiger Behinderung, wird vor allem in US-amerikanischen Studien und Veröffentlichungen diskutiert (Budd u. a. 1982; Sigelman u. a. 1981a; 1981b). Gemeint ist die Neigung, eine gestellte Frage unabhängig von ihrem Inhalt positiv zu beantworten. Das Zustimmungspotenzial von Frauen und Männern mit sogenannter geistiger Behinderung sowie bei jungen und wenig gebildeten Menschen ist nach Literaturrecherchen von Carol K. Sigelman u. a. (1981a, 53) stark ausgeprägt.
Marion Sigot (2003, 34) formuliert folgende These: „dass es offenbar ein Ergebnis der bisherigen Sozialisation der Frauen zu sein scheint, bei Nachfragen nach ihrer Befindlichkeit zunächst häufig Aussagen zu treffen, die ihrer Meinung nach vom Fragenden erwartet werden bzw. die ihr soziales Umfeld recht positiv beschreiben. (...) Aus einigen Interviewpassagen geht aber insgesamt hervor, dass „Bravheit" eine Kategorie ist, die von den betroffenen Frauen häufig gefordert wird und die sie daher auch glauben, erfüllen zu müssen." In der Konsequenz fordert sie, „sensibel nach den „verborgenen Botschaften" zu schauen (ebd.). Auch Petra Gromann kommt zu der Einschätzung, dass Menschen mit Behinderungserfahrung nicht aufgrund ihrer Behinderung zu Antworten gemäß sozialer Erwünschtheit neigen, sondern sieht dies als Zeichen von mangelnder Übung, im Lebensalltag/Wohnalltag individuelle Wünsche zu formulieren und schon „das Denken, das Vorstellen einer Alternative bei einem Lebensstil, der wesentlich durch die Mitarbeiterinnen geprägt ist, schwierig" ist (1998, 260).

Antwortverhalten in Form von Meinungslosigkeit und Antwortverweigerung beziehungsweise Ablehnung von Fragen im Interview

Interviewpartnerinnen und Interviewpartner verweigern oft Antworten bei sensiblen, persönlichen oder sehr intimen Fragen, dabei gilt es zu berücksichtigen, dass es unterschiedliche Motive gibt, nicht zu antworten, wovon hier nur ein Ausschnitt diskutiert werden kann. Allerdings

[482] Diese Vergewisserung nach Anonymität ist auch bei nichtbehinderten Frauen und Männern anzutreffen, wie z. B. eine Studie zur „Beruflichen Sozialisation von Wissenschaftlerinnen und Wissenschaftlern in Ost- und Westdeutschland" zeigt (Macha/Klinkhammer 1997, 574).

kann die Nichtbeantwortung und die Meinungslosigkeit auch eine „echte" Antwort („ich weiß nicht") darstellen und muss daher zugelassen werden. Das heißt, die Erlaubnis zu bekommen, schweigen zu dürfen, wenn man nichts zu sagen weiß. Schwierig ist jedoch zu erkennen, ob die Antwortverweigerung oder Meinungslosigkeit aufgrund einer Überforderungssituation der Frauen zustande kommt, wenn die Frau zum Beispiel die Frage nicht verstanden hat, aber das nicht eingestehen möchte. Interviewpartnerinnen und Interviewpartner geben dann häufig Uninformiertheit als Grund an, wenn eine Frage sprachlich zu kompliziert formuliert wurde, so dass sie nicht verstanden wurde (Bortz/Döring ^{2}1995, 228). Herauszufinden, welcher Grund im jeweiligen Interview vorliegt, stellt eine der schwierigsten Aufgaben für die Interviewerin oder den Interviewer dar, da eine Fehleinschätzung von Antwortverweigerungen zum Abbruch eines Interviews führen kann (ebd.).

Zögerliche, stark verkürzte Antworten und im Extrem das Schweigen ist etwas anderes als eine Antwortverweigerung. Bei allem liegt die Macht der Verweigerung auf Seiten der Erzählperson, besonders dann, wenn die Interviewte etwas für sich behalten möchte.

Gerd Laga und Birgitt Lauffer (1980, 227) befragten Studentinnen und Studenten zum Thema „Politische Sozialisation von Studenten" und gingen den Gründen der mangelnden Kooperationsbereitschaft in Interviews nach. Sie orientierten sich an Essers Vermutung, dass mangelnde Kooperationsbereitschaft vor allem bei Personen vorkomme, die nur schlecht in ihre soziale Umwelt involviert sind. Aus den Ergebnissen von Leverkus-Brüning schließen Laga und Lauffer (1980, 227), „dass mangelnde Kooperationsbereitschaft im Sinne der Nicht-Beantwortung von Fragen überdurchschnittlich häufig bei Gruppen zu beobachten ist, von denen angenommen werden kann, dass sie in Sekundärkontakten, wozu auch das Interview gehört, relativ ungeübt sind." Daher liegt nach Laga und Lauffer (ebd.) die Vermutung nahe, dass es sich hier um eine gruppenspezifische, womöglich sogar schichtspezifische Verhaltensstrategie zur Bewältigung bestimmter Situationen handelt.[483] Sollte Meinungslosigkeit bei den Studierenden dennoch auftreten, ist die Frage, inwieweit diese durch den in der speziellen Interviewsituation produzierten Kommunikationsprozess produziert wird. So zeigt sich bei Laga und Lauffer (1980, 230), dass Meinungslosigkeit bei den befragten Studierenden nur minimal ausgeprägt ist und weder auf die sozialstrukturellen Merkmale der Interviewerinnen und Interviewer noch der Interviewten zurückgeführt werden kann. Daher stellt sich die Frage nach situationsgebundenen Verhaltensweisen beziehungsweise Interaktionseffekten. Laga und Lauffer (1980, 234 f.) analysieren vier wichtige Variablen zur Erklärung von Meinungslosigkeit: „Interesse des Interviewers am Interview, Atmosphäre des Interviews, Verhalten des Interviewers (geduldig ... ungeduldig), Eindruck vom Interviewer (abgehetzt... viel Zeit)", so dass sie zu dem Schluss kommen, „dass zumindest 1/3 der zu erklärenden Varianz von ‚Meinungslosigkeit' auf ein spe-

[483] Hierzu sei anzumerken, dass sich die geringe Kooperationsbereitschaft aus der Relation der Gruppe zu ihrer Umwelt ergibt. Da Ursache und Wirkung/Effekt nicht genau zu klären sind, ist es an dieser Stelle schwierig, wieder von einer Eigenschaft der Gruppe zu sprechen und die Relation zur Umwelt außen vor zu lassen.

zifisches Verhalten des Erhebungspersonals zurückgeführt werden kann", wobei dies nur einen Teil der festgestellten Meinungslosigkeit erklären kann.

„Die Diskursivierungsbereitschaft ist vor allem in den sozialen Gruppen niedrig, in denen ein starker kollektiver Zusammenhang herrscht und weniger die Einzigartigkeit individueller Erfahrung als vielmehr gemeinschaftsstiftende Momente kultiviert werden." (Helfferich ^{2}2005, 136)

Einfache und verständlich formulierte Fragen sind unabdingbar. Fragen aus der Empowermentforschung, wie sie Bobzien (1994 zit. in Stark 1996, 184) vorschlägt, sind von ihrem Aufbau her zu komplex und verlangen von den Interviewpartnerinnen und Interviewpartnern eine hohe Abstraktionsleistung. „Was erleben Sie zur Zeit als Ihre größte Herausforderung? Auf welche Ihrer Fähigkeiten können Sie vertrauen, um diese Herausforderung zu meistern?" (ebd.)

Manche Aufgabenstellungen beziehungsweise Fragen sind teils schwierig und können daher leicht überfordern, allerdings artikulieren die Frauen diese Schwierigkeiten auch.

I: *ja und jetzt ist die Frage wie stellen Sie sich Ihre Zukunft vor , was erhoffen Sie sich für Ihre Zukunft (?)*

S: *Gott , das ist jetzt schwierige Frage (lacht) (P02-I4)*

Oder beim Einsatz der Karteikarten:

S: *eh mit was fang ich denn jetzt an . oh Gott oh Gott das sind ja viele Themen Mann Mann Mann Mann , Sie haben ja Themen aufgeschrieben das ist ja echt , irre . (lacht) (P02-I4)*

S: *oh pfhh , mit was fang ich denn jetzt an ach du meine Güte , das sind Themen die , da haben Sie ja echt was echt was einfallen lassen (lacht)*

I: *soll ich sie noch mal vorlesen (?)*

S: *ne ich weiß nur ich muss jetzt überlegen mit was kommt jetzt , weil die guten würde ich lieber jetzt zum Schluss , (lacht) ja das ist es was ich weiß nicht , hhh (lächelt), die sind alle gut ne , mit was was haben Sie denn da gedacht mit Gewalt (P02-I4)*

B: *nein Abschluss hab ich gar nicht gemacht ich bin , mit vierundzwanzig Jahren bin ich aus der Schule gekommen , ich ich weiß auch nicht , ich kann Ihnen auch jetzt nicht sagen wie Sie das jetzt so meinen , was Sie jetzt unbedingt wissen wollen (P15-I3)*

Schwierig ist auch das Angebot von Antwortalternativen. Weil die Offenheit der Frage die Interviewpartnerinnen und Interviewpartner überfordert oder überfordern könnte, neigt man als Interviewerin oder Interviewer dazu, Antwortalternativen vorzuschlagen, was jedoch einer Vorabselektion der Antwortmöglichkeiten durch die Interviewerin oder den Interviewer gleichkommt. Ebenso schnell stellt man Alternativfragen oder neigt zu geschlossenen Fragen. Jedoch neigen Menschen mit Behinderungserfahrung dazu, auf Ja-Nein-Fragen mit „Ja" zu antworten, da sie bei einer „Nein"-Antwort einerseits einen Begründungsnotstand annehmen, andererseits Unwissenheit kaschieren wollen oder soziale Anerkennung suchen (Hagen 2002, 294 f.).

Einige Frauen gehen auch sehr offensiv damit um, wenn sie etwas nicht verstanden haben, wie zum Beispiel Frau Mahler im dritten Interview den Begriff Teilhabe nicht versteht und dies ausdrückt, wenn sie zu mir sagt: „*ja , kucken wir mal , erklär mir mal bitte das Wort hier*“ (P14-I3).

Frageeffekte

Diekmann (^{12}2004, 391 ff.) zeigt auf, dass die Frageformulierung und die Antwortvorgaben die Antwortreaktionen beträchtlich beeinflussen können. In der vorliegenden Arbeit wird diese Schwierigkeit bei dem Einsatz der Karteikarten deutlich. Da einige Begriffe von den Frauen nicht verstanden werden, müssen diese übersetzt werden. Dabei ist Teilhabe nicht das gleiche wie teilnehmen, Diskriminierung nicht äquivalent mit Benachteiligung und so weiter. Die Erklärung der Begriffe und Übersetzungsleistung führt somit zu unterschiedlichen Antwortvorgaben.

Interviewereffekte

Das Verhalten der Interviewerin oder des Interviewers als auch situationale Effekte während des Interviews beeinflussen das Antwortverhalten der befragten Personen. Die Anwesenheit der Interviewerin oder des Interviewers aktualisiert Vergleichsstandards zwischen den Interviewpartnerinnen und -partnern, so dass es zum Beispiel zu Antworten im Sinne sozialer Erwünschtheit kommen kann. Diese Effekte verstärken sich oft noch bei sensiblen Fragen und je größer die soziale Distanz zwischen Befragten und Interviewern ist. Cornelia Helfferich (^{2}2005, 105 ff.) thematisiert – wie oben ausgeführt – ausführlich die Vor- und Nachteile eines gemeinsamen Erfahrungshintergrunds. „Im allgemeinen sind die Ergebnisse bei ‚sensiblen‘ Fragen umso weniger verzerrt, je geringer die soziale Distanz zwischen Interviewern und Befragten ist (Reinecke 1991)“ (Diekmann ^{12}2004, 399).

Auch die Anwesenheit Dritter kann das Antwortverhalten der Frauen beeinflussen. Auf die Anwesenheit Dritter[484] habe ich daher bewusst verzichtet. Unsicheren Frauen habe ich angeboten, das Interview zu beginnen und bei Bedarf eine Unterstützerin hinzuzuziehen. Von diesem Vorschlag macht schließlich keine der Frauen Gebrauch, alle führten souverän das Interview.

Befragte stellt der Interviewerin Fragen/Verlassen der Rolle der Interviewten

In einigen Interviews lässt sich sehen, dass die befragten Frauen ihrerseits Fragen[485] an die Interviewerin stellten. Interessant ist die Tatsache, dass die Frauen zwischendurch Fragen an mich richten, so dass es zu einer Rollenumkehr kommt.

So fragt Frau Bender „<u>und</u> haben Sie denn noch was zu sagen (?)“ (P15-I1) und vorher:

> *B:* *ja ja .. ich weiß auch jetzt nich nicht eh was , im <u>März</u> auf mich zukommt , ich kenne das zwar jetzt wo ich hinfahre aber was was auf mich jetzt zukommt als nächstes das macht mich schon wieder ramdöselig (uvt)*[486] *.. auch mit die Fahrt*

---

[484] Vergleiche zur Auswirkung des Antwortverhaltens durch die Anwesenheit Dritter während des Interviews Diekmann (^{12}2004, 401 f.).

[485] Im Folgenden sind die Fragen an die Interviewerin zum leichteren Auffinden **fett** gedruckt.

[486] „Uvt“ steht für unverständliche Textstelle. Anzumerken sei, dass die hier verwendeten Satzzeichen Komma

	nach Hotel hin und so hat alles wunderbar geklappt. ***sind Sie denn auch dann nächst wieder da (?)***
I:	*ich bin im März auch wieder dabei*
B:	*wünschen würde ich es mir (leise)*
I:	*doch ich komme auch wieder*
B:	*und machen Sie da weiter (?)*
I:	*ich werde da weitere Interviews führen , im März und im Juli*
B:	*Juli (uvt)*
I:	*doch , habe ich mir fest vorgenommen . aber wie haben Sie denn davon erfahren (?) dass das Seminar stattfindet (P15-I1)*

Die Frage „sind Sie wieder da" kann sowohl auf eine Vertrauensebene und den Wunsch nach einem Wiedersehen hinweisen, jedoch auch ein Hindernis darstellen, da man sehr stark umworben wird. Die Forscherin/der Forscher muss sich jedoch der Tatsache bewusst sein, dass sie mit jeder Methode/Maßnahme interveniert.

So formuliert Frau Bender ihre Frage im ersten Interview wie folgt (P15-I1)

B:	*nein wir sind keine Fünfjährigen habe ich gesagt wir können alleine . und da war sie bestimmt kiebig (leise) da kam sie auch , hat mich auch nicht fitzig gemacht wenn die nicht gekommen ist , dass wär ist mir egal , aber nachher ist sie wieder gekommen ..* ***und machen Sie dann dasselbe wieder (?) , aufnehmen (?) , das was Sie jetzt machen oder machen Sie das***
I:	*Sie meinen im März (?)*
B:	*ja*
I:	*da werde ich Ihnen auch wieder ein paar Fragen stellen , vielleicht ist passiert ja im März etwas anderes vielleicht haben Sie einen anderen Eindruck vom Seminar auch dann werde ich Ihnen wieder Fragen stellen auch ein paar andere Fragen aber ich habe vor das ganze Seminar ehm Sie zu begleiten*
B:	*hm und da kommt kein anderer bei (?) ne nur Sie*
I:	*da kommt das mache ich alleine ganz alleine ..*
B:	*hm mit Sicherheit müsste was anderes kommen ne ,* ***Sie können doch nicht immer dasselbe***
I:	*Sie meinen jetzt im März (?)*
B:	*ja*
I:	*was vermuten Sie denn oder was würden Sie sich denn wünschen .. für März*

Frau Mahler (P14-I2) erzählt zunächst von ihrer „dramatischen" Geburt, bevor sie sich wieder an mich wendet:

M:	*dazwischen musste (uvt) paar Schläge auf den Po geben damit ich Luft holen konnte weil, sonst wär ich denen erstickt ... ja und da ist auch meine Behinderung (leise) .. also so, ich kann eigentlich alles sehr gut nur eh beim geistischen klappt es nicht so besonders wie ich das will . also mit Geld zählen und so , also , da habe ich schon regelrecht meine Probleme mit ..* ***ja , was möchtst Du noch wissen (?) .***
I:	*wie es dann weiterging (?) , Du bist ja sicher in Kindergarten oder Schule gegangen , ich weiß es nicht*

Was bedeutet dies für die Aussagekraft der Daten, wenn die Rolle der Interviewerin verlassen wird? Wie sind diese Fragen an die Interviewerin zu bewerten?

Forschungsmethodisch stellt das Interview eine extrem unalltägliche und extrem künstliche Interaktionssituation dar, da die Art zu kommunizieren völlig unnatürlich ist. Alltagsgespräche

---

und Punkt für kurze Pausen im Redefluss verwendet werden.

sind gekennzeichnet durch ein wechselseitiges Zuhören und Erzählen. Eine Schwierigkeit in der Interviewsituation stellt der Umgang mit Pausen dar. Einerseits sollen Pausen nicht gleich durch die Interviewerin beendet werden, andererseits kann der fehlende Eingriff seitens der Interviewerin bei längeren Pausen zu einer Verfestigung der asymmetrischen Rollenverteilung führen und der Interviewpartnerin und dem Interviewpartner abermals verdeutlichen, dass die Last der Erzählung auf ihrer Seite liegt (Helfferich ^{2}2005, 82). Die qualitative Forschung selbst hat die Idee, dass sie nicht vorfabrizierte Denkkategorien überprüft, sondern dass sie die im sozialen Handeln selbst wirksamen Regeln des alltäglichen Lebens dadurch erfassen kann, dass sie sich an das alltägliche Leben anschmiegt. Dann kann man festhalten, dass es der Forscherin gelungen ist, das Interview, was eine künstliche Interaktionssituation darstellt, langsam in eine alltägliche Kommunikationssituation zu transformieren.

Insgesamt handelt es sich um Formen der Kompetenz, da das Modell der Wissenschaftlerin/ des Wissenschaftlers als Erhabene/r, der das Recht hat, anderen Fragen zu stellen ohne dass diese zurückfragen, in Frage gestellt wird. Das Nachfragen ist somit ein Indikator für Selbstermächtigung. Empowerment zeigt sich hier nicht nur auf der personalen Ebene, sondern auch auf der interaktionalen Ebene, das heißt erst in der Interaktion kann sich Selbstermächtigung zeigen und entfalten.

Das Beispiel von Frau Bender zeigt zwei Ebenen. Die erste ist formaler Art, insofern sie sich nicht den Regeln des Interviews unterwirft. Die zweite Ebene ist inhaltlicher Art, da sie über die Schwierigkeiten reflektiert, die ihr schon auf dem Weg begegnen. Sie braucht jetzt Sicherheiten oder beruhigende Elemente von der Interviewerin. Dann wird zum Ausdruck gebracht, dass das Kennen einer Person, zu der man vorher schon im Gespräch eine Beziehung hat, ein beruhigendes Element ist, um diese Ramdöseligkeit zu bewältigen.

Ein Interview in dieser Form kann für eine Interviewte oder einen Interviewten eine sehr intensive Form von Wertschätzung und Zuwendung bedeuten, wenn sie/er intensiv nach der Lebensgeschichte befragt und dabei von der Interviewerin oder dem Interviewer mit ihren/seinen Wünschen und Bedürfnissen ernst genommen wird.

Im Umgang mit Grenzen der Thematisierung „da will ich nicht drüber sprechen" bei emotional sehr belastenden Themen (wie zum Beispiel sexuelle Gewalt[487]) muss die Interviewerin sorgsam sein, so das weitere Fragen hier vermieden wurden, es sei denn, die Interviewte knüpfte selbst wieder an das Thema an[488].

Selbst das Interview stellt für die befragten Frauen wieder einen Prozess der Selbstermächtigung dar. Sie treten mit ihrer (Lebens-)Geschichte nach außen. Das stellt eine enorme kognitive Leistung dar, die Biografie bzw. Elemente daraus zusammenhängend darzustellen. Gerade

[487] Zum schwierigen Umgang mit Gewalterfahrungen vergleiche Helfferich (^{2}2005, 134).

[488] Vergleiche hierzu die Regeln, die Cornelia Helfferich (^{2}2005, 135 f.) für Interviews mit Extrembelasteten formuliert.

in der Intervieweröffnung (insbesondere bei narrativen Interviews) vollbringen die Erzählenden eine komplexe Orientierungsleistung (Helfferich ^{2}2005, 69).

5.7.1 *Weitere Aspekte bei der Durchführung der Interviews*

Wie sichtbar wurde, findet in den meisten Publikationen nur eine Auseinandersetzung mit der Durchführung von Interviews mit Blick auf die Interviewpartnerinnen und -partner statt. Die Interviewerin und der Interviewer selbst, sowie ihr oder sein Verhalten werden meist in ihrer/seiner Relevanz für die Interviewdurchführung ignoriert. Diese Thematik kann hier nicht allumfassend aufgegriffen werden, vielmehr sollen ein paar weitere ausgewählte Aspekte aus meiner Interviewdurchführung vorgestellt werden.
Die Frauen hatten unterschiedlichen, meist auch sehr hohen Gesprächsbedarf und einige Interviews weichen daher – aus meiner Sicht – vom Thema ab. Einige Frauen stellten mir Fragen, die ich teilweise direkt beantwortete, teilweise aber auch erst später aufgriff. Die Frauen erwarteten eine Form der Reziprozität.
Trotz mehrmaliger Zusicherung der Anonymität und erklärenden Worten zum Verwendungszweck der Interviews, sprachen einige Befragte diese Themen während des Interviews erneut an. Um den weiteren Interviewverlauf sicherzustellen, war es mir wichtig, gleich auf die Fragen einzugehen, um eventuell noch bestehende Unsicherheiten aus dem Weg zu räumen. In den geführten Interviews sind – aus meiner Sicht – viele Exkurse zu finden, so dass es manchmal nötig war, das Interview wieder auf den Kern der Fragestellung zu lenken. Meistens kamen die interviewten Frauen aber selbst zum Thema der Frage zurück.

Aufmerksamkeitsspanne

Ein Interview sollte nach Meinung von Gaugler und Schmidt-Thimme (zit. in Laga 1982, 229) maximal zehn Minuten dauern. Meine eigenen Erfahrungen hingegen zeigen, dass die Interviewdauer sehr stark variieren kann und sowohl vom Interesse der Frauen als auch von ihrem Typ (Vorliebe für Erzählungen) und ihrer Tagesform (Mündigkeit/Wachheit) abhängen kann. So dauerten die Interviews zwischen 20 und 90 Minuten. Die in der Literatur oftmals beschriebene nachlassende Aufmerksamkeit konnte ich in dieser Form nicht feststellen. Die vorliegenden Transkriptionen zeigen eine Dichte der Informationen und des Erzählten auch gegen Ende des Interviews. Festzuhalten ist, dass einige Frauen das Interviewende selbst festlegten. Inwieweit dies ein Indiz für die nachlassende Aufmerksamkeit oder einen Rückzug aus der Kommunikation[489] darstellt, wäre eine eigene Untersuchung wert.

[489] Zu den Gründen für einen Rückzug der Interviewpartnerinnen und -partner aus der Kommunikation vergleiche Helfferich (^{2}2005, 128).

Erwartungen und Motivation der Frauen zur Teilnahme am Interview

Die interviewten Frauen hatten ihrerseits unterschiedliche Erwartungen an die Interviewsituation und unterschiedliche Teilnahmemotive, die sie teils während teils unabhängig vom Interview artikulieren. So begründet Frau Schmidt ihre Bereitschaft zum Interview damit, dass sie einer nicht behinderten Frau, wie zum Beispiel mir, als Interviewerin schildern wollte, wie hart ihr Leben sei.

Ein Interview zu führen, um sein Bedürfnis nach sozialen Kontakten und Freundschaft zu befriedigen, stellt eine weitere Motivation einiger Frauen dar. Frau Radeck verknüpft mit den Interviews die Erwartung an eine Freundschaft, schreibt mir anschließend sogar einen Brief, in dem sie ihren Wunsch formuliert, sich mit mir zu treffen, um auszugehen, um etwas zu trinken und eine Freundschaft zu schließen. Die Interviewsituationen bleiben für sie nicht bezogen auf den Forschungsgegenstand, sondern münden in eine private Kommunikation.[490]

Frau Müller schreibt im Anschluss an das dritte Interview eine Karte mit folgenden Worten „Das Interview mit Dir war wie immer wunderschön und angenehm ich würde mich freuen, wenn ich Dich bald wieder sehen würde einen schönen Advent wünscht …"

Frau Bender fragt beispielsweise:

B: *mh und das Heft ist , 2006 fertig (?)*
I: *das Heft , Sie meinen mein Buch , mein Vorhaben , woran ich arbeite ja , ich denke mal das wird erst im Jahr 2007 , das ist ein langes Projekt*
B: *mh , kriegen wir davon auch was oder (?)*
I: *wenn Sie interessiert sind , klar*
B: *doch das interessiert interessiert mich mal*
I: *klar , ich merke mir das*
B: *ja*
I: *und hoffe dass wir in Kontakt bleiben .*
B: *davon müssen wir ja auch was haben*
I: *ja Sie*
B: *wenn wir darüber reden*
I: *Sie haben vollkommen recht , Sie sind ja hier die Hauptakteure , Sie haben vollkommen recht .. es wird halt , der Name erscheint dann nicht mehr in dem Heft , es soll ja anonym , bleiben , man soll ja nicht erkennen wer was gesagt hat damit jeder auch wirklich seine , Meinung sagen kann*
B: *werden das dann Bücher zu verkaufen (?) oder wie ist das jetzt*
I: *das werden auch Bücher zum verkaufen ja , da stehen dann Lebensgeschichten von Frauen drin . Sie fragen so (?)*
B: *ja*
I: *aus .*
B: *das .. das Buch muss ich mir angucken*
I: *okay also Sie sind interessiert und neugierig was da rauskommt*
B: *ja , wenn wir sowas machen müssen wir aber auch da interessiert sein .. (P15-I1)*

Als Fazit lässt sich festhalten, dass es für diese Frauen (und nicht nur für sie) eine besondere Situation scheint, zum Erzählen aufgefordert zu werden. Dabei kommt der Tatsache, dass ihnen jemand intensiv zuhört, große Bedeutung zu.

---

490 Vergleiche zu weiteren Überlegungen der Beziehung zwischen Forscherinnen und Forschern und beforschten Frauen und Männern in der feministischen Diskussion Ursula Kulmer (1996, 42 ff.).

Abschlussmarkierungen im Sinne von „Ich habe genug erzählt" oder „Ich weiß nicht mehr" werden von einigen Frauen gesetzt.

Duzen/Siezen

Ausgehend von einem erwachsenen Gegenüber sieze ich alle Frauen von Anfang an. Allerdings wünschen einige Frauen, geduzt zu werden. So kommt es im Verlauf der vielen Interviews zu Situationen, in denen sich das Sie und Du vermischt. Diese Situationen lassen sich anschließend am Material genauer betrachten. Unterscheiden kann man zwischen einem Überordnungs-Du und einem demokratischen Du. Ich bin erschrocken, dass ich an manchen Stellen die Frauen duze, obwohl es nicht vereinbart war. Denn viel zu oft und zu selbstverständlich wird im Umgang mit Frauen und Männern mit geistiger Behinderung ein subordinierendes Du verwandt. Das Ergebnis der Diskussion dieser Interviewpassagen in der Forschungswerkstatt war: In meinen Interviews verwende ich ein demokratisches, auf Empathie beruhendes, auf Identifikation mit dem anderen beruhendes Du, wo Nähe entsteht und wo diese sozialen Vorschriften für Distanz und Überordnung/Unterordnung aufgelöst werden in Emotionen und in Nähegefühle.

5.7.2 *Fazit und Gesamteindruck*

Die Daten weisen keine Brüche auf, die die Vermutung zuließen, dass Frauen mit der Zuschreibung geistige Behinderung grundsätzlich nicht für qualitative Forschungsmethoden in Form eines Interviews geeignet wären. Im Gegenteil, die Daten sind größtenteils sehr dicht im Sinne von viel Informationen in kurzer Zeit. Es wird deutlich, dass Kursinhalte eher *aufge*zählt werden und (soziale) Erfahrungen *er*zählt werden. Des Weiteren kommt es teilweise zu einem Frage-Antwort-Verlauf und teilweise zu sehr ausführlichen Erzählungen. Dies ist behinderungs*un*abhängig, wie zum Beispiel Interviews mit Wissenschaftlerinnen zeigen (Macha/ Klinkhammer 1997). Kriterien, anhand derer ich sehe, dass Frauen mit sogenannter geistiger Behinderung sich für die Durchführung qualitativer Interviews eignen, sind aus meiner Sicht unter anderem erstens die verhältnismäßig lange durchgehaltene Aufmerksamkeitsspanne, da die Interviews teilweise über 45 Minuten dauern und am Ende noch genau so dicht sind – im Sinne von einer Fülle von Informationen – wie zu Beginn. Zweitens sind die Antworten logisch, die Fragen somit beantwortbar und die interviewten Frauen stellen adäquate Verständnisfragen, die verdeutlichen, dass sie dem Interviewverlauf inhaltlich folgen können.

Es sei am Ende noch mal betont: Die Arbeit berücksichtigt Frauen im Alter von 23 bis 68 Jahren, die aufgrund der Zuschreibung geistige Behinderung eine WfbM besuchen oder besuchten, der Unterstützung bei der eigenständigen Lebensführung bedürfen, sich verbal äußern können und sich mit dem Thema Selbstbestimmung und Empowerment in einem dreiwöchigen Seminar auseinandergesetzt haben.

5.8 *Auswertungsdesign: Einführung in die Grounded Theory Methodology*

An die Auswahl der geeigneten Erhebungsmethode schließt sich die Frage der Auswahl einer geeigneten Auswertungsmethode an. Es gibt die Annahme, dass bei der Auswertung qualitativer Interviews mit Frauen mit geistiger Behinderung „auf übliche Methoden der Auswertung im Bereich qualitativer Forschung nicht zurückgegriffen werden kann, ohne dass wesentliche Inhalte der Gespräche verloren gehen würden. Die Antworten konnten nicht zufriedenstellend kategorisiert werden, ohne zu Inhaltsverlusten zu führen." (Sigot 2003, 34)[491] Daher verzichtete Marion Sigot auf abgestufte Kriterien der Zufriedenheit „zugunsten einer deskriptiven, zusammenfassenden Beschreibung der Aussagen" (ebd.). Auch Friske (1995, 18) ist mit einer Auswertung der von ihr durchgeführten Interviews zurückhaltend und schreibt: „Ich habe versucht, nicht *über* sie zu schreiben, sondern *von* ihnen, indem ich das, was sie zu sagen haben, aufschreibe und anderen zugänglich mache."[492] Dass bekannte Auswertungsmethoden für die Analyse von Interviews mit Menschen mit sogenannter geistiger Behinderung geeignet sein können, zeigen zum Beispiel die Arbeiten von Engelmeyer (2005), Schuppener (2005b) und Wagner-Willi (2002).[493]

In der vorliegenden Arbeit fiel die Entscheidung auf die *Grounded Theory Methodology* (GTM), deren Grundzüge im Folgenden dargestellt werden sollen, um das forschungsmethodische Vorgehen transparent zu machen. Da die *GTM* hypothesengenerierend und nicht hypothesentestend vorgeht, eignet sie sich für ein wenig bearbeitetes Forschungsfeld.

Die *GTM* ist dabei mehr als eine bloße Auswertungsstrategie, sondern versteht sich als Forschungszugang, der es ermöglicht, *gegenstandsverankerte Theorien* zu generieren.

Ausgehend von dem ***Konzept-Indikator-Modell***, das das Kodieren steuert, enthält jedes Datenmaterial *empirische Indikatoren,* mittels derer *Konzepte* kodiert werden können (Strauss 1994, 54). Empirische Indikatoren sind „konkrete Daten wie Verhaltensweisen und Ereignisse, die in Dokumenten und in Interviewtexten beobachtet oder beschrieben werden" (Strauss 1994, 54). Ein Kode/Konzept ist dabei eine Bezeichnung für einzelne Vorfälle (ebd.). Je mehr Indikatoren in die gleiche Richtung deuten, umso größer ist die *theoretische Sättigung* eines Konzepts und somit der sich entwickelnden Theorie. Kategorien wiederum bilden die Beziehungen zwischen den Konzepten ab.

---

[491] Marion Sigot führt jedoch nicht weiter aus, was sie unter „üblichen Methoden" versteht. Sie führte in ihrer Forschungsarbeit zur „Lebenssituation von Frauen mit geistiger Behinderung" im Zeitraum von September 2001 bis Dezember 2002 im Bundesland Kärnten 30 Interviews mit Frauen mit geistiger Behinderung.

[492] Nach Wagner-Willi (2002, 36) kommt in diesem Zitat eine Forschungspraxis zum Ausdruck, die bei der Darstellung der Sicht der Erforschten stehen bleibt und somit als Reaktion auf die bisher dominante Praxis zu verstehen ist, die Perspektive der Erforschten ganz außer Acht zu lassen.

[493] Elisabeth Engelmeyer (2005) machte eine detaillierte Biografie- und Konversationsanalyse, Saskia Schuppener (2003) analysierte die halbstrukturierten Interviews mittels der Qualitativen Inhaltsanalyse nach Mayring, während Monika Wagner-Willi (2002) nach der dokumentarischen Interpretation in Anschluss an Mangold und Bohnsack die Auswertung der Gruppendiskussionen vornahm.

Forschen wird innerhalb der GTM als eine iterative Strategie verstanden, so dass die Datenerhebung, die Auswertung und die Theoriebildung einen integrierten Arbeitsprozess darstellen, und die Phasen zeitlich, thematisch und forschungspraktisch zusammenfallen, so dass Veränderungen in einem Bereich Konsequenzen für die anderen Bereiche haben. Die zeitliche Parallelität der Arbeitsschritte in der *GTM* bedeutet, dass die einzelnen Operationen (erheben, kodieren, analysieren) und die Arbeitsphasen immer ineinander greifen und somit voneinander abhängig sind (Glaser/Strauss [2]2005, 52). Dabei kann sich beispielsweise beim Schreiben des Forschungsberichts herausstellen, dass die Forscherin oder der Forscher noch einmal zu dem Datenmaterial zurückkehren muss oder gegebenenfalls noch weitere Daten erheben muss, da die bis dahin erreichte Integration noch nicht ausreichend ist (Strauss 1994, 47). Aus der gewünschten triadischen Vorgehensweise können auch Probleme resultieren, „wenn der Forscher immer weitere Daten zur Absicherung und Vervollständigung seiner Analyse sammelt, ohne zu berücksichtigen, daß er so die Theorieentwicklung kaum voranbringt, die Datenmenge also offenbar einen „abnehmenden Grenznutzen" hat" (Lamnek [2]1993, 126).

5.8.1 Theoretical Sensitivity

Die Forscherin und der Forscher sollten über ***Theoretical Sensitivity – theoretische Sensibilität*** verfügen.

> „Theoretische Sensibilität bezieht sich auf eine persönliche Fähigkeit des Forschers. Gemeint ist ein Bewusstsein für die Feinheiten in der Bedeutung der Daten." (Strauss/Corbin 1996, 25).

Die *Theoretische Sensibilität* findet unmittelbaren Eingang in die Untersuchung durch die Kodierfamilien bei Glaser und über das paradigmatische Modell bei Strauss und Corbin (vgl. Kap.5.8.3). „Theoretische Sensibilität bedeutet die Verfügbarkeit brauchbarer heuristischer Konzepte, die die Identifizierung theoretisch relevanter Kategorien im Datenmaterial und die Herstellung von Zusammenhängen zwischen diesen Kategorien, d. h. von Hypothesen, ermöglicht." (Kelle 1994, 312)

Dabei sind die Quellen der *Theoretischen Sensibilität* nach Strauss und Corbin (1996, 25 ff.) die Literaturkenntnis, die berufliche und die persönliche Erfahrung. Zuletzt ist der analytische Prozess selbst eine Quelle des theoretischen Gespürs und der Einfühlung, das heißt, die theoretische Sensibilität wird durch die kontinuierliche Auseinandersetzung mit den Daten erworben (ebd., 30). Berufliche und persönliche Erfahrungen können dabei einerseits zu einem besseren Verständnis für das Forschungsfeld und damit zur Entwicklung grundlegender Kenntnisse im Feld führen, andererseits dazu beitragen, dass man für Dinge „blind" wird oder diese zur Routine und selbstverständlich werden (ebd.). Glaser (1978) beschreibt in seinem Werk ebenfalls Wege um zu *theoretischer Sensibilität* zu gelangen.

> „The first step in gaining theoretical sensitivity is to enter the research setting with as few predetermined ideas as possible – especially logically deducted, a prior hypotheses. In this posture, the analyst is able to remain sensitive to the data by being able to record events and

detect happenings without first having them filtered through and squared with pre-existing hypotheses and biases. His mandate is to remain open to what is actually happening." (Glaser 1978, 2 f.)

Ohne *theoretische Sensibilität* gelangt die Forscherin oder der Forscher jedoch nach Glaser auch nicht zu einer *Grounded Theory*, wie das folgende Zitat verdeutlicht:

„Theoretical sensitivity is an ability to generate concepts from data and to relate them according to the normal models of theory in general, and theory development in sociology, in particular. A researcher may be very sensitive to his personal experience, his area in general and his data specifically, but if he does not have theoretical sensitivity, he will not end up with grounded theory." (Glaser 1992, 27)

Dabei können die Kodierfamilien „als Anregung verstanden werden, die eigene Forschungsfragestellung oder Leitidee zu überdenken und zu differenzieren" (Böhm 1994, 124) und die *theoretische Sensibilität* der Forscherinnen und Forscher anregen. Glaser (1978, 74 ff.) nennt eine Reihe von ***Coding Families***, die sich auf sein breites Wissen über soziologische Interaktions- und Handlungstheorien stützen, und die er als denkbare Strukturmodelle anbietet, um den Horizont der Forschenden zu erweitern.[494] Von den 18 Kodier-Familien stellt das 6-C-Modell eine Kodierfamilie dar (ebd.). Eine Übersicht über die wichtigsten Kodierfamilien[495] findet man in der untenstehenden Tabelle nach Wiedemann (1989 zit. in Böhm 1994, 133 f.).

[494] Hierbei kann in Anlehnung an Glaser, Wiedemann und Kelle auch zwischen Formalen Kodier-Familien und Inhaltlichen Kodier-Familien unterschieden werden (Mey/Mruck 2007, 27; Kelle 1994, 320 f.).

[495] Glaser erweitert diese Liste 1998 nochmals (Strübing 2007, 165).

Kodier-Familie	Konzepte	Beispiel
C-Familie	Ursachen, Konsequenzen, Korrelationen, Bedingungen	Soziale Bedingungen von Risikoeinschätzungen von Techniken
Prozess-Familie	Stadien, Phasen, Verläufe, Passagen, Sequenzen, Karrieren	Stufen der Entwicklung der Anti-Atomkraft-Diskussion in der Öffentlichkeit
Grad-Familie	Ausmaß, Grad, Intensität, Grenzwert, Niveau, kritischer Wert	Ausmaß der Risikoeinschätzung von Techniken Elemente, Eigenschaften, Merkmale, Aspekte und Dimensionen der Risikowahrnehmung
Typen-Familie	Typen, Klassen, Genres, Prototypen, Klassifikationen	Typen von Technikbildern
Strategie-Familie	Strategie, Taktik, Techniken, Mechanismen, Management	Bewältigungsstrategien von Umweltrisiken
Interaktions-Familie	Beziehung, Interaktion, Wechselwirkung, Symmetrie, Rituale	Diskussion von technischen Risiken
Identitäts-Familie	Identität, Selbst, -konzept, Identitätswandel, Fremdbilder	Fremd- und Selbstbilder von Akteuren bei der Diskussion von Großtechnologien
Kultur-Familie	Normen, Werte, sozial geteilte Einstellungen	Wertesysteme von Kernkraftgegnern und -befürwortern
Konsens-Familie	Kontrakt, Übereinstimmung, Situationsdefinition, Uniformität, Konformität, Homogenität	Kollektive Einflüsse auf die Risikowahrnehmung
Mainline-Familie	Soziale Kontrolle, Übereinstimmung, Sozialisation, soziale Kontrolle, soziale Organisation und Institution	Entwicklung von Umweltaktivisten

Tabelle 3: Übersicht der wichtigsten Kodierfamilien nach Wiedemann 1989 (zit. in Böhm 1994, 133 f.)

5.8.2 *Theoretical Sampling*

Im Rahmen der GTM ist das ***Theoretical Sampling*** unerlässlich und steuert die Auswahl der Interviewpartnerinnen und Interviewpartner. Das *Theoretical Sampling* ist die Grundlage für die Entscheidung, welche Interviewpartnerinnen und Interviewpartner für die Datenerhebung letztendlich ausgewählt werden, das heißt die Forscherin oder der Forscher entscheidet auf einer analytischen Basis, „welche Daten als nächstes zu erheben sind und wo er diese finden kann“ (Strauss 1994, 70). [496]

Theoretical Sampling bedeutet, dass sowohl der Umfang der Grundgesamtheit als auch die Merkmale der Grundgesamtheit vorab nicht bekannt sind, sondern die Analyse der ersten Fälle darüber entscheidet, welche neuen Fälle zu erheben sind. Wiedemann (^{2}1995, 441) vergleicht das theoretische Sampling mit einem statistischen Sampling.

[496] Im Unterschied zu anderen Vorgehensweisen der Stichprobenauswahl, die zum Beispiel von Merkens (1997) beschrieben werden.

Theoretisches Sampling	Statistisches Sampling
Umfang der Grundgesamtheit ist vorab unbekannt	Umfang der Grundgesamtheit ist bekannt
Merkmale der Grundgesamtheit sind nicht vorab bekannt	Merkmalsverteilung in der Grundgesamtheit ist abschätzbar
Mehrmalige Ziehung von Stichprobenelementen nach jeweils neu festzulegenden Kriterien	Einmalige Ziehung einer Stichprobe nach einem vorab festgelegten Plan
Stichprobengröße vorab nicht definiert	Stichprobengröße vorab definiert
Sampling beendet, wenn theoretische Sättigung erreicht	Sampling beendet, wenn die gesamte Stichprobe untersucht ist

Tabelle 4: Theoretisches und statistisches Sampling nach Wiedemann (²1995, 441)

Außenkategorien wie Alter, Geschlecht, Herkunft (Stadt/Land) usw. sind zunächst sekundär, da das Datenmaterial selbst die Fallauswahl steuert und somit der Gegenstand den nächsten Fall begründet. In der GTM ist die Fragestellung zu Beginn des Forschungsvorhabens recht offen formuliert, so dass die theoretische Sensibilität die Auswahl der ersten Fälle (Situationen, Personen, Dokumente usw.) steuern sollte. Hans Oswald (1997, 80 f.) hält fest, dass das *Theoretische Sampling* in der deutschen Forschungslandschaft selten angewandt wird, und auf diese Vorgehensweise eher verzichtet wird, sondern in der Regel in Deutschland die Erhebung vor der Analyse erfolgt. Die Auswahlentscheidungen des*Theoretischen Samplings* orientieren sich „an einer umfassenden, alle Kontexte und Perspektiven einschließenden Erarbeitung des Phänomens“ (Strübing 2004, 79) und stellen eine qualitätssichernde Strategie dar (ebd., 81). Problematisch erscheint in diesem Zusammenhang, „dass es beim theoretischen Sampling keine Anhaltspunkte dafür gibt, ‚wonach der Abbruch von Kodierung (und Sampling) zu richten ist‘ (Flick 1998, 205)“. (Ziemen 2002d, 139)

Die *Methode des permanenten Vergleichs* stellt ein grundlegendes Element des *Theoretischen Samplings dar*[497], wobei maximale Kontraste und minimale Kontraste getätigt werden können. Für meinen Kontext bedeutet dies zum Beispiel, zunächst zwei Frauen mit einer ähnlichen (Heim-)Sozialisation zu vergleichen, und anschließend eine Frau zu interviewen, die keine Heimerfahrung hat, sondern noch im Elternhaus lebt. Aber es gab auch Gründe, die dafür sprachen, das *Theoretische Sampling* nicht in der lupenreinen Form nach Glaser und Strauss (²2005) (vgl. auch Glaser 1978) durchzuführen. Denn der Zugang zu den Frauen war insgesamt erschwert, da sich nicht viele Kursleiterinnen fanden, die Einblick in ihre Seminare gewährten, bzw. die den Frauen zutrauten, über das Seminar hinaus ein Interview zu geben, insbesondere wenn sie die Interviewerin gar nicht kennen. So habe ich beim ersten Seminarblock erst einmal nach dem grundsätzlichen Interesse und der Bereitschaft gefragt, ein Interview zu geben. Die Frauen, die sich daraufhin meldeten, bildeten zunächst meine Ausgangsgruppe, wobei bei den

[497] Diese Methode beschrieb Glaser zuerst 1965 in einem Artikel der Zeitschrift Social Problems. Der Artikel wurde vollständig in dem gemeinsamen Werk „The Discovery of Grounded Theory“ im fünften Kapitel abgedruckt.

kurzen Probeinterviews zum Kennenlernen wieder zwei Frauen absprangen. Die von Glaser und Strauss (^{2}2005) geforderte Vorgehensweise setzt voraus, dass man jederzeit zu allen potenziellen Interviewpartnerinnen und -partnern Zugang hat.

Methode des ständigen Vergleichs im Rahmen des Theoretischen Samplings

Einen wichtigen Schritt im Auswertungsprozess stellt die *Methode des ständigen Vergleichs* dar, wobei man sich auf der Suche nach Vergleichsfällen durch die Ergebnisse der ersten Auswertung leiten lassen soll. Daran schließt sich die Frage an, welche Gruppen als nächstes untersucht werden, wobei das Aufdecken von Ähnlichkeiten und Unterschieden zwischen den Gruppen im Mittelpunkt steht.[498] „Dieses ständige Vergleichen von Vorkommnissen führt sehr bald zur Generierung von theoretischen Eigenschaften der Kategorie" (Glaser/Strauss ^{2}2005, 112) und somit zu einer Verdichtung der Konzepte zu Kategorien. „Je zahlreicher also die Indikatoren sind, die sich in ihrer Bedeutung für das Konzept gleichen, desto höher wird der *Sättigungsgrad* der Eigenschaften des Konzepts für die sich entwickelnde Theorie" (Strauss 1994, 55 [Hervorhebung im Original]). Alle Verfahren der GTM, einschließlich des *Theoretischen Samplings,* zielen zunächst auf die Entwicklung von Konzepten, wobei diese Konzepte „eine bestätigte theoretische Relevanz für die sich entwickelnde Theorie besitzen" (Strauss/Corbin 1996, 149) sollten. *Bestätigte theoretische Relevanz* verweist auf die Methode des permanenten Vergleichs, so dass Konzepte für bedeutsam erachtet werden, wenn sie „**wiederholt auftauchen** oder **ganz offensichtlich abwesend sind**, und durch Kodierverfahren den **Status von Kategorien** erwerben" (ebd. [Hervorhebungen im Original]).

Strauss und Corbin (ebd., 154 f.) zeigen unterschiedliche Wege des *Samplings*, vom Prozess des offenen *Samplings*, über das gezielte bis hin zum systematischen Vorgehen beim *Sampling* auf. Dabei kann beim *Sampling* beim *axialen Kodieren* auch deduktiv vorgegangen werden, um so viele Unterschiede wie möglich zu entdecken (Strauss/Corbin 1996).

> „Wenn Sie die Gelegenheit zu wählen haben, wen, was und wann sie sampeln, dann **sollten Sie deduktiv vorgehen**, indem Sie Hypothesen über die Beziehungen und die Unterschiede aufstellen, die auftreten können, wenn Sie die Dimensionen der Eigenschaften eines Phänomens variieren." (Strauss/Corbin 1996, 157 [Hervorhebung im Original])

Dieses Vorgehen kritisiert Glaser und Truschkat, Kaiser und Reinartz (2005, 34) räumen ein, „der deutliche Hinweis von Strauss und Corbin, deduktiv vorzugehen, verleitet vielleicht gerade Forscherinnen, die im Umgang mit dem Material nicht so geübt sind, allzu voreilig Konzepte zu übernehmen, die dann auch das Sample in eine zu spezifische Richtung treiben". Die Autorinnen erachten die Orientierung an Strauss und Corbin als sehr hilfreich, jedoch darf dabei die nötige Offenheit nicht verloren gehen (ebd.). Das Sampling beim selektiven Kodieren ist noch stärker „gelenkt und überlegt" (ebd., 158). Dieser Prozess des diskriminierenden Samplings zielt darauf, „solche Orte, Personen und Dokumente [auszuwählen], die die Chan-

[498] Daher habe ich gezielt in der 2. Seminarwoche die älteste Teilnehmerin, Frau Lampert, auf ein Interview angesprochen und dafür gewinnen können.

cen zum Verifizieren des Fadens in der Geschichte der Beziehungen zwischen den Kategorien und zum Auffüllen spärlich entwickelter Kategorien maximieren" (ebd.). Das *theoretische Sampling* endet, wenn eine ***theoretische Sättigung*** – *theoretical Saturation* – erreicht ist. Dies stellt ein Abbruchkriterium dar und markiert insofern das Ende des *Theoretischen Samplings*.

> „Sättigung heißt, dass keine zusätzlichen Daten mehr gefunden werden können, mit deren Hilfe der Soziologe weitere Eigenschaften der Kategorie entwickeln kann. Sobald er sieht, dass die Beispiele sich wiederholen, wird er davon ausgehen können, dass eine Kategorie gesättigt ist" (Glaser/Strauss ²2005, 69).

Paralleles Erheben und Analysieren der Daten führt die Forscherin und den Forscher zur *theoretischen Sättigung* (ebd.). Wann die *Theoretische Sättigung* erreicht ist, entscheidet die Forscherin und der Forscher und dies verlangt daher *theoretische Sensibilität* und Erfahrung von ihr und ihm (ebd., 72). Da eine unendliche Vielzahl von Kodes entstehen könnte, ist die Reflexivität der Forscherin und des Forschers gefordert, jeweils zu entscheiden, welcher Kode weiterverfolgt und somit ausgearbeitet wird und welcher hintenan gestellt wird, da er für die Beantwortung der Forschungsfrage nicht relevant ist (Ziemen 2000, 139). Kriterium für den Abbruch des *Theoretischen Samplings* und somit für die *Theoretische Sättigung* „ist vor allem die *Integriertheit*, d. h. interne Konsistenz und *Dichte*, d. h. der empirische Gehalt der entstandenen Theorie" (Kelle 1994, 299 [Hervorhebungen im Original]). Hierbei orientiere ich mich an Kelles (1994, 349) pragmatischem Vorschlag, theoretische Sättigung ist erreicht, wenn „keine empirische Gegenevidenz mehr im Datenmaterial gefunden werden kann, die eine Modifikation der bislang formulierten theoretischen Aussagen notwendig macht". Dass ein Problem darin besteht, während des *Theoretischenl Samplings* ein Gefühl für *Theoretische Sättigung* zu bekommen, räumt Glaser selbst ein (1978, 53).

5.8.3 *Kodierprozesse*

Der eigentliche Auswertungsprozess besteht im ***Kodieren***, einem mehrstufigen Verfahren, angelehnt an das *Konzept-Indikator-Modell*. Der Kodierprozess setzt sich nach Strauss und Corbin (1996) aus drei ineinandergreifenden Phasen (dem offenen, dem axialen und dem selektiven Kodieren) zusammen und besteht bei Glaser aus einer zweistufigen Vorgehensweise, dem gegenstandsbezogenen und dem theoretischen Kodieren, wobei man ersteres wieder unterscheiden kann in *offenes* und *selektives Kodieren* (Mey/Mruck 2007, 26; Kelle 1994, 315 f.). Beim ***offenen Kodieren*** werden die Daten in ihre Bestandteile zerlegt und nach soziologischen Kodes und nach natürlichen Kodes, sogenannten *In-Vivo-Kodes,*[499] systematisch durchrastert. *In-Vivo-Kodes* sind deshalb für die Theoriebildung von Bedeutung, „weil sie einen direkten Zugang zu den alltagsweltlichen Wissensbeständen der Akteure ermöglichen" (Kelle 1994, 316). Unter *offenem Kodieren* wird der „Prozeß des Aufbrechens, Untersuchens, Vergleichens, Konzeptualisierens und Kategorisierens von Daten" verstanden (Strauss/Corbin 1996, 43). Ziel

[499] In-Vivo-Kodes stammen aus der Sprache der Interviewperson beziehungsweise des Untersuchungsfelds.

des Kodierens ist das Entdecken sogenannter Kategorieanwärter. *In-Vivo-Kodes* verweisen auf Interessen und Probleme der Befragten als Akteurinnen und Akteure (Strauss/Corbin 1996, 17). Dabei muss die Forscherin oder der Forscher jederzeit offen sein für Neuentdeckungen im Material. Der Zweck des *offenen Kodierens* besteht einerseits darin, die Forschungsarbeit zu eröffnen, und andererseits Konzepte zu entwickeln, die den Daten angemessen erscheinen, so dass jedes Konzept und jede Integration zunächst provisorisch und vorläufig ist (Strauss 1994, 58). Dabei stellen die Forscherin oder der Forscher eine Reihe von theoriegenerierenden Fragen an die Daten. Als Hilfe beim *offenen Kodieren* dienen die W-Fragen wie „Was?“, „Wer?“, „Wann?“, „Wie viel?“, „Warum?“, „Wozu?“ und „Womit?“ an die Daten (Böhm/Legewie/Muhr 1992, 33). Zentral ist die Verankerung in den Daten, so dass im Text nach Indikatoren gesucht wird. Diese Indikatoren können interpretativ generiert werden, wobei im Diskurs mit anderen Forscherinnen und Forschern ein konsensfähiger Begriff (Konzept) generiert werden muss, der alle Indikatoren beinhaltet.

Anschließend muss geprüft werden, ob eine Kategorie eigenständig aufrecht zu erhalten, also überlebensfähig ist oder in eine andere zu integrieren ist (Logik der Reduktion).

Einen weiteren wichtigen Schritt stellt die Bestimmung relevanter Dimensionen von Kategorien dar, das heißt, Kategorien werden zunächst hinsichtlich ihrer Eigenschaften entwickelt, „die anschließend dimensionalisiert werden können“ (Strauss/Corbin 1996, 50). *Dimensionalisieren* meint, dass sich eine Eigenschaft auf einem Kontinuum anordnen lässt. Eine Eigenschaft stellt einen „konzeptuellen Aspekt oder ein Element einer Kategorie“ (Glaser/Strauss ^{2}2005, 45) dar. Somit werden die Kategorien nach und nach ausdifferenziert, wobei die Dimensionalisierung vor allem dazu dient, „*theoretisch und logisch mögliche Merkmalskombinationen* der untersuchten Phänomene zu bestimmen, um die begriffliche Grundlage für empirische Aussagen zu schaffen“ (Kelle 1994, 325 [Hervorhebungen im Original]).

Eine den Kodierprozess begleitende, von Glaser und Strauss (^{2}2005, 113) eingeführte wichtige Technik und Regel, sowie ein begleitender Arbeitsschritt des ständigen Vergleichens ist ***Stop and Memo!*** Es gibt unterschiedliche Memotypen, die mehrere Funktionen erfüllen. Einerseits dienen die Memos dazu, Erinnerungen, Geistesblitze, Auswertungsideen, Kategorienbeschreibungen oder Theorieentwürfe festzuhalten, andererseits erleichtern sie das Schreiben des Forschungsberichts und die Ausarbeitung der Kernkategorie. Somit entstehen zu jedem Konzept im Hintergrund Memos unterschiedlicher Typen.

Weil das Memo-Schreiben eine so zentrale Funktion übernimmt, beschreiben Strauss (1994) und Glaser (1978) genau, wie ein Memo sinnvoll aufgebaut ist, und empfehlen, zwischen den unterschiedlichen Typen, wie einem Orientierungsmemo, Theoriememo, Planungsmemo und Methodenmemo zu unterscheiden. Memos dienen der Organisation des Arbeitsprozesses und sind daher von den Daten getrennt zu halten. Auch hier greifen die einzelnen Arbeitsphasen der Datenerhebung, des Kodierens und Memo-Schreibens ineinander.

Aus dem Prozess des *offenen Kodierens* ergeben sich schließlich Kodelisten, noch zu prüfende und zu präzisierende und miteinander unverbundene Kategorien sowie eine Reihe von Memos, die sich zum Beispiel auf den Zusammenhang zwischen mehreren Kodes oder auf methodische Hinweise oder das *Sampling* beziehen (Mey/Mruck 2006, 38). Als ***Kategorie*** wird dabei die sinnhafte Zusammenführung mehrere Kodes verstanden, als das, was alle Kodes vereint. Kategorien entstehen, indem mehrere Konzepte miteinander axial kodiert werden. Die Kernkategorie verknüpft und hält die unterschiedlichen Kategorien zusammen.

Das ***axiale Kodieren***[500] dient der Verfeinerung und Differenzierung der bestehenden Kategorien und der Suche nach möglichen empirischen Zusammenhängen zwischen den Kategorien und stellt einen von Strauss und Corbin in ihrer Weiterentwicklung der GTM entwickelten Analyseschritt dar. Um die vorläufigen Kategorien zu verfeinern und die mutmaßlichen Zusammenhänge zwischen den Kategorien herzustellen, schlägt Strauss (1994) als theoretischen Rahmen das ***paradigmatische Modell*** vor, mittels dessen eine bestimmte Kategorie intensiv analysiert wird.

Zentral ist dabei „das Herausarbeiten von Beziehungen (Relationen) zwischen der Achsenkategorie und den damit in Beziehung stehenden Konzepten in ihren formalen und inhaltlichen Aspekten" (Böhm 1994, 131). Im Folgenden wird das Kodierparadigma nach Strauss vorgestellt, das der Ermittlung der Relationen und der Herausarbeitung komplexer Beziehungen dient.

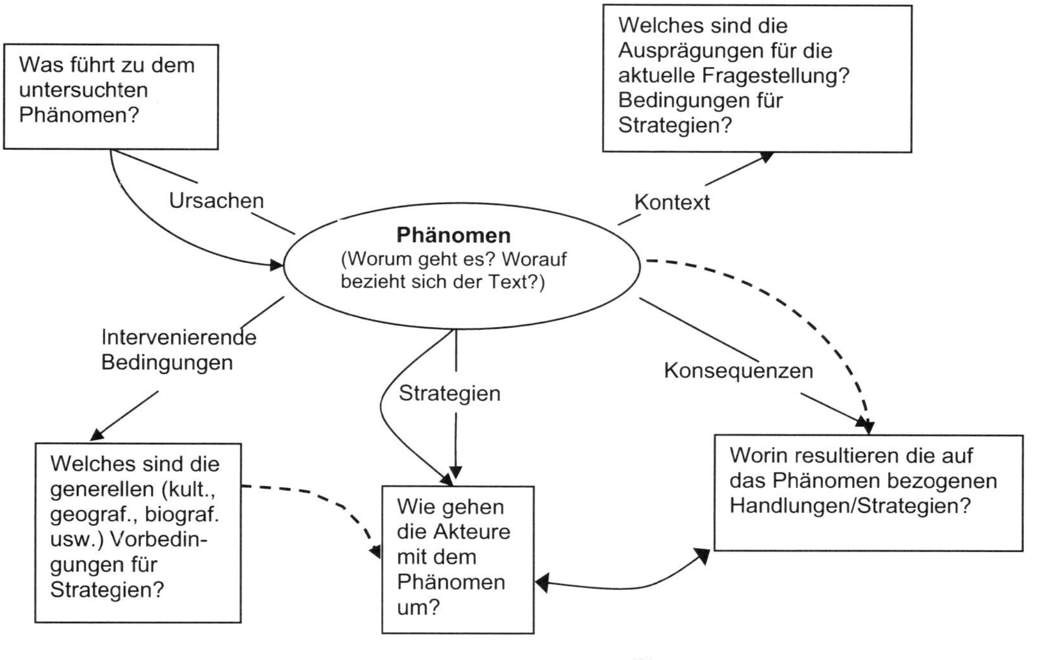

Abbildung 5: Kodierparadigma nach Strauss (Strübing 2004, 27) [501]

---

[500] Das axiale Kodieren ist genuin von Juliet Corbin.

[501] Strauss und Corbin (1996, 78; 1996, 101) stellen, wie sie selbst zugeben, ein sehr vereinfachtes Bild ihres para-

Strauss (1994, 57) schlägt vor, dass die Daten nach der Relevanz für die Phänomene kodiert werden, indem man nach den Bedingungen, der Interaktion zwischen den Akteurinnen und Akteuren, den Strategien und Taktiken sowie den Konsequenzen sucht.[502] Unter *ursächlichen Bedingungen* verstehen Strauss und Corbin (1996, 79) „Ereignisse oder Vorfälle, die zum Auftreten oder zu der Entwicklung eines Phänomens führen".

> „Ein Kontext stellt den spezifischen Satz von Eigenschaften dar, die zu einem Phänomen gehören; […] Gleichzeitig stellt der Kontext auch den besonderen Satz von Bedingungen dar, innerhalb dessen die Handlungs- und Interaktionsstrategien stattfinden, um ein spezifisches Phänomen zu bewältigen, damit umzugehen, es auszuführen und darauf zu reagieren." (ebd., 80 f.)

Weiterhin gibt es *intervenierende Bedingungen*, „die auf Handlung- und interaktionale Strategien einwirken" (ebd., 82), diese Strategien also fördern oder einengen. Des Weiteren gilt es, nach *Handlungs- und interaktionalen Strategien* Ausschau zu halten, die erstens prozessual und zweitens zweckgerichtet und zielorientiert sind (ebd., 83). Dabei betonen Strauss und Corbin (ebd.) die Bedeutsamkeit der Suche nach ausbleibender Handlung und Interaktion. Handlungen und Interaktionen führen letztlich zu Ergebnissen und *Konsequenzen*, ebenso wie ihr Ausbleiben (ebd., 85). Dabei ist zu beachten, dass „die Konsequenzen einer Handlung/Interaktion zu einem Zeitpunkt (…) zu einem Teil der Bedingungen zu einem späteren Zeitpunkt werden" können (ebd.). Ergebnisse von Handlungen können wiederum auch den Kontext verändern.

Die Unterscheidung zwischen intervenierenden Bedingungen und dem Kontext bei der Anwendung des Kodierparadigmas stellt ein häufiges Problem dar (Strauss 1994, 57; Strübing 2004, 28), so dass Andreas Böhm, Heiner Legewie und Thomas Muhr (1992) den zusammenfassenden Terminus Kontextbedingungen verwenden. Böhm, Legewie und Muhr (ebd., 53 f.) führen an, dass „für eine handlungsbezogene Theoriebildung, die Bedingungen besonders wichtig sind, die die Handlungs- oder Interaktionsmöglichkeiten fördern oder einengen. Zu den Kontextbedingungen zählen Zeit, Ort, Dauer, kulturelles Umfeld, individuelle Biographie."

Zur Ermittlung der Relationen zwischen Sub- und Hauptkategorien existiert das von Glaser (1978) vorgeschlagene „*6-C-Modell*", wobei zu berücksichtigen ist, dass es bei Glaser nur einen zweistufigen Kodierprozess gibt und der Abgleich mit den Kodierfamilien im Rahmen des *Theoretischen Kodierens* stattfindet. Bei dem „*6-C-Modell*" handelt es sich um eine der vielen Kodierfamilien, die als heuristischer Rahmen dienen, um das Maximum an Ideenvielfalt herauszuholen.

---

digmatischen Modells da: (A) Ursächliche Bedingungen → (B) Phänomen → (C) Kontext → (D) Intervenierende Bedingung → (E) Handlungs- und interaktionale Strategien → (F) Konsequenzen. Kerstin Ziemen (2000, 138) merkt in diesem Zusammenhang an, „dass mittels dieses kausal angelegten Modells zwar Beziehungen aufgezeigt werden können, jedoch das Denken durch die Ursache-Wirkungskontexte beschränkt werden kann".

[502] Strauss (1994, 57) nennt Schlüsselwörter, um Bedingungen, Strategien usw. leichter zu entdecken.

Cause meint die ursächlichen Bedingungen für das Auftreten einer Kernkategorie, diese haben eine „sub-family called: sources, reasons, explantations, accountings or anticipated consequences" (Glaser 1978, 74). „Um der Komplexität von sozialen Phänomenen gerechter zu werden, sollten noch „***Covariances***", also multiple Variablen der ursächlichen Bedingungen berücksichtigt werden." (Badawia 2002, 330) Unter Einbeziehung des ***Context*** als enge und weite kontextuale Bedingungen und der ***Conditions***, zu verstehen als motivationale und umweltbezogene Handlungseinheiten von Betroffenen, kommt es zu ***Consequences***, das heißt zu konkreten Folgen und Ergebnissen (ebd.). „Die dynamische Komponente „**Contingent**" deutet auf die Veränderungsmöglichkeiten in den Bedingungen durch prozesshafte Entwicklungen hin." (ebd.)
Theoretische Rahmenkonzepte, die zur Kodierung genutzt werden können, bietet Glaser (1978) mit weiteren ***Kodierfamilien*** (vgl. Kap. 5.8.1).

Andreas Böhm empfiehlt, trotz seiner Ausrichtung der GTM nach Strauss und Corbin, die Kodier-Familien als theoretische Rahmenkonzepte, als weitere Anregung für das axiale Kodieren zu nutzen (^{5}2007, 481).

Der dritte Schritt des ***selektiven Kodierens*** bei Strauss und Corbin (obwohl letztlich alle Schritte ineinandergreifen) bezieht sich auf die Ausarbeitung einer Kern- oder Schlüsselkategorie, die das zentrale Phänomen der Forschungsarbeit repräsentiert. Das entwickelte Netz von Kategorien wird verdichtet und „*systematisch* und konzentriert nach der Schlüsselkategorie kodiert" (Strauss 1994, 63). Das *selektive Kodieren* trägt zur Gewichtung der Schlüsselkategorie, ihrer Eigenschaften, Dimensionen und Relationen bei, mit dem Ziel, ein theoretisches Modell zu formulieren.

> „Die Schlüsselkategorie ist ein Oberbegriff für die bisher entwickelten Kategorien, die in Bezug auf die Schlüsselkategorie den Status von „Subkategorien" erhalten, weil sie hierarchisch zueinander in Beziehung gesetzt („integriert") werden." (Mey/Mruck 2006, 50)

Eventuell ist an dieser Stelle ein selektives Neu- oder Nachkodieren des Datenmaterials im Hinblick auf die Schlüsselkategorie/Kernkategorie erforderlich, was deutlich macht, dass der Analyseprozess nach wie vor zirkulär verläuft.

> „Die Schlüsselkategorie wird jetzt zur Richtschnur für Theoretical Sampling und Datenerhebung." (Strauss 1994, 63) „Darüber hinaus hat sie aufgrund ihrer Beziehungen zu den Kategorien mit ihren Eigenschaften primär die Funktion, die Theorie zu integrieren, zu verdichten und zu sättigen, sobald die Bezüge herausgearbeitet sind." (ebd., 66)

Die Kategorien werden nun zu einer Grounded Theory integriert, wobei dies in mehreren Schritten erfolgt und mit der Offenlegung des Roten Fadens der Geschichte[503] (story line) beginnt (Strauss/Corbin 1996, 95). Die Kernkategorie kann aus den bisher generierten Kategorien emergieren oder es ist eine mehr abstrakte Formulierung erforderlich, um das Phänomen zu erklären (Corbin/Strauss 1990, 424). Unabhängig davon gilt „the other categories will stand in

[503] Die Festlegung erscheint mitunter schwierig, da alles wichtig erscheint (ebd.).

relationship to the core categories as conditions, action/interactional strategies, or as consequences of the latter" (ebd.).[504]

Der Prozess der Kodierung in dieser Arbeit lässt sich rekonstruieren anhand der in Doktorandenkolloquien[505] und Forschungswerkstätten[506] eingebrachten Exposees, Texten und Interviewtranskripten[507] und der fortlaufend erstellten Memos. Dabei wird deutlich, dass die Kodierprozeduren – offenes, axiales und selektives Kodieren – im Forschungsprozess ineinandergreifen und je nach Bedarf miteinander kombiniert und zu unterschiedlichen Zeitpunkten im Prozess wieder aktuell werden.

5.8.4 *Kennzeichen einer Grounded Theory*

Eine Theorie ist zu verstehen als ein System von Aussagen, wobei die Aussagen miteinander anhand von Hypothesen konsistent verknüpft sind, diese Hypothesen anhand der Kategorien inhaltlich festgelegt werden und für jede Kategorie eine Reihe von Eigenschaften besteht. Aus Glasers und Strauss' Kritik an der hypothetiko-deduktiven Praxis, „Theorien mittlerer Reichweite direkt aus den Theorien zu deduzieren" (Kelle 1994, 286) entwickelten die beiden eine alternative Vorgehensweise, die „in der Konstruktion von Theorien mittlerer Reichweite auf der Grundlage des empirischen Datenmaterials" (ebd.) besteht. Zunächst sei festgehalten, dass „wissenschaftliche Theorien danach keine statischen Modelle/"Abbilder" der untersuchten Wirklichkeit (...) [sind], sondern Resultate, die aus der Wechselbeziehung zwischen den Forschenden (besser: den Mitgliedern von Forschungsteams) und der Arbeit im Feld/am jeweiligen Forschungsgegenstand konstruiert werden" (Mey/Mruck 2007, 13). Zu den Schritten der Generierung einer Grounded Theory gehören:

> „collection of research data, open coding of the data soon after, theoretical sampling, generating many memos with as much saturation as possible and emergence of core social psychological problems and processes, which then became a basis for more selective theoretical sampling, coding and memoing as the analyst focuses on the core" (Glaser 1978, 16).

Dabei darf keiner dieser Schritte übersprungen werden, wenn man wünscht, eine „quality theory" zu generieren, sondern der Prozess ist zu verstehen als „a set of double back steps" (ebd.). „As one moves forward, one constantly goes back to previous steps." (ebd.)

„Je nach Forschungsziel können die Schlussfolgerungen, die im Laufe des Projekts gezogen werden, in ihrem Abstraktionsniveau stark voneinander abweichen. Auf den untersten Ebenen

---

[504] Auch wenn der Prozess des selektiven Kodierens auf eine Schlüsselkategorie fokussiert, so findet man beispielsweise bei Strauss (1994, 109, 123) auch Hinweise, dass es Schlüsselkategorien sein können, also mehrere möglich sind.

[505] Im Fall der vorliegenden Arbeit sind die Kolloquien bei Prof. Dr. Franz Hamburger an der Johannes Gutenberg-Universität in Mainz sowie die Kolloquien von Prof.in Dr. Kerstin Merz-Atalik an der Pädagogischen Hochschule Ludwigsburg/Reutlingen zu nennen.

[506] Auf die Bedeutung von Forschungswerkstätten, in denen sich die Teilnehmerinnen und Teilnehmer gegenseitig bei der Auswertung der Daten unterstützen, machen Corbin und Strauss (1990, 422) „a grounded theorist need not work alone" und Strübing (2004, 89) aufmerksam. Ich selbst habe mein Material mehrmals in die Netzwerkstatt „Leuchtfeuer" eingebracht, eine Online-Forschungswerkstatt der Freien Universität Berlin.

[507] Alle Interviews wurden vollständig transkribiert und sprachlich nicht verändert – nur starke Dialekteinfärbungen wurden geglättet. Sie liegen in anonymisierter Form vor.

der Abstraktion können sie „deskriptiv“ sein, und auf den höchsten Ebenen können Theorien allgemeinster Art angestrebt werden.“ (Strauss 1994, 28 f.) Dabei wird unterschieden zwischen zwei Theorietypen: der bereichsbezogenen/materialen Theorie[508] und der formalen Theorie, wobei die Forscherin oder der Forscher sich für die eine oder andere Theorie oder eine Kombination beider entscheiden muss, da sich die Strategien, wie man zu dem jeweiligen Theorietypus gelangt, unterscheiden (ebd., 304 f.). Ein Unterschied liegt in ihrer auf verschiedenen (nur graduell abweichenden) Niveaus angesiedelten Generalität, denn die bereichsbezogene/materiale Theorie möchte Aussagen treffen über „ein bestimmtes Sachgebiet oder spezifisches empirisches Feld der Sozialforschung“ (Glaser/Strauss ^{2}2005, 42), während die formale Theorie übergeordnete und konzeptionelle Zusammenhänge entwickeln will.[509] Eine formale Theorie lässt sich erst entwickeln, wenn mehrere bereichsbezogene Theorien vorhanden sind, beziehungsweise es ist aus Glasers und Strauss’ (^{2}2005, 85) Sicht sinnvoll und notwendig, eine formale Theorie aus einer materialen Theorie abzuleiten, wobei man ausgehend von einer bereichsbezogenen Theorie auf direktem Weg zu einer formalen Theorie gelangen kann, „ohne daß man letztere auf zusätzliches Datenmaterial gründet“ (Strauss 1994, 306).

Beide Male stellen die so entwickelten *gegenstandsverankerten Theorien* Theorien mittlerer Reichweite dar, die über den Status von ad hoc gebildeten Alltagshypothesen hinausgehen (Kelle 1994, 289 f.).

Eine *Grounded Theory* muss nach Glaser (1978) folgende vier Kriterien erfüllen:

> „Grounded theories have ‚grab‘ and they are interesting. People remember them; they use them. To achieve this use, we stated in DISCOVERY that a theory must have fit and relevance, and it must work. Grounded theory meets these criterias because it is generated systematically from research data. We have subsequently elaborated these criteria and added a fourth. A theory must be readily modifiable, based on ever-emerging notions from more data. Grounded theory meets the later criteria also.” (Glaser 1978, 4)

„Soll eine in den Daten verankerte soziologische Theorie – sei sie material oder formal – praktisch anwendbar sein, müssen vier eng miteinander zusammenhängende Eigenschaften entwickelt sein.“ (Glaser/Strauss ^{2}2005, 241) Einerseits „muss die Theorie auf den Sachbereich *passen*“ (ebd.), des weiteren muss sie für Laien dieses Bereichs verständlich sein und andererseits so allgemein gehalten sein, so dass sie auf unterschiedliche Alltagssituationen des Bereichs zutrifft. Und zuletzt „muss sie dem Anwender eine partielle Kontrolle über Strukturen und Prozesse der alltäglichen Situationen ermöglichen, auch und gerade wenn sich diese mit der Zeit ändern“ (ebd.). „Fitness“, „Understanding“, „Generality“ und „Control“ gelten in ihrem gemeinsamen Werk als Eigenschaften im Sinne von Qualitätsmerkmalen einer guten Grounded-

---

[508] In den unterschiedlichen Publikationen wird von bereichsbezogener, gegenstandsbezogener und materialer Theorie gesprochen, was meinem Verständnis nach der gleichen Aussage entspricht, vermutlich einfach unterschiedlich aus dem Englischen („substantive“ Theorien) übersetzt wurde.

[509] Das Ziel der GTM wird sehr unterschiedlich aufgefasst. So schreibt z. B. Andreas Böhm (1994, 121) „daß das Ziel der Arbeiten in der Grounded Theory meist bereichsspezifisch ist, daß es nicht darum geht, universell gültige Theorien und Modelle zu bilden“.

Theory-Studie (Glaser/Strauss 1967, 237 ff.).[510] „Fitness" oder „Fit" „bezieht sich auf die Brauchbarkeit, d. h. die Erklärungs- und Prognosefähigkeit der Theorie." (Strübing 2004, 59) „Fit" ist zu verstehen im Sinne von Passung für die Praxis. Nach Glaser geht es um ein Passungsverhältnis, in dem Sinne, inwieweit die Theorie den Daten entspricht (Strübing 2007, 168). Theorien sind „nützlich, wenn sie nicht nur Daten abbilden, sondern ihnen eine Gestalt geben, Beziehungen stiften, hin zu neuen Einsichten führen und neue Fragen und Probleme entdecken" (Wiedemann ²1995, 440). Eine Theorie soll unter anderem soziale Prozesse und Verhalten erklären und vorhersehbar machen, so dass Praktikerinnen und Praktiker Situationen verstehen und teilweise kontrollieren können (Glaser/Strauss ²2005, 13), verbunden mit dem Ziel einer verbesserten Handlungsfähigkeit der Akteurinnen und Akteure im untersuchten Feld und einem breiterem Repertoire an Interaktionstaktiken für die Anwenderinnen und Anwender der Theorie (ebd., 250).[511]

Die vorliegende Arbeit stellt daher eher eine Theorieskizze oder ein theoretisches Modell dar, das die Gestaltung der Empowermentprozesse aus Sicht der Frauen mit Behinderungserfahrung zu erklären versucht.

Die Reichweite dieser Theorieskizze dieser Arbeit ist dahingehend begrenzt, dass sich die Aussagen zu Empowermentprozessen nur auf Frauen mit der Zuschreibung geistige Behinderung beziehen, die an einem Bildungsangebot zu den Themen Selbstbestimmung und Empowerment teilgenommen haben und sich verbal gut verständigen können. Die Daten sind in Bezug auf meine Person (Geschlecht, Alter, Bildungsstand) entstanden, so dass ich diesen Kontext mit in die Interviewsituation einbringe.[512] Dabei ist es sinnvoll, Vorfälle und Irritationen für die Analyse zu nutzen (siehe Kapitel 5.7), da die Daten interaktiv hergestellt werden und somit ermöglichen, mehr über den Gegenstand herauszufinden. Am Ende steht ein Forschungsbericht über diese Theorieskizze.

Paul Atkinson schrieb als Kommentar an Strauss (1994, 273), dass der Teil der Forschungsarbeit – alle Fäden zusammenzubringen – einer der schwierigsten ist und es nicht immer gelingt, alle Fäden in einer einzigen Version zusammenzubringen, so „daß aus einem Forschungsprojekt verschiedene Versionen der Integration hervorgehen können", unter anderem auch aufgrund der unterschiedlichen Fragestellungen beziehungsweise Fragen an die Daten. Eine Veröffentlichung stellt somit nur eine Forschungspause dar. Wenn die Forscherin oder der Forscher intensiv gearbeitet hat, muss es möglich sein, dass jemand – personunabhängig – die

---

[510] In der 2. Auflage von 2005 werden die vier Eigenschaften einer Theorie mit Eignung, Verständnis, Allgemeingültigkeit und Kontrolle übersetzt (ebd., 241 ff.).

[511] Strübing (2004, 85) führt aus, dass das Konzept der GTM auf die Bewährung der Theorie in der Praxis zielt, und somit die Theorie brauchbar für die Akteurinnen und Akteure im untersuchten Feld sein sollte, so dass „Praktiker wie Forscherinnen in einem interpretativen Prozess entscheiden [müssen], was die Theorie *für sie* taugt".

[512] Katja Mruck und Günter Mey (1996) gehen in Ihrem Aufsatz „Überlegungen zu qualitativer Methodologie und qualitativer Forschungspraxis. Die Kehrseite psychologischer Forschungsberichte" auf die Bedeutung und Problematik der Ausblendung der eigenen Person als Interviewerin oder Interviewer ein.

Arbeit fortsetzen kann. Dabei besitzen Theorien nach Strauss aufgrund des ständigen Wandels sozialer Wirklichkeit stets einen provisorischen Charakter und müssen ständig weiterentwickelt werden (Strübing 2004, 59).

5.8.5 *Die Entscheidung zur Vorgehensweise nach Glaser oder Strauss*

Die Methodologie der Grounded Theory hat nach der Veröffentlichung von „The Discovery of Grounded Theory" einige zentrale Änderungen erfahren, unter anderem in zwei unterschiedliche Ausdifferenzierungen nach Glaser und nach Strauss (später mit Juliet Corbin).
Jörg Strübing (2004, 91 f.) kritisiert die fehlende Auseinandersetzung mit den wissenschaftstheoretischen Gegensätzen zwischen Glaser und Strauss – besonders im deutschsprachigen Raum (mit der Ausnahme von Udo Kelle) – und zeigt mit seiner Publikation auf, dass es sich bei der GTM keinesfalls um ein homogenes Verfahren handelt, wie es oft suggeriert wird. Strübing (ebd., 72) konstatiert diesbezüglich, dass erst deutlich wird, dass „es sich tatsächlich um zwei grundverschiedene Verfahren qualitativer Sozialforschung handelt", wenn man die Intentionen und Zuschreibungen betrachtet, mit denen einerseits Glaser und andererseits Strauss ihre Verfahren rahmen.[513] Nach Strübing (2004, 72) steht Strauss

> „für ein wesentlich differenzierteres und forschungslogisch besser begründetes Verfahren, das insbesondere in der Frage des Umgangs mit theoretischem Vorwissen sowie im Hinblick auf die Verifikationsproblematik sorgfältiger ausgearbeitet ist".

Ein bedeutender Unterschied zwischen Glasers Konzepten und der von Strauss und Corbin vorgeschlagenen Vorgehensweise besteht darin, „daß Strauss und Corbin die Verwendung eines bestimmten heuristisch-analytischen Rahmens und dessen Explikation für notwendig halten, während Glaser der Überzeugung ist, daß nur eine *ad hoc* Kodierung auf der Basis von implizitem theoretischen Hintergrundwissen einer Methodologie empirisch begründeter Theoriebildung angemessen ist" (Kelle 1994, 340 [Hervorhebung im Original]). Glaser und Strauss (^{2}2005, 47) empfehlen in ihrem Werk „The Discovery of the Grounded Theory", zunächst die Literatur zum untersuchten Forschungsfeld zu ignorieren, damit der Schwerpunkt wirklich auf der Entwicklung neuer Kategorien liegt. Später positionieren sich Glaser und Strauss unterschiedlich zum Einsatz von Literatur als Entscheidungshilfe für die erste Datenerhebung im Speziellen und zum Umgang mit der Literatur zu Forschungsbeginn allgemein.[514] Inga Truschkat, Manuela Kaiser und Vera Reinartz (2005) machen Vorschläge zur Integration beider Positionen. Das Vorwissen, wie von Glaser (1992) gefordert, gänzlich zu ignorieren, bzw. sich von theoretischen Vorannahmen frei zu machen, erweist sich als schwierig, da schon allein die berufliche Sozialisation nicht gänzlich auszublenden ist. Seine Forderung lautet, möglichst

[513] Während Anselm Strauss in den Traditionen des symbolischen Interaktionismus und der ethnographischen Feldforschung der Chicago School beheimatet ist, absolvierte Barney Glaser sein Studium bei Paul Lazarsfeld und Robert Merton.

[514] Die Vorgehensweise der Datenerhebung mittels Interviewleitfaden erforderte eine vorherige Literaturanalyse zum Forschungsgegenstand Empowermentprozesse.

auch die Literatur über den Forschungsgegenstand zu ignorieren (ebd., 31). Später plädiert Strauss (im Gegensatz zu seiner ursprünglichen Position in „The Discovery of Grounded Theory") zusammen mit Corbin für die Nutzbarmachung des Vorwissens, um den eigenen Blick auf das Phänomen scharf zu stellen (Straus/Corbin 1998), während Glaser (1992, 50) weiterhin eine anfängliche Offenheit und die Ausblendung jeglichen Vorwissens befürwortet.[515]

Nach Truschkat, Kaiser und Reinartz (2005, 13 f.) liegt ein entscheidender Unterschied zwischen Glaser und Strauss/Corbin „in der Frage, *welche* Literatur *wann* eingesetzt wird" (Hervorhebungen im Original). Glaser (1978, 31) macht auf die Gefahr aufmerksam, dass das Literaturstudium die Daten in die falsche Richtung zwängen könnte und die Daten mit vorgefassten Konzepten konfrontiert werden, die nicht wirklich passen und nützlich sind, so dass für ihn die Hinzuziehung von Literatur erst nach der ausreichenden Entwicklung einer GT erfolgen sollte.

Das Vorwissen in Form von Alltagserfahrungen lässt sich nicht komplett ausblenden, sondern Vorkenntnisse aufgrund der eigenen Erfahrung fließen als „wertvolles Kontextwissen" (Strauss 1994, 36) in die Analyse ein, wobei das Kontextwissen einen „wesentlichen Datenfundus [darstellt], weil es nicht nur die Sensitivität bei der Theoriebildung erhöht, sondern eine Fülle von Möglichkeiten liefert, um Vergleiche anzustellen, Variationen zu entdecken und das Verfahren des Theoretical Samplings anzuwenden" (ebd.). Die Vor- und Nachteile einer gemeinsamen Berufsbiografie von Forscherinnen/Forschern und Interviewpartnerinnen/Interviewpartnern sollen an dieser Stelle nicht diskutiert werden, sind aber in den zahlreichen GTM-basierten Studien in den Pflegewissenschaften zu finden (vergleiche z. B. Cassier-Woidasky 2007).

Die Frage der geforderten Offenheit wird in allen qualitativen Verfahren diskutiert, und die Methodendiskussion über qualitative Forschungsmethoden ist durch die „Dialektik von Offenheit und Strukturiertheit" geprägt (Badawia 2002, 108), wobei die *Grounded Theory Methodology* eine maximale Offenheit ermöglicht.

Eine radikal geforderte Offenheit gegenüber dem Forschungsgegenstand erscheint vermessen, da auch Sozialforscherinnen und -forscher „soziales Handeln und soziale Realität immer schon vorab interpretiert" haben und mit „bereits geprägten, in vielfältigen Prozessen der Sozialisation und Interaktion übernommenen Begriffen, Erwartungen und Alltagstheorien" leben (Hopf 1996, 14). Auch Lamnek (^{2}1993, 128) geht davon aus, dass Forschung ohne ein gewisses Vorverständnis nicht möglich und die „Annahme der völligen Voraussetzungslosigkeit" nicht realisierbar ist.

Darüberhinaus gibt Glaser für die von ihm vorgeschlagenen Kodierfamilien keinen Hinweis, wie diese verwendet und sinnvoll miteinander kombiniert werden können, so dass sich sein Modell „letztendlich als methodologisch wenig brauchbar [erweist], weil nicht geklärt wird, in

[515] „These background of assumptions, experiences and knowledge can at best only imbue our open coding; they can not dictate it." (Glaser 1992, 50)

welcher Weise die verschiedenen Kodierfamilien sinnvoll zur theoretischen Beschreibung empirischer Sachverhalte miteinander kombiniert werden können" (Kelle 1996, 35).

Die genannten Aspekte führten mich zur Entscheidung, nach Strauss (1994) sowie Strauss und Corbin (1996) vorzugehen, wobei anzumerken ist, dass die durch Strauss und Corbin vorangetriebene Formalisierung der GTM von Glaser stark kritisiert wurde. Die in deutscher Sprache vorliegende Veröffentlichung von Strauss und Corbin (1996) vermittelt einen „Kochrezeptcharakter" (Truschkat/Kaiser/Reinartz 2005, 2), auch wenn Strauss und Corbin darauf hinweisen, dass es sich nicht um starre Anweisungen oder Kochrezepte handelt, so entsteht der Eindruck einer leichten Handhabung der GTM und der hohe Anspruch an den Samplingprozess wird dabei nicht deutlich.[516] Trotzdem bietet die Vorgehensweise nach Strauss und Corbin gerade für Anfängerinnen und Anfänger in der Materie der *Grounded Theory Methodology* einen guten Einstieg. Strauss (1994, 22) selbst schreibt, dass es „ein paar – doch nur geringfügige – Unterschiede in den spezifischen Lehrstrategien und vielleicht auch in der konkreten Durchführung der Forschung" gibt.

Neben den genannten Argumenten, die *Grounded Theory Methodology* im Sinne von Strauss und Corbin anzuwenden, stellt das von ihnen entwickelte Kodierparadigma meines Erachtens ein gutes Konzept dar, um unterschiedliche Formen von Handlungen und die Intentionalität von Handlungen theoretisch zu beschreiben. Letztlich ist es legitim, das Kodierparadigma an die eigene Fragestellung anzupassen, wie es zum Beispiel Sandra Tiefel (2005) vorschlägt.[517]

5.9 *Zusammenfassung*

Im Rahmen der vorliegenden Arbeit wurde die Datenauswertung im Stil der *Grounded Theory Methodology* vorgenommen. Dies ist insofern für die Behindertenpädagogik im Allgemeinen und für die Pädagogik bei geistiger Behinderung im Speziellen selten. Mittlerweile gibt es zwar einige diesbezügliche Forschungserfahrungen (Friedrich 2006; Spiess 2004). Dabei wird in der Erziehungswissenschaftlichen Forschung deutlich, dass manche Forscherinnen und Forscher nicht die genannten Kernelemente der *Grounded Theory Methodology* anwenden, sondern die Vorgehensweise nur ansatzweise – im Sinne eines Methodenkoffers – nutzen, indem sie zum Beispiel das Memo-Schreiben oder das offene Kodieren herausnehmen und mit anderen Auswertungsmethoden kombinieren (Macha/Klinkhammer 1997) oder nicht explizit eine Schlüsselkategorie herausarbeiten (Spiess 2004).[518] Strübing (2004, 7) und Legewie

[516] Auch Strübing (2004, 82) sieht mit der von Strauss und Corbin vorgelegten Publikation die Gefahr, dass der Forschungsprozess durch die „weitgehende Verregelung der analytischen Prozeduren [...] zur bloßen Anwendung von Rezeptwissen zu mutieren droht".

[517] Sandra Tiefel (2005) entwickelte ein eigenes Kodierparadigma passend zu ihrer Fragestellung, um der Frage nach biographischen Lernprozessen nachzugehen. Damit plädiert sie für die Weiterentwicklung und Anpassung des Kodierparadigmas nach Strauss/Corbin (1996) an die eigene Fragestellung.

[518] Ilka Spiess (2004) arbeitet in ihrer Dissertationsschrift heraus, inwieweit Menschen mit geistiger Behinderung und Lernbehinderung, beziehungsweise im Grenzbereich zwischen geistiger Behinderung und Lernbehinderung, dauerhaft eine Eingliederung in den allgemeinen Arbeitsmarkt erreichen und unter welchen Bedingun-

(2005, 58) wenden sich gegen die in der Forschungspraxis bestehende Tendenz, sich auf die Methode der GTM zu berufen ohne deren „unverzichtbare Elemente" zu berücksichtigen. Heiner Legewie (ebd.) plädiert daher für eine Unterscheidung „zwischen Untersuchungen *nach der Grounded Theory* und Untersuchungen *in Anlehnung an Einzelelemente der Grounded Theory*".

Im Rahmen dieser Arbeit wird ein Beziehungs- und Bedingungsgefüge erarbeitet und dicht beschrieben, das als Theorieskizze den Ausgangspunkt für weitere Forschungsarbeiten im Themenfeld Empowerment bildet. Die dafür geführten teilstandardisierten narrativ biografischen Interviews wurden um Hilfsmittel wie Fotografien, den Einsatz eines Dialog-Konsens-Verfahrens und einen biografischen Zeitstrahl ergänzt.

Nicht immer besteht in der vorliegenden Arbeit die von Glaser und Strauss geforderte Wechselbeziehung von Datenerhebung und Datenanalyse so strikt, da andere Faktoren, wie zum Beispiel die Erreichbarkeit der Frauen oder die Aufbereitung der Daten, dies erschwerten.

Die Frage: „Wann ist das Ende im Forschungsprozess erreicht oder ist es eine unendliche Geschichte?" bezieht sich auf die oben bereits erwähnte Schwierigkeit, *Theoretische Sättigung* zu erreichen. Im Rahmen dieser Qualifizierungsarbeit musste ein Kompromiss zwischen Forschungsökonomie und dem Anspruch auf theoretische Sättigung gefunden werden, sodass eine Theorieskizze vorgelegt wird (vgl. Fußnote 406).

Erzählen und Verstehen ist sozial konstituiert. Somit verweisen die Forschungsergebnisse auf das Vorhandensein oder Nicht-Vorhandensein der Offenheit einer Gesellschaft für bestimmte Themen, so dass gesellschaftliche Kontexte in die Forschungswerkstatt hineinwirken. Während das in anderen *Settings* zum Beispiel interkulturelle Fragen oder Gewaltthemen betreffen kann, war es in meinem Forschungskontext zum Beispiel die Frage des Kinderwunschs bei Frauen mit sogenannter geistiger Behinderung, die bei einigen Kolleginnen und Kollegen Spannungen und innere Widersprüche erzeugte. Solcherlei Irritationen flossen mehr oder minder bewusst in den Auswertungsprozess ein.[519]

Da Forschung ein dialogischer Prozess ist, habe ich gerade für die Auswertung im Stil der *Grounded Theory Methodology* nach Strauss und Corbin andere Forscherinnen und Forscher

---

gen diese Integrationsprozesse in den allgemeinen Arbeitsmarkt erfolgsversprechend sind (vgl. auch Kap. 4.2.2). Spiess interviewte insgesamt 36 Personen, die zwischen 1990 und 2000 die Werkstatt in Niedersachsen Nordwest verlassen haben, um eine Integration auf dem allgemeinen Arbeitsmarkt zu verwirklichen. So orientiert sie sich wohl mehr bei der Durchführung ihrer Untersuchung an der GTM, und beantwortet zahlreiche Fragen zum beruflichen Integrationsverlauf, Schlüsselkategorien im Sinne der GTM sind jedoch nicht auf Anhieb erkennbar. Die herausgearbeiteten Schlüsselkategorien „Wahrnehmung und Einschätzung des eigenen Hilfebedarfs und des Hilfeangebotes" und „Wahrnehmung und Einschätzung der eigenen Person im Entwicklungsprozess" (ebd., 188) werden leider nicht weiter ausgearbeitet. Die Vermutung liegt nahe, dass die Fragestellungen eine Erarbeitung einer Schlüsselkategorie im Sinne der GTM nicht erlauben. Im Gegensatz dazu steht die Dissertation von Jochen Friedrich (2006), der anhand von vier Kernkategorien das theoretische Konzept der „emotionalen Entscheidungsorientierung" herausgearbeitet hat (vergleiche Kapitel 4.2.1).

[519] Dieses Spannungsfeld kann ich in der vorliegenden Arbeit aber nicht im Detail berücksichtigen.

sowie und Kolleginnen und Kollegen hinzugezogen. Qualitätskriterien der qualitativen Forschung beinhalten das gemeinsame Forschen und die Mehrperspektivität.
Abschließend ist der eigene Forschungsprozess grafisch dargestellt.

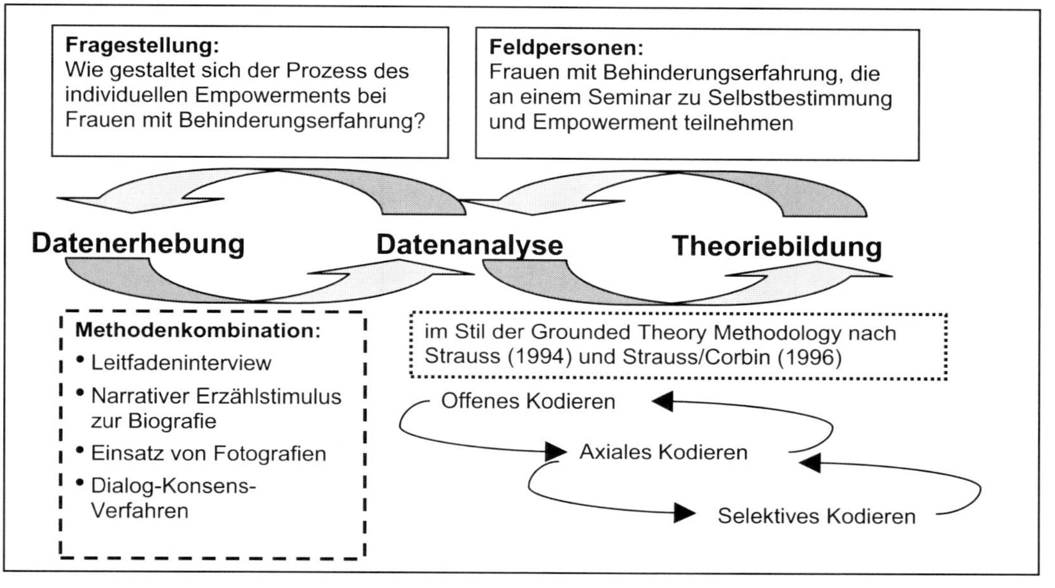

Abbildung 6: Forschungsprozess

6 Ergebnisteil – Individuelles Empowerment auf Augenhöhe zwischen Selbstvertretung und professioneller Unterstützung

Im Zentrum dieser Arbeit stehen Frauen mit Behinderungserfahrung und ihr individueller Empowermentprozess. Im Folgenden wird anhand der bourdieuschen Begrifflichkeit die Lebenssituation der interviewten Frauen analysiert, wobei sie, abhängig von den Kapitalkonfigurationen im Sinne Bourdieus (1983) unterschiedlich häufig und intensiv, am gesellschaftlichen Leben teilhaben. Sie erleben somit einen je anderen Kontext in dem sie ihre Behinderungserfahrung machen.

Frausein und weibliche Lebenszusammenhänge stellen dabei einen Aspekt dar. Wie bereits in den vorherigen Ausführungen deutlich wurde, wird diese Heterogenitätsdimension in der Sozialen Arbeit mit behinderungserfahrenen Frauen und Männern oftmals nicht berücksichtigt. Die interviewten Frauen thematisieren die einzelnen Aspekte wie Partnerschaft/Ehe, Kinderwunsch, Berufstätigkeit usw. weniger in der Abgrenzung beziehungsweise im Unterschied zu nicht behinderten Frauen, sondern meist im Kontext ihrer Behinderungserfahrung. Trotzdem steht der Aspekt der weiblichen Lebenszusammenhänge im Rahmen dieser Arbeit am Anfang der Auswertung, wobei zunächst ein Bogen zur Lebenssituation nicht behinderter Frauen geschlagen wird. Im Anschluss daran werden die mittels der GTM generierte Kernkategorie und die Theorieskizze des individuellen Empowermentprozesses behinderungserfahrener Frauen ausführlich dargestellt.

6.1 *Weibliche Lebenszusammenhänge*

Die jeweiligen Lebensplanungen und -entwürfe werden entscheidend durch gesellschaftlich definierte Rollenmodelle geprägt. Zunächst soll die neuere Forschung in Bezug auf nichtbehinderte Frauen vorgestellt werden, um anschließend in der Auseinandersetzung mit der von Andrea Friske (1995) erarbeiteten Gegenüberstellung einen Fokus auf die Lebenssituation von Frauen mit sogenannter geistiger Behinderung zu legen.

Gesellschaftlich anerkannte Lebensentwürfe sind das *Drei-Phasen-Modell* (Myrdal/Klein, 1956)[520] sowie Varianten des *Vereinbarkeitsmodells* [521] im Sinne einer Doppelorientierung auf

---

[520] Das für Schweden und andere westliche Industrieländer in den 1950er Jahren von schwedischen Soziologinnen beschriebene Drei-Phasen-Modell übte ab den 60er Jahren, vor allem in den 70er und 80er Jahren eine große Attraktion auf Frauen in Deutschland aus. Einer ersten Phase mit Ausbildung und Berufstätigkeit bis zur Geburt des ersten Kindes schließt sich eine Familienphase beziehungsweise „aktive" Mutterschaft an und in der 3. Phase ein beruflicher Wiedereinstieg (Kirner/Schulz 1992, 18). Die dem Drei-Phasen-Modell zugrunde liegende Norm, Mütter hätten die Berufslaufbahn für eine Familienphase zu unterbrechen, ist in der BRD noch aktuell (ebd., 21 f.). Festzuhalten ist, dass der Wiedereinstieg in den Beruf heute zeitlich immer mehr nach vorne verlagert wird, um unter anderem Einkommens- und Rückkehrrisiken zu minimieren.
Dabei sind neue Termini wie „Work-Life-Balance" sehr irreführend und die Verantwortlichkeit für die Balance liegt meist einseitig bei den Frauen/Müttern.

[521] Vereinbarkeit im Sinne der Erwartung an die Frau beziehungsweise Aufgabe der Frau, Reproduktionsarbeit und Erwerbstätigkeit miteinander zu vereinbaren, wobei die Erwerbstätigkeit meist auf eine Teilzeittätigkeit und somit einen Hinzuverdienst ausgerichtet ist.

Erwerbsarbeit im Beruf und Reproduktionsarbeit in der Familie. Myrdal und Klein (1956) stellten einen Übergang vom Zwei- zum Drei-Phasen-Modell fest, wobei letzteres durch einen Wiedereinstieg in die Berufstätigkeit nach der Familienphase gekennzeichnet ist, während das Zwei-Phasen-Modell durch einen Ausstieg aus der Erwerbstätigkeit definiert ist.

Dem Entweder-Oder von Erwerbstätigkeit und Familienarbeit steht heute ein Sowohl-als-Auch gegenüber. Diese Veränderung ist empirisch zu beobachten und mittlerweile zu einem gesellschaftlich akzeptierten Modell beziehungsweise zu einer Norm geworden, wobei andere Normen weiter bestehen. Der diesem Wandel zugrunde liegende Gedanke, „menschliches Leben sei etwas, das entworfen und geplant werden könne, [ist] keineswegs selbstverständlich, sondern hat sich erst im Laufe der Modernisierung entwickelt" (Geissler/Oechsle 1994, 139). Dieser Wandel der heutigen Gesellschaft ist durch den Trend der Individualisierung geprägt, und die bewusste Planung eines eigenen Lebensweges geht mit der Individualisierung einher.

Ganz allgemein umschreibt Individualisierung die Herauslösung aus kulturellen, sozialen und wirtschaftlichen Bindungen und wird im Anschluss an Ulrich Beck (1996, 119) „als ein historisch widersprüchlicher Prozeß der Vergesellschaftung verstanden", wobei neue Suchbewegungen entstehen. Den neuen Freiheiten und Entfaltungsmöglichkeiten stehen Risiken und Sicherheitsverluste gegenüber. Der Individualisierungstrend führt zu einer historisch neuen Gestalt der Institution Familie, die sich „von der Notgemeinschaft zur Wahlverwandtschaft" entwickelt (Beck-Gernsheim 1994, 6). Für Frauen (und Männer) besteht der Anspruch und Zwang, die eigene Biografie zu gestalten, wobei ein Wechselverhältnis zwischen den gesellschaftlichen Bedingungen, dem gesellschaftlichen Wandel und dem Wandel der Biografien der Frauen besteht. Der Wandel der „weiblichen Normalbiografie" impliziert für Frauen, die eigene Existenzsicherung zu planen. Entscheiden sich in Beziehungen lebende Frauen für Erwerbs- und Familienarbeit, so wird immer ein Mehr an Abstimmung nötig sein, um auseinanderstrebende Einzelbiografien innerhalb der Partnerschaft beziehungsweise der gesamten Familie zusammenzuhalten. Dieser Abstimmungsprozess stellt einen alltäglichen „Balance-Akt" dar und verlangt ein Planen, Organisieren und Delegieren, so dass die Familie zum Kleinunternehmen wird (Beck-Gernsheim 1994, 8).

In „weiblichen Lebenszusammenhängen" oder „weiblichen Lebensläufen" wechseln sich heute Phasen der Erwerbstätigkeit mit Phasen der Familienarbeit ab oder überschneiden sich. Mit Lebenslauf wird hier „die Bewegung eines Individuums durch seine Lebenszeit im Sinne einer individuellen Sequenz von Zuständen (Rollen, Positionen) und Ereignissen (Übergängen, Wendepunkten, Weichenstellungen, Entscheidungen)" bezeichnet (Kohli 1998, 200). Die Biografie hingegen hebt im Unterschied zum Lebenslauf stärker auf die „Lebensbeschreibung", also die Darstellung der Lebensgeschichte einer Person unter Berücksichtigung der gesellschaftlichen und kulturellen Umstände ab und kann somit auch als Erfahrungs- und Handlungszusammenhang verstanden werden.

Statt eines Lebenslaufs von Frauen als Phasenbiografie oder einem „‚Lochmuster-Sozialisationskonzept‘ mit nacheinander geschalteten Orientierungswechseln zwischen Beruf und Familie“ arbeiten Helga Krüger und Claudia Born (1990, 53) folgendes Grundmuster des Lebenslaufs von Frauen heraus, wobei eine Parallelisierung von Familienarbeit und Erwerbstätigkeit im Laufe des Lebens der Mädchen und Frauen unterschiedliche Gestalt annimmt: „als *perspektivische* Parallelisierung in der Jugendphase, als *zeitliche* Parallelisierung in der Phase der Mutterschaft und als *inhaltliche* Differenzierung selbst in Tätigkeitsfeldern mit hausarbeitsnahen Strukturen“ (ebd. [Hervorhebung im Original]).
Regina Becker-Schmidt führte Anfang der 1980er Jahre für diese Parallelisierung den Begriff der „doppelten Sozialisation“ von Mädchen und Frauen ein und prägte den Begriff der „doppelten Vergesellschaftung“ (Becker-Schmidt 2004). „Doppelte Vergesellschaftung“ meint die gleichzeitige Orientierung auf die Bereiche Familie und Erwerbstätigkeit, das heißt das gleichzeitige Hineinwachsen in beide Bereiche der Gesellschaft. Die „doppelte Vergesellschaftung“ ist höchst widersprüchlich, da sie mit „einem breiten Spektrum von Aneignungsmöglichkeiten verbunden [ist] und [.] gleichzeitig mit vielen Enteignungen erkauft [wird]; Gesellschaft und Staat verweigern den vollen Lohn, die volle Gratifikation und die volle Anerkennung von Frauenarbeit und Frauenkultur“ (Becker-Schmidt 1993, 43).
In der Erweiterung der These von Regina Becker-Schmidt sind nach der Auffassung von Krüger und Born (1990, 56) Frauen „im gesamten Lebenslauf doppelt sozialisiert, doppelt orientiert und doppelt qualifiziert“. Somit ist für die Frauen heute die Erwerbsarbeit von zentraler lebensgeschichtlicher Bedeutung, wobei die Orientierung auf Familie und Kinder hierbei nicht abgeschaltet, sondern überlagert wird (ebd., 61).

> „Familiale *und* berufliche Sozialisation, Qualifikation und Orientierung bestehen bei Frauen gleichzeitig und in einer komplizierten Beziehung zueinander: sie lassen sich nicht als *kompensatorisches* Verhältnis begreifen, sondern laufen *parallel*, denn die Realisierung der einen Dimension hebt das Interesse an der parallelen Verwirklichung der anderen nicht auf. Die gewünschte Komplementarisierung und gleichzeitige Verwirklichung aber stößt aufgrund der für den weiblichen Lebenslauf vorgesehenen strukturellen und kulturellen Muster an Grenzen.“ (ebd., 62)

Das Dilemma der Vereinbarkeitsproblematik wird zunehmend von Frauen und Männern registriert und verlangt nach Lösungen, wozu das Individuum, in der Regel die Frau, eine Steuerungsleistung erbringen muss. Geissler und Oechsle (1994, 141) verstehen biografische Selbststeuerung „als komplexe Handlungskompetenz des Individuums, sich selbst durch das eigene Leben zu bewegen und die verschiedenen Lebensbereiche durch eine eigene Strukturierungsleistung zu vermitteln und aufeinander zu beziehen. Sie setzt zunächst die Fähigkeit voraus, das Leben als eigenständige Biographie (als ‚Projekt‘) zu entwerfen.“ Dabei beziehen sich diese Entwürfe „immer auf ein ‚Hintergrundwissen‘ über typische Lebensabläufe (Berger u. a. 1975)“ (ebd.). Es stellt sich die Frage, ob Frauen mit Behinderungserfahrung dieses Hintergrundwissen in Form von Modellen fehlt, da ihnen keine oder nur wenig Modelle zur Verfügung stehen.[522]

Zunächst waren Forschungsarbeiten auf den Zusammenhang von Arbeitsmarkt-Individualisierung und Lebensplanung des Mannes beschränkt und die Lebensplanung von Frauen im Sinne eines eigenen biografischen Projekts auf wenige Aspekte wie zum Beispiel die Reproduktionsarbeit begrenzt (Geissler/Oechsle 1994, 142 f.). Die familienzentrierte Normalbiografie der Frauen wird nun brüchig. Birgit Geissler und Mechtild Oechsle verfolgen daher folgende These:

> „Die traditionale Lebensführung und der auf die Ehe bezogene weibliche Normal-Lebenslauf haben keine Geltung mehr; sie können keine das Handeln anleitenden Sinnstrukturen herstellen. Für junge Frauen heute gibt es – angesichts der Modernisierung ihres Lebenszusammenhangs – keine allgemeine biographische Leitlinie. Die herkömmlichen Lebenslaufmodelle sind zwar als kollektive Deutungsmuster noch vorhanden, und es gibt für sie institutionalisierte Rahmenbedingungen, aber für junge Frauen ist der traditionale weibliche Lebenslauf keine gültige Vorgabe mehr für ihr eigenes Leben.“ (1994, 144)[523]

Geissler und Oechsle (ebd.) führten eine empirische Untersuchung zur Lebensplanung junger Frauen[524] durch, in der Frauen „die sich auflösende Orientierungsfunktion von Geschlechterrollen und geschlechtsspezifischen Lebensläufen“ thematisierten. Dabei wird deutlich, dass die beiden Aspekte – Integration in die Erwerbsarbeit und in die Familienarbeit, also die primären Erwartungen an Frauen – höchst unterschiedliche Aufmerksamkeit genießen und vielfältige Planungsanforderungen an die Frauen stellen (ebd., 146 f.). „Für junge Frauen greift eine biographische Perspektive, die sich nur auf den Einsatz der Arbeitskraft im Erwerbsleben richtet, zu kurz. [...] Aufgrund ihrer Gebärfähigkeit und der Verknüpfung von biologischer und sozialer Mutterschaft bleibt ihre Beteiligung am Erwerbsleben eingeschränkt“ (ebd., 147). Nicht im Sinne einer im Wesen der Frau liegenden Einschränkung, sondern aufgrund gesellschaftlicher Strukturen wird die Erwerbsbeteiligung von Frauen behindert. Die „doppelte Lebensführung“ hat sich somit in der Untersuchung von Geissler und Oechsle als Leitbild der Frauen durchgesetzt und ist im Wesentlichen durch die Aufrechterhaltung des beruflichen Interesses der Frauen in der Lebensphase mit den Kindern gekennzeichnet (ebd.). So macht die Vereinbarkeit von Erwerbsautonomie[525] mit der Präsenz in der Familie die Besonderheit der Lebensplanung von Frauen aus (ebd., 148). Institutionelle Lösungen, wie zum Beispiel Kindergärten, Kindertagesstätten und Ganztagsschulen zur Vereinbarkeit von Erwerbs- und Familienarbeit sind dabei kaum vorhanden, so dass Frauen (und Männer) auf private Lösungen zurückgreifen müs-

---

[522] Hier wäre interessant zu untersuchen, wie viele Mütter von Kindern mit geistiger Behinderung berufstätig und wie viele Hausfrauen sind.

[523] Kritisch wäre anzumerken, dass hier ein Paradox verhandelt wird, denn eine allgemein gültige Leitlinie gibt es noch: „Individualisiere Dich!“

[524] In dieser Studie wurden 77 qualitative Leitfaden-Interviews mit jungen Frauen im Alter von 20 bis 30 Jahren im Jahr 1989 geführt, die erwerbstätig oder in einer Umschulung waren, aber noch keine Kinder hatten.

[525] Geißler und Oechsle (1994, 148) sprechen hier tatsächlich von Erwerbsautonomie; meines Erachtens sollte man eher von Erwerbstätigkeit sprechen, da Autonomie angesichts der prekären Arbeitssituation von vielen Frauen ein Euphemismus ist.

sen. In ihrer Studie machen Geissler und Oechsle (1996) bei jungen Frauen fünf Typen[526] von Lebensplanung aus:

1. Der Typus der doppelten Lebensplanung
2. Zwei Typen der familienzentrierten Lebensplanung
3. Der Typus der berufszentrierten Lebensplanung
4. Der Typus der individualisierten Lebensplanung

Die zwei Typen der familienzentrierten Lebensplanung sind nicht identisch mit denen der 50er/60er Jahre im 20. Jahrhundert. Ihre Gemeinsamkeiten sind ebenso groß wie die Unterschiede, wobei für die beiden Typen von Frauen mit einer familienzentrierten Lebensführung die Familie zukünftig Priorität haben soll, sich jedoch der Weg dorthin und das Verhältnis der Geschlechter unterschiedlich gestaltet (ebd., 131). Für den einen Typ von Frauen mit familienzentrierter Lebensplanung stellt „der einzig richtige – ‚pflicht'gemäße – Lebensort der Frau die Ehe" dar, ergänzt durch das Leitbild der guten Mutter (ebd., 139). Zentraler Bezugspunkt der Planung dieser Frauen ist ein Arrangement in der Ehe und Hausfrauentätigkeit. Der zweite Typ von Frauen mit familienzentrierter Lebensplanung reduziert seine Ansprüche an die Berufstätigkeit aufgrund negativer und krisenhafter Arbeitserfahrungen sowie fehlender Ressourcen und plant folglich eine Familiengründung statt einer Ausbildung (ebd., 143 ff.). Die Gründe für eine Erwerbstätigkeit dieser Frauen sind sowohl materieller Art als auch anpassender/ normalisierender Art, „um nicht aus der Normalität auszuscheren" (ebd., 159). Im Zentrum steht das Dasein für die Familie, bestehend aus einem Nebeneinander traditioneller und neuer Lösungen und Handlungsformen.

Dabei wird das Fehlen entsprechender Vorbilder deutlich, und jede Wahl für einen bestimmten Weg wird begründungspflichtig.[527] Dass Frauen heute „durch den Widerspruch zwischen Freisetzung und Rückbindung an die alten Zuweisungen in den weiblichen Lebenszusammenhang hin- und hergerissen" werden (Beck 1990, 46), ist der Trägheit des sozialen Wandels zuzuschreiben. Erst nach einer längeren Zeitspanne werden die neuen Lebensplanungen für alle sichtbar und damit in Teilen normal. Die alte Homogenität der Lebensentwürfe dürfte aber unwiederbringlich dahin sein.

Können kollektive Lebensentwürfe ein Modell für junge Frauen bieten? Kollektive Lebensentwürfe wie zum Beispiel das „Drei-Phasen-Modell" oder der „doppelte Lebensentwurf" bieten Modelle für individuelle Lebensentwürfe. Sie beide betonen die strukturgebende Relevanz von Familie und Beruf. Kollektive Lebensentwürfe stellen ein Bündel gesellschaftlicher Erwartungen hinsichtlich der Lebensgestaltung dar (ebd., 222), und „transportieren gesellschaftlich legitimierte Rollenmodelle, die orientiert sind an Leitbildern" (ebd., 20). Einige kollektive Lebensentwürfe sind gesellschaftlich anerkannt und mit Leitbildern verknüpft. Die zentrale Funk-

[526] Zunächst arbeiteten sie vier Typen heraus (vgl. Geißler/Oechsle 1994, 152 ff.) und die Ausdifferenzierung in zwei Typen der familienzentrierten Lebensplanung erfolgte erst später.

[527] Das Dilemma besteht für junge Frauen heute darin, dass es kein biographisches Modell für ihren Wunsch nach Vereinbarung von Familie und Beruf gibt (Geissler/Oechsle 1994, 149).

tion kollektiver Lebensentwürfe besteht darin, „Rollenmodelle für die Gestaltung der eigenen Zukunft anzubieten“ (ebd.). Leitbilder beinhalten eindeutige Wertungen und „normative Vorstellungen über eine gesellschaftlich anerkannte, wünschenswerte Lebensgestaltung“ (ebd.). Individuelle Lebensentwürfe orientieren sich also an kollektiven Lebensentwürfen und

> „sind das Ergebnis der Wechselwirkung zwischen gesellschaftlichen Strukturen und subjektiven Erlebnis- und Verarbeitungsformen. Die gesellschaftlichen und sozialen Rahmenbedingungen sind als Gelegenheitsstrukturen zu verstehen, die die Realisierung bestimmter Lebensentwürfe erleichtern oder erschweren.“ (Keddi/Pfeil/Strehmel 1999, 23)

Somit sind die Auseinandersetzungen mit kollektiven Lebensentwürfen und die Entwicklung individueller Lebensentwürfe nicht von gesellschaftlichen Rahmenbedingungen und individuellen Ressourcen isoliert zu betrachten. „Individuelle Lebensentwürfe sind handlungsleitende Vorstellungen über die eigene Lebensweise und entstehen in der Auseinandersetzung mit kollektiven Lebensentwürfen, vorgefundenen Gelegenheitsstrukturen und biographischen Erfahrungen.“ (ebd.) Die Autorinnen betonen, dass der Prozess der Auseinandersetzung langwierig, offen und meist unabgeschlossen ist (ebd., 24).

> „Gelegenheitsstrukturen sind gesellschaftliche Strukturen, die Handlungsspielräume für die Umsetzung von Lebensentwürfen erweitern oder einschränken. Solche Strukturen können im sozialen Nahumfeld einer Person (Partner, soziales Netzwerk), in regionalen Infrastrukturen oder gesellschaftlichen Makrobedingungen liegen.“ (Keddi u. a.1999, 221)

Keddi u. a. (1999) fragen in ihrer Studie, ob Frauen an der „doppelten Lebensführung“ festhalten oder andere Optionen nutzen.[528] Die Ergebnisse zeigen, dass junge Frauen sich nicht auf den „doppelten Lebensentwurf“ festlegen lassen, sondern andere Lebensthemen an Bedeutung gewinnen. Der Beruf bleibt als zentraler Strukturgeber bestehen (ebd., 171). Die Autorinnen führen das Konzept der Lebensthemen – als einen Rahmen für den eigenen Lebensentwurf – ein und verstehen Lebensthemen als intermediäres Phänomen, das ein Bindeglied zwischen kollektiven und individuellen Entwürfen darstellt (ebd., 70).

Die herausgearbeiteten Lebensthemen der jungen Frauen lassen sich nicht auf die Doppelorientierung (Familie und Erwerbstätigkeit) reduzieren, sondern weisen eine große Vielfalt auf: Es gibt Frauen mit bereichsbezogenen Lebensthemen (Beruf, Familie) und Frauen mit bereichsunspezifischen Themen. Mit bereichsunspezifischen Lebensthemen versuchen die Autorinnen die Zeitdimension in der Auswertung zu berücksichtigen, da diese sich nicht an der Verwirklichung eines spezifischen Lebensaspekts orientieren, jedoch den bereichsspezifischen Lebensthemen ähneln, da sie langfristig gültig, handlungsleitend und bestimmend für biografische Entscheidungen sind (ebd., 83).

Bereichsspezifische Lebensthemen sind

- Lebensthema Familie
- Lebensthema Doppelorientierung auf Familie und Beruf

[528] In dieser Studie wurden ab 1991 700 qualitative Interviews mit 125 jungen Frauen in Bayern und Sachsen (und teilweise mit deren Partnern) geführt. Diese Interviews erfolgten zu vier verschiedenen Zeitpunkten in einem Zeitraum von sieben Jahren. Die jungen Frauen gehören zu den Geburtsjahrgängen zwischen 1963 und 1972.

- Lebensthema Beruf

Bereichsunspezifische Lebensthemen sind

- Lebensthema eigener Weg
- Lebensthema gemeinsamer Weg
- Lebensthema Aufrechterhaltung des Status quo
- Lebensthema Suche nach Orientierung

Die gängige Auffassung vom doppelten weiblichen Lebensentwurf einerseits und der männlichen Berufszentrierung andererseits muss nach dieser Analyse revidiert werden (Keddi 1999, 209). Zentral bei der Realisierung der Lebensthemen sind die Gelegenheitsstrukturen, wobei Unterschiede in den Lebensentwürfen sich nicht allein durch unterschiedliche Gelegenheitsstrukturen erklären lassen (Keddi u. a.1999, 215).

Die von mir geführten Interviews schneiden die bereichsspezifischen Lebensthemen an, thematisieren aber auch einzelne bereichsunspezifische Lebensthemen. Während die Lebensthemen Familie und Doppelorientierung auf Familie und Beruf nur von drei der interviewten Frauen als Vision kurz angerissen werden, steht für alle Frauen das Lebensthema Beruf im Vordergrund.[529]

In der Auswertung der Interviews mit Frau Müller zeigt sich ihr Lebensthema Eigener Weg (vergleiche Kapitel 6.2.4). Das Lebensthema Aufrechterhaltung des Status Quo ist für Frauen wie zum Beispiel Frau Kaufmann dominant, da sie für den erreichten Lebensstandard hart kämpfen mussten und diesen nun erhalten möchten.

Helga Bilden (1991, 297) macht auf Veränderungstendenzen aufmerksam, die eine Offenheit zur eigenen Gestaltung, aber auch einen Zwang zur individuellen Entscheidung herbeiführen. So verändern sich die geschlechtsspezifische Arbeitsteilung, die Berufsmotivationen von Frauen und Ansprüche an eine „gute Mutterschaft". Elternschaft wird wählbar, Heirats- und Erstgeburtsalter steigen, im Bereich Sexualität wird mehr verhandelt, so dass Lebensformen wählbar und veränderbar (ebd., 297 f.), aber auch begründungspflichtig werden.

Krüger und Born (1990, 65) heben hervor, dass „der Nachweis der doppelten Sozialisation, der doppelten Orientierung und der doppelten Qualifikation nicht als komplexe Befähigung zusammen gedacht wird, Frauen sich selbst nicht als doppelt wert fühlen", sondern sich eher im Gegenteil mit Versagensgefühlen plagen und als Rabenmütter oder halbe Mütter wahrnehmen. Man könnte auch davon sprechen, dass sie sich als doppelt defizitär fühlen. Hagemann-White (1994, 6) macht daher auf das Dilemma aufmerksam, dass „die gesellschaftliche Konstruktion der Unvereinbarkeit von Familie/Lebenswelt und Erwerb/Beruf von den Individuen (einzeln oder paarweise) einfallsreich *bewältigt*, nicht aber überwunden werden" kann.

Die ausgeführten Punkte verdeutlichen den großen Umfang von Lebenslaufforschung für Frauen ohne Behinderungserfahrung. Frauen mit Behinderungserfahrung erfahren diesbezüg-

[529] Weitere Ausführungen finden sich weiter unten.

lich weniger Aufmerksamkeit.[530] Einzelne Arbeiten, die sich auf Frauen mit Behinderungserfahrung beziehen, wurden im vierten Kapitel vorgestellt. Im Zusammenhang dieser Thematik geht Barbara Rohr (1984, 7) von folgender These aus:

> „Im Lebenszusammenhang der Sonderschülerin erscheint die Frauenfrage im Kapitalismus in besonderer Schärfe. Im Lebenszusammenhang der Sonderschülerin wird in besonders extremer Weise der für alle Frauen geltende Tatbestand ihrer doppelten Unterdrückung, Ausbeutung und Diskriminierung sichtbar: Als Klassenwesen und als Geschlechtswesen zugleich."[531]

Die Sonderschülerinnen arbeiten aufgrund geringer schulischer Qualifikationen in der Regel als Ungelernte auf frauenspezifischen Arbeitsplätzen, leben knapp am Existenzminimum oder sind arbeitslos, so dass „der Zwang zur Ehe materiell vorgezeichnet" ist, wobei sich in der Ehe selbst der Zwang zum „Mitverdienen" ergibt (ebd., 16 f.). Des Weiteren sind diese Sonderschülerinnen nach Rohr (ebd., 17 f.) schon von früh an gemeinsam mit ihren Müttern zuständig für die familiale Reproduktionsarbeit, wobei diese Alltagsarbeit durch besondere soziale und materielle Bedingungen in der Herkunftsfamilie beeinflusst wird und zu belastenden Momenten führen kann, so „daß der Lebenszusammenhang der Mädchen in besonderem Maße einengend und entwicklungshemmend wirkt" (ebd., 17). Erschwerend kommt hinzu, dass „die Mädchen benachteiligende Sozialisation in Familie, Freizeit und Beruf in der Regel durch die Schule fortgeführt bzw. vorbereitet" wird (ebd., 21).
Eine der wenigen Arbeiten, die sich den Lebenszusammenhängen von Frauen mit sogenannter geistiger Behinderung widmen, stammt von Andrea Friske (1995, 206). Dabei macht sie auf die aus ihrer Sicht entstehenden Widersprüchlichkeiten im Leben von nicht behinderten Frauen und Frauen mit Behinderungserfahrung aufmerksam. Folgende Gegenüberstellung verfasste Friske (1995) aufgrund ihrer Interviews:

Für nicht behinderte Frauen gilt:	**Für Frauen mit sogenannter geistiger Behinderung gilt:**
Hausarbeit statt Erwerbsarbeit	Erwerbsarbeit statt Hausarbeit
Ehegebot	Eheverbot
Zwangsheterosexualität	„Zwangshomosexualität"
Gebärzwang	Gebärverbot
Sterilisation muss erkämpft werden	Zwangssterilisation
Abtreibung ist verboten (§ 218)	Abtreibung ist geboten (§ 218)

Tabelle 5: Gegenüberstellung der Lebenssituation nicht behinderter und geistig behinderter Frauen (Friske 1995)

[530] Zum Mangel an geschlechtsspezifischer Forschung im Bereich der Sonderpädagogik vergleiche auch Ortmann 2000.

[531] Der „weibliche Lebenszusammenhang bezieht sich auf das Alltagsleben der Frauen [und] umfaßt die Tätigkeiten und Beziehungen der Frauen in Familie und Haushalt im Bereich der individuellen Reproduktion. Reproduktionsarbeit meint alle Arbeiten in der Privatheit der Familie, die sich richten auf die Herstellung und Wiederherstellung von Arbeitskraft der Familienangehörigen – des Mannes, der Kinder, der eigenen." (Rohr 1984, 9)

Angesichts der Tatsache, dass ihre Arbeit bereits von 1995 ist, stellt sich in der heutigen Situation die Frage der Brüchigkeit und Veränderung der weiblichen Normalbiografie und ihrer Vorbildfunktion für Frauen mit Behinderungserfahrung. Festzuhalten ist, dass bereits die von ihr genannten Erwartungen an nicht behinderte Frauen nicht mehr ungebrochen gelten und ein gesellschaftlicher Individualisierungsprozess eingesetzt hat, der sowohl Chancen in Form von differenzierten Wahlmöglichkeiten und Freiheiten als auch Risiken zum Beispiel in Form der Zunahme von Komplexität bereithält.[532] Die von Friske erstellte Gegenüberstellung wird somit nicht den unterschiedlichen Lebenslagen, Orientierungen und Biografien der Frauen des 21. Jahrhunderts gerecht. Friskes Modell ist statisch und ignoriert die Pluralität der Lebenslagen von Frauen. In ihren abschließenden Gedanken wird nicht deutlich, auf wen sie sich theoretisch bezieht beziehungsweise sie bindet die bestehenden Forschungsarbeiten nicht ausreichend in ihre Gegenüberstellung ein.[533] Ungeachtet dieser Kritik an ihren abschließenden Gedanken bleibt es Friskes Verdienst, sich überhaupt der Lebenssituation von Frauen mit sogenannter geistiger Behinderung angenähert und Ansätze zu einer frauenorientierten Heilpädagogik benannt zu haben.

Es stellt sich die Frage, welche Typen der Lebensplanung Frauen mit Behinderungserfahrung bevorzugen. Frauen mit sogenannter geistiger Behinderung werden seltener doppelt sozialisiert, sondern vorrangig auf eine Tätigkeit in einer WfbM vorbereitet – fast unabhängig von ihren eigenen Wünschen, was in den von mir geführten Interviews weiter unten zum Ausdruck kommt. Das Thema Mutterschaft und Kinderwunsch wird ohnehin weitgehend tabuisiert. „Für sie hat nicht die Familien-, Haus- und Erziehungsarbeit Vorrang vor der Erwerbsarbeit. Vielmehr sind sie nach Eintritt in das Arbeitsleben bis ins Rentenalter voll erwerbstätig. Für sie geht es nicht um Dazuverdienen, sie machen keine Babypause. Damit fehlt ihnen jede Identifikationsmöglichkeit mit den gängigen Lebensentwürfen von Frauen." (Friske 1996, 236)

Haben die Typen der Lebensplanung bei Frauen mit Behinderungserfahrung unter Umständen eine andere Relevanz? Offensichtlich sind die individuellen Realisierungschancen bestimmter biografischer Ziele für behinderte Frauen geringer. Darauf weist auch Dagmar Orthmann (2000, 113) in Bezug auf die Lebenssituation lernbehinderter Mädchen hin, wenn sie von einer größeren Planungsnotwendigkeit bei gleichzeitigen Planungserschwernissen ausgeht.

In den von mir geführten Interviews wird deutlich, dass die von Friske aufgeworfenen Dimensionen weiblicher Lebenszusammenhänge auch von Frauen mit Behinderungserfahrung thematisiert werden.[534] Gemeinsam ist ihnen die in der patriarchalen Gesellschaft erlebte struktu-

---

[532] Dies kann auch mit dem Begriff „Flexicurity" umschrieben werden (vergleiche dazu Kronauer/Linne 2007; Jerg/Goeke 2009).

[533] Friske (1995, 18 f.) führte im Rahmen ihrer Arbeit 1993 halb-standardisierte Interviews mit vier Frauen. Der Interviewleitfaden ist im Anhang ihrer Arbeit einsehbar. Die interviewten Frauen waren im Alter von 30 bis 52 Jahren, ledig und kinderlos, in einer WfbM tätig und wohnten in einem Wohnheim oder einer Außenwohngruppe.

[534] Bisher fehlen meines Wissens Studien über Lebensentwürfe von Frauen mit sogenannter geistiger Behinderung.

relle und direkte Gewalt (Friske 1995, 144) (vgl. Kap. 4.6). Es ist die Frage, ob die vielfältigen Wahlmöglichkeiten Frauen mit Behinderungserfahrung genauso zur Verfügung stehen. Welchen Lebensentwurf verfolgen Frauen mit Behinderungserfahrung?[535] Die von mir befragten Frauen äußerten häufig den Wunsch nach einer Berufstätigkeit außerhalb der WfbM beziehungsweise eines Sonderarbeitsmarktes, insbesondere Frau Radeck (vgl. Kap. 6.2.3).
Gibt es für Frauen mit Behinderungserfahrung weniger Modelle? Wie kann der kollektive Lebensentwurf für Frauen mit Behinderungserfahrung aussehen? Oder gibt es Modelle, die jedoch weder wissenschaftlich noch gesellschaftlich tradiert sind? Das wären interessante Fragen, deren Beantwortung an anderer Stelle erfolgen muss. Dass es implizit Modelle gibt, die jedoch nicht bewusst sind, sondern sich in einer Erwartungshaltung gegenüber Frauen mit Behinderungserfahrung niederschlagen, verdeutlicht Friskes Gegenüberstellung.[536] Sind Frauen mit Behinderungserfahrung in der Lage, sich mit den Anforderungen und Erwartungen auseinanderzusetzen und diese in einen individuellen Lebensentwurf zu übersetzen? Die Planung und Gestaltung der eigenen Biografie erscheint für Frauen und Männer mit Behinderungserfahrung noch schwieriger, da sie zwischen widersprüchlichen Anforderungen und Erwartungen der Umwelt als auch der sie „betreuenden" Institutionen eine Lebensplanung vornehmen müssen. Sie benötigen hierbei eventuell Unterstützung in Form einer *persönlichen Zukunftsplanung*[537] oder Biografiearbeit zur Bewältigung der Statuspassage junges Erwachsenalter.
Für die meisten von mir interviewten Frauen fehlen Gelegenheitsstrukturen im oben genannten Sinn. Form und Umfang des sozialen Kapitals (Bourdieu 1983)[538] aus der Herkunftsfamilie oder persönliche und soziale Ressourcen sind zum Beispiel unzureichend vorhanden. Positive Erfahrungen bei der Umsetzung ihrer Lebensentwürfe wurden selten gemacht, Unterstützung wurde oft verweigert und vermisst. Die Umsetzung individueller Lebensentwürfe ist damit insgesamt erschwert.
Für nicht behinderte Frauen spricht Beck (1990, 28) von einer – gemessen an der Ausgangssituation – *Feminisierung der Bildung* in den siebziger Jahren des 20. Jahrhunderts aufgrund der Bildungsexpansion, wobei er einräumt, dass „dieser Bildungsrevolution *keine* Revolution auf dem Arbeitsmarkt und im Beschäftigungssystem folgte" [Hervorhebung im Original]. Zur Ehezentrierung der deutschen Steuer- und Sozialpolitik kommt eine Diskriminierung in Bezug auf Entgelt, Einstellungs- und (Be-)Förderungsverhalten durch eine potenzielle Mutterschaft. All dies führt zu einer weniger stabilen Arbeitsmarktintegration, einem hohen Anteil unterqualifi-

---

[535] Fragen für weitere Forschungsarbeiten könnten sein: Werden die Frauen mit Behinderungserfahrung dabei als erwachsene Frauen wahrgenommen? Und wie nehmen sie sich selbst wahr? Werden die gesellschaftlichen Erwartungen an Frauen mit Behinderungserfahrung nicht herangetragen, weil der Spagat schon für Frauen ohne Behinderung schwer zu managen ist?

[536] So gibt es für nicht behinderte Frauen implizit die Erwartung, Teil eines Paares zu sein. Gilt dies auch für Frauen mit Behinderungserfahrung?

[537] Das Konzept der Persönlichen Zukunftsplanung wurde unter anderem von Stefan Doose (1997) in den deutschsprachigen Raum eingebracht und vor allem durch die *People First*-Bewegung aufgegriffen.

[538] Vergleiche dazu die ausführliche Darstellung in Kapitel 6.2.

ziert beschäftigter Frauen, ungleichen Verdiensten und häufigerer Arbeitslosigkeit (Klammer 2003), um nur einige Folgen zu nennen. Die gleichberechtigte Teilhabe von Frauen an gesellschaftlicher Macht ist ohnehin noch nicht erreicht.[539]

Die geschlechtsspezifische Diskriminierung von Frauen auf dem Arbeitsmarkt trifft für Frauen mit Behinderungserfahrung übrigens in ähnlicher Weise zu (vgl. Kap. 4).

Wünsche im Hinblick auf Partnerschaft, Ehe und Mutterschaft von Frauen mit Behinderungserfahrung ähneln denen nicht behinderter Frauen. Auch sie sehnen sich nach (stabilen) Partnerschaften und erhoffen sich Kinder, doch diese Wünsche werden nur selten gehört und realisiert. Kollektive Lebensentwürfe beinhalten gesellschaftliche Sollvorstellungen, die sich in Anlehnung an Friskes Gegenüberstellung (siehe oben) erweitern und aktualisieren lassen. Mit der Intention Polaritäten aufzueigen könnten insofern die gesellschaftlichen Erwartungen zugespitzt wie folgt formuliert werden:

Für nicht behinderte Frauen gilt:	**Für Frauen mit sogenannter geistiger Behinderung gilt:**
Varianten der doppelten und individuellen Lebensführung/Vereinbarkeit von Familienarbeit und/oder Erwerbsarbeit	Erwerbsarbeit statt Hausarbeit/Familienarbeit
Strukturgeber Beruf	Strukturgeber WfbM
Pluralisierung der Partnerschaft, aber Ehezentrierung in familiären Lebenssituationen	Eheverbot, aber Erlaubnis zu eheähnlichen Lebensgemeinschaften
Heterosexualitätserwartung	Partnerschaften möglich, Sexualität tabuisiert
Gebärerwartung/Verhütung als Option	Gebärverbot/Verhütungszwang
Sterilisation muss erkämpft werden	Sterilisationserwartung
Abtreibung ist gesellschaftlich negativ sanktioniert (§ 218)[540]	Abtreibung ist geboten (§ 218)

Tabelle 6: Aktualisierte Gegenüberstellung gesellschaftlich verbreiteter Vorstellungen zur Lebenssituation nicht behinderter und geistig behinderter Frauen

Die Interviews verdeutlichen, dass diese Aspekte den individuellen Empowermentprozess der Frauen beeinflussen und somit die Erwartung an ein gendersensibles Empowermentkonzept indirekt formuliert wird. Ein gendersensibles Empowermentkonzept impliziert, Rollenstereotype kritisch zu hinterfragen und Offenheit für neue Lebensentwürfe von Frauen und Männern (mit Behinderungserfahrung) zu ermöglichen. Gendersensibel meint hier die Aufmerksamkeit auf die Differenzen zwischen behinderten Frauen und Männern sowie behinderten und nicht behinderten Frauen zu richten.

Im Folgenden wird nun die generierte Theorieskizze samt Kernkategorie und Subkategorien vorgestellt.

[539] Vergleiche hierzu die Unterrepräsentanz von Frauen in Wirtschaft, Politik und Wissenschaft – insbesondere in höheren Positionen.

[540] Sanktion ist hier nicht im Sinne von „Strafe verhängen" zu verstehen. Die Soziologie unterscheidet zwischen positiven und negativen Sanktionen, wobei „negative Sanktionen (Bestrafungen) (…) der Person begehrte materielle oder immaterielle Güter (Freiheits- und Geldstrafen, Mißbilligung, Degradierung, Ansehensverluste, sozialer Ausschluß)" entziehen (Hillmann [4]1994, 753 f.).

6.2 *Theorieskizze: Spiralmodell des individuellen Empowermentprozesses von Frauen mit Behinderungserfahrung*

Ausgehend von der Fragestellung „Wie gestaltet sich der Empowermentprozess von Frauen mit sogenannter geistiger Behinderung?“ wurde folgende Theorieskizze generiert. Dabei gilt, „dass die Definitionsmacht über einen ‚erfolgreichen oder nicht erfolgreichen‘ Empowerment-Prozess eben nicht bei den Professionellen liegt“ (Keupp/Lenz/ Stark 2002, 84).

Die Ausgangssituation der Interviewpartnerinnen für ihren individuellen Empowermentprozess kann einerseits anhand der Kapitalkonfigurationen im Sinne Pierre Bourdieus (1983) beschrieben werden. Andererseits zählen zur Ausgangssituation weitere Auslöser im Sinne von ursächlichen Bedingungen negativer Art (wie Gewalterfahrung, Heimerfahrung usw.) und positiver Art (wie der persönlichen Begegnung mit People-First'lern) wie auch der – im Rahmen der vorliegenden Arbeit generierte – ***Wunsch nach uneingeschränktem Zugang zu verschiedenen Feldern***.[541] Dabei wird deutlich, dass die interviewten Frauen über wenig verwertbares Kapital im Sinne Bourdieus im Vergleich zur Mehrheitsgesellschaft[542] verfügen. Ökonomisches, kulturelles, soziales, physisches Kapital, symbolisches und juridisches[543] Kapital stellen zugleich die Ressourcen der interviewten Frauen dar.[544]

Die Ausgangssituation inklusive des mehr oder weniger stark ausgeprägten ***Wunsches nach uneingeschränktem Zugang zu verschiedenen Feldern*** führt dazu, dass die Frauen ihre Ressourcen mobilisieren, Kompetenzen entwickeln und einsetzen, indem sie auf diese Ressourcen zurückgreifen. Die Kategorie ***Wunsch nach uneingeschränktem Zugang zu verschiedenen Feldern*** impliziert eine Gleichzeitigkeit und somit eine Durchlässigkeit[545] zwischen den verschiedenen Feldern, die den Frauen ein Hin- und Herpendeln zwischen den Feldern ermöglicht. Dieser Wunsch nach Zugänglichkeit und damit Offenheit der verschiedenen Felder verdeutlicht, dass eine von außen gezogene Grenzziehung zwischen behindert/nicht behindert existiert, die die interviewten Frauen so nicht akzeptieren wollen. Am Beispiel von Frau Schmidt wird deutlich, wie sie an dieser Grenze arbeitet, um schließlich zu zeigen, dass sie kraft eigener Anstrengung und mit Unterstützung diese Grenze überschreiten kann. Die interviewten Frauen streben eine Zugänglichkeit und damit verbundene Gleichzeitigkeit der ver-

[541] Im Folgenden werden alle Kategoriebezeichnungen fett und kursiv geschrieben.

[542] Mit dem Begriff „Mehrheitsgesellschaft“ soll hier der Teil einer Bevölkerung bezeichnet werden, der die kulturelle Norm einer Gesellschaft definiert und repräsentiert. Auf unterschiedliche Ausgrenzungsmechanismen der Mehrheitsgesellschaft oder „Dominanzkultur“ wie sieht es nennt, macht Birgit Rommelspacher (1999) aufmerksam.

[543] Diese Kapitalart wurde von Joachim Schroeder (2002, 233) in die Diskussion eingebracht (siehe unten). Mit dieser von Schroeder (2002, 247) zusätzlich definierten Kapitalform ist die juristische Dimension gemeint.

[544] Kerstin Ziemen (2002a; 2002d) machte die Kapitaltheorie Pierre Bourdieus für die Analyse des integrationspädagogischen Feldes fruchtbar. Ebenso nutzte Stefan Doose (2006) Bourdieus Kapitalarten für die Analyse der beruflichen Situation von Frauen und Männer in unterstützten Beschäftigungsverhältnissen.

[545] Die zu Beginn des Forschungsprozesses aus den Daten generierte Bezeichnung „Durchlässigkeit“ unterliegt der Gefahr, dass man von zwei getrennten Feldern ausgeht. Jedoch besteht in Wirklichkeit eine Schnittmenge der Felder, wo diese sich überlappen und ineinander greifen und wirken.

schiedenen Felder an, wie zum Beispiel des *Felds des allgemeinen Arbeitsmarkts* und des *Felds der WfbM*, jedoch nicht die umfassende Teilhabe an allen bestehenden Feldern.

Zum besseren Verständnis sei hier zunächst der Feld-Begriff Bourdieus skizziert. Dem folgt eine Definition der bourdieuschen Kapitalarten, anhand derer die Ausgangssituation der interviewten Frauen beschrieben wird.

Bourdieus *Feldkonzept* ist vergleichbar mit der Logik eines Spiels, bei dem nach Regeln gespielt wird und es darum geht, Positionen zu erwerben und zu halten. Vergleicht man das Feld mit einem Spielraum, dann sind „‚Soziale Felder‘ ‚Spielräume‘, in denen Spieler Spielregeln befolgen“ (Ziemen 2002d, 81) und um ihre Vorrangstellung auf diesem Feld kämpfen. Manche Spielerinnen und Spieler verfügen über „Trümpfe“, das heißt „Karten, die in allen Feldern stechen“ (Bourdieu/Wacquant 1996, 128). Kapital ist wie eine Währung und in manchen Feldern ist nur eine Währungsart gültig.

> „Die Struktur des Feldes wird in jedem Augenblick vom Stand der Machtverhältnisse zwischen den Spielern bestimmt: Man kann sich das so vorstellen, daß jeder Spieler Stapel von verschiedenfarbigen Jetons vor sich liegen hat, die den verschiedenen Kapitalsorten entsprechen, die er besitzt, so daß seine *relative Stärke im Spiel*, seine *Position* im Raum des Spiels und auch seine *Spielstrategien* (…) zugleich von der Gesamtmenge seiner Jetons und von der Struktur seiner Jetonstapel abhängt, von dem Gesamtumfang und der Struktur seines Kapitals (…).“ (Bourdieu/Wacquant 1996, 128 f.)

Mit dem Begriff des Feldes bezeichnet Bourdieu „jene hochdifferenzierten, thematisch gebundenen sozialen Räume […], die ihre spezifische Struktur einem Netz objektiver Relationen verdanken, durch die unterschiedliche Positionen miteinander verknüpft sind (vgl. Bourdieu/Wacquant 1996, 127)“ (Rieger-Ladich 2006, 159).

Felder unterscheiden sich hinsichtlich ihrer Regeln, der erforderlichen Fähigkeiten, der Ziele und der Einsätze, die innerhalb der Felder von Bedeutung sind (Rehbein 2006, 106). Ein Vergleich der Felder kann aber auch Gemeinsamkeiten hinsichtlich dieser Eigenschaften aufzeigen.

> „Damit ein Feld funktioniert, muß es Interessensobjekte geben und Leute, die zum Mitspielen bereit sind und über den Habitus verfügen, mit dem die Kenntnis und Anerkenntnis der immanenten Gesetze des Spiels, der auf dem Spiel stehenden Interessensobjekte usw. impliziert ist.“ (Bourdieu 1993, 108)

Soziale Felder begreift Bourdieu zugleich als Kräfte- und Kampffelder, die „geprägt sind von der Konkurrenz unter den Akteuren“ (Krais/Gebauer 2002, 56). Dabei gibt die Struktur des Feldes den Stand der Machtverhältnisse wieder, das heißt den Stand der Verteilung des spezifischen Kapitals, das zuvor akkumuliert wurde (Bourdieu 1993, 108).[546] Bourdieu zufolge hat jedes Feld ein Machtfeld, das heißt „einen Bereich, in dem es um die Herrschaft über das jeweilige Feld geht“ (Rehbein 2006, 200).[547] „Das Feld der Macht ist das Feld, auf dem Akteure und

[546] Der Ausdruck „spezifisches Kapital“ verweist darauf, dass dieses Kapital in Verbindung mit einem bestimmten Feld einen Wert hat und nur unter bestimmten Bedingungen in eine andere Art Kapital konvertierbar ist (Bourdieu 1993, 108).

[547] Hierbei erfolgt eine Differenzierung in Professionelle und Laien durch die unterschiedliche Verteilung der Ressourcen, was schließlich auch zu einer Arbeitsteilung führt (Rehbein 2006, 200 ff.).

Institutionen mit hinreichend Kapital um die Bewertung unterschiedlicher Machtformen bzw. Kapitalsorten kämpfen (Bourdieu 2000a, 321 f.).“ (Rehbein 2006, 203) Somit stellt sich das Feld der Macht als eine Form von Machtbeziehungen dar, wobei es zu berücksichtigen gilt, dass Macht eine Adressatin oder einen Adressaten braucht. „Das Feld der Macht liegt quer zu den übrigen Feldern und gilt ihm als jener Ort, an dem das relative Gewicht zu feldspezifischen Kapitalsorten ausgehandelt wird (vgl. Bourdieu 1998a, 51).“ (Rieger-Ladich 2006, 161)

Von den Akteurinnen und Akteuren wird die bestmögliche Position auf dem Feld angestrebt. Ein Feld wiederum kann mehrere Bestandteile, das heißt Unterfelder haben. Das Unterfeld besitzt wiederum eine eigene Logik, spezifische Spielregeln und Regularitäten (Bourdieu/ Wacquant 1996, 135). Die Gesellschaft besteht aus verschiedenen Feldern, die untereinander Beziehungen eingehen.

Bourdieu arbeitete ebenfalls ein umfassendes Habitus-Konzept heraus. Der Habitus bestimmt die Praxis des Feldes und muss mit dem Begriff des Feldes eng verknüpft betrachtet werden. Der Habitus ist ein Bindeglied zwischen den als objektiv verstandenen Strukturen des Feldes – der Kapitalverteilung – und der Praxis des Individuums. So bildet sich jeder Habitus in Beziehung zu bestimmten Feldern (Bourdieu 1987, 164). „Die dort erworbenen Fähigkeiten sind übertragbar, aber auf anderen Feldern nicht notwendig genauso wertvoll und praktikabel.“ (Rehbein 2006, 106)

„Ob etwas als ein Feld zu bezeichnen ist, ist danach zu beurteilen, ob dieses Spuren im Habitus hinterlässt oder bereits hinterlassen hat.“ (Ziemen 2002d, 81) „Die Grenzen des Feldes liegen dort, wo die Feldeffekte aufhören.“ (Bourdieu/Wacquant 1996, 131) Grenzen sind somit nicht endgültig definiert und variabel.[548] Folglich gibt es ein *Feld der institutionalisierten Behindertenhilfe*. Die Zugangsbedingungen zu diesem Feld knüpfen sich vor allem an die Feststellung einer „wesentlichen Behinderung“ und die insbesondere im SGB IX festgelegten Kriterien.

„Da Felder aus Kämpfen resultieren, verändern sie sich unaufhörlich. Ihre Analyse muss also historisch vorgehen, zumindest aber die Dynamik der Kämpfe umfassen.“ (Rehbein 2006, 109) Nach Bourdieu existieren drei große Felder: das ökonomische, das kulturelle und das soziale Feld. Diese wiederum bestehen aus verschiedenen Subfeldern. In der vorliegenden Arbeit stehen neben dem *Feld der institutionalisierten Behindertenhilfe,* als ein Subfeld des sozialen Feldes, andere Felder, zu denen für die Frauen mit Behinderungserfahrung noch vermehrt Zugangsbarrieren bestehen. Das *Feld der institutionalisierten Behindertenhilfe* wird hier aus Sicht der Frauen definiert und bezieht sich wie im allgemeinen Sprachgebrauch auf Einrichtungen, in diesem Kontext auf die Sondereinrichtungen wie Wohnheime und Werkstätten.[549]

---

[548] „Nur selten bekommen sie [die Felder S. G.] die Form rechtlicher Grenzen (z. B. als numerus clausus), auch wenn es ‚Zugangssperren‘ in allen Feldern gibt, unausdrückliche oder institutionalisierte.“ (Bourdieu/Wacquant 1996, 131)

[549] „Institutionalisiert“ soll hier nicht in einem grundlegenden soziologischen Sinne verstanden werden, nach dem Institution „jegliche Form bewußt gestalteter oder ungeplant entstandener stabiler, dauerhafter Muster menschlicher Beziehungen, die in einer Gesellschaft erzwungen oder durch die allseits als legitim geltenden

Dieses Feld hat sich in den letzten Jahrzehnten immer weiter ausdifferenziert. Aus den Interviews wird außerdem ein *Familiäres Feld* (Wohnen mit Eltern oder Partner) und ein *Feld der ambulanten Unterstützung* sichtbar.

Mit der Konstruktion des *Habitus* verweist Bourdieu auf die gesellschaftliche Formung des Individuums und verdeutlicht, wie alltägliche Handlungen sowie der Lebensstil des Individuums geprägt werden. Beim Habitus handelt es sich um einen durch Erziehung einverleibten Lebensstil, der in der Primärsozialisation erworbene gewohnheitsmäßige Strukturen umfasst. Oder anders ausgedrückt, „ist der Habitus das, was man erworben hat, was aber in Form bleibender Dispositionen dauerhaft körperliche Gestalt angenommen hat“ (Bourdieu 1993, 127). Das bedeutet, dass der Habitus sich auf frühe Kindheitserfahrungen gründet, aber keineswegs angeboren ist, sondern im Laufe der Sozialisation erworben wird und eine „erfahrungsabhängige Konstruktion“ darstellt (Krais/Gebauer 2002, 31).

> „Kern des Habitusbegriffs ist die Tendenz, ähnlich zu handeln. Der Habitus ist eine Art psychosomatisches Gedächtnis. In ihm sind frühere Handlungsweisen gespeichert, die in ähnlichen Situationen abgerufen werden. Das heißt, der Habitus ist eine Tendenz, so zu handeln, wie man es einmal – insbesondere beim ersten Mal – gelernt hat.“ (Rehbein 2006, 90)

Durch die mehrfache Wiederholung einer Handlung prägt sich das Muster ein und wird habitualisiert, so dass in der Habitualisierung die Handlung zur Gewohnheit wird (ebd.). Der Habitus als Inkorporierung sozialer Strukturen „prägt nicht nur den Körper, seine Gesten, die Körperhaltung und den Körpergebrauch, der Körper fungiert auch nicht nur als ein Medium, in dem sich der Habitus ausdrückt, vielmehr ist der Körper als Speicher sozialer Erfahrung wesentlicher Bestandteil des Habitus“ (Krais 2004, 95 f.). „Da im Habitus soziale Strukturen eingeprägt sind, tendiert er zur Reproduktion dieser Strukturen (…). Der Habitus organisiert das Handeln so, dass es dazu tendiert, die Bedingungen, unter denen er geschaffen wurde, zu reproduzieren (Bourdieu 1976, 165).“ (Rehbein 2006, 92 f.)

Die Ausführungen zum Habitus-Konzept bedeuten meines Erachtens, dass auch Behindertsein eine inkorporierte Erfahrung darstellt.[550] Eine Habitusveränderung ist möglich, aber äußerst schwierig. So verweist zum Beispiel die Theorie der „Erlernten Hilflosigkeit“ (Seligman 1999) auf die Schwierigkeit der Habitusveränderung, da der Verzicht und die Hilflosigkeit gelernt werden. Das Habitus-Konzept kann zur Erklärung beitragen, warum die befragten Frauen Ängste, Widerstände oder „Pseudoargumente“ vorbringen, um eine Veränderung zu vermeiden. Der Habitus erschwert somit ihren Empowermentprozess und hindert sie womöglich daran, ausreichend Selbstwertgefühl aufzubauen. Eine Grundunsicherheit bleibt bei den Frauen, wie zum Beispiel bei Frau Bender, bestehen, auch wenn sie Strategien zur Angstbewältigung entwickelt hat und angstauslösende Situationen (Seminarteilnahme, selbstständig Zug fahren) erfolgreich meistert. Im Interview thematisiert Frau Bender offen ihre Ängste *„ich habe ja erst*

Ordnungsvorstellungen getragen und tatsächlich ‚gelebt‘ werden“ (Hillmann [4]1994, 375).

[550] Meines Wissens macht Bourdieu keine Aussagen zum Thema Behinderung.

ein bisschen Angst gehabt weil so was [Teilnahme an einem Seminar S. G.] habe ich ja noch nie mitgemacht" (P15-I1). Sie geht bewusst ein Risiko ein (selbstständige Zugfahrt), um diesen Entwicklungsschritt zu bewältigen, auch wenn ihr ihr gesamtes Leben insbesondere von der Familie gesagt wurde, dass sie das nie alleine schaffen würde und sie somit Jahrzehnte lang auf einen Sonderfahrdienst verwiesen wurde.

Bourdieu arbeitete ebenso einen Zusammenhang zwischen Habitus und Geschlecht heraus, denn „eine vergeschlechtlichte Sicht der Welt lagert sich in unserem Habitus ein" (Krais/ Gebauer 2002, 49). Jeder Mensch entwickelt von Beginn seines Lebens an einen geschlechtsspezifischen Habitus, denn „das Geschlechterverhältnis gehört zu den frühesten Schemata sozialer Differenzierung, in die das Kind in seiner sozialen Interaktion einbezogen ist" (ebd.). In der Konsequenz werden Frauen und Männer „in ihren Möglichkeiten eingeschränkt, vereinseitigt, abgeschnitten vom Reichtum menschlicher Handlungs- und Erlebnisweisen" (ebd., 50). Jede und jeder erfährt eine geschlechtsspezifische Prägung, die sich auf den Habitus auswirkt.

> „Über den Habitus bestimmt die soziale Konstruktion des Geschlechterverhältnisses Körpervorstellung und Körpererleben, sinnliche Wahrnehmung, die Möglichkeiten, Freude und leiden zu fühlen und auszudrücken. Was mit dem Körper zu tun hat, rührt, auch wenn es sich um scheinbar banale, völlig ‚äußerliche' Dinge handelt, unmittelbar an die Identität der Person." (Krais/Gebauer 2002, 51)

Bourdieu zeigte auf, „wie die sozialen Subjekte – Männer *und* Frauen – in ihrer sozialen Praxis, in ihrem Denken und Handeln das Geschlechterverhältnis reproduzieren, modifizieren, weiterentwickeln" (ebd., 48).

Der Habitus ist eine Form des Kapitals, sogenanntes inkorporiertes Kapital (Rehbein 2006, 111). Eine Habitusveränderung erfolgt beispielsweise durch die Zunahme des symbolischen Kapitals (siehe unten). Jedoch ist der Habitus träge, wenn er einmal konstituiert ist (ebd., 93).

Der Habitus verengt einerseits den Raum der Möglichkeiten und andererseits öffnet er ihn gleichzeitig durch die Akkumulation von Kapitalien. Der Habitus kann auch hinderlich sein, wenn das Feld den Habitus nicht als Kapital anerkennt.

Nicht nur der Feld-Begriff und das Habitus-Konzept müssen in Beziehung gedacht werden und verweisen aufeinander, sondern auch Feld und Kapital beeinflussen sich gegenseitig. Um in einem bestimmten Feld zu existieren, benötigen die Akteurinnen und Akteure Kapital. Das Kapital stellt zugleich die Zugangsbedingungen dar. Da jedes Feld unterschiedliche Arten von Kapital erforderlich macht, ist das bourdieusche Kapital feldspezifisch (Rehbein 2006, 112). Dabei sind die sozialen Felder meist hochgradig differenziert und weisen eine hierarchische Struktur auf, sodass die Zugangsmöglichkeiten höchst ungleich verteilt und abhängig von dem akkumulierten Kapital sind (Rieger-Ladich 2006, 160). „Abhängig von dem akkumulierten Kapital bekleiden die Akteure innerhalb des Raumes objektiver Relationen nicht nur unterschiedliche Positionen – sie beobachten die Logik des Spiels auch aus distinkten Perspektiven und entwickeln positionsspezifische Strategien, die auf Erhalt oder Überwindung der existierenden Ordnung drängen." (ebd.)[551]

Da die Kapitalien feldspezifisch und oftmals schwer auf ein anderes Feld zu übertragen sind, „tendierten Individuen dazu, nach Möglichkeit auf dem Feld zu verbleiben, für das ihr Kapital erworben wurde, und dort um die Vermehrung oder eine verstärkte Anerkennung ihres Kapitals zu kämpfen" (Rehbein 2006, 173).[552]

Als „soziale Position" bezeichnet Bourdieu „das Gewicht eines Akteurs auf dem Feld, das sich durch sein Kapital bestimmt" (ebd., 114). Das Verhältnis der sozialen Positionen lässt sich wiederum in Analogie zur räumlichen Position als *sozialer Raum* bezeichnen (ebd., 115). Ein Feld ist ein Bestandteil des sozialen Raums und die Felder sind über die Aktivitäten Praktiken der Akteurinnen und Akteure miteinander verbunden. Innerhalb des Universums des sozialen Raums gibt es soziale Felder, innerhalb derer wieder verschiedene Unterfelder existieren. „Der soziale Raum bildet den Zusammenhang des Kapitals mit den sozialen Positionen sowie in erweiterter Form mit den Dispositionen des Handelns ab." (ebd., 172) Die drei Grunddimensionen Kapitalvolumen, Kapitalstruktur und zeitliche Entwicklung dieser beiden Größen konstruieren den sozialen Raum (Bourdieu 1987, 195 f.) und bestimmen die Position im sozialen Raum.

6.2.1 *Ressourcen der interviewten Frauen*

Ein weiterer zentraler Begriff bei Bourdieu ist der des Kapitals, welcher nun im Hinblick auf die Ressourcen der interviewten Frauen erörtert werden soll. Nach Bourdieu verfügen Akteurinnen und Akteure sowie Gruppen von Akteurinnen und Akteuren über verschiedene Kapitalsorten (erworbenes sowie mitgegebenes Kapital), die ihre Stellung im sozialen Raum wie auch in einem Feld bestimmen. Feld und Kapital gehören notwendigerweise zusammen. Dabei erweitert er den engen Kapitalbegriff der Wirtschaftswissenschaften und versteht Kapital als akkumulierte Arbeit, in objektivierter oder verinnerlichter Form, wobei die Akkumulation von Kapital Zeit braucht (Bourdieu 1983, 183). „Das Kapital als solches und im weiteren Verständnis kann allgemein als eine Macht (Verfügungsmacht) gekennzeichnet werden, die ihre Wirksamkeit in einem bestimmten Feld entfaltet. Bestimmte Kapitalsorten bekommen in dafür bestimmten Feldern Profitchancen." (Ziemen 2000, 82)

Bourdieu unterschied zunächst drei grundlegende Formen von Kapital, die er später um das physische Kapital und das symbolische Kapital ergänzte. Die Kapitalformen sind unterschiedlich schwer in andere Kapitalformen konvertierbar.

---

[551] Neben Erhaltungsstrategien finden Umsturzstrategien Anwendung, aber selbst häufig stattfindende Teilrevolutionen stellen die Grundlagen des Spiels selbst nicht in Frage (Bourdieu 1993, 108f).

[552] So erzählt zum Beispiel Frau Schmidt in einem Interview, dass es ihr lieber ist, ihre bereits erworbenen Kompetenzen in die Selbsthilfegruppe – der gleich Betroffenen – einzubringen, als sich mit „hochgeschulten" Frauen auszutauschen. Bezogen auf das Feld der Werkstatt für behinderte Menschen berichtet zum Beispiel Frau Müller, dass sie lieber in der Hauswirtschaft der WfbM ihre Kompetenzen einbringt, da dies von unterschiedlichen Gästen positiv wertgeschätzt wird.

Ökonomisches Kapital meint wirtschaftliche Ressourcen, die unmittelbar in Geld umgetauscht werden können, und somit alle direkt konvertierbaren Formen des Einkommens. Ökonomisches Kapital stellt die dominierende Kapitalform dar (Bourdieu 1983, 189). Die Verfügbarkeit über ökonomisches Kapital hat direkten Einfluss darauf, inwiefern eine Akteurin oder ein Akteur erforderliche Investitionen tätigen kann, um entsprechend andere Kapitalformen zu akkumulieren.

Die befragten Frauen verfügen in der Regel über wenig ökonomisches Kapital, da bis auf zwei Frauen alle Mitarbeiterinnen einer WfbM sind und der dort erzielte Lohn gering ist. Frau Reichert, Frau Kaufmann und Frau Lampert beziehen bereits eine EU-Rente, so dass ihr ökonomisches Kapital höher ist. Frau Radeck wohnt in einer Einliegerwohnung im Elternhaus und verfügt aufgrund der elterlichen Unterstützung über etwas mehr ökonomisches Kapital als die anderen erwerbstätigen Frauen. Bis auf die Rentnerinnen verfügen die Interviewpartnerinnen über ökonomisches Kapital, das sie durch ihre Arbeit erzielen. Phasen der Arbeitslosigkeit durchlebten zwei der interviewten Frauen. Zwei Frauen sammelten Erfahrungen durch eine Berufstätigkeit auf dem allgemeinen Arbeitsmarkt, wobei Frau Schmidt ihre letzte Arbeitsstelle kündigte, da sie sich als „billige“ Arbeitskraft ausgenutzt fühlte. Zum ökonomischen Kapital zählen auch die Zimmer oder Wohnungen und Wohnungseinrichtungen der Frauen.[553] Als Besonderheit aufgrund ihres Behindertenstatus nennen zwei Frauen den Schwerbehindertenausweis der ihnen die kostenlose Nutzung des ÖPNV ermöglicht und insofern eine Form des ökonomischen Kapitals darstellt. Dass das ökonomische Kapital begrenzt ist, wird an der Gefahr der Verschuldung deutlich, die für einige Frauen besteht, sodass für größere Anschaffungen längere Zeit angespart werden muss.[554] Einige Frauen verfügen über ökonomisches Kapital, das sie für private Zwecke wie einen Urlaub oder die Seminarteilnahme einsetzen. Drei Frauen erhalten für die Seminarteilnahme einen Zuschuss einer Stiftung. Eine Teilnahme an weiteren Seminaren und Angeboten ist daher für die meisten Frauen in diesem und im darauf folgenden Jahr aus finanziellen Gründen nicht möglich. Die Frauen, die in einem Wohnheim wohnen, verfügen lediglich über ein Taschengeld, das ihnen in einem bestimmten Rhythmus ausgehändigt wird.

Auf die Frage nach Zukunftswünschen wird Folgendes deutlich. Frau Schneider und Frau Mertens schließen einen Umzug/Auszug aus dem Wohnheim aus, da das selbstständige Wohnen „zu viel Miete kostet“. Auch die Frage des Kinderwunschs wird von den Frauen, die einen Kinderwunsch artikulieren, unter anderem damit beantwortet, dass ihnen die finanziellen Ressourcen für die Kindererziehung fehlen.

[553] Die Wohnungen können zugleich auch Teil des sozialen Kapitals sein. Dies hängt davon ab, aus welchen Gründen die Frauen sich die Wohnung ausgesucht haben. So würde man die Wohnung eher dem sozialen Kapital zuordnen, wenn im Vordergrund die Beziehungen und Kontakte zu Mitbewohnerinnen und Mitbewohnern sowie Nachbarinnen und Nachbarn stehen.

[554] Zur ökonomischen Situation insgesamt vergleiche die von Schildmann (2005) geleistete kritische Betrachtung des 2. Armuts- und Reichtumsberichts.

Nicht alle der Frauen verfügen über ein eigenes Zimmer. Drei der Frauen in einer ostdeutschen Wohneinrichtung wohnen in einem Doppelzimmer. Bei den Besuchen werden mir weiterhin die teils relativ kleine Größe der Zimmer und andererseits die desolate Bausubstanz einiger Wohnungen deutlich, was die geringe Verfügbarkeit von ökonomischem Kapital widerspiegelt. Ebenfalls gibt es Hinweise darauf, dass die Frauen aufgrund des fehlenden ökonomischen Kapitals zum Ausgleich über soziales Kapital in Form eines sozialen Netzwerks verfügen, das sie nutzen, um zum Beispiel von Mitarbeiterinnen/Mitarbeitern oder Nachbarinnen/Nachbarn ausrangierte Möbel und Einrichtungsgegenstände günstig zu übernehmen. Des Weiteren lässt sich die Fähigkeit der Frauen als kulturelles Kapital beschreiben, denn sie sind in der Lage, sich Informationen zu beschaffen, wo und wie sie preisgünstig Gebrauchtmöbel und Haushaltsgegenstände erwerben können.[555]

Den von Bourdieu beschriebenen Zusammenhang zwischen dem im Folgenden dargestellten kulturellem und dem ökonomischen Kapital thematisiert Frau Schmidt selbst, in dem sie sagt: *„die wollen ja nur , Leute die geschult sind , die bessere Ausbildung haben aber nicht die Leute die die Sonderschule haben , so was nehmen sie nicht , dann nehmen sie solche Kraft , die eh so ne billige Kraft die alles macht“ (P02-13).*

Kulturelles Kapital sind kulturelle Ressourcen und gliedert sich nach Bourdieu (1983, 185) in drei verschiedene Formen.[556]

A) Inkorporiertes kulturelles Kapital ist durch Bildungsanstrengungen Teil der Person geworden, insofern ist es körpergebunden, beziehungsweise personengebunden. Es setzt einen Verinnerlichungsprozess voraus, der nicht an Dritte delegiert werden kann und Zeit kostet (ebd., 186). Zum inkorporierten kulturellen Kapital „zählen mündliche, schriftliche, mimische, gestische und informationstechnische Kommunikationsfähigkeiten, Alltagswissen und Fertigkeiten in unterschiedlichen sozialen Feldern (Haushaltsführung, Umgang mit Behörden und Institutionen usw.); Umgangsformen, Verhaltens- und Handlungsstrategien, Zeitgestaltungsmuster, allgemeine Schulbildung, berufliches Wissen und Können.“ (Schroeder 2002, 267)[557]

„Inkorporiertes Kapital ist ein Besitztum, das zu einem festen Bestandteil der ‚Person‘, zum Habitus geworden ist; aus ‚Haben‘ ist ‚Sein‘ geworden.“ (Bourdieu 1983, 187; 1997b, 56) Somit kann inkorporiertes Kapital nicht kurzfristig weitergegeben werden (Bourdieu 1997b, 56). Dabei wird deutlich, dass „die zum Erwerb erforderliche Zeit das Bindeglied zwischen ökonomischem und kulturellem Kapital darstellt“ (ebd., 58).

---

[555] Insofern wird deutlich, dass die Trennung der Kapitalformen nur der Analyse dient, Bourdieus Gliederung sehr plausibel ist, aber eine Gliederung beziehungsweise Einteilung bleibt. Soziales und kulturelles Kapital werden im Folgenden weiter ausgeführt.

[556] Kulturelles Kapital ist zunächst eine etwas sperrige Kategorie, die erst in ihrer Untergliederung deutlich wird.

[557] Bourdieu (1997b, 56) ergänzt, dass hier auch die Primärerziehung in der Familie in Rechnung gestellt werden muss, wobei dies entweder als positiver oder negativer Faktor zu den Anforderungen des schulischen Marktes betrachtet werden muss, das heißt, der Einfluss der Primärerziehung auf das kulturelle Kapital kann mehr oder weniger, höher oder niedriger sein.

B) Objektiviertes kulturelles Kapital sind materiell übertragbare Kulturgüter wie zum Beispiel Bücher, Lexika, Schriften, Gemälde, Denkmäler, Instrumente oder Maschinen usw.[558] Seine Eigenschaften lassen sich nur in Beziehung zum inkorporierten Kulturkapital bestimmen, da die Kulturgüter zwar übertragbar sind, aber nur als juristisches Eigentum (Bourdieu 1983, 188). Demgegenüber ist „die Verfügung über kulturelle Fähigkeiten, die den Genuß eines Gemäldes oder den Gebrauch einer Maschine erst ermöglichen [...] nicht anderes als inkorporiertes Kulturkapital“ (ebd.). „Das objektivierte Kulturkapital als materiell und symbolisch aktives und handelndes Kapital [...] [besteht nur fort], sofern es von Handelnden angeeignet und in Auseinandersetzungen als Waffe und als Einsatz verwendet wird.“ (Bourdieu 1997b, 61)

C) Institutionalisiertes kulturelles Kapital sind schulische und akademische Titel in Form von zertifizierten Bildungsabschlüssen wie zum Beispiel Schulabschlüsse, Ausbildungsabschlüsse, Meisterbriefe, Diplome usw. Institutionalisiertes kulturelles Kapital kann zum Tausch des kulturellen Kapitals auf dem Arbeitsmarkt verwendet werden. Es besteht ein „Wechselkurs“, „der die *Konvertibilität* zwischen kulturellem und ökonomischem Kapital garantiert“ (ebd., 62 [Hervorhebung im Original]).

Kulturelles Kapital kann nur bedingt, das heißt unter bestimmten Voraussetzungen, in ökonomisches Kapital umgetauscht werden. Kulturelles Kapital kann im Unterschied zum ökonomischen Kapital nicht kurzfristig weitergegeben werden, sondern muss angeeignet werden und ist abhängig von Investitionen des ökonomischen und sozialen Kapitals.[559]

Keine der interviewten Frauen verfügt über kulturelles Kapital im Sinne eines Schulabschlusses, aber alle Frauen haben eine Schule besucht und insofern kulturelles Kapital erworben. Bis auf eine Interviewpartnerin haben alle interviewten Frauen eine Sonderschule besucht, und somit war es ihnen nicht möglich, einen regulären Schulabschluss zu erwerben. Frau Radeck berichtet von ihrer Integration in eine Regelschule und die damit verbundene Förderung seitens der Lehrerinnen/Lehrer und ihrer Eltern. Den Erwerb der Kulturtechniken holen zwei Frauen in einem Erwachsenenbildungsangebot nach. Berichtet wird weiterhin über andere Bildungsangebote, zum Beispiel zum Erwerb von EDV-Kenntnissen oder Studienreisen.

Die Seminare vermitteln den Frauen kulturelles Kapital. Die interviewten Frauen berichten von ihrem subjektiven Lernerfolg in den drei Seminarwochen und dem Erwerb neuen Wissens. Sieben Frauen erzählen, dass sie bereits Erfahrungen mit der Seminarteilnahme in ähnlicher Form gemacht haben. Erzählenswert ist für alle Frauen die Wissensvermittlung im Seminar zum

---

[558] Als Unterformen zählen nach Schroeder (2002, 272) dazu: „Räume, Fortbewegungs- und Kommunikationsmittel, Wohnungseinrichtungen, Haushaltsgeräte, Konten, Kleidung, Ausrüstung für Hobby und Freizeit, Werkzeuge und Maschinen für den Privatgebrauch“. So haben zum Beispiel Wohnverhältnisse einen indirekten Einfluss auf Lernprozesse von Kindern und Jugendlichen.

[559] Bourdieu macht in seinen Arbeiten unter anderem auf den Zusammenhang zwischen Bildungs-Fähigkeit und Bildungsinvestition aufmerksam, um zu zeigen, „daß ‚Fähigkeit‘ oder ‚Begabung‘ auch das Produkt einer Investition von Zeit und kulturellem Kapital ist“ (1983, 186). Auf weitere interessante und relevante Zusammenhänge für die Institution Schule und die Bildungspraxis kann in dieser Arbeit nicht eingegangen werden.

Thema Sexualaufklärung und Verhütung. Gerade für die ältere Generation ist dieses Wissen neu – so berichten sie in den Interviews.

Doch zurück zu den analytischen Kategorien von Bourdieu, der mit dem Begriff des sozialen Kapitals eine weitere Kapitalsorte aufführt.

Soziales Kapital meint das „Kapital an sozialen Verpflichtungen oder ‚Beziehungen'" (Bourdieu 1983, 185), wobei es sich um Freundschaften, Vertrauensverhältnisse oder die Zugehörigkeit zu einer Gruppe usw. handeln kann.

> „Das Sozialkapital ist die Gesamtheit der aktuellen und potentiellen Ressourcen, die mit dem Besitz eines dauerhaften Netzes von mehr oder weniger institutionalisierten *Beziehungen* gegenseitigen Kennens oder Anerkennens verbunden sind; oder, anders ausgedrückt, es handelt sich dabei um Ressourcen, die auf der *Zugehörigkeit zu einer Gruppe* beruhen." (Bourdieu 1997b, 63 [Hervorhebung im Original])

Die Definition betont die überindividuelle Natur des sozialen Kapitals, denn das soziale Kapital „unterliegt in stärkerem Maße dem Einfluss anderer Akteure, was den Zugriff darauf einschränkt" (Albrecht 2002, 205). Soziales Kapital (Beziehungskapital) kann man nicht alleine besitzen, sondern immer nur in Beziehung zu anderen, insofern zeigt es einen relationalen Charakter. Das soziale Kapital verleiht der Akteurin/dem Akteur oder einer Gruppe von Akteurinnen und Akteuren „Kreditwürdigkeit" (Bourdieu 1983, 191).

„Der Umfang des Sozialkapitals, das der einzelne besitzt, hängt demnach sowohl von der Ausdehnung des Netzes von Beziehungen ab, die er tatsächlich mobilisieren kann, als auch von dem Umfang des (ökonomischen, kulturellen oder symbolischen) Kapitals, das diejenigen besitzen, mit denen er in Beziehung steht." (Bourdieu 1983, 191) Entscheidend ist somit, dass das soziale Kapital nicht individuell und fast universell verfügbar ist, wie zum Beispiel ökonomisches Kapitel (Geld), sondern nur durch bestimmte soziale Beziehungen aktiviert werden kann. Aus der Zugehörigkeit zu einer Gruppe können sich materielle und symbolische Profite ergeben (ebd., 192). Somit ist nicht die Summe der Beziehungen ausschlaggebend, sondern deren „richtige qualitative Ausprägung" (Albrecht 2002, 203). Damit verbunden ist die Frage, welche feldspezifisch wichtigen Ressourcen die Akteurin oder der Akteur der oder dem anderen zur Verfügung stellen kann (ebd.). „Für die Reproduktion von Sozialkapital ist eine unaufhörliche Beziehungsarbeit in Form von ständigen Austauschakten erforderlich, durch die sich die gegenseitige Anerkennung immer wieder neu bestätigt." (Bourdieu 1983, 193) Sozialkapital beruht auf Austauschbeziehungen, und dieses Beziehungsnetz ist wiederum „das Produkt einer fortlaufenden Institutionalisierungsarbeit" (Bourdieu 1997b, 65).[560] Auch Zufallsbeziehungen können in Beziehungen umgewandelt werden, die früher oder später einen Nutzen versprechen, aber auch Verpflichtungen nach sich ziehen (ebd.). „Gegenseitiges Kennen und Anerkennen ist zugleich Voraussetzung und Ergebnis dieses Austausches." (ebd., 66) Für den Erwerb von Sozialkapital ist eine besondere Kompetenz erforderlich, nämlich Beziehungsarbeit zu leisten und

[560] Soziales Kapital kann im Verborgenen wirken (zum Beispiel politische Vetternwirtschaft) oder öffentlich sichtbar gemacht und zelebriert werden (Albrecht 2002, 203).

zu nutzen, diese sich anzueignen und zu bewahren (ebd., 67). „Das ist einer der Gründe, weshalb der Ertrag der für die Akkumulation und Unterhaltung von Sozialkapital erforderlichen Arbeit umso größer ist, je größer dieses Kapital selber ist.“ (ebd.) Des Weiteren kostet es Zeit, Beziehungsnetzwerke zu knüpfen und zu pflegen. Zu den Formen des sozialen Kapitals gehören auch Vereine, Verbände, Netzwerke usw.. Insgesamt lässt eine Differenzierung des Begriffs erkennen, dass sich zwei grundlegende Typen von interpersonellen Beziehungen unterscheiden lassen, auf denen soziales Kapital beruhen kann: die „Zugehörigkeit zu einer Gruppe“ und ein „Netz von Beziehungen“ (Albrecht 2002, 205).[561]

Die Interviews verdeutlichen, dass bei den Frauen die sozialen Netze sehr spärlich sind, teils wenig unterstützend wirken und eher auf das professionelle Netzwerk fokussiert sind. Die Interviewpartnerinnen verfügen über Sozialkapital in unterschiedlicher Weise. Meist können sie auf soziales Kapital in Hinblick auf die (Groß-)Familie zurückgreifen, samt Eltern und Geschwistern und profitieren von den von diesen Personen zur Verfügung gestellten Ressourcen. In Falle der drei älteren Interviewpartnerinnen sind die Eltern verstorben, jedoch besteht Kontakt zu einzelnen Geschwistern. Eine Interviewpartnerin verfügt über wenig soziales Kapital diesbezüglich, da sie zunächst im Kinderheim und Jugendheim war, dann bei der Großmutter aufgewachsen ist, zwar Kontakt zur Mutter hatte, aber ohne Vater aufgewachsen ist und erst im Erwachsenenalter Kontakt zu einer Cousine und einem Onkel hat, die sie nun im Erwachsenenalter sehr unterstützen. Insgesamt beschreiben alle Frauen das Verhältnis zu ihrer Herkunftsfamilie als sehr ambivalent. Zum sozialen Kapital der Frauen zählen Freundinnen und Freunde, Lebenspartner/Verlobter, je nach Wohnform Mitbewohnerinnen und Mitbewohner, aber vor allem Arbeitskolleginnen/Arbeitskollegen und Gruppenleiterinnen/Gruppenleiter der WfbM.

Den Wunsch, eine eigene Familie zu gründen, benannten im Interview drei Frauen unterschiedlich intensiv. Keine der interviewten Frauen ist verheiratet und/oder hat ein Kind.

Die Größe des sozialen Netzes sagt jedoch noch nichts über dessen Wirkung aus. Gerade Freundinnen und Freunde als auch Mitbewohnerinnen und Mitbewohner können soziales Kapital vermitteln, indem sie sich gegenseitig unterstützen und zusammenhalten.[562] Umso mehr

[561] Steffen Albrecht (2002, 205) merkt an, dass in Bourdieus Werk der Netzwerk-Aspekt weitgehend unberücksichtigt bleibt. Insgesamt bleibt in Bourdieus Arbeiten wie auch in der Rezeption der Begriff des sozialen Kapitals unterentwickelt bzw. wird kaum aufgegriffen (ebd., 199). Dies ist insofern unverständlich, da, wie Albrecht mittels einer empirischen Analyse der Struktur des Feldes Kölner Schriftsteller zeigen konnte, „in modernen Gesellschaften interpersonelle Beziehungen und auch die Zugehörigkeit zu Gruppen soziale Ungleichheit mit bedingen“ (ebd., 219). Aus der Analyse folgt, dass bei Untersuchungen des Sozialkapitals die beiden Differenzierungen (Netzwerk-Gruppenaspekt und formell/informell) berücksichtigt werden sollten (ebd., 220).

[562] Dies kann auch bedenklich sein. In Programmen der Sozialen Stadt (Bund-Länder-Programm zur Förderung benachteiligter Wohnquartiere) wird immer wieder betont, dass die Vernetzung im Quartier wichtig ist. So weit, so gut, doch wenn das soziale Kapital schon schwach ist, dann könnte die Vernetzung des „schwachen Kapitals“ vielleicht eher hinderlich sein oder welchen Nutzen kann es haben, wenn ich mich als Arbeitslose mit dem Arbeitslosen von nebenan zusammenschließe – er ist der Letzte, der mir einen Job geben wird. Vielleicht zeigt sich an dieser Stelle auch die Grenze des bourdieuschen Kapitalbegriffs.

ist den Frauen bewusst, wie wichtig es ist, diese Freundschaften zu pflegen. Der Peer-Kontakt – das Treffen und der Austausch unter gleich Betroffenen – steht bei den interviewten Frauen im Zentrum. Eine wichtige Quelle sozialen Kapitals stellen für drei Frauen ihre Selbsthilfegruppe und der damit verbundene Peer-Support dar. Als Ressource stellen die Frauen ihre Informationen und Erfahrungen zur Verfügung und bringen diese zum Beispiel in die Selbsthilfegruppe ein. Auch praktische Hilfestellungen werten das Kapital auf. Soziales Kapital können die Frauen im Kontext ihrer Peergroup akkumulieren, aber seltener in der Mehrheitsgesellschaft. Die Interviewpartnerinnen wünschen sich alle, den Kontakt zu den anderen Seminarteilnehmerinnen aufrechtzuerhalten, was ihnen aber durch fehlendes kulturelles Kapital (Möglichkeit, Briefe/E-Mails zu schreiben) und fehlendes ökonomisches Kapital (kein eigenes Telefon/ keine Möglichkeit, aufgrund kostenintensiver Anreise andere zu besuchen) erschwert bis verunmöglicht wird.[563]

Symbolisches Kapital liegt über den genannten Kapitalsorten. Es fasst das Ansehen der Akteurin und des Akteurs in dem entsprechenden sozialen Feld zusammen und kann mit Ehre oder Prestige umschrieben werden. So nützt zum Beispiel der Akteurin/dem Akteur allein die Verfügung über kulturelles Kapital wenig, wenn es nicht eine Anerkennung erfährt.[564]

Eine Akteurin oder ein Akteur kann symbolisches Kapital erwerben, indem sie oder er über die in einem Feld bedeutsamen Kapitalsorten verfügt und diese einsetzt oder tauscht, um damit Ansehen bei den anderen Akteurinnen und Akteuren zu erlangen. Symbolisches Kapital bezieht sich immer auf die Akteurin/den Akteur. Als symbolisches Kapital manifestiert sich Anerkennung dann zum Beispiel in Form von Titeln (Dr.) und Prädikaten („von") vor dem Namen. „Der Zugang und die entsprechende Position innerhalb der Felder sichert symbolisches Kapital und damit Anerkennung." (Ziemen 2002b)[565] Symbolisches Kapital ist dabei wie ein Kredit, eine Art Vorschuss, zu verstehen (Ziemen 2000, 89).

Verschiebungen im Feld der Macht können zur Anerkennung von symbolischem Kapital führen.

Über symbolisches Kapital können die Frauen verfügen, wenn sie als Erwachsene, das heißt als Frauen, Anerkennung finden und ihnen auf Augenhöhe begegnet wird. Zwei Frauen erwerben darüber hinaus symbolisches Kapital, indem sie eine Selbsthilfegruppe leiten, während Frau Scherf als Heimbeiratsmitglied tätig ist. In ihrer Funktion als erste Vorsitzende des Heimbei-

[563] Jantzen (2000, 70 f.) zeigt für Familien mit Kindern mit der Diagnose Rett-Syndrom auf, welche unterschiedlichen Verluste an sozialem Kapital in der Nachbarschaft, aber auch in der Familie, welche Verluste an kulturellem Kapital im alltäglichen Leben, in den Auseinandersetzungen mit Professionellen mit der neuen Lebenssituation einhergehen und welche unterschiedlichen Kompensationsstrategien angewendet werden, um wieder Stabilität zu erlangen. „Gemeinsam war allen Prozessen, dass es sich um gravierende Verschiebungen im Feld der Macht handelte, und allen Kompensationsstrategien, die Bewegung zum Pol der Ohnmacht wieder zu kompensieren." (ebd., 71)

[564] Natürlich bedeutet zum Beispiel die Tatsache des „Lesenkönnens" auch ohne Anerkennung von anderen für die/den Betreffende/n einen immensen Gewinn an Lebensqualität.

[565] Ziemen (2002b) macht in diesem Aufsatz deutlich, wie insbesondere geistig behinderten Kindern der Zugang in das integrative schulische Feld erschwert wird.

rats betont Frau Bender, müsse sie bei allen Sitzungen dabei sein. Diese Frauen haben damit verbundene Möglichkeiten der (politischen) Einflussnahme, gerade wenn sie als Expertinnen in eigener Sache auftreten und ihre Rechte einfordern. Die schlechte Ressourcenausstattung der interviewten Frauen bedingt, dass der Einfluss anderer sozialer Felder (Institutionen und Professionelle) und deren symbolisches Kapital zunehmen, während sie selbst über wenig bis gar kein symbolisches Kapital verfügen. Frau Radeck erfährt hingegen Anerkennung über ihre Leistungen im Sport.

Des Weiteren stellt für die Gesprächspartnerinnen meine Forschungstätigkeit eine Form der Anerkennung dar. In den Interviews höre ich den Frauen zu, nehme ihre Aussagen als wichtige Informationsgrundlage auf und vergebe damit symbolisches Kapital.

Das symbolische Kapital ist für die Kategorie Anerkennung[566] zentral, denn es geht dabei um die Anhäufung von symbolischem Kapital in Form von Prestige, Ansehen und Renommee (Ziemen 2003), so dass „Anerkennung [...] sich im sozialen Tausch“ realisiert (Ziemen 2002b). „Der soziale Austausch/Tausch muss alle sozialen Akteure des Feldes einbeziehen. [...] Grundsätzlich hat jeder/jede die Pflicht andere anzuerkennen und das Recht, selbst anerkannt zu werden. Die Anerkennung sichert die Würde des Menschen.“ (ebd.)

1985 ergänzt Bourdieu die Kapitalarten um das physische Kapital und bezieht sich dabei auf die physische Leistungsfähigkeit eines Individuums.[567] Das physische Kapital soll verdeutlichen, „dass der Körper ein gesellschaftlich normiertes Kapital ist, das sich in seinem ökonomischen Tauschwert bestimmt und in ganz erheblicher Weise den Zugang beispielsweise zu Arbeits- und Bildungsmärkten, vor allem aber auch zu Beziehungsmärkten reglementiert“ (Schroeder 2002, 240). „Die uneingeschränkte physische Leistungsfähigkeit ist ein ganz wesentliches ‚Startkapital‘ zur gesellschaftlichen Teilhabe, zur Integration in den Arbeitsmarkt wie auch zur sozialen Attraktivität.“ (ebd., 240 f.)[568]

---

566 Dabei sei ergänzt, dass ein Unterschied zwischen „Anerkennen“ (vergleiche soziales Kapital) und „Anerkennung“ (vergleiche symbolisches Kapital) besteht, der als „Prozess“ versus „Produkt“ beschrieben werden kann.

567 Im Laufe der Zeit fügten Bourdieu (und seine Schülerinnen und Schüler) weitere Kapitalformen hinzu, wie z. B. wissenschaftliches Kapital, religiöses Kapital, politisches Kapital usw., was jedoch für meine Fragestellung weniger relevant ist. Boike Rehbein (2006, 114) stellt sich die Frage, inwieweit diese Ergänzungen eher fruchtbar oder mehrdeutig sind. Daher schlägt er vor, „den Begriff des Kapitals auf das ökonomische zu beschränken und die anderen Arten als Ressourcen zu bezeichnen (Rehbein 2003)“ (ebd.). Hier aber bleibt meines Erachtens die Frage ungeklärt, inwieweit sich die Begriffe Kapital und Ressource überschneiden oder einander ausschließen. Daher bleibe ich in Bourdieus Nachfolge bei einem differenzierten Kapitalbegriff.

568 In Bourdieus 1985 erschienenem Aufsatz „Historische und soziale Voraussetzungen des modernen Sports“ wird deutlich, dass für „Heranwachsende aus minderbemittelten Schichten“ eine Sportlerkarriere „eine der wenigen Chancen gesellschaftlichen Aufstiegs verkörpert: Der Sport-Markt ist für das physische Kapital der Jungen aus diesen Kreisen, was die Beteiligung an Schönheitswettbewerben und die sich damit eröffnenden Berufsfelder – Mannequin, Hostess usw. – für das physische Kapital der Mädchen analoger Herkunft ist.“ (1985, 585) „Klassenspezifische Verteilung sportlicher Praktiken gründet nicht allein in der ungleichen Verteilung der notwendigen Mittel zur Deckung der damit verbundenen wirtschaftlichen wie kulturellen Kosten; sie verweist zugleich auf eine unterschiedliche Wahrnehmung und Einschätzung der mit den einzelnen Praktiken kurz- bzw. langfristig gegebenen Vorteile.“ (ebd., 586) Die Wahl einer sportlichen Aktivität lässt sich auch auf die Logik der Distinktion, der sozialen Absetzung, zurückführen (ebd., 587). Es lässt sich vermuten, dass die Ausübung eines beliebigen Sports „in erster Linie von ökonomischen, in zweiter Linie von kulturellen Kapital sowie freier Zeit abhängt“ (ebd., 588).

„Finanzielle Investitionen in den Körper sind notwendig, um Körperkapital in ökonomisches zu transformieren" (Schroeder 2002, 241) und um den Status im sozialen Raum zu verbessern. Physisches Kapital bezieht sich einerseits auf Haltungen und Einstellungen zu sportlicher Betätigung, auf Einstellungen und das Verhältnis zum eigenen Körper (Ernährung, Schönheitspflege, Verhalten zu Krankheit und Gesundheit), anderseits aber auch auf den Körper und seine Verfasstheit an sich wie den Zugang zu medizinischer Versorgung.

Im Kontext meiner Studie wird deutlich, dass das physische Kapital der Frauen beschädigt wurde, indem die Frauen körperliche und sexuelle Gewalt erfahren haben. Des Weiteren zeigt sich, inwiefern der Mangel an physischem Kapital ignoriert wird und im Falle des Kinderwunschs bzw. dem Drängen zur Abtreibung ins Gewicht fällt. Zwei der Rentnerinnen klagen über diverse (altersbedingte) körperliche Beeinträchtigungen und sich daran anschließende Operationen und Rehabilitationsmaßnahmen.[569] Die Frauen thematisieren, inwieweit sie die Verfügung über wenig physisches Kapital zum Beispiel bei der Arbeit oder der Gestaltung des Alltags einschränkt. Frau Radeck hingegen verfügt über physisches Kapital, das sie erfolgreich bei Sportwettkämpfen einsetzt.

Gewalterfahrungen können als Beschädigung des physischen Kapitals betrachtet werden. So erzählt eine Frau von einem Raubüberfall durch zwei Jugendliche, wobei Schlimmeres verhindert werden konnte, da ein Passant einschritt. Hingegen erwähnt eine Interviewpartnerin die erlebte sexuelle Gewalt zu früherer Zeit, auf die sie aber im Interview nicht weiter eingehen möchte. Und schließlich berichtet eine Frau von körperlicher Gewalt, die sie als Kind durch ihren Vater erfahren hat, während eine weitere Interviewpartnerin körperliche Gewalt durch ihren Bruder erlitten hat.[570]

Die Frauen beschreiben die Auswirkungen der Beschädigung des physischen Kapitals. Offen bleiben an dieser Stelle die Fragen, ob sie schon vor den beschriebenen Gewalteinwirkungen von sich dachten wenig physisches Kapital zu haben, wie Schönheitsnormen wirken und ob die Frauen sich selbst so erleben und wahrnehmen, dass sie wenig physisches Kapital haben. Hinweise für letztere Frage geben uns die Antworten zum Thema Behinderung (siehe unten).

Inwieweit hat der Empowermentprozess Einfluss auf das physische Kapital und dessen Vermehrung? Das Wissen über den Körper und die Körpervorgänge sowie Selbstbehauptungsmöglichkeiten tragen dazu bei, den Körper zu schützen.[571] Gleichzeitig ermöglicht der vertrauensvolle Austausch über Erfahrungen, bei denen physisches Kapital geschädigt wurde

---

569 Nicht systematisch erfasst wurde die psychische und physische Gesundheit der Frauen, da dies nicht im Vordergrund der Forschungsfrage stand.

570 In den Interviews lassen sich durchaus noch mehr Beispiele finden. Die genannten Beispiele sollen aber genügen, um den erlebten Verlust beziehungsweise Mangel an physischem Kapital zu demonstrieren.

571 Aus den Interviews wird der Bedarf nach einer „Sozialmedizinischen Sprechstunde" sowie weiteren Fortbildungen zum Thema Partnerschaft und Sexualität deutlich. Bis auf eine Frau fanden alle Interviewpartnerinnen den Besuch der Frauenärztin sehr wichtig. Monika Hallstein, Ingrid Kemmerer und Petra Winkler ([6]2005, 232) benennen als Inhalte ihrer speziellen Sprechstunde bei Pro Familia in Berlin gynäkologische Beratung und Untersuchung, Verhütungsberatung, Schwangerschaftsbetreuungen, wobei der Schwerpunkt der Sprechstunde

(körperliche und sexualisierte Gewalt, Abtreibung), eine körperliche und psychische Gesunderhaltung und trägt wieder zur Akkumulation des physischen Kapitals bei. Hierbei ist auch der Ausbau von Schutzfaktoren relevant, die sich in individuelle und soziale Schutzfaktoren unterscheiden lassen (vergleiche Kapitel 3.5) und ebenso zum physischen Kapital zählen, was jedoch aus den vorliegenden Datenmaterial nicht trennscharf herausgearbeitet werden konnte.

Ein Aspekt des physischen Kapitals ist das aus Sicht der Frauen zugrunde liegende Verständnis von Behinderung. Dem Verständnis von Behinderung kann man sich mit Bourdieu nähern, indem im Hinblick auf die ICF die Kapitalkonfigurationen bezüglich der Kontextfaktoren betrachtet werden können. Die Kontextfaktoren beziehen sich auf persönliche Aspekte, beispielsweise die Lebensumstände sowie auf umweltbedingte, milieuabhängige Faktoren, und beides kann anhand der Kapitalformen nach Bourdieu analysiert werden. Die Partizipationsmöglichkeiten werden unter anderem durch die Verfügung des Kapitals bestimmt.[572] Wie in Kapitel 1.2 dargestellt, ermöglicht das soziale Modell von Behinderung, die gesellschaftliche Konstruktion und Produktion von Behinderung hervorzuheben. Offen bleibt, an welcher Stelle es sich um soziale Zuschreibungen handelt, die die Frauen letztlich inkorporiert haben. Der Umgang mit und die Bewältigung von Zuschreibungen können als weitere Auslöser von Empowerment und Selbstvertretung in Betracht kommen.

In den Aussagen der Interviewpartnerinnen stecken folgende Hinweise auf deren Behinderungsverständnis. Dabei ist in den Interviewpassagen – wie in Kapitel 2 angemerkt wurde – eine mangelnde Abgrenzung zwischen Primär- und Sekundärerfahrung zu konstatieren.[573] Den Frauen ist der Wunsch gemeinsam, nicht auf das Behindertsein reduziert zu werden, sondern als „normale" Person angesehen zu werden. Die Frauen benennen Aspekte

- eines personenbezogenen Behinderungsbegriffs:
  „ich bin ja anders gebildet wie die anderen Behinderten" (P09-I4)[574]
- eines funktionsbezogenen/leistungsabhängigen Behinderungsbegriffs:
  „beim geistischen klappt es nicht so besonders wie ich das will . also mit Geld zählen und so , also , da habe ich schon regelrecht meine Probleme mit" (P14-I2)[575]
- der Kontextabhängigkeit der Behinderung:

„wenn die , ge-gehört haben hundert Prozent , dann haben die kein angenommen , nichts . obwohl man das ja mal versuchen könnte ne , ich bin ja fit , ich lauf , ich mach alles allein" (P15-I2)

---

beim Thema Empfängnisverhütung liegt.

572 Nach Jantzen (2000, 68) liegt eine Übertragung der ICF-Definition nahe und er greift selbst die bourdieusche relationale Begrifflichkeit auf.

573 Vereinzelt sprechen die Frauen das Thema Behinderung im Zusammenhang mit dem Kinderwunsch an. So thematisiert Frau Schmidt dies auch in Bezug auf ihr Alter und die damit verbundene Gefahr, ein behindertes Kind zur Welt zu bringen.

574 In meinem Verständnis fühlt sich Frau Radeck somit auch „weniger behindert".

575 Frau Schmidt selbst betrachtet sich nicht als vollwertige Kraft im Sinne von Arbeitskraft und betont, dass sie vieles kann, nur nicht, dem Arbeitsmarkt 100 % zur Verfügung zu stehen.

- der Konstruktion der Behinderung:
  „ich kann da nichts dafür dass ich behindert bin" (P14-I2) oder *„weil jeder hat irgendwas , bloß man merkt das nicht so (lacht)" (P02-I1)*
- einer Sichtweise „Objekt der Fürsorge" zu sein statt Expertin in eigener Sache, wenn Frau Bender wiederholt betont *„da haben die mich , mich behandelt wie ein kleines Kind . haben sie jetzt noch , noch wo ich siebenunddreißig war" (P15-I2)*
- einer kompetenzorientierten und ressourcenorientierten Sichtweise statt einer behinderungsorientierten und defizitorientierten Sichtweise*:*
  „Oder wenn ich alleine wohnen wollte . ich bin keine Fünf ich kann alleine wohnen , (leise, monoton) ja mein Kind du bist aber krank ich sag was hat denn die Krankheit (klopft sich auf den Oberschenkel) , mit dem Ausziehen zu tun , gar nichts aber die Mama hat gemeint , du bist krank du kannst dir nicht allein helfen . und was hat sie heute (gehoben) , heute sieht sie alles was ich kann" (P15-I3)
- einer Veränderung der Zuschreibung von Behinderung: So spricht Frau Schmidt in den Interviews weniger von Behinderung, sondern von schwach und hoch geschulten Frauen. Diese Betrachtungsweise impliziert, andere Frauen sind nicht besser, schlauer oder intelligenter als ich, sondern nur besser geschult (P02-I2). „Hochgeschult" ist eine veränderliche Kategorie und diese Frauen, die Frau Schmidt zum Vergleich heranzieht, hatten andere Möglichkeiten, geschult zu werden als sie.
- Des Weiteren findet eine Abgrenzung nach „unten" statt, wenn Frau Bender betont, sie gehört nicht zur Gruppe der „Schwachen" und ergänzt: *„ich fühl mich nicht als Behinderte"* (P15-I3). Oder Frau Schmidt betont: *„so behindert sind wir ja nicht , man sagt ja geistig oder körperlich etwas , ist ja nicht ganz voll , ne (?) wir sind ja nicht auf volle Betreuung angewiesen" (P02-I2).*

Aus der Zusammenschau der zur Verfügung stehenden Kapitalien wird ersichtlich, weshalb Frauen (und Männer) mit einer sogenannten geistigen Behinderung am Rand der Gesellschaft stehen können. Sie verfügen nur über eine geringe Anzahl von Kapitalien. Diese Kapitalien reichen nicht aus, um dauerhaft und umfassend am gesellschaftlichen Leben teilzuhaben, geschweige denn uneingeschränkten Zugang zu allen zentralen Feldern zu haben. Frau Schmidt bringt das wie folgt auf den Punkt, als sie auf ihre Biografie zurückschaut: *„man muss ja immer kämpfen für das was man tut , und mein Leben besteht ja nur aus Kämpfen" (P02-I4)* oder *„ich hab s schon in meinem ganzen Leben schon schwer genug gehabt , und mal muss jetzt auch mal Schluss sein , ewig hart kämpfen für n L- Leben lang und was bringt das wenn einem nur Steine in den Weg gelegt wird , davon hab ich keine Lust" (P02-I3).*

Die Nicht-Verfügbarkeit bestimmter Kapitalien kann zu einer Marginalisierung insbesondere der Frauen mit sogenannter geistiger Behinderung führen. Auch als nicht behinderte Frau könnte sie über bestimmte Kapitalien verfügen, aber trotzdem am Rande der Gesellschaft stehen.[576] Es stellt sich jedoch die Frage: marginal in welchem System? Innerhalb der Mehrheitsgesellschaft sind die Frauen marginalisiert, das heißt jedoch nicht immer eine gleichzeitige Marginalisierung innerhalb des *sozialen Feldes der institutionalisierten Behindertenhilfe*. Im Empowermentkonzept wird meist die marginalisierte Position als Ausgangspunkt gesetzt, aber in ihrer Struktur und Zusammensetzung nicht weiter beschrieben (Herriger ²2002; Stark 1996; Theunissen 2007b).

Marginalisierung ist ferner eine Sache der Perspektive und Interpretation, das heißt wie die Frau selbst ihre Lebenssituation betrachtet, kann sich von der Außenperspektive und Fremdinterpretation unterscheiden. Entscheidend für die subjektive Sicht der Frauen und die Frage, ob sie sich selbst als marginalisiert wahrnehmen, ist ihr subjektives Wohlbefinden und ihre Lebensqualität, unabhängig davon, ob sie objektiv marginalisiert sind oder nicht. Dies steht im Widerspruch zur Definition, wonach Marginalisierung einen Prozess darstellt, in dem es eine Täterin oder einen Täter, im Sinne von Akteurin oder Akteur gibt. „Marginalisierung ist ein Prozess, bei dem sozial schwächere Bevölkerungsschichten an den Rand (*margin*) der Gesellschaft gedrängt werden und dadurch nicht mehr am wirtschaftlichen und gesellschaftlichen Leben teilnehmen können." (http://marginalisierung.know-library.net/[Stand: 15.09.2007])

Dieser Vorstellung liegt Bourdieus Annahme zugrunde, dass eine Gesellschaft ein Zentrum hat und dass diejenigen, die am Rande der Gesellschaft liegen, hoch motiviert sind, in das Zentrum der Gesellschaft zu wechseln.

> „Beide Annahmen erweisen sich bei näherem Hinsehen als nicht berechtigt. Es ist deshalb problematisch, bei der Analyse sozialer Verhältnisse mit dem Begriff Randgruppe und dem Konzept (Konzeption) der Marginalisierung zu arbeiten. Dennoch ist die Verwendung dieses Ansatzes weit verbreitet. Zahlreiche Zielgruppen Sozialer Arbeit der beruflichen Tätigkeit von Sozialarbeitern und Sozialpädagogen werden als Ergebnis einer Marginalisierung, als Randgruppe, betrachtet und als solche bezeichnet. (...) Unreflektierte Vorstellungen von Normalität werden dabei unbemerkt zum Maßstab für das Handeln in der Sozialen Arbeit. Fachliche Vorstellungen von Teilhabe und Selbsthilfe sind damit nicht zu vereinbaren." (http://www.sign-lang.uni-hamburg.de/Projekte/SLex/SeitenDVD/KonzeptG/L52/L5287.htm [Stand: 15.09.2007])[577]

Während ab der Hälfte des 20. Jahrhunderts versucht wurde, über die Wiederherstellung der Arbeitskraft Menschen mit Behinderungserfahrung das Verlassen ihrer Randposition zu ermöglichen, dies aber wenig Erfolg hatte, trug das Normalisierungsprinzip dazu bei, Menschen mit Behinderungserfahrung die Teilhabe am Leben in der Gesellschaft und gewöhnlichen Nachbarschaften zu ermöglichen (Eurich 2006, 407 f.).[578] Dies allein reicht jedoch nicht aus,

---

[576] Gedacht ist hierbei an eine Interviewpartnerin, die relativ viel Kapital akkumuliert hat, jedoch Fremdbestimmung durch ihre Mutter oder Mitarbeiterinnen und Mitarbeiter erfährt, und insofern das verfügbare Kapital nicht zum Einsatz bringen kann.

[577] In diesem Zusammenhang werden zum Beispiel Obdachlose, Prostituierte, psychisch Kranke, Strafgefangene oder Immigranten genannt (ebd.).

[578] Johannes Eurich macht in seinem Aufsatz gleichzeitig auf die andere Seite der Normalisierungsprozesse aufmerksam, nämlich wie viel Macht sie auf alle Lebensformen, die außerhalb der definierten Norm „normal" liegen, ausüben (2006, 413). So gibt es einerseits durch sozialstaatliche Hilfe mehr Möglichkeiten der Selbstbestimmung und Teilhabe, andererseits „wirkt diese Hilfe durch ihre normgebenden Strukturen diskriminierend,

sondern setzt voraus, dass Menschen ihre Freiheitsrechte in Selbstbestimmung ausüben können, so dass neben den Dezentralisierungsprogrammen entscheidende Impulse von der Empowerment-Bewegung ausgingen (ebd., 408). Das Ziel der gleichberechtigten Teilhabe am gesellschaftlichen Leben ist an der Norm der Gleichberechtigung ausgerichtet und ermöglicht allen Bürgerinnen und Bürgern, sich entsprechend ihrer Fähigkeiten und Talente in die Gesellschaft einzubringen (ebd., 416 f.). Wie das der einzelnen Bürgerin und dem einzelnen Bürger (mit Behinderungserfahrung) möglich ist, ist unter anderem von der Verfügbarkeit der Kapitalien abhängig.

Joachim Schroeder (2002, 233) ergänzt Bourdieus Ansatz um das *ökologische* und das *juridische Kapital*.[579] Ökologisches Kapital bezieht sich auf die Umweltbedingungen und ist aus bildungs- und schultheoretischer Perspektive relevant, da es Sozialisations- und Lernprozesse beeinflusst. Zum ökologischen Kapital zählen sowohl entwicklungsfördernde und -hemmende Umweltbedingungen sowie umweltspezifische Risikofaktoren des Wohnumfelds und des Arbeitsplatzes. „Je nach dem, was als Lernumwelt definiert wird, lässt sich das ökologische Kapital von Bildungsräumen bezogen auf die pädagogisch konstruierten ‚Innenräume' oder auf die sozial-ökologischen ‚Außenräume' bestimmen." (ebd., 234)[580]

> „Durch die Verräumlichung der verschiedenen Kapitalformen ergeben sich in städtischen Quartieren spezifische sozialräumlich bestimmte Kapitalkonfigurationen, die sich aus lokal jeweils gegebenen objektiven Bedingungen, wie zum Beispiel der Verfügbarkeit von Arbeitsplätzen, den Wohnverhältnissen, den vorhandenen sozialen und gesundheitlichen Diensten usw. konstituieren. Es sind dies die materiellen Bedingungen sozialer Räume, die die Entfaltungsmöglichkeiten ihrer Bewohner bestimmen: die Möglichkeiten zur Befriedigung der existenziellen Grundbedürfnisse wie zur Gestaltung des Lebens, die Potenziale zur Selbstentfaltung wie auch zur Partizipation." (ebd., 21)

Die Verfügung über ökologisches Kapital steht in Abhängigkeit zur Verfügbarkeit des physischen Kapitals, beziehungsweise umweltabhängiges physisches Kapital kann sich sozialräumlich unterschiedlich verteilen (ebd., 242 ff.).

Ökologisches Kapital wird am Beispiel der von mir interviewten Frauen bereits durch den Einfluss ihres Wohnortes – die räumliche Lage der Institution – auf die Selbstbestimmungsmöglichkeiten sichtbar. So wohnt Frau Scherf zum Zeitpunkt der Interviews in einer Wohngruppe, die auf dem Gelände einer Seniorenwohnanlage 800 m außerhalb des Ortes liegt. Auch eine weitere Einrichtung befindet sich auf der grünen Wiese, vier Kilometer von der nächsten Ort-

---

da sie zugleich ausgrenzt, was von ihr abweicht" (ebd., 413). Ein Ansatz der dies zu überwinden versucht und gleichzeitig „erlaubt, Teilhabe als Orientierung beizubehalten" ist der der *Disability Studies* (ebd., 414).

579 Schroeder (2002, 13) verweist mit dem Titel seiner Habilitation „Bildung im geteilten Raum" auf zwei Aspekte. Einerseits findet Schulentwicklung in sozialen Räumen statt, die gesellschaftlichen Teilungsprozessen unterliegen, und andererseits verweist der Titel auf Fragen des Zusammenlebens, denn soziale Räume werden von deren Bewohnerinnen und Bewohnern geteilt. In der Studie geht er unter anderem der Frage nach, wie Schulen an den Rändern der Gesellschaft funktionieren und welche Strategien der Schulgestaltung gewählt werden. Dazu nahm Schroeder in einem institutsübergreifenden Forschungsprojekt im Bildungsraum Hamburg-Wilhelmsburg das lokale Bildungssystem in seiner Gesamtheit in den Blick. Der Beobachtungszeitraum für Schulentwicklungsprozesse erstreckt sich dabei von 1889 (lokale Industrialisierung kam in Gang) bis 1999 (Beginn der Niederschrift seiner Arbeit) (ebd., 37).

schaft entfernt. Frau Schneider hat zuvor lange Zeit in einem Altenheim gelebt und merkt an *„alles alte Leute" (P03-12)*, während Frau Mertens das Kinderheim, in dem sie aufgewachsen ist, wie ein Krankenhaus wahrgenommen hat.[581]

Den Einfluss des fehlenden ökologischen Kapitals auf das soziale Kapital beschreibt Frau Kaufmann mehrmals, wenn sie erzählt, dass sie heute in ihrer eigenen Wohnung die Möglichkeit hat, Gäste einzuladen, was aufgrund der beengten Wohnverhältnisse im Elternhaus früher nicht möglich war.

Schließlich erscheint mir die Ergänzung des juridischen Kapitals auch für den vorliegenden Kontext zentral zu sein.

> „Das juridische Kapital bildet sich aus dem Rechtsstatus, der den Inhaber beim Zugang zu anderen Kapitalsorten qua Gesetz bevorzugt oder benachteiligt. Es ist bedeutsam, weil mit diesem rechtlich der Zugang zu sozialen Feldern (wie z. B. Arbeitsmarkt, Bildungs- und Ausbildungssystem) reglementiert ist. Für den Erwerb von Bildungskapital relevante Dimensionen des juridischen Kapitals sind staatsbürgerliche, aufenthalts- und arbeitsrechtliche, schul- und ausbildungsrechtliche Bestimmungen, ebenso die Regelungen des Familien-, Sozialhilfe-, Gesundheits-, Renten-, Versicherungsrechts uvm." (ebd., 247)

Gerade die Staatsbürgerschaft, die ein nicht-ökonomisches Startkapital darstellt, bestimmt in hohem Maße den Zugang zu den und die Transformierbarkeit der anderen Kapitalformen (ebd.).[582] Im Kontext der vorliegenden Arbeit sowie für den Personenkreis der Menschen mit Behinderungserfahrung insgesamt spielt die gesetzliche Betreuung eine Rolle, da sie das zur Verfügung stehende juridische Kapital einengt. Die Zuordnung zum SBG IX und seinen Teilhabeleistungen stellt in gewisser Weise auch juridisches Kapital dar.[583]

Dass Frauen und Männer mit Lernschwierigkeiten über wenig symbolisches Kapital verfügen, aber durch eine erfolgreiche berufliche und soziale Integration symbolisches Kapital erlangen können, hält Stefan Doose (2006, 34) in seiner Arbeit über Unterstützte Beschäftigung als Fazit fest.[584] Da nach wie vor unbefristete unterstützte Außenarbeitsplätze unter dem Dach einer WfbM nicht umfassend rechtlich abgesichert sind, stellt sich in der Konsequenz die Frage, welches juridische Kapital Frauen und Männern mit Behinderungserfahrung bereitgestellt werden müsste, damit sie auf diesem Weg soziale Teilhabe erfahren und symbolisches Kapital er-

---

[580] Innenräume = Umweltbildung/Außenräume = Stadtökologie

[581] Diese beiden Institutionen kann man im Kontext dieser Analyse auch dem sozialen Kapital zuordnen, denn die beiden Frauen thematisieren dabei die Beziehungen zu den anderen Bewohnerinnen und Bewohnern beziehungsweise Patientinnen und Patienten. Diese Beziehungen wurden von den interviewten Frauen aber nicht zum sozialen Kapital im positiven Sinne gezählt.

[582] Schroeder nennt hier als Beispiele den Aufenthaltstitel und Aufenthaltsstatus (2002, 249 ff.).

[583] Die Tatsache der „wesentlichen Behinderung" nach SGB IX ermöglicht zum Beispiel Zugänge zu Rehabilitationsleistungen wie der Teilhabe am Arbeitsleben in der WfbM. Die Definition „wesentliche Behinderung" schränkt den Personenkreis der Leistungsberechtigten ein, was insbesondere Frauen und Männer im Grenzbereich einer so genannten Lernbehinderung erfahren müssen.

[584] Stefan Doose (2006, 30 ff.) macht im Rahmen seiner Arbeit über Unterstützte Beschäftigung von Frauen und Männern mit Lernschwierigkeiten darauf aufmerksam, dass diese in der Regel über wenig Kapital von allen Kapitalsorten verfügen, wodurch ihre Stellung im sozialen Feld bestimmt und eingegrenzt wird. „Viele Menschen mit Lernschwierigkeiten haben schlechte Ausgangsbedingungen soziales Kapital zu erwerben" (Doose 2006, 33), da ihr Unterstützungsnetz meist sehr klein ist und selbst über wenig Kapitalien verfügt.

werben können. Im Empowermentkonzept erhält die Rechte-Perspektive einen zentralen Stellenwert neben der Ressourcen-Perspektive, so dass Ressourcen und Rechte (juridisches Kapital) immer gemeinsam diskutiert werden müssen. Wie erwähnt gilt: „Rechte ohne Ressourcen zu besitzen, ist ein grausamer Scherz." (Rappaport 1985, 268) Für Frauen und Männer mit Behinderungserfahrung ist es wichtig zu wissen, wie sie mit neu gewonnenen Rechten umgehen müssen.

Juridisches Kapital kann durch eine gesetzliche Betreuung eingeschränkt sein. Wie viele der Frauen eine gesetzliche Betreuung haben, ist mir nicht bekannt. Frau Schmidt thematisiert, dass ihre frühere gesetzliche Betreuung (ein Familienmitglied) viel Fremdbestimmung über sie ausübte, so dass sie dafür eintrat, die gesetzliche Betreuerin zu wechseln. Frau Kaufmann hingegen betont mehrmals, welchen Gewinn sie durch die Unterstützung ihres sehr engagierten gesetzlichen Betreuers hat.

In der vorliegenden Arbeit wurde deutlich herausgearbeitet, dass die interviewten Frauen mit sogenannter geistiger Behinderung über wenige Kapitalsorten im Sinne Bourdieus verfügen. Ohne jeden Zynismus lässt sich somit festhalten: den Frauen droht selten der Verlust einer Kapitalform. Umgekehrt lässt sich fragen, wie erreicht werden kann, dass diese Frauen über mehr Kapitalien verfügen können. Das Fehlen sozialer Rollen erschwert möglicherweise die Akkumulation von Kapital und beides hemmt die Teilhabe am gesellschaftlichen Leben und verstellt den Zugang zu anderen Feldern.

Zusammenfassend lässt sich sagen:

Die Ausgangssituation der interviewten Frauen lässt sich nach diesen Ausführungen wie folgt beschreiben: Alle Interviewpartnerinnen sind oder waren Akteurinnen im *Feld der institutionalisierten Behindertenhilfe*, das wiederum aus verschiedenen Unterfeldern besteht (WfbM, Wohnheim usw.) und sich anhand der Kapitalsorten nach Bourdieu beschreiben lässt. Fünf Frauen leben zum Zeitpunkt der Interviews im *Feld der ambulanten Unterstützung*, wobei zwei von ihnen eine WfbM besuchen und insofern eine Schnittmenge der Felder besteht. Die Verfügbarkeit über bestimmte Kapitalien ermöglicht den Zugang zu anderen Feldern und in Wechselwirkung dazu vergeben Felder Kapital. Somit entscheidet das Vorhandensein bestimmter Kapitalien, in welchen Feldern die interviewten Frauen sich bewegen (können) und in welchen nicht, und welche Ressourcen ihnen für den individuellen Empowermentprozess zur Verfügung stehen. Boike Rehbeins Ansicht nach bewegt sich der Mensch in der Praxis meist auf mehreren Feldern gleichzeitig (2006, 108).

Die Ausgangssituation enthält aus Sicht der interviewten Frauen den ***Wunsch nach uneingeschränktem Zugang zu verschiedenen Feldern***. Dies impliziert aus Sicht der Frauen die prinzipiellen Zugangsmöglichkeiten und auch die zeitliche Offenheit der sozialen Felder. Dieser Wunsch motiviert die Frauen für die Gestaltung ihres Empowermentprozess. Die Ausgangssituation kann weitere ursächliche Bedingungen für den Empowermentprozess (plötzlich/schleichend) beinhalten und führt zur Mobilisierung der Ressourcen. In einem zweiten Schritt werden die Kompetenzen (im Sinne eines Könnenpotenzials) aktiviert. Dabei stellt sich die Frage: Auf welche Ressourcen kann die Frau zur Erreichung ihrer Ziele zurückgreifen? Die Ressourcen beziehen sich einerseits auf die vorhandenen Kapitalien und andererseits auf bereits erworbene und entwickelte Kompetenzen, die zentral sind für den Empowermentprozess wie zum Beispiel Reflexionsfähigkeit, Durchsetzungsvermögen, Urteilsfähigkeit, Empathie usw., die die Frauen anwenden.

6.2.2 *Kapitalumwandlungen*

Zentral in Bourdieus Theorie ist die Transformation des Kapitals, die mit unterschiedlichen Transformationskosten verbunden ist. In den relativ autonomen Feldern stehen jeweils unterschiedliche Kapitalsorten unterschiedlich hoch im Kurs (Bourdieu 1985, 10), wobei nicht nur die Gesamtmenge des Kapitals entscheidend ist, sondern auch die Zusammensetzung der Kapitalarten. Verschiedene Umstellungsstrategien kommen zum Tragen (Bourdieu 1987, 210):

> „Die Tatsache der gegenseitigen Konvertierbarkeit der verschiedenen Kapitalarten ist der Ausgangspunkt für Strategien, die die Reproduktion des Kapitals (und der Position im sozialen Raum) mit Hilfe möglichst geringer Kapitalumwandlungskosten (Umwandlungsarbeit und inhärente Umwandlungsverluste) erreichen möchten. Die unterschiedlichen Kapitalarten unterscheiden sich nach ihrer Reproduzierbarkeit, also danach, wie leicht sie sich übertragen lassen." (Bourdieu 1997b, 73)

Die Umstellungen aufgrund der Reproduktionsstrategien „schlagen sich nieder in Verlagerungen innerhalb eines sozialen Raumes" (Bourdieu 1987, 219).

Bei den Kapitalumwandlungen gilt „das Prinzip, daß Gewinne auf einem Gebiet notwendigerweise mit Kosten auf einem anderen Gebiet bezahlt werden" (Bourdieu 1983, 196). Dabei gibt es insbesondere im Hinblick auf das kulturelle Kapital sowohl ein Schwundrisiko als auch Verschleierungskosten (ebd., 197). Entscheidend ist, dass jede Kapitalform in symbolisches Kapital transformiert werden kann, dies jedoch bezogen auf das jeweils relevante eigene Feld.

Die Stellung im sozialen Raum wird anhand der Verfügungsmöglichkeiten über die verschiedenen Sorten von Kapital und deren Zusammensetzung bestimmt. Die Position ist daher nur in Relation zu den Positionen anderer zu bestimmen. Kapitalarmut[585], bzw. eine unstimmige Verteilung der Kapitalien schränkt den Menschen in seiner sozialräumlichen Bewegungsfreiheit ein beziehungsweise kettet den Menschen an einen Ort. Bourdieus These des „Geschmacks am Notwendigen" greift dann, wenn keine Wahlmöglichkeiten bestehen, weil aufgrund fehlender Kapitalien der ökonomische Bewegungsspielraum eng und kulturelles Kapital knapp ist, und sich zugleich wegen eines kaum zu erwartenden symbolischen Gewinns vernünftige Strategien zum Beispiel zur Auswahl preisgünstiger Kleidung oder pflegeleichter Wohnungseinrichtung

[585] Eine „Kapitallosigkeit" gibt es nicht, da der Mensch ohne Kapital nicht leben könnte. Vielmehr verfügt jeder über Kapital, kann dies aber unter Umständen in den Feldern gar nicht verwerten.

aufdrängen (Bourdieu 1987, 591 ff.).[586] „Der soziale Raum ist so konstruiert, daß die Verteilung der Akteure oder Gruppen in ihm der Position entspricht, die sich aus ihrer statistischen Verteilung nach zwei Unterscheidungsprinzipien ergibt, [...] nämlich das ökonomische Kapital und das kulturelle Kapital. Daraus folgt, daß die Akteure um so mehr Gemeinsamkeiten aufweisen, je näher sie einander diesen beiden Dimensionen nach sind, und um so weniger Gemeinsamkeiten, je ferner sie sich in dieser Hinsicht stehen." (Bourdieu 1998, 18)
Die Verteilung der Akteurinnen und Akteure im sozialen Raum kann nach Bourdieu anhand von zwei Dimensionen betrachtet werden, da sich diese „in einer ersten Dimension nach dem Gesamtvolumen des Kapitals, das sie besitzen, und einer zweiten Dimension nach der Struktur dieses Kapitals, das heißt nach dem relativen Gewicht, das die verschiedenen Kapitalsorten – ökonomisch und kulturell – im Gesamtvolumen ihres Kapitals haben", verteilen (ebd., 18 f.).[587] Kapitalkonfigurationen stehen im Bezug zum Konzept des sozialen Feldes, das heißt, die Akkumulation von Kapital steht immer im Verhältnis zu den anderen Akteurinnen und Akteuren auf dem Feld.

Dabei handelt es sich zugleich um eine Zweiwegeangelegenheit im Sinne einer Wechselwirkung: Kapitalien ermöglichen den Zugang zu sowie die Erschließung sozialer Felder und soziale Felder vergeben Kapital, indem Kapital akkumuliert werden kann. Die Frauen erschließen sich neue soziale Felder durch die Akkumulation und den Einsatz von Kapital.[588]

Wenn sich die Frauen andere soziale Felder erschließen wollen, aber aufgrund ihrer Behinderungserfahrung nicht über die nötigen Kapitalien verfügen, dann muss dies durch das *Feld der institutionalisierten Behindertenhilfe* beziehungsweise durch die sozialen Subfelder der WfbM und des Wohnheims im Sinne von professioneller Unterstützung kompensiert und ermöglicht werden.[589] An der schritt- oder teilweisen Erfüllung des *Wunsches nach uneingeschränktem Zugang zu verschiedenen Feldern* ließen sich unter Berücksichtigung der subjektbezogenen Einschätzung Empowermentprozesse messen.

6.2.3 *Ausgangsbedingung: Wunsch nach uneingeschränktem Zugang zu verschiedenen Feldern*

Zentrales Moment des Empowermentprozesses ist, wie bereits ausgeführt, dass die interviewten Frauen den ***Wunsch nach uneingeschränktem Zugang zu verschiedenen Feldern*** artiku-

---

[586] So haben die Frauen nicht immer die Wahl, wenn zum Beispiel Wohnraum ein knappes Gut ist und ihnen das ökonomische Kapital fehlt, um eine geeignete Wohnung mit passender Infrastruktur usw. zu mieten.

[587] Der soziale Raum ist in seinen beiden Dimensionen hierarchisch angeordnet, so dass zwei Formen der Verlagerung in ihm möglich sind: Vertikalverlagerungen und Transversalverlagerungen (Bourdieu 1987, 219 f.).

[588] Eine Frage, die den Rahmen dieser Arbeit sprengen würde, wäre, ob es ein so genanntes „Schlüsselkapital" gibt, das im Sinne von „Sesam öffne dich" den Zugang zu einem sozialen Feld ermöglicht beziehungsweise erleichtert.

[589] An (vollzogenen) Übergängen in andere soziale Felder ließen sich Empowermentprozesse objektiv messen, wobei kritisch zu hinterfragen wäre, ob Empowermentprozesse sich objektiv messen lassen. Meine in Kapitel 5 bereits angeführte Kritik gegenüber sogenannten Checklisten der Empowermentfähigkeiten verbietet mir eine solche Betrachtung der Übergänge.

lieren. Prägend ist hierfür die Vorstellung, „so leben zu wollen, wie alle anderen“ (Waldschmidt 1999, 42), was zugleich den Kern des Selbstbestimmungsgedankens ausmacht. Dabei kann der Wunsch unterschiedlich intensiv sein.

Beispielhaft sei dies am Wunsch festgemacht, Zugang zum *Feld des allgemeinen Arbeitsmarktes* zu erhalten. Dies wird besonders von Frau Radeck thematisiert. Durch die Teilhabe am allgemeinen Arbeitsmarkt wird Kapital vergeben.

Jedoch ist der Zugang zum *Feld des allgemeinen Arbeitsmarkts* erschwert und die Frauen werden auf den Sonderarbeitsmarkt verwiesen. Aber gerade das Feld der Arbeit stellt ein anerkanntes gesellschaftliches Feld dar (Ziemen 2003).[590]

Bezogen auf das Feld der WfbM stellt sich die Frage, woher die Werkstattbeschäftigten Anerkennung bekommen. Mitarbeiterinnen und Mitarbeiter in der Werkstatt könnten den Frauen einen Vorschuss an Anerkennung geben, indem sie ihnen Verantwortung übergeben, ihnen etwas zutrauen und somit von ihrer Macht abgeben. Trotzdem zeigt das Beispiel von Frau Radeck, dass es weitere Gründe gibt, aus dem Feld der WfbM herauszudrängen und Akteurin im *Feld des allgemeinen Arbeitsmarkts* zu werden. Sie sagt von sich, sie sei nicht der *„Typ für Werkstatt“* (P09-I4) und ergänzt, dass mit dem Werkstatteintritt für sie eine Welt zusammengebrochen ist.[591] Sie will ein *„wirkliches Leben“* führen, wozu für sie die Inklusion auf dem allgemeinen Arbeitsmarkt dazugehört. Mittels der Unterstützten Beschäftigung (vergleiche Kapitel 4.2.2) erhofft Frau Radeck, Zugang zum *Feld des allgemeinen Arbeitsmarkts* zu bekommen. Ihr Gefühl der Fehlplatzierung in der Werkstatt ist gekoppelt mit der Empfindung der Werkstatt als nicht-authentisches Leben und der fehlenden Durchlässigkeit der Angebote, was schließlich in die Aussage *„ich bin nicht der Typ Werkstatt“* mündet.

Die Auswertung der Daten verdeutlicht eine wichtige Gemeinsamkeit: die interviewten Frauen, die mit ihrer Werkstatttätigkeit zufrieden bis sehr zufrieden sind, erhalten entweder Anerkennung für ihre Arbeit innerhalb der Gruppe oder sie erhalten Anerkennung durch die Öffentlichkeit.[592]

Es wird deutlich, dass die Frauen nur begrenzte Chancen des Zugangs zu einem anderen Feld haben. Die Frauen wollen vor allem Zugang zu anderen, integrativ ausgerichteten Feldern haben, sei es bezogen auf die Arbeit, das Wohnen in der Gemeinde oder vereinzelt auch in Bezug auf Partnerschaften. Begründet wird dieser Wunsch mit einer Forderung nach Normalität im Sinne von „was anderen (‚normalen‘) Menschen zusteht, sollte mir auch selbst-

---

[590] Ziemen (2003) zeigt auf, dass insbesondere für Menschen mit geistiger Behinderung der Zugang in das integrative schulische Feld erschwert wird. An dieser Stelle kann nicht weiter ausgeführt werden, was zusätzlich die Zugehörigkeit zu diesen Feldern erschwert.

[591] Mit der Metapher „Zusammenbruch“ wird der Bruch zwischen den beiden Feldern (WfbM und allgemeiner Arbeitsmarkt) und somit der Bruch der Durchlässigkeit deutlich.

[592] Ein gutes Beispiel für die Anerkennung durch die Öffentlichkeit ist die Tätigkeit von Frau Müller. Weil sie in der Hauswirtschaftsgruppe der WfbM arbeitet, die jedoch immer wieder für Veranstaltungen, Tagungen und Feste der Einrichtung die Versorgung übernimmt, erfährt sie Anerkennung durch die Gäste, die ihre Arbeit schätzen. Hingegen erhält Frau Radeck Anerkennung für ihre sportlichen Leistungen.

verständlich möglich sein". Das heißt, sie beanspruchen für sich ganz selbstverständlich die gleichen Rechte und Zugänge und wünschen die Teilhabe auf den Feldern der nicht behinderten Menschen.

Der im Empowermentkonzept enthaltene Ansatz der Verteilungsgerechtigkeit (Theunissen 2007b, 48 ff.) soll nun an dieser Stelle durch Zugangsgerechtigkeit ergänzt werden, da dies der Fokus der interviewten Frauen ist.[593] Verteilung ist eine passive Aktion: „etwas wird verteilt" und diese ist tendenziell statisch beziehungsweise kann eine Tendenz zur Fixierung von Verhältnissen aufweisen. Verteilung heißt „etwas haben/bekommen". Zugang hingegen stellt einen aktiven und dynamischen Prozess dar. Zugangsgerechtigkeit impliziert eine Aktivität, d. h., es erfordert von den Akteurinnen und Akteuren „etwas zu tun", nämlich den Zugang zu nutzen.

Nicht alle interviewten Frauen wollten sich in gleicher Intensität neue Felder erschließen und Zugänge haben, denn dies kostet einerseits Energie und kann andererseits mit Frustration verbunden sein, wenn ein Zugang trotz wiederholter Bemühungen verwehrt bleibt. Zugangshemmnisse unterschiedlicher Art werden von den Frauen thematisiert. Diese können einerseits auf struktureller/institutioneller Ebene liegen, andererseits aber auch in der Frau selbst, wenn sie trotz Zugangsmöglichkeit und -berechtigung das Selbstvertrauen nicht aufbringt, diese Zugangsmöglichkeit zu nutzen.[594]

Dabei ist zu berücksichtigen, dass der konzeptionell diskutierte Empowermentansatz (vgl. Kap. 3) einseitig auf die Mehrheitsgesellschaft fokussiert, das heißt, er geht davon aus, dass die Menschen in die Mehrheitsgesellschaft (also nach Zugängen) streben. Empowerment heißt aber auch, bewusst entscheiden zu können, „in den eigenen Reihen" zu bleiben und impliziert, bewusst aus mehreren zur Verfügung stehenden Möglichkeiten wählen zu können. Die interviewten Frauen wünschen nicht die „totale Befreiung" aus ihrem *Feld der institutionalisierten Behindertenhilfe*[595], sondern die optionale Zugänglichkeit der Felder, um selbst entscheiden zu können, woran sie teilhaben wollen und woran nicht. Den Frauen ist bewusst, dass die institutionellen Sondersysteme ihnen auch Schutz und Vorteile bieten, insofern werden diese ambivalent erlebt. Deutlich wird dies am Beispiel von Frau Schmidt, wenn sie sagt: *„diese Arbeit da in der Einrichtung die ist für mich , angenehmer man sagt ja immer n goldener Käfig (gedehnt, laut) ist es aber nicht aber man sagt das so"* (P02-I3). Sie beschreibt die Institution und ihre Menschen an anderer Stelle wie eine Familie, die ihr Wärme und eine Umrankung gibt, so dass sie nochmals vom *„goldenen Käfig"* spricht. Die in diesem Kontext herausge-

593 Die Forderung einzelner Gruppen nach Anerkennung ihrer Differenz löste in den letzten 20 Jahren die Forderung nach Verteilungsgerechtigkeit ab (Katzenbach 2004, 128).

594 Hier sei das Beispiel von Frau Bender angeführt, die sich zum Zeitpunkt der Interviews nicht zutraut, aus der Außenwohngruppe in das Ambulant Betreute Wohnen zu ziehen.

595 Warum die Frauen dies nicht wünschen, bedarf einer weiteren Analyse. Sicher spielen gerade bei den Frauen mittleren und älteren Alters Phänomene der „Erlernten Hilflosigkeit" (Seligmann 1999) und der „Erlernten Bedürfnislosigkeit" (Theunissen 2007b) eine Rolle. Aber auch eine Habitualisierung des „verpflegt Werdens" kann den eigenen Willen nach Zugängen zu anderen Feldern einschränken.

arbeitete Kategorie ***Ambivalente Selbstbehauptung zwischen Normalisierungsstrategien***[596]***, institutionellen Restriktionen und goldenem Käfig als Heimat*** greift diesen Aspekt auf, in welchem die Institution als Heimat fungiert, als Ort, wo sich die Wohnung befindet, wo das Umfeld und die Arbeit sind. Der Prozess der Selbstbehauptung ist insofern ambivalent, da Frau Schmidt im gleichen Interview erzählt, wie restriktiv die gleiche Institution mit ihrem Kinderwunsch umging, was zu ihrer inneren Hin- und Hergerissenheit führte und sie schließlich dazu bewog, eine Abtreibung vornehmen zu lassen. Als sie mit der Frage der Abtreibung konfrontiert wird, hat sie mehrere Wahlmöglichkeiten, deren Konsequenzen aber sehr unterschiedlich sind. Als bald stellt sich für sie die zentrale Frage zwischen ihrem Leben, dass sie sich mühsam „erkämpft“ hat und den damit verbundenen und ihr wichtigen sozialen Beziehungen (Verlobter) und dem Kind entscheiden zu müssen.

Frau Schmidt beschreibt diese Ambivalenz wie folgt: *„ich war ja auch schwanger gewesen aber , es war ja die Zeiten , wo ich halt mein eigenes Leben führen würde um meiner Familie zu zeigen ich kann das auch , und das durft ich ja nicht ne , ich darf ja , wir dürfen hier in dem Einrichtung keine Kinder haben , und das ist immer so ne Sache ich wollte ja mal eh n eigenes Kind , das Arbeitszimmer haben wir beide so ausgedacht das sollt n Kinderzimmer werden . (lacht) haben wir so ausgemalt und irgendwann wurd ich* <u>*schwanger*</u> *, hat ehm so n Schwangerschaftstest gemacht“.* Dann führt sie weiter aus: *„ja , und dann mu- ging ich mit meiner Betreuer- , rin in der Einrichtung , dann hat ich ja noch den Leiter gehabt , der hat mich ja fertig gemacht , oh was meinst* <u>*ich*</u> *(ausklingend) stand da wie n Mauerblümchen , dann sagt er ne , (Geräusch) Dagmar ,* <u>*so geht es nicht*</u> *, das ist ja unverantwortlich was du da gemacht hast , ich sag ja , is ja nun viel verlangt jede Frau hat mal irgendwann mal n Bedürfnis ne eigene Familie zu gründen , is das nun wirklich hier nicht erlaubt ,* <u>*es steht ja nich in der Heimordnung*</u> *drinne , dass du dass da keine Kinder erlaubt ist , und dann und dann musste ich wieder nach Großstadt , wieder n* <u>*Test*</u> *machen , die-sich (ausklingend) blöde Testen unterziehen , denn hieß es drei Möglichkeiten , erstens (laut) . man eh-man kann es austragen aber dann muss ich von der Einrichtung* <u>*weg*</u>*, mit , mit meinem Freund zusammen , und da woanders hin ziehen und zwar ich glaube nach Stadt-A , da gibt es so ne Einrichtung die Mutter-Kind-Einrichtung oder was weiß ich , zweiten oder das Kind , weggeben zu einer* <u>*Familie*</u> *, die dritte wäre* <u>*Abbruch*</u> *, stand ich da mit drei Sachen das waren* <u>*harte Sachen*</u> *, ich war am Ausrasten am* <u>*Verzweifeln*</u> *(klopft auf den Tisch) , mein Freund sagte ja Dagmar was machen wir denn jetzt , wir dürfen das Kind nicht* <u>*behalten*</u> *, weggeben willst du s auch nicht , ja Familie F- wie Pflege- Familie denn heißt das haben wir vertri- eh im Fernseh gesehen in verschiedenen (uvw)sachen , Anträge , und zwar eine Mutter hat das Kind auch weggeben müssen , das Kind wurde aufgewachsen , bei einer Pflegefamilie , das eigene Kind erkannte die Mutter nicht mehr an , ne du bist nicht mehr meine Mutter ,* <u>*das*</u> *ist meine Mutter und das tut*

[596] Vergleiche: *„wo ich halt mein eigenes Leben führen wollte, um es meiner Familie zu zeigen“* (P02-I3).

mir innerlich im Herzen weh-wenn das Kind in einer kleinen Familie aufwächst , von klein auf dort , das erkennt doch die eigenen Eltern no- noch nicht an , das wollt ich meinem Kind auch nicht antun , da ha- , der Einrichtungsleiter sagte , das erkennt die Eltern an , das stimmt überhaupt nicht-ich hab das selber miterlebt , das stimmt ja alles ja gar nicht , gibt nur die letzte Möglichkeit Abbruch , da ha- denk ich heute noch dran , ich hab Probleme ich hab mein eigenes Kind umgebracht , und würde keinem anderen wünschen dasselbe durchzumachen , es ist echt schmerz-auch , auch wenn ich im Fernseh kucke wenn da , ne Mutter mit nem Kind ich musste immer wegschauen oder weggehen weil es noch weh tut (agehakt)" (P02-I3).

Selbstbestimmung im Spannungsfeld zwischen „Fördern und Fordern" verweist an dieser Stelle auf zwei Paradoxien des Empowermentkonzepts (Röh 2006):

- Selbstbefähigung durch Fremdbefähigung
- Stärkung von Rechten kann zur Missachtung von Bedürfnissen führen.

Wie die interviewten Frauen mit diesen Paradoxien umzugehen wünschen, wird in dem herausgearbeiteten Spiralmodell deutlich. Zunächst seien hier die Ausgangssituation und ihre Auswirkungen in einem Schaubild zusammenfassend dargestellt. Neben dem ***Wunsch nach uneingeschränktem Zugang zu verschiedenen Feldern***, gibt es Auslöser und Impulse, die als ursächliche Bedingungen des Empowermentprozesses zu betrachten sind. Somit gibt es eine Ausgangssituation im Sinne intervenierender Bedingungen und in dieser Ausgangssituation wirken zusätzlich ursächliche Bedingungen neben dem *Wunsch nach uneingeschränktem Zugang zu verschiedenen Feldern*, wobei sich wiederum dieser Wunsch aus der Ausgangssituation erklärt.[597] Die Ausgangssituation beeinflusst den Individuellen Empowermentprozess, der wiederum einerseits zur Zunahme des symbolischen Kapitals führt und andererseits den Frauen die Möglichkeit bietet auf anderen Feldern zu wirken.

[597] Inwieweit der *Wunsch nach uneingeschränktem Zugang zu verschiedenen Feldern* die ursächlichen Bedingungen überlagert, konnte hier nicht trennscharf ermittelt werden.

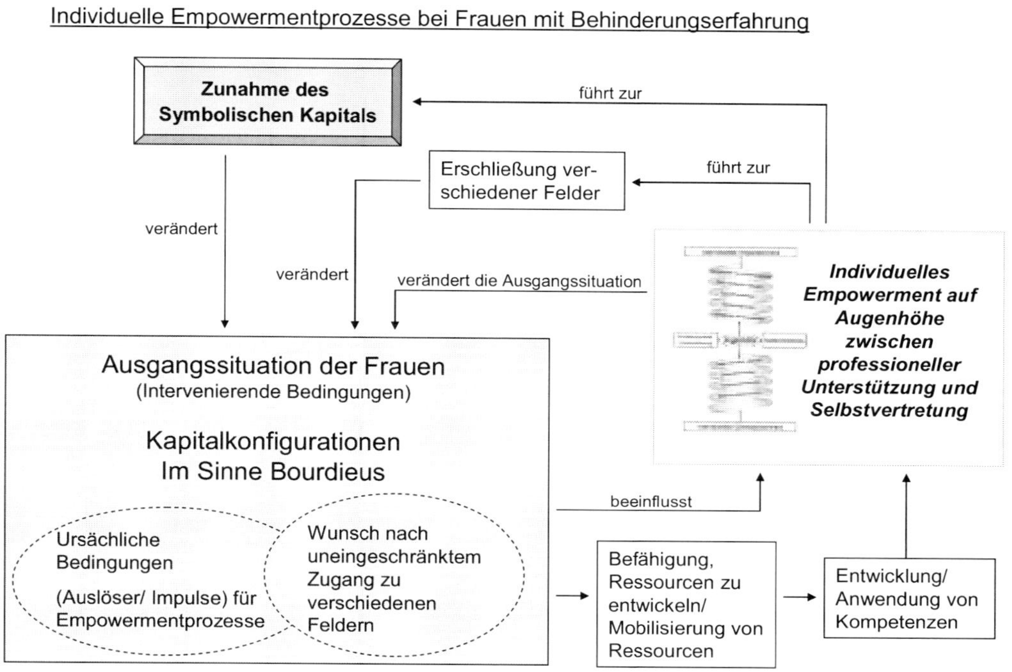

Abbildung 7: Individuelle Empowermentprozesse bei Frauen mit Behinderungserfahrung

6.2.4 *Intensität des Wunsches nach uneingeschränktem Zugang zu verschiedenen sozialen Feldern*

Der ***Wunsch nach uneingeschränktem Zugang zu verschiedenen sozialen Feldern*** kann gering oder intensiv ausgeprägt sein. Die Frauen erleben in der Umsetzung des Wunsches nach dem uneingeschränkten Zugang zu verschiedenen sozialen Feldern einerseits eine negative, andererseits eine positive Offenheit seitens anderer sozialer Welten.

Wird der Intensitätsgrad des Wunsches (gering – intensiv) kombiniert mit der erlebten Offenheit der Felder und ihrer Akteurinnen und Akteure (negativ – positiv), so werden folgende Konsequenzen aus Sicht der Frauen deutlich. Kategorien, die durch diese Kombination herausgearbeitet wurden, sind:

1) Vorhandene Offenheit der Felder und intensiver *Wunsch nach uneingeschränktem Zugang zu verschiedenen Feldern* hat zur Folge:

   Unterstützende Hinführung zum eigenen Weg/Selbstfindung, das Leben und die eigene Berufswahl betreffend

   Hier wird deutlich, dass Empowermentprozesse ein Lebensthema/Lebensziel beinhalten, das hier als *Selbstfindung, das eigene Leben und die Berufswahl betreffend* generiert wurde und wobei professionelle Unterstützung benötigt wird. Gabriele Müller formuliert diesen Wunsch am konkretesten. Um ihre Fähigkeiten und Interessen herauszufinden, erwartet sie Möglichkeitsräume, um *„Selbstexperimente“* (P06-I4) durchzuführen. Gleichzeitig beschreibt sie die Interaktionen zwischen ihr als Suchender und den Professionellen als Unterstützerinnen und Unterstützer als Kommunikation auf Augenhöhe, die sie immer wieder auf den *„Weg bringen“* sollen (P06-I4).[598] Im Unterschied zu Frau Müller sieht Frau Radeck den *Weg der Selbstfindung, das Leben und die eigene Berufswahl betreffend* außerhalb des *Felds der institutionalisierten Behindertenhilfe.* Frau Radeck artikuliert deutlich ihre Wünsche nach der Durchlässigkeit der Felder und wer sie sein möchte. Sie ist auf der Suche nach dem Durchgang zu ihrem Platz in dieser Welt. Nachdem sie integrativ beschult wurde und somit viel Durchlässigkeit erfahren hatte, ist mit dem Eintritt in die Sondereinrichtungen der Kontakt zu ehemaligen Mitschülerinnen und Mitschülern abgebrochen (P09-I4). Mit Werkstatteintritt begann für sie das *„Unglücklichsein“* (P09-I4).[599]

2) Nicht vorhandene Offenheit der Felder und ein intensiver Wunsch hat zur Folge:
Ambivalente Selbstbehauptung zwischen Normalisierungsstrategien, institutionellen Restriktionen und goldenem Käfig als Heimat
Dies wird am deutlichsten im Fall von Frau Schmidt (wie oben ausgeführt), die während ihrer Schwangerschaft keine Unterstützung erfährt und sich schließlich für eine Abtreibung entscheidet, da ihr sonst der Verlust der sozialen Beziehungen droht. Frau Schmidt entscheidet sich für das Naheliegende, das ihr Vertraute, das ihr keine Angst einflößt, da sie für den anderen Weg (Mutterschaft) keine Unterstützung und Ermutigung erfährt.
3) Vorhandene Offenheit der Felder und ein geringer Wunsch hat zur Folge:
dass eine ***Unterstützung bei der Entscheidungsfindung*** für die Frauen umso wichtiger wird, wenn der Wunsch gering, im Falle von Frau Bender eher ambivalent ist. Die Professionellen würden Frau Bender auf dem Weg in das *Feld der ambulanten Unterstützung* begleiten, aber Frau Bender selbst ist unsicher und äußert sich nur sehr vorsichtig zu der möglichen Zukunftsvision „alleine wohnen“. Sie erlebt derzeit die institutionellen Restriktionen im Sinne einer positiven Kontrolle und nimmt diese damit als Unterstützung wahr.

---

[598] Die Handlungs- und Interaktionsstrategien zwischen ihr als Suchender und den Professionellen als Unterstützenden werden von ihr mit unterstützen, helfen, hinführen und zurückholen bezeichnet. Die Konsequenz ist: *„haben mir eigentlich immer gut geholfen , und haben mich auch meinen Wege (uvw) ehm , hingeführt und , als ich dann halt auch mal abgekommen bin vom Weg hat man mich auch wieder hingeführt“ (P06-I4).* Kennzeichnend ist eine empowermentfreundliche Atmosphäre, die den Kontext darstellt und die Frau Müller mit sich duzen, sich wohlfühlen und miteinander gut zu Recht kommen beschreibt.

[599] Die Feinanalyse verdeutlicht, dass ihre Eltern – insbesondere ihre Mutter – versuchen, Durchlässigkeit herzustellen. Die Mutter ist der Anker zur „Normalwelt“ und unterstützt sie in ihrem Wunsch nach dem Zugang zu anderen Feldern. Zusammenbruch (*„Da ist meine ganze Welt zusammengebrochen“* (P09-I4)) ist eine Meta-

4) Eine nicht vorhandene Offenheit der Felder (im Sinne einer nicht vorhandenen Offenheit der Akteurinnen und Akteure für ihren Wunsch) und ein geringer *Wunsch nach uneingeschränktem Zugang zu verschiedenen Feldern* war nicht in den Daten zu finden. Dies wäre auch erstaunlich, da alle von mir interviewten Frauen grundsätzlich Interesse an den Themen und der Auseinandersetzung mit Selbstbestimmung und Empowerment haben, was durch ihre Teilnahme an der Seminarreihe „So seh' ich meine Welt" zum Ausdruck kommt.

Ein Zwischenkonstrukt stellt der Fall von Frau Bender dar. Frau Bender wird Selbstbestimmung und Empowerment zugestanden, aber nur in engen Grenzen und solange es für die Beteiligten (insbesondere die Familie) opportun ist. Insofern erlebt sie einerseits die Offenheit (durch die Professionellen) und andererseits wird ihr der Zugang (durch die Familie) erschwert.[600]

Die Paradoxien auf diesen genannten Ebenen und Wegen lassen sich integrieren in das Phänomen der Durchlässigkeit und uneingeschränkten Zugänglichkeit der Felder. Durchlässigkeit würde es den Frauen ermöglichen mal schwach, mal stark zu sein, mal autonom, mal hilfsbedürftig, mal drinnen und mal draußen. Die Offenheit der Felder impliziert, dass die Frauen zwischen Inklusion und Exklusion wählen können. Somit besteht der Wunsch nach einem Hin- und Herpendeln zwischen den Systemen, das die Zugänglichkeit dieser sozialen Felder voraussetzt. Die Bearbeitung der Übergänge und die Durchlässigkeit zwischen den sozialen Feldern stellen neue Herausforderungen an Einzelne und Gruppen. Das Hin- und Herpendeln bedeutet einen ständigen Wechsel, der verbunden ist mit Orientierungs- und Anpassungsleistungen. Das setzt auf der Seite der Gesellschaft ein Angebot an Wahlmöglichkeiten und auf der Seite der Frauen Kompetenzen, aus den Wahlmöglichkeiten (gegebenenfalls mit Unterstützung) auszuwählen, voraus. Eine Offenheit der sozialen Felder setzt zugleich Kompetenzen beziehungsweise einen Kompetenzerwerb sowie Anerkennungsbereitschaft und -leistungen der nicht behinderten Bürgerinnen und Bürger voraus, die aufgrund jahrzehntelanger Delegation der Arbeit mit behinderten Menschen an Institutionen der Behindertenhilfe nicht geübt sind im Umgang mit Frauen und Männern mit Behinderungserfahrung. Auf der Basis der zur Verfügung stehenden Ressourcen und der Befähigung, diese Ressourcen zu entwickeln, (wieder-)zu entdecken und zu nutzen, entwickeln die behinderten Frauen Kompetenzen und setzen diese Kompetenzen ein. Dies geschieht „in Abhängigkeit von den jeweils relevanten Lebenszielen bzw. den das jeweilige Lebensstil-Szenario bestimmenden, affektiv geladenen Themen" (Schiepek/Cremer 2003, 178 zit. in Herriger ^{3}2006, 88 f.).

Im Konzept der *sozialen Felder* gehören Menschen meist gleichzeitig mehreren solcher Felder und nicht ausschließlich einem an. Es wäre zu fragen, ob Frauen mit sogenannter geistiger Be-

pher für den Bruch zwischen den Feldern, und damit den Bruch der Durchlässigkeit.

600 In ihrem Empowermentprozess ist Frau Bender sich bald der eigenen Kompetenzen bewusst und grenzt sich von anderen (Eltern, behinderten Menschen) ab, um ihre Ziele zu erreichen.

hinderung meist nur das *Feld der institutionalisierten Behindertenhilfe* zur Verfügung steht. Die Eigenschaften sozialer Felder sind unterschiedlich[601] und die Personen nehmen unterschiedliche Positionen im Feld ein. Es gibt Personen, die am Rande oder die in der Mitte eines Felds stehen.[602] Es gibt einen bestimmten Typus von Akteurinnen oder Akteuren, manche werden seltener und neue kommen hinzu (Krais/Gebauer 2002, 59).

Wie erfolgt jedoch der Zugang beziehungsweise Einstieg für Frauen mit Behinderungserfahrung zum *Feld der institutionalisierten Behindertenhilfe*?

Frauen mit Behinderungserfahrung werden meist auf das Feld der Institutionen und Sondereinrichtungen verwiesen. Der Zugang erfolgt bei den interviewten Frauen mit dem Verweis von der Regelschule auf die Sonderschule. Einzig Frau Radeck hat eine integrative Schule besucht, alle anderen interviewten Frauen wurden mit Schuleintritt oder später auf eine Sonderschule verwiesen. Im Kontext der beruflichen Teilhabe haben bisher nur zwei der interviewten Frauen Erfahrungen auf dem allgemeinen Arbeitsmarkt sammeln können, während die anderen Frauen in einer WfbM tätig sind.

Die interviewten Frauen wünschen eine Teilhabe an bzw. Zugang zu verschiedenen Feldern. Sie selbst erleben eine Abwertung und Stigmatisierung ihres Felds und können somit nur erschwert akzeptieren, dass sie Teil dieses *Felds der institutionalisierten Behindertenhilfe* sind, da diese ihnen nicht nur Teilhabemöglichkeiten erschwert, sondern sie dadurch auch eine Stigmatisierung erfahren.

Dabei kann man von historisch gewachsenen Feldern ausgehen, die aufgrund der unterschiedlichen Kapitalakkumulationen entstanden sind. Die Felder sind immer in der Entwicklung und unterliegen diversen Veränderungen. Letztlich können Felder auch aufgelöst werden, wenn sie zum Beispiel obsolet sind.[603]

Im Bereich der Behindertenhilfe wird momentan eine starke Versäulung in stationäre/institutionelle und ambulante Felder sichtbar, die verbunden ist mit einer Hierarchisierung. Aus der

---

[601] Ich sehe hier Parallelen zum Konzept der Sozialen Welten. „Soziale Welten variieren beträchtlich nach Größe, Typus, Anzahl und Eigenschaften zentraler Aktivitäten, nach organisatorischer Komplexität, technischer Differenziertheit, ideologischer Ausrichtung, nach geographischer Streuung und so weiter." (Strauss 1994, 193 f.). „Soziale Welten können klein als auch riesig, international als auch lokal sein; sie können an Räume gebunden oder nahezu unabhängig von ihnen sein; manche Welten sind hochgradig öffentlich, manche dagegen kaum sichtbar; einige Welten tauchen gerade erst auf, andere sind fest etabliert und organisiert; es gibt soziale Welten mit relativ festen Grenzen so wie mit durchlässigen; es gibt ferner hierarchisch und weniger hierarchisch gegliederte (Strauss [1978] 1991, 235)." (Schnoor 2007, 3)

[602] Auch im Konzept der Sozialen Welten bilden sich durch Aushandlungsprozesse innerhalb einer Arena verschiedene soziale Welten und Subwelten heraus. Dabei erfolgt die Herausbildung einzelner Aktortypen von Sozialweltteilnehmerinnen und -teilnehmerinnen (wie Protagonisten, Aktivisten, Anhänger, Mitläufer) (Schütze 2002, 61).

[603] Meines Wissens macht Bourdieu keine Aussage dazu, ob Felder zerstört werden können. Vielmehr gibt es in seinem Verständnis Feldgrenzen, dort wo die Feldwirkungen aufhören. Die Vorstellung, dass eines Tages das *Feld der institutionalisierten Behindertenhilfe* zerstört werden kann und nicht mehr besteht, bezieht sich sehr spezifisch auf meinen Gegenstand. Das wäre ein neuer Forschungsgegenstand, sich einerseits die großen Felder und ihre Subfelder genauer anzuschauen und schärfer herauszuarbeiten, wo bezogen auf den Kontext dieser Arbeit die Feldgrenzen liegen und was in einem Feld, wie z. B. dem Feld der WfbM die Feldwirkungen sind. Auch die Frage, ob es Felder gibt, die die großen Felder quasi überlagern, wäre noch zu beantworten.

Sicht der interviewten Frauen ist entscheidend, dass bestehende Feldgrenzen durchlässig sind und/oder erweitert werden können, um Teilhabe zu ermöglichen.
Die Kategorie *Wunsch nach uneingeschränktem Zugang zu verschiedenen Feldern* ist die Leitidee des individuellen Empowermentprozesses (Subkategorie).[604] Die Frauen üben Kritik an der fehlenden Zugänglichkeit und Offenheit und hinterfragen kritisch, ob diese Realität fortbestehen muss.

6.2.5 *Aufwärts- und Abwärtsspirale des individuellen Empowermentprozesses*

Aus der Analyse bildet sich folgende Kernkategorie heraus: ***Individuelles Empowerment auf Augenhöhe zwischen professioneller Unterstützung und Selbstvertretung.***
Im individuellen Empowermentprozess wirken Prozesse professioneller Unterstützung und der Selbstvertretung (*Self Advocacy)* gemeinsam, sind dabei miteinander verschränkt, müssen jedoch aus Sicht der Interviewten auf Augenhöhe gestaltet werden. Die Wirkweise wird nun im Folgenden in einem Spiralmodell des individuellen Empowermentprozesses anhand der Subkategorien beschrieben. Bedingungen, die der Empowermentprozess an die Professionellen stellt, wurden bereits in Kapitel 3.7 benannt. Sie sollen hier nun aus der Perspektive behinderungserfahrener Frauen dargestellt werden.
Das Moment der *Augenhöhe* bezieht sich auf eine nicht hierarchische, also auf eine hierarchieauflösende Beziehung zwischen den Frauen mit Behinderungserfahrung und den Professionellen. Die Eigenschaft *Augenhöhe* ist ein visuelles Moment und hat immer ein Gegenüber im Blick. Im Sinne der Frauen ist gemeint: „schau nicht auf mich herab", da dies von den Frauen als schmerzhaft erlebt wird. Die Begegnung ist somit horizontal, symmetrisch und spiegelt das gemeinsame Handeln in partnerschaftlicher Kooperation wieder (Kleber 2001, 3).[605] Im Sinne eines Merkmalraums wird mit *Augenhöhe* zugleich auf ein Verständnis, ein Dazu-Gehören und ein Aufgehoben-Sein verwiesen, so dass diskursive und emotionale Momente angesprochen werden. In dieser Kategoriebezeichnung steckt auch das Moment: Ich will nicht zu jemandem hinaufschauen (müssen), es sei denn, sie oder er ist mir ein Vorbild.
Empowerment braucht Räume, in denen die Frauen sich auf Augenhöhe untereinander und mit den Professionellen begegnen können und die frei sind von Macht-Kontexten.[606] Dabei soll dem Gegenüber ein Möglichkeitsraum und Gestaltungsraum gegeben werden. Die interviewten Frauen benennen, wo und wie Institutionen und ihre Mitarbeiterinnen und Mitarbeiter Macht über Frauen mit Behinderungserfahrung haben.[607] Im Kontext dieser individuellen Empo-

[604] Vorherige Kategoriebezeichnungen wie *Wunsch nach Gleichzeitigkeit der sozialen Welt und optionaler Offenheit* trafen die Aussagen nicht umfassend und wurden wieder verworfen beziehungsweise integriert.
[605] Das ähnelt den Bedingungen eines Beratungskontexts, in dem die Beraterin/der Berater über Kommunikationskompetenzen verfügen muss, wozu Akzeptanz, Empathie, Kongruenz und Distanz zählen (Kleber 2001, 3).
[606] Macht soll hier im Sinne Max Webers verstanden werden als „die Chance, innerhalb einer sozialen Beziehung den eigenen Willen auch gegen Widerstreben durchzusetzen, gleichwohl worauf diese Chance beruht" (Hillmann [4]1994, 505).
[607] Dies wird sich erst ändern, wenn Menschen mit Behinderungserfahrung über ökonomisches Kapital im Sinne

wermentprozesse müssen Professionelle einen Teil ihrer Macht abgeben, damit der Raum frei wird zur Gestaltung durch die Frauen mit Behinderungserfahrung.

Selbstvertretung steht dabei für die Fähigkeit, für sich und seine Belange einzustehen und für die eigenen Rechte zu kämpfen. Selbstvertretung beinhaltet zugleich Momente der Selbstbehauptung. Empowerment kann somit für die Frauen eine Strategie sein, die Herausforderung ***Ambivalente Selbstbehauptung zwischen Normalisierungsstrategien, institutionellen Restriktionen und goldenem Käfig als Heimat*** zu bewältigen. Dies ist aus der Sicht von Frau Schmidt unter anderem dann möglich, wenn sich Frauen miteinander austauschen, *„die gleich schwach"* sind und sich gegenseitig unterstützen (P02-I2).

Somit verweisen die Daten darauf, dass die Frauen sowohl Zugang zu anderen sozialen Feldern haben möchten, aber auch ihr soziales Feld der Peergroup nicht verlassen möchten, dieses sogar zentral für den Empowermentprozess ist. In der Peergroup erfahren die Frauen Solidarität.[608] So wünscht sich Frau Schmidt für den Peer Support: *„ja gleich , die auch für , sagen wir mal auch eine Behinderung hat , nicht mit Kopf oder vielleicht was mit dem Fuß , zum Beispiel , oder was mit der Hand , oder eleptischen Anfall oder sowas , das ist mir viel lieber als wenn eine Frau die nur perfekt ist , das will ich nicht , damit kann ich zum Beispiel auch nichts anfangen , ich möchte eine Frau haben die so gleiche Probleme mit der Behinderung hat wie ich , nur auf andere Art das ist mir viel lieber , da kann ich besser mit umgehen , weil ich ja selber betroffen bin , da kann ich besser austauschen" (P02-I2).*

Wie in Kapitel 2 deutlich wurde, kommt hier die „selbstbestimmte Segregation als Strategie von Empowerment" (Knust-Potter 1997, 162) zum Tragen.

In Anlehnung an Herriger (^{2}2002, 131 ff.) kann anhand der Daten die Bedeutung „sozialer Netzwerke und sozialer Unterstützung" betont und auf eines der zentralen sozialen Bedürfnisse, die Affiliation, verwiesen werden. Herriger nennt als Austauschgüter sozialer Unterstützung die „emotionale Unterstützung, instrumentelle Unterstützung, kognitive (informationelle) Unterstützung, Aufrechterhaltung der sozialen Identität und Vermittlung von neuen sozialen Kontakten" (ebd., 134). Demgegenüber sind die Wirkungsmechanismen sozialer Unterstützung auf der Ebene der Person noch weitgehend ungeklärt (ebd.). Eine Annahme besteht darin, dass „soziale Unterstützung allgemeine soziale Bedürfnisse befriedigt" (ebd., 135), wie zum Beispiel die Bedürfnisse nach „Affiliation und Sicherheitserleben", „Identität und Selbstwerterleben" sowie nach „Orientierung und kognitiver Regulation" (ebd., 135 ff.).

Das Bedürfnis nach Affiliation und Sicherheitserleben erscheint aus Sicht der interviewten Frauen zentral.[609] Herriger (ebd.) zählt dazu „affiliative Bedürfnisse wie z. B. soziale Zuge-

eines persönlichen Budgets verfügen.

[608] Bobzien und Stark (1991 zit. in Stark 1996, 177) beschreiben die Erfahrung, „daß sich individuelle Fähigkeiten und Stärken erst im Zusammenwirken mit anderen Personen in Selbsthilfe-Initiativen richtig entfalten" können.

[609] Frau Schmidt äußert ihre Ängste, dass sie im Alter nicht mehr im Feld der institutionalisierten Behindertenhilfe leben darf und somit Unterstützung und soziale Beziehungen verlieren würde. Dies stellt ein Negativ-Beispiel

hörigkeit und Aufgehoben-Sein in einem größeren Ganzen; Abwehr von Einsamkeit; Bedürfnis nach sozialer Aufmerksamkeit, Bindung und zuverlässigem Rückhalt". Laut Netzwerkforschung wirkt die Befriedigung der genannten Bedürfnisse wie eine „Art psychosoziales Schutzschild" (ebd.) und schafft nach Kieffer (1984, 31 zit. in ebd., 136) ein „positives und aktives Gefühl des In-der-Welt-Seins".[610]

Die Mitglieder der Peergroup sind den interviewten Frauen vertraut und sie können sich auf diese verlassen. Das ist auch eine Bedingung an die Peergroup, die die Frauen formulieren. Frau Schmidt bringt dies folgendermaßen auf den Punkt: *„besser kann man es nicht haben wenn man eine beste Freundin hat , ist das Schönste wo man einander sich vertrauen kann , das hat was , sonst wären sie ja nicht in meiner Gruppe [Selbsthilfegruppe, Ergänzung S.G.] , und da reden wir auch alle unsere Probleme , unsere Sorgen unsere Kummer"* (P02-I2).

Im Unterschied zu nicht behinderten Frauen sind die von mir interviewten Frauen meist nur einer Peergroup zugehörig, so dass diese von hoher Bedeutung ist. So ist es Frau Schmidt ein großes Anliegen, stabile soziale Beziehungen innerhalb der Gruppe von Gleichen aufzubauen, um einerseits Freundinnen und Freunde zu haben und andererseits einen Austausch auf Gruppenebene zu erhalten. Dabei handelt es sich nicht um institutionell bestimmte oder vorgegebene Kontakte.

Als Bild für die Kernkategorie ***Individuelles Empowerment auf Augenhöhe zwischen professioneller Unterstützung und Selbstvertretung*** habe ich eine Spirale gewählt, um deutlich zu machen, dass es förderliche Bedingungen gibt, die zum individuellen Empowerment beitragen (Aufwärtsspirale) und hemmende Faktoren, die im Sinne einer Abwärtsspirale zum Disempowerment der Frau beitragen, also im Sinne der GTM gleichermaßen die Eigenschaften der Kernkategorie darstellen.[611]

Das Empowermentkonzept geht von der Nutzbarmachung der eigenen Ressourcen und der Anwendung eigener Kompetenzen aus. Dabei ist eine wichtige Ressource, die außerhalb der eigenen Person liegt: die Verfügbarkeit über „echte" Unterstützerinnen und Unterstützer des Empowermentprozesses.

---

für fehlende Sicherheit und zuverlässigen Rückhalt dar. Eine aus Sicht von Frau Schmidt bestehende Konzeptlosigkeit der Einrichtung führt zu Ängsten und Unsicherheiten wie bei Frau Schmidt, die sich Gedanken über ihr Leben im Alter macht *„wenn man sechzig ist , muss man raus ich sag wie raus , aus der Einrichtung , ich sag das versteh ich nicht doch wenn man sechzig ist muss man raus weil für für Leute kein Konzept gibt , ei- für ältere Menschen zu versorgen ich sag das ist doch Quatsch , sechzig ist doch kein Alter junger Mann und das hat mich so derartig weh getan da hab ich gedacht oh Gott jetzt muss ich die Arbeit fallen lassen und die Wohnung raus , das beschäftigt mich auch sehr , was wird denn wenn wir alt werden (I: ja) wo werden wir hinverfrachtet weil das gibt's ja so gar nicht , hier nebenan gibt's ein Altersheim da hab ich gehört das wird aufgelöst , ja wohin mit den Leuten"* (P02-I4). Das Bedürfnis nach Anschluss und Sicherheit benennt auch Frau Kaufmann.

[611] Kritisch könnte angemerkt werden, dass das Spiralmodell kein angemessenes Bild darstellt, da es keine Brüche, Diskontinuitäten oder Ausstiege im Prozess abbildet. Das Spiralmodell im hier vorgestellten Sinne beinhaltet aber diese Momente implizit und soll als Metapher auf den Aufwärts- oder Abwärtssog verweisen.

Für das Gelingen und die Gestaltung individueller Empowermentprozesse der Frauen mit Behinderungserfahrung und deren Unterstützung durch Professionelle erweisen sich folgende Kategorien als förderlich:

- Akzeptation von Gleichwertigkeit: Anerkennung suchen und finden
- Erfahrung von gelingender Kommunikation
- Vertrauensvolle Beziehungskultur
- Wahrnehmung als aktiv handelnde Akteurinnen
- Wahrnehmung des Expertinnenstatus
- Adäquate Vorstellung über Aufgaben und Funktionen einer Selbsthilfegruppe

Aus der Empowerment-Literatur lassen sich hier Parallelen aufzeigen. Dort werden zur Unterstützung des Empowermentprozesses durch die Professionellen unter anderem folgende Aspekte genannt: Zusammenarbeit, Stärken-Perspektive inklusive einer Ressourcenorientierung und -aktivierung, Subjektzentrierung, Kontextorientierung sowie die solidarische Professionalität und Parteinahme (Theunissen 2007b, 62 ff.).

6.2.5.1 Akzeptation von Gleichwertigkeit: Anerkennung suchen und finden

Die interviewten Frauen machen immer wieder die Erfahrung, dass aufgrund ihrer Behinderung Anerkennungsprozesse außer Kraft gesetzt werden, indem ihnen „der Zugang zu potentiell anerkannten Feldern der Gesellschaft erschwert, bzw. gänzlich verwehrt wird und damit Entwicklungsmöglichkeiten verhindert und Menschenrechte verletzt werden“ (Ziemen 2004, 269). „Das Verlangen nach Anerkennung ist vielmehr ein menschliches Grundbedürfnis.“ (Taylor 1992, 13 f. zit. in Katzenbach 2004, 129) Aus Sicht der Frauen gibt es zwei Ebenen: die Frauen suchen einerseits Anerkennung (Wunsch) und andererseits erfahren sie Anerkennung (Realität) – in Relation zu den Professionellen formt sich daraus die Erwartung, dass diese ihnen das Suchen und Finden von Anerkennung ermöglichen. Akzeptation bedeutet Annahme und Anerkennung (Dudenredaktion ^{5}1990, 44), wozu die Bereitschaft gehört, etwas anzuerkennen, anzunehmen oder zu dulden.

Die Bereitschaft der Professionellen, die anderen (Frauen) und ihre Lebensweisen und Lebensstile anzuerkennen – und zwar als Gleiche – impliziert zugleich Bestätigung, Wertschätzung und Respekt. Im Sinne Bubers (1978) handelt es sich um ein Verhältnis wechselseitiger Anerkennung. Das heißt, Anerkennungsverhältnisse enthalten a priori die soziale Bezogenheit.[612] Ziemen (2002b) zufolge

> „gilt Anerkennung als Kategorie, die alle anderen Kategorien überlagert, [und] zeigt sich durch hohe Achtung, Respekt, Akzeptanz und gleichzeitig hohe Forderung/Anforderung an einen Menschen (‚Ich fordere dich, weil ich dich achte‘, [...]). Die gelebte Beziehung, der Dialog, die Kooperation, die Solidarität und das Vertrauen in den anderen, Verantwortung übernehmen zu können, sind Indizien, Zeichen, die ein Ausdruck von Anerkennung sind.“

[612] Buber führt aus: „Denn das innerste Wachstum des Selbst vollzieht sich nicht, wie man heute gern meint, aus dem Verhältnis des Menschen zu sich selber, sondern aus dem zwischen dem Einen und dem Anderen, unter Menschen also vornehmlich aus der Gegenseitigkeit der Vergegenwärtigung – aus dem Vergegenwärtigen anderen Selbst und dem sich in seinem Selbst vom anderen Vergegenwärtigtwissen – in einem mit der Gegenseitigkeit der Akzeptation, der Bejahung und Bestätigung.“ (Buber 1978, 36)

Anerkennungsprozesse hinterlassen ihre Wirkungen im Habitus eines Menschen, das heißt verändern habituell (ebd.).

Die in der deutschsprachigen Empowerment-Literatur benannte kollaborative Beziehung im Sinne einer partnerschaftlich-dialogischen Beziehung zwischen den Adressatinnen und Adressaten und den Professionellen greift hier zu kurz und umfasst nicht das gesamte von den interviewten Frauen Geforderte. Theunissen (2007b, 62) benennt zweifelsohne „die Zusammenarbeit (collaboration), ein auf Gleichberechtigung hin angelegtes Verhältnis zwischen Adressaten und Professionellen" als ein wichtiges Grundprinzip des Empowermentkonzepts.[613] Das zentrale Moment der Zusammenarbeit stellt der Respekt dar (Simon 1994, 8). Für Richard Sennett (^{2}2007, 67) stellt Respekt lediglich einen Teilaspekt von Anerkennung dar. Synonyme für „Respekt" könnten „Ansehen" oder „Prestige" sein (ebd., 73). Der Begriff der Anerkennung beinhaltet im Gegensatz dazu jedoch das Moment der Gegenseitigkeit (ebd.). „Gegenseitigkeit ist die Grundlage wechselseitigen Respekts." (ebd., 264) Damit wird deutlich, dass es nicht um eine Mildtätigkeit geht, sondern um ein Gegenseitigkeitsverhältnis (ebd.).

Als Rahmen und sensibilisierendes Konzept der Kategorie ***Akzeptation von Gleichwertigkeit*** dient hier die Denkfigur der „egalitären Differenz" (Prengel ^{2}1995), bei der „das Gleichheitspostulat durch die Anerkennung von Verschiedenheit eingelöst" (Prengel ^{2}1995, 49) und das Recht auf Teilhabe am gesellschaftlichen Leben allen Menschen zugestanden wird.[614] Gleichheit, im Sinne von Gleichwertigkeit beziehungsweise gleicher Würde, ist Voraussetzung für die „Gleichberechtigung von Menschen in verschiedenen Lebenslagen" (Jerg 2005, 117). „Die Wertschätzung von Pluralität bedeutet nicht eine Haltung der Indifferenz, sondern eine Wertschätzung von Differenz." (Prengel ^{2}1995, 49) Pluralität kann verstanden werden als vielfältiges Vorhandensein oder Nebeneinanderbestehen (Dudenredaktion ^{5}1990, 612). Differenzen und Gleichheiten müssen im Sinne dieses demokratischen Differenzkonzepts immer zusammengedacht werden, wobei „unterschiedliche Lebensformen gleiches Existenzrecht haben, gleiches Recht, gesellschaftlich sichtbar, anerkannt und wirksam zu sein" (Prengel ^{2}1997, 124). Diese Wertschätzung der Differenz im demokratischen Sinne möchten die Frauen auch auf der Beziehungsebene erfahren.

---

[613] Theunissen (2007b, 62) bezieht sich auf die Ausführungen von Simon (1994, 8), die in Anlehnung an Berta Reynolds eine kollaborative Beziehung an drei Prinzipien festmacht: „1. a shared sense of urgency concerning the problems confronting the client, 2. a conjoint commitment to problem solving in as democratic a manner is possible, and 3. a shared emphasis, initiated by the worker, on the common humanity of both members of the relationship, despite what may be marked distinctions in social class, race, life chances, and education" (Reynolds 1951, 162; Freedberg 1989, 35)".

[614] Annedore Prengel (^{2}1997, 124) argumentiert, dass Differenz ohne Gleichheit „gesellschaftlich Hierarchie, kulturell Entwertung, ökonomisch Ausbeutung" bedeutet, und Gleichheit ohne Differenz „Assimilation, Anpassung, Gleichschaltung, Ausgrenzung des ‚Anderen'" zur Folge hat. Für den feministischen Diskurs gilt es zu klären, welche Gleichheiten und welche Differenzen gewollt werden (ebd.). Als Fazit hält Prengel fest: „Die feministische Kontroverse Gleichheit versus Differenz enthält eine falsche Alternative, da Gleichheit nicht ohne die Akzeptanz von Differenz eingelöst werden kann und Differenz nicht ohne die Basis gleicher Rechte Wertschätzung erfahren kann." (ebd., 125)

„Die Anerkennungstheorie verdeutlicht, dass die Idee der Selbstbestimmung an den Anspruch geknüpft ist, als Gleicher unter Gleichen behandelt zu werden, das Selbstbestimmung im Kern als soziale Kategorie zu denken ist. Die identitätsschädigende Wirkung der Missachtung des Rechts auf Selbstbestimmung geht daher nicht unmittelbar von eingeschränkten Wahl bzw. Entscheidungsmöglichkeiten aus, wie dies im Selbstbestimmungsdiskurs der Geistigbehindertenpädagogik zuweilen etwas kurzschlüssig angenommen wird, sondern von der demütigenden und beschämenden Erfahrung, nicht als gleichwertiger Interaktionspartner ernstgenommen zu werden." (Katzenbach 2004, 137)[615]

Wie in Kapitel 3.10 angeführt, müssen auf Seiten der Professionellen Unterschiede zwischen den Frauen benannt und zugelassen werden, erst dann wird eine Öffnung für Gemeinsamkeiten möglich.

Den interviewten Frauen geht es zugleich um eine Akzeptation als Frau mit Behinderungserfahrung. Dies schließt ihren Unterstützungs- und Assistenzbedarf ein, so dass „Differenz anerkennen meint: Wir brauchen unterschiedliche Hilfsmittel und Dienstleistungen, um unser Leben zu organisieren" (Jerg 2005, 118). Eine Offenheit als Haltung ist eine Subkategorie von Akzeptation von Gleichwertigkeit und zugleich Bedingung dafür. Es gilt ferner für die Professionellen, differenzsensibel zu denken und zu handeln, ohne zugleich diese Unterschiede zu verfestigen oder gar erst zu produzieren. Dabei gilt es, Differenzen nicht zu ignorieren, sondern bewusst wahrzunehmen und sensibel damit umzugehen.

„Kurz: es geht um die Anerkennung der Verschiedenheit und Gewährung gleicher Rechte. Der Soziologe Richard Sennett hat dies sehr feinsinnig beschrieben. Er fordert uns auf, die unterschiedlichen praktischen Leistungen jedes einzelnen zu würdigen und nicht Talente in den Vordergrund zu stellen (vgl. Sennett 2002, 315)." (Jerg 2005, 118)

Die Kategorie im Verhältnis Frau mit Behinderungserfahrung – Professionelle

Zur Vielfalt des Lebens gehören sowohl Stärken als auch Schwächen.[616] In Wechselbeziehung mit den Professionellen erwartet zum Beispiel Frau Schmidt, dass auch die Professionellen ihre eigenen Schwächen eingestehen und es somit zu einer Angleichung der „Schwachen" mit den „Hochbegabten" und einer Nivellierung auf Augenhöhe zwischen ihr und den Professionellen kommt. Nivellieren im Sinne von gleichmachen soll Unterschiede bezüglich der Behinderung ausgleichen – zwischen den Professionellen („hochbegabt") und den Frauen mit Behinderungserfahrung („Schwachen") – was sie in den Worten ausdrückt *„weil jeder hat irgendwas , bloß man merkt das nicht so (lacht)"* (P02-I2).

Ein weiteres Beispiel sozialer Wechselseitigkeit stammt aus einem Interview mit Frau Bender, in dem sie den Wunsch äußert, beim nächsten Mal mit den Betreuerinnen des Seminars in ein Café zu gehen und selbst zu bezahlen, und damit die Hierarchie aufheben möchte: *„ja aber die*

[615] Katzenbach (2004) bezieht sich hierbei insbesondere auf die von Axel Honneth herausgearbeiteten drei Grundformen der Missachtung und Anerkennung. Den drei Anerkennungsformen (Liebe, Recht, Solidarität) ordnet Katzenbach drei moralische Orientierungsformen (Mitleid, Gleichbehandlung, Gemeinwohl) sowie drei sonderpädagogische Paradigmen (Fürsorge (Traditionelle Heilpädagogik), Selbstbestimmung, Empowerment) zu (ebd., 141).

[616] Im Sinne von *Diversity-Management* gilt es, diese Vielfalt zum Vorteil aller Beteiligten zu gestalten, Diskriminierungen abzubauen und Chancengleichheit herzustellen.

ganze Gruppe zusammen , die ganze Gruppe , auch die Gruppenleiter die sollen ja auch damit drin sein ... oder was zusammen Kaffee trinken gehen (uvt leise) , ich meine das ist teuer Kaffee trinken zu gehen , das ist ist nicht so billig aber , da müssten wir alleine alle bezahlen da müssten wir durch das dürfen auch die Gruppenleiter nicht bezahlen das müssen wir bezahlen" (P15-I1.) Frau Bender möchte in ihren Möglichkeiten erkannt werden und hat den Anspruch, dass man differenziert mit ihr umgeht beziehungsweise mit dem, was sie kann. Es gibt eine interne Differenzierung/Hierarchisierung, aber sie möchte nicht, dass diese eine große Rolle spielt. Die Einladung zum gemeinsamen Kaffeetrinken dient dazu, das Hierarchiegefälle aufzulösen.

Die Kategorie im Verhältnis Professionelle – Frau mit Behinderungserfahrung

Professionelle können darüber hinaus aktiv Freiräume – Räume im Sinne der freien Bewertung – herstellen und gestalten, in denen Heterogenität wertgeschätzt wird und gelebt werden kann. Dieses Klima der Gleichwertigkeit herzustellen, können Professionelle in den unterschiedlichen sozialen Feldern im Sinne einer inklusiv ausgerichteten Sozialen Arbeit unterstützen. Eine inklusive Pädagogik impliziert die Anerkennung von Vielfalt und setzt sich dafür ein, dass die notwendigen Ressourcen bereitgestellt werden.

Gefordert ist gleichermaßen ein Gegenpart, der darstellt, auf welche Resonanz (Widerhall, Anklang, Wirkung, Verständnis) die Kategorie „Akzeptation: Anerkennung suchen und finden" stößt. Ein professioneller Habitus setzt voraus, dass ich verstehe, wie ich mit meinen Adressatinnen und Adressaten kommuniziere und in der Lage bin, einen Kontakt zu meinem Gegenüber herzustellen.

Die Resonanz auf den beschriebenen Such- und Findungsprozess der Frauen stellt die Akzeptanz als Frau mit Behinderungserfahrung dar. Im Empowermentprozess wird die Frau als Frau mit Behinderungserfahrung im Sinne des Expertinnenstatus wahrgenommen und anerkannt und somit die Heterogenität aufrechterhalten. Im negativen Sinne (Disempowerment) wird die Zuschreibung des Behindertenstatus aufrechterhalten.

Die Kategorie ***Akzeptation von Gleichwertigkeit*** bedeutet hier, dass Schwächen nicht negativ konnotiert die Beziehung beeinflussen, sondern dass die Kategorie als Grundlage der kommunikativen Praxis dient. Insofern besteht eine Wechselwirkung der Kategorie ***Akzeptation von Gleichwertigkeit*** mit der Kategorie ***Erfahrung von gelingender Kommunikation***. Die Frauen möchten im Sinne Carl R. Rogers die Erfahrung machen, „ohne Abstrich *anerkannt* zu sein" ([12]1998, 135 (Hervorhebung im Original]). Dies „schließt den Begriff des empathischen Verstanden-Seins und den Begriff der Akzeptierung ein" (ebd.).[617]

[617] Empathisches Verstehen ist dann erfüllt, „wenn der Therapeut die Gefühle und persönlichen Sinngebungen erfaßt, die der Klient in jedem Augenblick erfährt, wenn er diese von ‚innen', so wie sie den Klienten erscheinen, wahrnehmen kann, und wenn es ihm gelingt, etwas von seinem Verständnis dem Klienten mitzuteilen" (Rogers [12]1998, 75).

Die Kategorie im Verhältnis Frau mit Behinderungserfahrung – Frau mit Behinderungserfahrung

Zugleich bevorzugen die Frauen einen Austausch und eine gegenseitige Unterstützung mit gleichbetroffenen Frauen. Frau Schmidt antwortet in Bezug auf das Frauenseminar: *„also deswegen bin ich froh , dass das nur Frauen sind , und zwar Frauen , die nicht so hoch geschult sind , das hat auch was , die meisten Frauen sind ja hoch geschult und die wissen immer alles besser , das möchte ich auch nicht ich möchte so eine gleichaltrige Frau die auch etwas schwach ist , so wie ich , mit dem ich mehr arbeiten kann , das ist viel besser als wenn du eine hochbegabte Frau hast , das mag ich nicht […]"* (P02-I2).

Das Geschlecht des Gegenübers tritt in den Hintergrund, während die Behinderungserfahrung aus Sicht der interviewten Frauen für den Austausch wichtiger wird. In der Aussage von Frau Schmidt stecken zugleich eine Leistungsebene (mit der Skala hochbegabt bis schwach)[618] und eine Beziehungsebene (mit der Skala von hoher Wertschätzung bis Geringschätzung). Der Wunsch besteht nun darin, dass die Leistungsebene „schwach" einhergehen kann mit der Bewertungsebene „Wertschätzung", so dass die durch Professionelle wie auch behinderte Frauen stereotypisierte Zuschreibung der Leistungsebene „hoch" mit der Bewertungsebene „Wertschätzung" flexibilisiert werden kann.

„Die Anerkennung von Differenz, so Axel Honneth (1994) gesteht in ihrer Gegenseitigkeit und Wechselseitigkeit eine Gleichheit der Verschiedenheit zu." (Jerg 2005, 117)

Dem Wunsch nach Gleichheit steht der Wunsch nach Differenz gegenüber (vgl. Frau Schmidt), denn nur, wenn wir als Menschen verschieden sind, können wir uns austauschen und gegenseitig befruchten.[619] Frau Schmidt (P02-I2) formuliert ihren Wunsch nach Gleichheit wie bereits oben angeführt weiter aus, *„das ist mir viel lieber als wenn eine Frau die nur perfekt ist , das will ich nicht , damit kann ich zum Beispiel auch nichts anfangen , ich möchte eine Frau haben die so gleiche Probleme mit der Behinderung hat wie ich , nur auf andere Art das ist mir viel lieber , da kann ich besser mit umgehen , weil ich ja selber betroffen bin , da kann ich besser austauschen"*.

Gleichheit resultiert hier aus den Problemen, die die Frauen in der Auseinandersetzung mit der eigenen Behinderung haben. Gleichheit bezieht sich hier nicht auf die Personen, die Frauen selbst, sondern auf die Beziehung der Personen zu ihren Problemen.

Frau Schmidt hinterfragt in dem Interview – „was ist denn gleich?" Sie sucht die unbedingte Gleichheit, da dies die Basis bildet, auf die sie sich verlassen kann, wo sie gleich ist, das heißt wie die anderen *„ich möchte so eine gleichaltrige Frau die auch etwas schwach ist , so wie ich"* (P02-I2).

[618] Die Differenzierung von schwach bis hochbegabt greift sie an weiteren Stellen auf.

[619] Ein Exkurs: Differenzerfahrung ist ein unabdingbarer Faktor für Lernprozesse, gleichzeitig hebt man sich beim Lernen über diejenigen hinweg, von denen man sich auf einmal abzugrenzen weiß.

Dabei bringt sie die Kategorien „Mann" – „Frau", „normal" – „behindert" und „hoch geschult – schwach" ins Interview ein und verdeutlicht damit ihre Einsicht in die Realität sozialer Zuschreibungen. Dabei sieht Frau Schmidt auch die Differenzen zwischen behinderten Frauen und weiß, dass diese nicht alle gleich sind, gemeinsam sind ihnen aber die Sorgen, der Kummer und die Probleme aufgrund ihrer Behinderung. „Gleich" ist somit im Sinne von: vor die gleichen Probleme gestellt zu sein zu verstehen.

6.2.5.2 Erfahrung von gelingender Kommunikation

Individuelles Empowerment auf Augenhöhe zwischen professioneller Unterstützung und Selbstvertretung kann anhand gelingender oder gescheiterter Kommunikation genauer betrachtet werden. Die interviewten Frauen machen und wünschen die Erfahrung, dass ihnen jemand „*wirklich zuhört*", indem das Gegenüber mit ihnen auf Augenhöhe kommuniziert.
Zu den Eigenschaften dieser Kategorie gehören aus Sicht der interviewten Frauen das subjektive Empfinden, verstanden zu werden, beziehungsweise im Sinne Rogers das „empathische Verstanden-Sein" (ebd.), die Erfahrung „es hört jemand zu und ich finde Gehör" sowie eine offene und authentische Kommunikation.[620] So äußert sich Frau Schmidt: „*ich brauch jemand der das wo ich das halt erzählen kann die ein offenes Ohr haben und das versteht was für ein Sachverhalt das da ist das hat nicht jeder , [...] ich muss jemand haben die einem wirklich zuhört und meine Probleme versteht ,*" (P02-I3).
Professionelles Zuhören erkennen die Frauen an der Anteilnahme an ihren Sorgen und Problemen. Es ermöglicht ihnen, sich freizureden und Problemlösungen zu entwickeln, und trägt zur Beruhigung bei wie Frau Schmidt ausführt: „*aber ich bin etwas beruhigt , dass eine Frau oder ei- . sei es eine Fremde (lauter) die einem zuhört , dass ich meine Seele runtersprechen kann dass ich das nicht runter- runterschlucken muss*" (P02-I3).
Frau Bender möchte in echte Kommunikation eingebunden werden und erwartet, dass man ihr zuhört und sie ernst nimmt. Dies wird im zweiten Interview deutlich: „*wo ich jetzt sagen kann , die Leute helfen mir , wenn ich denen was sag , die hören mir zu . und sagen nicht gut das ist gelogen , die setzen uns zusammen und reden dadrüber dann ist gut , aber zu Hause bist du gar nicht dazu gekommen ,*" und führt weiter aus: „*drüber redet find ich super .. und nicht sagt , komm du hast wieso gelogen . du (uvt) aber die reden dann ,*" (P15-I2). Sie ist froh, dass das Gegenüber ihr nun zuhört und nicht – wie sie es aus der Vergangenheit kennt – unterstellt, dass sie lügen würde.
Im Falle von Frau Bender stellt sie die Außenwohngruppe (AWG) und ihre Mitarbeiterinnen und Mitarbeiter sowie die WfbM als Ermöglicher von Empowermentprozessen dar. Frau

---

[620] Carl R. Rogers ([12]1998, 75) ergänzt für den therapeutischen Kontext, dass die Möglichkeit einer Veränderung der Persönlichkeit der Klientin oder des Klienten umso größer ist, je authentischer und kongruenter die Therapeutin oder der Therapeut in der Beziehung ist. Mit Kongruenz meint er, „daß die Gefühle, die der Therapeut hat, ihm bekannt, seinem Bewußtsein zugänglich sein müssen, und dass er in der Lage ist, diese Gefühle zu leben, *sie zu sein*, fähig, sie mitzuteilen, wenn es zweckmäßig erscheint" (ebd., 74).

Bender weiß das Engagement der Gruppenleiterinnen und Gruppenleiter zu schätzen. Negative Erfahrungen (fehlendes Zutrauen, Behandlung wie eine Fünfjährige usw.) macht sie in der engen Symbiose mit ihrer Mutter. Sie schildert ihre Erfahrungen im Elternhaus wie folgt:
„zum Beispiel wie wie zu Hause der Fall , mit dem Abholen , wo ich gesagt habe Mama ich bin keine Fünf ich kann alleine zur Arbeit fahren , nein du wirst abgeholt gut Mama dann bin ich Fünf (gehoben) dann werd ich mit dem Schulbus abgeholt , (uvt) .. oder wenn ich alleine wohnen wollte . ich bin keine Fünf ich kann alleine wohnen , (leise, monoton) ja mein Kind du bist aber krank ich sag was hat denn die Krankheit (klopft sich auf den Oberschenkel) , mit dem Ausziehen zu tun , gar nichts aber die Mama hat gemeint , du bist krank du kannst dir nicht allein helfen . und was hat sie heute (gehoben) , heute sieht sie alles was ich kann , (klopft sich auf den Oberschenkel)" (P15-I3).
Auch hier wird Frau Benders Erwartung in echte Kommunikation eingebunden zu sein deutlich. Dabei gehen ihre Erwartungen an das Gegenüber weit über eine gelingende Kommunikation hinaus, da sie echtes Zutrauen erhofft.

6.2.5.3 Vertrauensvolle Beziehungskultur

Die zwischenmenschliche Beziehungsebene stellt die Grundlage für die Erfahrung gelingender Kommunikation dar, sodass die Beziehungsebene und die Kommunikationsebene in ihrer Wechselwirkung zu sehen sind. Fast alle Frauen berichten von einer Person, meist einer Frau, die sie bei ihrem Prozess unterstützt und ermuntert. Die Beziehung zu dieser Unterstützungsperson wird gestaltet durch die Fähigkeiten der Unterstützungsperson authentisch zu sein, sich auszutauschen, Verständnis herzustellen, Vertrauen in die Frau zu haben und Glaubwürdigkeit herzustellen.
Eine authentische (echte, zuverlässige) Kommunikation zwischen Professionellen und Frauen mit Behinderungserfahrung ist verknüpft mit dem Ziel und der Erwartung, den Frauen die Sicherheit zu vermitteln *„ich bin nicht alleine"* und dem oben genannten Sicherheitsbedürfnis gerecht zu werden.
Auf Augenhöhe kommunizieren bedeutet trotzdem, professionell zu agieren, weil Fachkompetenz eingebracht wird.
Die Haltung zu dem Gegenüber spiegelt sich unter anderem in der Ehrlichkeit im Umgang mit Nähe-Distanz wider. Zu einer kollaborativen Beziehungsgestaltung zwischen Adressatin oder Adressat und Professioneller oder Professionellem „kommen der grundsätzliche Blick für Stärken, die Unterstützung der Wünsche und Bedürfnisse der Adressaten, die Orientierung an Erwartungen und Zukunftsentwürfen, ein einfühlsamer Kommunikationsstil sowie eine vertrauens- und respektvolle, authentisch-parteiliche Grundhaltung (Turnbull & Turnbull III 1997, 196)" (Theunissen 2007b, 62). Genau dieser einfühlsame Kommunikationsstil und die vertrauens- und respektvolle Haltung sind das, was die interviewten Frauen erwarten.

Auf einen weiteren Aspekt, der in den Interviews zum Tragen kommt, verweist Röh (2005, 299 f.): „Verstehen versus Erklären“ und meint damit das Sich-Einlassen auf das Verstehen sowie den behutsamen Umgang mit traumatischen und hilflosmachenden Lebenserfahrungen (vgl. Kap. 3.8).

Die Zusammenschau der Interviews verdeutlicht: Je mehr *empowert* eine Frau ist, umso mehr eigenständige Beziehungen hat sie (Freundinnen, Lebenspartner, Selbsthilfegruppe) und ist somit nicht so abhängig von den professionellen Beziehungen. Im Gegensatz dazu neigen die Frauen, die keine bis wenig natürliche Beziehungen pflegen, dazu, einen freundschaftlichen Kontakt zu den Professionellen zu suchen.

6.2.5.4 Aktiv handelnde Akteurinnen versus passiv behütete Akteurinnen

Ein gelingender Empowermentprozess impliziert, dass die Frauen Akteurinnen in diesem Prozess sind. Sie sind jedoch in unterschiedlicher Ausprägung und Intensität an dem Geschehen beteiligt und immer in der Subjekt-Rolle, nicht in der Rolle des Objekts, das behandelt wird. Insofern gestalten sie aktiv den Prozess im Sinne von „ich empower mich“. Die Frauen mit Behinderungserfahrung sind aktiv Handelnde und wollen als solche wahrgenommen werden.[621]

Eine Akteurin oder ein Akteur als handelndes Subjekt kann dabei über unterschiedliche Grade der Handlungsfähigkeit verfügen. Die Möglichkeit, alle sozialen Rollen – wie nicht behinderte Frauen auch – einnehmen zu können, erweitert die Handlungsspielräume (vgl. Kapitel 6.1).

Wird im Gegensatz dazu der Objekt-Status der Frauen weiterhin von den Professionellen festgeschrieben bzw. eine Verobjektivierung fortgesetzt, so erlebt die Frau sich in einer Ohnmachtsposition, der sie ausgeliefert ist und in der sie als Kind, als Kranke und so weiter behandelt wird.[622] Impliziert wird eigenmächtiges Handeln versus fremdbestimmtes Handeln der Frauen.

Die Frauen formulieren daher die Erwartung an die Professionellen „hilf mir es selbst zu tun“ (Montessori), um neben ihrem Unterstützungsbedarf den Subjekt-Status zu betonen, und sie wehren sich zugleich gegen eine fürsorgliche Bevormundung. Sie fordern die Wahrnehmung als Subjekt vehement ein.

Die Frage ist dabei, ob die Frauen sich selbst als behinderungserfahren und/oder als Frau erleben und welche Auswirkung dies auf den Empowermentprozess hat.[623]

---

[621] In der Deklaration von Madrid (2002) ist die Vision der Teilhabe und Nicht-Diskriminierung unter anderem in folgenden Gegensatzpaaren formuliert: „a) Weg von behinderten Menschen als Objekte der Wohltätigkeit (…) hin zu behinderten Menschen als Inhaber von Rechten (vergleiche Kapitel 2.6).

[622] Auf die Folgen einer Verobjektivierung macht Jens Wienhues (1988) aufmerksam. Eigene Machtlosigkeit wird von den behinderten Frauen (und Männern) erlebt, es folgt eine Reduktion auf den Körper, der Messwerte und Diagnosedaten liefert und gleichzeitig kann es zu einer Entpersönlichung führen (ebd., 98). Aus dieser Situation heraus fällt es den Betroffenen schwer Ansätze von „Eigeninitiative und Selbstbildung zu entwickeln“ (ebd., 100).

[623] Meine Interviews zeigen eher, dass die befragten Frauen das Thema Behinderung und Beeinträchtigung sowie damit verbundene Diskriminierungen ausklammern bzw. umschreiben. Das Thema Diskriminierung von Frauen scheint dagegen ein von mir – also von außen – gesetztes Thema zu sein und nicht das Thema der interviewten Frauen selbst.

Die allgemeine gesellschaftliche Auffassung setzt Behinderung mit Krankheit gleich. Dagegen wehren sich die Frauen, indem sie betonen *„ich bin doch nicht krank“*. Krankheit impliziert Behandlung, somit werden Behinderte behandelt.

Renate Bender äußert sich diesbezüglich: *„die Mama hat immer gesagt , du kannst das nicht du schaffst das nicht lass das sein (schnell) , wenn die Mama gesagt hat , schaffst das nicht , dann hab ich gesagt gut Mama ich schaff das nicht , du hast recht und ich mach das so wie du willst ... Mama hat immer behandelt wie ein kleines Kind, aber die anderen [Geschwister, Ergänzung S. G.] nicht . weil die eben nicht krank sind , aber ich fühl mich nicht krank (wird lauter) .. ich bin so wie ich bin*“ (P15-I2).

Die Zuschreibungen von außen werden übernommen, was sich unter anderem an der Sprache festmachen lässt. Frau Bender übernimmt die Äußerung *„mit so was können wir hier nicht aufnehmen*“ (P15-I3) oder *„kuck mal was hier [Werkstatt für behinderte Menschen, Ergänzung S. G.] rumläuft*“ (P15-I3).[624] Die sprachlichen Abwertungen weisen auf eine Hierarchisierung der Behinderten und den sozialen Vergleich mit anderen – ein alltägliches Phänomen – hin.

Frau Bender thematisiert von sich aus die Fremd- und Selbstwahrnehmung am Beispiel ihrer Arbeitssituation und der Äußerung Dritter (im Falle ihrer Schwägerin zu den Personen in der Werkstatt). Ihr ist der Unterschied „Objekt“ *„so was können wir hier nicht aufnehmen*“ versus „Subjekt“ *„wenn ich <u>selbst gemerkt hätte</u> , das [Arbeit auf dem ersten Arbeitsmarkt, Ergänzung S. G.] ging nicht , dann hätt ich selbst gesagt ich geh nicht , ich mach das nicht weiter*“ (P015-I3) bewusst.

Wendeler und Godde (1989 zit. in Julius 2000, 187 ff.) stellten bei einer Befragung zur Auseinandersetzung mit der Zuschreibung geistige Behinderung und den Auswirkungen auf das Selbstbild der Frauen und Männern mit Behinderungserfahrung fest:[625]

- Gleichsetzung von „Behinderung“ mit Körperbehinderung, das heißt, Behinderung wird in einem eingeengten Sinn verstanden (ebd.),
- Gleichsetzung von Behinderung mit Schwächen im kulturtechnischen Bereich (ebd., 188 f.) sowie
- Abwärtsvergleiche (ebd., 190).

Diese Abwärtsvergleiche nehmen zum Beispiel Frau Bender, Frau Kaufmann und Frau Schmidt vor und merken mehrmals an, dass es Menschen gibt, die wesentlich stärker behindert sind als sie.[626]

---

[624] Ergänzt sei an dieser Stelle, dass deutlich wird wie Sprache sich im Habitus niederschlägt und eine sprachlich induzierte Reproduktion von sozialem Handeln stattfindet (Bourdieu).

[625] Neben den hier angeführten Aspekten wird weiterhin differenziert zwischen a) einem fehlenden Begriffsverständnis, b) der Begrenzung wahrgenommener Schwächen auf bestimmte Bereiche, c) Reaktionen von Gelassenheit sowie d) Protestreaktionen (Julius 2000, 187 ff.; Schuppener 2005, 112 ff.).

[626] Vergleiche hierzu auch die Ausführungen weiter oben zum physischen Kapital. Die Bewältigungsstrategien junger körperbehinderter Frauen bezogen auf Behinderung verweisen zum Beispiel auf die „Herstellung von Normalität als Ticket für Teilhabe“ (Eiermann/Häußler/Helfferich 2000, 170).

6.2.5.5 Adäquate Vorstellung über Aufgaben und Funktionen einer Selbsthilfegruppe

Damit auf der anderen Seite „Selbstvertretung/Self Advocacy“ wirksam werden kann, müssen die Frauen unter anderem über eine ***Adäquate Vorstellung über Aufgaben und Funktionen einer Selbsthilfegruppe*** verfügen. Die Bewertung „adäquat“ bezieht sich auf die gängigen Vorstellungen zu den Aufgaben und Funktionen einer Selbsthilfegruppe. Was damit gemeint ist, wird am deutlichsten von Frau Schmidt formuliert, die das Prinzip der Selbsthilfegruppe und deren Bedeutsamkeit in ganz einfachen Worten darstellt. Betont wird die Wichtigkeit der Solidarität und des Gruppengefühls. Frau Schmidt beschreibt genau, welche Funktionen eine Selbsthilfegruppe ihrer Ansicht nach erfüllen soll: sich über Probleme austauschen, Schicksale austauschen, über Sorgen und Kummer reden – das können Professionelle aus ihrer Sicht nicht leisten. Empowerment setzt auf gegenseitige Unterstützung, die hier von Peer zu Peer gelingt und eine positive *peer culture* herstellt. Dabei erfahren die sozialen Netzwerke der Frauen Bedeutung im Sinne von Kontakt und Unterstützungsnetzen. Soziale Unterstützung ist bedeutsam für Empowermentprozesse, da sie den stabilisierenden Hintergrund bietet (Stark 1996, 102). Die Selbsthilfegruppe bietet die Möglichkeit zu lernen, eigene Kompetenzen zu entdecken. Biografische Erzählungen im Sinne von „Ermutigungsgeschichten“, in denen Handlungsfähigkeit sichtbar wird (Keupp/Lenz/Stark 2002, 95), bekommen eine Bedeutung, von der auch die interviewten Frauen berichten, wenn sie sagen, dass es ihnen gut tut, die Geschichten der anderen Frauen zu hören. Um sich über die Probleme auszutauschen, sind aus Sicht der Interviewpartnerinnen solche Seminare wie „So seh’ ich meine Welt“ zentral.

„Empowermentprozesse, (…), erfordern Gemeinschaft, finden also im sozialen Kontext statt und sind nicht rein individuell bezogen, obwohl sie durchaus psychologische Auswirkungen auf Einzelpersonen haben“ (Zimmerman 1990, zit. in Stark 1996, 111).

Zu Frau Schmidts und Frau Müllers Verständnis von einer Selbsthilfegruppe gehört, anderen zu helfen und ihnen Mut zu machen. So sagt Frau Schmidt von sich:

„und vor allem Dingen , ich helfe gerne Leute , die nicht so können , und dann gebe ich denen auch Mut mal zu sagen halt Stopp so geht nicht , oder sie sollen mal was sagen , was sie nicht können , weil sie Angst haben , und dann versuche ich denen ein bisschen Schutz zu geben“ (P02-I1) .

„Um groß zu werden – in jeglichem Sinne – braucht sie eine Frau, die größer ist als sie.“ (Libreria delle donne di Milano, 1988 zit. in Sonntag 1993, 51) Die Bedeutung von (Rollen) Vorbildern wird auch in den von mir durchgeführten Interviews deutlich.[627] Des Weiteren werden Fähigkeiten und Strategien entwickelt, um individuelle und gemeinschaftliche Ziele erreichen zu können, und „es wird Wissen und Können erworben, die zu einem kritischen Verständ-

[627] Am eindrücklichsten schildert Frau Schmidt von ihren Vorbildern, einem Paar aus der englischen People First-Bewegung. Die Begegnung mit diesem Mann und dieser Frau inspirierte sie dazu, selbst eine Selbsthilfegruppe ins Leben zu rufen. Auch Frau Müller benennt im vierten Interview ihre Vorbilder.

nis der sozialen und politischen Verhältnisse und der eigenen sozialen Umwelt führen (Kieffer 1984)" (Stark 1996, 119).

6.2.5.6 Wahrnehmung des Expertinnenstatus der Frau

Sich selbst als Expertin in eigener Sache wahrzunehmen und von anderen als Expertin wahrgenommen zu werden, stellt ein weiteres empowermentförderliches Moment dar. Dem widerspricht ein Verharren im Behindertenstatus. Ihre eigene Expertenschaft formuliert Frau Schmidt wie folgt:

„selbst wollma sagen , selbst durchzusetzen , selbst was entscheiden , selbst umzusetzen , irgendwelche Dinge zu machen , was ein normaler Mensch auch machen kann , das können behinderte Menschen auch , selbst mal eine Wohnung leisten , selbst ihren Haushalt führen und Tiere [halten, Ergänzung S. G.] , das können Behinderte auch" (P02-I2).

„Selbst" ist der Kern der Expertenschaft und das wird im Empowermentkonzept auch angeboten. Von sich als „Selbst" zu sprechen, verlangt Kraft, Mut und Stärke.

Nicht nur Frau Schmidt greift die Interviewfragen kompetent auf. Dabei geht sie sehr differenziert mit den Fragen um, verwendet dabei ein starkes Vokabular wie beispielsweise „ein krasser Unterschied", „einfühlsam, verstehen". Zugleich wird damit ihre innere Beteiligung an den Themen deutlich, im Sinne einer hohen emotionalen Beteiligung, wenn sie sagt: *„das ist das Schönste"* (P02-I2). Frau Schmidt hat in der sozialen Ordnung eine sehr genaue Selbsteinschätzung („schwach wie ich") und eine Einsicht in die Realität sozialer Zuschreibung. Dabei verharrt sie nicht resignativ, sondern geht damit konstruktiv um. Expertin in eigener Sache zu sein, heißt für Frau Schmidt, sich durchzusetzen, selbst zu entscheiden, so dass ihr ermöglicht wird, einen Grad der Autonomie zu erlangen, der ihr sonst immer vorenthalten wird.

6.2.6 *Zunahme des symbolischen Kapitals*

Schließlich führt ein so unterstützter individueller Empowermentprozess (Aufwärtsspirale) zur Zunahme des symbolischen Kapitals. Dies ist an folgenden Indikatoren festzustellen:

- als erwachsene Frau mit eigener Lebensgeschichte betrachtet zu werden,
- Anerkennung zu erfahren,
- sich gegenseitig zuzuhören,
- Erfahrungen einer gelingenden Kommunikation auf Augenhöhe zu machen,
- Zutrauen in die eigenen Fähigkeiten zu erfahren,
- sowie die Zunahme des symbolischen Kapitals durch die Rolle der Multiplikatorin.

Der Lohn einer so formulierten Beziehungsarbeit ist, mit Bourdieu gesprochen, das soziale Kapital und die Zunahme des symbolischen Kapitals. Die Zunahme des symbolischen Kapitals verändert a) die Ausgangssituation der Frauen und ermöglicht b) den Zugang zu weiteren sozialen Feldern. Die Kapitalarten sind die Eintrittskarte zu den Feldern. Durch die Zunahme des symbolischen Kapitals verändert sich die Position der Frauen im Feld. Bei einem positiv verlaufenden individuellen Empowermentprozess ist es der oder dem Professionellen möglich, symbolisches Kapital zu vergeben. Zunächst muss die oder der Professionelle einen Kredit, einen Vorschuss in den Empowermentprozess geben im Sinne von „Vertrauen in das Gegenüber haben“. Dieser Vorschuss spielt eine zentrale Rolle und ermöglicht, sich zu empowern. Je mehr sich eine Frau empowert, umso mehr (symbolisches) Kapital erwirbt sie.

Das folgende Schaubild verdeutlicht die Kernkategorie ***Individuelles Empowerment auf Augenhöhe zwischen professioneller Unterstützung und Selbstvertretung*** und die dazugehörigen Subkategorien. Findet der Empowermentprozess zwischen den Frauen mit Behinderungserfahrung und den Professionellen auf Augenhöhe statt und werden dabei die genannten Kategorien wie zum Beispiel ***Akzeptation von Gleichwertigkeit: Anerkennung suchen und finden*** Berücksichtigung finden, führt diese Spirale in einem Aufwärtsprozess zu individuellem Empowerment. Dies wiederum führt zur Zunahme des symbolischen Kapitals. Der gesamte Prozess gelingt umso besser, je mehr das Bedürfnis nach Affiliation und Sicherheitserleben der Frauen mit Behinderungserfahrung befriedigt wird.

Gruppenbezogenes Empowerment hingegen benötigt neben interessierten Frauen, die sich selbst vertreten wollen, eine ***adäquate Vorstellung über Aufgaben und Funktionen einer Selbsthilfegruppe.*** Schließlich führen auch gruppenbezogene Empowermentprozesse zur Zunahme des symbolischen Kapitals.

Auch wenn in dieser Arbeit individuelle Empowermentprozesse im Vordergrund stehen, so möchte ich abschließend nochmals betonen, das Emmpowermentprozesse die gruppenbezogene Ebene nicht vernachlässigen dürfen, was in den vorherigen Ausführungen deutlich wurde.

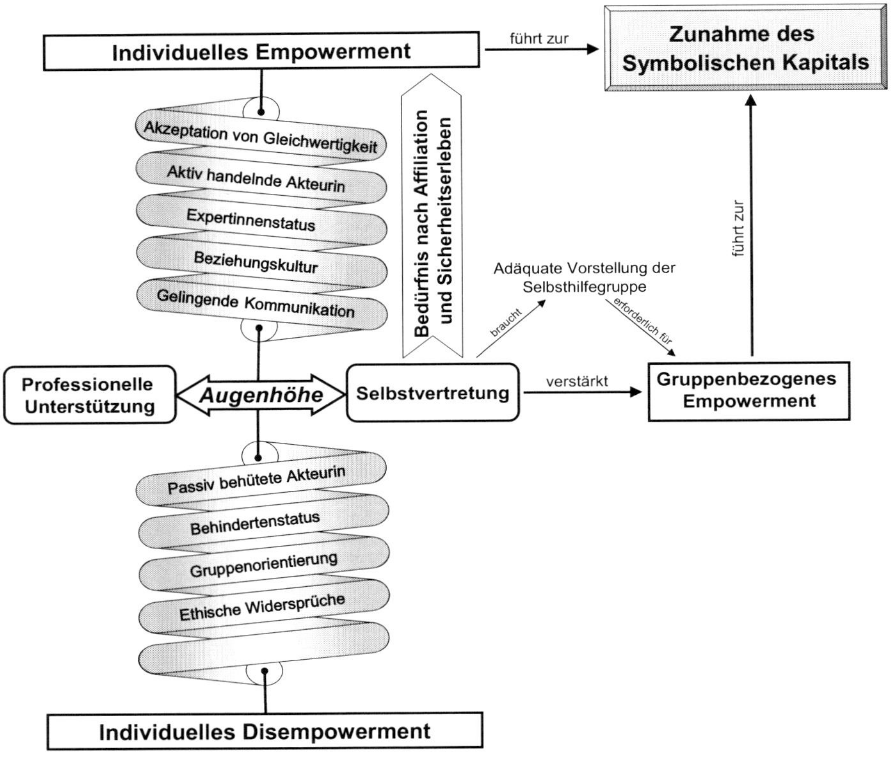

Abbildung 8: Idealtypisches Spiralmodell des individuellen Empowermentprozesses behinderungserfahrener Frauen[628]

6.2.7 *Abwärtsspirale des Disempowerment*

Wie das Schaubild veranschaulicht, werden auf der anderen Seite hemmende Bedingungen und Mechanismen deutlich, die zu einem individuellen Disempowerment führen. Disempowerment meint einer Person die Macht, die Autorität, den Einfluss vorzuenthalten oder zu entziehen.[629] Behindernde Faktoren im individuellen Empowermentprozess der Frauen, die zum einem Disempowerment führen, sind:

- ***Passiv behütete Akteurin***

  Zu den obigen Ausführungen (vergleiche Kapitel 6.2.5.4) sei ergänzt, dass die behütete Situation die Frauen in die Rolle einer passiven Akteurin drängt. Sie sind nicht mehr aktiv, sondern passiv und nehmen sich als „Behandelte" wahr. Von Anderen werden sie behandelt.

  Hierzu tragen selbsterfüllende Prophezeiungen bei, wie im Fall von Frau Bender, wenn *„Mama sagt das klappt doch nie"*, dann gibt sie auch das Vorhaben auf.

---

[628] Anzumerken sei hier, dass die Anordnung der Subkategorien in der Spirale keine Hierachie beinhaltet und somit auch keine Kausalität der Inhalte in der Spirale vorliegt.

[629] Disempower = to deprive (a person) of power or authority. Während eine Entmachtung auf Könige und Herr-

- ***Aufrechterhaltung des Behindertenstatus***
  Sowohl auf Seiten der Professionellen sowie der Angehörigen als auch auf Seiten der Frauen mit Behinderungserfahrung lassen sich Momente festhalten, in denen der Behindertenstatus der Frauen aufrechterhalten wird. Dafür ist das folgende Zitat ein Beispiel: *„Mama hat immer behandelt wie ein kleines Kind , aber die anderen [Geschwister S. G.] nicht . weil die eben nicht krank sind , aber ich fühl mich nicht krank (wird lauter) .. ich bin so wie ich bin" (P15-I2)* Es kommt zur Missachtung des eingeforderten Expertinnenstatus. Gerade dieses Zitat zeigt, dass der Expertinnenstatus (siehe oben) und der Behindertenstatus nicht zwei gegensätzlich Pole sind, sondern es von dem Standpunkt der Person abhängt, wie sie sich betrachtet beziehungsweise wie sie betrachtet wird. Die Frau mit Behinderungserfahrung sieht sich „als nicht krank, sondern so, wie sie halt ist". Der Kranken– oder Behindertenstatus wird von außen an sie herangetragen und diese Zuschreibung hemmt den Empowermentprozess.
- ***Ethisch-inhaltliche Widersprüche auf Seiten der Professionellen*** bzw. richtig-falsch-Wertungen der Professionellen beeinflussen die Entscheidungsfindung und damit indirekt den Empowermentprozess der interviewten Frauen.
  Frau Schmidt kritisiert deutlich diese widersprüchlichen Haltungen an ihrem Beispiel, dass aus Sicht der Mitarbeiterinnen und Mitarbeiter nichts gegen das Heiraten spricht, aber der Kinderwunsch nicht thematisiert wird. Frau Schmidt findet dies selbst *„ein bisschen komisch"*.
  Dies verbindet sie mit einer Konzeptlosigkeit[630] und sagt verärgert: *„die haben gesagt es gibt kein Konzept für das , und ehm (gezogen) , da haben wir noch ein Mädel , die ist gleich in die Einrichtung gekommen , die hatte ja n Kind , ich sag das versteh ich nicht , da gibt doch n Konzept (sehr gehoben, nachahmend)" (P02-I3)* und im folgenden Interview werwähnt sie noch mal *„weil in der Einrichtung gibt's kein Konzept , wenn da mal was passiert oder es kommt ein Kind , das können Sie nicht wie sagt man es gibt kein Konzept die zu betreuen"* (P02-I4).
- ***Gruppenorientierung***
  Das Festhalten an einer Gruppenorientierung statt einer individuumszentrierten sozialen Arbeit sowohl auf Seiten der Professionellen als auch auf Seiten der Frauen mit Behinderungserfahrung hemmt den individuellen Empowermentprozess der Frauen. Hier seien als Beispiel die Äußerungen der ostdeutschen Frauen genannt, die sich bei ihren Aussagen stark nach ihren Mitarbeiterinnen und Mitarbeitern orientieren.

---

scher zutrifft, geht es bei dem Terminus Entmächtigung darum, jemandem Einfluss und Macht zu entziehen.

[630] Frau Schmidt merkt zur Konzeptlosigkeit der Einrichtung auch an, dass sich durch die Aufnahme von Menschen mit höherem Unterstützungsbedarf in die Einrichtung Ziele und Angebote verändern *„und dafür gibt's überhaupt kein Konzept davon , und das ist schade , eigentlich war das früher so, wie mein Verlobter sagte früher als er in die Einrichtung kam war das früher mit der Ausbildung das gibts jetzt gar nicht mehr weil ist weggefallen weil nur Schwächere können diese Ausbildung nicht mehr machen und die Guten die schon viel*

7 Resümierender Blick auf die Theorieskizze und Konsequenzen für die Forschung und Praxis der Sozialen Arbeit mit Frauen mit Behinderungserfahrung

Nach der Ausführung der empirischen Ergebnisse, die hier zunächst kurz zusammengefasst werden, möchte ich einen Ausblick auf zentrale Aspekte für Forschung und Praxis im Kontext der Sozialen Arbeit mit behinderungserfahrenen Frauen geben. Die hier generierte Theorieskizze verdeutlicht, dass der individuelle Empowermentprozess der interviewten Frauen verbunden ist mit dem Wunsch nach Teilhabe.

Mittels der Kapitaltheorie Pierre Bourdieus wurde die Ausgangssituation der interviewten Frauen beschrieben. Die Ausgangssituation enthält den ***Wunsch nach uneingeschränktem Zugang zu verschiedenen Feldern*** und dieser Wunsch ist zugleich Motivation und Antrieb für den individuellen Empowermentprozess. Zusätzlich können weitere ursächliche Bedingungen (die plötzlich oder schleichend eintraten) vorliegen, die die Ausgangssituation kennzeichnen und zur Entwicklung und Mobilisierung der Ressourcen führen. Im Verlauf des Empowermentprozesses aktiviert jede Frau ihre Kompetenzen, die zugleich ihre Kapitalien darstellen, und setzt diese ein. Die Ausgangssituation lässt sich somit wie folgt beschreiben: Die Interviewpartnerinnen agieren auf dem *Feld der institutionalisierten Hilfen*, das wiederum aus verschiedenen Unterfeldern (WfbM, Wohnheim, Außenwohngruppe) besteht, welche sich anhand der Kapitalsorten nach Bourdieu (1983) beschreiben lassen. Die Verfügbarkeit über bestimmte Kapitalien ermöglicht den Frauen den Zugang zu anderen sozialen Feldern, und in Wechselwirkung dazu vergeben die Felder Kapital. Dabei vergibt das *Feld der institutionalisierten Behindertenhilfe* wenig symbolisches Kapital. Die interviewten Frauen agieren meist nur auf einem Feld und drängen nach dem Zugang zu anderen sozialen Feldern, was die Durchlässigkeit und Offenheit der Felder erfordert.

Die Kernkategorie ***Individuelles Empowerment auf Augenhöhe – zwischen Professioneller Unterstützung und Selbstvertretung*** führt schließlich zu einer Aufwärts- und Abwärtsspirale des individuellen Empowermentprozesses. Zum Empowerment kommt es, wenn förderliche Faktoren (siehe unten) greifen, andernfalls führt eine Abwärtsspirale zum Disempowerment. Der individuelle Empowermentprozess in Gestalt der Aufwärtsspirale führt zur Zunahme des symbolischen Kapitals auf Seiten der behinderungserfahrenen Frauen und ermöglicht ihnen Zugänge zu anderen sozialen Feldern.

Das Spiralmodell verdeutlicht, dass demokratische partizipative Strukturen und Anerkennungsprozesse eine wichtige Grundlage für die Förderung von Empowermentprozessen behinderungserfahrener Frauen darstellen. ***Akzeptation von Gleichwertigkeit: Anerkennung suchen und finden*** ist dabei eine der Subkategorien. Die Auswertung der Daten zeigt weiterhin, dass Kommunikation und Beziehungskultur weitere zentrale Merkmale für den individuellen Em-

weiter sind ist die Möglichkeit weg" (P02-I4).

powermentprozess behinderungserfahrener Frauen sind. Damit ist eine vertrauens- und respektvolle Kommunikation auf Augenhöhe verbunden.
Mit der Theorieskizze des Spiralmodells wird aufgezeigt, wie Professionelle Frauen mit Behinderungserfahrung aus deren Sicht auf ihrem Weg zu mehr Empowerment begleiten können. Insgesamt geht es für die interviewten Frauen auch darum, neue biografische Zukunftsperspektiven zu entwickeln, sowie mehr Bewusstsein der jetzigen Lebens- und Arbeitssituation, der eigenen Stärken und Fähigkeiten und der Ressourcen zu entfalten. Ziel ist die Ermutigung, ihr eigenes Leben nach eigenen Vorstellungen zu gestalten und Zugänge zu verschiedenen Feldern zu erhalten.
Wie in Kapitel 6.2 deutlich wird, braucht der individuelle Empowermentprozess der behinderungserfahrenen Frauen Gleichheit und Differenz zugleich. Als These könnte man formulieren: Der Empowermentprozess braucht zu Beginn *mehr* Gleichheit im Sinne von Selbstvertretung/Self Advocacy. Die Aspekte von Gleichheit und Differenz (von Geschlecht) als reflexive Kategorie wird von den interviewten Frauen thematisch nur angerissen, jedoch nicht weiter vertieft, sollten jedoch meines Erachtens in die erwachsenenpädagogische Arbeit, Begleitung und Beratung von Frauen und Männern mit Behinderungserfahrung aufgenommen werden. Dabei gilt es, die individuellen Lebensthemen der Frauen (vgl. Kapitel 6.1) aufzugreifen und in eine differenzsensible Soziale Arbeit mit behinderungserfahrenen Frauen und Männern einzubinden.
Die hier generierte materiale Theorieskizze zu individuellen Empowermentprozessen bei Frauen mit Behinderungserfahrung stellt ein kurzes Innehalten im Forschungsprozess dar. Nach Glaser und Strauss (^{2}2005, 50) ist eine Publikation, wie zum Beispiel diese Qualifikationsarbeit, nur eine Pause im Prozess der Theoriegenerierung, so dass andere Forscherinnen und Forscher an die vorliegende Arbeit anknüpfen können, um die weitere Theoriegenerierung voranzutreiben. So betonen zum Beispiel Glaser und Strauss (ebd., 94), dass Forschende damit beginnen können, eine formale Theorie aus bereits veröffentlichten Studien zu generieren.[631]
Die vorliegende Arbeit soll die Aufmerksamkeit auf bisher unerforschte Themen lenken, zum Verstehen des individuellen Empowermentprozesses bei Frauen mit Behinderungserfahrung beitragen und Hypothesen generieren. Die GTM stellt ein handlungsleitendes Modell dar und zielt darauf, dass die Theorie(skizze) Möglichkeiten des Handelns und der Veränderung aufzeigt (Strauss/Corbin 1996, 100).
Die hier dargelegten Ergebnisse können als Basis für die Frage dienen, inwieweit das Modell/die Theorieskizze „für den prospektiven Nutzer brauchbar oder *nützlich* [ist] bei der Lösung seiner ‚Orientierungsprobleme‘[632] in dem Wirklichkeitsbereich, auf den sich das Modell

[631] Glaser und Strauss (^{2}2005, 96) formulieren Fragen für weitere Vergleiche im Rahmen einer solchen Sekundäranalyse.
[632] „Orientierungsprobleme“ können im vorliegenden Kontext aus dem inflationären Gebrauch des Empowermentbegriffs und den damit verbundenen Handlungsunsicherheiten resultieren. Sie können aber auch aus den

bezieht“ (Legewie 2002, 11). Die Erprobung in der Praxis (Frage der Passung der Theorieskizze im Sinne von „fit“ für die Praxis (vgl. Kapitel 5.8.4)) war im Rahmen dieser Arbeit nicht mehr möglich, stellt aber einen Ansatzpunkt für weitere Forschungsarbeiten in diesem Feld dar. Das Spiralmodell ***Individuelles Empowerment auf Augenhöhe – zwischen professioneller Unterstützung und Selbstvertretung*** bietet erste Erklärungs- und Handlungsansätze für den Empowermentprozess behinderungserfahrener Frauen, wirft aber gleichzeitig Anschlussfragen auf. Im Folgenden möchte ich aufbauend auf die Ergebnisse, die soeben vorgestellt wurden, weitere Denkanstöße für Forschung und Praxis formulieren.

A) Weiterführende Thesen

Aus der vorgelegten Theorieskizze können gemäß der *Grounded Theory Methodology* folgende anschlussfähige Hypothesen generiert werden:

1. Die Empowermentprozesse behinderungserfahrener Frauen haben aufgrund gesellschaftlicher und struktureller Bedingungen (zum Beispiel Sozialisation im Feld der institutionalisierten Behindertenhilfe) andere Akzentuierungen als die Empowermentprozesse nicht behinderter Frauen.
2. Selbstvertretung/Self Advocacy von Frauen (und Männern) mit Behinderungserfahrung braucht Unterstützung, da sie häufig in Konflikt mit organisierter/institutioneller Hilfe geraten, wenn sie sich selbst organisieren und vertreten wollen. Diese Unterstützung muss im Sinne der Aufwärtsspirale zu Empowerment und Zunahme des symbolischen Kapitals beitragen und letztlich in Umfang und Intensität abnehmend sein beziehungsweise sich den je individuellen Bedarfen anpassen.
3. Da die Kraft des Empowermentprozesses in der Dialektik von individuellem und kollektivem Empowerment liegt (Theunissen 2007b, 44; Stark 1996), gilt es, zusätzlich viel mehr Kraft und Engagement sowie Aktivität in die Initiierung und Unterstützung *kollektiver* Empowermentprozesse von Frauen und Männern mit Behinderungserfahrung zu investieren.
4. Dringend erforderlich ist im deutschsprachigen Raum eine Diskussion methodologischer und methodischer Fragen im Kontext der Forschung über und mit Kindern, Frauen und Männern mit Behinderungserfahrung. Inklusive Forschung hat dabei die größten Chancen, Einfluss auf die Veränderung der Lebenssituation dieser Frauen und Männer zu nehmen.

B) Weitere Forschungsaspekte

Der Ausblick auf sich aufdrängende Forschungsthemen ergibt sich aus meiner Sicht wie folgt. Die Bearbeitung dieser Forschungsfragen hätte jedoch ein weiteres Sampling und eine weitere Datenerhebung nach sich gezogen, was im Rahmen dieser Arbeit nicht möglich war. In den folgenden Aspekten sehe ich daher Chancen für die Weiterentwicklung der Sozialen Arbeit mit Frauen und Männern mit Behinderungserfahrung.

---

kritischen Einwänden am Empowermentkonzept entstehen (vergleiche Kapitel 3.8).

1) Eine weitere bislang wenig beachtete Gruppe wäre die Gruppe der Männer mit Behinderungserfahrung. Individuelle und kollektive Empowermentprozesse können umfassend nur aus der Perspektive beider Geschlechter erklärt werden. Eine doppelte Vergleichsstrategie für einen geschlechtersensiblen Vergleich (Schildmann 2004, 43) wäre daher angebracht.
2) Es fehlt dem Forschungsbereich „Gender und Behinderung“ eine geschlechtersensible Betroffenenperspektive, die „jedoch nicht nur ein Nebeneinander von (feministischer) Frauen und (kritischer) Männerforschung in der Behindertenpädagogik, sondern den direkten Vergleich im Rahmen einer umfänglichen Geschlechterforschung“ anstrebt (ebd., 44).
3) Ausgehend von der Annahme, dass zwischen Governance-Prozessen[633] und gruppenbezogenen Empowermentprozessen eine Nähe besteht, wäre eine Auseinandersetzung mit Governance-Prozessen im Kontext der Sozialen Arbeit mit behinderten Frauen und Männern aufschlussreich und erforderlich. Eine Bearbeitung der Fragestellung könnte zum Beispiel weiteren Aufschluss darüber geben, wie es Frauen und Männern mit Behinderungserfahrung gelingt, ihre Aktivitäten zu organisieren, um kollektive Probleme zu lösen. Governance könnte eine mögliche Heuristik für weiterführende Untersuchungen bieten, da hier eine Parallele zum gruppenbezogenen Empowerment und Empowerment als kollektiver Kategorie besteht. Gemeinsamkeiten können beispielsweise sein: ein differenziertes Machtkonstrukt zwischen den beteiligten Akteurinnen und Akteuren, die sich etwa in der Bürgerbeteiligung bei Prozessen widerspiegeln kann. Da in dieser Arbeit individuelle Empowermentprozesse im Vordergrund stehen, müssten eine mögliche Parallele sowie die Anknüpfungspunkte zu Governance-Konzepten anderenorts weiter herausgearbeitet werden.
4) Ein weit gefasstes Modell individueller Empowermentprozesse müsste neben Governance-Prozessen auch Ergebnisse der Resilienzforschung (vergleiche Kapitel 3.5) und das Agency Konzept (vergleiche Fußnote 151) berücksichtigen. Des Weiteren könnten neben individuellen Zugängen auch kollektive Zugänge zu sozialen Feldern in den Blick genommen werden.

---

[633] Der Terminus *Governance* – in einem analytischen Verständnis – bezeichnet Aushandlungsformen, die von einer Steuerungsform wie Selbstbestimmung (bottom-up-Prozesse) bis hin zur Hierarchie (top-down-Prozesse) reichen können. Durch Governance-Prozesse wird die Rolle aller am Aushandlungsprozess beteiligten Akteurinnen und Akteure neu definiert. Dabei steht in der Diskussion um Governance zum einen die Frage im Mittelpunkt, wie es Individuen oder korporativen Akteuren (Organisationen) gelingt, ihre Handlungen zu strukturieren, zu koordinieren und zu regulieren, um kollektive Probleme zu lösen und/oder gemeinsame Leistungen zu erbringen. Zum anderen müssen andere, wie zum Beispiel staatliche Akteure Macht „abgeben“ und bereit sein, sich auf diese Aushandlungsprozesse einzulassen. Meist wird Governance auf kollektive Akteure (vereinzelt auch auf individuelle Akteure) und gemeinschaftliche Handlungen bei kollektiven Problemen bezogen. Die Kommission für Global Governance definiert Governance wie folgt: „Governance ist die Gesamtheit der zahlreichen Wege, auf denen Individuen sowie öffentliche und private Institutionen [Anmerkung S. G. besser: ‚Organisationen‘] ihre gemeinsamen Angelegenheiten regeln. Es handelt sich um einen kontinuierlichen Prozeß, durch den kontroverse oder unterschiedliche Interessen ausgeglichen werden und kooperatives Handeln initiiert werden kann. Der Begriff umfasst sowohl formelle Institutionen und mit Durchsetzungsmacht versehene Herrschaftssysteme als auch informelle Regelungen, die von Menschen und Institutionen [s. o.] vereinbart oder als im eigenen Interesse angesehen werden.“ (Kommission Global Governance (o. J.))

5) Hinweise für ein weiteres Sampling sehe ich zum Beispiel darin, dass man den geographischen Bereich erweitern könnte, und nicht nur Frauen aus Deutschland, sondern auch aus anderen Ländern ins Sampling einbezieht, da vermutlich aufgrund anderer gesellschaftlicher und struktureller Bedingungen Empowermentprozesse behinderungserfahrener Frauen verschiedene Akzentuierungen haben können.
6) Zum Abschluss dieses Ausblicks möchte ich noch auf einen letzten Aspekt hinweisen, der jedoch eine andere Ebene berührt und weiteren Forschungsbedarf offenbart. Im Rahmen dieser Studie deuten die Daten die Tendenz an, dass die Sozialisation in der DDR eine Rolle bei der Gestaltung des Empowermentprozesses spielt. Frauen mit Behinderungserfahrung, die eine DDR-Biografie haben, erlebten in der Tendenz verstärkt eine kollektivistische Sicht, so dass der individuelle Empowermentprozess nur erschwert in Gang kommt. Parallel dazu haben professionelle Unterstützerinnen und Unterstützer, die selbst dieses kollektivistische Erbe in sich tragen, vermutlich ebenso wenig Gelegenheit zu Selbstbestimmung und Empowerment gehabt.[634] Man kann vermuten, dass die kollektivistische Sicht in der DDR die Selbstbestimmung behinderter Frauen verhinderte und zur Unterdrückung der Individualität beitrug. Im Vordergrund stand in der DDR die „Orientierung auf die Gemeinschaft" (Schnabel 2001, 65), sodass „die eigenen Interessen den Kollektivinteressen unterzuordnen" (ebd.) waren. Die Zusammenhänge wären zu erforschen.

C) Handlungsbedarf für die Praxis

Der aus dieser Arbeit abzuleitende Handlungsbedarf für die Praxis der Sozialen Arbeit bezieht sich auf folgende Aspekte:

1) Aus Sicht der interviewten Frauen ist eine geschlechtersensible Behindertenpädagogik, die die Bedürfnisse behinderter Frauen und Männer aufgreift und differenzsensibel alle Dimensionen von Heterogenität in den Blick nimmt, wünschenswert. Eine Genderkompetenz ist erforderlich, um insbesondere nicht einseitig gängige, stereotype Rollenvorstellungen zu übertragen. Ein erster Ansatzpunkt wäre die Verwendung einer nicht frauendiskriminierenden Sprache. Aus Sicht der interviewten Frauen bedarf es aber insbesondere genderspezifischer Bildungsangebote. An ihren Beispielen wird deutlich, dass das Stiften von Zusammenhängen im Sinne von Beziehungen und Gemeinschaft auch institutionelle Orte erfordert (Stark 1996, 173), so dass Frauenbildungshäuser und Frauenbildungszentren, Gesundheitszentren usw. auch für Frauen mit Behinderungserfahrung zugänglich sein müssen. Angebote zur Unterstützung von Empowermentprozessen behinderungserfahrener Frauen benötigen neben Zielgruppenangeboten eine inklusive Ausrichtung. Ein inklusives

[634] Im Rahmen meiner im Kapitel 5.5 erörterten Stichprobe ist eine Aussage hierzu nicht möglich. Es ist jedoch, wie ich hier anmerken möchte, durchaus eine Tendenz dahingehend zu beobachten, dass die interviewten Frauen ihre Vorstellungen für die Zukunft zum Beispiel mit Rücksichtnahme auf die Mitarbeiterinnen und Mitarbeiter formulieren. Das Forschungsdesign war nicht für diese Fragestellung angelegt und hatte auch nicht die Empowermentprozesse von Frauen mit einer DDR-Biografie im Fokus.

Setting der (Bildungs-)Angebote bietet die Chance, traditionelle Rollen in Frage zu stellen und mit neuen Rollen zu experimentieren.

2) Wie das vorliegende Spiralmodell verdeutlicht, kommt der Gestaltung von Beziehungen zu Professionellen und der Kommunikation eine hohe Bedeutung im Empowermentprozess zu. In der Gestaltung der Kommunikation zwischen behinderungserfahrenen Frauen und den Professionellen liegt ein zentraler Schlüssel des Empowermentprozesses. Hier besteht meines Erachtens ein wichtiger Anknüpfungspunkt, um Frauen und Männer mit einem umfassenden Unterstützungsbedarf (Lindmeier 2004) und deren individuelle Empowermentprozesse in den Blick zu nehmen. Denn es gilt für alle Frauen und Männer unabhängig von ihrem Unterstützungsbedarf Empowermentprozesse zu ermöglichen. Bezogen auf die Lebenssituation und den Empowermentprozess von Frauen mit einem umfassenden Unterstützungsbedarf wird deutlich, dass zur Erforschung und Unterstützung des Empowermentprozesses Formen der Unterstützen Kommunikation und Fragen der Assistenz Berücksichtigung finden müssen.
3) In der Konsequenz bedarf es niedrigschwelliger Orientierungsangebote für Frauen, die das Setting eines Seminars nicht kennen bzw. für die es angstauslösend ist. Regionale und überregionale Angebote dieser Art sowie weitere Bildungsangebote im Kontext von Selbstbestimmung und Empowerment sind erforderlich. Da nach Riessman (1986, zit. in Stark 1996, 79) viele engagierte Bürgerinnen und Bürger sich auf „kleine“ Themen oder „Ein-Punkt-Interessen“ zurückziehen, weil sie mit übergreifenden politischen Themen überfordert sind und ihnen hilflos gegenüberstehen, muss das Gefühl der Stärke, etwas bewirken zu können, und die damit verbundenen Kompetenzen zunächst in kleineren, überschaubaren Einheiten (wieder)gewonnen werden. Dies spricht für regionale Bildungs- und Gesprächsangebote in kleinen Gruppen, die kontinuierlich an einzelnen Themen arbeiten (vgl. Ortsgruppen von People First) als Ergänzung zu überregionalen Angeboten wie denen der Bundesvereinigung Lebenshilfe für Menschen mit geistiger Behinderung.[635] Regionale Angebote erleichtern die Kontaktpflege und ermöglichen Besuche im Anschluss an das Seminar.
4) Und letztlich wurde in der Auswertung auch deutlich, dass es alters- und gendersensibler Empowermentkonzepte bedarf. Hierzu braucht es kreative Methoden, um Frauen und Männer mit Behinderungserfahrung unterschiedlichen Alters zu erreichen und Empowermentprozesse zu ermöglichen.

---

[635] Die Frauen selbst thematisieren die Kombination von regionalen und überregionalen Bildungsangeboten aus dem Grund, dass die Teilnahme an regionalen Angeboten leichter zu realisieren sei (Anreise, Unterstützung usw.), schätzen aber zugleich die überregionalen Angebote aufgrund der Themenvielfalt und der Kontaktmöglichkeiten.

8 Literatur

A

Ackermann, Karl-Ernst (2008): Persönlichkeitsbildung – was heißt das heute? In: Heß, Gerhard u. a. (Hrsg.) (2008): Wir wollen – wir lernen – wir können! Lebenshilfe-Verlag, Marburg, 50–61

Albrecht, Steffen (2002): Netzwerke als Kapital. Zur unterschätzten Bedeutung des sozialen Kapitals für die gesellschaftliche Reproduktion. In: Ebrecht, Jörg; Hillebrandt (Hrsg.): Bourdieus Theorie der Praxis. Erklärungskraft – Anwendung – Perspektiven. Westdeutscher Verlag, Wiesbaden, 199–224

Antor, Georg (1996): Kommunitarismus. In: Sonderpädagogik, Jg.26, 1996, 160–167

Arbeitsgesetzbuch der Deutschen Demokratischen Republik: www.verfassungen.de/de/ddr/arbeitsgesetzbuch77.htm [Stand: 12. 08. 2007]

Arbeitsgruppe „Außenarbeitsplätze in Hessen" (Hrsg.) (1990): Konzeptionspapier zur Schaffung und Finanzierung von Arbeits-, Ausbildungs- und Beschäftigungsplätzen außerhalb von Werkstätten für Behinderte. Rödelheim

Arnade, Sigrid (1996): Wir brechen das Schweigen. In: Bundestagsfraktion Bündnis 90/Die Grünen (Hrsg.) (1996): Das Tabu im Tabu. Sexualisierte Gewalt gegen Frauen und Mädchen mit Behinderung, Bonn, Berlin, 31–62

Arnade, Sigrid (2000a): Schlusslicht auf dem Arbeitsmarkt. Die berufliche Situation behinderter Frauen. In: impulse, 2000, 21–24

Arnade, Sigrid (2000b): „Schlusslicht auf dem Arbeitsmarkt". Die berufliche Situation behinderter Frauen. In: Mixed Pickles e.V. (Hrsg.) (2000): Behinderte Arbeit?! Chancen und Perspektiven von Frauen mit Behinderungen auf dem ersten Arbeitsmarkt. Lübeck, 8–10

Aselmeier, Laurenz (2006): Die Koordinierungs-, Kontakt- und Beratungsangebote in einem behindertenfreundlichen Gemeinwesen. In: Aselmeier, Laurenz; Schwarte, Norbert (Hrsg.): „Das Gemeinwesen mitdenken" Dokumentation des Workshops zu den Koordinierungs-, Kontakt- und Beratungsangeboten im Rheinland am 12.Dezember 2005. Zentrum für Planung und Evaluation Sozialer Dienste der Universität Siegen. Siegen 2006, 16–22

Aselmeier, Laurenz (2007): Supported Living. Gemeinwesenbasierte Unterstützung für Menschen mit geistiger Behinderung in England. In: Geistige Behinderung, Jg. 46, 2007, H. 1, 21–29

Ausschuss Offene Hilfen der Bundesvereinigung Lebenshilfe für Menschen mit geistiger Behinderung e.V. (2004): Impulse: Begleitete Elternschaft bei geistiger Behinderung als Vorlage für die Entscheidungsgremien

B

Babilon, Rebecca (2008): Inklusive Erwachsenenbildung in England. In: Diesenreiter, Carina (Hrsg.): Handbuch barrierefreie Erwachsenenbildung Niederösterreich. Wien: Österreichisches Institut für Erwachsenenbildung, 66–82 [Download auch unter http://bidok.uibk.ac.at/library/diesenreiter-erwachsenenbildung.html]

Babilon, Rebecca; Goeke, Stephanie; Terfloth, Karin (2007): Inklusion und Exklusion im Kontext von Lebenslangem Lernen. In: Erwachsenenbildung und Behinderung, 2007, H. 1, 12–21

Badawia, Tarek (2002): „Der Dritte Stuhl". Eine Grounded Theory-Studie zum kreativen Umgang bildungserfolgreicher Immigrantenjugendlicher mit kultureller Differenz. IKO-Verlag für interkulturelle Kommunikation. Frankfurt am Main, London

BAGüS – BIH (2007): Schnittstelle allgemeiner Arbeitsmarkt – Werkstatt für behinderte Menschen. Schwachstellen und Lösungsperspektiven aus Sicht der Bundesarbeitsgemeinschaft der überörtlichen Träger der Sozialhilfe (BAGüS) und der Bundesarbeitsgemeinschaft der Integrationsämter und Hauptfürsorgestellen (BIH), Münster/Karlsruhe 23. 02. 2007

Bange, Dirk (2002): Definitionen und Begriffe. In: Bange, Dirk; Körner, Wilhelm (Hrsg.) (2002): Handwörterbuch Sexueller Missbrauch. Verlag für Psychologie, Göttingen, Bern, Toronto, Seattle, 47–52

Barsch, Sebastian (2007): Geistig behinderte Menschen in der DDR. Erziehung – Bildung – Betreuung. Athena-Verlag, Oberhausen

Bargfrede, Stefanie (1995): Zwischenergebnisse der Querschnittsauswertung von Interviews mit geistigbehinderten Eltern-(teilen). In: Pixa-Kettner, Ursula; Bargfrede, Stefanie; Blanken, Ingrid. (Hrsg.) (1995): Elternschaft von Menschen mit geistiger Behinderung. Universität-Buchhandlung, Bremen, 24–36

Bargfrede, Stefanie (2006): Unterstützungsmöglichkeiten für Eltern mit geistiger Behinderung in Deutschland. In: Pixa-Kettner, Ursula (Hrsg.) (2006): Tabu oder Normalität? Eltern mit geistiger Behinderung und ihre Kinder. Universitätsverlag Winter, Heidelberg, 284–299

Bartjes, Heinz; Knab, Maria (2005): „Die haben mir ja erst mal die Kittelschürz' ausgezoge'". Selbsthilfe zwischen Verfestigung und Verflüssigung von Geschlechterrollen. In: Deutsche Arbeitsgemeinschaft Selbsthilfegruppen e.V. (Hrsg.) (2005): Geschlechterperspektive in der Selbsthilfe. Gießen

Barwig, Gerlinde; Busch, Christiane (1993): Unbeschreiblich weiblich!?. Frauen unterwegs zu einem selbstbewußten Leben mit Behinderung. AG SPAK, München

Baumgart, Erdmute; Bücheler, Heike (Hrsg.) (1998): Bildungsbedürfnis. In: Baumgart, Erdmute; Bücheler, Heike (Hrsg.) (1998): Lexikon Wissenswertes zur Erwachsenenbildung unter besonderer Berücksichtigung von geistiger Behinderung. Luchterhand, Neuwied, Kriftel, Berlin, 48–49

Beck, Ulrich (1990): Freiheit oder Liebe. Vom Ohne-, Mit- und Gegeneinander der Geschlechter innerhalb und außerhalb der Familie. In: Beck, Ulrich; Beck-Gernsheim, Elisabeth: Das ganz normale Chaos der Liebe. Suhrkamp, Frankfurt am Main, 1990, 20–64

Beck, Ulrich (1996): Risikogesellschaft. Auf dem Weg in die Moderne. Suhrkamp, Frankfurt am Main

Beck-Gernsheim, Elisabeth (1994): Das ganz normale Chaos: Von der Notgemeinschaft zur Wahlverwandschaft. In: Erziehung und Wissenschaft 1994, Jg. 46, H. 7–8, 6–10

Becker, Klaus-Peter; Grossmann, Günter (^{5}1985): Pädagogische Rehabilitation. In: Renker, Karlheinz; Renker, Ursularenate (Hrsg.) (^{5}1985): Grundlagen der Rehabilitation. 5. überarbeitete Auflage. Berlin Verlag Volk und Gesundheit, 22–53

Becker, Monika (1995): Sexuelle Gewalt gegen Mädchen mit geistiger Behinderung. Daten und Hintergründe. Universitätsverlag C. Winter, Edition Schindele, Heidelberg

Becker-Schmidt, Regina (1993): Geschlechterdifferenz – Geschlechterverhältnis: soziale Dimensionen des Begriffs „Geschlecht". In: Zeitschrift für Frauenforschung, 11. Jg., H. 1+2, 1993, 37–46

Becker-Schmidt, Regina (2004): Doppelte Vergesellschaftung von Frauen: Divergenzen und Brückenschläge zwischen Privat- und Erwerbsleben. In: Becker, Ruth; Kortendiek, Beate (Hrsg.) (2004): Handbuch Frauen- und Geschlechterforschung. Theorie, Methoden, Empirie. Verlag für Sozialwissenschaften, Wiesbaden, 62-–71

Behnke, Cornelia; Meuser, Michael (1999): Geschlechterforschung und qualitative Methoden. Leske + Budrich, Opladen

Beier, Niclas; Hagemann, Rita (2005): Ist Selbsthilfe Frauensache? Über das Geschlechterverhältnis in der Selbsthilfe. In: Deutsche Arbeitsgemeinschaft Selbsthilfegruppen e.V. (Hrsg.): Geschlechterperspektive in der Selbsthilfe. Gießen 2005

Beyer, Johanna; von Kardorff, Ernst (1992): Körperlich und Geistig behinderte Menschen in der ehemaligen DDR, nach der Wende und nach dem Einigungsvertrag. Gutachten im Auftrag der Forschungsstelle „Lebenswelten Behinderter Menschen“ am Institut für Soziologie der Universität Tübingen. München

Beyer, Marina (1990): Vorwort von Marina Beyer. In: Winkler, Gunnar (Hrsg.)(1990): Frauenreport ‘90. Verlag Die Wirtschaft, Berlin, 7–12

Bielefeldt, Heiner (2006): Zum Innovationspotenzial der UN-Behindertenrechtskonvention. In: www2.institut-fuer-menschenrechte.de/webcom/show_article.php?wc_c=552&wc_id=2 [Stand: 20. 07. 2009]

Bieneck, Angelika; Engelmeyer, Elisabeth; Hofmann, Burghard (2003): Handreichungen zur Fortbildung und Praxis von Werkstatträten. Lebenshilfe-Verlag Marburg. Erarbeitet im Rahmen des Projekts Werkstattrat« (2002–2003) und herausgegeben von der Bundesvereinigung Lebenshilfe für Menschen mit geistiger Behinderung

Bilden, Helga (1991): Geschlechtsspezifische Sozialisation. In: Hurrelmann, Klaus; Ulich, Dieter (Hrsg.) (1991): Neues Handbuch der Sozialisationsforschung. Beltz, Weinheim, Basel, 279–301

Bischoff, Gabriele (2001): Partnerschaft und Sexualität in Wohneinrichtungen aus Sicht der Interessengemeinschaft für behinderte e.V. (IFB). In: Hessisches Sozialministerium (Hrsg.) (2001): Situation von Frauen mit Behinderungen in hessischen Wohneinrichtungen der Behindertenhilfe. Dokumentation der Fachtagung zur Vorstellung und Diskussion einer Erhebung des Hessischen Koordinationsbüros für behinderte Frauen. 50–53

Bitzan, Maria; Daigler, Claudia ([2]2004): Eigensinn und Einmischung. Einführung in Grundlagen und Perspektiven parteilicher Mädchenarbeit. Juventa Verlag, 2. Auflage Weinheim, München

BIZPES (1999): Zentrum selbstbestimmt Leben, Wien

Bleidick, Ulrich (1982): Grundrichtungen der Behindertenpädagogik in Ost und West. In: Zeitschrift für Heilpädagogik. 33. Jg. 1982, H. 1, 19–32

Bleidick, Ulrich (1990): Behinderte im Bildungswesen. In: Bundesministerium für innerdeutsche Beziehungen (Hrsg.) (1990): Vergleich von Bildung und Erziehung in der Bundesrepublik Deutschland und in der Deutschen Demokratischen Republik. Materialien zur Lage der Nation. Verlag Wissenschaft und Politik, Bonn, 561–580

Bobzien, Monika (1993): Kontrolle über das eigene Leben gewinnen. Empowerment als professionelles Konzept in der Selbsthilfeunterstützung – Aspekte aktivierender Beratung. In: Blätter der Wohlfahrtspflege – Deutsche Zeitschrift für Sozialarbeit 1993, H. 2, 46–49

Böhm, Andreas (1994): Grounded Theory – Wie aus Texten Modelle und Theorien gemacht werden. In: Boehm, Andreas; Mengel, Andreas; Muhr, Thomas (Hrsg.) (1994): Texte verstehen. Konzepte, Methoden, Werkzeuge. Universitätsverlag Konstanz. Konstanz, 121–140

Böhm, Andreas ([5]2007): Theoretisches Codieren: Textanalyse in der Grounded Theory. In: Flick, Uwe; von Kardorff, Ernst; Steinke, Ines (Hrsg.): Qualitative Forschung. Ein Handbuch. rowohlts enzyklopädie, Reinbek bei Hamburg 5. Auflage 2007, 475–485

Böhm, Andreas; Legewie, Heiner; Muhr, Thomas (1992): Kursus Textinterpretation: Grounded Theory. Forschungsbericht Nr.92-3. Berlin. In: www.qualitative-forschung.de/publishing/modelle/tu/kurs_ti.pdf [Stand: 10. 02. 2004]

Böhm, Ingrid; Weiß, Hans (1993): Gemeinsam Kräfte entdecken. Konzepte des Empowerments in der Frühförderung – Von der Instrumentalisierung zur Zusammenarbeit. In: Blätter der Wohlfahrtspflege – Deutsche Zeitschrift für Sozialarbeit, 1993, H. 2, 55–58

Böhm, Winfried ([14]1994): Wörterbuch der Pädagogik. 14.überarbeitete Auflage, Kröner, Stuttgart

Bortz, Jürgen; Döring, Nicola ([2]1995): Forschungsmethoden und Evaluation für Sozialwissenschaftler. 2. vollständig überarbeitete und aktualisierte Auflage. Springer, Berlin, Heidelberg, New York, Barcelona, Budapest, Hong Kong, London, Mailand, Paris, Tokyo

Bourdieu, Pierre (1983): Ökonomisches Kapital, kulturelles Kapital, soziales Kapital. In: Kreckel, R. (Hrsg.): Soziale Ungleichheiten. Sonderband 2 der sozialen Welt. Göttingen, 183–198

Bourdieu, Pierre (1985): Historische und soziale Voraussetzungen des modernen Sports. In: MERKUR Deutsche Zeitschrift für europäisches Denken 1985, 39. Jg., H. 7, 575–590

Bourdieu, Pierre (1987): Die feinen Unterschiede. Kritik der gesellschaftlichen Urteilskraft. Suhrkamp, Frankfurt am Main

Bourdieu, Pierre (1993): Soziologischen Fragen. Suhrkamp, Frankfurt am Main

Bourdieu, Pierre (1997a): Verstehen. In: Bourdieu, Pierre u. a. (1997): Das Elend der Welt. Zeugnisse und Diagnosen alltäglichen Leidens an der Gesellschaft. UVK Universitätsverlag Konstanz, 779–822

Bourdieu, Pierre (1997b): Die verborgenen Mechanismen der Macht. Schriften zu Politik & Kultur 1. Herausgegeben von Margareta Steinrücke, VSA-Verlag, Hamburg

Bourdieu, Pierre (1998): Die praktische Vernunft. Zur Theorie des Handelns. Frankfurt am Main

Bourdieu, Pierre; Wacquant, Loïc J. D. (1996): Reflexive Anthropologie. Suhrkamp, Frankfurt am Main

Bradl, Christian (2005): Selbstbestimmung und Teilhabe als Herausforderung für behinderte Menschen mit hohem Hilfebedarf. In: Wacker, Elisabeth; Bosse, Ingo; Dittrich, Thorsten; Niehoff, Ulrich; Schäfers, Markus; Wansing, Gudrun; Zalfen, Birgit (Hrsg.) (2005): Teilhabe. Wir wollen mehr als nur dabei sein. Lebenshilfe-Verlag, Marburg, 185–198

Brand, Karl-Werner; Büsser, Detlef; Rucht, Dieter (1986): Aufbruch in eine andere Gesellschaft. Neue soziale Bewegungen in der Bundesrepublik. Campus Verlag Frankfurt am Main, New York

Breit, Heiko; Kotthoff, Hermann (1990): Zwischen Interessenvertretung und Betreuung. Die Mitwirkung der Behinderten in den Werkstätten für Behinderte. (Hrsg. Der Bundesminister für Arbeit und Sozialordnung. Saarbrücken).

Bretländer, Bettina; Schildmann, Ulrike (2004): Geschlecht und Behinderung: Prozesse der Herstellung von Identität unter widersprüchlichen Lebensbedingungen. In: Vierteljahreszeitschrift für Heilpädagogik und ihre Nachbargebiete. 73. Jg., H. 3, 2004, 271–281

Bretländer, Bettina (2007): Kraftakte: Lebensalltag und Identitätsarbeit körperbehinderter Mädchen und junger Frauen. Julius Klinkhardt, Bad Heilbrunn

Breuer, Franz (Hrsg.)(1999): Abseits!? Marginale Personen – prekäre Identitäten. Münster. LIT Verlag

Brewster, Stephanie J. (2004): Putting words into their mouths? Interviewing people with learning disabilities and little/no speech. In: British Journal of Learning Disabilities, Vol. 32, 2004, Issue 4, 166–169

Brill, Werner (1998): Sexuelle Gewalt gegen behinderte Menschen – ein Überblick über den aktuellen Stand der Diskussion. In: Behindertenpädagogik, 1998, H. 2, 155–172

Brings, Norbert; Rohrmann, Eckhard (2002): Jüngere Behinderte in Einrichtungen der stationären Altenhilfe. In: Zeitschrift für Heilpädagogik 2002, H. 4, 146–152

Bröckling, Ulrich (2003): You are not responsible for being down, but you are responsible for getting up. Über Empowerment. In: Leviathan 31, 323–344

Bröckling, Ulrich (2004) Empowerment. In: Bröckling, Ulrich, Krasmann, Susanne; Lemke, Thomas (Hrsg.) (2004): Glossar der Gegenwart. Suhrkamp Verlag, Frankfurt/Main, 55–62

Brügelmann, Hans (2001): Selbstbestimmung. In: Die Grundschulzeitschrift. 146/2001, 48–50

Bruner, Claudia Franziska (2000): Die Herstellung von Behinderung und Geschlecht – Sozialisations- und Lebensbedingungen von Mädchen und Frauen mit (Körper-) Behinderungen. In: Gemeinsam leben, 2000, H. 2, 60–68

Brunner, Doris (2005): Der Etablierungsversuch einer Inklusiven Erwachsenenbildung. Für eine Bildungskultur der Vielfalt. In: Kaiser, Herbert; Kocnik, Ernst; Sigot, Marion (Hrsg.) (2005): Vom Objekt zum Subjekt. Inklusive Pädagogik und Selbstbestimmung. Verlag Hermagoras Mohorjeva, Klagenfurt, Ljubljana, Wien, 145–161

Buber, Martin (1978). Urdistanz und Beziehung. Heidelberg

Budd, Eddward C. u. a. (1982): Evaluating Alternative Techniques of Questioning Mentally Retarded Persons. In: American Journal of Mental Disability. 1982 (86), No. 5, 511–518

Bültmann, Gabriele (2000): Mädchenarbeit auf dem Weg. Ergebnisse einer neuen Expertise. In: BZgA (Hrsg.) (2000): Forum Sexualaufklärung und Familienplanung. Mädchen Frauen. 2000, H. 3, 9–12

Bundesministerium für Arbeit und Sozialordnung (Hrsg.) (1994): Die Lage der Behinderten und die Entwicklung der Rehabilitation. Dritter Bericht der Bundesregierung über die Lage der Behinderten und die Rehabilitation. Bonn

Bundesministerium für auswärtige Angelegenheiten Österreichische Entwicklungs- und Ostzusammenarbeit (2006): Geschlechtergleichstellung und Empowerment von Frauen. Leitlinien der Österreichischen Entwicklungs- und Ostzusammenarbeit. Wien

Bundesministerium für Familie, Senioren, Frauen und Jugend (Hrsg.) (1997): Handbuch Sozialpädagogische Familienhilfe. Stuttgart

Bundesministerium für Familie, Senioren, Frauen und Jugend (2005a): Gender Mainstreaming. In: www.gender-mainstreaming.net/gm/definition.html [Stand:11. 09. 2005]

Bundesministerium für Familie, Senioren, Frauen und Jugend (Hrsg.) (2005b): Gender Datenreport. 1. Datenreport zur Gleichstellung von Frauen und Männern in der Bundesrepublik. http://www.bmfsfj.de/Publikationen/genderreport/root.html [Stand: 28. 07. 2007]

Bundesministerium (2006): Erster Bericht des Bundesministeriums für Familie , Senioren, Frauen und Jugend über die Situation der Heime und die Betreuung der Bewohnerinnen und Bewohner (Stand: 15. 08. 2006]. In: http://www.bmfsfj.de/bmfsfj/generator/Publikationen/heimbericht/root.html [Stand: 19. 04. 2008]

Bundesregierung (1994): Dritter Bericht der Bundesregierung über die Lage der Behinderten und die Entwicklung der Rehabilitation. Drucksache 12/7148

Bundesvereinigung Lebenshilfe für Geistig Behinderte e.V. (Hrsg.) (2000): WfB-Handbuch: ergänzbares Handbuch Werkstatt für behinderte Menschen. Lebenshilfe Verlag, Marburg

C

Cassier-Woidasky, Anne-Kathrin (2007): Pflegequalität durch Professionsentwicklung. Eine qualitative Studie zum Zusammenhang zwischen professioneller Identität, Pflegequalität und Patientenorientierung. Mabuse-Verlag, Frankfurt am Main

Cloerkes, Günther ([3]2007): Soziologie der Behinderten. Eine Einführung. 3. neu bearbeitete und erweiterte Auflage. Universitätsverlag Winter, Heidelberg

con_sens GmbH Hamburg (2002): Bestands- und Bedarfserhebung Werkstätten für behinderte Menschen im Auftrag des Bundesministeriums für Arbeit und Sozialordnung Stand 7. Januar 2003 http://www.consens-info.de/upload/files/CMSEditor/BerichtWfBEndfassung.pdf [Stand: 22. 04. 2008]

Corbin, Juliet; Strauss, Anselm (1990): Grounded Theory Research: Procedures, Canons and Evaluative Criteria. In: Zeitschrift für Soziologie. Jg. 19, H. 6, Dezember 1990, 418-427

Czarski, Rosemarie u. a. ([2]1999): So seh' ich meine Welt. Frauen mit geistiger Behinderung tauschen sich aus. Bundesvereinigung Lebenshilfe für Menschen mit geistiger Behinderung e.V. (Hrsg.) (1999) Lebenshilfe-Verlag, Marburg

Czermak, Alfred (2004): Referat im Rahmen der Arbeitsgruppe 4 „Erwerbswirtschaft und Integrationsprojekte statt Werkstätten – Sozialer Aufstieg, Karriereweg oder geschlossene Gesellschaft". Werkstätten: Tag 2004 in Erfurt. www.werkstattentag.bagwfbm.de/download/ReferaCzermak.pdf [Stand: 30. 04. 2007]

D

Dausien, Bettina (2001): Bildungsprozesse in Lebensläufen von Frauen. Ein Biographietheoretisches Bildungskonzept. In: Gieseke, Wiltrud (Hrsg.) (2001): Handbuch zur Frauenbildung. Leske + Budrich, Opladen, 101–114

DeJong, Gerben (1982): Independent Living: Eine soziale Bewegung verändert das Bewußtsein. In: http://bidok.uibk.ac.at/texte/vif-dejong-bewegung.html [09. 04. 2002]

Degener, Theresia (1994): Die sexuelle Gewalt gegen behinderte Frauen. Rechtliche Aspekte. In: Weinwurm-Krause, Eva-Maria (Hrsg.) (1994): Sexuelle Gewalt und Behinderung. Verlag Dr. Kovač, Hamburg, 15-–24

Degener, Theresia (2002): Juristische Entwicklungsschritte – Vom Tabu zur sexuellen Selbstbestimmung für behinderte Menschen? In: Praxis der Kinderpsychologie und Kinderpsychiatrie Jg. 51, 2002, H. 8, 598–609

Degener, Theresia (2003a): „Jede Frau und jedes Mädchen kann sich wehren". Selbstverteidigungskurs mit inhaltlichen Informationen zum SGB IX. In: Hermes, Gisela; Köbsell, Swantje (Hrsg.) (2003): Disability Studies in Deutschland – Behinderung neu denken! Dokumentation der Sommeruni 2003. Kassel, 221–225

Degener, Theresia (2003b): „Behinderung neu denken" Disability Studies als wissenschaftliche Disziplin in Deutschland. In: Hermes, Gisela; Köbsell, Swantje (Hrsg.) (2003): Disability Studies in Deutschland – Behinderung neu denken! Dokumentation der Sommeruni 2003. Kassel, 23–26

Degener, Theresia (2008): Disabled Women: How they will benefit from the new Convention on the Rights of Persons with Disabilities. Geneva. In: http://www.efh-bochum.de/homepages/degener/degener7min.pdf [Stand: 05. 01. 2009]

Derichs-Kunstmann, Karin (1996): Zur Inszenierung des Geschlechterverhältnisses in der Bildungsarbeit. Ergebnisse und Resümee eines Forschungsprozesses. In: REPORT Jg. 37, 1996, 124–134

Detmar, Winfried u. a. (2008): Entwicklung der Zugangszahlen zu Werkstätten für behinderte Menschen. Zusammenfassung der Entwicklung und Handlungsempfehlungen. In: http://www.bmas.de/coremedia/generator/30172/property=pdf/f383__forschungsbericht__kurzfassung.pdf [Stand: 16. 02. 2009]

Die Deklaration von Madrid (2002) In: www.madriddeclaration.org/dec/Die %20Deklaration %20von % 20Madrid.htm [Stand: 29. 03. 2006]

Deutzer Erklärung vom 19.November 2006. In: Das Band. Zeitschrift des Bundesverbandes für Körper- und Mehrfachbehinderte e.V., 2007, H. 1, 19–21

Diekmann, Andreas ([12]2004): Empirische Sozialforschung. Grundlagen, Methoden, Anwendungen. Rowohlt Taschenbuch Verlag, Reinbek bei Hamburg

Doose, Stefan (1997): „I want my dream!" Persönliche Zukunftsplanung – Neue Perspektiven und Methoden einer individuellen Hilfeplanung mit Menschen mit Behinderung, 1997

Doose, Stefan (2005): Übergänge aus den Werkstätten für behinderte Menschen in Hessen in Ausbildung und Arbeit auf dem allgemeinen Arbeitsmarkt. Verbleibs- und Verlaufsstudie der von Fachkräften für berufliche Integration (FBI) der Werkstätten für behinderte Menschen (WfbM) in Hessen in Ausbildung und Arbeit auf dem allgemeinen Arbeitsmarkt vermittelten Menschen mit Behinderungen bidok.uibk.ac.at/library/doose-verbleibsstudie.html#id2714007 [Stand: 26. 04. 2007])

Doose, Stefan (2006): Unterstütze Beschäftigung: Berufliche Integration auf lange Sicht. Theorie, Methodik und Nachhaltigkeit der Unterstützung von Menschen mit Lernschwierigkeiten durch Integrationsfachdienst und Werkstätten für behinderte Menschen auf dem allgemeinen Arbeitsmarkt. Eine Verbleibs- und Verlaufsstudie. Lebenshilfe-Verlag Marburg

Dörner, Klaus (2003): Assistenz für die beiden Grundbedürfnisse nach Bedeutung für Andere und nach Selbstbestimmung. In: Friebe, Stephan; Link, Rudolph (Hrsg.): Betreuung? Förderung? Assistenz? Zum Auftrag der Fachkräfte in der Behindertenhilfe. 6.Fachtagung der Fachschule für Sozialpädagogik der Johannes-Anstalten Mosbach, 22. und 23. Mai 2003, Mosbach November 2003

Dörner, Klaus (2004): Das Handeln psychosozialer Profis. Zwischen individueller Hilfeplanung und Begleitung im Lebensfeld. In: Soziale Psychiatrie 2004, H. 3, 37–42

Dörner, Klaus (2007): Inklusion jetzt – Thesen zum Umgang mit Menschen mit Assistenzbedarf in der Gemeinde. In: Maas, Theodorus u. a. (Hrsg.) (2007): Community Living. Bausteine für eine Bürgergesellschaft. alsterdorf verlag, 43–45

Drolshagen, Markus; Rohrmann, Eckhard (2003): Fehlplatzierungen jüngerer Behinderter in der stationären Altenhilfe aus der Sicht der Betroffenen. In: Zeitschrift für Heilpädagogik 11, 2003, 461–468

Dudenredaktion (Hrsg.) (^{5}1990): Das Fremdwörterbuch. Band 5. 5. neu bearbeitete und erweiterte Auflage. Dudenverlag, Mannheim, Leipzig, Wien, Zürich

Dudenredaktion (Hrsg.) (^{3}2001): Duden. Das Herkunftswörterbuch. Etymologie der deutschen Sprache. Band 7. 3. völlig neu bearbeitete und erweiterte Auflage.

E

Ebert, Harald; Villinger, Susanne (1999): Freizeit von WfB-Mitarbeiter(inne)n. Ergebnisse einer Befragung. In: Geistige Behinderung, 38. Jg., 1999, H. 3, 258–273

Egger, Patrizia (1999): Die Konstruktion „Behinderung“ oder die Macht der Normierung. In: http://bidok.uibk.ac.at/library/egger-dipl-behinderung.html#id3096620 [Stand: 12. 08. 2006]

Ehrhardt, Heidrun (1989): Die Wiedergeburt des Opfers als politisches Subjekt. In: Beiträge zur feministischen theorie und praxis. Der Kaiserinnen neue Kleider. 1989, H. 24, 37–49

Ehrig, Heike (1996): „Verminderte Heiratschancen“ oder Perspektivengewinn? Lebensentwürfe und Lebenswirklichkeit körperbehinderter Frauen. Kleine Verlag, Bielefeld

Eichner, Kuno (2007): Sozialraumorientierung – Integration durch Patenschaft. Das Bamberger Modell. In: Bundesvereinigung Lebenshilfe für Menschen mit geistiger Behinderung e.V. (Hrsg.) (2007): WfbM Handbuch. Ergänzbares Handbuch Werkstatt für behinderte Menschen. Zwei Bände. Lebenshilfe-Verlag, Marburg, 15. Ergänzungslieferung Oktober 2007, I 14, 1–5

Eiermann, Nicole; Häußler, Monika; Helfferich, Cornelia (2000): Live, Leben und Interessen vertreten – Frauen mit Behinderung: Lebenssituation, Bedarfslagen und Interessenvertretung von Frauen mit Körper- und Sinnesbehinderungen. Schriftenreihe des Bundesministeriums für Familie, Senioren, Frauen und Jugend (Hrsg.). Band 183. W. Kohlhammer, Stuttgart, Berlin, Köln

Enders, Ursula (Hrsg.) (1990): Zart war ich, bitter war's. Sexueller Mißbrauch an Mädchen und Jungen. Erkennen, Schützen, Beraten. Köln

Engelmeyer, Elisabeth (2005): Das eigene Leben in die eigene Hand nehmen. Mitglieder der People-First-Bewegung erzählen über Selbstbestimmung von „behinderten“ Menschen. Kassel university press, Kassel

Enquete-Kommission Globalisierung der Weltwirtschaft (Hrsg.) (2002): Herausforderungen und Antworten. Schlussbericht. Deutscher Bundestag, Berlin (=Deutscher Bundestag Drucksache 14/9200). In: www.bundestag.de/gremien/welt/glob_end/glob.pdf [Stand: 24. 03. 2008]

Esser, Hartmut (1973): Kooperation und Verweigerung beim Interview. In: König, René; Scheuch, Erwin K. (Hrsg) (1973): Studien zum Interview. Kölner Beiträge zur Sozialforschung und angewandten Soziologie. Band 16, Meisenheim am Glan

Esser, Lambert (1994): Bedeutung und Möglichkeiten der Prävention und Fortbildung in Sonderkindergärten, Sonderschulen und Einrichtungen der Behindertenhilfe. In: Weinwurm-Krause, Eva-Maria (Hrsg.) (1994): Sexuelle Gewalt und Behinderung. Verlag Dr. Kovač, Hamburg, 75–91

Eurich, Jochen (2006): Zwischen Teilhabe und Marginalisierung: Auf der Suche nach gerechten Verhältnissen für Menschen mit Behinderung. In: Dungs, Susanne; Gerber, Uwe; Schmidt, Heinz; Zitt, Renate (Hrsg.) (2006): Soziale Arbeit und Ethik im 21.Jahrhundert. Ein Handbuch. Evangelische Verlagsanstalt Leipzig, 405–422

Ewinkel, Carola; Hermes, Gisela, u. a. ([3]1988) (Hrsg.): Geschlecht behindert –Besonderes Merkmal Frau. Ein Buch von behinderten Frauen. AG SPAK, München

Exner, Karsten (1997): Deformierte Identität behinderter Männer und deren emanzipatorische Überwindung. In: Warzecha, Birgit (Hrsg.) (1997): Geschlechterdifferenz in der Sonderpädagogik. Forschung – Praxis – Perspektiven. Bd. 2, LIT Verlag, Hamburg, 67–87

F

Faber, Brigitte (2005): „Kleiner“ Unterschied – mit großer Wirkung. Für eine geschlechtergerechte Gesundheitsversorgung. In: Deutsche Arbeitsgemeinschaft Selbsthilfegruppen e.V. (Hrsg.) (2005): Geschlechterperspektive in der Selbsthilfe. Gießen, 25–32

Faber, Brigitte; Puschke, Martina, Weibernetz e.V. (Hrsg.) (2007): 25 Jahre Bewegung behinderter Frauen. Erfahrungen, Anekdoten, Blitzlichter aus den Jahren 1981–2006. Selbstverlag Weibernetz e.V., Kassel

Fegert, Jörg (1993): Nachwort. In: Senn, Charlene Y.: Gegen jedes Recht. Sexueller Missbrauch und geistige Behinderung. Donna Vita. Berlin (Erstausgabe in Originalsprache 1988) 141–159

Feuser, Georg (1991): Integrative Pädagogik und Didaktik – Kooperation statt Integration? In: Behindertenpädagogik, 1991, Jg. 30, H. 2, 137–155

Feuser, Georg (1996): „Geistigbehinderte gibt es nicht!“ Projektionen und Artefakte in der Geistigbehindertenpädagogik. In: Geistige Behinderung, 1996, Jg. 35, H. 1, 18–25

Feuser, Georg (1998): Lebenslanges Lernen für Menschen mit geistiger Behinderung – Selbstbestimmung und Integration. Vortrag am 11. 06. 98 anlässlich der bundesweiten Tagung „Dialoge“ mit der Thematik „Menschen mit Behinderungen in der Erwachsenenbildung“, veranstaltet vom Martinsclub Bremen e.V. im Rahmen der Aktion Grundgesetz vom 11. –13. 06. 1998 in Bremen http://bidok.uibk.ac.at/library/feuser-lebenslang_lernen.html [Stand: 02. 01. 2006]

Feuser, Georg (2005): Geistigbehindertenpädagogik im Umbruch – Reflexionen zum Exodus aus der Geistigbehindertenpädagogik. Impulsreferat gehalten auf der 27. KLGH 2005 in Köln. www.klgh.de/klgh2005.pdf (Stand: 02. 03. 2006), 20–36

Flick, Uwe (1991): Stationen des qualitativen Forschungsprozesses. In: Flick, Uwe; von Kardorff, Ernst; Keupp, Heiner; von Rosenstiel, Lutz; Wolff, Stephan (Hrsg.) (1991): Handbuch Qualitative Sozialforschung. Grundlagen, Konzepte, Methoden und Anwendungen. Psychologie Verlags Union. München. 147–173

Flick, Uwe ([5]2007): Triangulation in der qualitativen Forschung. In: Flick, Uwe; von Kardorff, Ernst; Steinke, Ines (Hrsg.): Qualitative Forschung. Ein Handbuch. rowohlts enzyklopädie, Reinbek bei Hamburg, 309–318

Flick, Uwe; von Kardorff, Ernst; Steinke, Ines ([5]2007): Was ist qualitative Forschung? Einleitung und Überblick. In: Flick, Uwe; von Kardorff, Ernst; Steinke, Ines (Hrsg.): Qualitative Forschung. Ein Handbuch. rowohlts enzyklopädie, Reinbek bei Hamburg 5. Auflage 2007, 13–29

Flieger, Petra (2005): Der Partizipatorische Forschungsansatz des Projekts „Bildnis eines behinderten Mannes“ erschienen in: Behinderte in Familie, Schule und Gesellschaft 5/2005, 42–49. In: bidok.uibk.ac.at/library/beh5-05-flieger-partizipation.html [Stand: 15. 06. 2007]

Fornefeld, Barbara (2000): Einführung in die Geistigbehindertenpädagogik. Ernst Reinhardt Verlag, München, Basel

Fornefeld, Barbara (2003): Menschen mit geistiger Behinderung neu sehen – Annäherung an die Perspektive des Menschen selbst. In: Friebe, Stephan; Link, Rudolf (Hrsg.) (2003): Identität und Selbstbild bei Menschen mit geistiger Behinderung. Dokumentation der Fachtagung 18./19.April 2002. Mosbach, 63–89

Fornefeld, Barbara (2008a): Pädagogische Leitgedanken als Ausschlussprinzipien? In: Fornefeld, Barbara (2008): Menschen mit Komplexer Behinderung. Selbstverständnis und Aufgaben der Behindertenpädagogik. Ernst Reinhardt Verlag. München, 108–147

Fornefeld, Barbara (2008b): Verantwortung für Menschen mit Behinderung im Wandel der Zeit. In: Fornefeld, Barbara (2008): Menschen mit Komplexer Behinderung. Selbstverständnis und Aufgaben der Behindertenpädagogik. Ernst Reinhardt Verlag. München, 14–30

Forschungsgruppe „Selbständiges Wohnen behinderter Menschen – Individuelle Hilfen aus einer Hand“ (IH-NRW) (2006): Selbständiges Wohnen behinderter Menschen. Individuelle Hilfen aus einer Hand. Zweiter Zwischenbericht (2006) der wissenschaftlichen Begleitforschung. Zentrum für Planung und Evaluation Sozialer Dienste der Universität Siegen. Siegen, Dezember 2006

Forster, Rudolf (1998): Der Weg geistig behinderter Jugendlicher und Erwachsener ins Arbeitsleben. Vergleichende Analyse des beruflichen Rehabilitationssystems im Bereich der Bundesrepublik Deutschland und der ehemaligen DDR zur beruflichen Integration von Menschen mit geistiger Behinderung. Verlag Mainz, Wissenschaftsverlag Aachen

Forster, Rudolf (2007): Diskriminierung. In: Theunissen, Georg; Kulig, Wolfram; Schirbort, Kerstin (Hrsg.): Handlexikon Geistige Behinderung. Schlüsselbegriffe aus der Heil- und Sonderpädagogik, Sozialen Arbeit, Medizin, Psychologie, Soziologie und Sozialpolitik. Kohlhammer, Stuttgart, 80–81

Foster-Fishman, Pennie G.; Salem, Deborah A.; Chibnall, Susan; Legler, Ray; Yapchai, Courtney (1998): Empirical Support for the Critical Assumptions of Empowerment Theory. In: American Journal of Community Psychology, Vol. 26, 1998, No. 4, 507–536

Frank, Hermann; Schumann, Werner (1990): Lokale Beschäftigungsinitiativen. Modellvorhaben zur beruflichen Eingliederung. In: Geistige Behinderung, 29. Jg, 1990, 9–19

Franze, Katrin (2005): Zur aktuellen Lebenssituation von Müttern mit geistiger Behinderung in Deutschland und den Niederlanden. Unveröffentlichte Diplomarbeit. Mainz

Frehe, Horst (2000): Selbstbestimmtes Leben Behinderter zwischen Gesundheitsökonomie und Grundrechten. In: Krankengymnastik – Zeitschrift für Physiotherapeuten, 52. Jg., 2000, H. 2, 238–248

Freier, Ute; Schön, Elke (1996): Neue Elemente in der Arbeit mit Frauen und Mädchen mit (geistiger) Behinderung. Lebenshilfe Tübingen e.V., Tübingen

Friebertshäuser, Barbara (1997): Interviewtechniken – ein Überblick. In: Friebertshäuser, Barbara, Prengel, Annedore (Hrsg.): Handbuch Qualitative Forschungsmethoden in der Erziehungswissenschaft. Weinheim, München. 371–395

Friedrich, Jochen (2006): Orientierung im Entscheidungsprozess: Menschen mit geistiger Behinderung und der allgemeine Arbeitsmarkt. Eine qualitative Studie zum Entscheidungsverhalten im Übergang von der WfbM auf den allgemeinen Arbeitsmarkt. Verlag Dr. Kovač, Hamburg

Friske, Andrea (1995): Als Frau geistig behindert sein. Ansätze zu frauenorientiertem heilpädagogischen Handeln. Ernst Reinhardt Verlag, München, Basel

Friske, Andrea (1996): Frauen mit geistiger Behinderung. Eine Lebenswirklichkeit in Widersprüchen. In: Geistige Behinderung 1996, Jg. 35, H. 3, 233–240

Friske, Andrea (1997): Unbeschreiblich? Als Frau mit geistiger Behinderung. In: Henschel, A. (Hrsg.): Weiblich – unbeschreiblich. Zur Lebenssituation von Frauen mit Behinderung. AG SPAK, Bad Segeberg 1997, 29–54

Fröhlich, Andreas (1986): Die Mütter schwerstbehinderter Kinder. Edition Schindele Heidelberg

Frühauf, Theo (1994): „Wir entscheiden!“ – Menschen mit geistiger Behinderung auf dem Weg zu mehr Selbstbestimmung. In: Hofmann, Theodor; Klingmüller, Bernhard (Hrsg.): Abhängigkeit und Autonomie. Berlin, 51–63

Frühauf, Theo (1999): Selbstbestimmung für Menschen mit geistiger Behinderung. Herausforderung für Betroffene und Fachleute. In: Probst, Holger (Hrsg.) (1999): Mit Behinderungen muss gerechnet werden. Der Marburger Beitrag zur lernprozessorientierten Diagnostik, Beratung und Förderung. Jarick Oberbiel Verlag, Solms-Oberbiel, 300–318

Fuhs, Burkhard (1997): Fotografie und qualitative Forschung. Zur Verwendung fotografischer Quellen in den Erziehungswissenschaften. In: Friebertshäuser, Barbara, Prengel, Annedore (Hrsg.): Handbuch Qualitative Forschungsmethoden in der Erziehungswissenschaft. Juventa Verlag, Weinheim, München, 265–285

Furrer, Hans (1998): Bildung. In: Baumgart, Erdmute; Bücheler, Heike (Hrsg.) (1998): Lexikon Wissenswertes zur Erwachsenenbildung unter besonderer Berücksichtigung von geistiger Behinderung. Luchterhand, Neuwied, Kriftel, Berlin, 48

Furrer, Hans (2006): Mehrfach kompetent. Oder: „...nur die allerdümmsten Kälber, wählen ihre Metzler selber“. In: Erwachsenenbildung und Behinderung, 2006, Jg. 17, H. 1, 3–9

G

Galtung, Johan (1975): Gewalt, Frieden und Friedensforschung. In: Funke, Manfred (Hrsg.) (1975): Friedensforschung – Entscheidungshilfe gegen Gewalt. Paul List Verlag, München, 99–132

Geissler, Birgit; Oechsle, Mechtild (1994): Lebensplanung als Konstruktion: Biographische Dilemmata und Lebenslauf-Entwürfe junger Frauen. In: Beck, Ulrich; Beck-Gernsheim, Elisabeth (Hrsg.): Riskante Freiheiten. Suhrkamp, Frankfurt am Main, 139–167

Geissler, Birgit; Oechsle, Mechtild (1996): Lebensplanung junger Frauen. Zur widersprüchlichen Modernisierung weiblicher Lebensläufe. Unter Mitarbeit von Gudrun Braemer. Deutscher Studien-Verlag, Weinheim

Geißler, Karlheinz A.; Hege, Marianne(^{10}2001): Konzepte sozialpädagogischen Handelns. Ein Leitfaden für soziale Berufe. Beltz, Weinheim, Basel

Geißler, Rainer (1992): Die Sozialstruktur Deutschlands. Ein Studienbuch zur Entwicklung im geteilten und vereinten Deutschland. Westdeutscher Verlag, Opladen

GeM-Infoletter Nr. 8/2004: Gender-Glossar der GTZ: Glossarbegriff Frauenspezifische Förderung. 1–4 www.gem.or.at/download/GeM-Infoletter_11_8_2004.pdf [Stand: 22. 11. 2005]

Giese, Thorsten; Hofmann, Christiane; Overbeck, Annegret (2002): Subjektive Theorien von Menschen mit geistiger Behinderung. Narrationen und Selbstbeschreibungen als Zugang zu Wirklichkeitskonstruktionen von Menschen mit geistiger Behinderung. In: Zeitschrift für Heilpädagogik, 2002, H. 5, 183–193

Gimborn, Bernd (2005): Sexualpädagogische Arbeit mit Männern, die als geistig behindert gelten. In: Walter, Joachim (Hrsg.) (^{6}2005): Sexualität und geistige Behinderung. Gesellschaft für Sexualerziehung und Sexualmedizin Baden-Württemberg e.V. Schriftenreihe Band 1. Universitätsverlag Winter, Heidelberg, 266–276

Gieseke, Wiltrud (2001): Zielgruppenarbeit als Etappe in der Entwicklung von Frauenbildungsarbeit. In: Gieseke, Wiltrud (Hrsg.): Handbuch zur Frauenbildung. Leske + Budrich. Opladen, 47–56

Gildemeister, Regine ([5]2007): Geschlechterforschung (gender studies). In: Flick, Uwe; von Kardorff, Ernst; Steinke, Ines (Hrsg.): Qualitative Forschung. Ein Handbuch. rowohlts enzyklopädie, Reinbek bei Hamburg, 213–223

Glasbrenner, Susanne (2002): Das Frauenqualifizierungsprojekt – Berufliche Qualifizierung für Frauen in der Werkstatt für behinderte Menschen. In: Impulse Nr. 24, November 2002, 12–20

Glaser, Barney G. (1978): Theoretical Sensivity. Advances in the Methodology of Grounded Theory. Sociology Press. Mill Valley (USA)

Glaser, Barney G. (1992): Emergence vs. Forcing: Basics of Grounded Theory Analysis. Sociology Press. Mill Valley (USA)

Glaser, Barney G.; Strauss, Anselm L. (1967): The Discovery of Grounded Theory: strategies for qualitative research. Aldine de Gruyter, New York

Glaser, Barney G.; Strauss, Anselm. L. ([2]2005): Grounded Theory. Strategien qualitativer Forschung. Verlag Hans Huber, Bern, 2. korrigierte Auflage. Original (1967): The Discovery of Grounded Theory. Aldine de Gruyter, New York

Gläser, Jochen; Laudel, Grit (1999): Theoriegeleitete Textanalyse? Das Potential einer variablenorientierten qualitativen Inhaltsanalyse. Veröffentlichungsreihe der Arbeitsgruppe Wissenschaftstransformation des Wissenschaftszentrums Berlin für Sozialforschung. http://bibliothek.wzb.eu/pdf/1999/p99-401.pdf [Stand: 21. 09. 2008]

Goeke, Stephanie (2005): Verwirklichung des Bildungsrechts für alle?! Umfrage an Volkshochschulen in Rheinland-Pfalz. In: Erwachsenenbildung und Behinderung 2005, 16. Jg., H. 2, 3–13

Goeke, Stephanie; Terfloth, Karin (2006): Inklusiv forschen – forschen inklusive. In: Platte, Andrea; Seitz, Simone; Terfloth, Karin (Hrsg.) (2006): Inklusive Bildungsprozesse. Julius Klinkhardt, Bad Heilbrunn, 43–54

Goeke, Stephanie (2007): Gendersensible Erwachsenenbildung für Frauen und Männer mit Behinderung. In: Bundesvereinigung Lebenshilfe für Menschen mit geistiger Behinderung e.V. (Hrsg.): WfbM Handbuch. Ergänzbares Handbuch Werkstatt für behinderte Menschen. Zwei Bände. Lebenshilfe-Verlag, Marburg, 15. Ergänzungslieferung Oktober 2007, E 10, 1–5

Goffman, Erving ([16]2002): Stigma. Über Techniken der Bewältigung beschädigter Identität. Suhrkamp, Frankfurt am Main

Goll, Harald (1994): Elementare Selbstbestimmung für Menschen mit schweren Behinderungen. In: Erwachsenenbildung und Behinderung 1994, Jg. 5, H. 2, 6–9

Golomski, Annette (2001): Fremdheitserfahrungen: Behinderte und nichtbehinderte Frauen. In: BHP 2001, Jg. 40, H. 4, 512–516

Göthling, Stephan; Schirbort, Kerstin; Theunissen, Georg (2006): Netzwerk People First Deutschland – Zur Selbstvertretung von Menschen mit Lernschwierigkeiten. In: Wüllenweber, Ernst; Theunissen, Georg; Mühl, Heinz (Hrsg.): Pädagogik bei geistigen Behinderungen. Ein Handbuch für Studium und Praxis. Kohlhammer, Stuttgart, 558–565

Griehl, Gabriele (2004): Schönheit und Attraktivität im Leben von Frauen mit geistiger Behinderung. Eine Anregung für eine frauenorientierte heilpädagogische Erwachsenenbildung. In: Geistige Behinderung 2004, H. 3, 244–254

Gromann, Petra (1998): Die Problematik der Beurteilung von Wohlbefinden aus der Außenperspektive. In: Fischer, Ute u. a. (1998) (Hrsg.): Wohlbefinden und Wohnen von Menschen mit schwerer geistiger Behinderung. Diakonie-Verlag, Reutlingen, 254–270

Gusset-Bährer, Sinikka (2004): „Das man das weiterträgt, was älteren Menschen mit geistiger Behinderung wichtig ist": ältere Menschen mit geistiger Behinderung im Übergang in den Ruhestand. Heidelberg. www.ub.uni-heidelberg.de/archiv/4837/

H

Haeberlin, Urs (2003): Identität und Behinderung im gesellschaftlichen Umfeld. In: Friebe, Stephan; Link, Rudolf (Hrsg.): Identität und Selbstbild bei Menschen mit geistiger Behinderung. Dokumentation der Fachtagung 18./19.April 2002. Mosbach 2003, 14–36

Hagemann-White, Carol (1988): Wir werden nicht zweigeschlechtlich geboren .... In: Hagemann-White, Carol; Rerrich, Maria S. (Hrsg): (1988): FrauenMännerBilder. Männer und Männlichkeit in der feministischen Diskussion. AJZ-Verlag, Bielefeld

Hagemann-White, Carol (1988) Wir werden nicht zweigeschlechtlich geboren ... In: Hagemann-White, Carol; Rerrich, Maria S. (Hrsg.) (1988): FrauenMännerBilder. Männer und Männlichkeit in der feministischen Diskussion. AJZ-Verlag, Bielefeld, 224–235

Hagemann-White, Carol (1994): Beruf und Familie für Frauen und Männer. Die Suche nach egalitärer Gemeinschaft. Unveröffentlichtes Vortragsmanuskript, Osnabrück, 1–10

Hagen, Jutta (2001): Ansprüche an und von Menschen mit einer geistigen oder mehrfachen Behinderung in Tagesstätten. Lebenshilfe-Verlag, Marburg.

Hagen, Jutta (2002): Zur Befragung von Menschen mit einer geistigen oder mehrfachen Behinderung. In: Geistige Behinderung 2002, Jg. 41, H. 4, 293–306

Hahn, Martin Th. (1981): Behinderung als soziale Abhängigkeit. Zur Situation schwerbehinderter Menschen. Ernst Reinhardt Verlag. München

Hahn, Martin Th. (1994): Selbstbestimmung im Leben auch für Menschen mit geistiger Behinderung. In: Geistige Behinderung 1994, H. 2, 81–94

Hallstein, Monika (1993): Sexueller Mißbrauch und geistige Behinderung. Einen Kontext für Veränderungen schaffen. In: Voss, Anne.; Hallstein, Monika (Hrsg.): Menschen mit Behinderungen. Berichte. Erfahrungen. Ideen zur Präventionsarbeit. Schriftenreihe sexueller Missbrauch. Donna Vita, Ruhnmark, 29–45

Hallstein, Monika; Kemmerer, Ingrid; Winkler, Petra (^{6}2005): Sexualberatung für behinderte Menschen, ihre Angehörigen und BetreuerInnen. In: Walter, Joachim (Hrsg.) (^{6}2005): Sexualität und geistige Behinderung. Gesellschaft für Sexualerziehung und Sexualmedizin Baden-Württemberg e.V. Schriftenreihe Band 1. Universitätsverlag Winter Heidelberg, 231–236

Hanna, William John; Rogovsky, Betsy (1991): Women with Disabilities: two handicaps plus. In: Disability, Handicap & Society, 1991, Vol. 6, No. 1, 49–63

Harnack, Maike (^{2}1997): Lebenslang fremdbestimmt – (k)eine Zukunftsperspektive für Menschen mit geistiger Behinderung? In: Bundesvereinigung Lebenshilfe für Menschen mit geistiger Behinderung e.V. (Hrsg.) (^{2}1997): Selbstbestimmung. Kongressbeiträge, Lebenshilfe-Verlag. Marburg, 49–54

Hartmann, Simone (2003): Sexuelle Gewalt an Mädchen und Jungen, Frauen und Männern mit Behinderung – Eine alltägliche Realität. In: www.behindertefrauen.org/bosnew/sites/archiv/info/info04.php [Stand: 16. 07. 2003]

Havemann, Meindert J. (1993): Forschung und Betreuung in den Niederlanden. In: Bundesvereinigung Lebenshilfe für geistig Behinderte e.V. (Hrsg.) (1993): Alt und geistig behindert. Ein europäisches Symposium. Große Schriftenreihe Band 26, Lebenshilfe-Verlag Marburg, 73–85

Havemann, Meindert J. u. a. (2000): Selbstbestimmt älter werden. Ein Lehrgang für Menschen mit geistiger Behinderung zur Vorbereitung auf Alter und Ruhestand. In: Geistige Behinderung, Jg. 39, H. 1, 56–62

Hebborn, Heiner (1996): Wohnen im Umbruch. Menschen mit geistiger Behinderung in den neuen Bundesländern. Verlag Mainz, Wissenschaftsverlag Aachen

Helfferich, Cornelia (^{2}2005): Die Qualität qualitativer Daten. Manual für die Durchführung qualitativer Interviews. VS, Verlag für Sozialwissenschaften, Wiesbaden

Helming, Elisabeth u. a. (1997): Handbuch Sozialpädagogische Familienhilfe. Deutsches Jugendinstitut (DJI); Bundesministerium für Familie, Senioren, Frauen und Jugend (Hrsg.). Kohlhammer, Stuttgart

Hennige, Ute (2006): „Wir sind ganz neu hier!" Familien ausländischer Herkunft mit einem Kind mit Assistenzbedarf. In: Geistige Behinderung Jg. 45, 2006, H. 1, 49–60

Hensle, Ulrich; Vernooij, Monika A.(^{6}2000): Einführung in die Arbeit mit behinderten Menschen I. Quelle & Meyer Verlag, Wiebelsheim, 6.völlig neu bearb. und erw. Auflage

Herrmann, Anja (2005): Das Arrangement der Hoffnung. Kommunikation und Interaktion in einer onkologischen Spezialklinik während der chirurgischen Behandlung von Knochen- und Weichgewebesarkomen. Mabuse-Verlag, Frankfurt am Main

Hermes, Gisela (^{2}2001a): Krücken, Babys und Barrieren. Zur Situation behinderter Eltern in der Bundesrepublik. Bifos-Schriftenreihe, Kassel

Hermes, Gisela (2001b): Teilprojekt. Umfrage in Berufsbildungs- und Berufsförderungswerken zur Situation von Frauen und Mädchen mit Behinderungen. Bundesministerium für Familie, Senioren, Frauen und Jugend (Hrsg.) (2001), Berlin, Kassel

Herriger, Norbert (1996): Kompetenzdialog. Empowerment in der sozialen Einzelhilfe. In: Soziale Arbeit 1996, H. 6, 190–195

Herriger, Norbert (^{2}2002): Empowerment in der Sozialen Arbeit. Eine Einführung. Kohlhammer, Stuttgart, Berlin, Köln

Herriger, Norbert (^{3}2006): Empowerment in der Sozialen Arbeit. Eine Einführung. 3., erweiterte und aktualisierte Auflage, Kohlhammer, Stuttgart, Berlin, Köln

Herriger, Norbert (2005): Grundlagentext Empowerment. In: www.empowerment.de/grundlagentext.html [Stand: 27. 04. 2005]

Herriger, Norbert (2008): Grundlagentext Empowerment. In: www.empowerment.de/Grundlagentext.html [Stand: 20. 08. 2008]

Hessisches Sozialministerium, Landeswohlfahrtsverband Hessen, Bundesvereinigung Lebenshilfe für Menschen mit geistiger Behinderung e.V. (Hrsg.) (2001): Lebensräume älterer Menschen mit Behinderung. Hessische Erfahrungen. Lebenshilfe-Verlag, Marburg

Hildenbrand, Bruno (1994): Vorwort. In: Strauss, Anselm L.: Grundlagen qualitativer Sozialforschung. Datenanalyse und Theoriebildung in der empirischen und soziologischen Forschung. Wilhelm Fink Verlag (UTB für Wissenschaft). München

Hille, Barbara (1990): Mädchen- und Frauenbildung. In: Bundesministerium für innerdeutsche Beziehungen (Hrsg.): Vergleich von Bildung und Erziehung in der Bundesrepublik Deutschland und in der Deutschen Demokratischen Republik. Materialien zur Lage der Nation. Bonn Verlag Wissenschaft und Politik 1990, 581–596

Hillenbrand, Clemens (1999): Paradigmenwechsel in der Sonderpädagogik? Eine wissenschaftstheoretische Kritik. In: Zeitschrift für Heilpädagogik 1999, H. 5, 240–246

Hillmann, Karl-Heinz (^{4}1994): Wörterbuch der Soziologie. Alfred Kröner Verlag Stuttgart. 4. überarbeitete und ergänzte Auflage

Hinz, Andreas; Boban, Ines (2001): Integrative Berufsvorbereitung. Unterstütztes Arbeitstraining für Menschen mit Behinderung. Luchterhand, Neuwied, Kriftel, Berlin

Hinz, Andreas (2002): Von der Integration zur Inklusion – terminologisches Spiel oder konzeptionelle Weiterentwicklung? In: Zeitschrift für Heilpädagogik 2002, H. 9, 354–361

Hirschberg, Marianne (2003): Ambivalenzen in der Klassifizierung von Behinderung. Anmerkungen zur internationalen Klassifikation der Funktionsfähigkeit, Behinderung und Gesundheit der Weltgesundheitsorganisation. In: Behinderung und medizinischer Fortschritt. Tagungsdokumentation, Bad Boll, 2003, 11–21

Hoffmann, Claudia; Kulig, Wolfram; Theunissen, Georg (2000): Bildungsangebote für Erwachsene mit geistiger Behinderung an Volkshochschulen. In: Geistige Behinderung 2000, Jg. 39, H. 4, 346–359

Hofmann, Christiane; Maurer, Petra; Rivera, Bettina (1993): Versuch mit geistig behinderten Frauen ins Gespräch zu kommen. Aus einer Studie zu Kontakten und Freizeitverhalten. In: Geistige Behinderung 1993, Jg. 32, H. 2, 99–115

Hohmeier, Jürgen (1996): Frühe Hilfen für ausländische Familien mit behinderten Kindern. Ergebnisse einer Befragung in Frühförderstellen. In: Geistige Behinderung, Jg. 35, H. 3, 241–248

Hollander, Jutta; Mair, Helmut (2003): Zwischenbericht der wissenschaftlichen Begleitforschung September 2003 zum Modellprojekt „Unterstützter Ruhestand" von Menschen mit Behinderungen im Auftrag des Landesverbands Nordrhein-Westfalen für Körper- und Mehrfachbehinderte. Münster, September 2003

Hollander, Jutta (2004): Empowerment in der Begleitung von Menschen mit Behinderung. In: Hollander, Jutta; Mair, Helmut (2004): Den Ruhestand gestalten. Abschlussbericht der wissenschaftlichen Begleitforschung zum Modellprojekt „Unterstützter Ruhestand" von Menschen mit Behinderungen im Auftrag des Landesverbands Nordrhein-Westfalen für Körper- und Mehrfachbehinderte. Münster, Dezember 2004, 95–98

Hopf, Christel (1996): Hypothesenprüfung und qualitative Sozialforschung. In: Strobl, Rainer; Böttger, Andreas (Hrsg.): Wahre Geschichten? Zu Theorie und Praxis qualitativer Interviews. Interdisziplinäre Beiträge zur kriminologischen Forschung, Band 2, Nomos Verlagsgesellschaft Baden-Baden, 9–21

Hopf, Christel ([5]2007): Qualitative Interviews – ein Überblick. In: Flick, Uwe; von Kardorff, Ernst; Steinke, Ines (Hrsg.) ([5]2007): Qualitative Forschung. Ein Handbuch. Rowohlts Enzyklopädie im Rowohlt Taschenbuch Verlag, Reinbek bei Hamburg, 349–360

HORIZON-Arbeitsgruppe ([2]1999): Unterstützte Beschäftigung. Handbuch zur Arbeitsweise von Integrationsfachdiensten für Menschen mit geistiger Behinderung. Hamburg (VerfasserInnen: Götz, Dagmar; Gehrmann, Manfred; Vasek, Elfie, Pieda, Bernd; Behncke, Rolf; Ciolek, Achim, Klüssendorf, Andrea; Putzke, Susanne; Löbler, Frank)

Hurrelmann, Klaus; Ulich, Dieter (Hrsg.) ([5]1998): Handbuch der Sozialisationsforschung. Beltz, Weinheim, Basel

I

Ittel, Angela; Scheithauer, Herbert ([2]2007): Geschlecht als „Stärke" oder „Risiko"? Überlegungen zur geschlechtsspezifischen Resilienz. In: Opp, Günther; Fingerle, Michael (Hrsg.): Was Kinder stärkt. Erziehung zwischen Risiko und Resilienz. Reinhardt Verlag, 2. völlig neu bearbeitete Auflage, München, 98–115

J

Janz, Frauke; Terfloth, Karin (Hrsg.): Empirische Forschung im Kontext geistiger Behinderung. Universitätsverlag Winter, Heidelberg

Jantzen, Wolfgang (1999): Rehistorisierung – Zur Theorie und Praxis einer verstehenden Diagnostik in der Arbeit mit geistig behinderten Menschen. In: Friebe, Stephan; Wetzler, Rainer (Hrsg.) (1999):

Lebensgeschichten. Die biographische Perspektive in der Arbeit mit Menschen mit geistiger Behinderung. Dokumentation der Fachtagung vom 17./18. März 1999 Mosbach, 56–79

Jantzen, Wolfgang (2000): Behinderung und Feld der Macht. Bemerkungen zur Methodologie einer Soziologie der Behinderung In: Friedrich Albrecht/Andreas Hinz/Vera Moser (Hrsg.) (2000): Perspektiven der Sonderpädagogik. Disziplin- und professionsbezogene Standortbestimmungen Luchterhand, Berlin, Neuwied, 58–73

Jerg, Jo (2001): Leben in Widersprüchen: lebensweltorientierte integrative Wohngemeinschaft. Evang. Fachhochschule Reutlingen-Ludwigsburg, Diakonie-Verlag Reutlingen

Jerg, Jo (2003): Jenseits von Normalität und Behinderung – Ausblicke auf ein selbstbestimmtes Leben in der Gemeinde. In: Ensinger, Roland; Fliege, Thomas; Scholz, Manfred (Hrsg.) (2003): »Bis auf weiteres …« Reutlinger Beiträge zu Ausbildung, Theorie und Praxis sozialer Arbeit. 30 Jahre Evangelische Fachhochschule Reutlingen. Reutlingen/Tübingen, 159–170

Jerg, Jo (2005): Vielfalt + Differenz = Inklusion + Assistenz. Bausteine und Verbindungen einer inklusiven Baustelle – oder: Ordnung muss sein!? Gedanken zum Aufräumen ohne auszusondern. In: Barz, Monika; Weth, Hans-Ulrich (Hrsg.) (2005): Potenziale Sozialer Arbeit. Verlag der Evangelischen Gesellschaft Stuttgart, 113–125

Jerg, Jo; Goeke, Stephanie (2007): Praxisforschungsprojekt „Leben im Ort" – Gedanken zu inklusiven Forschungsprozessen. In: Demmer-Dieckmann, Irene; Textor, Annette (Hrsg.) (2007): Integrationsforschung und Bildungspolitik im Dialog. Julius Klinkhardt, Bad Heilbrunn, 219–227

Jerg, Jo; Goeke, Stephanie (2008): „Auf das Erreichte bin ich stolz" Wege zur personenorientierten Begleitung. Projektbericht Teil 1.

Jerg, Jo; Goeke, Stephanie (2009): „Ich will einfach so eine Zukunft haben wie jetzt meine Schwester" Individuelle Beratung und Wege ins Gemeinwesen. Reutlingen

Jonas, Monika (1994): Behinderte Kinder – behinderte Mütter? Die Unzumutbarkeit einer sozial arrangierten Abhängigkeit. Fischer Taschenbuch Verlag. Frankfurt am Main

Julius, Monika (2000): Identität und Selbstkonzept von Menschen mit geistiger Behinderung. In: Behindertenpädagogik 2000, Jg. 39, H. 2, 175–194

Jungk, Robert; Müllert, Norbert R. (1990): Zukunftswerkstätten. Mit Phantasie gegen Routine und Resignation. Heyne, München

K

Karlusch, Heinz (1996): Empowerment-Zirkel in der öffentlichen Jugendwohlfahrt. In: Soziale Arbeit 1996, Jg. 45, H. 9–10, 325–334

Kaschuba, Gerrit (2005): Gender-Kompetenz als fachlicher Bestandteil professioneller Selbsthilfeunterstützung? In: Deutsche Arbeitsgemeinschaft Selbsthilfegruppen e.V. (Hrsg.): Geschlechterperspektive in der Selbsthilfe. Gießen

Kastl, Jörg-Michael; Trost, Rainer (2002): Integrationsfachdienst zur beruflichen Eingliederung von Menschen mit Behinderung in Deutschland. Abschlussbericht der wissenschaftlichen Begleitung zur Arbeit der Modellprojekte des Bundesministeriums für Arbeit und Sozialordnung in 16 Bundesländern. Reutlingen, Berlin

Kastl, Jörg-Michael; Metzler, Heidrun (2005): Modellprojekt Persönliches Budget für Menschen mit Behinderung in Baden-Württemberg. Abschlussbericht der wissenschaftlichen Begleitforschung. (Unter Mitarbeit von Christian Gerle und Anke Springer). Ministerium für Arbeit und Soziales Baden-Württemberg (Hrsg.), Tübingen

Kaßelmann, Olaf; Rüttgers, Julia (2005): Projekt Integration. 8 Jahre danach. Verbleib- und Verlaufsstudie der von Integrationsfachdiensten in Westfalen-Lippe von 1994 bis 1997 auf den allgemeinen Arbeitsmarkt vermittelten schwerbehinderten Menschen mit Lernschwierigkeiten. www.lwl.org/abt61-download/PDF/broschueren/Verbleibstudie-Endbericht.pdf [14. 05. 2008]

Katzenbach, Dieter (2004): Anerkennung, Missachtung und geistige Behinderung. Sozialphilosophische Perspektiven auf den so genannten Paradigmenwechsel in der Behindertenpädagogik. In: Ahrbeck, Bernd; Rauh, Bernhard (Hrsg.) (2004): Behinderung zwischen Autonomie und Angewiesenheit. Kohlhammer, Stuttgart, 127–144

Keddi, Barbara (1999): Lebensthemen junger Frauen und Paarwelt. In: Keddi, Barbara; Pfeil, Patricia; Strehmel, Petra; Wittmann, Svendy: Lebensthemen junger Frauen – die andere Vielfalt weiblicher Lebensentwürfe. Eine Längsschnittuntersuchung in Bayern und Sachsen. Leske + Budrich, Opladen, 177–211

Keddi, Barbara; Pfeil, Patricia; Strehmel, Petra (1999): Wie junge Frauen ihr Leben entwerfen: Differenzen und Differenzierungen. In: Keddi, Barbara; Pfeil, Patricia; Strehmel, Petra; Wittmann, Svendy: Lebensthemen junger Frauen – die andere Vielfalt weiblicher Lebensentwürfe. Eine Längsschnittuntersuchung in Bayern und Sachsen. Leske + Budrich, Opladen. 13–27

Keddi, Barbara u. a. (1999): Lebensthemen junger Frauen – die andere Vielfalt weiblicher Lebensentwürfe. Eine Längsschnittuntersuchung in Bayern und Sachsen. Leske + Budrich, Opladen

Kelle, Udo (1994): Empirisch begründete Theoriebildung: zur Logik und Methodologie interpretativer Sozialforschung. Deutscher Studien Verlag, Weinheim

Kelle, Udo (1996): Die Bedeutung theoretischen Vorwissens in der Methodologie der Grounded Theory. In: Strobl, Rainer; Böttger, Andreas (Hrsg.): Wahre Geschichten? Zu Theorie und Praxis qualitativer Interviews. Interdisziplinäre Beiträge zur kriminologischen Forschung, Band 2, Nomos Verlagsgesellschaft Baden-Baden, 23–47

Keupp, Heiner (1992): Riskante Chancen aktueller gesellschaftlicher Umbrüche und ihre Bedeutung für den Behindertenbereich. In: Frühförderung interdisziplinär 1992, Jg. 11, 145–156

Keupp, Heiner (1998): Ohne Angst verschieden sein können – Förderung von Lebenssouveränität in einer postmodernen Gesellschaft. Vortrag im Rahmen des Reutlinger Tag – Sonderpädagogischer Tag am 14. 11. 1998 In: www.ipp-muenchen.de/texte/ohne_angst_verschieden_sein_koennen.pdf [Stand: 14. 11. 2007]

Keupp, Heiner; Lenz, Albert; Stark, Wolfgang (2002): Entwicklungslinien der Empowerment-Perspektive in der Zivilgesellschaft. Ein Gespräch zwischen Heiner Keupp, Albert Lenz und Wolfgang Stark. In: Lenz, Albert; Stark, Wolfgang (Hrsg.) (2002): Empowerment. Neue Perspektiven für psychosoziale Praxis und Organisation. Fortschritte der Gemeindepsychologie und Gesundheitsförderung. Band 10. dgvt-Verlag, Tübingen, 77–99

Khemka, Ishita; Hickson, Linda; Reynolds, Gillian (2005): Evaluation of a Decision-Making Curriculum Designed to Empower Women with Mental Retardation to Resist Abuse. In: American Journal on Mental Retardation, Vol. 110. No. 3, May 2005, 193–204

Kieffer, Charles H. (1984): Citizen Empowerment: A Developmental Perspective. In: Studies in empowerment: steps toward understanding and action, 1984, 9–36

Kirner, Ellen; Schulz, Erika (1992): Das „Drei-Phasen-Modell" der Erwerbsbeteiligung von Frauen – Begründung, Norm und empirische Relevanz. In: Ott, Notburga; Wagner, Gert (Hrsg.): Familie und Erwerbstätigkeit im Umbruch. Referate der Herbsttagung 1991 des Arbeitskreises „Bevölkerungsökonomie" der Deutschen Gesellschaft für Bevölkerungswissenschaft. Verlag Duncker & Humblot, Berlin, 17–55

Klammer, Ute (2003): Frauen brauchen mehr als eine Familienpolitik. Um eine wirklich gleichberechtigte Teilhabe am Erwerbsleben zu sichern, muss das Normalarbeitsverhältnis generell neu definiert werden. In: Frankfurter Rundschau, 6. März 2003, Nr. 55, 7

Klauß, Theo (1998): Die individuelle, soziale, institutionelle und gesellschaftliche Dimension von Selbstbestimmung. In: Friebe, Stephan, Wetzler, Rainer (Hrsg.): Selbstbestimmt leben in sozialer Abhängigkeit. Das Leitziel der Selbstbestimmung als Herausforderung an Theorie und Praxis der Geistigbehindertenpädagogik. Fachtagung 26./27. März 1998, 21–61

Klauß, Theo (2007): Selbstbestimmung als Leitidee der Pädagogik für Menschen mit geistiger Behinderung. http://www10.ph-heidelberg.de/org/allgemein/fileadmin/user_upload/ wp/klauss/ Selbstbestimmung.pdf [Stand: 18. 05. 2008]

Kleber, Eduard W. (2001): Beratung. In: Antor, Georg; Bleidick, Ulrich (Hrsg.): Handlexikon der Behindertenpädagogik. Schlüsselbegriffe aus Theorie und Praxis. Kohlhammer, Stuttgart, Berlin, Köln, 3–4

Klomann, Annette (1994): Am Anfang war der Kinderwunsch. Diskussion der Auswirkungen von Kinderwunschmotiven auf die Lebensbedingungen der Kinder. In: Klomann, Annette; Nyssen, Friedhelm: Der Kinderwunsch. Gegenwart und Geschichte. Zwei Beiträge zur Frage nach der „Evolution der Kindheit“. Peter Lang, Frankfurt am Main, Berlin, New York, Paris, Wien, 1994

Knuf, Andreas; Seibert, Ulrich (²2001): Selbstbefähigung fördern. Empowerment und psychiatrische Arbeit. Psychiatrie-Verlag, Bonn

Knust-Potter, Evemarie (1994): „We can change the Future“ – Self Advocacy Gruppen in Großbritannien. In: Hofmann, Theodor; Klingmüller, Bernhard (Hrsg.) (1994): Abhängigkeit und Autonomie. Neue Wege in der Geistigbehindertenpädagogik. Verlag für Wissenschaft und Bildung, Berlin. 200-213

Knust-Potter, Evemarie (1997): Das Normalisierungsprinzip und die feministische Kritik – Reflexionen zum theoretischen Bezugsrahmen für Community Living. In: Behindertenpädagogik 1997, Jg. 36, H. 2, 149–166

Knust-Potter, Evemarie (1998): Behinderung – Enthinderung. Die Community Living Bewegung gegen Ausgrenzung und Fremdbestimmung. KNI Paperbacks, Köln

Köbsell, Swantje; Waldschmidt, Anne (1993). Kinder oder keine – wer entscheidet? (Behinderte) Frauen und humangenetische Beratung. In: Barwig, Gerlinde/Busch, Christiane (Hrsg.). „Unbeschreiblich weiblich!?“ Frauen unterwegs zu einem selbstbewußten Leben mit Behinderung. AG SPAK, München, 65–71

Köbsell, Swantje (2005): Gender Mainstreaming und Behinderung. Vortrag in Berlin am 16. 06. 2005. www.isl-ev.org/wp-content/kbsellGenderundBehinderung.pdf [Stand:15. 11. 2005]

Kohli, Martin (⁵1998): Lebenslauf. In: Schäfers, Bernhard (Hrsg.) (⁵1998): Grundbegriffe der Soziologie. Leske + Budrich, Opladen, 200–203

Krais, Beate (2004): Habitus und soziale Praxis. In: Steinrücke, Margareta (Hrsg.): Pierre Bourdieu – Politisches Forschen, Denken und Eingreifen. VSA-Verlag, Hamburg, 91–106

Krais, Beate; Gebauer, Gunter (2002): Habitus. Transcript Verlag, Bielefeld

Kratzsch, Jürgen; Puls, Margit (⁵1985): Aufgaben der FDJ. In: Renker, Karlheinz; Renker, Ursularenate (Hrsg.): Grundlagen der Rehabilitation. Verlag Volk und Gesundheit. Berlin, 5. überarbeitete Auflage, 234–237

Kretschmer, Ingo (2003): Heilende und kränkende Hilfesysteme. Zusammenhänge zwischen Rehabilitation und psychischer Störung. In: Hilfesysteme. Tagungsbericht. Arbeitstagung für leitende Mitarbeiterinnen und Mitarbeiter in Diagnose, Therapie und Förderung vom 11. –13. November 2002. Caritas Behindertenhilfe und Psychiatrie e.V. (Hrsg.), Freiburg

Kretschmer, Ingo; Kleinehanding, Nele (2007): Persönliches Empowerment mit ICF standardisieren? In: Schweizerische Zeitschrift für Heilpädagogik, 2007, H. 11–12, 12–17

Krisor, Matthias (2002): Menschenbild und Empowerment. In: Lenz, Albert; Stark, Wolfgang (Hrsg.) (2002): Empowerment. Neue Perspektiven für psychosoziale Praxis und Organisation. Verlag Deutsche Gesellschaft für Verhaltenstherapie, Tübingen, 103–128

Kronauer, Martin; Linne, Gudrun (Hrsg.) (2007): Flexicurity. Die Suche nach Sicherheit in der Flexibilität. Berlin

Krott, Kalle; Walter, Joachim (2007): Sexualassistenz, Sexualbegleitung. In: Theunissen, Georg; Kulig, Wolfram; Schirbort, Kerstin (Hrsg.) (2007): Handlexikon Geistige Behinderung. Schlüsselbegriffe aus der Heil- und Sonderpädagogik, Sozialen Arbeit, Medizin, Psychologie, Soziologie und Sozialpolitik. Kohlhammer, Stuttgart, 307–308

Krüger, Helga; Born, Claudia (1990): Probleme der Integration von beruflicher und familialer Sozialisation in der Biographie von Frauen. In: Hoff, Ernst-H. (Hrsg.) (1990): Die doppelte Sozialisation Erwachsener. Zum Verhältnis von beruflichem und privatem Lebensstrang. Deutsches Jugendinstitut, München, 53–73

Krüppelfrauengruppe Bremen (1993): „Über die Wichtigkeit von Zäunen" oder „Nicht der behinderte Mensch ist behindert, sondern das Heim, in dem er lebt!" In: Barwig, Gerlinde; Busch, Christiane (1993): Unbeschreiblich weiblich!?. Frauen unterwegs zu einem selbstbewußten Leben mit Behinderung. AG SPAK, München, 136–138

Kruse, Andreas (2001): Selbstbestimmung und soziale Partizipation – Kompetenzerhaltung und -förderung. In: Hessisches Sozialministerium, Landeswohlfahrtsverband Hessen, Bundesvereinigung Lebenshilfe für Menschen mit geistiger Behinderung e.V. (Hrsg.): Lebensräume älterer Menschen mit Behinderungen. Hessische Erfahrungen. Marburg, Lebenshilfe-Verlag, 85–110

Kuhn, Thomas S. (^{2}1976): Die Strukturwissenschaftlicher Revolutionen. Suhrkamp Frankfurt am Main, 2., rev. und um das Postskriptum von 1969 erg. Auflage

Kuhne, Tina; Mayer, Anneliese (1993): Die Übertragbarkeit der Konzepte feministischer Mädchenarbeit auf behinderte Mädchen und Frauen. In: Heiliger, Anita; Kuhne, Tina (Hrsg.) (1993): Feministische Mädchenpolitik. Verlag Frauenoffensive, München, 102–114

Kulmer, Ursula (1996): Forschungsbeziehungen – Feministische Anregungen für die Methoden-Diskussion in der Sonderpädagogik. In: Warzecha, Birgit (Hrsg.) (1996): Geschlechterdifferenz in der Sonderpädagogik: eine erste Annäherung. Kleine Verlag, Bielefeld, 29–65

Kulmer, Ursula (2000): Erfolgskonstruktionen – Strategie-Interviews mit körperbehinderten Frauen. Forum Behindertenpädagogik, 4. LIT Verlag, Münster, Hamburg, London

L

Laga, Gerd (1982): Methodologische und methodische Probleme bei der Befragung geistig Behinderter. In: Heinze, Rolf G.; Runde, Peter (Hrsg) (1982): Lebensbedingungen Behinderter im Sozialstaat. Westdeutscher Verlag, Opladen (Beiträge zur sozialwissenschaftlichen Forschung, Band 26), 223–239

Laga, Gerd; Lauffer, Birgitt (1980): Meinungslosigkeit im Interview. In: Informationen der Arbeitsgemeinschaft für interdisziplinare angewandte Sozialforschung. 1980, Jg. 8, H. 3, 227–236

Lambert, Jean-Luc (2005): Die Lebensbedingungen geistigbehinderter Mütter. In: Vierteljahreszeitschrift für Heilpädagogik und ihre Nachbargebiete 2005, 74. Jg., H. 3, 232–241

Lamnek, Siegfried (^{2}1993): Qualitative Sozialforschung. Band 1 Methodologie. 2.überarbeitete Auflage. Beltz, Psychologie Verlags Union, Weinheim

Lamnek, Siegfried (^{3}1995): Qualitative Sozialforschung. Band 2 Methoden und Techniken. 3. korrigierte Auflage. Beltz, Psychologie Verlags Union, Weinheim

Lamnek, Siegfried (^{2}2005): Gruppendiskussion. Theorie und Praxis. 2.überarbeitete und erweiterte Auflage. Beltz, Weinheim, Basel

Landeswohlfahrtsverband Hessen (Hrsg.) (1993): Benachteiligung behinderter Frauen. Bericht der Arbeitsgruppe. Kassel (Verfasserin Ingeborg Poguntke)

Langfeldt, Hans-Peter; Wember, Franz B. (1994): 30 Jahre HEILPÄDAGOGISCHE FORSCHUNG: Bestandsaufnahme und inhaltsanalytische Reflexionen. In: Heilpädagogische Forschung 1994, Band 20, H. 4, 187–198

Lebenshilfe Gießen (2004): Integration braucht Ideen, Agentur für angepasste Arbeit. Gießen

Legewie, Heiner (2002): Qualitative Forschung und der Ansatz der Grounded Theory. 11. Vorlesung aus der Vorlesung Qualitative Diagnostik. Verfügbar unter: http://www.tu-berlin.de/fak8/ifg/psychologie/legewie/VL Skripte/Dokumente/downloads.htm [Stand: 17. 01. 2008]

Lempert, Joachim (2005): Gewalt und sexuelle Übergriffe in Einrichtungen der Behindertenhilfe. In: Evangelischer Fachverband für Behindertenhilfe im Diakonischen Werk Württemberg (Hrsg.) (2005): Drei Tage – Drei Themen. Tagung der Bereichsleitungen in Isny. 15.–17.März 2005. Stuttgart, 51–69

Lindmeier, Bettina (2005): Empowermentprozesse im Übergang von der Schule ins Erwachsenenalter. In: Bundesvereinigung Lebenshilfe für Menschen mit geistiger Behinderung (Hrsg.): Menschen in Bewegung. Tagungsdokumentation Marburg 2005, 23–39

Lindmeier, Bettina u. a. (2000): Integrative Erwachsenenbildung für Menschen mit Behinderung. Praxis und Perspektiven im internationalen Vergleich. Schöler, Jutta (Hrsg.), Hermann Luchterhand Verlag, Neuwied, Kriftel, Berlin

Lindmeier, Bettina; Lindmeier, Christian (2002): Professionelles Handeln in der Arbeit mit geistig behinderten Erwachsenen unter der Leitidee der Selbstbestimmung. In: Behinderte in Familie, Schule und Gesellschaft, 2002, H. 4/5, 63–74

Lindmeier, Bettina; Lindmeier, Christian (2003): Selbstbestimmung in der Arbeit mit Menschen mit geistiger Behinderung. Zur Rezeption der US-amerikanischen Diskussion. In: Geistige Behinderung, 42. Jg, 2003, H. 2, 119–138

Lindmeier, Christian (2002): Rehabilitation und Bildung – Möglichkeiten und Grenzen der neuen WHO-Klassifikation der Funktionsfähigkeit, Behinderung und Gesundheit (IC F.), Teil I. In: Die neue Sonderschule 47, H. 6, 404–421

Lindmeier, Christian (2003): Rehabilitation und Bildung – Möglichkeiten und Grenzen der neuen WHO-Klassifikation der Funktionsfähigkeit, Behinderung und Gesundheit (IC F.), Teil II. In: Sonderpädagogische Förderung 48, 3–23

Lindmeier, Christian (2004): Geistige Behinderung. In: Das Online-Familienhandbuch www.familienhandbuch.de/cmain/f_Aktuelles/a_Behinderung/s_334.html [Stand: 26. 02. 2007]

Lindmeier, Christian (2006): Biografisch orientierte Bildungsarbeit mit erwachsenen und alten Menschen mit Behinderung – mehr als nur ein neues Modethema? In: Erwachsenenbildung und Behinderung, 2006, H. 2, 3–15

Lindmeier, Christian (2007): ICF (Internationale Klassifikation der Funktionsfähigkeit, Behinderung und Gesundheit) In: Theunissen, Georg; Kulig, Wolfram; Schirbort, Kerstin (Hrsg.): Handlexikon Geistige Behinderung. Schlüsselbegriffe aus der Heil- und Sonderpädagogik, Sozialen Arbeit, Medizin, Psychologie, Soziologie und Sozialpolitik. Kohlhammer, Stuttgart, 165–167

Lösel, Friedrich; Bender, Doris (^{2}2007): Von generellen Schutzfaktoren zu spezifischen protektiven Prozessen: Konzeptuelle Grundlagen und Ergebnisse der Resilienzforschung. In: Opp, Günther; Fingerle, Michael (Hrsg.) (^{2}2007): Was Kinder stärkt. Erziehung zwischen Risiko und Resilienz. Reinhardt Verlag 2. völlig neu bearbeitete Auflage, 57–78

Lohrmann-O'Rourke, Sharon; Browder, Diane M. (1998): Empirically Based Methods to Assess the Preferences of Individuals With Severe Disabilities. In: American Journal on Mental Retardation, 1998 (103), No. 2, 146–161

Louis, Chantal (2004): Der etwas andere Schönheitswettbewerb. Ein Pro und Contra. Interview mit Martina Puschke und Michaela Heering. EMMA 2004, Heft 5 September/Oktober, 46–48

M

Macha, Hildegard; Klinkhammer, Monika (1997): Auswertungsstrategien methodenkombinierter biographischer Forschung. In: Friebertshäuser, Barbara, Prengel, Annedore (Hrsg.) (1997): Handbuch Qualitative Forschungsmethoden in der Erziehungswissenschaft. Juventa Verlag, Weinheim, München, 569–583

Mansell, Jim; u. a. (2007): Deinstitutionalisation and Community Living. Outcomes and Costs. A Report of European Study. Volume 2: Main Report. In: http://www.kent.ac.uk/tizard/research/research_projects/DECLOC %20Volume %202 %20Report %20for %20Web %20.pdf [Stand: 24. 10. 2009]

Markowetz, Reinhard (1998): Schriftliche Fassung des Vortrags in der Arbeitsgruppe „Innerpsychische Prozesse“ anlässlich der Jahrestagung der IntegrationswissenschaftlerInnen vom 11.–14.März 1998 in Mainz. In: http://info.uibk.ac.at/c/c6/bidok/texte/validierung.html [Stand: 10. 10. 2005]

Markowetz, Reinhard (2000): Identität, soziale Integration und Entstigmatisierung. In: Gemeinsam leben 2000, Jg. 8, H. 3, 112–120

Markowetz, Reinhard (2005): Inklusion – Neuer Begriff, neues Konzept, neue Hoffnungen für die Selbstbestimmung und Partizipation von Menschen mit Behinderung. In: Kaiser, Herbert; Kocnik, Ernst; Sigot, Marion (Hrsg.) (2005): Vom Objekt zum Subjekt. Inklusive Pädagogik und Selbstbestimmung. Verlag Hermagoras Mohorjeva, Klagenfurt, Ljubljana, Wien, 17–66

Markowetz, Reinhard (2007): Freizeit im Leben von Menschen mit Behinderung – Inklusion, Teilhabe und Entstigmatisierung durch Freizeitassistenz. In: Behindertenpädagogik, 46. Jg., 2007, H. 2, 143–167

Mattke, Ulrike (2004): Das Selbstverständliche ist nicht selbstverständlich. Frage- und Problemstellungen zur Sexualität geistig behinderter Menschen. In: Wüllenweber, Ernst (Hrsg.): Soziale Probleme von Menschen mit geistiger Behinderung. Fremdbestimmung, Benachteiligung, Ausgrenzung und soziale Abwertung. Kohlhammer, Stuttgart, 46–64

Mayring, Philipp (2000): Qualitative Inhaltsanalyse [28 Absätze]. In: Forum Qualitative Sozialforschung/Forum Qualitative Social Reserach [On-line Journal] In: www.qualitative-research.net/fqs-texte/2-00/2-00mayring-d.htm [Stand:13. 11. 2006]

Mayring, Philipp ([5]2002): Einführung in die qualitative Sozialforschung: eine Anleitung zu qualitativen Denken. Beltz Verlag, Weinheim, Basel

Meier Rey, Christine (1995): Identität – Frau – Behinderung. In: Hagmann, Thomas (Hrsg.) (1995): Heil- und Sonderpädagogik und ihre Nachbarwissenschaften. Aktuelle Ansätze in Forschung, Lehre und Praxis. Edition SZH/SPC der Schweizerischen Zentralstelle für Heilpädagogik. Luzern, 284–289

Merkens, Hans (1997): Stichproben bei qualitativen Studien. In: Friebertshäuser, Bar; Prengel, Annedore (Hrsg.) (1997): Handbuch Qualitative Forschungsmethoden in der Erziehungswissenschaft. Juventa Verlag, Weinheim, München, 97–106

Mertens, Krista (1987): Zur Interdependenz von Körperbewußtsein und intelligentem verhalten. In: Krankengymnastik (KG), 39. Jg., 1987, H. 8, 535–542

Merz-Atalik, Kerstin (1997): Aspekte der Beratung türkischer und kurdischer Eltern von Kindern mit Behinderungen. In: Gemeinsam leben 1997, Jg. 5, H. 5, 16–21

Merz-Atalik, Kerstin (2001): Interkulturelle Pädagogik in Integrationsklassen. Subjektive Theorien von Lehrern im gemeinsamen Unterricht von Kindern mit und ohne Behinderungen. Leske + Budrich, Opladen

Meueler, Erhardt (1982):Erwachsene lernen: Beschreibungen, Erfahrungen, Anstöße. Klett-Cotta, Stuttgart

Meuth, Gertrud (²1998): Beratungskonzept zur beruflichen Integration. Zur Unterstützung der Lebensbewältigung und der beruflichen Selbstbestimmungsmöglichkeiten von Frauen und Männern mit geistiger Behinderung. Abschließender Forschungsbericht der wissenschaftlichen Begleitung. 2. unveränderte Auflage. Reutlingen

Mey, Günter; Mruck, Katja (2006): Grounded Theory. ZUMA-Workshop, Mannheim, 21.–22. 02. 2006. Workshop-Skript

Mey, Günter; Mruck, Katja (2007): Grounded Theory Methodologie – Bemerkungen zu einem prominenten Forschungsstil. In: Mey, Günter; Mruck, Katja (2007): Grounded Theory Reader. Historical Social Research, Supplement, No. 19, 11–39

Mickler, Bärbel (1997): Ungleiche Schwestern. Grenzen und Möglichkeiten der Zusammenarbeit von Frauen mit und ohne Behinderung. In: Henschel, Angelika (Hrsg.): Weiblich – unbeschreiblich. Zur Lebenssituation von Frauen mit Behinderung. C. H. Wäser, Bad Segeberg, 81–87

Mickler, Bärbel (2003): „Geschlecht: behindert, besonderes Merkmal: Frau" – für Frauen mit Behinderung. In: Hermes, Gisela; Köbsell, Svantje (Hrsg.): Disability Studies in Deutschland – Behinderung neu denken! Dokumentation der Sommeruni 2003. Kassel, 188–199

Mies, Maria (1978): Methodische Postulate zur Frauenforschung – dargestellt am Beispiel der Gewalt gegen Frauen. In: beiträge zur feministischen theorie und praxis, 1978, H. 1, 41–63

Miles-Paul, Ottmar (1992): Wir sind nicht mehr aufzuhalten: Behinderte auf dem Weg zur Selbstbestimmung; Beratung von Behinderten durch Behinderte; peer support: Vergleich zwischen den USA und der BRD. AG SPAK, München

Mingot, Karl; Ritter, Joachim; Stiehr, Karin (2007): Forschungsprojekt „Evaluation der Heimmitwirkung". Endbericht an das Bundesministerium für Familie, Senioren, Frauen und Jugend, Referat 302, Bonn. Institut für Soziale Infrastruktur, Frankfurt am Main

MOBILE – Selbstbestimmtes Leben Behinderter e.V. (Hrsg.) (2003): Neue Wege in der Behindertenpolitik. Vernetzte Hilfen für Eltern, die in ihrer geistigen Entwicklung beeinträchtigt sind, und ihre Kinder. Dokumentation Fachworkshop vom 7. Dezember 2002. Dortmund

Möhlke, Gabriele; Reiter, Gabi (²1996): Feministische Mädchenarbeit. Gegen den Strom. Votum Verlag, Münster

Mohr, Lars (2004): Ziele und Formen heilpädagogischer Arbeit. Eine Studie zu «Empowerment» als Konzeptbegriff in der Geistigbehindertenpädagogik. Edition SzH/CSPS Schweizerische Zentralstelle für Heilpädagogik, Luzern

Mohr, Lars (2006): Empowerment und Assistenz in der Geistigbehindertenpädagogik – Einführung und Grundlagen. Vortrag auf der VAF-Tagung 2006. In: http://www.vaf.ch/texte/archiv/tagung06/Skript_LarsMohr.pdf [Stand: 15. 02. 2008]

Morell, Carolyn (2004): Empowerment Theory and Long-Living Women: A Feminist and Disability Perspective. In: Journal of Human Behavior in the Social Environment. Vol. 7, Issue: 3/4 2004, 225–236

Morris, Jenny (1994): Feminismus und Behinderung. In: beiträge zur feministischen theorie und praxis. Gewalt-tätig. H. 37, 1994, 65–76

Moser, Vera (1997): Geschlecht: behindert? Geschlechterdifferenz aus sonderpädagogischer Perspektive. In: Behindertenpädagogik 1997, Jg. 36, H. 2, 138–149

Mruck, Katja; Mey, Günter (1996): Überlegungen zu qualitativer Methodologie und qualitativer Forschungspraxis. Die Kehrseite psychologischer Forschungsberichte. Forschungsbericht aus dem In-

stitut für Psychologie. Technische Universität Berlin
In: http://www.userpage.fu-berlin.de/~mruck/Ber-96-1.html [Stand: 29. 10. 2006]

Mruck, Katja; Mey, Günter (1998): Selbstreflexivität und Subjektivität im Auswertungsprozeß biographischer Materialien. Zum Konzept einer „Projektwerkstatt qualitativen Arbeitens" zwischen Colloquium, Supervision und Interpretationsgemeinschaft. In: Jüttemann, Gerd; Thomae, Hans: Biographische Methoden in den Humanwissenschaften. Psychologie Verlags Union, Weinheim. 284–306

Muckel, Petra (2007): Die Entwicklung von Kategorien mit der Methode der Grounded Theory. In: Mey, Günter; Mruck, Katja (2007): Grounded Theory Reader. Historical Social Research, Supplement, No. 19, 211–231

Mühl, Heinz (1994): Selbstbestimmung in der Erziehung bei geistiger Behinderung. In: Hofmann, Theodor; Klingmüller, Bernhard (Hrsg.): Abhängigkeit und Autonomie. Berlin 93–99

Mühl, Heinz (2004): Forschungsdokumentation. In: http://www.difgb.de/fd.htm [Stand: 13. 09. 2008]

Müller, Christa (2004): Parteilichkeit und Betroffenheit: Frauenforschung als politische Praxis. In: Becker, Ruth; Kortendiek, Beate (Hrsg.) (2004): Handbuch Frauen- und Geschlechterforschung. Theorie, Methoden, Empirie. Verlag für Sozialwissenschaften, Wiesbaden, 294–297

Myrdal, Alva; Klein, Viola (1956): Women's Two Roles – Home and Work, London/Die Doppelrolle der Frau in Familie und Beruf, Köln, Berlin

N

Neldner, Sylvia (1993): Sexuelle Gewalt an Menschen mit geistiger Behinderung. In: Geistige Behinderung 1993, Jg. 32, H. 3, 248–253

Netzwerk Artikel 3 e.V. (Hrsg.): Schattenübersetzung. Übereinkommen über die Rechte von Menschen mit Behinderungen. Behindertenrechtskonvention – BRK. Berlin

Netzwerk People First Deutschland e.V. (Hrsg.) (2004): „Das Grundsatzprogramm" mit Vorlagen von People First Hamburg –Die starken Engel e.V., Forderungskatalog von „Wir vertreten uns selbst!" und „People First". Kassel, verabschiedet am 2. Oktober 2004

Niehaus, Mathilde (1993): Behinderung und sozialer Rückhalt – Zur sozialen Unterstützung behinderter Frauen. Campus-Verlag, Frankfurt am Main, New York

Niehaus, Mathilde (1998): Die soziale Lage behinderter Frauen. Einblicke – Forschungsmagazin der Carl von Ossietzky Universität Oldenburg, April 1998, Nr. 27, 20–22

Niehaus, Mathilde (2000): Arbeit für Schleswig-Holstein – Arbeit für Frauen mit Behinderung in Schleswig-Holstein?! In: Mixed Pickles e.V. (Hrsg.) (2000): Behinderte Arbeit?! Chancen und Perspektiven von Frauen mit Behinderungen auf dem ersten Arbeitsmarkt. Lübeck, 14–18

Niehaus, Mathilde (2002): Die soziale Lage behinderter Frauen. Einblicke Nr. 27. Forschungsmagazin der Carl von Ossietzky Universität Oldenburg.
In: www.uni-oldenburg.decgi-bin/unidruck.cgi?url=??? [Stand: 12. 11. 2002]

Niehoff, Ulrich (1993): Selbstbestimmt leben für behinderte Menschen – Ein neues Paradigma zur Diskussion gestellt. In: Behindertenpädagogik 32, 1993, H. 2, 287–298

Niehoff, Ulrich (1994): Wege zur Selbstbestimmung. In: Geistige Behinderung 1994, Jg. 33, H. 3, 186–201

Niehoff, Ulrich (1998): Einführende Überlegungen zum handeln der Begleiter. In: Friebe, Stephan; Wetzler, Rainer (Hrsg.): Selbstbestimmt leben in sozialer Abhängigkeit. Das Leitziel der Selbstbestimmung als Herausforderung an Theorie und Praxis der Geistigbehindertenpädagogik. Fachtagung 26./27. März 1998, 81–88

Niedermair, Claudia; Tschann, Elisabeth (1999): „Ich möchte arbeiten" – Der Unterstützerkreis. In: http://bidok.uibk.ac.at/library/beh4-99-arbeiten.html [Stand: 15. 02. 2008]

Noack, Cornelia; Schmid, Hanna J. ([2]1996): Sexuelle Gewalt gegen Menschen mit geistiger Behinderung. Eine verleugnete Realität. Esslingen a. N.

Noller, Annette (2007): Ethik der Achtsamkeit – Ethik der Menschenwürde. Sozialethische Anmerkungen zum Konzept Community Living. In: Maas, Theodorus u. a. (Hrsg.) (2007): Community Living. Bausteine für eine Bürgergesellschaft. alsterdorf verlag, 60–67

Notz, Gisela (2005): Warum eine „Genderperspektive" in der Selbsthilfe? In: Deutsche Arbeitsgemeinschaft Selbsthilfegruppen e.V. (Hrsg.) (2005): Geschlechterperspektive in der Selbsthilfe. Gießen, 33–39

Nyssen, Elke (1990): Aufwachsen im System der Zweigeschlechtlichkeit. In: Metz-Göckel, Sigrid; Nyssen, Elke (Hrsg.) (1990): Frauen leben Widersprüche: Zwischenbilanz der Frauenforschung. Beltz, Weinheim, Basel

O

Österwitz, Ingolf (1991): Selbstbestimmt Leben und Sozialpolitik. In: Windisch, Matthias; Miles-Paul, Ottmar (Hrsg.) (1991): Selbstbestimmung Behinderter. Leitlinien für die Behindertenpolitik und -arbeit. Kassel, 9–20

Orthmann, Dagmar (2003): Nachschulische Lebensperspektiven lernbehinderter Mädchen. Anmerkungen zum aktuellen Forschungsstand. In: Zeitschrift für Heilpädagogik 2000, H. 3, 108–114

Osbahr, Stefan (2000): Selbstbestimmtes Leben von Menschen mit einer geistigen Behinderung: Beitrag zu einer systemtheoretisch-konstruktivistischen Sonderpädagogik. Schweizerische Zentralstelle für Heilpädagogik Luzern

Ostner, Ilona ([5]1998): Frauenforschung. In: Schäfers, Bernhard (Hrsg.): Grundbegriffe der Soziologie. 5. verbesserte und erweiterte Auflage. Leske + Budrich, Opladen, 90–91

Oswald, Hans (1997): Was heißt qualitativ forschen? In: Friebertshäuser, Barbara, Prengel, Annedore (Hrsg.) (1997): Handbuch Qualitative Forschungsmethoden in der Erziehungswissenschaft. Juventa Verlag, Weinheim, München, 71–87

P

Palmowski, Winfried; Heuwinkel, Matthias ([2]2002): „Normal bin ich nicht behindert!" Wirklichkeitskonstruktionen bei Menschen, die behindert werden – Unterschiede, die Welten machen. Borgmann publishing, Dortmund

Pasch, Ralf (2000): Viele Mütter fühlen sich diskriminiert. Tagung will Selbstbewusstsein der Betroffenen stärken. Rechte sind nicht eindeutig definiert. In: Frankfurter Rundschau, 17. 11. 2000, 40

Paul, Axel T.; Kaufmann, Stefan ([2]2005): Anmerkung der Übersetzer im Vorwort. In: Glaser, Barney G.; Strauss, Anselm. L. ([2]2005): Grounded Theory. Strategien qualitativer Forschung. Verlag Hans Huber, Bern, 2. korrigierte Auflage. Original (1967): The Discovery of Grounded Theory. Aldine de Gruyter, New York

Petzold, Hilarion G. (1999): Lebensgeschichten verstehen lernen heißt, sich selbst und andere verstehen lernen – Über Biographiearbeit, traumatische Belastungen und Neuorientierung. In: Friebe, Stephan; Wetzler, Rainer (Hrsg.) (1999): Lebensgeschichten. Die biographische Perspektive in der Arbeit mit Menschen mit geistiger Behinderung. Dokumentation der Fachtagung vom 17./18. März 1999 Mosbach, 130–160

Peukert, Rüdiger ([5]1998): Gewalt. In: Schäfers, Bernhard (Hrsg.) ([5]1998): Grundbegriffe der Soziologie. Leske und Budrich, Opladen, 115–118

Pielasch, Helmut ([5]1985): Aufgaben des Blinden- und Sehschwachenverbandes der DDR. In: Renker, Karlheinz; Renker, Ursularenate (Hrsg.): Grundlagen der Rehabilitation. 5. überarbeitete Auflage. Berlin Verlag Volk und Gesundheit, 237–241

Pixa-Kettner, Ursula (1991): Geistigbehindert und Mutter? In: Sonderpädagogik, 21. Jg., 1991, H. 2, 60–69

Pixa-Kettner, Ursula (1998): Ein Stück Normalität – Eltern mit geistiger Behinderung. Ergebnisse einer Follow-up-Studie. In: Behindertenpädagogik, 37, H. 2, 1998, 118–138

Pixa-Kettner, Ursula (1999): Konzepte der Begleitung für Mütter und Väter mit geistiger Behinderung. Ein Beitrag aus der englischsprachigen Literatur. In: psychosozial 1999, 22. Jg., H. III, 63–74

Pixa-Kettner, Ursula (2003): Begleitung von Eltern, die in ihrer geistigen Entwicklung beeinträchtigt sind – Situation und Handlungsbedarf. In: MOBILE – Selbstbestimmtes Leben Behinderter e.V. (Hrsg.): Neue Wege in der Behindertenpolitik. Vernetzte Hilfen für Eltern, die in ihrer geistigen Entwicklung beeinträchtigt sind, und ihre Kinder. Dokumentation Fachworkshop vom 7. Dezember 2002. Dortmund 16–25

Pixa-Kettner, Ursula (2007): Elternschaften von Menschen mit geistiger Behinderung in Deutschland. Ergebnisse einer bundesweiten Fragebogenerhebung. In: Geistige Behinderung 2007. 46. Jg., H. 4, 309-–321

Pixa-Kettner, Ursula; Bargfrede, Stefanie; Blanken, Ingrid (1995): Elternschaft von Menschen mit geistiger Behinderung. Ergebnisse einer quantitativen und qualitativen empirischen Untersuchung. In: Geistige Behinderung 1995, H. 3, 186–200

Pixa-Kettner, Ursula; Bargfrede, Stefanie; Blanken, Ingrid (1996): „Dann waren sie sauer auf mich, dass ich das Kind haben wollte…“ Eine Untersuchung zur Lebenssituation geistigbehinderter Menschen mit Kindern in der BRD. [Hrsg. Der Bundesminister für Gesundheit] Schriftenreihe des Bundesministeriums für Gesundheit, Band 75, Baden-Baden, Nomos-Verlagsgesellschaft

Pixa-Kettner, Ursula; Bargfrede, Stefanie (2004): Elternschaft von Menschen mit geistiger Behinderung – ein soziales Problem? In: Wüllenweber, Ernst (2004) (Hrsg.): Soziale Probleme von Menschen mit geistiger Behinderung. Fremdbestimmung, Benachteiligung, Ausgrenzung und soziale Abwertung. Kohlhammer, Stuttgart 2004, 78–88

Pixa-Kettner, Ursula; Bargfrede, Stefanie (2006): Kinderwunsch von Menschen mit geistiger Behinderung. In: Pixa-Kettner, Ursula (Hrsg.) (2006): Tabu oder Normalität? Eltern mit geistiger Behinderung und ihre Kinder. Universitätsverlag Winter, Heidelberg. 73–85

Plaute, Wolfgang (2006): Sexualität von und Sexualpädagogik für Menschen mit geistiger Behinderung. In: Wüllenweber, Ernst; Theunissen, Georg; Mühl, Heinz (Hrsg): Pädagogik bei geistigen Behinderungen. Kohlhammer, Stuttgart 2006, 501–512

Prengel, Annedore (1982): Was ist besonders an der Situation der Sonderschülerinnen? In: Brehmer, Ilse (Hrsg.) (1982): Sexismus in der Schule. Der heimliche Lehrplan der Frauendiskriminierung. Beltz Weinheim, Basel, 202–214

Prengel, Annedore (1984): Schulversagerinnen. Versuch über diskursive, sozialhistorische und pädagogische Ausgrenzungen des Weiblichen. Focus-Verlag, Gießen

Prengel, Annedore (^{2}1995): Pädagogik der Vielfalt. Verschiedenheit und Gleichberechtigung in Interkultureller, Feministischer und Integrativer Pädagogik. Leske + Budrich, Opladen

Prengel, Annedore (^{2}1997): Gleichheit versus Differenz – eine falsche Alternative im feministischen Diskurs. In: Gerhard, Ute u. a. (^{2}1997): Differenz und Gleichheit. Menschenrechte haben (k)ein Geschlecht. Königstein/Taunus Helmer Unveränderte Neuauflage, 120–127

Prengel, Annedore (2001): Egalitäre Differenz – eine Denkfigur demokratischer Bildung In: Ralser, Michaela (Hrsg.): Egalitäre Differenz. Ansätze, Einsätze Auseinandersetzungen im Kampf um Anerkennung und Gerechtigkeit Sozial- und Kulturwissenschaftliche Studientexte. Band 4, Innsbruck 2001, STUDIA Universitätsverlag, 25–36

Pro familia Nürnberg e.V. in Zusammenarbeit mit dem Bildungszentrum der Stadt Nürnberg (2003): „wie andere auch!" Fachtagung Kinderwunsch und Elternschaft von Frauen und Männern mit geistiger Behinderung.

Puschke, Martina (1999): Behinderte Frauenbewegung. Referat auf der Tagung „Freiheit, Gleichheit, Schwesterlichkeit" des bifos e.V. vom 4. –6. Juni 1999 http://behinderte.de/disabilitiystudies/sommeruni-ds3.htm [Stand: 04. 01. 2004]

Puschke, Martina; Faber, Brigitte (2003).: „Vom alten Wein und neuen Wegen der behinderten Frauenbewegung". In: Hermes, Gisela; Köbsell, Svantje (Hrsg.): Disability Studies in Deutschland – Behinderung neu denken! Dokumentation der Sommeruni 2003. Kassel 2003

Puschke, Martina (2006a): Besserer Schutz vor Gewalt!? In: WeiberZEIT. Zeitung des Projektes „Politische Interessenvertretung behinderter Frauen" des Weibernetz e.V. Ausgabe 11, Juli 2006, 2-3

Puschke, Martina (2006b): Gender Aspekte der Disability Studies. In: Hermes, Gisela; Rohrmann, Eckard (Hrsg.) (2006): Nicht über uns – ohne uns!: Disability Studies als neuer Ansatz emanzipatorischer und interdisziplinärer Forschung über Behinderung. AG SPAK, Neu-Ulm, 50–58

Puschke, Martina (2007): Mit einer Stimme in Europa – Behinderte Frauen vernetzen sich. In: WeiberZEIT, Ausgabe 13, April 2007, 1–2

R

Rappaport, Julian (1985): Ein Plädoyer für die Widersprüchlichkeit. Ein sozialpolitisches Konzept des „Empowerment" anstelle präventiver Ansätze. In: Verhaltenstherapie und psychosoziale Praxis 17/1985, 257–278

Rappaport, Julian (1987): Terms of Empowerment/Exemplars of Prevention: Toward a Theory for Community Psychology. In: American Journal of Community Psychology, Vol. 15, No. 2, 121–148

Rehbein, Boike (2006): Die Soziologie Pierre Bourdieus. Beltz Verlag, Weinheim, Basel

Renker, Ursularenate (^{5}1985a): Vorwort. In: Renker, Karlheinz; Renker, Ursularenate (Hrsg.): Grundlagen der Rehabilitation. 5. überarbeitete Auflage. Verlag Volk und Gesundheit, Berlin

Renker, Ursularenate (^{5}1985b): Berufliche Rehabilitation. In: Renker, Karlheinz; Renker, Ursularenate (Hrsg.): Grundlagen der Rehabilitation. 5. überarbeitete Auflage. Verlag Volk und Gesundheit, Berlin, 174–204

Rieger-Ladich, Markus (2006): Pierre Bourdieus Theorie des wissenschaftlichen Feldes: Ein Reflexionsangebot an die Erziehungswissenschaft. In: Friebertshäuser, Barbara; Rieger-Ladich, Markus; Wigger, Lothar (Hrsg.) (2006): Reflexive Erziehungswissenschaft. Forschungsperspektiven im Anschluss an Pierre Bourdieu. Wiesbaden: VS-Verlag für Sozialwissenschaften, 157–176

Riemann, Gerhard (1987): Das Fremdwerden der eigenen Biographie. Narrative Interviews mit psychiatrischen Patienten. Wilhelm Fink Verlag. München

Riger, Stephanie (1984): Vehicles of Empowerment: The Case of Feminist Movement Organizations. In: Prevention in human services, 1984, Vol. 3, No. 2–3, 99–117

Riger, Stephanie (1993): What's Wrong with Empowerment. In: American Journal of Community Psychology, Vol. 21, No. 3, 1993, 279–292

Rock, Kerstin (2001): Sonderpädagogische Professionalität unter der Leitidee der Selbstbestimmung. Julius Klinkhardt, Bad Heilbrunn

Rogers, Carl R. (121998): Entwicklung der Persönlichkeit. Psychotherapie aus der Sicht eines Therapeuten. Konzepte der Humanwissenschaften, Klett-Cotta, Stuttgart

Röh, Dieter (2005): Empowerment als Hilfe zur Lebensbewältigung. Anforderungen an ein integratives Empowermentmodell für die Arbeit mit psychisch erkrankten Menschen in Zeiten postmoderner

Gesellschaftsveränderungen. www.bis.uni-oldenburg.de/publikationen/dissertation/2005/roeemp05/pdf/roeemp05.pdf [27. 09. 2007]

Röh, Dieter (2006): Überlegungen zu Paradoxien des Empowerment. Möglichkeiten und Grenzen der Praktikabilität von Empowermentmodellen am Beispiel sozialpsychiatrischer Arbeit. In: Dungs, Susanne; Gerber, Uwe; Schmidt, Heinz; Zitt, Renate (Hrsg.): Soziale Arbeit und Ethik im 21.Jahrhundert. Ein Handbuch. Evangelische Verlagsanstalt, Leipzig, 359–371

Rohr, Barbara (1984): Mädchen – Frau – Pädagogin. Pahl-Rugenstein Hochschulschriften 170, Perspektiven der Pädagogik 4, Pahl-Rugenstein Verlag, Köln

Rohr, Barbara (1982): „Wie gut, daß ich nicht so aussehe!" Eine Auseinandersetzung mit unseren Schönheitsnormen aus der Sichtweise einer nichtbehinderten Behindertenpädagogin. In: Behindertenpädagogik 1982, 21. Jg. H. 4, 310–318

Rohrmann, Eckhard (1992): Das Unerziehbarkeitsdogma der Deutschen Heil- und Sonderpädagogik in der Theorie und Praxis der Rehabilitationspädagogik der DDR. In: Behindertenpädagogik1992, 31. Jg., H. 2, 138–149

Rohrmann, Eckhard (1994): Integration und Selbstbestimmung für Menschen, die wir geistig behindert nennen. In: Zeitschrift für Heilpädagogik, 45. Jg, 1994, H. 1, 1928

Rohrmann, Eckhard (1999): Marginalisierung und Behinderung. In: Probst, Holger (Hrsg.) (1999): Mit Behinderungen muss gerechnet werden. Der Marburger Beitrag zur lernprozessorientierten Diagnostik, Beratung und Förderung. Jarick Oberbiel Verlag, Solms-Oberbiel, 319–352

Rohrmann, Eckhard (2003): Mit dreißig ins Altersheim – Zur Lage junger Menschen mit Behinderungen in Einrichtungen der stationären Altenhilfe. In: Behindertenpädagogik 2003, H. 1/2, 173–185

Rohrmann, Eckhard (2005a): Ambulant oder stationär. Vortrag gehalten auf der Tagung De-Institutionalisierung am 15.April 2005, Kassel. In: http://www.disability-studies-deutschland.de/literatur_anzeigen.php?id=92 [Stand: 02. 05. 2008]

Rohrmann, Eckhard (2005b): Wohnen im Stadtteil erfordert mehr als eine Wohnung. In: Wacker, Elisabeth; Bosse, Ingo; Dittrich, Torsten, Niehoff, Ulrich; Schäfers, Markus; Wansing, Gudrun; Zalfen, Birgit (Hrsg.) (2005): Teilhabe. Wir wollen mehr als nur dabei sein. Lebenshilfe-Verlag, Marburg, 199–210

Rommelspacher, Birgit (1999): Behindernde und Behinderte. Politische, kulturelle und psychologische Aspekte der Behindertenfeindlichkeit. In: Rommelspacher, Birgit (Hrsg.) (1999): Behindertenfeindlichkeit. Ausgrenzungen und Vereinnahmungen. Lamuv Verlag, Göttingen, 7–35

Rossi, Walter (2005): Partizipation und Planung – Örtliche Gestaltung sozialer Dienste in Governance-Konzepten. In: Schädler, Johannes; Weinbach, Hanna; Aselmeier, Laurenz (Hrsg.): Personenzentrierte Planung – Personenzentrierte Finanzierung. Neue Wege zu hilfreichen Arrangements für Menschen mit geistiger Behinderung. Dokumentation der 3.Europäischen Konferenz zur Qualitätsentwicklung in der Behindertenhilfe an der Universität Siegen am 15./16. März 2005, Siegen 2005, 149–161 In: http://www2.uni-siegen.de/~zpe/Europ_Konferenz/Dokumentation %20der %203. %20Europ %E4ischen %20Konferenz %20des %20ZPE.pdf [Stand: 05. 05. 2007]

Rüggeberg, August (1985): Autonom-Leben – Gemeindenahe Formen von Beratung, Hilfe und Pflege zum selbständigen Leben von und für Menschen mit Behinderungen. Schriftenreihe des Bundesministers für Jugend, Familie und Gesundheit. Band 173. Stuttgart

Ruhm, Kassandra (1997): Eingeschränkte Sexualität? In: beiträge zur feministischen theorie und praxis. Eigen sinn lich –Sexualität und Feminismus 1997, H. 45, 61–68

S

Sandfort, Lothar (2003): Die Behindertenbewegung und der Sex. In: Hermes, Gisela; Köbsell, Swantje (Hrsg.) (2003): Disability Studies in Deutschland – Behinderung neu denken! Dokumentation der Sommeruni 2003. Kassel, 213–219

Sarimski, Klaus (2007): Forschungslandkarte der DIFGB. In: Geistige Behinderung 46. Jg., 2007, H. 3, 246–249

Sarimski, Klaus (2009): Wer hat Angst vom Erbsenzählen? Eine Zeitschriftenanalyse von 2000 bis 2007 zur quantitativen Forschung für Menschen mit geistiger Behinderung. In: Janz, Frauke; Terfloth, Karin (Hrsg.): Empirische Forschung im Kontext geistiger Behinderung. Universitätsverlag Winter, Heidelberg, 21–34

Schachtner, Christina, Winkler, Gabriele (Hrsg.) (2005): Virtuelle Räume – neue Öffentlichkeiten. Frauennetze im Internet. Campus Verlag, Frankfurt am Main

Schäfer, Jutta; König, Birgit (1995a): Biographisches Interview. In: Schäfer, Jutta (1995): Glossar qualitativer Verfahren. Berlin, 6–8

Schäfer, Jutta; König, Birgit (1995b): Narratives Interview. In: Schäfer, Jutta (1995): Glossar qualitativer Verfahren. Berlin, 19–21

Schatz, Andrea (1996): Unbeschreiblich weiblich. Zur Lebenssituation behinderter Frauen. In: Warzecha, Birgit (Hrsg.): Geschlechterdifferenz in der Sonderpädagogik: eine erste Annäherung. Kleine Verlag, Bielefeld, 11–28

Schatz, Andrea (2003): Projekt „Politische Interessenvertretung behinderter Frauen" des Weibernetz e.V. 2003, 13

Scheuber, Walter ([2]1996): Vorwort. In: Noack, Cornelia; Schmid, Hanna J.: Sexuelle Gewalt gegen Menschen mit geistiger Behinderung. Eine verleugnete Realität. Esslingen

Schildmann, Ulrike (1983): Lebensbedingungen behinderter Frauen. Aspekte ihrer gesellschaftlichen Unterdrückung. Focus Verlag, Gießen

Schildmann, Ulrike (1997): Weiblich – aber unbeschreiblich? Forschungsergebnisse und Forschungsperspektiven zur Lebenssituation behinderter Frauen. In: Henschel, Angelika (Hrsg.): Weiblich – unbeschreiblich. Zur Lebenssituation von Frauen mit Behinderung. Wäser, Bad Segeberg, 13–27

Schildmann, Ulrike (1999): Frauen, behinderte. In: Bundschuh, Konrad: Wörterbuch der Heilpädagogik. Julius Klinkhardt, Bad Heilbrunn, 88–89

Schildmann, Ulrike (2000a): Sozialisation und Behinderung: Mädchen zwischen gesellschaftlichen Vorurteilen und selbstbestimmtem Leben. In: Bundeszentrale für gesundheitliche Aufklärung (Hrsg.): „meine Sache". Dokumentation der Fachtagung zur sexualpädagogischen Mädchenarbeit, 19.-21. Juni 2000, Köln (BZgA) 2001, 124–130

Schildmann, Ulrike (2000b): Einführung in die Systematik der Frauenforschung in der Behindertenpädagogik. In: Schildmann, Ulrike, Bretländer, Bettina (Hrsg.) (2000): Frauenforschung in der Behindertenpädagogik. Systematik – Vergleich – Geschichte – Bibliographie. Ein Arbeitsbuch. Münster, Hamburg, London, LIT Verlag, 9–40

Schildmann, Ulrike (2000c): Perspektiven des Internationalen Vergleichs. In: Schildmann, Ulrike, Bretländer, Bettina (Hrsg.) (2000): Frauenforschung in der Behindertenpädagogik. Systematik – Vergleich – Geschichte – Bibliographie. Ein Arbeitsbuch. Münster, Hamburg, London, LIT Verlag, 41–59

Schildmann, Ulrike (2001a): Frauenforschung in der Behindertenpädagogik. In: Sonderpädagogik 2001, H. 3, 151–160

Schildmann, Ulrike (Hrsg.) (2001b): Normalität, Behinderung und Geschlecht. Ansätze und Perspektiven der Forschung. Leske + Budrich, Opladen

Schildmann, Ulrike (2004): Geschlecht und (geistige) Behinderung. In: Wüllenweber, Ernst (Hrsg.) (2004): Soziale Probleme von Menschen mit geistiger Behinderung. Fremdbestimmung, Benachteiligung, Ausgrenzung und soziale Abwertung. Kohlhammer, Stuttgart, 36–45

Schildmann, Ulrike (2005): Die politische Berichterstattung über Behinderung. 2. Armuts- und Reichtumsbericht und Bericht über die Lage behinderter Menschen – kritisch reflektiert unter besonderer Berücksichtigung des »Gender Mainstreaming«. In: Behindertenpädagogik 2005, H. 2, 115–148

Schildmann, Ulrike (2006): Die Geschlechterperspektive in der Geistigbehindertenpädagogik. In: Wüllenweber, Ernst; Theunissen, Georg; Mühl, Heinz (Hrsg.) (2006): Pädagogik bei geistigen Behinderungen: Ein Lehrbuch für Studium und Praxis. Kohlhammer, Stuttgart, 514–519

Schildmann, Ulrike (2007): Gender, Geschlecht, Genderforschung. In: Theunissen, Georg; Kulig, Wolfram; Schirbort, Kerstin (Hrsg.) (2007): Handlexikon Geistige Behinderung. Schlüsselbegriffe aus der Heil- und Sonderpädagogik, Sozialen Arbeit, Medizin, Psychologie, Soziologie und Sozialpolitik. Kohlhammer, Stuttgart, 141–142

Schlummer, Werner; Schütte, Ute (2005): Teilhabe und Mitwirkung – Zentrales Bezugssystem in Werkstätten für behinderte Menschen (WfbM). In: Erwachsenenbildung und Behinderung 2005, H. 1, 5–16

Schlummer, Werner; Schütte, Ute (2006): Mitwirkung von Menschen mit geistiger Behinderung. Schule, Arbeit, Wohnen. Ernst Reinhardt Verlag, München Basel

Schnabel, Susanne (2001): Und plötzlich wurde alles anders – Ein kurzer Rückblick auf die Wende. In: Hermes, Gisela; Faber, Brigitte (Hrsg.) (2001): Mit Stock, Tick und Prothese. Das Grundlagenbuch zur Beratung behinderter Frauen. Bifos-Schriftenreihe, Kassel, 64–70

Schneider, Christiane (1994): Das Modellprojekt „Peer Support für behinderte Frauen" des Zentrums für selbstbestimmtes Leben, Köln. In: Weinwurm-Krause, Eva-Maria (Hrsg.) (1994): Sexuelle Gewalt und Behinderung. Verlag Dr. Kovač, Hamburg, 25–31

Schneider, Christiane (1997): Peer Counceling Beratung behinderter Frauen durch behinderte Frauen. In: Henschel, Angelika (Hrsg.) (1997): Weiblich – unbeschreiblich. Zur Lebenssituation von Frauen mit Behinderung. Wäser, Bad Segeberg, 71–79

Schneider, Michael (2001): Arbeitsassistenz, Arbeitsplatzassistenz, persönliche Assistenz am Arbeitsplatz für Schwerbehinderte – Begriffsklärungen und Kostenszenarien. In: Barlsen, Jörg; Hohmeier, Jürgen (Hrsg.) (2001): Neue berufliche Chancen für Menschen mit Behinderung. Unterstützte Beschäftigung im System der beruflichen Rehabilitation. Düsseldorf. 67–79

Schneider, Petra (2006): „Bin ich auch froh, wenn ich so Hilfe habe." – Unterstützungsnetzwerke von Eltern mit Lernschwierigkeiten unter Einbezug der Sicht einer betroffenen Mutter. In: Pixa-Kettner, Ursula (Hrsg.) (2006): Tabu oder Normalität? Eltern mit geistiger Behinderung und ihre Kinder. Winter-Verlag, Heidelberg, 253–274

Schneider, Rosa (2007): „Finger weg!" – Fortbildungen für Mitarbeiterinnen in WfbM. In: Bundesvereinigung Lebenshilfe für Menschen mit geistiger Behinderung e.V. (Hrsg.) (2007): WfbM Handbuch. Ergänzbares Handbuch Werkstatt für behinderte Menschen. Zwei Bände. Lebenshilfe-Verlag, Marburg, 15. Ergänzungslieferung Oktober, E 11, 1–3

Schnoor, Heike (2007): Salutogenese, ein gesundheitsorientiertes Rahmenkonzept für therapeutische, pädagogische und pflegerische Angebote zur Betreuung von Personen mit einer geistigen Behinderung. In: Geistige Behinderung, Jg. 46, 2007, H. 1, 3–11

Schnoor, Oliver (2007): Szenen und soziale Welten – Vergleich zweier Konzepte. In: www.jugendszenen.com/_data/ws07_schnoor.pdf [Stand: 15. 09. 2007]

Schnurr, Stefan (^{2}2001): Partizipation. In: Otto, Hans-Uwe; Thiersch, Hans (Hrsg.) (^{2}2001): Handbuch der Sozialarbeit/Sozialpädagogik. 2.überarbeitete Auflage, Luchterhand, Neuwied, 1330–1345

Schön, Elke (1993): Frauen und Männer mit Behinderung auf dem allgemeinen Arbeitsmarkt. Ein Forschungsbericht. Evangelische Hochschule für Sozialwesen, Reutlingen

Schön, Elke; Richter-Witzgall, Gudrun; Klein, Birgit (2004): Berufliche Teilhabe von Frauen mit (unterschiedlichen) Behinderungen unter besondere Berücksichtigung von Frauen mit Betreuungspflichten. Wissenschaftliche Begleitung zur Umsetzung des SGB IX. Bundesministerium für Gesundheit und soziale Sicherung (Hrsg.) (2004): Bonn

Schöninger, Iris (2000): Empowerment – Für eine Geschlechtergerechte Entwicklung. In: DED-Rundbrief, Ausgabe 4/2000, 13 ff. [www.bpb.de/files/G850XG.pdf Stand: 02. 09. 2007]

Schönwiese, Volker (2001): Die Selbstbestimmt-Leben-Bewegung. Grundsätze und Hinweise zu ihrer Bedeutung für die Unterstützung von Menschen mit schwersten Beeinträchtigungen. In: Rödler, Peter; Berger, Ernst; Jantzen, Wolfgang (Hrsg.) (2001): Es gibt keinen Rest! – Basale Pädagogik für Menschen mit schwersten Beeinträchtigungen. Luchterhand, Neuwied, Berlin, 26–39

Schopmans, Birgit (2001a): Facetten der (sexuellen) Gewalt gegen Mädchen und Frauen mit Behinderung. In: Hessisches Sozialministerium (Hrsg.) (2001): Situation von Frauen mit Behinderungen in hessischen Wohneinrichtungen der Behindertenhilfe. Dokumentation der Fachtagung zur Vorstellung und Diskussion einer Erhebung des Hessischen Koordinationsbüros für behinderte Frauen. Wiesbaden, 45–47

Schopmans, Birgit (2001b): Erhebung zur Situation von Frauen mit Behinderungen in hessischen Wohneinrichtungen der Behindertenhilfe. In: Hessisches Sozialministerium (Hrsg.) (2001): Situation von Frauen mit Behinderungen in hessischen Wohneinrichtungen der Behindertenhilfe. Dokumentation der Fachtagung zur Vorstellung und Diskussion einer Erhebung des Hessischen Koordinationsbüros für behinderte Frauen. Wiesbaden, 59–111

Schroeder, Joachim (2002): Bildung im geteilten Raum: Schulentwicklung unter Bedingungen von Einwanderung und Verarmung. Münster, New York, München, Berlin, Waxmann Verlag

Schröder, Katja (2006): Freizeitverhalten und Freizeiterleben von Jugendlichen mit geistiger Behinderung – eine empirische Studie aus personzentrierter und subjektbezogener Forschungsperspektive. Dortmund. https://eldorado.uni-dortmund.de/bitstream/2003/24233/1/Dissertation_KatjaSchr % C3 %B6der.pdf [Stand: 15. 06. 2007]

Schuchardt, Erika (1987): Schritte aufeinander zu – Soziale Integration Behinderter durch Weiterbildung – Zur Situation in der Bundesrepublik Deutschland. Forschungsauftrag des Bundesministeriums für Bildung und Wissenschaft. Julius Klinkhardt, Bad Heilbrunn

Schuchardt, Erika ([5]1999): Ende der UNO-Dekade – Wende zur Integrations-Pädagogik/Andragogik. In: Eberwein, Hans (Hrsg.): Integrationspädagogik – Kinder mit und ohne Beeinträchtigungen lernen gemeinsam. Ein Handbuch. Weinheim, Basel, Beltz Verlag, 5. ergänzte und neu ausgestattete Auflage, 202–212

Schüller, Simone (2003): Der Übergang aus Werkstätten für behinderte Menschen in den allgemeinen Arbeitsmarkt. Prozesse –Projekte –Perspektiven. In: Erwachsenenbildung und Behinderung 2003, H. 1, 8–25

Schüller, Simone (2005): »Wie geht es hier bitte zum Arbeitsmarkt?« Sackgassen und neue Wege der beruflichen Teilhabe von Menschen mit Behinderung. In: Wacker, Elisabeth; Bosse, Ingo; Dittrich, Thorsten; Niehoff, Ulrich; Schäfers, Markus; Wansing, Gudrun; Zalfen, Birgit (Hrsg.) (2005): Teilhabe. Wir wollen mehr als nur dabei sein. Lebenshilfe-Verlag Marburg, 101–113

Schultz, Dagmar (1990): Unterschiede zwischen Frauen – ein kritischer Blick auf den Umgang mit „den Anderen" in der feministischen Forschung weißer Frauen. In: beiträge zur feministischen theorie und praxis, 1990, H. 27, 45–58

Schütze, Fritz (1983): Biographieforschung und narratives Interview. In: Neue Praxis. Kritische Zeitschrift für Sozialarbeit und Sozialpädagogik. 1983, H. 13, 283–293

Schütze, Fritz (2002): Das Konzept der sozialen Welt im symbolischen Interaktionismus und die Wissensorganisation in modernen Komplexgesellschaften. In: Keim, Inken; Schütte, Wilfried (Hrsg.) (2002): Soziale Welten und kommunikative Stile. Festschrift für Werner Kallmeyer zum 60. Geburtstag. Gunter Narr Verlag, Tübingen, 57–83

Schulz, Jörg (2005): Stellungnahme der BAG UB zur Umsetzung des Rechtsanspruchs auf Arbeitsassistenz (SGB IX, § 102 Abs. 4) vom Juli 2005. In: www.arbeitsassistenz.de/download/stellungen-aaz-2005-07.rtf [Stand: 06.06.2007]

Schuppener, Saskia (2005a): Inklusive Voraussetzungen für eine Förderung lebenspraktischer Kompetenzen von Menschen mit einer geistigen Behinderung. In: geistige Behinderung 2005, Jg. 44, H. 4, 275–285

Schuppener, Saskia (2005b): Selbstkonzept und Kreativität von Menschen mit geistiger Behinderung. Julius Klinkhardt, Bad Heilbrunn

Seidel, Christa ([5]1985): Soziale Rehabilitation. In: Renker, Karlheinz; Renker, Ursularenate (Hrsg.) (1985): Grundlagen der Rehabilitation. 5. überarbeitete Auflage. Verlag Volk und Gesundheit, Berlin, 205–221

Seidel, Michael; Hennicke, Klaus (Hrsg.) (1999): Gewalt im Leben von Menschen mit geistiger Behinderung. Berliner Beiträge zur Pädagogik und Andragogik von Menschen mit geistiger Behinderung. Band 8, Diakonie-Verlag, Reutlingen

Seifert, Monika (1997a): Wohnalltag von Erwachsenen mit schwerer geistiger Behinderung: eine Studie zur Lebensqualität. Diakonie Verlag Reutlingen

Seifert, Monika (1997b): Lebensqualität und Wohnen bei schwerer geistiger Behinderung. Diakonie Verlag, Reutlingen

Seligman, Martin E.P. (1999): Erlernte Hilflosigkeit. Beltz Verlag, Weinheim, Basel

Sellach, Brigitte (2005): Die Bedeutung des Selbstbewusstseins für die Teilhabe behinderter Frauen am Arbeitsleben und dem Leben in der Gemeinschaft und deren Förderung in der beruflichen und sozialen Rehabilitation. In: Selbstbewusstsein von Mädchen und Frauen mit Behinderung (§44 SGB IX): – Erfahrungen – Erkenntnisse – Visionen – Dokumentation der Fachkonferenz 14.–15. Oktober 2005 Düsseldorf, 29–35 www.neukirchener.de/traegerverbund/m/pdf/selbstbewusstsein.pdf [Stand: 21. 04. 2007]

Senger, Sandra (2001): Sensis – eine Einrichtung für Sexualität und Behinderung. In: BZgA Forum Sexualaufklärung und Familienplanung, H. 2/3, 44–47

Senger, Sandra (2002): Körper-Kontakt-Service Sensis in seiner Konzeption von 1998–2001. In: Bannasch, Manuela (Hrsg.) (2002): Behinderte Sexualität verhinderte Lust? Zum Grundrecht auf Sexualität für Menschen mit Behinderung. AG SPAK Neu-Ulm, 71–78

Senn, Charlene Y. (1993): Gegen jedes Recht. Sexueller Mißbrauch und geistige Behinderung. Donna Vita, Berlin

Sennett, Richard ([2]2007): Respekt im Zeitalter der Ungleichheit. Berliner Taschenbuch Verlag, Berlin

Sickinger, Harald/Neubauer, Gunter (2007): Bo(d)yzone. Ein Projekt für Jungen mit und ohne Behinderungserfahrungen. In: Das BAND, Zeitschrift des Bundesverbandes für Körper- und Mehrfachbehinderte e.V., H. 5, Oktober 2007, 17–19

Siebert, Birger; Maskos, Rebecca (2003): Widersprüche und Problematiken der Selbstbestimmung. In: Hermes, Gisela; Köbsell, Swantje (Hrsg.) (2003): Disability Studies in Deutschland – Behinderung neu denken! Dokumentation der Sommeruni. Kassel, 233-239

Sievert, Uta (1994): Sexueller Mißbrauch im familialen und institutionellen Kontext. In: Weinwurm-Krause, Eva-Maria (Hrsg.) (1994): Sexuelle Gewalt und Behinderung. Verlag Dr. Kovač, Hamburg, 51–63

Sigelman, Carol K. u. a. (1980): Surveying Mentally Retarded Persons: Responsiveness and Response Validity in Three Samples. In: American Journal of Mental Deficiency, Vol. 84, No. 5, 479–486

Sigelman, Carol K. u. a. (1981a): When in Doubt, Say Yes: Acquiescence in Interviews with Mentally Retarded Persons. In: Mental Retardation, Vol. 19, 53–58

Sigelman, Carol K. u. a. (1981b): Asking Questions of Retarded Persons: A Comparison of Yes-No and Either-Or Formats. In: Applied Research in Mental Retardation, 1981, 347–357

Sigelman, Carol K.; Winer Jane L.; Schoenrock Carol J. (1982): The Responsiveness of Mentally Retarded Persons to Questions. In: Education and Training of the Mentally Retarded, Vol. 17, 1982, 120–124

Sigot, Marion (2003): Die Lebenssituation von Frauen mit geistiger Behinderung. Endbericht zum Forschungsprojekt. Klagenfurt

Simon, Barbara (1994): The Empowerment Tradition in American Social Work. A History. Columbia University Press, New York

Simons, Ken (1992): „Sticking up for yourself" Self-advocacy and people with learning difficulties. Joseph Rowntree Foundation, York

Sonntag, Ute (1993): Die Opferrolle überwinden. Frauenspezifische Aspekte der Umsetzung des Empowermentkonzeptes. In: Blätter der Wohlfahrtspflege – Deutsche Zeitschrift für Sozialarbeit. 1993, H.2, 50-51

Speck, Otto (1985): Mehr Autonomie für Erwachsene mit schwerer geistiger Behinderung. In: Geistige Behinderung 1985, H. 3, 162–170

Speck, Otto (1998a): Autonomie und Abhängigkeit – ein nur scheinbarer Widerspruch. In: Friebe, Stephan, Wetzler, Rainer (Hrsg.) (1998): Selbstbestimmt leben in sozialer Abhängigkeit. Das Leitziel der Selbstbestimmung als Herausforderung an Theorie und Praxis der Geistigbehindertenpädagogik. Fachtagung 26./27. März 1998, 117–138

Speck, Otto (1998b): Wohnen als Wert für ein menschenwürdiges Dasein. In: Fischer, Ute u. a. (Hrsg.) (1998): Wohlbefinden und Wohnen von Menschen mit schwerer geistiger Behinderung. Diakonie-Verlag Reutlingen, 19–42

Speck, Otto (2000): Autonomie und Kommunität – Zur Fehldeutung von Selbstbestimmung in der Arbeit mit geistig behinderten Menschen. In: Theunissen, Georg (Hrsg.) (2000): Verhaltensauffälligkeiten – Ausdruck von Selbstbestimmung? Julius Klinkhardt, Bad Heilbrunn, 11–32

Speck, Otto (^{5}2003): System Heilpädagogik. Eine ökologisch reflexive Grundlegung. 5. neu bearbeitete Auflage. Ernst Reinhardt Verlag, München, Basel

Spiegel, Anja (1999): Die Umsetzung von „Normalisierungsprinzipien" im Wohnheim. In: Weinwurm-Krause, Eva-Maria (Hrsg.) (1999): Autonomie im Heim. Auswirkungen des Heimalltags auf die Selbstverwirklichung von Menschen mit Behinderung. Heidelberg, Universitäts-Verlag Winter, 76–124

Spiess, Ilka (2004): Berufliche Lebensverläufe und Entwicklungsperspektiven behinderter Personen: eine Untersuchung über berufliche Werdegänge von Personen, die aus Werkstätten für behinderte Menschen in der Region Niedersachsen Nordwest ausgeschieden sind. Eusl-Verlagsges., Paderborn 2004

Stark, Wolfgang (1993): Die Menschen stärken. Empowerment als eine neue Sicht auf klassische Themen von Sozialpolitik und sozialer Arbeit. In: Blätter der Wohlfahrtspflege – Deutsche Zeitschrift für Sozialarbeit. 1993, H. 2, 41–44

Stark, Wolfgang (1996): Empowerment. Neue Handlungskompetenzen in der psychosozialen Praxis. Lambertus-Verlag, Freiburg im Breisgau 1996

Stark, Wolfgang (2002): Gemeinsam Kräfte entdecken – Empowerment als kompetenz-orientierter Ansatz einer zukünftigen psychosozialen Arbeit. In: Lenz, Albert; Stark, Wolfgang (Hrsg.) (2002): Empowerment. Neue Perspektiven für psychosoziale Praxis und Organisation. Fortschritte der Gemeindepsychologie und Gesundheitsförderung. Band 10. dgvt-Verlag, Tübingen, 55–76

Stein, Anne-Dore (2007): Was ist Community Living? In: Maas, Theodorus u. a. (Hrsg.) (2007): Community Living. Bausteine für eine Bürgergesellschaft. alsterdorf verlag, 16–25

Steinke, Ines ([5]2007): Gütekriterien qualitativer Forschung. In: Flick, Uwe; von Kardorff, Ernst; Steinke, Ines (Hrsg.): Qualitative Forschung. Ein Handbuch. rowohlts enzyklopädie, Reinbek bei Hamburg 5. Auflage 2007, 319–331

Steiner, Gusti (1999): Selbstbestimmung und Assistenz. http://bidok.uibk.ac.at/library/gl3-99-selbstbestimmung.html [Stand: 14. 03. 2008]

Steiner, Gusti (2002): Selbstbestimmt Leben und Assistenz. Konsequenz Politischer Behindertenselbsthilfe. In: Lenz, Albert; Stark, Wolfgang (Hrsg.) (2002): Empowerment. Neue Perspektiven für psychosoziale Praxis und Organisation. Verlag Deutsche Gesellschaft für Verhaltenstherapie, Tübingen, 155–172

Stiegler, Barbara (2005): Gender Mainstreaming – Grundrisse einer neuen Strategie. In: Deutsche Arbeitsgemeinschaft Selbsthilfegruppen e.V. (Hrsg.) (2005): Geschlechterperspektive in der Selbsthilfe. Gießen

Stinkes, Ursula (2000): Selbstbestimmung – Vorüberlegungen zur Kritik einer modernen Idee. In: Bundschuh, Konrad (Hrsg.) (2000): Wahrnehmen, Verstehen, Handeln. Perspektiven für die Sonder- und Heilpädagogik im 21.Jahrhundert. Klinhardt, Bad Heilbrunn, 169–192

Strauss, Anselm L.; Corbin, Juliet (1996): Grounded Theory: Grundlagen Qualitativer Sozialforschung. Psychologie Verlags Union. Weinheim

Strauss, Anselm L. (1994): Grundlagen qualitativer Sozialforschung. Datenanalyse und Theoriebildung in der empirischen und soziologischen Forschung. Wilhelm Fink Verlag, München

Strübing, Jörg (2004): Grounded Theory. Zur sozialtheoretischen und epistemologischen Fundierung des Verfahrens der empirisch begründeten Theoriebildung. Qualitative Sozialforschung Band 15. Verlag für Sozialwissenschaften Wiesbaden

Strübing, Jörg (2007): Glaser vs. Strauss? Zur methodologischen und methodischen Substanz einer Unterscheidung zweier Varianten von Grounded Theory. In: Historical Social Research, Supplement, No.19, 157–174

T

Terfloth, Karin (2005): »IncluCity« Wege zu einem inklusiven kommunalpolitischen Dialog. In: Wacker, Elisabeth; u. a. (Hrsg.) (2005): Teilhabe. Wir wollen mehr als nur dabei sein. Lebenshilfe-Verlag Marburg, 235–246

Tiefel, Sandra (2005): Kodierung nach der Grounded Theory lern- und bildungstheoretisch modifiziert: Kodierungsleitlinien für die Analyse biographischen Lernens. In: Zeitschrift für qualitative Bildungs-, Beratungs- und Sozialforschung (ZBBS), (2005) 6. Jg., H. 1, 65–84

Tiemann, Heike (2006): Erfahrungen von Frauen mit Körperbehinderung im Hochleistungssport. Eine empirische Untersuchung. Verlag Dr. Kovač, Hamburg

Tietze-Fritz, Paula (1997): Integrative Förderung in der Früherziehung. Entwicklungsgefährdete Kinder und ihre psychomotorischen Fähigkeiten. Ein Handbuch (nicht nur) für den Kindergarten. Borgmann, Dortmund

Theunissen, Georg (1995): Selbstbestimmt-Leben – Annäherungen an ein Empowerment-Konzept für Menschen mit geistiger Behinderung. In: Vierteljahreszeitschrift für Heilpädagogik und ihre Nachbargebiete (VHN), 1995, Jg. 64, H. 2, 166–181

Theunissen, Georg (1997a): Empowerment – Wegweiser einer kritisch-konstruktiven Heilpädagogik. In: Behindertenpädagogik 1997, Jg. 36, H. 4, 373–390

Theunissen, Georg (1997b): Empowerment – Paradigmenwechsel in der Behindertenhilfe. In: Zur Orientierung 1997, H. 3, 4–8

Theunissen, Georg (1998): Empowerment. In: Baumgart, Erdmute; Bücheler, Heike; Gesellschaft für Erwachsenenbildung und Behinderung e.V. (Hrsg.) (1998): Lexikon Wissenswertes zur Erwachsenenbildung unter besonderer Berücksichtigung von geistiger Behinderung. Hermann Luchterhand Verlag, Neuwied, Kriftel, Berlin, 81–82

Theunissen, Georg ([4]1999): Wege aus der Hospitalisierung. Empowerment in der Arbeit mit schwerstbehinderten Menschen. Psychiatrie-Verlag. Bonn, 4. völlig neu überarbeitete und erweiterte Auflage

Theunissen, Georg (2001): Empowerment und Schule – Impulse für die Arbeit mit Schülerinnen und Schülern, die als geistig behindert gelten. In: Die neue Sonderschule 2001, Jg.46, H. 4, 251–268

Theunissen, Georg (2002): Die Stärken-Perspektive. Impulse für die pädagogische und therapeutische Arbeit mit Menschen, die als geistig behindert gelten. In: Geistige Behinderung 2002, Jg. 41, H. 3, 191–202

Theunissen, Georg (2003): Empowerment und Professionalisierung – unter besonderer Berücksichtigung der Arbeit mit Menschen, die als geistig behindert gelten. In: Heilpädagogik online, Jg. 2, Ausgabe 4/2003, 45–81

Theunissen, Georg (2006): Geistigbehindertenpädagogik in der DDR. In: Wüllenweber, Ernst; Theunissen, Georg; Mühl, Heinz (Hrsg.) (2006): Pädagogik bei geistigen Behinderungen. Ein Handbuch für Studium und Praxis. Kohlhammer, Stuttgart, 30–40

Theunissen, Georg (2007a): Validierende Assistenz. Ein subjektzentriertes Angebot für Menschen mit geistiger Behinderung und Demenz. In: Geistige Behinderung 2007, Jg. 46, H. 2, 140–151

Theunissen, Georg (2007b): Empowerment behinderter Menschen. Inklusion – Bildung –Heilpädagogik – Soziale Arbeit. Lambertus Verlag, Freiburg im Breisgau

Theunissen, Georg (2009): Empowerment und Inklusion behinderter Menschen. Eine Einführung in die Heilpädagogik und Soziale Arbeit. 2. aktualisierte Auflage. Lambertus Verlag, Freiburg im Breisgau

Theunissen, Georg; u. a. (2000): Zur Situation geistig behinderter Menschen in ihrer Freizeit. Eine Umfrage bei der Lebenshilfe in Deutschland. In: Geistige Behinderung 2000, Jg. 39, H. 4, 360–372

Theunissen, Georg; Hoffmann Claudia (1999): Assistenz – ein Schlüsselbegriff nicht nur für Menschen mit einer Körperbehinderung. In: Orientierung 1999, H. 3, 8–10

Theunissen, Georg; Plaute, Wolfgang (1995): Empowerment und Heilpädagogik. Ein Lehrbuch. Lambertus Verlag, Freiburg im Breisgau

Theunissen, Georg; Plaute, Wolfgang (2002): Handbuch Empowerment und Heilpädagogik. Lambertus-Verlag, Freiburg im Breisgau

Thimm, Walter ([4]1990): Das Normalisierungsprinzip: eine Einführung. Kleine Schriftenreihe der Bundesvereinigung Lebenshilfe für geistig Behinderte e.V., Band 5. Lebenshilfe-Verlag, Marburg

Thude, Günther; Püschel, Herbert ([5]1985): Aufgaben der Gewerkschaftsorganisation. In: Renker, Karlheinz; Renker, Ursularenate (Hrsg.): Grundlagen der Rehabilitation. 5. überarbeitete Auflage. Verlag Volk und Gesundheit, Berlin, 222–231

Tietze-Fritz, Paula (1997): Integrative Förderung in der Früherziehung. Entwicklungsgefährdete Kinder und ihre psychomotorischen Fähigkeiten. Ein Handbuch (nicht nur) für den Kindergarten. Borgmann, Dortmund

Treiber, Isa (2004): Menschenrechte trotz Behinderung. Zur Sexualität, Partnerschaft, und Sterilisationsproblematik geistig behinderter Menschen. http://bidok.uibk.ac.at/library/treiber-menschenrechte.html#id2730214 [Stand: 12. 04. 2008]

Trost, Rainer; Schüller, Simone (1992): Beschäftigung von Menschen mit geistiger Behinderung auf dem allgemeinen Arbeitsmarkt. Eine empirische Untersuchung zur Arbeit der Eingliederungsinitiativen in Donaueschingen und Pforzheim. Integra Verlag, Tübingen

Trost, Rainer; Kühn, Axel D. (2001): Berufliche Qualifizierungsinitiative für Menschen mit Behinderung in Werkstätten für Behinderte in Bayern. 1993–2000. Abschlussbericht der wissenschaftlichen Begleitung. München

Trunk, Wolfgang (2003): Die Agentur für angepasste Arbeit und die Entwicklungserfordernisse der Hilfen zur beruflichen Teilhabe behinderter Menschen. In: Nachrichtendienst des Deutschen Vereins (NDV), Februar 2003, 70–73

Truschkat, Inga; Kaiser, Manuela; Reinartz, Vera (2005): Forschen nach Rezept? Anregungen zum praktischen Umgang mit der Grounded Theory in Qualifikationsarbeiten [48 Absätze]. In: Forum Qualitative Sozialforschung/Forum Qualitative Social Research [On-line Journal], 6 (2), Art. 22, Online unter: www.qualitative-research.net/fqs-texte/2-05/05-2-22-d.htm [31. 05. 2005]

V

Vieweg, Barbara (2001): Lebenssituation behinderter Frauen in der DDR. In: Hermes, Gisela; Faber, Brigitte (Hrsg.) (2001): Mit Stock, Tick und Prothese. Das Grundlagenbuch zur Beratung behinderter Frauen. Bifos-Schriftenreihe, Kassel, 61–63

Vieweg, Barbara (2005): Tagungsausschreibung Gender und Behinderung. Gender Mainstreaming in Organisationen und Projekten behinderter Menschen. 1. bundesweite Fachtagung am 16. Juni 2005 in Berlin

Vlasak, Annette (2006): Rechtliche Fragen im Zusammenhang der Elternschaft von Menschen mit geistiger Behinderung. In: Pixa-Kettner, Ursula (Hrsg.) (2006): Tabu oder Normalität? Eltern mit geistiger Behinderung und ihre Kinder. Universitätsverlag Winter, Heidelberg

vom Hofe, Jutta (2001): Bin ich schön? Über Körper. Körpererfahrung und Sexualität. In: Stiftung Deutsches Hygienemuseum (Hrsg.) (2001): Begleitbuch zur Ausstellung. Der im-perfekte Mensch. Vom Recht auf Unvollkommenheit im Deutschen Hygiene-Museum vom 20. September 2000 bis 12. August 2001, Hatje Cantz Verlag Ostfildern-Ruit, 71–76

von Daniels, Susanne; Dreyer, Susanne; Schumann, Werner; Thiesies, Carsten (1999): »...wo's langgeht« Ansätze beruflicher Bildung für junge Männer und Frauen mit einer sogenannten geistigen Behinderung. EU-Projekt Berufliche Bildung. Evangelische Fachhochschule für Sozialwesen, Reutlingen

von Felden, Heide (2004): Von der Frauenbildung über das Gender Mainstreaming zur Genderkompetenz. Geschlecht als Kategorie in der Erwachsenenbildung. In: REPORT, 27. Jg., 2004, H. 3, 40–47

Voss, Anne (1993): US-amerikanische Präventionsmodelle. In: Voss, Anne; Hallstein, Monika (Hrsg.) (1993): Menschen mit Behinderungen. Berichte. Erfahrungen. Ideen zur Präventionsarbeit. Schriftenreihe sexueller Missbrauch. Donna Vita, Ruhnmark, 67–99

Voss, Anne (1993): Wie wir betroffene Mädchen und Jungen beziehungsweise Frauen und Männer unterstützen können. In: Voss, Anne; Hallstein, Monika (Hrsg.) (1993): Menschen mit Behinderungen. Berichte. Erfahrungen. Ideen zur Präventionsarbeit. Schriftenreihe sexueller Missbrauch. Donna Vita, Ruhnmark, 100–104

Voss, Anne; Hallstein, Monika (Hrsg.) (1993): Menschen mit Behinderungen. Berichte. Erfahrungen. Ideen zur Präventionsarbeit. Schriftenreihe sexueller Missbrauch. Donna Vita, Ruhnmark

W

Wacker, Elisabeth (1999): Liebe im Heim? Möglichkeiten und Grenzen von Partnerbeziehungen in einer organisierten Umwelt. In: Geistige Behinderung 1999, Jg. 38, H. 3, 238–250

Wacker, Elisabeth (2001a): Altern alle Menschen gleich? Nicht nur statistisch geprägte Gedanken zur Lebenslage von älteren Menschen mit geistiger Behinderung in Heimen. In: Orientierung 2001, H. 3, 2–4

Wacker, Elisabeth (2001b): Einsichten in den Alltag der Frauen in Einrichtungen. Lebensbewältigung anstatt Lebensgestaltung? In: Hessisches Sozialministerium (Hrsg.): Situation von Frauen mit Behinderungen in hessischen Wohneinrichtungen der Behindertenhilfe. Dokumentation der Fachtagung zur Vorstellung und Diskussion einer Erhebung des Hessischen Koordinationsbüros für behinderte Frauen. Wiesbaden 2001, 16–44

Wacker, Elisabeth (2001c): Alter hat Zukunft – demographische Entwicklung älter werdender Menschen mit Behinderung und ihre Konsequenzen. In: Hessisches Sozialministerium, Landeswohlfahrtsverband Hessen, Bundesvereinigung Lebenshilfe für Menschen mit geistiger Behinderung e.V. (Hrsg.): Lebensräume älterer Menschen mit Behinderungen. Hessische Erfahrungen. Lebenshilfe-Verlag, Marburg, 57–77

Wacker, Elisabeth (2003a): Lebenslage und Lebensläufe älterer behinderter Frauen. Annäherung an ein unerforschtes Thema. In: Reichert, Monika; Maly-Lukas, Nicole; Schönknecht, Christiane (Hrsg.): Älter werdende und ältere Frauen heute. Zur Vielfalt ihrer Lebenssituationen. Westdeutscher Verlag, Wiesbaden 2003, 35–76

Wacker, Elisabeth (2003b): Rehabilitation im Wind des Wandels. Die Situation behinderungserfahrener Menschen im Europäischen Jahr der Menschen mit Behinderungen. In: Blätter der Wohlfahrtspflege. Deutsche Zeitschrift für Sozialarbeit 2003, Jg. 150, H. 2, 45–51

Wacker, Elisabeth u. a. (1998): Leben im Heim. Angebotsstrukturen und Chancen selbständiger Lebensführung in Wohneinrichtungen der Behindertenhilfe. Bericht zu einer bundesweiten Untersuchung im Forschungsprojekt „Möglichkeiten und Grenzen selbständiger Lebensführung in Einrichtungen". Band 102 Schriftenreihe des Bundesministeriums für Gesundheit. Baden-Baden

Wacker, Elisabeth (2005): Selbst Teilhabe bestimmen? Von Duisburg nach Dortmund – eine fachliche Einstimmung. In: Wacker, Elisabeth u. a. (2005): Teilhabe. Wir wollen mehr als nur dabei sein. Lebenshilfe-Verlag, Marburg

Wäckerli, Hans Ueli (2002): Frauen möchten andere Kurse. In: Erwachsenenbildung und Behinderung 2002, Jg. 13, H. 1, 53–56

Wagner-Willi, Monika (2002): Verlaufskurve ‚Behinderung'. Gruppendiskussionen mit Beschäftigten einer Werkstatt für Behinderte. Berlin

Waldschmidt, Anne (1999): Selbstbestimmung als Konstruktion. Alltagstheorien behinderter Männer und Frauen. Leske + Budrich, Opladen

Walmsley, Jan; Johnson, Kelly (2003): Inclusive Research with People with Learning Disabilities. Past, Present and Futures. Jessica Kingsley, London, New York

Walter, Joachim (2001): Selbstbestimmte Sexualität als Menschenrecht – eine Selbstverständlichkeit auch für Menschen mit Beeinträchtigungen. In: Sexualität und Behinderung, BZgA Forum – Sexualaufklärung und Familienplanung, Heft 2/3, 2001, 34–39

Walter, Joachim (2002): Vom Tabu zur Selbstverwirklichung – Akzeptanzprobleme und Lernprozesse in der Arbeit mit behinderten Menschen. In: Praxis der Kinderpsychologie und Kinderpsychiatrie 2002, Jg. 51, H. 8, 587–597

Walter, Joachim ([6]2005a): Sexuelle Partnerschaft, Kinderwunsch und Elternschaft geistigbehinderter Menschen. In: Walter, Joachim (Hrsg.) ([6]2005): Sexualität und geistige Behinderung. Gesellschaft für Sexualerziehung und Sexualmedizin Baden-Württemberg e.V. Schriftenreihe Band 1. Universitätsverlag Winter Heidelberg, 290–296

Walter, Joachim ([6]2005b): Empfängnisverhütung und Sterilisation geistig behinderter Menschen aus sexualpädagogischer Sicht. In: Walter, Joachim (Hrsg.) ([6]2005): Sexualität und geistige Behinderung. Gesellschaft für Sexualerziehung und Sexualmedizin Baden-Württemberg e.V. Schriftenreihe Band 1. Universitätsverlag Winter Heidelberg, 365–374

Walter, Joachim (Hrsg.) ([6]2005c): Sexualität und geistige Behinderung. Gesellschaft für Sexualerziehung und Sexualmedizin Baden-Württemberg e.V.. Schriftenreihe Band 1. Universitätsverlag Winter, Heidelberg

Walter, Joachim ([6]2005d): Grundrecht auf Sexualität? Einführende Überlegungen zum Thema „Sexualität und geistige Behinderung“. In: Walter, Joachim (Hrsg.) ([6]2005): Sexualität und geistige Behinderung. Gesellschaft für Sexualerziehung und Sexualmedizin Baden-Württemberg e.V.. Schriftenreihe Band 1. Universitätsverlag Winter, Heidelberg, 29–37

Wansing, Gudrun; Hölscher, Petra; Wacker, Elisabeth (2003): Maß nehmen und Maß halten – in einer Gesellschaft für alle (3). Personenbezogene Leistungen (PerLe) für alle – Budgetfähigkeit und Klientenklassifikation in der Diskussion. In: Geistige Behinderung 2003, Jg. 42, H. 3, 210–221

Warzecha, Birgit (1995): Zur Geschichte der Verhaltensgestörtenpädagogik – feministisch reflektiert. Wissenschaftliche Reihe, Band 68. Kleine Verlag, Bielefeld

Warzecha, Birgit (1997): Geschlechterdifferenz in der Sonderpädagogik. Vortrag auf der Fachtagung des Instituts für Behindertenpädagogik der Universität Hamburg am 4./5. 04. 1997. www.erzwiss.uni-hamburg.de/ewi-Report/EWI16/54_warze.htm8 [23. 11. 2005], 1–9

Wedel, Ute (1997): Feministische Perspektiven in der Behindertenarbeit und Rehabilitation. In: Friebertshäuser, Babara; Jakob, Gisela; Klees-Möller, Renate (Hrsg.) (1997): Sozialpädagogik im Blick der Frauenforschung. Deutscher Studien Verlag, Weinheim, 253–269

Weg, Marianne (2001): Besondere Belange von Frauen mit Behinderung im Vergleich zu Männern. In: Hessisches Sozialministerium (Hrsg.) (2001): Situation von Frauen mit Behinderungen in hessischen Wohneinrichtungen der Behindertenhilfe. Dokumentation der Fachtagung zur Vorstellung und Diskussion einer Erhebung des Hessischen Koordinationsbüros für behinderte Frauen. Wiesbaden, 6–15

Wegner, Karola (2000): Benachteiligung von Frauen mit geistiger Behinderung im Erwerbsleben. In: Mixed Pickles e.V. (Hrsg.) (2000): Behinderte Arbeit?! Chancen und Perspektiven von Frauen mit Behinderungen auf dem ersten Arbeitsmarkt. Lübeck, 11–13

Wehmeyer, Michael L. (1992): Self-Determination and the Education of Students with Mental Retardation. In: Education and Training in Mental Retardation, 27/1992, 302–314

Weinbach, Hanna (2007): Genderaspekte in wohnbezogenen Hilfen für Menschen mit Behinderung. Forschungsergebnisse aus dem Projekt: Selbständiges Wohnen behinderter Menschen – Individuelle Hilfen aus einer Hand. Siegen. IH-NRW-Projektpapier Nr. 14

Weinberg, Johannes (1989): Einführung in das Studium der Erwachsenenbildung. Verlag Julius Klinkhardt, Bad Heilbrunn

Weiß, Hans (1999): Empowerment in der Heilpädagogik und speziell in der Frühförderung – ein neues Schlagwort oder eine handlungsleitende Idee? In: Vierteljahreszeitschrift für Heilpädagogik und ihre Nachbargebiete 1999, Jg. 68, H. 1, 23–35

Weiß, Hans (2000): Selbstbestimmung und Empowerment – Kritische Anmerkungen zu ihrer oftmaligen Gleichsetzung im sonderpädagogischen Diskurs. In: Behindertenpädagogik 2000, Jg. 39, H. 3, 245–260

Weinwurm-Krause, Eva-Maria (1994): Einleitung . In: Weinwurm-Krause, Eva-Maria (Hrsg.) (1994): Sexuelle Gewalt und Behinderung. Verlag Dr. Kovač, Hamburg, 6–14

Weinwurm-Krause, Eva-Maria (Hrsg.) (1999): Autonomie im Heim. Auswirkungen des Heimalltags auf die Selbstverwirklichung von Menschen mit Behinderung. Universitäts-Verlag Winter, Heidelberg

Wendt, Sabine (2002): Die neue Mitwirkungsverordnung für Werkstätten in der Praxis. IN: Geistige Behinderung, Jg. 41, 2002, H. 4, 321–330

Werner, Emmy E. (^{2}2007): Entwicklung zwischen Risiko und Resilienz. In: Opp, Günther; Fingerle, Michael (Hrsg.) (^{2}2007): Was Kinder stärkt. Erziehung zwischen Risiko und Resilienz. Reinhardt Verlag 2. völlig neu bearbeitete Auflage, 20–31

Wiedemann, Peter (^{2}1995): Gegenstandsnahe Theoriebildung. In: Flick, Uwe; von Kardorff , Ernst; Keupp, Heiner; von Rosenstiel, Lutz; Wolff, Stephan (Hrsg.) (^{2}1995): Handbuch Qualitative Sozialforschung. Grundlagen, Konzepte, Methoden und Anwendungen. 2. Auflage. Beltz Psychologie Verlags Union, München. 440–445

Wieland, Heinz (1993): Altern in seiner Bedeutung für geistig behinderte Menschen. In: Bundesvereinigung Lebenshilfe für geistig Behinderte e.V. (Hrsg.) (1993): Alt und geistig behindert. Ein europäisches Symposium. Große Schriftenreihe. Band 26, Lebenshilfe-Verlag, Marburg, 19–28

Windisch, Matthias; Miles-Paul, Ottmar (Hrsg.) (1991): Selbstbestimmung Behinderter. Leitlinien für die Behindertenpolitik und -arbeit. Gesamthochschule Kassel

Windisch, Matthias (2004): Assistenzorientierung in der sozialen Arbeit mit behinderten Menschen. In: Gemeinsam leben 2004, Jg.12, H. 2, 64–69

Winkler, Gunnar (Hrsg.) (1990): Frauenreport 1990. Verlag Die Wirtschaft, Berlin

Winter, Reinhard (2001): Balancierte Männlichkeit: Das Variablenmodell. In: Prävention & Gesundheitsförderung im Kanton Zürich, Nr. 9 September 2001, 1–4

Wocken, Hans (2009): Inklusion & Integration. Ein Versuch, die Integration vor der Abwertung und die Inklusion vor der Träumerei zu bewahren. In: www.hans-wocken.de/Wocken-Frankfurt2009.doc [Stand: 24. 09. 2009]

Wolfensberger, Wolf (^{5}1977): Normalization. (Unknown Binding) Toronto

WHO (2005): ICF. Internationale Klassifikation der Funktionsfähigkeit, Behinderung und Gesundheit. In: Deutsches Institut für Medizinische Dokumentation und Information, DIMDI, WHO-Kooperationszentrum für das System Internationaler Klassifikationen (Hrsg.) Stand Oktober 2005 http://www.dimdi.de/dynamic/de/klassi/downloadcenter/icf/endfassung/icf_endfassung-2005-10-01.pdf [Stand: 16. 02. 2008]

Wüllenweber, Ernst (2006): Skizzen zur Forschung in Bezug auf Menschen mit geistiger Behinderung. In: Wüllenweber, Ernst; Theunissen, Georg; Mühl, Heinz (Hrsg.) (2006): Pädagogik bei geistigen Behinderungen. Ein Lehrbuch für Studium und Praxis. Kohlhammer, Stuttgart, 566–572

Z

Zemella, Bernd (2003): Die Schatzkiste. Partnervermittlung für Menschen mit Behinderungen. In: Orientierung 2003, H. 2, 22–23

Zemp, Aiha (1993): Von der Notwendigkeit einer feministischen Theoriebildung in der ‚Sonder'pädagogik. In: Mürner, Christian; Schriber, Susanne (Hrsg.): Selbstkritik der Sonderpädagogik? Stellvertretung und Selbstbestimmung. Edition der Schweizerischen Zentralstelle für Heilpädagogik, Luzern, 189–201

Zemp, Aiha (1994): Folgen sexueller Gewalt und Therapiemöglichkeiten. In: Weinwurm-Krause, Eva-Maria (Hrsg.) (1994): Sexuelle Gewalt und Behinderung. Verlag Dr. Kovač, Hamburg, 64–74

Zemp, Aiha (1997): Tabuisierte Not. Sexuelle Ausbeutung von Mädchen und Frauen mit Behinderung. Zürich

Zemp, Aiha (2005): Welche Bedeutung hat (drohende) Gewalt im Leben behinderter Frauen? Welche Bedeutung hat ein starkes Selbstbewusstsein für die Gewaltprävention? In: Selbstbewusstsein von Mädchen und Frauen mit Behinderung (§ 44 SGB IX): – Erfahrungen – Erkenntnisse – Visionen – Dokumentation der Fachkonferenz 14. –15. Oktober 2005 Düsseldorf, 53–59 www.neukirchener.de/traegerverbund/m/pdf/selbstbewusstsein.pdf [Stand: 21 .04. 2007]

Zemp, Aiha; Pircher, Erika (1996): „Weil das alles weh tut mit Gewalt." Sexuelle Ausbeutung von Mädchen und Frauen mit Behinderung. Schriftenreihe der Frauenministerin, Band 10, Wien

Ziemen, Kerstin (1995): Empowerment – Konsequenzen für die Frühförderung. In: Theunissen, Georg; Plaute, Wolfgang (1995): Empowerment und Heilpädagogik. Ein Lehrbuch. Lambertus Verlag, Freiburg im Breisgau, 71–88

Ziemen, Kerstin (2001): Geistige Behinderung – Reflexionen zu einem Begriff. In: Die neue Sonderschule 2001, Jg. 46, H. 4, 269–279

Ziemen, Kerstin (2002a): Geistige Behinderung als soziale Konstruktion. In: Behindertenpädagogik 2002, Jg. 41, H. 1, 23–39

Ziemen, Kerstin (2002b): Das integrative Feld – ein Feld der Anerkennung?! http://bidok.uibk.ac.at/library/ziemen-anerkennung.html [Stand: 09. 04. 2008]

Ziemen, Kerstin (2002c): Anerkennung und Aneignung. Grundlegende Kategorien einer Behindertenpädagogik/Integrativen Pädagogik. http://bidok.uibk.ac.at/library/ziemen-kategorien.html [Stand: 06. 01. 2008]

Ziemen, Kerstin (2002d): Das bislang ungeklärte Phänomen der Kompetenz. Kompetenzen von Eltern behinderter Kinder. Afra Verlag, Butzbach-Griedel

Ziemen, Kerstin (2003): Anerkennung – Selbstbestimmung – Gleichstellung. Auf dem Weg zur Integration/Inklusion. http://bidok.uibk.ac.at/library/ziemen-gleichstellung.html [Stand: 11. 01. 2007]

Ziemen, Kerstin (2004): Das integrative Feld im Spiegel der Soziologie Pierre Bourdieus. In: Forster, Rudolf (Hrsg.) (2004): Soziologie im Kontext von Behinderung. Theoriebildung, Theorieansätze und singuläre Phänomene. Julius Klinkhardt, Bad Heilbrunn, 264–277

Zinsmeister, Julia (Hrsg.) (2003): Sexuelle Gewalt gegen behinderte Menschen und das Recht. Gewaltprävention und Opferschutz zwischen Behindertenhilfe und Strafjustiz. Dokumentation des Potsdamer Rechtssymposiums, Leske und Budrich, Opladen.

Zinsmeister, Julia (2006): Warum behinderte Männer besondere Bedürfnisse haben und Rehabilitation auf Geschlechtergleichheit zielt. Zum gleichheitsrechtlichen Auftrag der Pädagogik nach § 1 SGB IX. In: Vierteljahreszeitschrift der Heilpädagogik und ihrer Nachbargebiete 2006, Jg. 75, H. 3, 186–191

Zinsmeister, Julia (2007): Mehrdimensionale Diskriminierung. Das Recht behinderter Frauen auf Gleichberechtigung und seine Gewährleistung durch Art. 3 GG und das einfache Recht. Nomos Verlagsgesellschaft, Baden Baden

Zinsmeister, Julia (o. J.): Rechtsgutachten zur stattlichen Unterstützung behinderter Frauen und Männer bei der Erfüllung ihres Erziehungsauftrages. In: bidok.uibk.ac.at/library/zinsmeister-rechtsgutachten.html [Stand: 13. 07. 2007]

Internetseiten

Alsterdorf.de (o. J.): www.alsterdorf.de/daten/community/weitercc.html [Stand: 30. 12. 2003]

Bifos-org (o. J.): www.bifos.org/downl/pc-weit/CURR102.rtf [Stand. 07. 11. 2003]

Fabs-online.ch (o. J.): http://www.fabs-online.ch/sexualassistenz/ [Stand: 26. 10. 2006]

Egora.uni-muenster.de (o. J.): egora.uni-muenster.de/ew/ruhestand/ [Stand: 01. 01. 2008]

Isl-ev.org (o. J.): www.isl-ev.org/article/41.html und www.isl-ev.org/article/25.html und www.isl-ev.org/article/49.html [Stand:06. 11. 2003]

Kobinet-nachrichten.org (o. J.): www.kobinet-nachrichten.org/cipp/kobinet/custom/pub/content,lang,1/oid,7989/ticket,g_a_s_t [Stand: 23. 06. 2005]

Kommission Global Governance (o. J.): www.bundestag.de/gremien/welt/glob_end/k10_1.html [Stand: 20. 08. 2008]

Lebenshilfe-berlin.de (o. J.): www.lebenshilfe-berlin.de/familienprojekt.html [Stand: 25. 05. 2007]

Gewalt-online.de (o. J.): http://www.gewalt-online.de/gewalt.php [Stand: 07. 04. 2008]

Marie-Christian-Heime (o. J.): www.marie-christian-heime.de/mutter_kind.html [Stand: 15. 09. 2007]

http://marginalisierung.know-library.net/ [Stand: 15. 09. 2007]

Mittendrinundaussenvor.de (o. J.): AGG und EU-Rechtsgrundlagen. www.mittendrinundaussenvor.de/fileadmin/bilder/AGG-Schulung-5.pdf [Stand:07. 11. 2007]

Ninlil (o. J.): www.service4u.at/ninlil/first.html [Stand: 12. 08. 2006]

Pflege-Weiterentwicklungsgesetz: http://www.bmg.bund.de/cln_117/nn_1168248/SharedDocs/Downloads/DE/GV/GT/Entwuerfe/PfWG-E,templateId=raw,property=publicationFile.pdf/PfWG-E.pdf [Stand: 10. 09. 2007]

http://www.sign-lang.uni-hamburg.de/Projekte/SLex/SeitenDVD/KonzeptG/L52/L5287.htm [Stand: 15. 09. 2007]

Sozialnetz.de (o. J.): www.sozialnetz.de/nws/html/stativermittlung.html [11. 06. 2003]

UN-Behindertenrechtskonvention (o. J.): http://institut-fuer-menschenrechte.de/dav/Dokumente/UN %20BR %20Konvention.pdf [Stand: 22. 10. 2008]

Weibernetz.de (o. J.): www.weibernetz.de/resolution.html [Stand: 29. 05. 2007]

Abkürzungsverzeichnis

AGG	Allgemeines Gleichstellungsgesetz
BAGüS	Bundesarbeitsgemeinschaft überörtliche Sozialhilfeträger
BBW	Berufsbildungswerk
BFW	Berufsförderungswerk
BGB	Bürgerliches Gesetzbuch
BMGS	Bundesministerium für Gesundheit und soziale Sicherung
CIL	Center for Independent Living
CWMO	Caritas Werkstättenmitwirkungsverordnung
DDR	Deutsche Demokratische Republik
DIFGB	Deutschen Interdisziplinären Gesellschaft zur Förderung der Forschung für Menschen mit geistiger Behinderung e.V.
EKD	Evangelische Kirche Deutschland
ENIL	European Network of Independent Living
FbI	Fachkraft für berufliche Integration
FDJ	Freie deutsche Jugend
FST	Forschungsprogramm Subjektive Theorien
GDI	Gender Development Index
GEM	Gender Empowerment Measure Index
GT	Grounded Theory
GTM	Grounded Theory Methodology
HDI	Human Development Index/Index menschlicher Entwicklung
ICF	International Classification of Functioning, Disability and Health
ICIDH	International Classification of Impairment, Disability and Health
IFD	Integrationsfachdienst
ISL e.V.	Interessenvertretung Selbstbestimmt Leben e.V.
SchwbG	Schwerbehindertengesetz
SGB	Sozialgesetzbuch
SLT	Struktur-Lege-Technik
SPFH	Sozialpädagogische Familienhilfe
UNO	United Nations Organization
WfB	Werkstatt für Behinderte
WfbM	Werkstatt für behinderte Menschen
WHO	World Health Organisation
WMVO	Werkstättenmitwirkungsverordnung
ZsL	Zentrum selbstbestimmt Leben